洞头年鉴

2021 总第31卷

DONGTOU YEARBOOK

温州市洞头区委史志编纂委员会
温州市洞头区地方志研究室
编

方志出版社
Publishing House of Local Records

图书在版编目（CIP）数据

洞头年鉴. 2021 / 温州市洞头区委史志编纂委员会，温州市洞头区地方志研究室编. -- 北京：方志出版社，2021.12

ISBN 978-7-5144-5086-6

Ⅰ. ①洞… Ⅱ. ①温… ②温… Ⅲ. ①洞头区－2021－年鉴 Ⅳ. ①Z525.54

中国版本图书馆CIP数据核字（2021）第265530号

洞头年鉴（2021）

编　　者：温州市洞头区委史志编纂委员会
　　　　　温州市洞头区地方志研究室
责任编辑：刘方圆

出 版 者：方志出版社
　　　　　地址　北京市朝阳区潘家园东里9号（国家方志馆4层）
　　　　　邮编　100021
　　　　　网址　http://www.zgfzcb.cn
发　　行：方志出版社图书经销中心
　　　　　电话　（010）67110500
经　　销：各地新华书店
印　　刷：温州市北大方印务有限公司

开　　本：889×1194　1/16
印　　张：32.5
字　　数：960千字
版　　次：2021年12月第1版　2021年12月第1次印刷
印　　数：001～450册

ISBN 978-7-5144-5086-6　定价：280.00元

洞头区委史志编纂委员会

《洞头年鉴》编辑部

编辑说明

一、《洞头年鉴（2021）》由洞头区委、区人民政府主办，洞头区委史志编纂委员会、洞头区地方志研究室负责编纂。《洞头年鉴》于1991年起开编，本卷为第31卷。

一、《洞头年鉴（2021）》以马克思列宁主义、毛泽东思想、邓小平理论、“三个代表”重要思想、科学发展观、习近平新时代中国特色社会主义思想为指导，坚持辩证唯物主义和历史唯物主义的立场、观点和方法，实事求是记载2020年度洞头自然、政治、经济、文化、社会、生态环境等方面基本概貌和发展状况；以记述为主，务求真实性、实用性。

二、《洞头年鉴（2021）》记述时限为2020年1月1日至12月31日，个别资料时间有延溯。记述范围为2020年的洞头区境。其中，“附录”中的报告不受时间限制；“人物”中的“在外洞头人”，不受地域限制。

三、《洞头年鉴（2021）》采用分类编辑法，全书主体内容设栏目、分目、条目三个层次，共含32个栏目、242个分目、1335个条目。文中配图照223幅、表格59张。卷首设“特载”“专辑”“大事记”“区情概览”等4个栏目，百科设“中共洞头区委”等26个栏目，卷尾设“附录”“索引”2个栏目，全书约96万字。

本卷年鉴框架结构设计基本延续上年，其中“卫生 体育”分设为“卫生”和“体育”类目。

四、本卷照片多为相关部门、单位提供，部分照片由区融媒体中心、摄影协会等提供，部分资料照片由于历史等原因无法署名摄影者。

五、《洞头年鉴（2021）》采用记述体。文字、称谓、数字、纪年、标点符号等，均按国家有关规定书写。有些计量单位如渔业和农业部分单位沿用“亩”。作者署名在条目文尾。一个分目下连续多个条目均为同一作者的，署名于最后条目文尾。

六、行文中首次出现当地部门、单位均用全称，其他采用规范简称。文中未标明党派的“区委”均指“中共温州市洞头区委”，“党员”均为“中共党员”。

七、《洞头年鉴（2021）》各项资料均由洞头区各有关部门、单位提供，正式引用时以《2020年洞头区国民经济与社会发展统计公报》《洞头统计年鉴（2020）》为准。部分数据、表格，均在文尾注明引述来源。

DONGTOU NIANJIAN

总　目

温州设计集团有限公司　编制

审图号：浙温S(2021)33号　比例尺：1:128 000

本图界线不作为划界依据，基础地理底图资料由温州市自然资源和规划局提供。

台州市
横趾山岛
北爿山岛
双爿门礁
南爿山岛
鹿西岛
口筐
东山坪后山
东臼
草笠屿
北草屿
鹿西乡
山坪
扎不断
白龙屿
鹿西
野外露营基地
鹿西综合交通码头
黄
大门岛
大昌鱼礁码头
昌鱼礁
观音礁
稻秆垛屿
猫山岩屿
峡
大门—鹿西
道
元觉—鹿西
茅草屿
两头山屿
大山岛
北圆屿
洞
洞头列岛
大笔架屿
元觉圆屿
小青山岛
鸳鸯礁
猫鼠屿
东
牛头顶
小北岙
烟墩炮山
相思岙
状元
状元岙岛
活水潭
糕屿
沙角
花岗
花岗岛
大三盘岛
大横礁
背links岩屿
金笠屿
洞头大桥
桐桥尾屿
三盘
海霞军事主题公园
乱头屿
观潮山
头
三个屿
单个屿
三盘大桥
盘
港
杨文工业区
东沙
海霞
洞头客运站
岙
九厅
东沙
鸽尾礁
大王殿
北岙
新城
洞头区
海
大朴
上新
后寮
乌岩礁
南笔架屿
银海
岙仔
南圆屿
北猫屿
虎头屿岛
城南
过巷屿
风门
东屏
惠民
垅头
洞头
赤屿
松柏礁
打水鞍
东岙
蓝港
大沙岙海滨浴场
竹屿
大竹山
大竹屿岛
门口屿
中心渔港码头
半屏大桥
南炮台山
巷仔屿
小竹屿岛
外赤屿
半屏山
洋
半屏
半屏岛
半官屿
牛鼻屿
北策岛
乌罗礁
高岩山
虎洞岛
东策岛
鸡公尖
东策山
双头浪屿
老鹰屿
策岛
策
港
五屿
四屿
香花屿
无草屿
南猫屿
老虎礁
南摆屿
北摆屿
大峰屿
小峰屿
复顶礁
洞头中心城区图
比例尺 1：46 000
三盘港
三盘大桥
洞头客运码头
水桶礁码头
温州航标处洞头航标站
燕子山码头
燕子山
杨文工业区
恒博广场
区住建局
人防办
柴岙
温州医科大学仁济学院滨海校区
九厅
区质检中心
城关二小
北岙街道
新城二期围垦
海霞公园
区民政局
区档案馆
区人民法院
新城广场
小朴
区税务局
洞头乐成寄宿中学
实验小学
区港航局
区财政局
区人民医院
双垅
区市民文体中心
区交通局
望海楼
教师教育学院
区统计局
烟墩山
大朴
东屏公园
岙底水库
洞头区
区卫生健康局
区人力资源和社会保障局
区司法局
后寮水库
小三盘
坑仔内水库
寮顶
区总工会
城关小学
后寮
风巷水库
职业技术教育中心
疾控中心
海霞中学
岭背
风门水库
城南
后坑
实验中学
中普陀寺
中仓
惠民
城关一小
东屏中心小学
风门
东屏街道
垅头
洞头一中
环岛东路
大岭山
九亩丘文化遗址公园
东岙
打水鞍
区文广旅体局
南塘工业区
东岙码头
东岙顶
大沙岙海滨浴场
蓝港
中心渔港码头
仙叠岩
东澳
黑牛湾
洞头港
南炮台山

洞头海岛荣誉

- 全国平安建设先进县
- 国家卫生县城
- 国家计划生育优质服务示范县
- 全国双拥模范县“三连冠”
- 国家级海洋公园
- 国家海洋生态文明建设示范区
- 国家生态文明建设示范区（国家生态县）
- 国家级生态保护与建设示范区
- 国家义务教育发展基本均衡县（市、区）
- 中国“十大美丽海岛”
- 国家AAAA旅游风景区
- 中国七夕文化之乡
- 中国羊栖菜之乡
- 全国海钓基地
- 中国十大摄影发烧风景区
- 中国最佳海岸摄影地
- 国家海洋牧场示范区
- 全国十大美丽国家海洋保护区
- 全国“两山”实践创新基地
- 国家海洋经济发展示范区
- 国家慢性病综合防控示范区
- 全国信访工作“三无”县（市、区）
- 中国（洞头）渔民画之乡
- 全国文旅融合特色创新示范区
- 中国紫菜之乡
- 中国生态大黄鱼之乡

- 浙江省重点风景名胜区
- 浙江省森林城市
- 浙江省园林城市
- 浙江省旅游发展十佳县（市、区）
- 浙江省最值得去的五十个景区之一
- 浙江省美丽乡村先进县
- 浙江省综治工作先进县（区）
- 浙江省文明县城
- 浙江省教育基本现代化县（区）
- 浙江省首批生态文明示范县（区）
- 浙江省美丽乡村示范县
- 浙江省全域旅游示范区
- 浙江省食品安全区
- 浙江省首批一星“平安金鼎”
- 浙江文化和旅游产业融合发展十佳县区
- 部省共建乡村振兴示范省先行创建单位

数字洞头

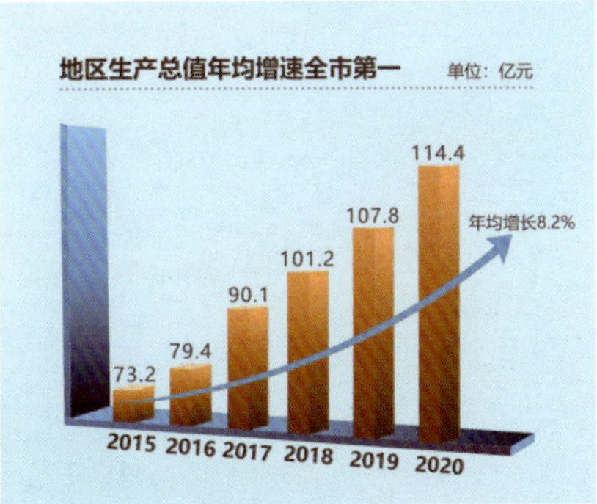

2015—2020年地区生产总值（亿元）

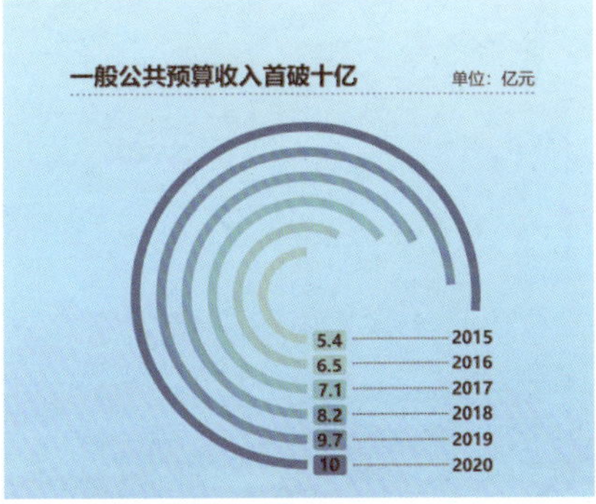

2015—2020年一般公共预算收入（亿元）

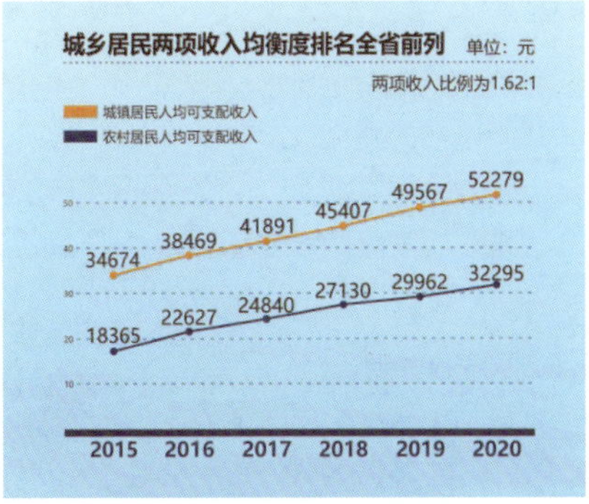

2015—2020年城乡居民收入（元）

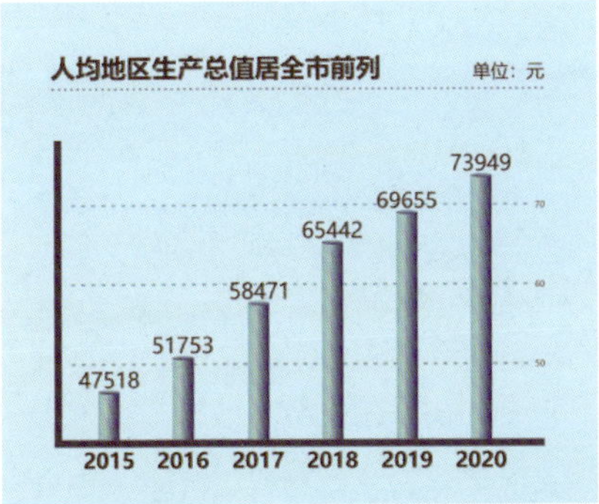

2015—2020年人均地区生产总值（元）

2015—2020年建筑业总产值（亿元）

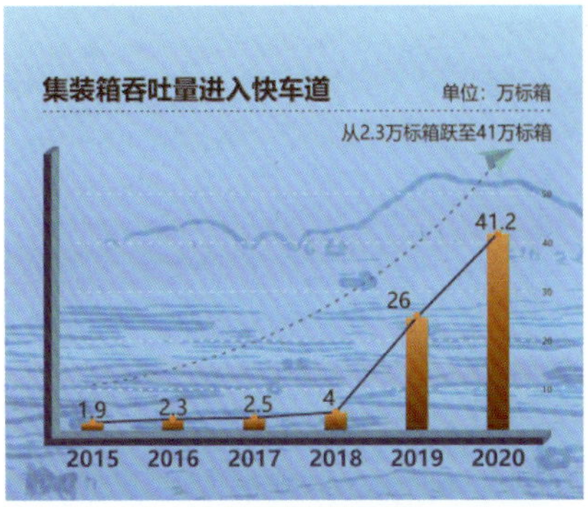

2015—2020年集装箱吞吐量（万标箱）

海洋经济实现新跨越

实施海洋强区“5431”行动，获批建设国家级海洋经济发展示范区，浙能、华港两大LNG百亿工程上马，交建工业化基地、紫菜现代产业园、青山欢乐岛等项目开工，PPP项目推广获国务院通报表彰，获评全省有效投资先进区。诚意药业成为全省海洋医药第一股。建筑业总产值规模突破百亿元，港口经济驶上快车道，国际邮轮港开港运行。女子民兵连纪念馆入选全国红色旅游经典景区，创成全省首批全域旅游示范区（内容来自“两会”图片展）。

状元岙港区开通国际货运航线

大小门临港产业起步区加快建设

温州华港液化天然气（LNG）储运调峰中心项目上马

浙江浙能温州液化（LNG）项目上马

海滨河入选全省2019年美丽河湖

全面完成东沙渔港疏浚治理

村助力海岛振兴

花园村庄白迭村助力海岛振兴

建设浙南最大红树林生态湿地公园

改革开放进入新阶段

“最多跑一次”改革获省政府督查激励，“渔小二”做法经验在全省复制推广。完成名品广场、东港休闲中心等29个“僵尸项目”处置，南洋国际大酒店建成营业，马岙潭景区成功收回。探索“洞头标准”改革，发布小型休闲船艇管理等23项标准。实施“亩均论英雄”和“标准地”改革，国企改革逐步深化。获批建设海峡两岸（温州）民营经济创新发展示范区重点平台、省对台交流基地。

①“两岸一家亲”半屏山系列交流活动成功举办

②国民党前主席洪秀柱到洞头参访

③“店小二”式优秀服务为青山岛项目建设装上助推器

④“店小二”式优秀服务为精灵海岸项目建设装上助推器

⑤“僵尸项目、蜗牛工程”之南洋国际大酒店建成营业

⑥养殖海区整治

⑦小型休闲船艇联合整治

①		②		
③	④	⑤	⑥	⑦

洞头区殡仪服务中心正式投用

人民群众获得新实惠

创成温州首个省级教育基本现代化区，投用温州医科大学仁济学院，开办洞头乐成寄宿中学，全面实施集团化办学。完成区中医院、霓屿社区卫生服务中心、鹿西卫生院等新院搬迁，获批省综合医改先行先试区、全国慢性病全程健康管理试点，“医共体”改革获省政府督查激励。创成省级无欠薪区、食品安全区。建成区殡仪服务中心，移风易俗带动全社会形成文明节俭新风尚。建成区级矛调中心，获评全国无邪教创建示范区、信访工作“三无”区，捧回全省首批一星平安金鼎，蝉联全国平安建设先进区。

东西部扶贫旅游及农产品推介会

东西部扶贫协作洞头携手四川脱贫攻坚

温州医科大学滨海校区仁济学院建成投用

温州市教师教育院洞头分院建成投用

东西部协作“友谊树”

东西部扶贫协作联席会议

创成国家级慢性病综合防控示范区

洞头区乐成寄宿中学建成投用

霓屿义校建成投用

洞头先锋女子民兵连建连60周年活动

2020年6月20日，纪念洞头先锋女子民兵连建连60周年暨全面打造新时代民兵建设重要窗口会议在洞头召开。省委书记、省人大常委会主任车俊一行看望洞头先锋女子民兵连全体官兵、老民兵代表，参观连队纪念馆，观摩洞头先锋女子民兵连军事课目汇报演示。会上。区委书记王蛟虎汇报“坚持党管武装，弘扬海霞精神”的经验做法。

①2020年6月20日，纪念洞头先锋女子民兵连建连60周年暨全面打造新时代民兵建设重要窗口会议召开。浙江省委书记车俊出席会议并讲话

②省委书记车俊宣布洞头先锋女子民兵连军事科目汇报演示开始

③省委书记车俊和洞头先锋女子民兵连民兵握手合影

④洞头先锋女子民兵连开展拉练训练

⑤洞头先锋女子民兵连花枪训练

⑥洞头先锋女子民兵连建连60周年军事科目汇报演示

⑦洞头先锋女子民兵连近距离交替变换射击演示

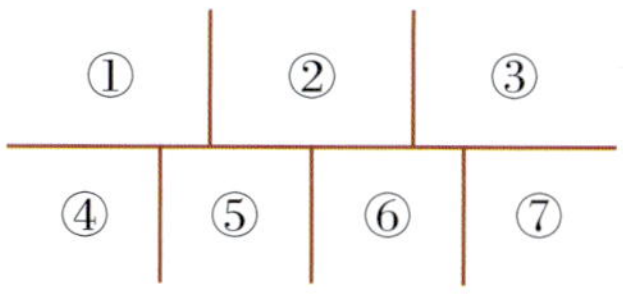

2020年11月27日，洞头区第三届市民文化节民星秀大赛暨中共十九届五中全会精神进基层文艺展演　（金如龙摄）

2020年8月25日，中国·洞头第十三届七夕民俗风情节　（区融媒体中心提供）

2020年1月12日，洞头·肖邦海上音乐会在北岙街道隔头村海角自然村举行。图为施坦威艺术家/英国皇家音乐学院的伊恩·琼斯教授在演奏钢琴曲（区融媒体中心提供）

2020年6月19日，洞头先锋女子民兵连建连60周年文艺展演活动在仁济学院滨海校区举行（金如龙摄）

2020年10月25日，“百特杯”温州洞头半程铁人三项赛暨温州铁人“月练越强”年度总决赛开赛

（区融媒体中心提供）

2020年12月18日，“全拳套”全国U16男
锦标赛开赛

2020年11月20日至22日，第十二届中国·洞头全国海钓邀请赛

（金如龙摄）

拳击锦标赛暨“瀛洲杯”全国少年男子拳击
（区融媒体中心提供）

2020年6月13日，第五届温州市“北鹿佬客”杯全国俱乐部海钓（路亚）邀请赛
（区融媒体中心提供）

2020年11月，洞头区人民医院改扩建工程暨公共卫生服务中心建设工程开工建设。图为工程效果图 （区卫健局提供）

2020年4月21日，洞头区中医院（大门镇社区卫生服务中心）启用 （区卫健局提供）

2020年4月24日，霓屿社区卫生服务中心建设工程建成投用　　（区卫健局提供）

2020年4月24日，鹿西乡卫生院（区人民医院鹿西院区）启用　　（区卫健局提供）

新型冠状病毒肺炎疫情防控

2020年1月26日，洞头区报告首例确诊病例，至2月7日，全区确诊新型冠状病毒肺炎病人5例，均为轻型或普通型病例。3月10日，洞头区最后一名病例治愈出院，实现病例“清零”，全区无二代病例发生。

2020年2月11日，洞头区委常委（扩大）会议研究部署疫情防控工作　（洞头区融媒体中心提供）

2020年1月31日，洞头区霓屿通道指挥中心设置卡口　（叶凌志摄）

2020年2月5日，鹿西乡组织海上

2020年2月5日，洞头区人民医院对第一例确诊病人进行隔离检查、肺部CT检查、血液化验　　（叶凌志摄）

兵海面巡逻排查

2020年2月1日，洞头区海悦城嘉园等多个小区启动封闭式管理

（区融媒体中心提供）

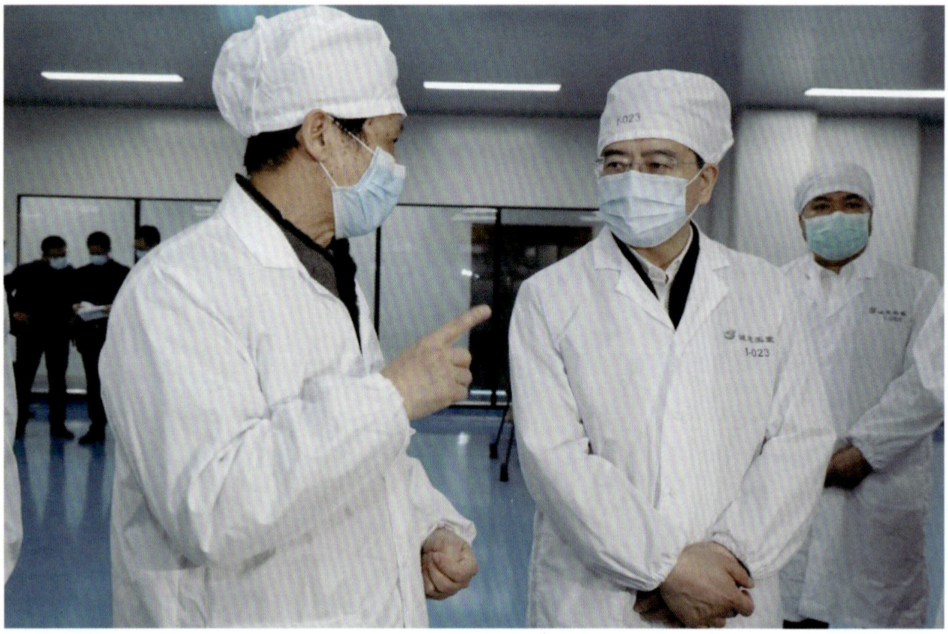

2020年3月11日，省委常委、市委书记陈伟俊（左二）调研诚意药业复工复产情况
（吴逢旭摄）

2020年1月23日，洞头区委书记王蛟虎，

2020年2月17日，洞头溢香国际救援队在中心街开展消杀　（叶凌志摄）

洞头区北岙街道城中社区组织抗疫宣传

委副书记、区长林霞一行开展疫情防控检查

（区融媒体中心提供）

2020年3月5日，洞头区专车迎接员工到岗复工

（蔡奕群摄）

（林高钦摄）

2020年4月3日，洞头区在区人民医院为完成援鄂任务归来的护士陈虹举行欢迎仪式

（区融媒体中心提供）

醉美百岛　　（曾国团摄）

琵鹭栖息地　（马永者摄）

春晨大门　（黄忠进摄）

美丽南塘　（郭海群摄）

目　录

特　载

专　辑

大事记

区情概览

中共洞头区委

洞头区人民代表大会

洞头区人民政府

政协洞头区委员会

中共洞头区纪委 洞头区监委

人民团体

法　治

军 事

农业　水利

海洋与渔业

经济管理

工 业

交 通

城乡建设

商贸服务

旅游业

金融业

环境保护

教　育

科学技术

文　化

卫 生

体　育

居民生活

人 物

街道 乡镇

附　录

索　引

CONTENTS

Special Issue

Featured Articles

Chronicle of Events

An overview of the district

The CPC Dongtou District Committee

Dongtou District People's Congress

The People's Government of DongTou District

Dongtou District Committee of CPPCC

CPC Dongtou District Commission for Discipline Inspection Dongtou District Supervisory Commission

People' s Organizations

Legal System

Military

Agriculture and Hydraulic Engineering

Oceans and Fisheries

Economic Management

Industry

Transportation

Town and Country Construction

Business Services

Tourism

Financial Industry

Environmental Protection

Education

Science and Technology

Culture

Sanitation

Sports

Residents Living

Figure

Street and Towns

Appendix

Index

特　载

火红的日子 · 陈钦煅

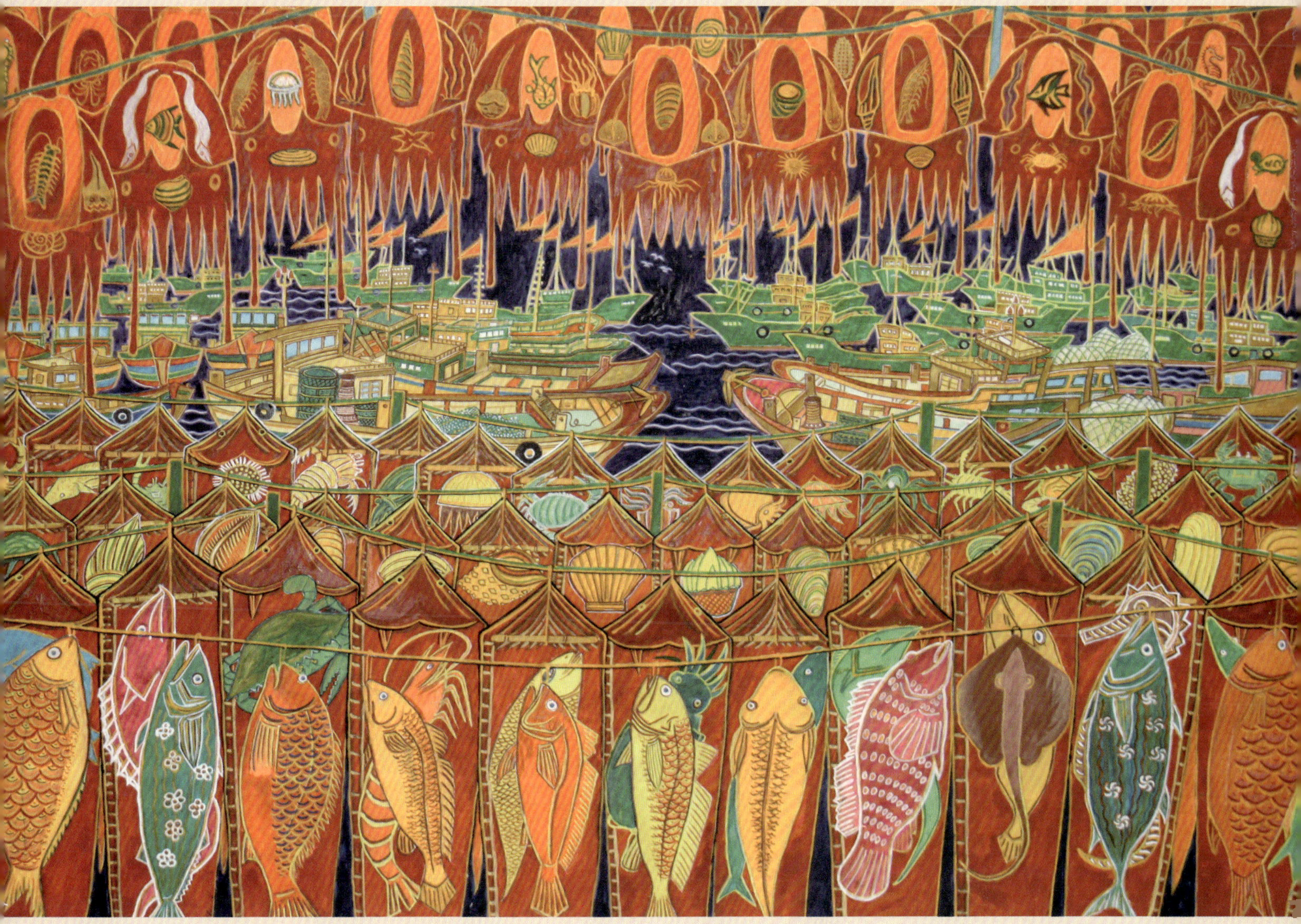

“海霞精神”

爱岛尚武　励志奉献

关于建设洞头国际旅游岛的实施意见

为进一步推动洞头旅游高质量、高品质发展，充分放大旅游产业的综合带动效应，不断满足人民群众的美好生活需要，按照市委、市政府《关于打造温州国际休闲度假旅游城市的意见》（温委发〔2019〕31号）文件精神，现就打造洞头国际旅游岛制定如下意见：

一、总体要求

（一）指导思想

深入贯彻习近平新时代中国特色社会主义思想和党的十九大精神，全面落实省委、市委和区委全会决策部署，坚持海上花园一张蓝图绘到底，发挥五海优势，实施旅游兴区战略，突出文旅融合、主客共享、宜居宜游，努力把洞头的文化旅游资源优势转化为客源优势、产品优势和品牌优势，推动景点旅游向全域旅游转型、国内旅游向国际旅游拓展、旅游大区向旅游强区迈进，提升区域影响力、产业竞争力，着力把旅游业培育成为洞头战略性支柱产业和富民强区的幸福产业，努力把洞头建设成为特色风貌鲜明、旅游业态丰富、配套服务优质、游客体验舒适的国际旅游岛。

（二）发展目标

锚定国际旅游岛建设定位，打造全区超25亿元增加值旅游产业集群，构建“一环三片多点”全域旅游空间布局（“一环”：西接温州市沿海发展轴，北通乐清和大小门港产业区，南连瓯江口新区，形成一环联动的围合；“三片”：瓯江口新区、洞头核心岛屿群、大小门临港产业区；“多点”：鹿西岛群、青山岛群、大竹峙岛群、大瞿岛群、南北策岛群等），实施“1359”计划（围绕一个发展目标，开展三大国家级创建，构建五大旅游支撑体系，实施九大旅游产业工程），加快提升洞头作为海岛旅游目的地功能、环境、产品、营销、管理和服务的国际水平，打响洞头旅游品牌。

——到2025年，旅游休闲产业规模进一步扩大，旅游管理服务、产品开发和营销具有一定国际水平，旅游产业竞争力和国内外知名度明显提高，成为长三角休闲度假型海岛旅游目的地。旅游业增加值超25亿元，占全区生产总值比重（简称GDP）达15%以上；全区接待海内外游客超1500万人次，过夜旅游者达350万人次；入境旅游者达3万人次。

——到2030年，全域旅游产业体系基本形成，旅游经营管理和服务水平与国际标准接轨，具备较强的旅游产业竞争力和国内外知名度，旅游休闲产业对经济社会发展发挥更加重要的龙头带动作用，成为国际休闲度假型海岛旅游目的地。

二、主要任务

（一）强化顶层设计支撑体系

1.强化规划战略支撑。围绕国际旅游岛建设，实施全域旅游产业规划，统筹灵昆、大门、鹿西旅游一体化发展，向南整合海岛资源，将大北列岛、北麂列岛、南麂列岛纳入旅游线路，形成海岛旅游集群。做足红色、黄色、蓝色“三色旅游”文章，丰富业态、提升设施，推动洞头旅游国际化、品质化、特色化发展。牢固树立“为我们建一座城”理念，不断将文化旅游和国际元素融入城乡规划建设。加强与高等院校、高端智库机构长期稳固的战略合作，建立国际旅游岛建设专家智库，高质量、高水平、高起点谋划国际旅游岛建设。

2.强化对外开放合作支撑。融入长三角旅游一体化，通过资源整合、产品组合、产业融合，积极拓展长三角客源市场。深化对台旅游经贸文化合作，加快同心旅游特色小镇建设，做精海峡云村金岙101等项目，努力将洞头打造为全国对台开放、合作交流的试验田和主窗口。加强与中国港澳台地区、日韩和“一带一路”沿线国家旅游合作，重点在项目建设、业态培育、市场开发等方面开展交流合作。通过扩大对外开放影响力，积极争取国际旅游岛建设政策红利，提升瓯江口综保区功能，争取在免税商店、保税专区设立和免签证等旅游开放政策上有突破。

3.强化平台集聚支撑。统筹推进高级别旅游创建，2020年全面推进国家级全域旅游示范区创建，2024年启动国家级旅游度假区创建，2025年积极争创国家AAAAA景区。重点抓海岛公园、景区城镇试点建设，协同推进瓯江山水诗路建设。力争到2025年，新增省级旅游风情小镇2个以上。坚持以大平台集聚大项目，到2025年，谋划实施亿元以上重大旅游项目20个，总投资达100亿元以上。

（二）培育高品质休闲旅游产品体系

4.加快发展休闲度假旅游。聚焦梦幻海湾、韵动海湾、相思海湾等三大海湾，加快重磅项目招商落地，吸引国内外知名品牌运营商，投资运营高品质休闲旅游度假项目，努力将洞头打造为集休闲度假、主题酒店、商务会展、旅游购物于一体的大型综合旅游度假区。推进蓝色海湾整治修复，建设一批公共海滨浴场和湿地公园，形成“蓝湾”休闲度假品牌。深度开发休闲度假旅游产品，做精主题岛保护性项目开发，加快青山欢乐岛、大竹峙航空主题岛、大瞿养生岛等项目建设，重点在主题乐园IP引进上实现突破，打造引爆性旅游龙头项目。

5.提升发展乡村休闲旅游。结合乡村振兴示范带建设，鼓励创建旅游社区、特色旅游村、A级景区村等品牌，到2025年实现A级景区村全域覆盖，其中AAA级景区村20个，占比超过30%。依托海岛渔农业资源，提升建设灵昆生态休闲农庄、大门仁前途海岛田园综合体、霓屿紫菜田园综合体和鹿西黄鱼综合体，形成一批渔乡观光体验产品。发挥鹿西“海洋牧场、候鸟天堂”的优势，开发离岛风情体验、山海露营和鸟岛观光摄影等私人订制产品，打造国际化慢生活体验岛。

6.培育发展会议会展产业。以新城二期、瓯江口新区为核心，建设特色购物商业街区，吸引国内外知名品牌入驻，打造国际特色购物中心。融入长三角会展经济带，策划和发起以海洋生态文明国际论坛、两岸半屏山论坛、长三角论坛等为主题的龙头会议，积极培育国内外知名的大型会展活动，鼓励旅游企业承接社会化会展、培训、团建等活动，形成会议服务、管理培训和团队定制的产业链条。

7.加快发展邮轮游艇产业。加快状元岙国际邮轮泊港建设，积极推动邮轮码头建设，争取开通访问港，支持对接国内外挂靠航线，吸引开辟更多国际邮轮航线运营，探索开发中国沿海港口城市之间的邮轮游览线路，把状元岙国际邮轮港打造成为浙南闽北赣东区域国际邮轮中心。加快邮轮小镇招商，打造邮轮经济全产业链，提升邮轮港口综合服务水平。加快游艇码头建设，建成东沙游艇中心，成立游艇俱乐部，提升游艇制造水平，举办游艇赛事，形成集游艇制造、销售、服务为一体的游艇产业链条。

8.培育发展海岛星光经济。以“蓝色梦幻夜未央”为主题，串联整合15公里夜游线路，重点打造海鲜街区、音乐夜市、民俗演艺、渔港夜游、海岛观星等项目，丰富“夜游、夜憩、夜宴、夜赏、夜娱”于一体的星光经济业态，形成“一楼（望海楼）一山（半屏山）两港（中心渔港和东沙渔港）”夜间休闲旅游系列产品，实现“白天看景”+“夜间消费”的充分衔接。

（三）加快构建产业融合发展体系

9.创新发展海渔文创产业。打造特色文化街区，激活更新老城，提升改造中心街、后街、东岙村七夕古巷、洞头村宫口渔巷等传统街区，植入文化生活业态，打造时尚消费空间。实施文旅融合IP工程，推进“白鹭湾”海渔文化旅游度假区、贝雕主题艺术公园和海陶创意村等项目建设，打造十大研学旅游基地，开发十大特色海渔文创伴手礼。

10.着力发展滨海运动产业。积极培育滨海运动、体育赛事等体育消费新业态，全面开发海、陆、空滨海运动产业链，将洞头打造成为长三角运动中心。发展大众海钓、帆船帆板、皮划艇、摩托艇、尾翼冲浪等海上极限运动，丰富沙滩排球、足球、高尔夫、环岛马拉松、自行车等陆上运动，开发水上飞机、热气球、海上降落伞等低空休闲观光项目。加快发展赛事经济，打造铁三运动小镇，积极承办国际铁三世界杯、国际矶钓名人邀请赛、“一带一路”国家间群众体育交流比赛等国际体育赛事。

11.积极发展蓝色康养产业。利用温州医疗资源，借助温州医科大学滨海校区和洞头诚意药业等平台，挖掘海洋生物医药研发潜力，建设以康养旅游、健康管理、智慧医疗为特色的区域医疗康养示范区，发展以高端体检和全民健康管理为特色的健康服务产业。以中普陀寺和永福寺为核心，开发一系列禅修养生产品，推出特色海鲜药膳，发展禅修养生产业。加快推进精灵海岸养生庄园、韵动海湾、霓屿健康养生岛等康养项目建设，打造海岛旅居、康养度假品牌。

12.加快发展海霞红色旅游。加快海霞民兵小镇建设，兴办海霞学院，完成洞头先锋女子民兵连纪念馆、海霞军事主题公园改造提升，通过引入真人CS、户外探险、军事训练、军事影视外景拍摄等新业态开发，努力打造集国防教育、影视拍摄、军事游戏、户外极限挑战等全要素多领域高效益的军旅融合主题乐园。

（四）完善休闲旅游配套设施体系

13.构建“外快内畅慢游”旅游交通网络。完善“外快”旅游交通网络，加快建设半岛南堤快速路和北口大桥建设，依托甬台温高速复线灵昆段、330国道构筑对外主通道，形成至温州中心城区1小时、至机场和高速半小时交通圈。构建“内畅”旅游交通网络，推进旅游交通枢纽与集散换乘体系建设，建成同心广场综合体，加快实现从机场、车站、码头、市域铁路与主要景区无缝对接。构建岛内和岛际交通大循环，开通“海上游”“岛际游”线路，打造浙南海上航运旅游中心。完善“慢游”旅游交通网络，合理布局旅游驿站，建成半屏全电岛和慢行系统，整体改造提升旅游风景道体系，打造五大美丽景观公路。提升旅游公交线路，形成观光车、休闲运动自行车等相补的“慢游”交通体系。

14.打造高标准旅游核心景区。加快推进核心景区建设，改造提升望海楼、半屏山、仙叠岩和大门岛等四大核心景区，完成马岙潭度假村等景区改造开发，拓展传统观光型景区休闲度假功能，增加游客体验性。注重品牌运营提升服务品质，推进景区建设标准化，完善游客服务中心、旅游停车场、花园厕所和游客安全服务等配套设施建设，确保景区设施配置和日常管理高标准，精细到位。

15.完善高品质旅游接待设施。加快引进一批国内外知名品牌酒店、星级饭店和特色主题酒店，建成南洋国际大酒店、阳光100旅游度假综合体、金海岸开元度假村二期等项目，新建高星级酒店5家以上，形成环东沙港、环中心渔港、环海西湖等国际休闲度假酒店群。围绕“蓝色海湾特色民宿带”建设，打造“东海石厝”品牌，出台民宿发展三年行动计划，制定民宿地方标准，开展民宿星级评定，积极培育和引进一批国内知名民宿品牌，打造十大主题民宿村，新增省市精品民宿20家以上。紧盯团队游客、青年游客等旅游群体，布局建设一批接待能力强、投资回报快的青年旅社、短租公寓和经济型旅游酒店。到2025年，实现床位数翻一番，总床位数突破1.5万张。制定渔家乐餐饮地方标准，开发“千鱼宴”系列菜品，培育“两菜一鱼”主题餐厅，适时引入法国、意大利等境外和中国香港、中国台湾特色饮食品牌，打造十大海岛特色美食街区。

（五）优化休闲旅游服务营销体系

16.优化休闲旅游服务体系。学习国际海岛旅游发展经验，努力实现在口岸签证、区域交通、医疗救助、信息咨询等方面的无障碍服务。按照国际标准，做好交通标识标牌、景区导览系统等方面规范提升，健全完善多语种服务体系，实行十大行业地方标准。实施“一十百千”旅游人才队伍建设计划，培育一批国际化旅游服务人才队伍。深化文化旅游综合执法体制改革，完善旅游投诉处理机制，强化部门间执法协作，建设放心景区。建立健全旅游诚信体系，制定旅游市场“红黑榜”管理办法，实施守信联合激励和失信联合惩戒制度。深化文旅大数据应用，改版优化“百岛洞头旅游”平台服务功能，围绕百岛洞头文旅资源提供一站式服务，实现“一机在手，畅游洞头”。

17.强化旅游品牌营销体系。开展洞头文旅品牌整体策划，以“中国海岛生活美学倡导者”为核心，构建洞头海岛生活营销模式，推出“海上花园 百岛洞头”主题宣传口号和形象识别系统，并通过基础营销、亮相发布、氛围营造、重大会展、事件营销等形式实现品牌推广。巩固省内基础客源市场，主攻长三角客源市场，开发中国港澳台地区、日韩和“一带一路”沿线国家等境外市场。瞄准疗休养、亲子游、研学游等重点旅游市场，精心做好旅游线路串联包装和旅游组织安排，打造十大精品旅游线路。强化旅游节庆赛事营销，做大做强妈祖平安节、七夕成人节等海洋文化节庆品牌，实现以节促旅、以节兴旅。创新旅游新媒体营销，瞄准“80、90、00”等重点人群，开展与携程、马蜂窝、百度等热媒平台合作，增加精准营销合力，打造十大网红打卡地。

18.创新旅游市场运营管理体系。加强洞头旅发公司培育发展，实行国有景区市场化运营管理机制，积极推动上市。培育壮大市场主体，鼓励支持在洞旅游企业做大做强，支持龙头旅游企业IPO，推动传统旅游企业转型，培育十大旅游重点企业。推行节庆赛事市场化运营模式，实现节庆赛事的常态化开展、市场化运作。

三、保障措施

（一）加强组织领导。建立洞头国际旅游岛建设工作领导小组，由区委书记担任组长，区长担任第一副组长，区委、区政府分管领导担任副组长，领导小组成员由区相关部门和各街道（乡镇）主要负责人组成，领导小组下设办公室（设在区文广旅体局）。建立领导小组联席会议制度，成立九大旅游产业工程发展协调小组，定期研究国际旅游岛建设工作。健全旅游管理机制，进一步理顺旅游行政管理部门与旅游发展公司的关系，实行行政有效管理和市场化灵活运营良性互动，形成旅游发展合力。全区上下要树立“大旅游”观念，推进从封闭的旅游自循环向开放的“旅游+”“+旅游”融合发展转变，构建起以旅游为平台的复合型旅游产业结构，凝聚推动洞头旅游大发展强大合力，全面推进国际旅游岛建设。

（二）强化要素保障。强化资金保障，统筹城市开发、乡村振兴、产业发展等资金，重点向国际旅游岛建设、旅游产业提升等倾斜。依法探索通过市场化形式设立旅游产业发展引导基金，加强对旅游企业和重大项目的融资支持和服务，激发各类资本、招引知名企业家参与洞头旅游开发建设和经营管理。强化惠旅政策扶持，精准制定旅游产业发展扶持政策，提高资金使用绩效。强化用地保障，积极开展海岛用地机制创新，优先落实旅游重点项目建设用地。强化人才保障，增强旅游人才引进政策吸引力，吸引一批具有国际视野、善于开拓创新的领军人才和高端人才，强化涉旅从业人员业务培训和素质提升，提升旅游发展国际化、专业化、标准化和特色化水平。

（三）强化督查考评。领导小组办公室要按照实施意见精神，每年细化旅游发展指标，制订年度实施方案，分解落实各项工作任务。各旅游产业工程发展协调小组要按照年度实施方案，提出年度实施计划，经领导小组研究通过后，抓好落实。将国际旅游岛建设纳入有关部门和街道（乡镇）年度考核中，加强分类指导和综合考评，确保各项工作落到实处。

中共温州市洞头区委
温州市洞头区人民政府
2020年2月24日

关于学前教育深化改革规范发展的实施意见

为进一步完善学前教育公共服务体系，切实办好新时代学前教育，更好实现幼有所育、幼有优育目标，根据《中共中央国务院关于学前教育深化改革规范发展的若干意见》（中发〔2018〕39号）、《中共浙江省委浙江省人民政府关于学前教育深化改革规范发展若干意见》（浙委发〔2019〕34号）、《中共温州市委温州市人民政府关于学前教育深化改革规范发展的实施意见》（温委发〔2020〕20号）精神，结合我区实际，特制定本实施意见。

一、指导思想

以习近平新时代中国特色社会主义思想为指导，全面贯彻党的十九大和十九届二中、三中、四中、五中全会及省第十四次党代会精神，坚持党的教育方针，认真落实立德树人根本任务，遵循学前教育规律，牢牢把握学前教育正确发展方向。坚持党的领导、政府主导、改革创新、规范管理、促进公平的原则，完善学前教育体制机制，健全学前教育政策保障体系，推进学前教育普及普惠安全优质发展，不断满足人民群众对“上好园”的美好期盼，为培养德智体美劳全面发展的社会主义建设者和接班人奠定坚实基础。

二、工作目标

到2020年，建成投用霓屿幼儿园，完成元觉幼儿园主体工程建设；普惠性幼儿园占比达100%；等级幼儿园占比达100%；专任教师持有教师资格证占比达100%；一、二级幼儿园在园幼儿覆盖面达60%以上；全区财政性学前教育经费占同级财政性教育经费比例达到7%以上。启动学前教育普及普惠区督导评估前期筹备工作，基本建成以公办幼儿园和普惠性民办幼儿园为主体，布局合理、资源充足、质量保证的学前教育公共服务体系。

到2022年，建成投用海悦城住宅小区配套幼儿园，完成大门长沙安置房配套幼儿园主体工程建设；全区公办幼儿园在园幼儿覆盖面力争达60%以上；普惠性幼儿园占比保持100%；等级幼儿园占比保持100%，一、二级幼儿园在园幼儿覆盖面达75%以上；财政性学前教育经费占同级财政性教育经费比例力争达到10%以上。完成学前教育普及普惠区创建，全面建成公益普惠、布局合理、资源充足、质量保证的学前教育公共服务体系。

到2035年，高质量普及学前教育，各街道（乡镇）学前教育优质均衡，形成完善的学前教育管理体制、办园体制和政策保障体系，各类幼儿园健康持续发展。全面建成更加普惠、更加充裕、更加公平、更加优质的学前教育公共服务体系。

三、主要任务

（一）优化布局，保障幼儿园资源供给

1.优化幼儿园布局规划。根据《温州市洞头区学前教育布点专项规划（2017—2030）》（洞政函〔2018〕11号）要求，结合各街道（乡镇）幼儿数量变化、分布和现有幼儿园状况，调整完善落实布点规划。坚持以公办幼儿园为主体，鼓励发展普惠性民办幼儿园、依法支持营利性民办幼儿园的办园思路，合理优化各乡镇（街道）幼儿园办园结构，支持鼓励民办幼儿园整合办学，改变北岙街道、大门镇、东屏街道、灵昆街道薄弱民办园“低小散”现状。科学制定幼儿园建设三年行动计划，明确建设主体、建设项目、建设规模、建设时间、移交期限，加快落实幼儿园建设任务。

2.扩张渠道增加公办幼儿园资源。有序发展公办幼儿园，将公办幼儿园建设项目用地纳入年度国有建设用地供应计划，优先保障公办幼儿园建设项目用地供应。积极挖掘潜能，扩大增量，充分利用空置厂房、空置办公楼、闲置校舍等资源改建成公办幼儿园。鼓励创新办学机制，将政府建设公办性质幼儿园委托给社会力量办学，采用政府购买学位方式确保幼儿园办学质量。

3.引导普惠性民办幼儿园优质发展。加大财政投入，引导和鼓励社会力量更多举办普惠性幼儿园。在调整完善普惠性民办幼儿园的认定和管理办法的基础上，以同级公办幼儿园、普惠性民办幼儿园等价收费为目标，制定并实施对普惠性民办幼儿园的财政经费补助标准。通过购买服务、综合奖补、减免租金、派驻公办教师、师资培训、教研指导等方式，大力支持普惠性民办幼儿园发展，将办园质量作为奖补和支持的重要依据。

（二）补齐短板，加快城镇住宅小区配套幼儿园建设

4.落实配套园“五同步”管理。根据《浙江省城镇住宅小区配套幼儿园建设管理办法（修订）》和《温州市配套幼儿园“五同步”管理办法》，加快推进北岙街道海悦城、大门镇长沙安置房配套幼儿园和瓯江新区新建住宅小区配套幼儿园建设。贯彻落实城镇住宅小区配套幼儿园建设管理办法，确保今后配套幼儿园与首期建设的居民住宅区“同步规划、同步设计、同步建设、同步验收、同步交付使用”。

（三）多措并进，提升农村幼儿园办园质量

5.将农村幼儿园建设列入乡村振兴战略，实施“洞头区农村幼儿园补短提升工程”，大力提升鹿西乡、大门镇公民办幼儿园办园质量。依托市学前教育指导中心组建的农村学前教育发展联盟，通过资源共享和互助共长改进农村学前教育管理模式。利用集团园办学、园所结对帮扶、名师工作室蹲点指导等方式，开展农村幼儿园课改研究，帮助农村幼儿园提升保教质量。

（四）创新机制，加强教师队伍建设。

6.加强师资配备力量保障。按照依法依规配足配齐幼儿园教职工，确保落实每班“两教一保”的标准，至2023年，全面配齐公办园“一个班级至少一名在编教师”。克服教师编制资源供需矛盾，做好公办幼儿园教师编制保障，通过控编、减编等改革措施将腾出的编制重点向公办幼儿园倾斜。各级各类幼儿园不得招聘未取得教师资格证的人员。加大专业卫生保健员培养力度，全面提升幼儿园卫生保健队伍的专业化水平。

7.实行公民办教师互派机制。加大公办园骨干教师培养，安排公办园一定数量的骨干教师到民办园挂职锻炼，担任保教主任职务，协助民办园做好教学管理，提升教研水平，规范一日活动，提升保教质量；安排民办园一定数量的骨干教师到公办园挂职培养，担任副班主任职务，学习公办园的管理方式、保教形式和环境创设方法等，全面提高教师素养。

8.推进教师委托培养。依托高等学前教育师范院校，根据海岛实际，量身定制培养教师。依托温州市学前教育指导中心农村学前教育发展联盟，实施“点亮乡村童年153”工程，通过资源共享，改进大门、鹿西离岛农村学前教育管理模式，培养离岛农村优秀教师。依托温州市学前教育品牌学校，通过选派骨干教师驻点学习方式，培养海岛优秀学前教育教师。落实洞头区学前卓越教师培养计划，重点培养学前卓越人才。

9.依法保障幼儿园教师待遇。落实公办幼儿园教师工资待遇保障政策，建立乡村公办幼儿园教师生活补助政策、工资奖补机制和农村津贴制度。将公办幼儿园中保育员、安保人员、厨师等服务纳入政府购买服务范围，所需资金从地方财政预算中统筹安排。幼儿园合同制教师人均年收入不低于上年度所在地全社会单位在岗职工年平均工资，并逐步提高待遇水平。各级各类幼儿园要依法依规为教职工足项足额缴纳社会保险费和住房公积金。

（五）加大投入，健全学前教育经费保障机制

10.优化经费投入结构。保障

学前教育财政经费，新增教育经费向学前教育倾斜，按照财政性学前教育经费占同级财政性教育经费比例力争达到10%以上的要求，进一步加大学前教育经费投入力度，从而实现扩大普惠性资源、提高教师待遇、改善办园条件、提升保教质量的学前教育发展目标。

11.建立健全成本分担机制。健全政府投入、社会参与和家庭共同承担的成本分担机制。从幼儿园正常运转和适度发展的实际出发，科学核定办园成本，以提供普惠性服务为衡量标准，统筹制定财政补助和收费政策，合理确定分担比例。2020年年底前，区发改局、区财政局、区教育局要制定出台学前教育成本分担机制实施意见。合理提高公办幼儿园收费标准，建立三年一次办园成本核算机制，按需调整幼儿园收费标准。民办幼儿园收费标准实行市场调节价，由幼儿园自主决定，其中普惠性民办幼儿园收费办法和收费标准按省定标准执行。完善并实施幼儿园生均经费标准、公办幼儿园生均财政拨款标准和生均公用经费标准。

（六）落实责任，强化幼儿园规范发展

12.落实监管责任。坚持“谁主管谁监管，谁举办谁负责”的原则，强化对幼儿园教职工资质配备、收费行为、安全防护、卫生保健、保教质量、经费使用以及财务管理等方面的动态监管。落实和完善年检制度，对年检不合格的要限期整改，并依法依规予以处理。

13.强化安全监管。严格幼儿园准入管理，幼儿园所在街道（乡镇）、村（居）委会要共同做好幼儿园安全监管工作。幼儿园要落实园长安全主体责任，根据《浙江省中小学幼儿园安全防范工作实施细则》要求，狠抓人防、物防、技防建设，进一步健全安全管理制度，严格园区安全管理，加强法制和安全教育，定期对教职员工开展安全培训和演练，有效提高教职员工安全防范意识和能力。

14.严格依规依法监管。利用全国学前教育办园行为专项督导系统平台，加强办园行为监管；利用幼儿园责任督学挂牌督导制度，督促幼儿园不断提升办园水平；利用发展性评价手段，促使办有特色、有内涵、高品质的幼儿园。对存在伤害儿童、违规收费、克扣伙食等行为的幼儿园，要及时督促整改，并依法依规追究责任。

15.稳妥实施分类管理。要积极落实民办幼儿园分类管理实施办法，教育、编办、民政、市场监管等部门要根据举办者申请，归口管理非营利性民办幼儿园或营利性民办幼儿园分类登记工作，确保分类登记平稳实施、有序进行。

（七）深化改革，提高幼儿园保育教育质量

16.提升幼儿园保教质量。以等级幼儿园建设为抓手，增加一级园和二级园数量，逐步提升一级园和二级园保教质量。推进幼儿园研训改革，加强学前教育教研机构建设，充分发挥学前教育专职教研员的专业引领作用，选拔优秀的园长和骨干教师组成兼职教研员队伍，共同建立覆盖城乡的教研指导网络，创新园本教研方式；充分发挥学前教育名师工作室辐射引领作用，发挥名师工作室团队的力量，通过入园蹲点指导，提升幼儿园保教水平。深化幼儿园课程改革，鼓励幼儿园充分利用洞头自然和文化资源，推进幼儿园课程园本化，开展“安吉游戏”实践园培育推广工作，引导幼儿园坚持以游戏为基本活动，促进每个幼儿个性化发展。加强学前教育信息化建设，创造适合幼儿发展的智慧空间，实现学前教育管理数据的精准采集与共享，提升学前教育数据管理水平。全面贯彻落实《温州市幼儿园保教工作规范》，有效遏制幼儿园“超班级”办园、“超班额”办班倾向，开展防止和纠正“小学化”治理行动。

四、保障措施

（一）强化党的领导。全面加强党对学前教育事业的领导，按照管党建和管业务相结合的原则，区教育局党委要统一领导和指导幼儿园党建工作，认真落实全面从严治党要求，实现幼儿园党的组织和党的工作全覆盖，充分发挥幼儿园党组织作用，加强教职工思想政治工作，保障正确办园方向。

（二）强化统筹协调。建立区政府学前教育联席会议制度，定期召开会议，协调各部门力量共同解决学前教育发展中的难点问题。编办、发改、教育、公安、财政、人力社保、自然资源和规划、住建等部门要切实履职尽责，对学前教育资源供给、机制优化、经费保障、队伍建设、安全防护等重点目标任务合力攻坚克难，全面提升学前教育优质普惠水平。区政府对学前教育发展负主体责任，负责制定学前教育布局规划和事业发展规划、公办幼儿园建设、教师配备补充、工资待遇等，确保普惠性幼儿园资源供给。各乡镇（街道）政府要积极参与，支持办好区域内各类幼儿园。

（三）强化督导考核。贯彻落实教育部《县域学前教育普及普惠督导评估办法》（教督〔2020〕1号），加大对本实施意见落实情况的督导力度，及时发现和纠正工作中出现的问题，确保学前教育健康稳步发展。

中共温州市洞头区委
温州市洞头区人民政府
2020年12月15日

专 辑

美丽渔村花园 · 杨金花

“海霞精神”

爱島尚武　励志奉献

专　辑

洞头区“十三五”经济社会发展成就综述

“十三五”时期，洞头区综合实力实现较快提升，地区生产总值、人均地区生产总值、一般公共预算收入等指标年均增速排名全市前列，其中，全区地区生产总值114.42亿元，年均增长8.2%，增速居全市第一；人均生产总值7.4万元，年均增长8%，增速居全市前列；一般公共预算收入10.02亿元，年均增长17.9%，增速居全市第二；城镇和农村常住居民人均可支配收入分别达52279元和32295元，城乡居民收入比缩小至1.62，均衡度排名全省前列。

一、海洋经济开创新局面。成功获批国家级海洋经济发展示范区，“十三五”期末，全区海洋产业增加值占GDP比重约70%，7个项目列入省152工程，16个项目列入省重大产业项目，获评全市唯一的省级有效投资先进区，PPP项目推广获国务院通报表彰。临港产业规模不断壮大，港口集装箱吞吐量从2016年的2.3万标箱飞跃至2020年的41万标箱，建筑业总产值规模突破百亿，诚意药业上市，金海蕴生物新三板挂牌，浙能、华港两大LNG百亿工程开工建设。全域旅游蓬勃发展，创成全省首批全域旅游示范区，同心旅游小镇被列入省级特色小镇创建名单，青山欢乐岛、梦幻海湾等海洋旅游项目开工建设，累计实现旅游总收入197.6亿元，接待旅游人数3535万人。渔农业现代化步伐加快，创成国家级渔业健康养殖示范区和省级渔业转型发展先行区，洞头中心渔港和鹿西渔港相继建成，霓屿紫菜现代产业园初具规模，白龙屿、黄鱼岛打响生态大黄鱼品牌，远洋捕捞实现全市零的突破。

二、交通事业取得新成效。大路网、大港口、大海运建设进程加快，基本形成“34567”对外交通时空圈。陆域交通不断完善，投用330国道洞头段、甬台温高速公路复线灵昆至苍南段、瓯江南口大桥、大门大桥、S1轻轨线灵昆站，开通大门隧道、新垄隧道、霓新隧道、美沙隧道，创成美丽经济交通走廊省级示范区。水运能力不断提升，建成5万吨级泊位4个，加密台湾航线，开辟5条国际航线，承接温沪和温甬12条外贸内支线，国际邮轮港开港运行，浙南水运中心启动建设，海运运力78万载重吨，连续10年全市第一。港口建设持续推进，大小门岛港区总体规划成功获批，建成状元岙港区化工码头、状元岙邮轮码头、鹿西综合交通码头，开工建设状元岙港区二期、温州港深水航道一期工程。海陆公交一体化不断推进，开通大门至温州、乐清公交班线，洞头与瓯江口、市区公交线路3条，S1线洞头至瓯江口公交接驳线1条，新增城区两路旅游环线公交，建成水上巴士2艘。

三、城乡建设迈上新台阶。同城发展迈出新步伐，洞头区域规划纳入温州城市总体规划，融入都市区发展格局基本形成。城市发展框架进一步拉开，大门鹿西旅游一体化综合开发正式提上日程，新城二期、大门长沙片区、霓屿布袋岙新区、瓯江口一期四大新区城市功能全面升级。智慧城市建设启动，初步形成“135+N”智慧城市框架体系，实施智慧城市“四个一”工程，建成智慧交通、智慧城管等13个项目。美丽城镇建设取得阶段性成效，城乡危旧房治理全面清零，创成全省首批“无违建”区，东屏街道入选省级美丽城镇建设样板街道。美丽乡村建设领跑全市，入选部省共建乡村振兴示范省先行创建区，获批浙江省美丽乡村示范区，建成10条乡村振兴示范带、72个花园村庄、41个绿化美化精品村，实施68个村集体经济发展项目。

四、民生福祉达到新水平。公共服务供给能力和公共资源普惠配置进一步优化，惠民安民举措有效落实，幸福家园共建共享。教育现代化全面推进，创成温州首个省级教育基本现代化区，投用温州医科大学仁济学院、实验小学、霓屿义校等高品质校园，开办洞头乐成寄宿中学，实现街道（乡镇）公办幼儿园全覆盖。健康洞头深入建设，获批全国慢性病患者全程健康管理试点地区、省综合医改先行先试区，“医共体”建设获省政府督查激励，启动洞头区人民医院改扩建工程，建成投用一批基层医疗机构。社会保障体系不断完善，基本养老保险、医疗保险参保率分别达98.29%和99.65%，创成省级无欠薪区、食品安全区，街镇养老服务中心实现全覆盖，建成区殡仪服务中心，移风易俗带动全社会形成文明节俭新风尚。文体事业全面发展，投用区文体中心、区文化馆，成功举办海钓、自行车、瑜伽等品牌赛事系列活动，荣获全国铁三“重要贡献城市”称号，“兰小草”成为温州市首位“感动中国”年度人物。平安根基更加扎实，获评全国信访工作“三无”区，捧回全省首批一星平安金鼎，蝉联全国平安建设先进区，洞头先锋女子民兵连获中央领导勉励指导。

五、生态文明呈现新风貌。坚持蓝色国土绿色发展，持续推进国家生态文明建设示范区创建，生态环境亮点纷呈，生态治理全面提升。生态建设连创佳绩，先后获得全国第二批“绿水青山就是金山银山”实践创新基地、国家级海洋牧场示范区、全国第三批节水型社会建设达标县（区）等多张国字号“金名片”。生态环境日趋改善，PM2.5浓度为18微克/立方米，创成全省首批空气清新示范区，完成所有入海排污口整治，达成“污水零直排”全域覆盖目标，夺得治水大禹鼎，获评省生活垃圾分类先进区。海洋生态修复效果显著，获批省级山水林田湖草生态保护修复试点，蓝湾整治成为全国样板，建成浙南最大人工沙滩，累计修复9个沙滩，建设南塘湾、霓屿红树林湿地公园，全力修复废弃矿山，生态环境公众满意度保持全市第一、全省前列。

六、改革开放实现新突破。坚决扛起海岛改革探路者使命，推动重点领域改革纵深拓展，加强对台合作和区域交流，全面激发创新发展活力。重点改革项目成效明显，“最多跑一次”改革向15个领域延伸，“渔小二”自助办证系统率全国之先开发。“蓝色海湾”建设经验入选十大社会资本参与国土空间生态修复典型案例。大胆探索“洞头标准”改革，发布小型休闲船艇管理等23项标准，破解海岛治理众多难题。基层减负改革走在全省前列，智慧综治获中央政法委肯定。开放合作取得突破，获批“海峡两岸（温州）民营经济创新发展示范区”先行试点，成功举办两岸一家亲·半屏山系列交流活动和首届两岸融合发展论坛，与上海长兴海洋装备产业园区签订战略合作框架协议，与奥地利魏茨市建立友好交流关系，与四川南部县的对口支援工作获全市唯一省东西部扶贫协作组织工作奖。

（厉海晓）

洞头先锋女子民兵连建连60周年纪念活动

2020年6月20日，纪念洞头先锋女子民兵连建连60周年暨全面打造新时代民兵建设重要窗口会议在温州市洞头区召开。活动筹备初期，省军区党委首长高度重视，冯文平司令员一线指挥、亲自部署，对活动筹备作出具体指示。活动筹备期间，省军区副政委张晓林四次赴洞头督导检查，各局办领导靠前指导，省军区、温州军分区指导组派驻洞头近50天，全程参与活动筹

南塘湾湿地公园 （叶凌志摄）

备各项工作，高频次督导、全流程预演，确保文艺展演、纪念馆参观、军事课目汇报演示和纪念大会等活动顺利开展。

会前，时任浙江省委书记车俊一行看望洞头先锋女子民兵连全体官兵、老民兵代表，参观连队纪念馆，观摩洞头先锋女子民兵连军事课目汇报演示。19日晚，观看洞头先锋女子民兵连建连60周年文艺展演。车俊向洞头先锋女子民兵连全体官兵和曾经在连队工作战斗过的同志们致以诚挚问候。他深情地说，洞头先锋女子民兵连是国防后备力量的一面旗帜，在长期实践中孕育而成的“爱岛尚武、励志奉献”的海霞精神，是“浙江精神”“红船精神”在民兵建设领域的具体体现和生动诠释。希望全连官兵牢记习近平总书记的嘱托，矢志传承海霞精神，大力推动理念转变、建设转轨、能力转型，成为洞头建设“海上大花园”的铿锵玫瑰。

6月20日，车俊出席会议并讲话。陈金彪、冯飞出席，冯文平主持，陈伟俊致辞，省军区领导刘建伟、张晓林出席。洞头先锋女子民兵连负责人汇报连队建设情况，洞头区负责人汇报“坚持党管武装，弘扬海霞精神”的经验做法。

车俊在会上指出，习近平总书记对洞头先锋女子民兵连一直十分关心，多次对连队建设作出重要指示。我们要把学习贯彻习近平总书记的重要指示精神，与贯彻落实习近平新时代中国特色社会主义思想和习近平强军思想结合起来，与贯彻落实习近平总书记考察浙江重要讲话精神结合起来，认真贯彻落实省委十四届七次全会精神，对标对表建设“重要窗口”的新目标新定位，集聚优质资源、发挥特色优势，打造海上民兵建设、民兵教育管理智能化、“民兵民间”应急救援力量、“民兵力量走出去”的特色品牌，努力成为新时代民兵建设重要窗口。

车俊强调，要以洞头先锋女子民兵连建连60周年为契机，大力弘扬海霞精神，为全面打造新时代民兵建设重要窗口提供强大精神力量。要广泛开展群众性爱国主义教育活动和革命传统教育活动，讲好国防故事、民兵故事，激励广大干部群众积极投身到全面打造新时代民兵建设重要窗口的实践中。省里、温州市特别是洞头区将一如既往地关心支持洞头先锋女子民兵连的工作，为民兵连建设和发展创造更好条件。

车俊强调，要坚持党对民兵队伍的绝对领导，聚焦新时代新使命新要求，加快民兵向科技密集型、质量效能型转变，全面提高民兵遂行任务能力，推动民兵在参与地方经济建设、承担急难险重任务、服务属地人民群众中站排头、当尖兵，加快建设忠魂忠诚、精干精锐、能战胜战、为民惠民的过硬民兵队伍。各级党委、政府要将民兵建设重大任务、重点项目纳入军地各有关部门的工作大盘子，发扬军爱民、民拥军的优良传统，不断巩固军政军民团结良好局面。

本次活动受到习近平总书记的勉励，中央军委国防动员部党委发来贺信，省委五位常委及省军区领导参加，数十位省直机关主要领导、各地市军分区主官，温州市四套班子有关领导、市直部门一把手，以及中央和省市媒体记者、女子连历任主官和社会各界有关代表共同与会，规格之高、规模之大、影响之深，在洞头历史上前所未有。活动内容丰富，举行海霞精神研讨会、建连60周年新闻发布会、参观纪念馆营地、军事课目展演、文艺展演、全省建设民兵重要窗口大会、海霞旅游节等。活动集中向全国各级媒体展示新时代海霞精神和洞头形象，新华社、中央电视台、中央人民广播电台、光明日报、解放军报、中国青年报、中国妇女报等国家级、省市级媒体累计刊发（播）洞头正面报道1415篇（条），累计刊发（播）“海霞”主题报道531余篇（条）。中央电视台“新闻联播”栏目播出2分钟，“新闻直播间”“朝闻天下”“军事报道”等栏目刊播相关报道10余条。

（年鉴编辑部）

洞头区新型冠状病毒肺炎疫情防控纪实

2020年1月26日，洞头区报告首例确诊病例，至2月7日，全区确诊新型冠状病毒肺炎病人5例，均为轻型或普通型病例。之后再无新增确诊病例。3月10日，洞头区最后一名病例治愈出院，实现病例“清零”，全区无二代病例发生。

一、指挥部署。1月21日，洞头区新型冠状病毒肺炎疫情防控工作领导小组成立，下设疫情防控办公室、综合协调组、风险排查组、疫情防控组、医疗救治组、物资保障组、社会维稳组、健康宣传组。1月27日，调整新冠肺炎疫情防控工作领导小组成员，区委书记任组长，下设8个专项组，每个专项工作组都由区领导牵头，安排四套班子领导挂钩到街道（乡镇）开展督查督导。建立区公共卫生应急防控指挥中心，集中在区大数据中心统一协调指挥、统一办公运转，形成一体化联防联控的运行机制。领导小组建立“一天一研判”机制，每天召集8个专项工作组、各街道（乡镇）的主要负责人连线进行疫情防控工作的研判和部署。建立区、街道（乡镇）、村（居）

全天候信息畅通机制。区级与各街道（乡镇）保持24小时信息沟通联动。2月5日，增设“返工、返校、返岗、返乡”专项工作小组。2月7日，成立疫情防控洞头区大门镇分指挥中心，派驻工作组，设6个专项工作小组。3月9日，成立境外到洞头人员管理服务工作领导小组，全面负责境外疫情输入防范工作。3月28日，根据疫情常态化防控要求，调整优化疫情防控工作领导小组工作机构，设立办公室、管控服务组、医疗组、宣传组、生产生活保障组、督查组。4月13日，为防范境外疫情海上输入风险，增设净海行动工作专班。

洞头区按照党中央和省、市抗疫工作部署，做好患者救治、源头防控、交通场所防线、物资保障，公布疫情信息。1月23日，洞头区启动重大突发公共卫生事件一级响应。1月26日，洞头区报告首例确诊病例后，区四套班子领导、重要部门、街道（乡镇）及村社干部全部取消春节假期、全员到岗。2月8日，全区各机关企事业单位人员统一安排到所处村（社区、小区）参与疫情防控工作。2月17日，机关事业单位干部职工全员返岗。3月6日，在温州机场、温州动车南站、温州高速出口等地建立临时留置点，由科级领导带队，机关干部、公安民警和医务人员参加，24小时值守。3月10日，最后一名病例治愈出院，本地病例“清零”。3月27日，全区应急等级调整为“四级响应”。5月25日起，洞头区疫情防控进入常态化阶段。截至6月底，全区调查密切接触者428名，隔离人员1076名，健康码扫码211.17万人次，审核通过安居码1.54万人。

二、医疗救治。洞头区实施可疑患者社区卫生服务中心（乡镇卫生院）预检分诊筛查、“120”救护车专车转运——区人民医院发热门诊集中留观——温医大附二院瓯江口院区集中诊治的“患者初筛—留观确诊—上转诊治”乡、区、市三级新冠肺炎分级诊疗机制。区人民医院建立感染和呼吸专家“双会诊”、医疗救治和疫情防控专家联席讨论制度，每日对留观患者进行病情研判。村卫生室（服务站）、个体诊所等基层医疗机构禁止接诊发热及相关呼吸道症状患者，在各社区卫生服务中心（乡镇卫生院）设置预检分诊点，发现发热及相关呼吸道症状患者，第一时间通过“120”院前急救车转运至区人民医院发热门诊就诊筛查。成立防控疫情心理干预志愿小组，开通服务热线，引导咨询者学会正确抗击疫情、舒缓心理压力。截至2月7日，全区共确诊病例5例。3月10日，洞头区最后一名病例治愈出院，本地病例“清零”。截至6月底，全区累计核酸检测4446人次，累计血清抗体检测2981人次；发热门诊累计接诊患者12402人，发热患者12342人，留观40人。“120”院前急救出车636次，转送人员634人。疫情期间，洞头区医务人员派调124人（不含灵昆），其中援助武汉1人，村卫生室（服务站）医护人员抽调集中隔离点、温州机场、温州动车站随车医务人员123人。

2月1日，洞头区开始设立集中隔离医学观察点，落实集中隔离措施。全区设立金海岸开元度假村、泉丰酒店、温州市教师教育院洞头分院3个区级集中隔离点。在大门镇洞头区中医院（大门镇中心卫生院）、华侨酒店、新时代宾馆和鹿西乡人民政府宿舍、鹿西乡卫生院设立乡镇集中隔离点。观察点实行专人负责制，24小时管理。截至2020年6月底，累计隔离1076人。对解除集中隔离医学观察的确诊病例密切接触者、确诊病例密切接触者的密切接触者、治愈出院病例等7类重点人员实行居家医学观察管理，开展“一对一”随访管理服务和健康监测工作，为期7天，期满后如无发热或出现呼吸道症状，解除相应随访管理措施。截至3月底，累计随访1892人。2月1日，打水鞍社区（海天佳境）实施全村封锁隔离。北岙街道组织50名机关干部分组实行24小时管控，各小组成员进行“地毯式”巡逻排查。社区成立临时党支部，组建社区公共卫生应急指挥室，制订工作方案和应急预案，封闭入村5个对外路口，禁止人员车辆进出，全体村民实行全民居家、全民封锁和全民体温测量，实行24小时管控。2月15日，解除封闭管理，社区内876户2856人无一人感染。大门镇发生病例后，先后对长沙社区和西浪村、岙底村、大溪居4个村居实行封闭式管理。

三、防疫管控。根据洞头海岛的特点，1月22日始，在330国道洞头霓屿通道中心出入口、大门大桥出入口、元觉渡口、大小门码头、鹿西鲳鱼礁码头设置关卡监测点，实行24小时轮班，通过询问近期外出史、体温测量等，全覆盖管住进入洞头交通卡口。至1月27日，累计排查32638人次（不含灵昆）。1月30日始，对进入洞头的车辆及人员进行劝返。落实“乡自为战、村自为战、企自为战、楼自为战”，设立卡口160个，做好排查、登记、劝返等工作，形成联防联控、群防群治的闭环管控格局。截至6月底，开展卡口执勤357人次，检查过往车辆29690余辆，47010余人，劝返5182辆，5588人；测温扫码渡口码头出入旅客106381人和道路客运站场进站旅客1072425人。

交通暂停和管制。1月27日始，洞头至温州151路公交班线全面暂停。1月28日起，跨区班线、环岛旅游公交线路全面暂停，调整压缩本岛公交（含夜间公交）和大门公交线路的班次。1月30日始，对进入洞头的旅游车辆及人员进行劝返，全面管控公交、出租车、滴滴以及海上渡轮。2月2日，330国道霓屿通道中心和大门大桥两大出入口实行24小时交通管制，除公务、应急、防疫、物资、物流等特殊用途车辆外，其他车辆不得进出。2月16日6时起，撤销除330国道霓屿通道中心和大门大桥外其他县道、乡道检查点。出租车恢复营运按照车牌尾号分类执行，大门镇、鹿西乡出租车恢复正常运营，城区公交和农村客运的常规班线恢复运营，恢复班次约为原班次的30%；岛际渡运逐步恢复营运。3月2日起，公共交通班线班次逐步恢复到正常水平。

全区落实“乡自为战、村自为战、企自为战、楼自为战”，实行“上门送卡、出门打卡、购物亮卡、通行凭卡、路面巡卡”五卡闭环管理，发动村民（居）自行组织开展疫情防控工作，控制外来人员流入。在全市率先实行“居家两星期，度过危险期”，做到“居家不出门、足不出户”的要求，生活物资实行定点送货上门服务。对大门镇相对比较偏远、与乐清地区接触比较少的村，实行“足不出村”的管理办法，全面堵塞疫情传播的渠道。2月2日至15日，实行全区村（居）民出行管控措施，全面切断病毒传播途径。各村居按户发放疫情防控人员出行管理卡，一户一卡。居民生活，每户家庭每两天仅可指派1名家庭成员出门购买生活物资，每次外出须戴口罩、带卡就近卡点打卡方可通行。2月19日始，根据疫情防控形势变化，实施常态化管理，村（社）、小区继续实施闭环管理，凭健康绿码单向测温进入，控制外来人员随意通行，加强常态化巡防，做好网格滚动排查。3月27日起，取消体温测量，凭健康绿码扫码（亮码）进入。落实“数据信息+网格排查”，利用“大数据+公安+网格”精密智控机制，对各类重点人群进行地毯式排查。截至6月底，全区出动排查人员6971次，排摸农贸市场4个，大药房22家，商场超市5家，宗教场所193处，宾馆67家，养老机构8个，网吧10家、影视剧院3家、健身房5家、KTV15家，民宿716家，餐饮782家，车站码头6个，教育培训机构14个，建筑工地（包括水利、教育、住建、交通）27个。餐饮关停782家，宾馆暂停营业67家，大药房关闭7家，关停网吧关闭4家。

停课和线上教学。全区共有44所教育学校停课，其中公办25所（幼儿园8所、义务教育15所、高中1所、职高1所）、民办19所（完全中学1所、幼儿园18所），学生15837人（其中幼儿3494人）；所有校外培训机构一律暂停培训。疫情期间留区外师生劝阻率100%。学校停课后，按照“一区一策”“一校一表”“一师一案”工作思路，全区高中、初中、小学中高年段（3—6年级）于2月10日开始上网课，实现“学生停课不停学，教师离校不离教”。全区所有教职工分工参与线上教学工作，首日授课教师达634名，课程数54门，全天在线人数9948，点击量53170。据调查，全区3—9年级共7862名学生，99%左右的学生有一种或多种学习终端可满足线上教育需要，经过协调后满足率达100%。2月28日，成立5个督查组，开展“五督五查”防控工作指导，督查检查学校44所，发现问题18个，并全部得以整改。

停工停商停市。疫情期间，工厂关闭，全区235家工业企业，其中规上企业30家，全部停止生产。关停商贸企业175家（含准备注销7家），其中限上企业44家，限下企业131家。加强公共场所和经营场所管理，2月3日至17日，除按规定落实进店人员戴口罩，做好体温监测、消毒、杀菌工作和员工防护的水、电、气、油、药店、物流公司、农贸市场、食品销售单位和150平方米以下餐饮服务单位、通讯部门（含广电）收费营业厅、银行等10类保障民生的经营服务商家店铺正常营业外，其他商家店铺一律关闭。年初全区市场主体总数9892家，其间，关停规定外经营主体32家，劝导缺少测温防护措施、配送力量不足的药店主动关闭店铺11家。区市场监管局每日巡查农贸市场确保不留死角，共出动检查人员545人次，检查农贸市场34家次、餐饮服务单位384家次，退订餐饮4200桌，延期消费100桌。全区个体诊所、村卫生室及门诊部（含西医、中医、中西医、口腔等）一律暂停营业，区卫生计生行政执法大队对全区84家个体诊所、门诊部、村卫生室、卫生服务站等要求暂停营业的医疗机构监督覆盖率100%，对1家不配合单位处以行政处罚。

旅游业暂停。旅游业是洞头支柱产业，也是受疫情冲击影响最大的产业，2019年春节期间，洞头区游客数达到16.42万人次，旅游综合收入7500万元；2020年春节期间，全区文化旅游体育企业57家（其中企业50家，个体工商户7家）、民宿390家全部关停，取消相关旅游以及文娱活动。全区超9成旅游相关服务行业暂停经营。关闭望海楼、半屏栈道、仙叠岩、大沙岙等景区。各旅行社、酒店、民宿对武汉来洞头的旅客取消行程、退订酒店。取消旅游团17批，退订民宿1476间。

群众活动和公共场所管理。重大突发公共卫生事件一级响应启动后，全区一律取消公众集会、大型会议（包括商会活动、乡贤会）、宗教和民间信仰活动、大型文体活动、新春招聘会等公众集聚活动；一律暂停体育馆、图书馆、城市书房、电影院、网吧、KTV、足浴、游泳馆等对外营业；宾馆、商场、超市、农贸市场等场所关停中央空调，对进入人员一律进行体温测量。市民在家不外出、不会客、不聚集。取消各类聚集性活动，取消安排婚嫁、丧葬等红白喜事聚会，区殡仪服务中心暂停举行遗体告别仪式、办白宴，守灵厅家属不超过7人，陪同逝者火化的家属不得超过10人，控制参加告别仪式人员数量等；养老服务机构实施封闭式管理，暂停居家养老服务照料中心服务；禁止开展正月初九“拜天公”活动，市民不得到宗教（民间信仰）场所和家中开展祭拜活动，发布禁放烟花爆竹倡议书。禁止市民打麻将、扑克等集聚行为，对于聚众赌博的一律拘留，对于聚众打麻将、扑克的人员实行隔离14天后再拘留。查处各类涉疫情案件7起，行政处罚13人，教育训诫12人。

境外疫情应对。疫情期间，洞头华人华侨738人，分布在意大利、美国、法国、澳大利亚、加拿大、西班牙等68个国家。为应对境外输入疫情风险，3月6日，对14天内及近期回洞头的华侨、外籍华人和有国外旅居史或商务活动经历的其他回洞头人员，一律落实集中隔离政策。3月9日，洞头区成立新冠肺炎疫情防控期间境外来洞头人员管理服务工作领导小组，制订管理服务工作方案，做好华侨、外籍华人、留学生及到洞头外籍人员等6类人员的排摸调查，解答涉外政策，建立健全境外到洞头人员信息库，做好“一劝二知三落地”工作，落实精密智控措施，确保境外到洞头人员落地全管控，做好境外到洞头人员的集中隔离服务，确保做好集中隔离点的卫生、防疫、安全等各项工作。在龙湾国际机场（协管瓯江口）、温州动车南站（协管火车站、汽车南站、牛山、双屿等客运站）、温州高速出口（以温州东、灵昆北为主，兼顾其他出口）派驻三个服务小组，在区卫健局成立一个应急值班小组，做好与区管控组及街道（乡镇）的协调沟通，快速做好境外到洞头受控工作。同时设立净海行动工作专班，成立7个工作组，掌握企图或已经从海上非法入境人员信息，开展现场联动执法、海上巡航和应急演练，遇突发情况，立即组织联动处置。3月23日起，所有入境人员采取点对点全程集中或受控转运，抵达目的地后安排集中隔离14天，核酸检测合格后方可解除隔离。3月27日起，全区疫情防控应急响应级别由二级调整为四级，全力防范境外疫情输入，各街道（乡镇）成立五人小组（街镇党委书记+统战委员+村社支部书记+网格员+侨联干部），100%掌握辖区侨情及侨胞返乡信息。4月10日起，所有入境人员均在入境口岸所在地就近隔离，14天集中隔离期满后，回到目的地政府进行14天健康管理。截至4月10日，全区累计境外到洞头31人，其中解除集中隔离27人、解除居家隔离4人。

四、维护保障。疫情期间，洞头区组织做好疫情预防、治疗等抢救药品、器械及疫情控制所需的消毒药品、现场处理的防护用品等物资储备。区人民医院腾空原行政办公楼，规范布置发热门诊和传染病房，设置发热门诊诊室2间、隔离病房12间。区“120”中心指定用车3辆，其中大门镇1辆、鹿西乡1辆，负责病人现场处置、病人转运工作。专家组通过科学再造大门镇中心卫生院预检分诊和发热门诊流程，添购一台CT机和血球仪，开通区域影像诊断系统（PACS）。浙江诚意药业股份有限公司加班生产利巴韦林针剂和胶囊200多万支，驰援抗“疫”前线。浙江固德医药有限公司医用口罩转产事项获批医用口罩生产许可证。

为保障各村、社区生活必需品市场供应和粮油、肉类等民生物资供应流通，2月3日，区疫情防控领导小组发布第7号通告，水、电、气、油、药店、物流公司、农贸市场、食品销售单位和150平方米以下的餐饮服务单位、通讯部门（含广电）收费营业厅、银行等10类保障民生的经营服务商家店铺可以正常营业。落实全区6家农贸市场（小菜场）、2家大型超市、14家药店等进店人员戴口罩，做好体温监测、消毒、杀菌工作和员工防护。区市场监管局设立药店驻点服务小队，督促药店暂停销售治疗咳嗽、发热的药品，疏导群众抢购口罩、双黄连等行为。依法从严从重从快惩处一批“乱涨价”和销售假劣产品等扰乱市场秩序的违法行为。协调辖区3家大米批发销售单位做好备货，确保货源充足。协调供应商，累计调运口罩9000个，N95口罩500个，酒精25瓶，额温枪10支，电子体温计200支。快速办理、发放“民生保障物资通行证”，解决大门镇商户采购车辆难以进入乐清的后顾之忧。截至3月13日，累计从区外调入大米1040吨、面粉32吨、禽蛋34吨、食用油65吨、猪肉222吨（其中冷鲜肉13吨），蔬菜128吨，成品粮库存148吨（含政府储备128吨）。主要商品当日面类库存11吨，食用油库存22吨，禽蛋3.5吨，蔬菜4.3吨，水产品2.4吨。

截至6月底，洞头区红十字会

接收防控新冠肺炎疫情专项捐赠款累计212.486966万元（其中定向捐赠款76.181666万元），其中，接收海外侨胞捐赠款0.2万元，累计支出212.486966万元（其中定向捐赠款76.181666万元），拨付率100%；接收捐赠物资68笔，拨发68笔，估值181.3万元，拨发率100%。区慈善总会接收捐赠162笔，金额165.93万元（其中定向捐赠10笔共21.4万元），其中，美国温州灵昆商会捐赠1.449万美元（折合人民币10.02万元），累计支出165.93万元（其中定向捐赠21.4万元），拨付率100%。洞头区个体劳动者协会发动个体工商户捐款17821元，捐赠口罩5200个，一次性手套1000双。

五、复工复产。2月10日始，洞头区在疫情防输入、防扩散总体可控后，连续召开工作专题会议，研究恢复生产生活秩序，部署复工复产工作。设立4个由区领导带队的专项工作组，其中生产恢复组下设，工业、建筑业、商贸服务业、渔农业、重点项目建设5个小组，协调解决复工复产存在的困难和问题。建立每日会商机制、问题收集协调机制、定期监测机制、工作协同机制，推进“三服务”“万名干部进企业”活动。截至3月1日，全区产能恢复率79.26%（全市第四）、复工率指数92.24（排名第四）、复工电力指数78.6（全市第六）。全区30家规上工业企业、56家规（限）上服务企业全部复工，25个重点建设项目（非建筑类）、52个建筑业项目、12家农业龙头企业、2家渔业养殖企业、30家畜牧养殖企业及小型养殖户全部复工。其中温州状元港港区产能恢复到90%。在全市率先实现规上（限上）企业100%复工。第二季度开始，洞头区规上工业增加值较一季度回升了27.2百分点，回升幅度全市最高。

建立复工复产领导小组，下设8+X个工作组，13个牵头部门负责工业企业、文化旅游企业、建筑业企业、交通项目、金融服务企业等领域的复工复产达产工作，帮助企业解决实际问题。2月17日，“白名单”企业开始复工复产，其他企业于2月24日后开始复工。针对外地员工返岗难问题，区政府相关部门通过包车拼车包船等方式加快接回560名员工返岗。开展“乡村巡回微招工”，累计接受用工咨询2800多人次，现场达成初步就业意向1000多人。先后与贵州省黔东南州黎平县等13家省外人力资源联络站达成合作意向并进行委托招聘，其中，签订劳务合作协议6家。截至7月底，共帮助50家企业成功招用新员工686人。发放疫情防控企业吸纳就业补贴、返工路费补贴、新入职人员及人才生活补贴、推荐新员工及人才奖励，截至8月5日，完成社保费返还发放涉及企业514家，返还金额约1445万元。

企业防控主体责任制落实。全区所有企业严格执行“七个到位”要求，实行闭环管理、实名制管理、居住安全管理，落实专班专人负责员工健康管理和企业自查工作，发现问题及时整改。建筑工地实行封闭式管理，实行“健康码+身份证+体温检测”排查登记。全区卫生健康系统派驻企业健康指导员开展为期21天的驻企健康指导服务工作，累计入企业指导2578人次，服务规上企业30家，小微企业园区2个，其他企业316家。用人单位对首次上岗员工进行扫健康码查验并将人员信息录入“三返”人员信息采集系统，发现持“红码”“黄码”或体温异常者，立即向属地街道（乡镇）报告，并按规定程序处置。企业员工上岗佩戴口罩，暂停集中培训、员工大会等聚集活动。员工就餐实行分餐制，集体宿舍降低居住密度，加强消毒消杀。用人单位执行向属地街道（乡镇）和行业主管部门“零报告”制度，各街道（乡镇）和行业主管部门每天开展常态化排查和监管，对“三返”人员动态实行“零报告”制。3月27日起，对外来人员实施全国“健康码”入洞头互认，一律实行“红码”与“黄码”管控，“绿码”放行。到洞头“红码”人员一律统筹安排集中隔离医学观察14天；到洞头“黄码”人员，无发烧、咳嗽等症状的实行居家隔离医学观察7天，有症状的按规定处置。

为帮助企业破解疫情期间面临的难点、堵点问题，全面助力企业复工复产。洞头区深入推进“三服务”活动及以“两个健康”为主题的“万名干部进万企”行动，选派各街道（乡镇）、区直单位有专业学历背景的优秀年轻干部、在涉企领域具有丰富经验的优秀中层干部、担任有关部门领导职务或退出现职的领导干部担任驻企服务员，深入企业生产经营一线开展服务。对全区农业重点企业、规上工业企业、商贸物流企业、外贸外资企业、重点工程项目等，按“一对一”派驻驻企服务员；其他企业由街道（乡镇）按“一对多”派驻驻企服务员；对小微企业实行网格化管理，以“一对多”上门开展服务，实行组团式服务，派驻工作组、服务队，集中开展各项服务。截至3月1日，全区共服务企业489家，其中区级层面派驻驻企服务员163名，服务有一定规模企业（项目）215家，累计反映问题175个，化解152个，化解率达86.9%；街道（乡镇）派出驻企服务员94名，对其他274家企业开展服务，累计反映问题60个，化解率达96.7%。出台金融10条、市场监管10条、洞头版“25条”惠企措施等政策，快速启动“惠企直通车”奖励兑现系统。截至6月底，兑现抗疫惠企补助政策1193.54万元，为企业减负6378.82万元。截至9月底，兑现抗疫惠企补助政策2335.12万元，为企业减负10078.79万元。辖区金融机构2月新增企业贷款16438万元，惠及企业35家；累计延期还款12笔，涉及金额1724万元，展期1笔，涉及金额385万元，无还本续贷7笔，涉及金额629万元；为企业减息减费约70万元，有效保障企业的融资需求。“春暖瓯越·温享生活”消费券和旅游套票投放价值771万元消费券和1000万元旅游套票，促进住宿、餐饮企业全面复苏。

全区所有复工复产的企业，推广运用“企业码”，区纪委监委组织督查度。截至6月30日，全区共领取企业码3524个（包括瓯江口），领码率为139.18%，基本实现全覆盖。2月5日开始，洞头区就要求加强企业返工人员管理，按照“一人一表”和“一企一册”建立返工人员数据库。2月13日开始，实行一地一策、一企一策、属地备案，做到复工前有准备、复工时有备案、复工后有监督。从2月15日企业复工复产开始，洞头区严格执行“一企一策”审批程序，建立企业复工复产分级备案制度，企业复工前，向属地街道（乡镇）提出申请，区行业主管部门审核，区政府备案，通过后方可复工。企业建立“一人一档”健康档案，严密落实防控措施。全区235家企业累计返温复工人员1320人，其中湖北籍员工158人。2月19日起，简化复工复产手续，全面推行“备案+负面清单+承诺制+事中事后监管”模式。3月27日，取消企业复工“备案制”。

复商复市。2月14日起，洞头境内外卖“无接触配送”服务上线，实行“无接触、不入小区”送餐服务。“美团”和“饿了么”两大配送平台推出20个“无接触配餐柜”并落地17个小区。2月16日起，洞头逐步恢复营运城区公交和农村客运；逐步恢复出租车营运，并实行审批备案制，按照车牌尾号分类执行；逐步恢复洞头至大门、鹿西的车渡、客渡岛际航班。全区所有商超、农贸市场、零售药店、外卖、理发店和“三小”（小作坊、小餐饮、小食杂）行业均实行常态化管控。理发行业复工，实行预约服务，店内不得有等候的顾客。2月23日始，洞头境内所有的金融网点、超市、农贸市场、渡口、车站、景区等公共场所实行限流管理。各景区实行“一人一票”实名购票制，所有游客通过“百岛洞头旅游”小程序等平台实名购买电子门票，凭购票二维码和“绿色健康码”（或健康证明），经体温测量正常可进入景区。逐步恢复洞头到温州动车南站、洞头到温州汽车南站、151公交、洞头到S1线灵昆站等城际客运班线与公交班线运营。餐饮场所一律禁止提供桌餐式“堂食”，提倡无接触式自行取餐或送餐服务，鼓励推行外卖、配送服务，倡导公筷（公勺）服务。理发店等生活必需服务场所提倡预约服务。推行“红事”停办（缓办）、“白事”简办。3月9日开始，全区餐饮企业、酒吧、文化馆、文化驿站、体育场馆（百姓健身房）、图书馆、城市书房、百姓书屋、电影院、游泳池、足浴店、保健推拿、美容院等经营服务类企业、服务场所有序恢复经营。

3月27日，除棋牌室、网吧、KTV、线下培训机构、宗教场所暂不开放外，其他公共和经营场所全面恢复开放。养老院在继续做好疫情防控工作的前提下，视情有序恢复正常秩序。各餐饮、酒吧场所有序开放，恢复堂食、包厢服务。所有开放开业的公共场所、经营场所、公共交通和企事业单位凭健康绿码扫码进入，取消体温测量。汽车站继续实行“测温+健康绿码扫码”进出。图书馆、海洋科普体验馆、书店、城市书房、影剧院、文化礼堂、文化馆、室内外体育场馆、室内游泳馆、百姓健身房、足浴店等公共和经营场所及养老院等特殊场所全面恢复开放。餐饮场所恢复堂食、包厢服务，提倡分餐、使用公筷公勺。暂不得举办规模为10桌以上（含）的大型宴席；规模在100人以上（含）的大型活动，需报区防控办备案审查。除景区、商场、超市、宾馆、农贸市场取消测温+扫码（亮码）外，其他公共场所、经营场所和公共交通均凭健康“绿码”扫码进入，取消体温测量。

复课复学。4月13日，初三、高三学生开始复学；4月20日，初中、高中（中职）一二年级和小学高段（四至六年级）复学；4月26日，小学低段（一至三年级）复学；5月中旬，全区幼儿园复学，公办幼儿园大班幼儿返学率87%，民办幼儿园大班返学率60%。5月16日，全区12家教育培训机构恢复线下培训。全区所有学校及培训机构共有三返人员3321人，其中湖北籍332人；未返乡留温州三返人员1214人，其中湖北籍94人；累计返温州人员共2048人，其中湖北籍233人，集中隔离2人，湖北地区264人，境外返温州4人；三返人员返温州指数98.91%。3月27日起，到洞头的“绿码”“黄码”师生，实施居家隔离医学观察14天；“红码”师生，要求暂缓返回洞头。

（年鉴编辑部）

大事记

喜事连连 · 王洁灵

“海霞精神”

爱岛尚武　励志奉献

大事记

1月

1日，在这里的第十三届中国·洞头横渡半屏海峡冬泳邀请赛在洞头国际放生台举行，300多名来自省内外冬泳爱好者参加。

2日，灵昆中学改扩建后的新校园正式投用。

同日，浙江省民政厅公布第二批省级农村引领型社区名单，霓屿街道下社村榜上有名。

同日，洞头区“为尽职担当者担当——探索建立社会救助尽职免责机制”获评2019年全国社会救助创新实践十佳案例。

同日，浙江省品牌建设联合会、浙江省标准化协会联合公布2019年度浙江省企业标准“领跑者”名单，以浙江迪特高强度螺栓有限公司为主制定的T/ZZB 0575-2018《高强度履带螺栓、螺母》标准榜上有名，这是本区企业首次获此称号。

同日，市人大常委会副主任王祖焕一行到洞头区东启汽车零部件制造有限公司、浙江诚意药业股份有限公司开展“三助三红”“三服务”调研。

3日，区委一届七次全体（扩大）会议召开。区委书记王蛟虎代表区委常委会作《高水平推进区域治理，高质量建设海上花园》工作报告，会议听取并审议通过《关于深入学习贯彻党的十九届四中全会精神高水平推进区域治理现代化精细化的决定》。

同日，省卫健委党委书记、主任张平一行到洞头区人民医院及元觉院区、浙江诚意药业股份有限公司等地，现场调研医共体模式下“两慢病”基层首诊改革试点、医共体改革及健康产业园建设情况。市政府副市长汤筱疏。

同日，市委常委、军分区司令员到洞头区开展“三服务”活动。

7日，温州市委市政府举行“温州擂台·六比竞赛”县（市、区）、产业集聚区述政大会，区领导王蛟虎、林霞等在温州主会场参加会议。王蛟虎汇报洞头区2019年主要工作成效、2020年工作思路和举措等内容。温州市委副书记、市长姚高员对洞头进行点评。

9日，浙江省民宿等级评定管理委员会公布2019年度白金宿、金宿和银宿名单。洞头区花田花地、聆海左舍、大门岛居民宿榜上有名，获评银级民宿。

10日，洞头区“不忘初心、牢记使命”主题教育总结大会召开。会议表彰洞头区担当作为好支书和洞头区担当作为好党员先进。区委书记王蛟虎作总结讲话，区委副书记、区长林霞主持，市委第二巡回指导组副组长李作航出席并讲话。

14日，浙江省市场监管局公布2019年浙江省商标品牌示范企业名单，东启公司榜上有名。这是洞头区企业首次获得“2019年浙江省商标品牌示范企业”荣誉。

16日，洞头区2020年首期百岛讲坛在洞头剧院开讲，邀请上海大学经济学院教授、博士生导师刘喜和做2020年宏观经济专题讲座。区四套班子领导等参加。

20日，市政府公布《2019年度温州市市长质量奖企业及温州市质量管理创新奖企业名单》，浙江诚意药业股份有限公司获市质量管理创新奖奖项。

21日，洞头区成立新型冠状病毒感染的肺炎疫情防控工作领导小组，下设办公室、综合协调组、风险排查组、疫情防控组、医疗救治组、物资保障组、社会维稳组、健康宣传组等。集中区大数据中心统一办公。27日，调整领导小组，区委书记任组长，区委副书记、区长为第一副组长，区党政领导为副组长。此后，根据复工复产和疫情防控常态化要求，又增设和调整相关专项工作小组。

同日，温州市洞头区海霞学院挂牌。4月13日，首期为区交通运输系统100多名干部职工开班培训。

同日，2019年度全区党委书记抓基层党建和人才工作述职评议会召开。区委书记王蛟虎作点评。区领导林霞、吴志安等参加会议。

22日，区第十四届人大常委会举行第二十六次会议，任命刘素婷、林上达为洞头区人民政府副区长。

23日，根据《浙江省突发公共卫生事件应急预案》，启动重大公共突发卫生事件一级响应。取消公众集会、大型会议、宗教和民间信仰活动、大型文体活动、新春招聘会等公众集聚活动。暂时关闭体育馆、图书馆等相对密闭的公共场所等。暂停各居家养老服务照料中心和示范型居家养老服务中心服务。24日起，洞头景区全部关闭。此后，根据疫情要求加强集会、会议、活动等公共场所管理，并逐步恢复景区对外开放。

26日，洞头区报告首例病例确诊，至2月7日，全区确诊新型冠状病毒肺炎病人5例，均为轻型或普通型病例。3月10日，洞头区最后一名病例治愈出院，实现本地病例“清零”。截至6月底，洞头区没有二代病例发生。

27日，洞头区召开区委常委（扩大）会议暨全区新型冠状病毒感染的肺炎疫情防控工作会议，传达中央、省市委常委（扩大）会议精神，听取洞头区新型冠状病毒感染的肺炎疫情及防控工作情况汇报，研究部署贯彻落实意见。区四套班子领导王蛟虎、林霞、叶国胜、叶海峰、吴志安等参加会议。

同日，洞头区组织804名机关事业单位“两地双评议”党员干部增援6个街道（乡镇），全力做好疫情排查阻断工作。2月5日，组建49个临时党支部，发动党员干部3764人参与基层疫情防控。

28日，市委常委、温州军分区司令员靳卫东、市人大常委会副主任张洪国一行到洞头元觉街道小北岙码头、状元村及浙江诚意药业股份有限公司等督导新型冠状病毒感染的肺炎疫情防控工作。区领导王蛟虎、林霞、刘素婷、陈细团、叶锦丽等参加会议。

同日，洞头区人民医院护士陈虹作为第二批浙江抗击新冠肺炎紧急医疗队成员支援武汉新冠疫情治疗工作。

同日，洞头区向洞头籍海外华人华侨、留学生、侨眷等发起为祖国捐款捐资的倡议。截至6月底，收到来自洞头籍海外爱心人士捐赠33万元，口罩12万只，手套1.5万双等。

2月

2日—16日，洞头区所有出租车与网约车暂停营运，此后，逐步恢复营运。

3日，国家卫生健康委办公厅和国家中医药管理局办公室联合印发《新型冠状病毒感染的肺炎诊疗方案（试行第五版）》，利巴韦林列入诊疗方案。浙江诚意药业股份有限公司加班生产300多万只利巴韦林针剂驰。

5日起，洞头区范围内所有个体诊所、村卫生室及门诊部（包括西医、中医、中西医、口腔等）暂停营业。3月11日逐步分批恢复营业。

7日，洞头区投入18余万元“红色基金”，为奋战在疫情防控一线的1847名村社干部、普通党员、群众志愿者等统一购买“新冠肺炎一线防疫人员意外险”。保险期限6个月。

9日起，区人民医院互联网在线咨询正式上线，呼吸内科、神经内科、中西医结合科、骨科、外科、妇产科、儿科、全科各专科问题都可以在网上进行咨询。

10日，省委督导组潘红、蒋健敏、柴程良等一行先后到打水鞍社区和东岙村卡口察看管控情况，督导洞头疫情防控工作，并召开汇报会。

11日，洞头区召开区委常委（扩大）会议，传达中央、省、市会议精神，总结疫情防控阶段性工作，并部署下一步工作。林霞、叶国胜、汪慧平、吴志安等区四套班子领导参加会议。

同日，区市场监管局紧急出台《服务企业复产复工的十条举措》，从便捷准入、放宽时限、技术帮扶、柔性执法等多层面为复工复产保驾护航。

同日，浙江东一海洋集团有限公司继向洞头红十字会捐赠100箱大黄鱼后，又向温州市红十字会捐赠120箱大黄鱼，定点供应温州市中医院、温州中西医结合医院、温州医学院附属第一及第二医院食堂。

13日，洞头区召开疫情防控研判会，专题研究复工复产有关事项。区领导王蛟虎、林霞、吴志安、朱大志、刘素婷参加。

同日，区委副书记、区长林霞到大门镇集中留观点、朝阳社区卡口、大门大桥卡口和长沙社区等处调研疫情防控工作和企业复工前防控准备等情况。

14日，美团和饿了么联合推出20个无接触式取餐柜在洞头17个小区落户，用于疫情防控期间无接触式配送使用。

16日，鹿西乡停运半个月的岛际航班开始恢复运行。市、区两级供销社组织开展专供物资上岛，为离岛群众生活、渔船出海提供物资补给。

18日，区委书记王蛟虎主持召开全区疫情防控连线街道（乡镇）工作部署会。听取6个街道（乡镇）关于疫情防控及复工复产等工作情况及存在问题；传达学习上级“三服务”有关精神；解读《洞头区新冠肺炎疫情常态化防控总体方案》等“1+8”防控方案。区领导林霞、叶国胜、汪慧平、叶海峰、吴志安等参加会议。市委组织部督导组到会参加。

同日，区政协主席汪慧平到浙江诚意药业股份有限公司、温州固德医药有限公司、洞头恒通电气制造有限公司、浙江方舟工程机械设备有限公司等企业开展“三服务”活动。

19日，区政府印发《关于应对新冠肺炎疫情支持中小企业共渡难关的若干措施》。切实减轻企业负担，加大资金支持力度和金融信贷帮扶，加强援企稳岗支持。

20日，市人大常委会副主任张洪国率队到洞头区浙江伟望精密工业有限公司、浙江迪特高强度螺栓有限公司和东屏街道等调研指导复工复产工作情况。

同日，省财政厅、省发改委下达2020年度省海洋（湾区）经济发展资金，洞头获补助1亿元。

同日，浙江重山实业有限公司的54名湖南籍工人经“点对点”包车、轮渡返回洞头，为首个包车返岗复工团。

21日上午7时，洞头至温州客运班线恢复运营，这是温州地区恢复运营的首条区际班线。

23日，洞头区推行新冠肺炎疫情基层单元常态化防控12个“一律”举措，实现疫情防控“常态化、精密化、智控化、全面化”。

24日，温州市委常委、温州军分区司令员靳卫东一行到洞头区霓屿街道、状元岙港区督导疫情防控和复工复产情况。市人大常委会副主任张洪国和区领导王蛟虎、林霞、吴志安、刘素婷、陈细团等参加。

同日，洞头出台《关于建设洞头国际旅游岛的实施意见》。

25日，洞头区霓屿街道社区卫生服务中心主任吕海生因连续35天坚守抗疫一线，突发中风，生命垂危。先后获最美洞头人暨洞头区道德模范和洞头区最美劳动者、最美温州人、2020年浙江省优秀社区卫生服务中心主任、省优秀共产党员等荣誉。3月20日，区委下发《关于深入开展向吕海生同志学习的决定》。

26日，杭州昊广投资有限公司通过网上公开挂牌方式成功摘得梦幻海湾项目。

27日，洞头区推出《洞头区疫情防控期间金融惠企政策》，多家银行机构开通金融服务绿色通道，帮助企业复工，共渡难关。

28日，装载着1400吨液化石油气的“松台山16”LPG槽船，驶离小门岛石化基地抵达武汉民生码头，为武汉疫情防控及群众生产生活提供能源保障。

2月—4月，洞头区对承租各街道（乡镇）、区属各单位（含所属国有独资、控股企业及其各级子公司）生产经营用房的商贸流通企业及个体工商户，主要包括批发和零售贸易业、餐饮业、仓储业，并涉及交通运输业和贸易平台等实行免收房租政策。

3月

2日，洞头同心旅游小镇创建指挥部成立，指挥部下设同心旅游小镇创建办公室（设在东屏街道办事处）。

同日，市美丽城镇创建办发文公布2019年度全市街道（城关镇）和中心村环境综合整治考核通过名单，洞头区北岙、霓屿街道通过考核，北岙街道入选市级样板创建名单。至此，洞头实现小城镇环境综合整治的全区全域全覆盖。

3日，省、市、区以视频会议形式举行扩大有效投资重大项目集中开工仪式。洞头区在东港游艇休闲中心（伴山悦海）项目现场设立洞头分会场。

同日，浙江三冈生物科技有限公司通过厂房租赁备案登记，入驻南塘工业区，成为洞头区首家申请注册审批的口罩厂，打破本区无口罩生产企业的历史。

4日，洞头区推出“抗疫贷”，主要针对个体工商户无抵押纯信用低息定向贷款，每户30万元，助力个体工商户共渡难关。

同日，温州市2020年重点招商引资项目云签约仪式洞头分会场活动举行，“星空之城·星空岛”项目通过视频连线完成合作洽谈、项目签约。

10日，市人大常委会副主任张洪国率队到洞头区华港LNG项目、荣和建材配送基地项目和温州金源新材料科技有限公司等地调研督导“三强两促”专项活动。

11日，省委常委、市委书记陈伟俊到洞头区调研指导“三强两促”专项活动，实地察看浙江诚意药业股份有限公司、温州状元岙港区、温商回归项目欢乐岛旅游综合体建设工地。市领导王军、靳卫东、张洪国等，及区领导王蛟虎、林霞、刘素婷等参加。

17日起，洞头区暂停清明现场祭扫活动，提倡公众采取网上祭祀、居家追思等方式缅怀先祖、寄托哀思。全区所有公墓（陵园）和骨灰楼（堂）等殡葬服务机构免费献花代为祭扫。

18日，区委常委会（扩大）会议在大门镇召开，学习传达习近平总书记赴湖北武汉考察新冠肺炎疫情工作时的重要讲话、省委常委会会议以及全省组织部部长会议等有关会议精神。

同日，区委印发《关于开展向洞头先锋女子民兵连学习活动的决定》。

19日，洞头区东屏街道获2019年度全省“五水共治”工作考核优秀乡镇（街道）的荣誉。

同日，区委书记王蛟虎主持召开专题会议，研究“十四五”战略性规划编制工作。

23日，洞头区召开全面从严治党主体责任工作评议报告会。通过述职汇报、现场质询和点评的新考评模式，听取各街道（乡镇）和部分区直属单位党委（党组）主要负责人履行主体责任情况的报告，并开展评议。

同日，副政府市长娄绍光一行到洞头区调研渔港经济区、青山欢乐岛项目和特色民宿村建设等。区领导王蛟虎、林霞、朱学进等参加调研。

同日，温州市大洲远洋渔业有限公司6艘远洋捕捞船启航到西非捕捞作业，标志着洞头区海洋捕捞产业走出国门，实现远洋渔业的零突破。

24日，中共温州市委、温州市人民政府、温州军分区印发《关于开展向洞头先锋女子民兵连学习活动的决定》，号召全市广大党员干部和人民群众向“海霞”女民兵学习。

25日，洞头区老年大学正式更名为洞头区老干部大学，招收的学员为机关、事业单位退休干部。

26日，温州市委常委、军分区司令员靳卫东一行到大门镇仁前涂村、兰湖洞居、小荆山等地督导美丽田园创建及河道整治等工作。

同日，区纪委一届六次全会和一届区委第七轮巡察工作动员部署会召开。

31日，洞头区实施海岛振兴战略领导小组会议召开。

4月

1日，洞头区获浙江省2019年度新时代美丽乡村建设和农村生活垃圾分类处理工作考核双优秀县（市、区）称号。

同日，市人大常委会副主任张洪国带队到洞头区督导旅游产业恢复工作。

同日，洞头区召开一季度区委政法委员会全体（扩大）会议暨平安建设形势分析会。会议审议《贯彻落实〈中国共产党政法工作条例〉任务清单》。

同日，洞头区首个小区配电房智能“巡检机器人”在新城区海悦城二期璟园投入使用。

2日，市委常委、宣传部部长胡剑谨到洞头区浙江海霞军旅文化园、海霞学院建设工地、洞头先锋女子民兵连纪念馆等地调研洞头先锋女子民兵连建连60周年成果汇报准备情况、宣传思想文化等工作。区领导王蛟虎、侯合海陪同。

同日，市政府副市长娄绍光带队到大门镇调研美丽田园建设及市综合材料生态处置中心医废技改项目等。区领导林霞、朱学进等陪同。

3日，洞头区召开领导干部会议，传达学习习近平总书记在浙江考察时的重要讲话精神，部署贯彻落实意见。

8日，区委常委扩大会议在北岙街道白迭村召开，听取北岙街道工作汇报，审议《温州市洞头区美丽城镇建设行动实施方案》《关于公布保留的区委议事协调机构名单的通知》等。

10日，百岛讲坛邀请牛津大学计算机博士阮安邦（牛津大学计算机博士，博士毕业后）作区块链专题讲座。

13日，市委副书记、市长姚高员到洞头区调研“三强两促”重大产业项目推进工作。市、区领导陈建明、王蛟虎、林霞、刘素婷等参加。

同日，洞头区举行“致敬疫线先锋、畅游海上花园”抗疫优秀个人康养活动，30多名抗疫优秀个人、企业一线职工代表参加。

14日，全省建设平安浙江工作会议召开，表彰2019年度全省平安建设和综治工作先进，洞头区连续15年达到平安建设标准，获评全省首批一星“平安金鼎”。

同日，洞头区花岗渔村·花田花地、白迭艺术村、聆海左舍等18家民宿入选温州市第三批职工疗休养基地（点）名单。

17日，省市卫健委调研组一行到洞头调研区医共体模式下“两慢病”基层首诊改革试点工作开展情况。

18日，温州市联动开展“春暖瓯越，温享生活”促消费活动。洞头区面向全区居民和外地籍在洞头人员发放消费券和旅游套票总额1700万元。消费券共分三期。

19日，洞头区东屏街道中仑村获评省文化示范村（社区）。

20日，区委理论学习中心组召开专题学习会，深入学习总书记习近平关于“不忘初心、牢记使命”系列重要论述和习近平总书记在浙江考察时的重要讲话精神。

21日，鹿西城乡公交国有化运营正式启动，标志着鹿西公共交通与城区正式接轨。

22日，浙江省品牌建设联合会发布《2020年第一批“浙江制造”标准制定计划》，浙江恒博电气制造有限公司申报的《12千伏—40.5

千伏户内高压交流接地开关》“浙江制造”标准立项。

24日，洞头区中医院（大门镇中心卫生院）、霓屿社区卫生服务中心、鹿西卫生院等启用。

27日—28日，政协第八届洞头区委员会第四次会议在北岙召开，出席会议委员163人。大会听取和审议八届政协常委会工作报告和提案工作情况报告。选举张长霓为政协第八届洞头区委员会副主席，选举常务委员会委员7名；会议期间，收到委员提案105件。

28日—29日，洞头区第十四届人民代表大会第四次会议在北岙举行，出席代表162人。会议听取和审查区政府工作和人大常委会工作等报告，并通过相关决议。大会选举叶海峰为区人大常委会主任、陈后春为副主任，选举委员7名。会议决定设立温州市洞头区人民代表大会社会建设委员会，把温州市洞头区人民代表大会法制内务司法委员会更名为温州市洞头区人民代表大会监察和法制司法委员会。会议期间，收到代表提出建议、批评和意见97件。

5月

7日，2020年全区党建工作会议暨村（社区）组织换届准备工作推进会召开。区委书记王蛟虎出席并讲话。区领导林霞、叶海峰、汪慧平、吴志安、刘素婷、梅山标、戴冕、侯合海、邵建乐等参加会议。

8日，洞头区实验中学被中国计生协授予国家级青春健康教育示范基地称号。

9日，区委常务委员会（扩大）会议在东屏街道召开。会议研究讨论全市“比看”现场会中对洞头情况的点评意见落实举措、二季度“冲刺翻红”攻坚行动“1+N”方案，审议《2020年度区直单位、街道（乡镇）绩效考核办法》《2020年度“六重”清单考核细则》等内容。

11日，区政府召开第六次全体扩大会议暨廉政工作会议，深入学习贯彻中共中央总书记习近平在浙江考察时的重要讲话精神，全面落实省市重要会议和区“两会”精神。

同日，市督导组到洞头区督查村（社区）组织换届选举准备工作。区委副书记吴志安，区委常委、组织部部长邵建乐等陪同。

12日，省军区副政委张晓林少将、温州市委副书记陈浩一行到洞头区调研洞头先锋女子民兵连建连60周年活动筹备情况。区领导王蛟虎、吴志安、侯合海、陈细团等陪同调研。

13日，洞头区举行中高层次人才交流会暨青年人才联谊会成立大会。团区委书记曾中扬担任第一届联谊会会长。

14日，省海事局局长何易培到洞头区开展工作调研。区委副书记、区长林霞，副区长张方任陪同调研。

同日，市政协副主席王丽峰带队到洞头区调研乡村振兴示范带建设工作。区政协主席汪慧平、副区长朱学进、区政协副主席郭杭峰等参加。

21日，洞头区举行村级集体经济项目集中开竣工暨“海岛田园综合体”标准厂房“飞地抱团”项目交付仪式。共61个项目，涵盖文化旅游、海水养殖、来料加工、特种经济作物种植等领域。

同日，梦幻海湾项目奠基开工，总投资30亿元，占地面积约400公顷。

27日，副省长陈奕君一行到洞头区浙江诚意药业股份有限公司、东屏街道半屏社区和温州市综合材料生态处置中心开展生态环境工作调研。省生态环境厅副厅长王以森、省建设厅副厅长张奕、省药监局局长徐润龙、市政府副市长娄绍光，区领导王蛟虎、林霞、张方任等陪同调研。

6月

1日，洞头区与温州医科大学附属第二医院举行医疗战略合作协议书签约。

2日，洞头区获评第五批国家慢性病综合防控示范区。

3日，洞头区建筑业发展大会召开。区委副书记、区长林霞在会上讲话。

同日，区建设行业协会召开第一届第一次会员大会，选举产生协会会长、执行会长、常务副会长、副会长、秘书长等。浙江立鹏建设有限公司董事长李柏瑞当选为协会会长。

4日，省民政厅副厅长江宇到洞头调研社区微治理等工作。

8日，区委召开政法工作会议、平安洞头建设大会、全区村社换届工作专题部署会和养殖海区规范整治专项攻坚行动动员会。

同日，浙江诚意药业股份有限公司收购康乐药业15%股份，成为康乐药业第一大股东。

9日，“海上花园 巾帼风采”海霞精神主题研讨会召开。

同日，省妇联副主席李志慧率队到洞头调研巾帼精神文明建设情况。

同日，大竹峙岛保护与开发利用示范项目竣工。

10日，区委常委扩大会议在鹿西乡召开。专题研究鹿西乡经济社会发展情况。

同日，省检察院党组书记、检察长贾宇一行到洞头区调研“守护蓝色海湾”工作情况。

11日，洞头区获评2019年度全

省生活垃圾分类工作考核评估优秀单位。

13日，第五届温州市“北麂佬客”杯全国俱乐部海钓（路亚）邀请赛在洞头区开赛。来自安徽、福建、台州、温州等地的16支代表队48名选手参赛。洞头区海钓协会获团体赛第一名。

15日，“洞头先锋女子民兵连建连60周年”主题新闻发布会在温州市举行。来自人民网、中国网、浙江日报、浙江之声等30余家媒体记者出席。温州市副市长娄绍光，温州军分区副司令员唐社教，洞头区委书记王蛟虎，温州市委宣传部常务副部长、市政府新闻办主任吕朝晖，洞头区委常委、宣传部部长侯合海，洞头先锋女子民兵连连长陈盈盈等出席。

16日，洞头区首笔企业债券获国家发改委批复许可，发行额度10亿元，期限7年。

17日，洞头地区首张防雷装置设计审核电子证书——温州瓯江口浙石油综合能源销售有限公司核发，标志洞头区防雷审批进入数字化时代。

19日，省委书记、省人大常委会主任车俊到洞头区鹿西乡考察，了解渔业养殖和休闲渔业开发和海岛地区基层社会治理情况。

同日，浙江省首批民宿（农家乐）助力乡村振兴改革试点名录出炉，洞头区北岙街道隔头村榜上有名，是全市唯一入选单位。

20日，纪念洞头先锋女子民兵连建连60周年暨全面打造新时代民兵建设重要窗口会议在洞头召开。会前，时任省委书记、省人大常委会主任车俊一行看望洞头先锋女子民兵连全体官兵、老民兵代表，参观连队纪念馆，观摩洞头先锋女子民兵连军事课目汇报演示。会上。区委书记王蛟虎汇报“坚持党管武装，弘扬海霞精神”的经验做法。省委常委、秘书长陈金彪，省委常委、常务副省长冯飞出席，省委常委、省军区司令员主持，省委常委、温州市委书记陈伟俊致辞。省军区领导刘建伟、张晓林出席和市领导姚高员、葛益平、陈作荣、陈浩，区领导林霞等参加纪念活动。19日晚，车俊一行观看洞头先锋女子民兵连建连60周年文艺展演。

21日，洞头区人民医院PCR实验室正式启用，缩短核酸采样送检及检测时间。

22日，洞头区领导干部会议召开。区委副书记、区长林霞传达省委十四届七次全会精神、省委书记车俊考察洞头重要指示及全省全面打造新时代民兵建设重要窗口会议精神。区委书记王蛟虎部署贯彻落实意见。

23日，鹿西渔港港区道路工程通过交工验收。该工程参照三级公路标准设计，于2017年10月正式开工。

24日，洞头“渔小二”自助办证系统启用。渔民凭身份证在终端机上自助识别，可申请办理证书。

28日，省发展改革委公布浙江省“六个千亿”产业投资工程2020年实施计划，其中，洞头区高分子材料及氢能综合利用项目和温州液化天然气（LNG）等2个项目被列入新增引领性重大项目。

同日，洞头区鹿西岛渔业产业数字化发展示范建设获批省级乡村振兴产业发展示范建设项目。

7月

1日，区委常委（扩大）会议在元觉街道召开。

2日，市人大常委会副主任、苍南县委书记黄荣定率队到洞头区考察洞头区民宿开发及运营情况、渔旅产业开发情况以及重大项目建设情况等。区委书记王蛟虎，区委副书记、区长林霞，区政协主席汪慧平等参加。

10日，文旅部公共数字文化工程资源建设项目《薪火相传·越地拾遗》在洞头区拍摄省级非遗项目——贝雕技艺。

同日，洞头区召开扫黑除恶“百日攻坚”大会战工作部署会。

10日—12日，第二届“中国诗歌之岛·海岸线青年诗会”在洞头区举行。来自浙江、上海、江苏、福建等地的40余位诗人齐聚海岛洞头，开展诗歌交流、采风创作等系列活动。

14日，区委书记王蛟虎率队到南部县开展助力决战决胜脱贫攻坚工作。洞头区、瓯江口产业集聚区管委会及温州国际机电城向南部县捐赠扶贫资金422万元；现场签订《共建“浙川东西部扶贫工业园”框架意向书》。

15日，区供销社举行“洞头羊栖菜”地理标志证明商标使用签约仪式。全区首批5家羊栖菜规模企业予以授权使用。

16日，温州市人大常委会副主任厉秀珍到洞头区调研上半年国民经济与社会发展计划执行情况等有关工作。

同日，为期两天的全区科级女干部专题培训班在区海霞学院开班。通过“吃一餐连队饭、住一晚海霞营、穿一身迷彩服、过一次军事日、走一趟解放路”等“五个一”海霞红色教育，让学员体验连队生活，感受海霞文化，锤炼党性意志，弘扬新时代“海霞精神”。

17日，温州市人大常委会副主任徐育斐到洞头区督办重点建议案《关于支持洞头建设“生命健康岛”的建议》。

23日，浙江省文化和旅游厅公布第二批浙江省优秀非遗旅游商品名单，洞头温州市杨艺木雕有限公司古船木雕入选。

28日，洞头区首条乡村社区巴士线路在霓屿街道开通试运行。

30日，洞头区召开海岛振兴“五四竞赛”现场观摩学习交流会。

31日，区委一届八次全体（扩大）会议暨区政府第七次全体会议召开。区委书记王蛟虎代表区委常委会作工作报告，区委副书记、区长林霞作工作部署。会议审议通过《区委一届八次全体（扩大）会议暨区政府第七次全体会议工作报告》《关于大力弘扬海霞精神全面打造新时代民兵建设重要窗口的决议》《关于建设海霞小镇的决定》。

同日，洞头区举行洞头先锋女子民兵连建连60周年纪念活动总结暨“传承海霞精神”再动员大会。会议观看洞头先锋女子民兵连建连60周年活动视频，表彰先进集体和个人。洞头先锋女子民兵连连长陈盈盈、区人民医院援鄂护士陈虹、海霞妈妈王银玉、溢香救援队队长杨森权分享践行海霞精神经历。

8月

1日，“海上花园·海霞故乡”温州·洞头（杭州）文旅推介会走进杭州。区委副书记、区长林霞在活动现场向所有杭州市民发出邀请。

4日凌晨3点30分前后，台风“黑格比”正面袭击洞头区。

5日，区人大常委会召开区重点建设项目专题询问会。

同日，邱新楚任洞头区人民法院党组书记，提名为温州市洞头区人民法院院长候选人。

同日，浙江省自然资源厅公布“浙江省自然资源系统践行‘两山’理念典型案例”，洞头蓝色海湾整治案例入选，全省案例入选共16个。

6日，区委、区政府印发《洞头区推进长江三角洲区域一体化发展行动方案（2020—2025）》。

10日，市政协主席陈作荣率队到洞头区开展全国文明城市创建百日攻坚专项行动督查。

同日，市体育局向洞头先锋女子民兵连捐赠龙舟仪式在海霞营地举行，同时成立海霞龙舟队，传承龙舟文化，共叙军民情谊。

11日，区委印发《关于深入开展向方健康同志学习的决定》。

同日，区政协召开2020年度第二场“请你来协商”专题协商议政会，围绕“产权式酒店发展与规范”内容进行协商交流。

12日，市政协副主席林亦俊率队到洞头区开展督查污水处理设施建设和农村困难家庭危房治理改造等工作进展情况。

同日，2020年洞头区股级女干部培训班开班，全区各单位87名股级女干部参加培训。

同日，洞头区首个机械立体公共停车库建成，停车位共52个。

13日，浙江省政协系统的金名片“委员会客厅”再添新成员——温州两岸同心政协委员会客厅揭牌。省政协副主席吴晶，省政协委员、港澳台侨和外事委专职副主任郭东，市政协副主席鲍小瓯，市政协副主席、市民革主委诸葛启钏，区领导王蛟虎、汪慧平、叶明久等出席。

17日，区委理论学习中心组举行扩大学习会，专题学习研讨《习近平谈治国理政》第三卷。

20日，浙江省财政厅副厅长林仁方一行到洞头区实地考察红色旅游发展工作。

同日，区委常委会（扩大）会议在霓屿街道召开。

21日，海霞中学迁建二期工程通过竣工验收。该项目位于新城二期E01地块，总建筑面积21522平方米。主要建设内容包括教师宿舍、学生宿舍、食堂及附属用房、发电机房、配电房等。

同日，洞头区物流行业协会成立，30家企业为会员单位，陈声平当选会长。

21日，洞头海岛端午习俗入选第十一批温州市非物质文化遗产名录。

24日，散文名家写洞头暨《蓝土地文库》（第七辑）首发式举行。

25日，省十三届人大代表温州中心组第二小组到洞头韭菜岙品海左舍、玖栖海上民宿、花岗渔村花田花地民宿等处，察看洞头区乡村民宿发展情况。

同日，渔民画《美丽渔村共同奔小康》《渔汛归来鱼满仓》入选“决胜全面小康”第二届全国农民画作品展。

同日，“民间民俗·多彩风情”2020中国·洞头第十三届七夕民俗风情节在韭菜岙沙滩举行。

同日，洞头区召开村社组织换届在霓屿街道正岙村选举现场观摩会。

28日，温州市两慢病全周期健康管理推进分级诊疗试点县工作培训会在洞头区举行。

31日，区委、区政府印发《关于加快推进新时代民政事业高质量发展的实施意见》。

31日晚，文艺名家讲坛邀请台湾台南大学教授、生物医学工程博士、海峡两岸年轻科学家蔡昆宏作《身心安顿》主题讲座。

9月

2日，温州市政协副主席徐有平一行到洞头区开展专项督查。

同日，FM100.9洞头人民广播电台改版开播。改版后，FM100.9洞头人民广播电台频率播出时段将覆盖全天24小时。

3日，洞头区新城二期河道景观工程获2020年度浙江省“优秀园林工程”奖项金奖。

4日，市政府副市长李无文率市财政、住建、综合执法、自规、城发等单位负责人到洞头区调研城建重点工作。

6日，洞头区教育发展大会暨教师节庆祝大会召开。会议表彰省、市优秀及洞头最美教师等先进，并宣读《洞头区基础教育质量提升“扬帆行动”若干举措》。

8日，南部县人大常委会主任胡修云率考察团到洞头区考察城市建设、旅游发展、蓝湾整治等工作。

同日，全市高水平建设“五美”新温州暨第二轮中央生态环境保护督察迎检工作部署会召开。区委书记王蛟虎在温州主会场参加会议并作交流发言。

9日，市人大常委会党组副书记、副主任仇杨均带领调研组到洞头区调研矛盾纠纷调处化解“最多跑一地”改革工作情况。

14日，区委副书记、区长林霞主持召开全区重点项目建设“百日攻坚”行动动员部署会。

15日—16日，广东省政协副主席袁宝成一行到洞头区考察“促进海岛经济高质量发展”情况。省政协副主席陈铁雄、市政协副主席陈胜峰，区领导王蛟虎、林霞、汪慧平、叶明久等陪同。

16日，浙江省社科联党组书记、副主席郭华巍率队到洞头区调研社科工作。

17日，市政府副市长陈应许到洞头区调研企业安全生产和康养服务机构建设工作。

23日，超百亿新能源项目——华峰集团温州华港液化天然气储运调峰中心一期300万吨/年项目在洞头区状元岙港区正式开工。温州市委副书记、市长姚高员，中国寰球工程有限公司党委书记魏亚斌，温州市委常委、常务副市长陈建明，华峰集团董事局主席尤小平，洞头区委书记王蛟虎等领导出席。

同日，区委常委会召开扩大会议，传达学习省委书记袁家军在省委党校2020年秋季学期开学典礼上的重要讲话精神以及市委常委会扩大会议精神，研究部署贯彻落实意见。

25日，洞头区“两个健康”服务平台正式启动运行。

27日，洞头区巡察工作会议暨第八轮动员部署会召开。

29日，省文旅厅副厅长许澎一行到洞头区督查节前旅游市场防疫与安全工作，并实地考察洞头区海岛公园创建情况。

同日，全国社会力量办体育改革试点现场推进会在温州市召开。区委副书记、区长林霞作为唯一的县（市、区）在会上作典型发言。

30日，四川省阿坝县考察团到洞头考察。

同日，洞头中普陀寺佛教文化园举行开园仪式。

同日，浙江省卫健委发文公布2019年度“双下沉，两提升”工作评估结果，洞头区人民医院再次被评为“优秀”。

10月

10日，市政府副市长殷志军到洞头区调研人大代表联络站工作开展情况。

同日，洞头区大门镇上榜省农村文化礼堂建设示范乡镇（街道）名单。

12日，洞头区第三十六届“海疆杯”篮球赛暨第七届“职工杯”篮球赛在区文体中心的篮球馆开赛，各部门单位及街道（乡镇）组成的18支队伍参赛。最终区教育系统代表队获冠军。

14日，市人大常委会主任、党组书记葛益平率队到洞头区调研海洋生态保护工作情况。市人大常委会党组副书记、副主任任玉明，区领导王蛟虎、叶海峰等陪同。

19日，“大健康·新未来”洞头生命健康院士研讨会暨全国农村订单定向医学生培养院校联盟学术年会在洞头区举行。国内外知名院士、医学领域专家学者、高校联盟代表、各地卫生健康系统代表、洞头区领导及部门代表、温州医科大

2020年9月30日，洞头中普陀寺佛教文化园开园　（区融媒体中心提供）

学仁济学院有关领导、健康产业企业家代表等近500人参加。下午，"大健康·新未来"洞头生命健康院士研讨会——智慧医疗与慢性病管理模式分论坛在洞头区举行。国家疾控中心慢病中心主任吴静等国内相关高校及有关县市区卫健系统嘉宾和专家参加论坛。

20日—21日，南部县政协主席时春英率队到洞头区学习考察，交流讨论两地政协党建与提案工作经验。区领导林霞、汪慧平、朱大志、张释忠、叶明久等陪同。

21日，洞头区清廉村居建设和扶贫领域专项监督"百日攻坚"行动暨村社组织换届纪律保障工作会议召开。

28日，浙江·洞头第三届紫菜文化旅游节在霓屿街道布袋岙文化礼堂广场举行。

29日，四川省阿坝州副州长、壤塘县委书记严华率壤塘县党政代表团到洞头区考察红色旅游发展情况与蓝湾整治项目。区领导王蛟虎、梅山标陪同考察。

同日，洞头区档案馆通过省级数字档案馆现场测评验收，创成省级数字档案馆。

30日，第五届华东病理生理学研讨会在洞头区举行。

11月

2日，全区领导干部会议召开。区委书记王蛟虎传达中共十九届五中全会精神和省委、市委贯彻落实全会精神等内容；区委副书记、区长林霞传达《中共中央关于制定国民经济和社会发展第十四个五年规划和二〇三五年远景目标的建议》说明的主要精神和基本框架。

同日，温州市洞头区互联网行业党委成立。

2日晚，温州市—南充市东西部扶贫协作工作联席会议在洞头区召开，探讨两地协作发展事宜。

3日，市政府副市长陈应许到洞头区调研村级组织换届和民政工作。

5日，"激扬温州人精神、弘扬海霞精神、建设海上花园"洞头区"新时代新风采辩论赛"总决赛在海霞红港举行，最终区府办代表队夺得冠军。

同日，洞头区第二届民营企业家节庆祝大会暨优秀企业家表彰会议召开。

9日，中央宣讲团成员、中央政法委秘书长陈一新围绕"描绘好现代化新蓝图，再创'中国之治'新奇迹"的主题作宣讲报告。宣讲报告会采用视频形式举行，在各市县设分会场。

同日，市政府新闻办举行"小康中国·温州故事——全面建成小康社会"主题系列新闻发布会——洞头专场，主题为"弘扬海霞精神决胜全面小康建设海上花园"。洞头区委书记王蛟虎通过"两条路、三个区、四个变"内容，发布高质量建设海上花园、高水平建设全面小康社会的洞头"成绩单"。

同日，省财政厅、省发改委提前下达2021年度省海洋（湾区）经济发展资金，洞头区再获资金补助9633万元。

13日，全省抗击新冠肺炎疫情总结表彰大会在省人民大会堂举行。洞头区人民医院东屏院区副院长、东屏街道卫生服务中心副主任陈虹，区妇幼保健计划生育服务中心主任苏明斌获浙江省抗击新冠肺炎疫情先进个人；海霞女子民兵连党支部获浙江省抗击新冠肺炎疫情先进集体称号。

17日，市政府副市长汤筱疏到洞头区调研卫生和疫情防控工作。

同日，2020年温州市暨洞头区全民终身学习活动周开幕式举行。副市长汤筱疏，市教育局局长郑建海，区委副书记、区长林霞参加。

18日，市人大常委会副主任王祖焕、华夏幸福基业股份有限公司副总裁王伟峰到洞头区招商考察洞头城市发展、新城二期项目以及状元南片地块等。

19日，由温州洞头南北爿山省级海洋特别保护区管理机构委托温州大学撰写的《南北爿山保护区动植物资源》正式印刷出版。

20日，洞头区召开"无废城市"创建工作部部署会。

同日，东屏街道东岙村、霓屿街道下社村获第六届"全国文明村"称号。

20日—22日，第十二届中国·洞头全国海钓邀请赛在洞头举行。来自全国各地的50支参赛队伍共100位海钓好手参赛。

23日，区委理论学习中心组（扩大）会议召开。学习贯彻中共十九届五中全会精神，传达学习省委十四届八次全会精神。

24日，洞头区举行双拥志愿者协会成立大会。会议选举产生洞头区双拥志愿者协会第一届理事会会长、副会长，聘请洞头先锋女子民兵连首任连长汪月霞为协会总顾问。

25日，区政府印发《洞头区海岛公园建设三年行动计划（2020—2022）》。

29日，2020两岸一家亲·半屏山系列交流活动开幕式暨"双屏论坛"在洞头区举行，来自海峡两岸的各界知名人士、专家学者、台商台青台胞台属代表等100余位嘉宾参加。

30日，温州市首期"传承海霞精神激扬巾帼风采展现窗口担当"2020年温州市女干部培训班在海霞营地开班。市直机关、县（市、区），市属国企、高校的优秀女干部50名参加培训。

12月

1日，洞头区生态养殖绿色发展大会暨海区规范整治推进会召开。

9日，市政协副主席诸葛启钏到洞头调研工作。

11日，东屏丽映小吃店负责人李某某通过全流程网上办理，领取洞头区第一张食品经营许可证电子证书。

15日，区委、区政府印发《关于学前教育深化改革规范发展的实施意见》。

同日，大门镇仁前途村入选浙江省综合减灾示范社区名单。

同日，区政务服务中心通过“全球通”平台远程视频系统为阿联酋的许女士办理退休手续，为全区首个通过“全球通”平台办理跨国业务。

17日，区委一届九次全体（扩大）会议召开。区委书记王蛟虎代表区委常委会作题为《高质量建设海上花园，高水平开启洞头全面建设社会主义现代化新征程》的工作报告，全会审议并通过《关于制定温州市洞头区国民经济和社会发展第十四个五年规划和二〇三五年远景目标的建议》《洞头区部分行政区划调整方案》。

18日，洞头区召开首场中共十九届五中全会精神宣讲报告会，邀请市委政研室副主任黄朝钦作主题宣讲。

同日，洞头区与浙江大学宁波理工学院等单位联合申报的“智慧海洋牧场装备技术中心”被认定为浙江省工程研究中心，为全区获批的首个省级工程研究中心。

同日，洞头区人大代表履职能力提升班在宁波大学举办。区人大常委会主任叶海峰作开班动员讲话，并向代表宣讲中共十九届五中全会精神。

21日，洞头区委常委会暨办不了质询会召开，对重点项目进行质询、会诊。

同日，洞头区召开第二场中共十九届五中全会精神宣讲报告会，邀请省委党校政治学教研部主任徐彬专题授课。

同日，洞头区举行为期4天的新一届村社两委主职干部任前培训。

2020年12月17日，区委一届九次全体(扩大)会议召开　（区融媒体中心提供）

同日，洞头区东屏街道入选“2020年度新时代美丽城镇建设省级样板”。

同日，东屏街道东岙顶村入选第三批省级引领型农村社区名单。

24日，洞头区全域通过“污水零直排区”创建工作。

25日，洞头区浙江立鹏建设有限公司、浙江中燃华电能源有限公司、温州市万年混凝土有限公司、浙江诚意药业股份有限公司等四家企业上榜2020温州市百强企业系列榜单。

28日，温州蓝色海湾整治行动“破堤通海”工程启动。

29日，位于北岙街道金海花苑的洞头区第一部既有多层住宅加装电梯投用。

30日，温州市人民政府发文（温政函〔2020〕136号）同意洞头区调整灵昆街道的管辖范围，增设昆鹏街道。

同日，浙江省水利厅党组书记、厅长马林云一行到洞头区调研大陆引调水、海塘安澜、美丽河湖等重点水利工作。

同日，温州蓝色海湾生态建设项目环岛西片（西山头、王山头）沙滩建设工程开工建设。

同日，洞头区获评AAA级景区城，东屏街道获评AAAA级景区镇，北岙街道、大门镇、鹿西乡、元觉街道获评AAA级景区镇。

31日，大门镇美岙至沙岙隧道暨大门环岛公路全线通车。采用两车道二级公路标准设计，道路设计速度为40千米/小时，路线全长2.9千米。

同日，温州市首个开放式全面从严治党主题公园在三盘社区开园。

（年鉴编辑部）

区情概览

谷雨前后正逢时·陈钦煅

“海霞精神”

爱岛尚武　励志奉献

区情概览

自然地理

【位置面积】洞头区总面积2862平方千米，其中陆地面积155.25平方千米。全境位于北纬27° 40′ 00″ —28° 5′ 00″ 、东经120° 52′ 30″ —121° 30′ 00″ ，地处浙东南沿海瓯江出海口。南与瑞安市北麂、北龙乡（大北列岛）隔海相望，西与龙湾永强相对，北望乐清、玉环两市。

【地形地貌】洞头列岛主要有侵蚀剥蚀高丘陵和低丘陵以及洪积平原、海积平原等堆积地貌。侵蚀丘陵地貌分布广泛，约占全区陆地面积的91%。其中，高丘陵（海拔250米以上）主要分布于大门岛以及鹿西、霓屿、状元岙等岛的中部和洞头岛的西部，山坡较陡，一般为30° —40° ，特别是边缘地带，常有大于40° 的陡坡或陡崖出现；顶部较平缓，坡度一般为15° —25° 。最高山峰烟墩山位于大门岛，海拔为391.8米。高丘陵以凸形坡及直线形坡为主，部分地段为复合形坡。低丘陵（海拔低于250米）主要分布于洞头岛、半屏岛、三盘岛、小门岛以及鹿西、霓屿、状元岙等岛边角部位，山顶部较平缓，为10° —25° ，山坡坡度为25° —35° ，局部坡麓地带有超过35° 陡坡及陡崖。低丘陵山坡地形以凸形坡和直线形坡为主，局部为阶梯状复合形坡。堆积地貌主要分布于大门岛、灵昆岛、洞头岛，分布零星。其中洪积平原零星分布于大岛屿的沟谷及山麓地带，上游坡度为10° —15° ，下游坡度为3° —10° 。海积平原主要分布于洞头岛、灵昆岛、大门岛及小门岛，在霓屿岛及半屏岛亦有小块分布，地势平坦。境内无大河发育，溪流多发源于山体中部，向四周呈辐射状独流入海，其特点是数量多、流域面积小，长度短，比降大，枯水期多断流。

【海洋生物资源】洞头海域渔业资源丰富，能捕捞的鱼类300余种，其中常见40余种。主要鱼类有小黄鱼、黄姑鱼、棘头梅童鱼、鲚鱼、鳓鱼、鮸鱼、鲳鱼、鲈鱼、魟鱼、黄鲫、龙头鱼、海鳗、带鱼、马鲛鱼、白姑鱼、石斑鱼、竹荚鱼、鲨鱼、鳐鱼、东方鲀、鲻鱼、鲥鱼、

紫菜养殖

海鲫等。岩礁潮带生物156种，占总数47.13%；泥质潮间带生物142种，占总数42.9%；沙滩潮间带生物33种，占总数9.97%。主要常见品种有泥蚶、缢蛏、泥螺、彩虹明樱蛤、青蛤、疣荔枝螺、瘤荔枝螺、锯缘青蟹、龟足、藤壶、弹涂鱼、粗脚厚纹蟹、棒锥螺、棘刺牡蛎、艾氏活额寄居蟹、痕掌沙蟹、海蟑螂、厚壳贻贝、石花菜、海萝、鼠尾藻、孔石莼、紫海胆、瓦氏马尾藻、紫菜、羊栖菜等。浮游植物81种，以近岸广温广盐种为主；浮游动物78种（类）（不包括鱼卵仔鱼），以近海暖水类群和近海暖温带类群为主；底栖生物45种，以沿岸广温低盐种和近岸广温广盐种为主。

南北爿山省级海洋特别保护区珍稀鸟类51种，其中国家二级重点保护野生动物有黄嘴白鹭、普通鵟、红隼、游隼和凤头鹰5种；省重点保护动物有中白鹭、夜鹭、棕背伯劳、红尾伯劳、褐翅燕鸥、大凤头燕鸥和黑枕黄鹂7种，历年繁殖高峰期，约有350只黄嘴白鹭、4000只黑尾鸥亲鸟筑巢、产卵。有维管植物67科166属199种，海域有游泳生物23种，其中鱼类14种，甲壳类9种。

【港口资源】洞头港口资源丰富，拥有状元岙、大小门岛等，可利用岸线近30千米，其中可建万吨级以上泊位的深水线15千米，可布置1万吨—20万吨级泊位90余个，是温州深水大港的重要港口。水域条件、集疏运条件好，横穿洞头列岛中部的北水道是巨轮进出温州的咽喉，南面黑牛湾是瓯江口外靠近远洋航线的最大天然锚地。在建的状元岙港区共规划码头作业区4个，深水泊位25个，总长度7100米，设计年吞吐能力7000万吨，其中集装箱500万标箱。已建成7#、8#、9#泊位5万吨级（兼靠10万吨级）集装箱专用泊位。大小门岛港区划分为小门岛、大门东和大门西3个作业区，规划港口岸线14.6千米，可形成年通过能力1.15亿吨。建有亚洲最大的天然气液化储运基地。

【矿产资源】全区境内甲类矿产资源贫乏，已发现的矿产类型有花岗岩、建筑用凝灰岩、海砂、蛎壳、黏土以及矿泉水等6种，矿床地40处。

花岗岩，主要有大门、青山岛、隔头、北策、牛鼻孔、大爬山、大瞿等岩体，岩性包括钾长花岗岩、花岗岩、辉绿岩等。花岗岩开采利用以大门钾长花岗岩为主，其次有隔头花岗岩、北策辉绿岩。大门钾长花岗岩可开采资源量约为3.18亿立方米，是理想天然防酸、防腐石材；辉绿岩主要分布在北策岛中部，是理想中档板材荒料基地；花岗岩主要分布在北岙街道隔头，估算资源量29.8万立方米。

建筑凝灰岩，区内建筑用凝灰岩分布较广，产于上侏罗纪火山碎屑岩中，主要住人岛均有分布，有青山岛、灵昆岛、霓屿岛、沙岙屏、铁炉头、小三盘、北岙后石子矿，以及大门、霓屿、本岛等开采点。根据石料的块度大小不同，主要用于工民建、围垦、填海造地等。

海砂，区内海砂分布于灵昆岛瓯江北口、南口和大门岛南侧、西侧海域。灵昆岛瓯江北口，呈东西向条状分布，面积0.7平方千米，由细沙组成，夹杂少量淤泥；灵昆岛瓯江南口、东南口，面积17.95平方千米。大门南侧海域储量较大，距离乌仙头咀约1500米，矿区沿东西向展布，面积约5.6平方千米，砂层有细粉砂、中细砂、淤泥混砂等，海砂矿物成分以长石为主，石英次之，砂层直接赋存表面，呈松散—稍密状，可采性较好。

蛎壳，区内蛎壳矿产资源丰富，主要分布于大门岛北、霓屿东部、三盘门、大瞿西、黑牛湾5个矿区（海域）。蛎壳层厚度一般在3米左右，最厚可达6.5米，探明蛎壳资源量2149.9万吨，估算资源量1653.9万吨。

矿泉水，区内矿泉水点出露地层简单，矿点有5处，主要分布在大朴村、小朴村、大三盘下尾村及大门镇，其中大门镇有2处，日涌水量为10吨—22吨。经分析测定，各项指标均达到国家饮用天然矿泉

状元岙港区

水命名标准。

【旅游资源】洞头素有“百岛之县”“东海明珠”美称。洞头是全国唯一以区域冠名的国家AAAA级旅游景区、全国海钓基地、中国十大摄影发烧风景地、中国最佳海岸摄影地，是浙江省重点风景名胜区、浙江省最值得去的50个景区之一。

全区七大景区400多个景点，风光旖旎，山海兼胜，人文荟萃，气候宜人，富有“岛奇、礁美、滩佳、鱼鲜、生态优”特色，融海上游览、海上运动、海上体验、海洋文化、渔乡风情于一体，与雁荡山、楠溪江构成温州“山—江—海”旅游金三角。

仙叠岩，位于洞头区城东南2.7千米处，景区巨石摩天，危石层叠，是听涛、观海、赏石的绝佳去处。主要有观音训狮、海天独径、祭海石猪、金鹰迎客、蛤蟆欲仙、仙童戴帽、十二生肖等景观。珍珠礁岩石错落有致，十八钓鱼台拾阶而起，可垂钓写生、捡螺拾贝。被誉为“中国岩雕第一人”的中国美院教授洪世清创作的30余处岩雕作品，加上名家书写的诗词作品摩崖，更增添赏石品画的雅趣。

仙叠岩

大沙岙海滨浴场，呈半环抱形，沙滩平坦开阔，沙质属铁板砂，细柔而不松软，走在上面犹如踏在地毯上，舒适惬意。这里是晒日光浴、游泳冲浪的好地方，还可进行沙滩排球、自行车赛，晚间可举行篝火晚会，放歌劲舞，尽情欢乐。沙滩四周奇礁兀立，有海豹回头、猛虎下岗、将军观天、龟石岩等景观。浴场边的南炮台山是东海海防要塞，可观鸥鸟、听松涛，一洗尘嚣，是赏海上日出的好去处。

半屏山，位于洞头区城南3千米处，民谣曰“半屏山，半屏山，一半在大陆，一半在台湾”，大陆半屏山即为此。景区东部沿岸断崖峭壁，犹如刀削斧劈，直立千仞。连绵数千米的海上天然岩雕长廊在全国堪称一绝，被誉为“神州海上第一屏”。有惟妙惟肖的迎风屏、赤象屏、鼓浪屏、孔雀屏、渔翁扬帆、黄金印、虾将岩、乌龙腾海等四屏十八景，荡舟观浪，听涛赏景，堪称奇绝。景区西部的大沙龙沙滩曲长宽阔，可捡螺、拾贝、戏耍、冲浪。

大瞿景区，位于洞头城区西南约9千米，与附近的双峰山、南摆屿、鸟岛等组成岛礁景区，面

半屏山景区

积约6.05平方千米，有“七十二胜景”。岛上山奇石巧、林密花香，被誉为“海上绿洲”，岛东南部石景荟萃，有千奇百怪的“千佛山”、生动传神的大卫岩，以及百鱼图、石佛观海、仙童击鼓、大象吸水等景观。大瞿山顶有明末抗清名将郑成功练兵的校场遗址。位于大瞿岛东南方的双峰山、北摆山、南摆山为鸥鸟、鹭鸶等候鸟的聚集地。

竹屿景区，位于洞头城区东侧约6.5千米海域处，面临浩瀚东海，由大竹屿、小竹屿、虎头屿、北猫屿、笔架屿等数十座岛礁组成，景区面积约3.8平方千米。域内天蓝海碧，鸥鸟翔集。游人可观奇礁怪石，听海涛潮响，更能一览虎头屿国际灯塔雄姿。大竹屿有数千平方米的天然大草坪，被誉为东海第一大天然草坪，宜开展孤岛生存、探险野营、海上生态观光等活动。

大门景区，面积约4.5平方千米，以马岙潭度假区为核心，呈辐射状向大门岛东南延伸，包括石和尚、龟岩峰、舢舨岩、马岙潭沙滩、观音礁等10多个景点。这里候鸟翔集、沙滩平坦、山青水蓝、石奇滩佳，享有“温州夏威夷”美誉，是观看日出日落、避夏消暑、度假休闲，以及品尝生猛海鲜的好去处。

鹿西鸟岛，位于鹿西岛东北面，即北爿山屿、南爿山屿，合称南北鸟岛，岛上阳光充足，周边鱼类繁多，每年都有数以万计的海鸟在此安家筑巢，繁衍生息，形成极为罕见的鸟岛奇观。岛上万鸟齐飞，珍禽展翅，构成一幅大自然的精美画卷。

洞头先锋女子民兵连纪念馆，2000年（建连40周年）时建造。初建于1976年，2010年、2015年两度修缮。展示了女子民兵连成长的不

竹屿

寻常历程。女子民兵连成立于20世纪60年代，是一支有着辉煌历史的连队，铸就了“爱岛尚武，励志奉献”的海霞精神，其事迹曾被写成长篇小说《海岛女民兵》，拍成电影《海霞》，载入《中国共产党历史》（第二卷）。为全国爱国主义教育示范基地、国家国防教育基地、全国红色旅游经典景区，全省干部党性教育基地，省党史教育基地。

望海楼，始建于公元434年，距今已有1500多年历史。位于洞头本岛海拔227米的烟墩山，是洞头旅游标志性建筑。建有望海楼主楼、颜延之雕像、诗词碑廊、同辉亭、泓澄亭、心赏亭等景观。主楼设海洋民俗文化展厅和观景厅，是观赏百岛美景、领略渔村风情的窗口。楼内有启功、沈鹏、韩美林、李铎、朱关田等名家墨宝。作为洞头历史文化的窗口和百岛旅游第一景的望海楼，以其历史悠久、建筑雄伟、海洋民俗文化气息浓郁，跻身国内名楼之列，被誉为“气吞吴越三千里，名贯东南第一楼”，

望海楼

2012年11月加入中国名楼协会。

海霞军事主题公园，是全国知名的军事主题公园，建有“海霞电影棚”“军事演练区”“华山险道”“丛林战道”“国防知识画廊”“军事器材展览室”“CS真人模拟对抗赛”等，还陈列着退役的战机、军舰、火炮，并有军事拓展等项目。这里，岗楼林立、碉堡成群、战壕纵横，是见证“洞头先锋女子民兵连”成长历史、解读“海霞精神”的军事旅游胜地，可以亲身体验军旅生活。

中普陀寺，是集佛陀教育、文化旅游、慈善安养为一体的修炼经法圣地。寺院分弘法、修行及综合服务三个区，建筑整体格调体现唐代和明清建筑风格中的清、畅、哀、亮、微、妙、和、雅之韵，突出实用庄严。弘法区建有大雄宝殿、天王殿、钟楼、鼓楼、圆通殿、念佛堂、戒台、放生池等。大圆通殿内供奉着高9米、由13吨纯铜铸造而成的千手千眼观世音坐像，是众多普陀寺中之最。寺内观音圣像陈列馆，收藏的观音佛像、图片、字画等，在各地观音寺院中最为丰富。

大龙山永福寺，是仿明清建筑风格的佛教寺院，是释迦牟尼佛之道场，具有300余年历史。庄严肃穆的殿堂楼阁从翠山碧岭中拔地而起，樟刻和石刻佛像325尊、释迦牟尼佛和十八罗汉威仪端详，尽显海天佛国之风采，是领略海岛风光、感受佛教文化的绝佳去处。

白马古道，连接小朴村和望海楼，属于望海楼森林绿道的一部分，由清风圃、托楼廊、涵秀台和木栈道组成，全长1300米。沿道上下间，浓荫遮蔽；廊台高低处，岛礁入眼，是登山健体、观涛览胜的首选地。小朴村建有白马寺，传承马灯民俗活动。过去村民外出，这里是通道之一。

灵昆九村生态园，位于灵昆街道九村，占地面积13.33余公顷。园区内分为科普教育区、亲子互动文化区、水上娱乐运动区、拓展培训区、林果采摘区、民俗文化区、欧陆风情街、野炊烧烤区、休闲垂钓区、3D油画区、真人CS区等20多个区域，可垂钓、采摘、划船、与小动物玩耍等。是一座以农业为主题的生态休闲园。

气候气象

【概况】洞头区属于亚热带海洋性季风气候区。冬无严寒，夏少酷暑，春季温暖，秋季干爽；夏冬季长，春秋季短，四季分明；全年光照充足，雨水丰沛，温暖湿润。年平均气温17.9℃，最冷月（1月）平均气温8℃，最热月（8月）平均气温27.6℃，年极端最高气温34.7℃，出现在2005年8月，年极端最低气温-2.2℃，出现在1993年1月。年平均降水量1404.5毫米，年平均雨日193.4天，降水量年际差异显著，最大年降水量1913.1毫米，出现在2005年，最小年降水量785.8毫米，出现在2003年；全年降水量分布不均匀，6月最多，月降水量为189.8毫米；12月降水量最少，月降水量为47.4毫米。春夏之交进入梅雨期，出现连阴雨、气温高、雨势强、湿度大的梅雨天气，为期约1个月；5—9月是本地区主汛期，降水量为798.1毫米，占全年降水量57%，是全年主要降水期。年平均相对湿度80%，最小相对湿度13%。年均日照时数1873.3小时；年平均蒸发量1541.5毫米；年平均风速4.2米/秒，最多风向为北偏东北风。年雷暴日数28.2天；平均无霜期322天，最短无霜期281天，最长无霜期365天。主要气象灾害有热带气旋、暴雨、大雾、霾、干旱、大风、强对流天气（雷暴、冰雹、龙卷风）等。其中台风影响最早在5月，最迟在12月。台风影响盛期在7—9月，平均2.1个，占全年（2.7个）77.8%，其中8月最多，平均每年0.9个。

【气温】2020年，洞头区年平均气温19.1℃，较常年（17.9℃）偏高1.2℃，逐月平均气温均较常年偏高（仅6月、7月弱偏低），其中4月偏高幅度最大，偏高1.7℃。全年极端最高温度为34.2℃，出现在9月1日；年极端最低气温-1.2℃，

灵昆街道九村生态园

出现在12月31日。入春时间为2月22日，常年为3月9日；入夏时间为5月27日，常年为6月4日；入秋时间为10月9日，常年为10月11日；入冬时间为12月16日，常年为12月25日。

【降水】2020年，洞头区降水总量1084.9毫米，较常年（1404.5毫米）显著偏少。全年总降水显著比常年偏少，且各月份雨量分布不均匀。有10个月份的月降水量较常年同期明显偏少，偏少幅度最大的月份出现在6月，偏少123.4毫米；8月份的月降水量较常年同期明显偏多123.4毫米。降水日数202天，较常年（193.4天）略偏多。

【日照】2020年，洞头区总日照时数1593.2小时，较常年（1873.3小时）偏少280.1小时。全年月日照时数较常年同期偏少，年内仅4月份日照时数较常年同期偏多，其余月份均较常年同期偏少，7月偏少幅度最大，偏少99.7小时，9月次之，比常年同期偏少66.1小时。总体来看，2020年度夏季日照不足。

【蒸发】2020年，洞头区蒸发总量1120毫米，较常年（1541.5毫米）偏少27.3%，除11月外，逐月亦较常年月份偏少。月蒸发量呈现先降后增趋势，8月最高，与常年趋势基本一致。

【梅雨】2020年，洞头区梅雨期为5月29日至7月18日，梅雨期降水量为143.1毫米，较常年（252.7毫米）偏少43.3%，梅雨总体不是很典型，降水时空分布不均匀，降水主要集中在5月29日至6月8日和6月30日至7月3日，防汛形势总体平稳，整体呈现出“梅中有伏，伏中有梅”的特征。梅汛期雨季50天，

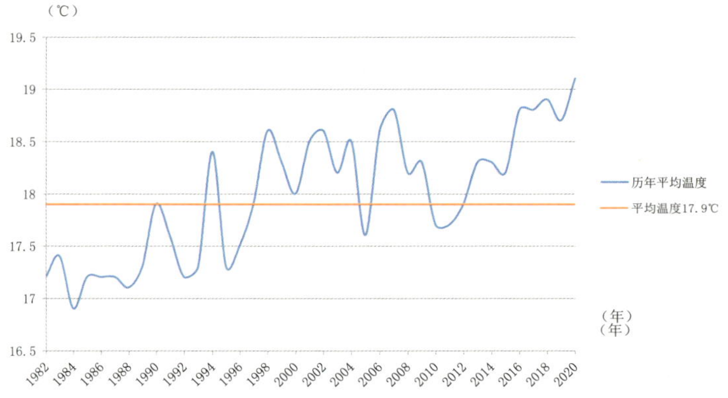

图1　1982—2020年洞头区历年平均气温演变图

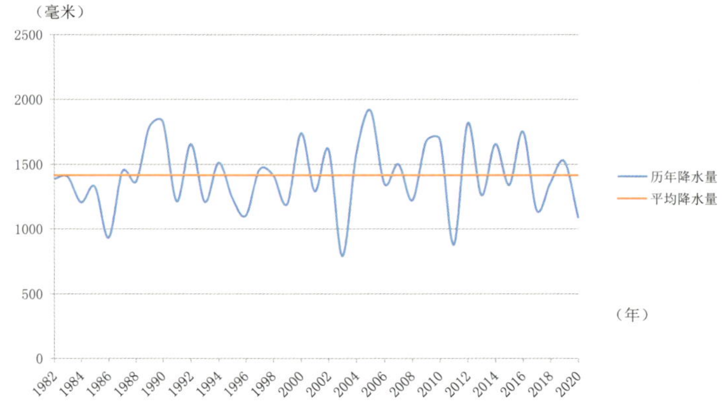

图2　1982—2020年洞头区历年总降水量演变图

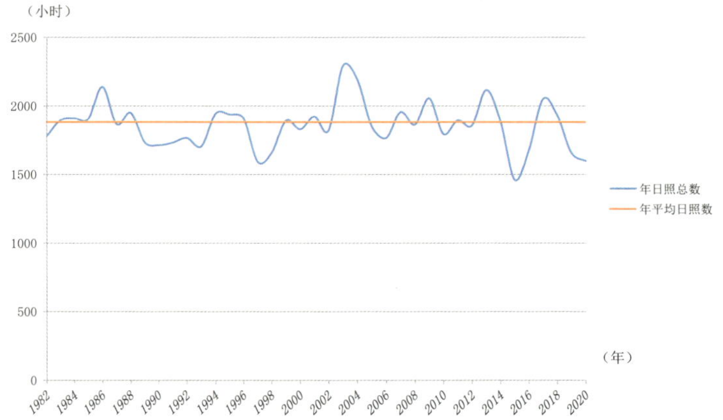

图3　1982—2020年洞头区历年总日照时数演变图

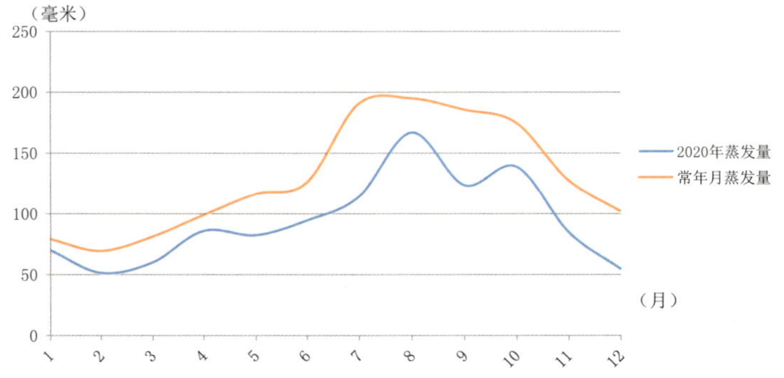

图4　洞头区2020年与常年月蒸发量对比图

较常年（30天左右）偏长。本次梅汛期无灾情。

【台风】2020年，台汛期为7—9月，台风影响个数偏少，共3个台风，较常年影响个数（2.7个）偏多，强度偏强。受2004号台风“黑格比”影响，洞头区普降暴雨到大暴雨。据统计，8月3日8时至8月4日20时全区面雨量125.5毫米，洞头国家基本气象站190毫米。全区29个气象监测站中，大于200毫米站点有4个（分别是霓屿备份站237.9毫米、灵昆230.2毫米、霓屿站201.6毫米、灵昆雁升200.5毫米），大于150毫米站点有8个，大于100毫米的站点有17个。1小时最大雨强出现在8月4日4时东屏南策站（78.1毫米），过程单站最大降水量出现在霓屿备份站（237.9毫米）。沿海海面出现13—17级大风，洞头国家基本气象站过程极大风力38.6米/秒（13级），出现在8月4日1时。全区29个气象监测站中，过程极大风力出现17级大风站点有2个，分别在虎头屿59.8米/秒（17级）、青山59.3米/秒（17级）；出现15级大风站点有12个。单站过程极大风力出现在虎头屿59.8米/秒（17级），出现在8月4日3时。据统计，洞头气象站建站有数据以来，过程极大风力，历史排名第一，排名第二为201909“利奇马”台风，单站过程极大风力出现在虎头屿54.4米/秒（16级）。排名第三为201323号台风“菲特”，极大风力52.5米/秒（16级）。

【霾】2020年，全区霾日数4天，较2019年（16天）显著偏少。全年出现4天轻微霾。全区霾日数季节差别较大，秋、冬季节为霾的多发季节；春夏季节霾天气较少。

（何华玲）

历史人文

【区树区花】区树，台湾相思树，别名相思树、相思子，属于含羞草科金合欢属，常绿乔木，高达15米，喜光，根深材韧，抗风力强，花期5月份，花色金黄，花串硕大、艳丽芬芳，花期长达两个月左右。对土壤要求不高，耐干旱贫瘠，病虫害少，萌芽力强，是生态绿化、四旁植树的好树种。原产台湾地区，福建、广东、海南皆有栽培，树姿具有南国风味，洞头区自19世纪80年代开始引种栽植，现已广泛分布于各乡镇岛屿。

台湾相思树

区花，三角梅，别名叶子花、勒杜鹃，属紫茉莉科叶子花属，原产于南美巴西、秘鲁，其为热带植物，喜高温的气候环境，亦较耐干热，不耐寒冷，忌霜冻，对土壤肥力要求不高，树干多刺，常绿木质

三角梅

大藤本植物，枝条常呈拱形下垂，花多数为三朵聚生一处，花色多样，有淡红、大红、紫红、淡黄、乳白，一株多色，多用于庭园、宅旁。近年来洞头区在城市绿化美化中大量栽植。

2007年1月24日，洞头县第十一届人大常委会第三十三次会议决定：台湾相思树、三角梅为洞头县县树、县花。

【历史沿革】据九亩丘出土文物考证，早在3000多年前，洞头列岛就有人类活动。

春秋战国，为瓯越之地。秦，属闽中郡。

西汉始元二年（前85），属回浦县，隶属会稽郡。

东汉建武元年至三年间（25—27），改回浦县为章安县。永和三年（138）析章安县东瓯乡置永宁县，遂为永宁县地，仍隶属会稽郡。

三国，属吴国永宁县地。太平二年（257），分会稽郡东部置临海郡，永宁县属之。

东晋太宁元年（323），分临海郡立永嘉郡，以永宁县为郡治。宁康二年（374）分永宁县置乐成县，今洞头区境遂为乐成县地。

隋开皇九年（589），改永宁县为永嘉县，隶处州，今洞头区境为永嘉县地。开皇十二年（592），改处州为括州。

唐武德五年（622），分括州置东嘉州，分永嘉县复置乐成县，今洞头区境又为乐成县地，隶东嘉州。武德七年（624），又撤乐成县并入永嘉县，今洞头区境地复为永嘉县地。贞观元年（627），废东嘉州，永嘉县隶括州。上元二年（675），分括州置温州，设州治于永嘉。载初元年（689），复置乐成县，隶温州，今洞头区境复为乐成县地。

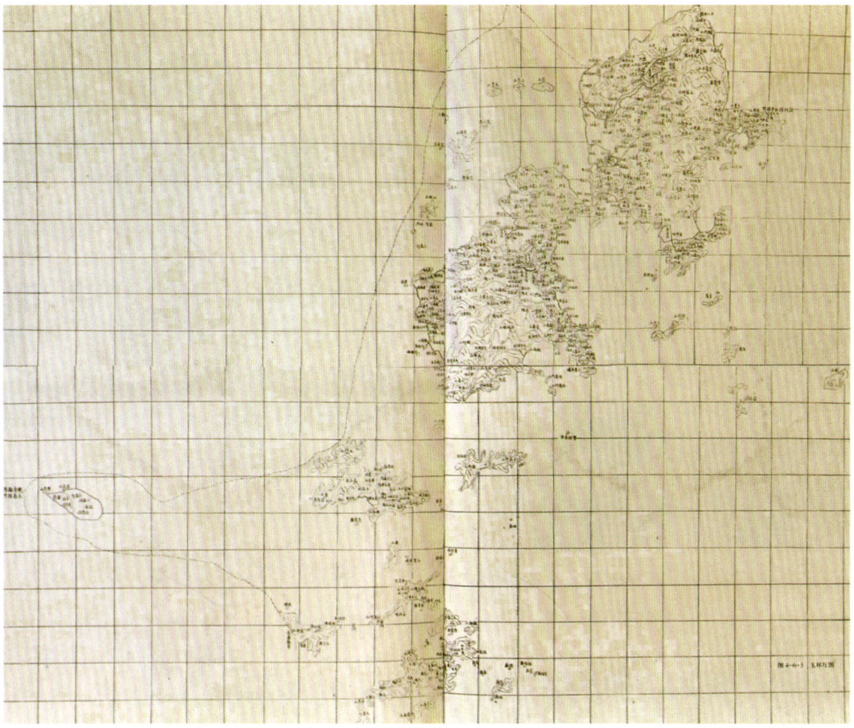

清光绪十九年（1893）玉环厅图

五代十国时，乐成县属吴越国。后梁开平二年（908）改乐成为乐清，今洞头区境为乐清县地，仍属温州。南宋咸淳元年（1265）属瑞安府。元，属温州路。明，属温州府。

清雍正六年（1728），置玉环厅，隶温州府，今洞头区境划玉环厅第二十都。

民国元年（1912），改玉环厅为玉环县，隶瓯海道，今洞头区境为玉环县第四区。民国22年（1933），同属玉环第四区的灵昆岛改属永嘉县。民国25年（1936），洞头境为玉环县三盘区。

1949年10月8日，洞头境首次解放。

1952年1月15日，洞头全境最后解放，仍属玉环县。

1953年6月10日，中央人民政府批准洞头置县，隶浙江省温州地区专员公署。

1958年5月29日，国务院批准撤销洞头县建制。7月1日起，划归玉环县。

1959年1月7日，国务院决定撤销玉环县建制。4月1日，洞头划归温州市。

1964年10月31日，国务院批准恢复洞头县建制，隶温州地区专员公署。

1965年3月1日起，洞头县人民委员会正式对外办公。

1981年9月22日，温州地区和温州市合并，洞头改隶浙江省温州市。

2015年7月23日，国务院批准洞头撤销县建制，设为温州市洞头区，并将温州市龙湾区灵昆街道划归洞头区管辖。9月2日，温州市洞头区正式挂牌成立。

【历史文化】洞头列岛早在3000多年前即有人类活动，北岙街道风门村的九亩丘遗址和大门岛的岙底等处，曾出土新石器晚期的石斧、石刀及石矛。据相关志书记载，古时洞头岛被称为“中界山”，大门岛名为“青岙山”。南北朝刘宋时，洞头隶属永嘉郡的永嘉县。南朝元嘉十一年（434），永嘉太守谢灵运卸任后由颜延之接替，颜延之乘船巡察到过大门岛，并在岛上筑“望海亭”以观海景，距今已有1590余年。唐代时洞头属乐成县。唐宝历元年（825），温州刺史张又新到洞头、大门等地，寻望海亭遗址，触景生情，作诗两首。从颜延之建亭到张又新寻亭，经过300多年，人去亭毁，只见灵海翠峰，积水沧浪，诗人无比感慨。《全唐诗》收有张又新诗作17首，写洞头的占2首。清朝也有诗人对洞头的描写，如诗人王步霄的《三盘颂》，就是对洞头百岛的赞美。

【行政区划】1953年7月，洞头置县后，下设3个区、1个镇、18个乡。此后，行政区划多次变更，至1990年年底，全县设1个区、2个镇、11乡、90个建制村、10个居委会。

1991年3月18日，北岙镇下街居委会析为创新居委会和赴学居

颜延之塑像

委会。

1992年4月3日，大门乡尾岙村更名为大门乡美岙村。同年5月18日，经浙江省民政厅批准，撤销大门区公所；将大门乡、浪潭乡并入黄岙镇，同时更名为大门镇。至此，洞头县辖2个镇、9个乡、90个建制村、11个居委会。

1994年1月25日，元觉乡状中、状南、状北3个村合并为状元村。元觉乡改设为7个建制村。同年7月30日，双朴乡增设双兴村，双朴乡改设为14个建制村。至此，全县建制村89个。

1995年2月23日，鹿西乡烟墩岗村撤销，并入鹿西村；鹿西乡改设为6个建制村。至此，全县建制村88个。

1996年8月17日，经浙江省民政厅批准，洞头乡改为建制镇，同时更名为东屏镇。至此，全县设3个镇、8个乡、88个建制村、11个居委会。

2001年11月16日，经浙江省人民政府批准：撤销双朴乡、三盘乡、北沙乡并入北岙镇；撤销半屏乡并入东屏镇；撤销霓南乡、霓北乡，合并为霓屿乡。至此，全县设3个镇、3个乡、88个建制村、11个居委会。

2002年4月30日，北岙镇的埭口村、莕岙村、双兴村撤销，合并为北岙镇城南社区居委会。至此，洞头县设3个镇、3个乡、85个建制村、12个居委会。同年11月2日，霓屿乡官财岙村改名为同兴村。

2003年4月29日，北岙镇的岭背、上街、新街、中街、后街、创新、赴学等7个居委会撤销，重新调整组建为岭背、上新、城中、银海等4个社区居委会。北岙镇改设为23个建制村5个居委会。同时，东屏镇寮顶村更名为寮顶民族村。至此，全县设3个镇、3个乡、85个建制村、9个居委会。

2004年6月，大门镇沙岩居委会撤销。同年7月14日，北岙镇新城社区居委会成立。同年12月15日，东屏镇前坑寮村、惠头寮村合并，并更名为惠民村。至此，全县设3个镇、3个乡、84个建制村、9个居委会。

2005年3月1日，北岙镇桐桥村更名为海霞村。截至2005年年底，全县设3个镇、3个乡、84个建制村、9个居委会。

2006年年末，辖3个镇、3个乡：北岙镇、大门镇、东屏镇，元觉乡、霓屿乡、鹿西乡；84个行政村、7个社区、2个居民区（新增1个社区，减少1个居民区）。

2011年，经省政府批复：撤销北岙镇建制，在原北岙镇行政区域内设立北岙街道办事处；调整后，北岙街道办事处辖6个社区、23个行政村；街道办事处驻镇前街1号。撤销东屏镇建制，在原东屏镇行政区域内设立东屏街道办事处；调整后，东屏街道办事处辖16个行政村；街道办事处驻府前路51号。撤销元觉乡建制，在原元觉乡行政区域内设立元觉街道办事处；调整后，元觉街道办事处辖7个行政村；街道办事处驻繁府路15号。撤销霓屿乡建制，在原霓屿乡行政区域内设立霓屿街道办事处；调整后，霓屿街道办事处辖10个行政村；街道办事处驻滨海北路2号。调整后，洞头县辖北岙、东屏、元觉、霓屿等4个街道办事处和大门镇、鹿西乡。

2015年7月23日，国务院正式批复同意撤销洞头县，设立温州市洞头区，将温州市龙湾区灵昆街道划归洞头区管辖。以原洞头县和龙湾区灵昆街道的行政区域为洞头区的行政区域。洞头区辖北岙、灵昆、东屏、元觉、霓屿等5个街道，大门镇、鹿西乡。其中，灵昆街道辖9个行政村、4个社区。至此，全区辖93个行政村、7个社区。温州市洞头区人民政府驻北岙街道县前路12号。

2018年10月10日，区政府同意撤销北岙街道打水鞍村村民委员会建制，设立打水鞍社区居民委员会。至此，全区有92个行政村、8个社区、2个未改制居。

2019年4月,洞头区撤销北岙街道小朴村、风门村、九厅村建制，改设社区；撤销西山头村、大岙村、阜埠岙村、擂网岙村、下尾村建制，合并设立三盘社区。撤销大门镇甲山村、长沙村建制，改设社区；撤销沙岙村，枫树坑村建制，合并设立沙枫港村。撤销东屏街道洞头村、大瞿村、南策村建制，合并设立蓝港社区；撤销松柏园村、大北岙村、金岙村、外埕头村建制，合并设立半屏社区。至此,全区有74个行政村、16个城市社区、2个未改制居。

2020年12月30日，温州市政府批复同意在瓯江口产业集聚区范围内增设昆鹏街道。无下辖村居，办事处设在灵蓉街66号。至此，洞头区下辖北岙、灵昆、东屏、元觉、霓屿、昆鹏等6个街道和大门1个镇、鹿西1个乡。

【方言】洞头区居民大多原是从闽浙沿海地区迁徙而来，故以操闽南话和温州话两种方言为主。洞头区居民方言使用的分布特点，南片岛屿居民大多数以操闽南话方言为主；西、北两片岛屿居民均操温州话方言；而中片岛屿居民两种方言交错夹杂。按行政区域分，北岙、东屏居民大多数操闽南话方言，灵昆、大门、鹿西居民均操温州话方言，而霓屿和元觉居民夹杂操闽南话方言、温州话方言。按常住人岛分，洞头岛、半屏岛、南策岛、大瞿岛、胜利岙岛、花岗岛、青山岛等7个岛屿居民以操闽南话方言为主，灵昆岛、大门岛、鹿西岛、小门岛、大三盘岛、屿仔岛等6个岛屿居民以操温州话方言为主，而霓屿岛、状元岙岛居民夹杂两种方言。闽南话方言使用范围约40平方千米，占全区陆地面积30%左右，使用人口约占全区总人口44%；而温州话方言使用范围约100平方千米，占全区陆域面积70%左右，使用人口约占全区总人口56%。

【名人诗词】

望海亭
〔唐〕张又新
碧海泓澄匝翠峰，昔贤心愿已成空。
只今亭馆无遗迹，积水沧浪一望中。

三盘颂
〔清〕王步霄
沧海几度变桑田，海外桃源别有天。
云满碧山花满谷，此间少住亦神仙。

海蜇诗
〔清〕王步霄
美利东南甲玉川，贩夫坐贾各争先。
南商云集帆樯满，泊遍秋江海蜇船。

三盘山
〔清〕吕荣
见说三盘峻，沧溟一览收；
却愁行处险，聊作望中游。
雪浪云边叠，烟霞日下浮；
地遥身未历，心为坑勾留。

渔船叹
〔清〕玉环同知陆玉书
冲风冒雨趁来潮，猎食渔船拼力摇。
雾里帆樯云里棹，汗淋头面水淋腰。
直将生命争鱼虾，能耐饥寒度暮朝。
举网不空喧妇子，竟忘辛苦说逍遥。

双昆
〔清〕张振夔
群山叠嶂夹江流，潮势东来地欲浮。
人拟关梁开外市，天教砥柱奠中州。
明知沧影终如电，不信桑田已有畴。
共目恬波清似镜，萑苻时事碍行舟。

【民间歌谣】

洞头岛屿歌[①]
温州对出洞头山，百个岛屿好名声。
先出朝凤又朝龙，无故也出君王城。
也有铜盘鼠头凤，连出双凤无正宫。
有鞍无马难得跑，大鞍出跑小南宁。
大小民府无官做，冬瓜虽大不扒藤[②]。
北麂给贼先霸占，土地宫帝无显灵。
铜钟无锤敲不响，壳菜无肉空挂名。
牛皮做鼓敲无声，畚箕没耳挑难成。
大小街鱼没上市，大瞿校场没练兵。
东边也出一石佛，石佛拜海明又明。
大小中鱼得着水，一年四季无鱼腥。
巴仑无肉煮不熟，白鹭无翅难飞行。
判官无庙难下海，柴梳无篦难梳成。
连出三策无巡按，将军骑马步难行。
泽国江山一字水，双排丞相分两边。
四将盘花战一将，五将盘花一条龙。
也出东洋斧头屿，此斧出战不伤人。
斧头内面一竹屿，篾刀劈开作两爿。
竹屿内面箬箩屿，万船过此提不能。
箬箩屿内仙叠石，仙人叠石真出神。
铁桶江山永不变，回头一看是半屏。
若问此诗啥人作，洞头渔岙路蛮人[③]。
①闽南话方言歌谣，每句中都包含地名。
②扒藤：抽藤。
③路蛮人：即周鸣岐，民间艺人，后被日本侵略军杀害。

大门山地名谣[④]
大门高，小门低，
横岐东南是鹿西。
黄大岙无风打大暴，
金鸡头金鸡不会叫。
浪潭岩头打大浪，
无风也会兴浪杠。
观音礁观音不上天，
沙岙凉床无人眼；
尾岙米桶吃不完，
豆腐岩豆腐卖不焉[⑤]。
老鼠尾老鼠躲岩边，
杨梅田唔有杨梅结。
洞桥头洞桥无人行，
唔有船儿渡人龙船坑。
百花庙龟岩对甲山，
小门山嘴大篓岩。
营盘基营盘不扎兵，
乌仙头仙人不上天。
大荆出王，小荆出将，
长沙山头出个石和尚，
兰湖洞背出个老幺娘。
④温州话方言歌谣，每句都含有地名。
⑤焉：臭。

人际社交[⑥]
一台戏大家唱，
一只船大家撑。
瞒天瞒地，
瞒不着隔壁邻舍。
千年亲戚，
万年厝边。
落难全靠亲兄弟，
驶船全靠四边风。
海水阔阔，
总有一日会流拢。
人靠嘴水，
船靠潮水。
唇和舌也会相碍。
亲兄弟，
明账目。
⑥闽南话方言。

观象测潮[⑦]
初一十五，
吃饱下涂。
月上山，
潮涨滩；
月光正，
潮涨平。
春分、秋分，
日夜平分。
未吃端午粽，
破衣破袄不愿放。
初八廿三"半晡"平。
清明谷雨，
大小做母。

三月洋，
海水当眠床。
初三“帝”⑧，
“帝”到无水洗脚白。

⑦闽南话方言。

⑧“帝”：退潮。

【海岛习俗】温州（洞头）婚嫁习俗。洞头婚嫁礼仪随着社会的发展、人们生活水平的不断提高而发生着变化。旧时男女婚姻由“父母之命，媒妁之言”而定，从媒人上门说亲到结婚有很多礼节，共有十四个步骤：一是合婚，媒人说媒，测算男女双方的“生月”；二是定亲，择定吉日，男方准备“盘担”到女方家；三是送日，结婚前一个月，择取结婚佳期；四是纳彩，俗称“挑盘”，一般在结婚前1—3天进行；五是分汤圆，结婚前三天，新郎家挨家挨户分送汤圆；六是修面，通常在结婚前一天下午5—6时，为新娘开颜修面，俗称“摘面”；七是唱哭嫁歌，从新娘梳头开始，到跪拜祖宗牌位、辞别亲人、跨炉火、上花轿，一直到花轿上路一半止；八是娘舅礼，外甥结婚，娘舅送大礼；九是安床，迎娶前一晚，请两位属龙属虎的人到新房进行“安床”；十是迎娶；十一是新娘酒；十二是闹洞房与冬瓜诗，冬瓜诗是客人自由发挥的诗作，孩子们向新娘要糖果，俗称“讨冬瓜”；十三是“缘茶”与“拜公”，婚后第三天早晨，家人烧好“缘茶”，在厅桌摆上汤圆和糖果等，新娘新郎要祭拜祖宗，俗称“拜公”；十四是“三人返”，婚后第十四天早晨，女方家请新娘、新郎赴宴，也称“请女婿”或“回门”。

上梁。“上梁”是新宅落成的一个重要标志，“梁”是一根4米长的横木，用来连接房柱支撑屋顶，梁一上就意味着房子主体工程结束。过程虽简单，但对木匠师傅、新宅主人而言却是大事。对木匠师傅来说，中梁要计算准确，安放稳当。对主人家人而言，上梁意味着新房已建成，家宅平安，人财两旺。因此，上梁前必须选吉日良辰，“拜梁”抛红圆，梁上“钉八卦”、挂“五谷种”。安放“中梁”时，鞭炮一响木匠师傅的锤子随即敲响，主人在屋顶向四方抛红圆，口里念着吉祥语，这时新房四周大人和小孩开始抢红圆，场面十分热闹。上梁关系到房东一家人命运前程，寄托老百姓安居乐业美好愿望。

迎头鬃。“迎头鬃”大约始于清咸丰年间，其实质是对渔业生产先进的表彰仪式。“迎头鬃”活动在每年鱼汛结束时，评出海洋捕捞作业产量最高的渔船，被评上者称作“扛头鬃”。然后选定吉日举行“迎头鬃”仪式，届时，当地渔行主和乡绅们率领众人给“扛头鬃”渔船送去“头鬃旗”和“红包”，且端上用红布披盖着的大猪头，一路上敲锣打鼓燃放鞭炮，送到“扛头鬃”渔船老大家中。船老大会举办酒席宴请大家，席间交谈往年生产经验和新年生产打算。然后在船上祭拜海神，再把“头鬃旗”升到桅上。渔民们都把“扛头鬃”视为极高荣誉。

送顺风。洞头“送顺风”习俗，过去是给新下山（第一次去捕鱼生产）的小伙子送纸篷包，内装红枣、桂圆、荔枝等。送顺风现已扩展到工厂、商店开张，姑娘出嫁，入学，参军等领域。传说财神赵公明运送银子，把船化成纸船，纸船恰巧被一小学童发现并拴住，不能航行。神仙托梦给学校先生，让先生给学童送点礼品，放掉纸船，神仙驾船顺风顺水。“送顺风”习俗由此沿袭传承，给新入学的孩子送书包、文具盒、笔，给读大学、参军的人送脸盆或旅行袋，给出嫁姑娘添妆等。

海岛祝寿礼俗。为五十岁以上的老人过生日称为“做寿”，在洞头已有两三百年历史。旧时民间过生日有“度坎儿”说法，“坎儿”是指每个人在寿命上的关口。从五十岁起，每隔十年左右就有一个坎儿。在洞头，为老人做寿是家族中一件大事。祝寿中所有活动全都围绕着老人进行，如为其发送请帖，布置寿堂，举办寿宴，叩拜祝福等，或有请法师作敬，献三牲敬

“迎头鬃”习俗

天公，请戏班唱祝寿戏餐。出嫁的女儿们要送上祝寿礼金，挑送礼盒笼，内侄送寿礼。祝寿时，寿星老坐厅堂正位，接受亲友和晚辈的祝福和叩拜，辈分不同，拜礼有别。来宾每人都向寿星老献一份祝寿礼金，仪式完毕，开始举行寿宴，回礼给左邻右舍和来贺寿的亲朋好友。

做祭。“做祭”是专门为去世的亲人而设的一种特别形式的民俗。最重要的一次是去世亲人的周年忌日，在其后每年祭日都要祭祀。每逢上辈人忌日，家里的儿子或孙子要祭拜，已出嫁的姐妹或姑母一家要回家参与祭拜，即使因各种原因不能亲自前来，也要由家人作代表，带上冥币、纸制手提袋等。中午要在自己家中逝世亲人木主牌或祖宗炉前摆上菜肴，点烛拈香祭拜，以示不忘上辈人养育之恩与骨肉亲情，略表做晚辈孝顺之心及怀念之情。祭祀对象一般上溯三代。在洞头民间，各家各户不论家庭经济状况如何，上辈人的“祭”一定要做，否则视作不孝，会受到亲戚、邻居指责。

拜天公。农历正月初九“拜天公”是海岛居民新年伊始最隆重、最神圣的祭祀活动。据说这一天是天公诞辰，所谓“天公”，指玉皇大帝，也泛指居住在九重天上的天神。经考证始于明末清初，闽南、瓯越一带沿海移民择居洞头列岛时始。一般在初八夜12时过后，听到公鸡第一声报晓，各家各户当家人和参拜天公的家庭成员起床。大家穿戴整齐，洗脸净手后，打开大门，一家人十分虔诚地摆设“拜天公”的用具和供品。祭拜始，由当家人点亮大红蜡烛，点燃一大把香，分发给参拜的家庭各位成员，由当家人领头，一齐跪在地上，脸朝上天，参拜“天公”，祈求各自心愿或表示对天公的感恩。拜毕，把香插在香炉内，待香烛燃烧过半，开始烧化供奉“天公”用的神币大金和金元宝。烧化完毕，开始鸣鞭炮，宣告“拜天公”结束。“拜天公”有两种形式，一种是各家各户单独祭拜，一种是左邻右舍或姓氏宗族共同结合进行“团祭”（天公会）。

（年鉴编辑部）

【洞头特产】洞头羊栖菜，俗名大麦菜，属褐藻门马尾藻科暖温带性海藻，生长在低潮带岩石上，多分布于沿海地区，其中浙江沿海最多。羊栖菜肉质肥厚多汁，营养丰富，既是食品，又是中药材，《名医别录》《本草纲要》都有以其入药记载。据现代科学检测，羊栖菜含有丰富的钙及人体必需的矿物质、B族维生素、17种氨基酸等。研究发现，这些有效成分具有软化血管，降低血压、血脂，改善血糖值，增进大脑健康发育，抗肿瘤等多种功效。欧美及日本等国家和地区称之为“现代饮食生活的理想食品”、长寿食品、当今食用价值极高的海洋藻类，是婴幼儿和老年人理想的天然佳品，有“海里人参”的美誉。洞头羊栖菜自1989年人工试养成功后，开始推广养殖，历经30多年发展，现已成为洞头区浅海藻类养殖主要品种之一。全区从事羊栖菜养殖有28个渔村、专业养民800余人，从事羊栖菜产品加工出口企业10家，羊栖菜食品加工企业9家，开发即食羊栖菜、羊栖菜茶、羊栖菜酱、羊栖菜饮料等系列产品10余个。2003年11月12日，洞头被中国优质农产品开发服务协会命名为“中国羊栖菜之乡”。

洞头紫菜，属红藻类，原野生于岩礁上。很早就被人们认识、利用。早在2000年前的汉代，就有关于紫菜食用记载；北宋年间，紫菜受到朝廷垂顾，成了进贡珍贵食品；明代李时珍《本草纲目》把紫菜入药，更是提高紫菜身价。当代医学科学揭示，紫菜营养丰富，含蛋白质及钙、铁、磷、锌等微量元素，有明显增强细胞免疫和体液免疫功能，可促进淋巴细胞转化，提高机体免疫力，所以适合高血压、高胆固醇等心血管患者食用。用于甲状腺肿大、水肿、慢性支气管炎、咳嗽等病的治疗。1968年，洞头紫菜试养成功，并在全县推广。50多年来，洞头紫菜已成为区域优势特色渔农产业，养殖规模、产

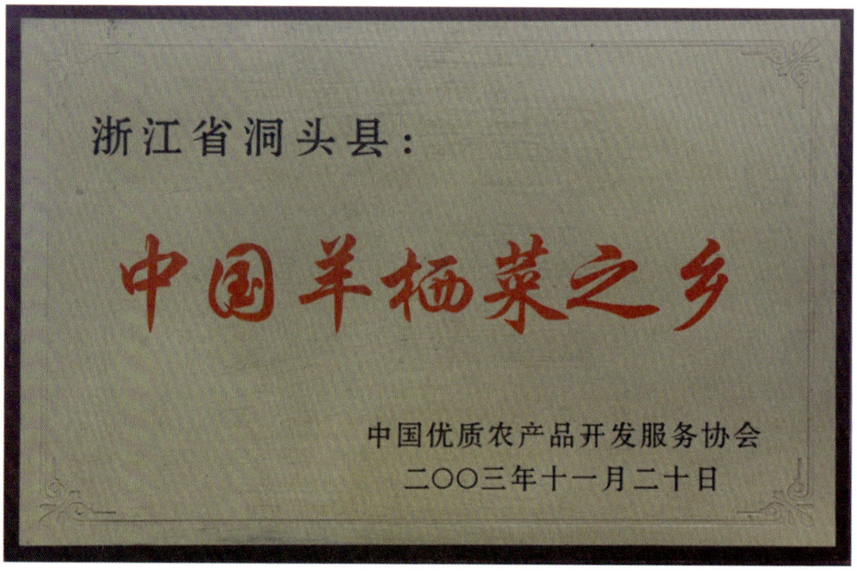

中国羊栖菜之乡牌匾

量、产值均居全省前列。养殖模式也更多样化，包括滩涂毛竹插杆、深水彩播插杆、玻璃钢、全浮翻转式养殖技术等。洞头紫菜实现规模化养殖同时也加大产品深加工领域发展，专业化合作社和企业相继创办而成。

鹿西大黄鱼，又名黄鱼、大黄花鱼，俗称黄瓜鱼，硬骨鱼纲，鲈形目，为传统“四大海产”（大黄鱼、小黄鱼、带鱼、乌贼）之一，是中国近海主要经济鱼类。中国沿海大黄鱼主要分布于黄海南部至台湾海峡北部，包括吕泗洋、岱衢洋、嵊山渔场、猫头洋、洞头洋、福建的官井洋直至闽江口海域及珠江口以西至琼州海峡南海区。鹿西岛海域是洞头洋渔业捕捞场地和野生大黄鱼传统产区，特别是五六十年代达到盛产高峰。由于过度捕捞，洞头渔场海洋生物资源日益枯竭，尤其是野生大黄鱼等名贵鱼种濒临绝种。鹿西海域大山屿海区、仰天岙海区、北山后海区及白龙屿海区水深10—15米，无论是水质、水流、水温均非常适应养殖生态大黄鱼。2014年，浙江东一海洋经济发展有限公司开始在白龙屿养殖黄鱼，养殖面积650亩。2016年，黄鱼岛海洋渔业有限公司开始引进抗风浪深水网箱44口，在鹿西岛东南方向7千米处大山屿和仰天岙海区开始养殖大黄鱼，养殖面积260亩。2017年，白龙屿生态海洋牧场被农业部评为“国家级海洋牧场示范区”。2018年，黄鱼岛海洋渔业有限公司被农业农村部、财政部联合授予“海水鱼产业技术体系示范基地”称号。截至2020年年底，鹿西大黄鱼养殖重点企业产品均获无公害农产品证书、有机产品认证等。

灵昆蝤蛑，也称青蟹。属名优水产品，是一种肉肥膏腴、肥满度高、营养丰富的食用蟹。灵昆滩涂地处温州市瓯江口，处于咸淡水交汇处，水质肥沃，水温适中，宜于蝤蛑繁殖生长。近年来，蝤蛑野生资源骤减，灵昆岛蝤蛑人工养殖迅速崛起，有“蝤蛑之乡”美誉。灵昆蝤蛑有较高营养价值，蟹肉含蛋白质19%，脂肪8%，还有糖类、各种维生素等，多与文蛤混养，效益甚佳。

灵昆香瓜，又名甜瓜、白菊瓜、白啄瓜。是葫芦科黄瓜属一年生蔓性草本植物，叶心脏形。花单性，黄色，雌雄同株，或为两性花。瓜呈球、卵、椭圆或扁圆形，皮色黄、白、绿或杂有各种斑纹。原产热带，全国各地普遍栽培，为夏季的优良果品之一。灵昆岛属亚热带海洋性季风气候区，四季分明，冬暖夏凉，温暖湿润，雨量充沛，日照充足，土壤肥沃，适宜甜瓜生长。灵昆甜瓜为白皮甜瓜种，具有果皮脆薄、表面光滑、色泽白色，平均果重300克，大果达500克，果肉香甜，回味爽口。

（刘冠竹）

【人口】2020年年末，洞头区户籍户数51760户，比上年增加266户；户籍总人口数154544人，比上年减少361人；平均每户2.99人。全区城镇人口62102人，农村人口92442人。其中，男性79055人，比上年减少187人，占人口总数51.15%；女性75489人，比上年减少174人，占人口总数48.85%。男女性比例为104.72。据卫计部门统计，全年出生人口987人，出生率6.4‰；死亡人口873人，死亡率5.64‰；全年自然增长人口114人，自然增长率为0.74‰。

（柯文华）

【民族】洞头区是以汉族为主，人口占98%以上。少数民族有回族、蒙古族、苗族、彝族、壮族、布依族、朝鲜族、满族、锡伯族、侗族、瑶族、白族、土家族、黎族、畲族、土族、布朗族等，其中回族人口占少数民族总人口的97.73%。

2020年洞头区发展综述

【概况】2020年，洞头区辖街道6个（其中灵昆街道和鲲鹏街道属托管）、镇1个、乡1个，16个社区、2个居民区，74个行政村。户籍总人口15.45万人，人口自然增长率0.74‰。全年实现地区生产总值114.42亿元，比上年增长6.9%；全区人均地区生产总值73949元。

【经济建设】2020年，洞头区实现农林牧渔业总产值139424万元，比上年增长13.6%。渔业总产量17.43万吨，增长5%；远洋渔业产量实现零的突破，达到8960吨。规上工业总产值108.29亿元，增长3.7%；规上工业增加值14.42亿元，增长7.4%；工业用电量1.66亿千瓦时，增长14%。全年实现建筑业总产值105.07亿元，下降0.8%。全年限额以上固定资产投资增长15.4%，其中民间项目投资增长6.2%，交通投资增长22.9%，生态环保、城市更新和水利设施投资增长29%，高新技术产业投资下降18.4%，工业投资下降4.8%。全年实现社会消费品零售总额36.11亿元，下降1%；完成批零住餐销售总额182.32亿元，增长21.9%，其中限上批零住餐销售额137.2亿元，增长32.3%。实现电子商务交易额6.9亿元，同比增长30.5%。全年外贸进出口总额19.77亿元，增长37.9%，其中自营出口额4.5亿元，增长45.5%。全年接待游客695.3万人次，下降2.6%，实现旅游总收入67.62亿元，增长2.1%。全区共有海运企业

20家，总运力规模79.92万吨，继续领跑全市。全社会货运量3209万吨，增长27.4%，货物周转量263.5亿吨公里，增长16.9%。全年完成港口货物吞吐量998万吨，增长29.1%；全社会客运量900万人次，下降7.1%，客运周转量16745万人公里，增长11.6%。全年实现财政总收入15.43亿元，增长2.2%，其中一般公共预算收入10.02亿元，增长3.2%。全年专利申请受理量166件，专利授权量241件，其中发明专利授权22件。鉴定科技成果30项，新增国家级高新技术企业7家，累计29家；新增省级科技型企业18家，累计120家。落实海洋经济发展示范区八大重点任务，累计完成投资26.6亿元；同心旅游小镇完成投资7.86亿元。大小门临港石化产业区通过省化工园区合格园区评定。状元岙港区新开辟至印尼、俄罗斯集装箱航线，集装箱吞吐量突破40万标箱，增长58%。海运业新增运力13万吨，总运力继续保持全市第一。落地全国首单紫菜价格指数保险。建成韭菜岙沙滩公园，沙滩经济成为亮点，星光夜游经济带上榜全省12条美丽乡村夜经济精品线。

【**政治建设**】2020年，洞头区委常委会始终把政治建设摆在首位，树牢“四个意识”、坚定“四个自信”、做到“两个维护”，确保中央和省委、市委重大决策部署在洞头落地生根。深入贯彻习近平新时代中国特色社会主义思想，对习近平总书记的重要讲话、重要批示、重要文章，通过召开区委常委会会议、全区领导干部大会等形式迅速传达落实，推动洞头发展始终沿着正确方向阔步前进。深入贯彻习近平总书记考察浙江重要讲话精神，紧扣忠实践行“八八战略”、奋力打造“重要窗口”，把海上花园作为“重要窗口”来打造，谋划提出10项具有洞头特色的标志性成果。深入贯彻打好三大攻坚战部署，扎实做好“六稳六保”工作，地方政府隐性债务化解完成年度任务，生态环保督察整改有序推进，东西部扶贫协作市对区考核连续2年获“好”等次。深入贯彻全市“奋战1161、奋进2020”部署，加力“三强两促”，奋进“六比争先”，助推温州综合保税区、自贸区温州联动创新区等重大平台建设，加快与瓯江口规划共编、交通共联、港口共兴、平台共建、民生共享，在服务大局、融入大局中彰显作为。办好洞头先锋女子民兵连建连60周年新闻发布会、首届海霞旅游节，开展全国媒体海霞采风行活动，获央媒刊发220多条，亮相《新闻联播》2分钟。开展“激扬温州人精神、弘扬海霞精神、建设海上花园”活动，举办海霞精神主题研讨会、事迹报告会，组织巡回宣讲150场。通过“大力弘扬海霞精神、全面打造新时代民兵建设重要窗口”的决议和“建设海霞小镇”的决定。开展“明纪律、正作风、铸铁军”教育月活动，推动干部作风大改进。深化“清风亮剑”“五清单一承诺”等专项行动，查处形式主义、官僚主义问题19起，处理24人；查处损害营商环境问题11起，处理11人。深入开展“三服务”“两万两千”行动，问题办结率100%，6篇典型案例入选全市“三服务”专刊。巩固基层减负增效成果，全区性会议下降26%，三类文件发文下降19%，考核督查下降13%，做法获评省改革创新优秀实践案例。推行质询会诊法，召开2场质询会诊会，质询长沙安置房二期工程等滞后项目12个、交办事项26项，鞭打“慢牛”提干劲。推行专班竞赛法，运用“五四竞赛”、年度述政等赛马比拼平台，激发全区创业创新活力。

制定出台《关于高水平推进新时代人大工作和建设的意见》，区人大常委会组织开展“瓯洞一体化”深度融合、海洋生态保护跨区域治理等调研，认真提出对策建议。坚持党管干部与人大依法任免有机统一，及时审议通过人事任免事项。建立“一府一委两院”联系制度，加强工作联动，齐心协力确保区委决策部署落地见效。出台《关于新时代加强和改进人民政协工作的实施意见》，不断提升政协工作规范化、程序化、制度化水平。做优“请你来协商”平台，聚焦基层公共卫生体系建设、产权式酒店发展与规范、城市精细化管理、紫菜现代产业园发展、康养产业发展、村社融合发展等6项协商议题，邀请区委书记、区长及区政府分管领导与委员面对面协商，实现建言资政从“模糊散光”向“精准聚焦”转变。围绕高水平全面建成小康社会补短板工作、城乡生活垃圾分类处理、社会治理领域“最多跑一地”等议题，开展省、市、区三级政协联动民主监督。

【**文化建设**】2020年，洞头区建成社区文体服务中心18个、城市书房4家、百姓书屋8家、文化驿站4家，新建文化礼堂14家。新创成全国文明村2个、省级文明村镇（单位）5个，全区文明村占比96.9%，列全市第一。开展第四个兰小草爱心宣传日活动。获评省市最美系列、道德模范6人以上。完成洞头先锋女子民兵连建连60周年系列活动，海霞基地项目加快建设，完善海霞学院培训体系，创新军事体验、青少年研学等红色旅游线路，推出“五个一”特色内容，进一步擦亮“海霞”名片。东海贝雕艺术博物馆参展长三角国际文化产业博览会，“贝雕螺钿漆器”系列产品入选中国国际进口博览会非遗，古船木雕被评为第二批浙江省优秀非遗旅游商品。深化移风易俗，实现本岛片区丧事集中办理全覆盖。举办首届中国（洞头）渔民画大展，获评“中国（洞头）渔民画之乡”和“浙江省美术写生创作基地”。助推温州市高分通过国家公共文化服务体系示范区创建验收，助力央视大型纪录片《匠人匠心》走进洞头拍摄。举办中国诗歌之岛·第二届国际海洋诗歌节，开展文化分享活动700余场，创作文艺精品500余个，获得国家省市奖项41个。青山岛海洋公园成为温州唯一入选全国文化和旅游投融资项目。

“台湾青年看温州”参访团在韭菜岙非遗手作工作室创作蟹壳画

（区融媒体中心提供）

年末全区共有文化馆1个，乡镇文化站7个，图书馆1个，总藏书41.7万册；艺术表演93场，艺术表演观众5.41万人次；拥有文化设施建筑面积2.35万平方米；国家级非物质文化遗产2个，省级非物质文化遗产12个，市级非物质文化遗产53个；省级文物保护单位3处，区级文物保护单位33处;拥有文化信息资源共享基层支中心1个，省文化强镇1个，市级文化强镇1个，省级文化示范村（社区）9个，市级文化示范村（社区）28个，区级文化示范村（社区）29个。

【社会建设】2020年年末，全区共有小学11所，招生1128人，在校生7084人，小学学龄儿童入学率达100%；初中7所，招生1290人，在校生3595人，初中入学率达100%；普通高中2所，招生832人，在校生2039人，毕业生390人；中等职业学校（含技工学校）2所，招生301人，在校生987人，毕业生265人。义务教育中小学专任教师1407人；中等职业学校（含技工学校）专任教师76人。全区共有幼儿园27所，其中省一级幼儿园3所，省二级幼儿园8所，省三级幼儿园16所；在园幼儿4216人，幼儿园（公办）专任教师307人。全区有洞头区社区学院1所、社区学校7所，7所成人文化技术学校均为省级标准化成人文化技术学校，拥有浙江省成人教育品牌项目4个。实施教育供给侧综合改革。省对县级政府教育履职工作督导获优秀“A”等评价，尚属温州首个，代表全市县级政府接受国务院督导办实地督查并获肯定。省教育现代化发展水平提档次，居全省第十七名、温州市第一名，首次进入全省教育第一方阵。创建全国义务教育优质均衡发展区显成效，成为全市唯一被省教育厅推荐参加国家级创建评估的区县。出台推进教育质量提升“扬帆行动”1+N综合改革方案，细化队伍建设、绩效改革等20余项配套举措开展教育综合改革。推行集团化办学机制。出台集团化办学实施方案，成立2个融合型、10个紧密型教育集团，推行公民办学校集团化办学模式，促进城乡教育一体化优质均衡发展。推动云教

青山岛海洋公园入选全国文化和旅游投融资项目　　（区融媒体中心提供）

育改革。完成4所学校“互联网+义务”教育教学改革，实施28项教育信息化项目应用，建成智慧校园2个、创客基地（空间）17个。全年完成教育重点项目建设纳统投资10026万元，投用海霞中学迁建二期、霓屿幼儿园等3个项目，完成元觉义校、元觉幼儿园主体工程建设，开工建设职教中心二期工程。

年末全区共有医疗卫生机构95个，其中医院2家，卫生院（社区卫生服务中心）7家，社区服务站16家，村卫生室28家，个体诊所医务室33家。卫生技术人员804人，其中执业（助理）医师367人，平均每千人拥有医生3.39人；注册护士279人。医疗机构年诊疗100.96万人次；医疗卫生机构床位数406张，平均每千人拥有床位3.75张。妇幼健康管理服务不断强化，实现连续15年孕产妇零死亡，产妇住院分娩比例达100%。5岁以下儿童死亡率3.68‰，婴儿死亡率1.23‰。统筹推进疫情防控和经济社会发展，取得阶段性重大成果。“两慢病”改革成果在《国家卫生健康工作交流》《浙江政务信息》刊出，改革经验做法11次在国家、省、市医共体工作会议和各类医改论坛、专家研讨会上作典型交流。创成国家慢性病综合防控示范区。

全年城镇新增就业1568人，下岗失业人员实现再就业408人。年末城镇登记失业人员322人，城镇登记失业率1.82%。举办大型专场招聘会6场，其中赴外招聘4场，共提供就业岗位2875个，达成就业意向677人，开发公益性岗位19个，安置就业困难人员上岗14人。全年劳动合同签订率为98.54%，比上年提高1个百分点。年末城镇最低生活保障人数41人，发放最低生活保障金38.7万元；年末农村最低生活保障人数1481人，发放最低生活保障金1191万元。低保补助标准每人每月886元。特困供养人员116人，特困集中供养人员25人，集中供养率为21.6%。城乡医疗救助7224人次，医疗救助资金支出757.76万元。共有居家养老服务照料中心64家；公办敬老院3家，民办养老机构7家，养老机构床位数1176张。全年办理结婚登记576对、离婚登记265对。

2020年11月24日，洞头区第十届放生节举行　　（区融媒体中心提供）

【生态文明建设】2020年，洞头区坚持生态立区，始终践行“绿水青山就是金山银山”理念，做好保护修复提升，精致打造全域大花园。开展省级山水林田湖草试点，蓝色海湾一期工程通过竣工验收，入选自然资源部第一批社会资本参与国土空间生态修复十大案例；全面启动二期“破堤通海、退养还海、十里湿地、生态海堤”建设，打造国家级湿地公园。深化花园细胞工程，岛上种花、海里种树，花园村庄覆盖率86%。省海洋生态建设示范区创建连续三年考核进入前十，获评省新时代美丽乡村建设优秀区、省生活垃圾分类工作优秀单位，生态环境公众满意度蝉联全市第一。获评省级乡村振兴产业发展示范建设县，生态治理绿色崛起做法入选浙江乡村振兴十大模式案例。加快建设国家级海洋牧场，投放人工鱼礁3.6万空方，增殖放流海洋生物6000万尾。完成大门、元觉“污水零直排区”创建，推进城北、布袋岙等污水处理厂建设，开工建设小门西污水处理厂，入选全国第三批节水型社会建设达标区。加快中央环保督查问题整改，生态化治理网寮鼻、相思岙、大小门等矿山，启动“无废城市”创建。

累计建成国家级生态街道（乡镇）5个，省级生态街道（乡镇）1个，市级生态村65个（由于2019年洞头行政区划调整，部分生态村合并），生态村覆盖率95%；国家级绿色学校1家，省级绿色学校9家，市级绿色学校11家；省级绿色社区3个，市级绿色社区5个。全年空气质量有效监测天数355天，其中空气质量达优良的天数345天，环境空气质量优良率97.2%，PM2.5年均浓度为18微克/立方米。

（年鉴编辑部）

中共洞头区委

千帆竞发 · 陈钦煅

“海霞精神”

爱岛尚武　励志奉献

中共洞头区委

概述

【概况】2020年，中共温州市洞头区委深入贯彻习近平新时代中国特色社会主义思想和中共十九届五中全会精神，学习贯彻习近平总书记考察浙江重要讲话精神，紧扣忠实践行"八八战略"、奋力打造海上花园"重要窗口"，打好三大攻坚战部署，做好"六稳六保"工作。深入贯彻全市"奋战1161、奋进2020"部署，加力"三强两促"，奋进"六比争先"，助推温州综合保税区、自贸区、温州联动创新区等重大平台建设，加快与瓯江口规划共编、交通共联、港口共兴、平台共建、民生共享。建设"国际旅游岛、临港产业岛、生命健康岛、科技创新岛、两岸同心岛"。全年实现地区生产总值114.42亿元，同比增长6.9%；财政总收入15.4亿元，一般公共预算收入突破10亿元，分别增长2.2%、3.2%；城乡居民人均可支配收入分别增长5.5%和7.8%，城乡收入比缩小到1.62：1。18项主要经济指标排名全市前三，其中地区生产总值、三大产业增加值、有效投资等9项指标增速全市第一。

【海洋经济向好发展】2020年，洞头区委推动经济发展态势逐月回升稳中发展。新增省"152"工程2个，项目入选省"六个千亿"投资工程16个。华港LNG、梦幻海湾、黄金海岸、诚意鱼油等重大项目落地开工10个，诚意健康产业园（一期）、交通城建工业化项目（一期）建成投产，南洋国际大酒店投入营业。实现到位内资22.4亿元，新增总部回归税收1.5亿元，同比分别增长45%、52%。固定资产投资增速15.4%，保持省市前列，社会资本投资占比超76%。落实海洋经济发展示范区八大重点任务，累计完成投资26.6亿元；同心旅游小镇完成投资7.86亿元。大小门临港石化产业区通过省化工园区合格园区评定。状元岙港区新开辟至印尼、俄罗斯集装箱航线，集装箱吞吐量突破40万标箱，增长58%。海运业新增运力13万吨，总运力继续保持全市第一。全国首单紫菜价格指数保险落地。远洋捕捞实现全市零的突破。建筑业总产值连续两年突破百亿元。

【改革破题取得突破】2020年，洞头区委探索社会治理指挥中心实体化运作，时空大数据云平台入选省城市大脑典型场景应用。深化"互联网+政务服务""信用办""刷脸办""全域办"加快推进，100个便民利企"一件事"全面实施，实现一般企业投资项目审批"最多80天"。"渔小二"做法获评省政府数字化转型优秀案例。强化洞头标准改革系统集成，新发布社会资本参与生态修复机制等洞头标准7项，累计发布23项。率先开展养殖海区使用管理试点工作，建立养殖用海生态保护与管理办法。深化机构改革和大党组融合"后半篇"文章，推进区属国企和事业单位改革，机关内部"最多跑一次"改革取得突破。

【疫情防控与复工复产】2020年，洞头区委严格落实党中央、省委和市委要求，做好新型冠状病毒肺炎疫情防控与复工复产。1月26日，全区报告首例新型冠状病毒肺炎确诊病例，至2月7日，共确诊5例，3月10日"清零"。全区组建临时党支部49个、网格巡查队24支、红色代办队33支，参与机关党员3764名。12天实现确诊病例"零新增"，45天实现住院病例"清零”。抓好“外防输入、内防反弹”，推进冷链物防、入境人员一体防控，提升监测预警、核酸检测能力，实现秋冬季疫情防控平稳有序。建立复工复产“一企一圈”，规上工业企业100%复工。落实“争先创优”行动，攻坚“一图一表一指数”，MEI指数排名从全省第八十六位跃升至第三十位，全市第十一位跃升至第三位。出台洞头版“稳经济27条”“金融惠企10条”，为企业直接减负3亿元，兑现惠企资金2.4亿元。抢抓政策窗口期，获省海洋（湾区）经济发展资金补助2.37亿元，首个获批企业债发行规模5亿元，10个项目获专项债资金3.5亿元，累计向上争取资金15亿元。

【**花园洞头建设**】2020年，洞头区委牢固树立“绿水青山就是金山银山”理念，做好保护修复提升，精致打造全域大花园。蓝色海湾一期工程通过竣工验收，入选自然资源部第一批社会资本参与国土空间生态修复十大案例；二期全面启动“破堤通海、退养还海、十里湿地、生态海堤”建设，打造国家级湿地公园。深化花园细胞工程，岛上种花、海里种树，花园村庄覆盖率86%。省海洋生态建设示范区创建连续三年考核进入前十，获评省新时代美丽乡村建设优秀区和省生活垃圾分类工作优秀单位，生态环境公众满意度蝉联全市第一。生态治理绿色崛起做法入选浙江乡村振兴十大模式案例，隔头村入选全省首批民宿助力乡村振兴改革试点，获评省级乡村振兴产业发展示范建设县，开展两轮“五四竞赛”，创建五星级示范村15个，村集体总收入百万元村占比66%。三年建成10条乡村振兴示范带，吸引社会资本下乡17.7亿元，实现每个街道乡镇都有一个村庄经济总部园。启动“无废城市”建设，创成全市首批省级污水零直排区，入选全国节水型社会建设达标区。

【**全面建成小康社会**】2020年，洞头区委实施教育质量提升“扬帆行动”，教育现代化水平首次迈入全省第一方阵。建成海霞中学迁建二期、霓屿幼儿园等项目。推进新时代文明实践中心建设，文化礼堂率先实现全覆盖，全区文明村占比达96.9%，居全市第一。投用区文化馆新馆、花园里城市书房。深入打造“中国诗歌之岛”品牌，“中国渔民画之乡”落户洞头。医共体改革成效获省政府督查激励，获健康浙江考核优秀。慢病管理改革成果入选国家基层卫生综合改革实践典型案例，创成国家慢性病综合防控示范区。区人民医院改扩建暨区公共卫生服务中心项目开工建设，集中投用大门、霓屿、鹿西基层卫生服务机构。人均年收入8000元以下农户等5种贫困现象全面清零，低收入农户人均可支配收入增长超12%。区级中心敬老院开工建设，温州市社会福利养老院主体工程结顶。做好被征地农民参加基本养老保险工作。首创“飞药商场”平台，医保参保率99.63%。推广“海霞红”管家模式，全市唯一入选第三批省级城乡社区治理和服务创新实验区。深化移风易俗，实现本岛集中办丧全覆盖。全域开展“餐桌革命”，推广“三戴两公”（服务人员戴帽子、戴口罩、戴手套，并提供公筷公勺），食品安全群众满意度位居全省前列、全市首位。实现省级平安区十五连创，成功捧回全省首批一星平安金鼎。打好扫黑除恶专项斗争收官战。区级矛调中心和四个街道乡镇分中心运行，创成全国信访工作“三无”区。加强宗教领域行政执法，创新设立红色“同心协管员”，中普陀文化园一期开园。投用“智慧应急一张图”，打赢“黑格比”台风正面袭击洞头防御战。构建“海上红网格”6个，建成全市首个海上党群服务中心，实现“红色领航、平安牧渔”。

（郑　钧）

全面深化改革

【**概况**】2020年，洞头区委召开深化改革委员会会议2次，研究审议改革工作21项。建立党委（党组）书记抓改革述职制度，组建改革观察员队伍。联合区传媒中心推出“争当领跑者”专栏8期。推进国家海洋经济示范区建设，深化海岛普惠金融改革，办理全国首单紫菜价格指数保险。推进“两慢病”基层首诊改革，建立区乡两级双向转诊通道，打造医共体信息化系统2.0版本和基层补偿信息化系统。出台“海上花园”评价指数等“洞头标准”7项。谋划实施海洋经济发展模式创新、美丽海上田园、小区微治理综合改革等市级改革破题项目3个。复制推广“小额工匠”等第一批改革项目6个。推进九大领域公共场所服务大提升，深化便民利企“一件事”100个，推动机关内部“最多跑一次”改革，实现非涉密事项实现网上可办100%。深化公共服务领域“最多跑一次”改革，医保领域推行区乡差异化的医保报销政策，养老领域建成全市首个智慧老年食堂系统，助残领域开展残疾人专项资金转移支付改革，教育领域实现上学“一件事”零次跑。率先开展“信易批”改革，开办全省首家政务办事“数据银行”，十三大类270个政务事项在“瓯e办”可办。公布“全域办”事项和“刷脸办”事项各100个，330项有权限民生事项100%下放，推广“政银邮”合作，14个银行（邮政）网点可办理67个事项。打造“24小时自助服务区”，加强事前咨询体系建设。全区政务服务事项2112项，除去不宜网办事项，网办率100%、掌办率97.54%、零次跑率97.74%。开放“渔小二”自助终端，实现渔业捕捞领域办证“一网通办”“不见面审批”，改革经验入选省“观星台”优秀应用。

全年向省市上报改革做法信息14条，国家级媒体刊发60余篇。海湾三区纳入市委党校中青班教学观摩点，新增改革试点6项。改革经验在《竞跑者》《探路者》刊发4项，基层减负改革入选省2019年度改革创新优秀实践案例。“探索社会资本参与海洋生态修复打开‘绿水青山就是金山银山’转换新通道”和“开发‘渔小二’自助办证系统推进渔业审批‘一网通办’”获评市改革创新优秀实践案例。

【“洞头标准”改革】2020年，洞头区出台“海上花园”评价指数、社会资本参与生态修复机制、养殖用海生态保护与管理等“洞头标准”7项，累计发布23项。制定“海上花园”发展指标体系。“养殖用海生态保护与管理标准”明确将养殖海域使用权证和水域滩涂养殖证“两证合一”，有效破解养殖用海使用权、养殖权归属难问题，推动海水养殖海区规范化发展。“信用信息管理标准”创新26项地方特色奖惩措施，实施信用分类分级管理。“社会资本参与海洋生态保护修复管理标准”明确按照“谁修复、谁受益”原则，通过赋予一定期限的自然资源资产使用权等方式，探索社会资本参与海洋生态修复新模式。该改革经验入选全国十大社会资本参与国土空间生态修复典型案例。市长对温州政务信息《洞头“蓝色海湾”整治行动项目为全省入选国土空间生态修复案例》作出批示，肯定全区做法。“洞头标准”改革经验在《探路者》上刊发。

【便民利企“一件事”集成改革】2020年，洞头区推动100个便民利企“一件事”线上线下协同办理，承接市级海洋渔业船舶证证书办理、渔船拆解等2个“一件事”试点，完成全市复制推广任务。渔船全生命周期“一件事”在《探路者》刊发，纳入省委改革办2020年企业全生命周期“一件事”清单，得到国家部委、省厅高度认可，在全省复制推广。“一件事”办件量48617件，同比增长277%。

【机关内部“最多跑一次”改革】2020年，洞头区积极推进机关内部“最多跑一次”改革，先后开展4次通报，完善206个事项办事指南和流程图，对123个内跑事项开展模拟内测，前往区财政局、区机关事务管理中心、区总工会等多家单位开展内跑事项调研，召开机关内部“最多跑一次”改革推进会及机关内跑督查推进会，同步推进机关内跑“一件事”双月攻坚行动，内跑工作稳步提升，实现351个部门事项、70个“一件事”网上可办，在县市区中总事项数位居前列。自主谋划“两办”联合发文、党组织（纪检组织）成员资格审查、引进人才居住证办理、北岙街道“全科网格+联合执法”、编外用工系列等15个“一件事”。12月内跑统建平台办件量660件，较4月提升233%。

【公共场所服务】2020年，洞头区以“便利化、智慧化、人性化、特色化、规范化”为抓手，改善公共场所硬件环境，优化简化服务流程，推动农贸市场等九大类33个公共场所改造提升，把公共场所服务大提升打造成为建设“重要窗口”的标志性成果和亮丽风景线。公共厕所方面，精致打造13座“花园厕所”，并入选省公共场所服务大提升“月度亮点项目”。文化场馆方面，以“读者第一、服务至上”为核心目标，打造以海洋文化特色为主题的百姓书屋、城市书房等阅读空间，在东沙渔港建成全市首个渔民专属书屋——“海上书屋”。交通设施方面，定制水陆一体公交卡，科学排班公交车次，紧密车船衔接，实行人车分离，实现四大渡口服务提升全覆盖。联动区传媒中心推出4期“改革在身边”专栏，住宅小区、公共图书馆、医疗场所等3类改革成效被《温州日报》报道。

（林婷婷）

重要会议

【区委全委会议】2020年，洞头区委一届全体（扩大）会议召开2次。

7月31日，中共洞头区委一届八次全体（扩大）会议暨区政府第七次全体会议召开。会议总结上半年工作，部署下半年任务，动员全区上下统一思想、担当使命，弘扬海霞精神，建设海上花园，奋力谱写建设“重要窗口”洞头新篇章。区委书记王蛟虎代表区委常委会作工作报告，区委副书记、区长林霞作工作部署。会议审议通过《区委一届八次全体（扩大）会议暨区政府第七次全体会议工作报告》《关于大力弘扬海霞精神全面打造新时代民兵建设重要窗口的决议》和《关于建设海霞小镇的决定》。区委委员、候补委员，区政府组成人员，区纪委委员，区人大常委会副主任，区政协副主席，区人武部政委，区法院院长、区检察院检察长，温州瓯江口产业集聚区洞头大门岛分区管委会主任，区政协秘书长，区人大常委会机关、区政协机关各委（室）主要负责人，各街道党工委书记、办事处主任、纪工委书记，乡镇党委书记、乡镇长、纪委书记，区直属各单位、省市属有关单位主要负责人，区委巡察办主任，区委巡察组组长，区监委委员，区纪委区监委派驻机构纪检监察组组长，担任过区级领导职务的老同志，部分省市区党代表、人大代表、政协委员，部分民营企业家代表，洞头先锋女子民兵连代表等参加会议。

12月17日，中共洞头区委一届九次全体（扩大）会议召开。会议总结2020年工作，谋划“十四五”发展，部署2021年工作任务，动员全区上下弘扬海霞精神，高质量建设海上花园，高水平开启洞头全面建设社会主义现代化新征程。区委书记王蛟虎代表区委常委会作工作报告，并作《关于制定温州市洞头区国民经济和社会发展第十四个五年规划和二〇三五年远景目标的建议》说明。区委副书记、区长林霞作《洞头区部分行政区划调整方案》说明，传达市委十二届十一次全体（扩大）会议精神。全会审议并通过《区委一届九次全体（扩大）会议工作报告》《关于制定温州市洞头区国民经济和社会发展第十四个五年规划和二〇三五年远景目标的建议》《洞头区部分行政区划调整方案》。区委委员、候补委员，区纪委委员，区人大常委会副主任、区政府副区长、区政协副主席，区人武部政委，区法院代院长、区检察院检察长，温州瓯江口产业集聚区洞头大门岛分区管委会主任，区政协秘书长，区人大常委会机关、区政协机关各委（室）主要负责人，各街道党工委书记、办事处主任、纪工委书记，乡镇党委书记、乡镇长、纪委书记，区直属各单位、省市属有关单位主要负责人，区委巡察组组长，区监委委员，区纪委区监委派驻机构纪检监察组组长；担任过区级领导职务的党员老同志，部分省市区党代表、人大代表、政协委员，部分民营企业家代表，洞头先锋女子民兵连负责人等参加会议。

【区委常委会】2020年，区委常委会共举行常委会会议35次。会议具体情况如下：

1月2日，一届区委常委会举行第七十一次区委常委扩大会议。会议传达学习省委经济工作会议精神和市委十二届九次全会精神；研究《关于建立2020年重点工作服务专班方案（送审稿）》《关于表彰2018—2019年度洞头区海上花园建设先进集体和个人的实施方案（送审稿）》；审议《关于深入学习贯彻党的十九届四中全会精神高水平推进区域治理现代化精细化的决定（送审稿）》《中共温州市洞头区委一届七次全体（扩大）会议工作报告（送审稿）》和会议方案等；专题研究全面从严治党工作和其他工作。

1月20日，一届区委常委会举行第七十二次区委常委扩大会议。会议研究区人大代表、政协委员调整建议等有关事宜；听取全区三级干部大会（全区海洋经济暨全域旅游发展大会）筹备情况汇报和考核表彰项目名额分配情况汇报等。会议还研究其他工作。

1月22日，一届区委常委会举行第七十三次区委常委扩大会议。会议传达学习省“两会”精神，省军区党委十二届二次全体（扩大）会议、温州军分区党委十二届五次全体（扩大）会议精神，中央政法工作会议精神，全省统战部长会议精神。审议《关于建设洞头国际旅游岛的实施意见（送审稿）》；专题研究全面从严治党工作和其他工作。

1月27日，一届区委常委会举行第七十四次区委常委扩大会议。会议传达学习中共中央政治局常委会会议、省委常委会会议、市委常委会会议精神；通报温州市和洞头区疫情防控工作情况，听取各街道乡镇关于前阶段疫情防控工作汇报，研判部署下步工作。

2月6日，一届区委常委会举行第七十五次区委常委扩大会议。会议传达学习中共中央政治局常委会会议精神；研究在疫情防控阻击战中事迹突出的党组织和党员干部名单。会议还研究其他工作。

2月11日，一届区委常委会举行第七十六次区委常委扩大会议。会议传达学习习近平总书记在中央全面依法治国委员会第三次会议上关于依法防控疫情的重要讲话精神、2月9日省委常委会（扩大）会议以及市委常委会（扩大）会议精神；研究部署全区疫情防控相持阶段的工作任务。

2月13日，一届区委常委会举行第七十七次区委常委扩大会议。会议传达学习2月12日中共中央政治局常委会会议精神；研究《在疫情防控阻击战中事迹突出的党组织和党员干部建议名单（第二批）》。

2月21日，一届区委常委会举行第七十八次区委常委扩大会议。会议听取疫情防控、企业复工复产工作和“三服务”工作情况汇报；研究区卫生基础设施迁建项目安排。会议还研究其他工作。

3月6日，一届区委常委会举行第七十九次区委常委扩大会议。会议传达学习省委政法工作会议精神；审议《洞头区2020年“六重”清单工作实施方案（送审稿）》《关于调整区领导挂钩联系工作安排（送审稿）》《2020年度区委全会报告工作要点清单（送审稿）》《区直属国企高管招聘方案（送审稿）》《关于授予吕海生同志洞头区“百岛先锋”优秀共产党员的决定（送审稿）》；研究疫情防控、复工复产表现突出的党组织和党员干部嘉奖等事宜；专题研究全面从严治党工作和其他工作。

3月18日，一届区委常委会举行第八十次区委常委扩大会议。会议传达学习习近平总书记赴湖北武汉考察新冠肺炎疫情防控工作时的重要讲话精神和3月9日省委常委会会议精神及全省组织部部长会议精神；听取垃圾分类工作情况、洞头先锋女子民兵连建连60周年活动筹备等情况汇报；研究《关于认真做好2020年领导干部报告个人有关事项工作的通知》和大门海洋经济示范区管委会实体化运作等事宜；审议《2020年温州海洋经济发展示范区“八大重点任务”责任清单（送审稿）》《2020年洞头区全域旅游“八大工程”责任清单（送审稿）》《洞头先锋女子民兵连建立60周年成果汇报会实施方案（送审稿）》《温州市洞头区城乡生活垃圾分类体系建设实施方案（送审稿）》《关于开展向吕海生同志学习的决定（送审稿）》《关于开展向洞头先锋女子民兵连学习活动的决定（送审稿）》《温州市洞头区2019年法治政府建设工作报告（送审稿）》等。

3月27日，一届区委常委会举行第八十一次区委常委扩大会议。会议传达学习习近平总书记在3月18日中央政治局常委会会议上的重要讲话精神，审议调整疫情防控措施（送审稿）；审议《2020年全区党委（党组）理论学习中心组学习意见（送审稿）》《关于进一步加强检察机关法律监督工作的实施意见（送审稿）》《温州市洞头区人民代表大会常务委员会工作报告（送审稿）》《中国人民政治协商会议第八届温州市洞头区委员会常务委员会工作报告（送审稿）》《区政府工作报告（送审稿）》等；听取2020年区政府民生实事候选项目情况汇报。会议还研究其他工作。

4月8日，一届区委常委会举行第八十二次区委常委扩大会议。会议传达学习全省对台工作会议精神；审议《温州市洞头区美丽城镇建设行动实施方案（送审稿）》《关于保留的区委议事协调机构名单（送审稿）》。会议还研究其他工作。

4月20日，一届区委常委会举行第八十三次区委常委扩大会议。会议学习全国安全生产电视电话会议精神，近期省市关于村级组织换届工作等会议精神；研究政策窗口稳投资重大项目安排事宜。会议还研究其他工作。

5月9日，一届区委常委会举行第八十四次区委常委扩大会议。会议传达学习全省二季度工作动员部署会、十四届省委第九轮巡视工作动员会精神；研究全市“比看”现场会姚市长点评洞头意见落实举措，二季度“冲刺翻红”攻坚行动“1+N”方案；审议《2020年度区直单位、街道（乡镇）绩效考核办法》。会议还研究其他工作。

5月20日，一届区委常委会举行第八十五次区委常委扩大会议。会议传达学习全省县级社会矛盾纠纷调处化解中心工作会议精神，全市建设平安温州工作暨创建全国市域社会治理现代化试点城市动员会议、全市制造业高质量发展大会精神；研究全区村（社区）组织换届准备工作方案等；专题研究全面从严治党工作和其他工作。

6月5日，一届区委常委会举行第八十六次区委常委扩大会议。会议传达学习十九届中央第五轮巡视动员部署会讲话精神，中共温州市纪委关于领导干部违规参与民间借贷和违规从事营利活动专项整治实施方案精神；专题听取东西部扶贫协作工作情况汇报，研究2020年东西部对口帮扶工作；研究洞头文旅品牌设计方案，《中共温州市洞头区委关于建立区人民政府向区人大常委会报告国有资产管理情况制度的意见（送审稿）》；审议“一星平安金鼎”表彰方案、平安创建方案。会议还研究其他工作。

6月10日，一届区委常委会举行第八十七次区委常委扩大会议。部署洞头先锋女子民兵连建连60周年活动安排。

6月23日，一届区委常委会举行第八十八次区委常委扩大会议。会议传达贯彻习近平总书记勉励指示、省委书记车俊考察洞头主要指示精神和纪念洞头先锋女子民兵连建连60周年暨全面打造新时代民兵建设重要窗口会议精神，研究洞头区贯彻意见，审议落实方案送审稿；传达学习全市村居巡察高质量发展推进会精神。

7月1日，一届区委常委会举行第八十九次区委常委扩大会议。会议传达学习近期习近平总书记在中共中央政治局会议上关于党的建设的讲话精神；研究《洞头区推进长江三角洲区域一体化发展行动方案（2020—2025）（送审稿）》等。

7月8日，一届区委常委会举行第九十次区委常委扩大会议。会议传达学习《中国共产党机构编制工作条例》；研究事业单位公开招聘工作人员工作等事宜。

7月28日，一届区委常委会举行第九十一次区委常委扩大会议。会议传达学习市委十二届十次全体（扩大）会议精神和省巡视巡察工作会议暨十四届省委第十轮巡视动员部署会精神；研究《区委一届八次全体（扩大）会议暨区政府第七次全体会议方案》《区委一届八次全体（扩大）会议暨区政府第七次全体会议工作报告》《关于大力弘扬海霞精神 全面打造新时代民兵建设重要窗口的决议》《关于建设海霞小镇的决定》《洞头先锋女子民兵连建设五年规划（2021—2025年）（送审稿）》《洞头先锋女子民兵连建连60周年活动总结暨传承海霞精神再动员大会方案》《纪念洞头先锋女子民兵连建连60周年活动拟表扬集体和个人建议名单（送审稿）》《洞头区国有企业高级管理人员招聘方案（送审稿）》。会议还研究其他工作。

8月5日，一届区委常委会举行第九十二次区委常委扩大会议。会议学习方健康先进事迹，研究关于追授方健康为洞头区“百岛先锋”优秀共产党员、“最美洞头人”暨道德模范相关事宜。

8月14日，一届区委常委会举行第九十三次区委常委扩大会议。会议传达学习习近平总书记在中央政治局第二十一次集体学习时的重要讲话和在企业家座谈会上的重要讲话精神等；研究部署全国文明城市创建百日攻坚专项行动事宜；审议《温州市洞头区贯彻落实浙江省环境保护督察反馈意见整改方案（送审稿）》《洞头区落实义务教育教师工资收入保障机制（送审稿）》《关于高水平推进新时代人大工作和建设的意见（送审稿）》《洞头区副科级年轻领导干部综合比选工作方案（送审稿）》。会议还研究其他工作。

8月20日，一届区委常委会举行第九十四次区委常委扩大会议。会议传达学习习近平总书记对制止餐饮浪费行为的重要指示精神；学习全省深入践行“绿水青山就是金山银山”理念高水平建设美丽浙江推进大会精神，全省法治政府建设暨综合行政执法改革推进会议精神。会议还研究其他工作。

9月1日，一届区委常委会举行第九十五次区委常委扩大会议。会议传达学习习近平总书记向中国人民警察队伍授旗并致训词精神；观看警示教育片《忏悔录》，并进行讨论；审议《关于深化教育教学改革全面提升基础教育质量实施方案》和“1+N”配套文件送审稿等。

9月23日，一届区委常委会举行第九十六次区委常委扩大会议。会议传达学习全国抗击新冠肺炎疫情表彰大会精神，省委书记袁家军同志在省委党校2020年秋季学期开学典礼上的重要讲话及省委常委、市委书记陈伟俊同志在市委常委会扩大会议上的讲话精神，并研究部署贯彻意见；审议《关于进一步加强专职社区工作者队伍建设的实施意见（送审稿）》《洞头区教育系统巡察“回头看”工作方案（送审稿）》等。

9月30日，一届区委常委会举行第九十七次区委常委扩大会议。会议传达学习习近平总书记在扎实推进长三角一体化发展座谈会上的重要讲话精神，习近平总书记在科学家座谈会上的重要讲话精神，习近平总书记在教育文化卫生体育领域专家代表座谈会上的重要讲话精神，浙江省第十三届人民代表大会第四次会议精神；审议《洞头区部分行政区划调整调研报告（送审稿）》《关于落实方健康家属关心关爱举措的建议方案（送审稿）》。会议还研究其他工作。

10月27日，一届区委常委会举行第九十八次区委常委扩大会议。会议传达学习习近平总书记在中央党校（国家行政学院）中青年干部培训班开班式上的重要讲话精神，习近平总书记在纪念中国人民志愿军抗美援朝出国作战70周年大会上的重要讲话精神，习近平总书记在深圳经济特区建立40周年庆祝大会上的重要讲话精神，中央第三次新疆工作座谈会精神，中央纪委书记赵乐际在十九届中央第六轮巡视工作动员部署会上的讲话、中央第四巡视组组长赵凤桐在中央第四巡视组巡视浙江省工作动员会上的讲话精神等；审议《关于落实温州市高校毕业生招引“510计划”攻坚行动 助力“百万人才聚温州”的实施方案（送审稿）》等。会议还研究其他工作。

11月3日，一届区委常委会举行第九十九次区委常委扩大会议。会议传达学习十四届省委第十一轮巡视工作动员部署会中共浙江省办公厅《关于印发〈被巡视党组织配合省委巡视工作规定〉的通知》《关于被巡视党组织准备工作的意见（试行）》精神；审议2016年以来洞头区委、区人大常委会党组、区政府党组、区政协党组、区纪检监察工作、区选人用人工作等情况汇报。

11月26日，一届区委常委会举行第一百次区委常委扩大会议。会议传达学习习近平总书记在浦东开发开放30周年庆祝大会上的讲话精神，习近平总书记在全面推动长江经济带发展座谈会上的重要讲话精神，习近平总书记就深入推进平安中国建设重要指示和平安中国建设工作会议精神，中央全面依法治国工作会议精神，全省抗击新冠肺炎疫情总结表彰大会和全市抗击新冠肺炎疫情总结表彰大会精神；学习习近平总书记在第三届中国国际进口博览会开幕式上的主旨演讲精神，李克强总理在2020年全国大众创业、万众创新活动周启动仪式上的讲话精神；审议《关于洞头区学前教育深化改革规范发展的实施意见（送审稿）》等；专题研究意识形态工作和其他工作。

12月10日，一届区委常委会举行第一百零一次区委常委扩大会议。会议学习省委常委、组织部部长黄建发在全省两新党建助力“助企八条”落实工作座谈会重要讲话精神及调研洞头重要指示精神，全国煤矿安全生产工作紧急视频会议精神等；研究《洞头区部分行政区划调整方案（送审稿）》等。

12月15日，一届区委常委会举行第一百零二次区委常委扩大会议。会议学习推动长江经济带发展领导小组会议精神，并观看长江经济带生态环境警示片；听取区总工会、团区委、区妇联工作情况汇报；研究《关于制定温州市洞头区国民经济和社会发展第十四个五年规划和二〇三五年远景目标的建议（送审稿）》《中共温州市洞头区委一届九次全体（扩大）会议方案（送审稿）》《中共温州市洞头区委一届九次全体（扩大）会议报告（送审稿）》。

12月17日，一届区委常委会举行第一百零三次区委常委扩大会议。会议传达学习省市有关会议精神，审议《关于做好被征地农民参加基本养老保险工作的实施意见（送审稿）》。

12月21日，一届区委常委会举行第一百零四次区委常委扩大会议。会议进行区委区政府重点项目质询和重点项目会诊。

12月30日，一届区委常委会举行第一百零五次区委常委扩大会议。会议传达学习中央经济工作会议、省委经济工作会议精神；学习《关于破解“两张皮”问题推动中央和国家机关党建和业务工作深度融合的意见》；审议《2018—2020“三年百名”中高层次人才工作评估报告（送审稿）》《2021年洞头区机关事业单位和国有企业公开招录（招聘）计划（送审稿）》《关于科学规范乡镇（街道）“属地管理”的实施意见（送审稿）》《中共温州市洞头区委全面深化党务公开工作实施方案（送审稿）》等；专题研究全面从严治党工作和其他工作。

【全区领导干部会议】2020年4月3日，全区领导干部会议召开，传达学习习近平总书记在浙江考察时的重要讲话精神，以及省委常委会扩大会议、市委常委会扩大会议精神，部署洞头区贯彻落实意见。区委书记王蛟虎作重要讲话。会议强调，要迅速掀起学习贯彻习近平总书记重要讲话精神的热潮，牢记习近平总书记“真正把洞头建设成为名副其实的海上花园”的殷切嘱托，深入践行“绿水青山就是金山银山”理念，让百姓在建设“海上花园”、推进“两山实践”中得实惠，确保总书记重要讲话精神在洞头早落地，向中央和省市委交出一份满意答卷。区委副书记、区长林霞主持会议。区领导叶国胜、汪慧平、叶海峰等参加会议。

6月22日，全区领导干部会议召开，学习传达省委十四届七次全会、省委书记车俊考察洞头主要指示以及全省全面打造新时代民兵建设重要窗口会议精神，部署贯彻落实意见。区委书记王蛟虎讲话，区委副书记、区长林霞传达省委十四届七次全会精神。区四套班子领导等近300人参加会议。

11月2日，全区领导干部会议召开。会议传达中共十九届五中全会精神和省委、市委贯彻落实全会精神等内容，并部署平安“双月攻坚”等工作；区委副书记、区长林霞传达《中共中央关于制定国民经济和社会发展第十四个五年规划和二〇三五年远景目标的建议》说明的主要精神和基本框架。区领导叶海峰、汪慧平、刘素婷、梅山标、戴冕、侯合海、邵建乐等参加会议。

【全区“不忘初心、牢记使命”主题教育总结大会】2020年1月10日，全区“不忘初心、牢记使命”主题教育总结大会召开。会议表彰“洞头区担当作为好支书”“洞头区担当作为好党员”。区委书记王蛟虎讲话，区委副书记、区长林霞主持，市委第二巡回指导组副组长李作航到会讲话。市委第二巡回指导组，区四套班子领导，区人武部政委，区法院院长、区检察院检察长，大门海洋经济示范区管委会党委书记，担任过区级领导职务的老同志，区政协秘书长，区人大、政协机关各委室负责人，区直属各单位班子成员，有关科室负责人，下属副科（局）级以上单位主要负责人，各街道（乡镇）班子成员，有关科室负责人，基层站所负责人，

2020年6月22日，全区领导干部会议召开　（区融媒体中心提供）

2020年1月10日，全区"不忘初心、牢记使命"主题教育总结大会召开。图为表彰担当作为好支书、好党员代表（区融媒体中心提供）

各村（居）党支部书记、村（居）委会主任，区纪委监委、区委组织部、区委宣传部班子成员，区委巡察办、巡察组和区纪委监委派驻机构干部，区委主题教育领导小组成员及办公室全体人员，区委巡回指导组全体成员，担当作为好支书、好党员，党代表、人大代表、政协委员，党外人士代表等近800人参加会议。

【全区海洋经济暨全域旅游发展大会】2020年3月12日，全区海洋经济暨全域旅游发展大会召开，贯彻落实中央、省市的决策部署，动员全区上下进一步振奋精神，狠抓工作落实。会议表彰2019年度各类先进，分管区领导就国家级海洋经济发展示范区建设、旅游一年见效和国家全域旅游示范区创建等内容进行大会发言。区委书记王蛟虎作重要讲话，区委副书记、区长林霞主持大会，区领导叶国胜、汪慧平、叶海峰、吴志安等出席会议。

（郑钧）

政策研究

【概况】2020年，洞头区委结合实际，明确洞头发展2035年远景目标和"十四五"时期发展总体要求、主要任务，以排头兵的姿态着力推进六个现代化，把打造"一平台、两样板、五个岛"作为"十四五"时期发展主抓手，高标准建设国家海洋经济发展示范区，高起点打造"两山实践、乡村振兴"海岛样板，高品质建设"国际旅游岛、临港产业岛、生命健康岛、科技创新岛、两岸同心岛"。温州市洞头区委政策研究室围绕区委和区政府重大决策部署，参与区人大瓯洞一体化、区政协状元岙港发展等全区重点课题调研10余项，牵头完成《疫情影响和挑战》《疫后部分产业发展》等调研课题。撰写《抢抓机遇争取财政、债务和新基建资金》《"梦幻海湾"海上构筑物权证办理》《差异化发展生鲜冷链物流》等报告，调研成果转化为推动发展的实际行动。全年编发《洞头政研》59期，累计刊选各地政策与创新做法460余条。

【高水平推进区域治理现代化精细化】2020年1月21日，为深入学习贯彻中共十九届四中全会精神、中共浙江省委十四届六次全会精神和中共温州市委十二届九次全会精神，探索海岛区域治理制度体系，区委出台《关于深入学习贯彻党的十九届四中全会精神 高水平推进区域治理现代化精细化的决定》（洞委发〔2020〕1号）。主要任务是坚持和落实党的领导制度体系，强化区域治理的领导保证，强化和落实"两个维护"保障机制，完善区委统筹推进治理工作的领导体制和工作机制，完善区域思想文化引领机制，全面深化"清廉洞头"建设；全面深化法治洞头建设，提高区域治理的法治化水平，构建依法行政治理体系，创新行政管理体制，加快政府数字化转型，健全公平正义的法治保障体系；加快建设国家海洋经济发展示范区，提升区域治理的发展水平，创新海洋经济发展体制机制，健全"洞头标准"体系，助力"两个健康"先行区建设，健全高质量发展要素保障机制；创新城乡共治共美体制机制，构建区域治理的协同格局，建立区域一体化合作协同机制，强化区域空间统筹治理，探索"两山"转化模式，完善乡村振兴体制机制；构建基层治理现代化精细化体系，筑牢区域治理的基层基础，建立基层治理新格局，完善矛盾纠纷化解机制，完善社会领域风险防范机制，推进基层自治、法治、德治、贤治四治融合，提升社会治理精细化水平，强化信用在社会治理中的基础作用；健全改善民生的制度体系，增强区域治理的群众获得感，坚持和完善为民办实事长效机制，加快提升公共服务供给水平，构建覆盖全民保障体系。

【洞头国际旅游岛建设】2020年2月24日，为进一步推动洞头旅游高质量、高品质发展，充分放大旅游产业的综合带动效应，不断满足人民群众的美好生活需要，区委、区政府印发《关于建设洞头国际旅游岛的实施意见》（洞委发〔2020〕

12号）。发展目标是锚定国际旅游岛建设定位，打造全区超25亿元增加值旅游产业集群，构建“一环三片多点”全域旅游空间布局，实施“1359”计划，加快提升洞头作为海岛旅游目的地功能、环境、产品、营销、管理和服务的国际水平，打响洞头旅游品牌。主要任务是强化顶层设计支撑体系，强化规划战略、对外开放合作、平台集聚支撑；培育高品质休闲旅游产品体系，加快发展休闲度假旅游，提升发展乡村休闲旅游，培育发展会议会展产业，加快发展邮轮游艇产业，培育发展海岛星光经济；加快构建产业融合发展体系，创新发展海渔文创产业，着力发展滨海运动产业，积极发展蓝色康养产业，加快发展海霞红色旅游；完善休闲旅游配套设施体系，构建“外快内畅慢游”旅游交通网络，打造高标准旅游核心景区，完善高品质旅游接待设施；优化休闲旅游服务营销体系，优化休闲旅游服务体系，强化旅游品牌营销体系，创新旅游市场运营管理体系。

【洞头区推进长江三角洲区域一体化发展行动方案】2020年8月6日，为深入贯彻落实习近平总书记关于推动长三角实现更高质量一体化发展的重要指示精神，加快我区融入长三角区域一体化发展进程，根据《长江三角洲区域一体化发展规划纲要》和省市部署要求，区委、区政府制定《洞头区推进长江三角洲区域一体化发展行动方案（2020—2025）》（洞委发〔2020〕34号）。重点任务是做好基础设施对接，加快交通互联互通、能源延伸共享、港口一体化发展、网络覆盖升级；做好产业融合对接，加快优质海产品供应、石化产业能级提升、海洋旅游协同共建、邮轮产业合作发展、海霞研学交流推广；做好开放合作对接，推进重点区域结对合作，深化对台合作交流、人员交流；做好生态环境共保，打造全国“两山”实践创新基地海岛样板，建设海岛大花园，构建海岛生态产品价值实现机制；做好公共服务合作，突出医疗卫生领域合作、教育文化领域合作、社保领域一体化合作；做好营商环境对接，加强政务服务合作，加快信用体系建设。

（郑钧 项华全）

区委办公室工作

【概况】2020年，中共温州市洞头区委员会办公室全面发挥区委坚强“前哨”和巩固“后院”作用，持续发扬首善机关的作风和胆气，强化大抓落实之功，展现主动担当之为。全年高效保障重要大中型会议44场次，精细服务保障国家、省、市重要领导调研考察活动65次。在疫情防控3个10天关键阶段，全力保障各项政令畅通，实现全区确诊病例数量全市最少，本地零扩散。加强军地协调、上下联动，协助区委高规格举办洞头先锋女子民兵连建连60周年系列活动，获习近平总书记勉励指示，省委原书记车俊高度肯定。主动对接巡视工作，前期准备工作扎实有序，屡获省委第六巡视组表扬。完成交办事项211条。创新“工作四法”，服务区委下沉一线，协助召开区委常委会会议，党政领导班子集中为街道（乡镇）排忧解难，获《浙江信息》刊登。深化“办不了报告”制度，常态化督办报告事项662项。累计抄告工作清单量化考核任务200余期。引进“三年百名”人才6名，全办中层股级干部一半是“90后”，研究生学历超1/3。持续推进“创首善机关，当服务标兵”党建品牌创建，借助“人人当书记”共享知识技能，“党旗下宣誓”做好忠诚教育，“联学共建”开展结对互助，“科室夜学”常态化加强理论武装和内部联系。实地组织参观女子连、海防坑道、红色印迹馆等红色基地5次，组织观看红色电影、警示教育片15次。

（陈志翔）

【目标督查】2020年，围绕区委区政府重点工作、中心工作，秉承更科学、更高效、更公正督办原则，研究印发《2020年度督查工作管理办法》（办字〔2020〕7号），贯彻落实基层减负工作要求，督查检查考核事项从2019年32项减为2020年度28项；进一步研磨清单、差异督考。围绕“六重”清单，对重点工作清单实施过程“三色预警”机制，每月督查，其他清单重点事项节点督查，综合事项季度督查；深化办不了事项报告制度，运用区委常委会质询预警机制，对“办不了”事项“治于未病”，谋前谋深谋细，质询事项滞后6项、会诊1项，分解交办任务26项。全年督办事项662项，办结476项，逾期13项；办理主要领导批示179期，印发通报、专报109期，获区委主要领导批示15条次。督查事项逾期率从上年的2.4%，降至1.96%；办不了事项申请展期的从上年的30件，降到20件，减少33.3%。

（周巧燕）

【绩效考核】2020年，区考核办围绕中心抓督查、全面深化减负增效改革，实现“瘦身、提质、增效”三大转变。创新“六化”考核，遵循“形式清单化、任务项目化、内容个性化、事项减量化、分配差异化、结果激励化”原则，实现考评客观化、多维化、综合化；突出差异考核，按照“指标数量与资源相匹配、难度与能力相对等”原则下达任务，每个单位1张个性任务表，全区各单位平均考核项目少于20项。深化“办不了”制度，充分运用区委常委会质询预警机制，督促责任单位克服主观问题、破难通堵，全年倒逼破解督查事项26项；对预警无效项目，创新人大“办不了”询问会“一问一答”，有效整治不担当、不作为、慢作为、懒作为现象；全年纳入“办不了”督查事项662项，办结476项，提交“办不了”报告20项，同比减少33.3%。强化“过程化”督考，按月开展督查、每季通报分数，全年印发通报43期、督查专报66期，获区委主要领导批示15条次；创新开展市对区考核重点部门上门“服务”，晒清单、亮短板、商对策；从年度全市排名看，落后指标少了、靠前指标多了，较三季度，38个主要经济指标中，前三指标从14项增至18项，其中9项第一，后三指标从10项减至6项，较好完成区本级全年考绩工作。

（许扬翔）

【保密工作】2020年，洞头区严格保密工作“四个全周期”管理，开展重点单位全覆盖检查，高标准完成“十三五”保密工作任务，保密工作继续保持全市前列，实现全区“零泄密”。高效推进912工程项目，首创完全替代模式和“1+3”联合保障模式，完成MM通信主渠道升级改造，高标准建成投用全市独栋最优JY办公楼。做好应急保障任务，全年保障涉密会议110场次，完成时任省委书记车俊、省政府常务副省长冯飞等领导在洞头期间随行保障任务。

（丁国欣）

2020年洞头区委及其办公室制发的重要文件选目一览表

表1

序号	文号	文件名称
1	洞委发〔2020〕1号	关于深入学习贯彻党的十九届四中全会精神高水平推进区域治理现代化精细化的决定
2	洞委发〔2020〕12号	关于印发《关于建设洞头国际旅游岛的实施意见》的通知
3	洞委发〔2020〕14号	关于授予吕海生同志洞头区“百岛先锋”优秀共产党员的决定
4	洞委发〔2020〕17号	关于深入开展向吕海生同志学习的决定
5	洞委发〔2020〕18号	关于开展向洞头先锋女子民兵连学习活动的决定
6	洞委发〔2020〕32号	关于印发《新时代洞头产业工人队伍建设改革实施方案》的通知
7	洞委发〔2020〕33号	关于表扬在海霞系列建设中作出突出贡献集体和个人的通报
8	洞委发〔2020〕34号	关于印发《洞头区推进长江三角洲区域一体化发展行动方案（2020—2025）》的通知
9	洞委发〔2020〕35号	关于追授方健康同志洞头区“百岛先锋”优秀共产党员的决定
10	洞委发〔2020〕36号	关于深入开展向方健康同志学习的决定
11	洞委发〔2020〕37号	关于大力弘扬海霞精神全面打造新时代民兵建设重要窗口的决议
12	洞委发〔2020〕38号	关于建设海霞小镇的决定
13	洞委发〔2020〕39号	关于加强推进新时代民政事业高质量发展的实施意见
14	洞委发〔2020〕40号	关于高水平推进新时代人大工作和建设的意见
15	洞委发〔2020〕41号	关于新时代加强和改进人民政协工作的实施意见
16	洞委发〔2020〕43号	关于印发《温州市洞头区贯彻落实浙江省生态环境保护督察意见整改方案》的通知
17	洞委发〔2020〕44号	关于印发《洞头区基础教育质量提升“扬帆行动”实施方案》的通知
18	洞委发〔2020〕47号	关于学前教育深化改革规范发展的实施意见
19	洞委发〔2020〕48号	关于同意《洞头区部分行政区划调整方案》的决议
20	洞委发〔2020〕49号	关于制定温州市洞头区国民经济和社会发展第十四个五年规划和二〇三五年远景目标的建议
21	洞委办发〔2020〕1号	关于印发《洞头区2020年“六重”清单工作实施方案》的通知
22	洞委办发〔2020〕2号	关于组织开展“三强两促”专项活动的实施意见
23	洞委办发〔2020〕3号	关于印发《2020年党风廉政建设和反腐败工作组织领导与责任分工》的通知

续表

序号	文号	文件名称
24	洞委办发〔2020〕6号	关于印发《温州市洞头区美丽城镇建设行动实施方案》的通知
25	洞委办发〔2020〕7号	关于印发《温州市洞头区城乡生活垃圾分类体系建设实施方案》的通知
26	洞委办发〔2020〕10号	印发《进一步加强检察机关法律监督工作的实施意见》的通知
27	洞委办发〔2020〕11号	关于印发《洞头区美丽田园创建行动实施方案》的通知
28	洞委办发〔2020〕13号	关于印发《洞头区关于进一步加强全科网格建设工作的指导意见》的通知
29	洞委办发〔2020〕14号	关于印发《2020年度全面从严治党主体责任落实暨清廉洞头建设情况考核办法》的通知
30	洞委办发〔2020〕15号	关于开展2020年度行风政风双评议活动的通知
31	洞委办发〔2020〕17号	关于印发《2020年洞头区党内法规制度建设工作清单》的通知
32	洞委办发〔2020〕18号	关于印发《全区村（社区）组织换届准备工作方案》的通知
33	洞委办发〔2020〕23号	关于转发《民营企业家健康成长评价指标体系（温州）实施方案》的通知
34	洞委办发〔2020〕24号	关于转发《中共温州市委办公室关于认真做好〈习近平谈治国理政〉第三卷学习宣传工作的通知》的通知
35	洞委办发〔2020〕25号	关于开展最强支部模范机关建设的实施意见
36	洞委办发〔2020〕26号	关于印发《洞头区大力支持高中学校高质量发展三年行动计划（2021—2023）》的通知
37	洞委办发〔2020〕27号	关于印发《洞头区基础教育质量提升“扬帆行动”若干措施》的通知
38	洞委办发〔2020〕31号	关于印发《洞头区农村部分计划生育家庭参加城镇职工基本养老保险补助办法》《洞头区农村部分计划生育家庭参加城乡居民基本养老保险补助办法》《洞头区农村部分计划生育家庭奖励扶助办法》《洞头区计划生育家庭特别扶助办法》《洞头区计划生育公益金补助办法》的通知
39	洞委办发〔2020〕35号	关于进一步完善提升“三位一体”改革的实施细则

（区委办公室提供）

组织

【概况】2020年年底，洞头区有基层党组织492个，党员7244名。其中，党委26个，党总支29个、党支部437个；非公有制经济单位党委1个、党总支2个、党支部31个、联合支部34个，企业党员574名。全区党员中，女性党员2224名、少数民族207名；45岁及以下2906名，大专及以上3735名。全年发展党员238人，其中女性党员96人，占40.3%；年龄35岁以下的党员134人，占74.8%；具有大专以上文化程度187人，占78.6%。

中共温州市洞头区委组织部制定《关于深化党建带团建加强新形势下团员青年“推优入党”工作的实施办法》，加强新形势下团员“推优入党”工作。组织开展以“激扬时代精神、展现窗口担当”为主题展“红七月·服务月”系列活动。持续推进村级集体经济发展，全年村级开竣工项目61个，投资额19.8亿元。全年村级集体经济总收入14005.63万元，同比增长30.8%，经营性收入7224.23万元，增长22.1%。

全年提任干部6批次34人，其中正科长级7人、科级重要岗位5人、副科长级19人、区管股级3人；调整交流干部83人，其中正科18人，副科65人；消化超配干部1名。开展年轻干部综合比选，提任年轻科级干部6人。组织开展干部跨单位交流6名。截至2020年，全区公务员1072名，参照公务员法管理机关事业单位工作人员151名，全区共晋升公务员460人次。

【“红色海霞”基层组织建设】2020年，洞头区全面打响海霞红引领基层治理系列品牌，把“海霞红管家”模式全面推广到老旧小区、无物业小区等，重点打造示范小区23个。开展两新党建“双创建”工作，打造区乡两级两新党建示范点和培育两新党建示范品牌各10个。选派党建工作指导师下沉指导46名，实现30家规上工业企业和14家亿元以上规模企业党组织组建全覆盖。创新推进民宿党建和海上党建等基层治理新模式，创建“党员示范店”“放心消费店”，推动农特产品进民宿，打造“东沙红港”全市首个“海上党群服务中心”，构建覆盖“渔村、渔船、渔民”的精细化治理格局。制定出台《新生代企业家到部门挂职锻炼工作方案》，新生代企业家到各街道（乡镇）挂职锻炼37名。举办区级重点两新党组织书记示范培训班和街道（乡镇）级两新党组织书记基础培训班，实现书记培训全覆盖。

2020年8月25日，洞头区级村社组织换届选举现场观摩会在正岙村举行
（李小微摄）

【村（社区）组织换届】2020年，洞头区推进村社换届，坚持区抓到村、精密智选、干换相融，推行“三回”机制，高票圆满完成村社组织换届工作，村社党组织书记平均得票率99.24%，主任平均得票率97.18%，均创历史最好成绩，实现班子结构、人选质量、组织战斗力等三个“明显变好”。

【干部管理机制】2020年，全区专业部门专业型干部配备占比50%，党政部门领导班子中年轻干部占比12.1%，街道（乡镇）党政班子中年轻干部占比32.4%。针对抗疫一线领导干部工作表现，制定《洞头区疫情防控工作干部专项考察工作方案》，对照“20条情形”“六个是否”，注重在一线全方位考准考实干部实绩，动态掌握表现优秀干部70余名，疫情期间提拔抗疫工作表现特别突出干部2名。选派退出领导岗位干部到重点基层组织担任党建指导师，参与巡察、环境督查等区委区政府专项工作。干部关心关爱机制运用，集中开展干部家访随访等活动，举办心理压力调节专题讲座，常态化开展“向组织说说心里话”“组织部长谈心日”，帮助干部减压释负。

【人才招引】2020年，洞头区全面攻坚“510计划”，指导企业精准设置岗位，办好各类引才活动。组织开展浙江海洋大学·洞头专场招聘会等活动5场，成立“高校人才工作联络站”2个。全年新招引大学生1807人，创历史新高。持续推进“三年百名”人才招引，聚焦海洋经济、全域旅游等主导产业，面向社会公开招聘海洋科学、旅游营销等专业人才25名，报名人数近600人。加强“三年百名”人才培育，下派基层一线历练13人，提拔进入中层岗位3人，深挖重点人才资源，推进特色人才培优计划，申报全市重大人才工程11个，入选市特支计划人才2名、入选市高水平创新团队（全市仅15个）团队2个。

【干部教育培训机制】2020年，洞头区干部教育工作立足“海霞”精神党性干部基地宝贵资源，打造“海霞”女干部教育培训品牌，并以“弘扬海霞精神、激扬巾帼风采、展现窗口担当”为主题率先探索举办“科级”“股级”海霞女干部班2期。区委组织部联合海霞学院、区融媒体中心制作基地宣传手册、宣传片，专题拍摄“弘扬海霞精神、铸就时代辉煌”网络党性教育课程，作为全省“6+3”精品党课向省级平台推介，海霞学院举办“温州市女干部培训班”等各类女干部培训班28期。

【海岛振兴特色人才培育】2020年，洞头区强化特色人才培育，立足旅游产业、乡村文创等特色产业发展，联合人社、团委、总工会等部门谋划特色人才项目竞标活动。累计收到滨海旅游人才、青年创业人才等六类项目申报41个，评选出优秀项目17个。盘活渔农村劳动力资源，精准谋划培训项目，开展民宿管家、红色讲解员等培训28期，累计培训各类职业人才1693人次，完成全年目标113%。

【“红七月·服务月”系列活动】2020年，洞头区以“激扬时代精神、展现窗口担当”为主题开展“红七月·服务月”系列活动。活动包含“传承红色基因、激扬时代精神、展现窗口担当”主题党日、上党课悟初心、海霞先锋在行动、红色关怀行、红动百岛、“激扬新时代温州人精神，点赞先锋微故事”“忠诚教育、坚守初心”“红色领头雁，书记谈党建”及全省党内法规知识网络竞赛等活动。开展

“传承红色基因、激扬时代精神、展现窗口担当”主题党日活动343场，开展革命教育、革命老区教育活动161场，参加党员6291名，党员领导干部上党课218名；“红动温州”活动党员干部参加2039名，服务群众14895人次，开展志愿服务活动284场；“红色关怀行”活动县市区四套班子领导15人参加，走访慰问生活困难党员414人，抗疫和复工复产先锋党员61人，解决236个问题；“激扬新时代温州人精神，点赞先锋微故事”活动拍摄宣传微故事9个。

【全区科级女干部专题培训班】 2020年7月16日至17日，为贯彻落实省委原书记车俊考察洞头时的重要指示精神，进一步继承和弘扬“爱岛尚武、励志奉献”的海霞精神，全区科级女干部专题培训班在区海霞学院举行。培训通过“吃一餐连队饭、住一晚海霞营、穿一身迷彩服、过一次军事日、走一趟解放路”等“五个一”海霞红色教育，让参训学员体验连队生活，感受海霞文化，锤炼党性意志，弘扬新时代“海霞精神”。区委书记王蛟虎，区委常委、组织部部长邵建乐等参加开班仪式。

（朱淑贞）

宣传

【概况】 2020年，中共温州市洞头区委宣传部深入贯彻学习习近平新时代中国特色社会主义思想和中共十九届四中、五中全会精神。开展区委理论学习中心组、百岛讲坛等学习活动，创新推出“百岛云讲坛”学习平台，开展基层宣讲130余场，实现村居、企业、学校“三进”全覆盖。组建海霞青年宣讲团，开展海岛渔船“青年聊”等系列宣讲活动。拍摄“浙江文化大讲堂——瓯江山水诗之路专题片（洞头篇）”并在浙江公共新闻频道播出。开展“百年追梦 全面小康”线上知识竞赛、蟹壳画和贝雕等非遗体验公开课。举办“激扬温州人精神、弘扬海霞精神、建设海上花园”首届新时代新风采辩论赛。推进洞头先锋女子民兵连建连60周年主题宣传活动。开展“小康中国·温州故事——全面建成小康社会”主题宣传洞头系列新闻发布活动。

【思想理论宣传教育】 2020年，洞头区委组织开展理论学习中心组、百岛讲坛等学习活动22场。开展全国“两会”、省委十四届七次全会精神、海霞精神、微党课、中共十九届五中全会精神等相关主题的基层宣讲130余场，实现村居、企业、学校“三进”全覆盖。开展“两山理论”论文征集活动，征集论文31篇。举办“海霞精神研讨会”和“60周年活动总结暨传承海霞精神再动员”大会，打响海霞故乡——洞头品牌，激扬温州人精神，传承海霞精神，提升海霞精神全国影响力。举办区第八届微党课大赛，择优选拔4名优秀选手参加市微党课大赛，获市微党课比赛二等奖。开展“我最喜欢的习总书记的一句话”宣讲教育活动。融合洞头发布、洞头新闻网等线上资源，创新推出“百岛云讲坛”学习平台。以“学习强国”平台为日常学习主抓手，采用多级管理，实现在职党员全覆盖；制订“学习强国”建设运用规划，开展“学习强国”知识竞赛等学习活动。组建海霞青年宣讲团，打造海霞宣讲品牌，开展海岛渔船“青年聊”、田间地头“青年唠”、红色军营“青年说”等系列宣讲活动，让青年讲述好故事、传播新思想。

【重大主题宣传】 2020年，洞头区委宣传部组织“全国媒体海霞采风行”主题采风活动，联络组织近50家上级媒体到洞头采风采访。《人民日报》政治版刊发《六十年，她们接力坚守》深度报道；央视《新闻联播》刊播《爱岛尚武励志奉献“海霞精神”永不褪色》近2分钟新闻单条；新华社全媒体平台推出“‘海霞精神’60年”系列图文、视频报道19组，阅读量2000余万人次；央视《国家记忆》蹲点洞头10天拍摄《海防民兵》专题片；央

2020年6月15日，洞头先锋女子民兵连建连60周年主题新闻发布会举行

（区融媒体中心提供）

视新闻客户端推出《实弹射击训练！记者探访洞头先锋女子民兵连》视频直播，直播当天吸引300余万人次观看。“洞头宣传”官方抖音“洞头先锋女子民兵连”相关话题和视频合辑点播量高达1.2亿人次。开展“小康中国·温州故事——全面建成小康社会”主题宣传洞头系列新闻发布活动，区委、区政府主要领导分别通过专场新闻发布会和电视访谈发布厅，向社会各界介绍“海上花园”小康之路。组织“强四力、说小康、展形象”主题新闻行动洞头行、“大建大美·同心同享”国庆体验洞头站主题宣传、“‘两山’的回响——绿水青山就是金山银山的温州实践”洞头主题报道、“瓯江山水诗路（百岛明珠）”采风行等小康系列主题采风，推出《打造“绿水青山就是金山银山”实践海岛样板——“海上花园”看洞头》《“海上花园”涌现网红小康村》《“温州一家人”的小康故事：我家有座“浪花谷”》《黄鱼咕咕溯潮来！洞头向海而兴雕琢美丽大花园》等众多高质量、大篇幅的小康形象外宣稿件，洞头小康元素更入选新华社《着力增进人民福祉 共同迈入小康社会——回眸“十三五”系列述评（共享发展篇）》。

【**网络阵地建设管理**】2020年，洞头区委宣传部充分发挥“洞头发布”两微平台宣传主阵地作用，发布疫情防控科普知识、管控通知公告、战“疫”举措做法等各类信息3490条，浏览量1500万余人次。开展复工复产网上宣讲活动10期，解答网民各类问题136个。出台《洞头区网络安全事件应急预案》，联合相关单位举办网络安全宣传周活动，通过网络安全知识讲座、网络安全公益宣传片展播和网络安全宣传进机关、进社区、进企业、进文化礼堂等活动。出台《洞头网军“铸魂强军”三年行动计划（2020—2022）》《温州市洞头区网评员管理办法（试行）》等。

【**文化阵地和项目建设**】2020年，洞头区举办“中国诗歌之岛·第二届国际海洋诗歌节”，深入打造“中国诗歌之岛”品牌。举办2020首届中国（洞头）渔民画大展，并组织开展渔民画名家画洞头、渔民画名家文艺讲坛、渔民画作品研讨会等系列活动，“中国渔民画之乡”金名片成功落户洞头。组织开展“面朝大海 春暖花开·洞头文旅消费季”和“踏浪百岛 尽享海味”活动。加快推进文旅项目建设，梦幻海湾、青山岛等一批文旅项目入选温州市重点文化产业建设项目。东岙文创街区创建稳步推进。累计建成18个社区文体服务中心、4家城市书房、8家百姓书屋、4家文化驿站，构建完善的区、街道（乡镇）、村（社区）三级公共文化设施网络。新建文化礼堂14家。推行文化礼堂“志愿服务团队驻堂”，提升文化礼堂志愿服务含金量。围绕抗疫主题，汇聚文艺力量助力疫情防控战，创作《花开相逢》《海霞红》等一批音乐舞蹈作品。组织开展“我们的中国梦、文化进万家”、文化礼堂“春福六送”、“文联百村文艺志愿服务团”志愿服务系列活动。

（林夏怡）

统一战线

【**概况**】2020年，中共温州市洞头区委统战部聚焦“海上花园”中心工作，广泛团结全区统一战线人心力量参与抗击疫情，推进统战各领域主题教育、平台搭建、资源转化、品牌打造、社会服务等工作。组织开展“同心抗疫、乡贤在行动”“守望相助、暖心为侨”“助企抗疫情、联企复生产”等活动。组织开展党外干部培训班、新阶层人士“三访两听一促”等活动，开展全委会报告等意见征求会、座谈会8场，党外人士提交议、提案79件，新认定区级无党派人士38名。举办第三届院士研讨会，协办第五届华东病理生理学研讨会，金岙民革之家获批温州市多党合作教育基地，挂牌成立省政协委员会客厅，被选为省级领导挂钩联系基层工作点。

全年深化“五进”场所、“四治”专项治理和“十百千万”普法工程，开展普法宣讲62场。发行首部《洞头乡贤》，新建洞头青年乡贤库，东屏文礼中仑、元觉港岛风情旅游示范带获批市级乡贤助乡兴实践基地。引导支持“吴老伯”“五人评议团”等乡贤调解品牌，贤组织服务“一肩挑”等换届政策法规和纪律宣传、民声民意传达交流、优秀人才推荐等工作。举办2020两岸一家亲·半屏山系列交流活动暨“双屏论坛”、海峡两岸诗画云交流、两岸大健康合作项目对接会等交流活动。组织开展两岸海钓行业云交流、游艇产业云招商等系列“云对话”。专班服务台胞台企防疫复工，协调生活物资保障、疫情纾困补助等系列服务，全市率先落实百万元额度台融卡办理，海岸旅游、庶安永龄等台企积极参与同心抗疫。全省首创“四大员一热线”“温馨老家”异地商会服务机制，推出“工商联+”护航民营经济工作制度，出台企业家政治待遇提升十条措施等5项企业家健康成长制度。开展政企恳谈会、面对面法律服务等活动，为企业争取低息贷款1.41亿元。深化“洞商学堂”“青蓝接力”，推出新生代企业家到部门挂职锻炼、党政同学等6项举措，举办素质提升活动12

场。海霞营地获批温州首批民营经济人士理想信念教育基地。组织开展春节、“六一”、中秋等节假日走访，慰问重点华人华侨、贫困归侨侨眷、留守儿童147人次。组织送法下乡、送法入户、现场咨询等活动，开展微信“微宣传”35期，服务咨询500余人次、发放侨法政策法规宣传资料1000多份、覆盖宣传2000余人次。推进全区村社侨联组织建设，建成5个村社侨联和11个村社侨联小组，指导建成大门侨联“侨胞之家”。

【统一战线同心抗“疫”】2020年，区委统战部动员统一战线开展“同心抗疫、力促发展”，组织开展“同心抗疫、乡贤在行动”“守望相助、暖心为侨”“助企抗疫情、联企复生产”等活动，全区统一战线共捐款350余万元、捐赠医用物资30余万件；实现工商联执委企业100%复工。重点做好海外疫情输入防范等工作。全区193处宗教（民间信仰）活动场所持续落实“双暂停”要求，取消各类宗教活动208场；成立涉侨服务小组，抓好全面排查、暖心服务，按照“一劝二知三落地”要求做好“一对一”联系，对接回国人员224人，服务华人华侨、留学生疫苗接种16人。

【医疗公益活动走进洞头】2020年8月15日，杭州温籍名医“瓯越仁心”医疗公益活动走进洞头。本次义诊活动由世界温州人联谊总会医疗分会、杭州市温州商会、杭州市温商慈善基金会、杭州市洞头商会主办，共30位杭州温籍名医到洞头开展义诊活动。义诊现场配备医护人员辅助诊疗、安排志愿者团队引导就诊等服务，为群众提供舒心的就诊服务。通过“专家+辅助医生”共同看诊的方式进行现场帮带。看诊结束后，专家一行还参加生命健康岛建设恳谈会，为洞头生命健康岛建设、“两慢病”基层首诊改革等工作出谋划策。

【洞头生命健康院士研讨会召开】2020年10月19日，“大健康·新未来”洞头生命健康院士研讨会暨全国农村订单定向医学生培养院校联盟学术年会在洞头区举行。活动以“大健康产业发展与全科医学教育”为主题，探索优化具有中国特色的全科医学教育的发展思路。现场，成立中国全科医学教育发展研究中心、温州红树林北移研究中心、慢病大数据研究中心等，签约温州红树林蓝碳研究基地共建、羊栖菜代谢性疾病研发、基于纳米透皮技术生命大健康系列产品共同开发战略等合作项目协议3个。中国科学院院士杨焕明，中国工程院院士、温州医科大学校长李校堃，加拿大健康科学院院士宋伟宏，国家疾控中心慢病中心主任吴静，上海健康医学院校长黄钢，中华医学会全科医学分会主任委员于晓松，川北医学院校长杜勇，吉林医药学院校长蔡建辉，陕西中医药大学校长孙振霖等国内外知名院士、医学领域专家学者、高校联盟代表、各地卫生健康系统代表等500余人参加。洞头区四套班子领导及相关部门代表、温州医科大学仁济学院有关领导、健康产业企业家代表等列席会议。

【党外干部培养】2020年，组织召开党外干部组统联席会议，专题研究党外后备干部及人才培养，全年新增认定无党派人士38名，确定优秀党外人才为培养对象13名，区级党外代表人士信息库新增20人。推荐知联会、新联会、网联分会等优秀会员进入区政协及市新联会、网联会。全年甄选2名党外科级干部参加市级科局级主体班、2名党外代表人士参加市级党外知识分子研修班等培训。

（方芳 姚程）

对台事务

【概况】2020年，洞头区委贯彻落实习近平总书记关于对台工作的重要论述，发挥海峡两岸（温州）民营经济创新发展示范区重点平台和浙江省对台交流基地作用，开展对台交流合作。洞头区委连续两年获

2020年10月19日，“大健康·新未来”洞头生命健康院士研讨会举行

（区委统战部提供）

评浙台经济社会融合发展突出贡献单位，对台工作经验在全省对台工作会议上作典型发言。

中共温州市洞头区委台湾工作办公室牵头举办2020两岸半屏山系列交流活动暨“双屏论坛”，成立“双屏论坛”智库研究会，聘请清华大学、美国斯坦福大学等名校教授为智库专家。组织“两岸半屏山”巨幅作品创作团队到洞头考察采风和参加浙台合作周台湾嘉宾团到洞头参访活动及“海峡两岸诗画云交流”，策划“唐诗海之路”文化项目，张亚中、李沃源等文化大师和两岸诗友共同溯源中原河洛文化。开展两岸海钓行业云交流、游艇产业云招商等系列“云对话”，举办邻里节、同心过七夕、双屏讲坛国学专场、在温台青看温州等交流活动共34批546人次。8月，金岙民革之家被选定为省级政协领导挂钩联系基层工作点。全市率先落实百万元额度台融卡办理。开展新形势下洞台经济社会融合发展思路研究，形成“1+8”研究成果，获全市台办系统调研课题一等奖等，两岸同心经验在浙江对台工作、市委办等专报刊出。配合厦门、温州等地媒体到洞头专程拍摄制作涉台栏目，联动部门宣传介绍洞头对台工作，全年在人民网、中新网、台湾新生报等28家两岸主流媒体刊播107次。促成平潭、洞头达成媒体结对共促两岸发展战略合作。

【“台事通”改革】2020年，洞头区完成惠台政策落实评估，完善聘请台胞担任政府顾问机制，联动部门开展惠台政策研究储备，落实台胞服务专员、台事预约全程代办、定期征求意见等制度，先后开展企业备案年检、出入境防疫跟踪服务、企业疫情纾困补助申请、台青生活慰问关怀、台青公寓配套设施提升、开通丰收台融卡办理业务等系列服务。全年累计开展诉求征集31次，协助解决企业生产问题12个，涉台服务惠及224人次。

【两岸一家亲·半屏山系列交流活动】2020年11月29日，2020两岸一家亲·半屏山系列交流活动开幕式暨“双屏论坛”在洞头举办。活动以“唐诗筑梦 科创共享”为主题，以线上线下相结合的方式开展交流，旨在通过传统文化与先进技术的交流，谋划建设两岸根脉文化最美景点，推动搭建两岸科技创新转化应用平台，加快建设同心旅游小镇，合力打造台青创业筑梦家园。现场举行双屏论坛智库研究会成立仪式、2020年特聘专家颁证仪式、温州台湾青年创业就业服务中心洞头工作站授牌、“两岸同心双屏庶安”慈善捐米仪式、“丰收台融卡”温州首单业务授卡等仪式。举行“双屏论坛”，两岸专家教授及行业精英还围绕根脉文化、生命健康、科技应用、海洋空间、海洋经济、乡村振兴等主题先后发表演讲。在诗画云交流分会场，两岸诗画名家、诗歌爱好者以传统现场交流和智能云端分享相结合的方式，咏诵创作，书画传情，深厚两岸诗书画爱好者的友谊，弘扬中华文化传统。来自海峡两岸各界知名人士、专家学者、台商台青台胞台属代表等100余位嘉宾参加。浙江省社科联副主席陈先春，台澎金马交流协会荣誉会长曹原彰等出席活动。新党主席吴成典，台湾大学教授、台湾孙文学校总校长张亚中等，通过互联网以云的方式参与活动。

【两岸同心政协委员会客厅活动】2020年8月13日，温州两岸同心政协委员会客厅首场活动在洞头金岙同心村举行。首场活动以“两岸半屏山，同心创业路”为主题，政协委员和台湾同胞进行交流讨论。区政协常委、会客厅成员陈灿渊分享贝雕文化与创业故事；市政协委员、会客厅成员殷欧艳结合律师工作交流疫情期间企业成功逆势发展案例。在温创业五位台湾代表，结合各自创业亲历，分享创业后期生活保障、高层次人才引进、与温州地方企业合作、加强两岸青年学习等。省政协副主席吴晶参加活动并为委员会客厅揭牌及讲话。市政协

2020年11月29日，2020两岸一家亲·半屏山系列交流活动开幕式暨“双屏论坛”在洞头南洋国际大酒店举行 （区台办提供）

副主席、民革市委会主委诸葛启钏，市政协副主席鲍小瓯，省政协港澳台侨和外事委专职副主任郭东及区领导王蛟虎、汪慧平等参加活动。

【台湾青年走进洞头品山海人文】2020年8月2日，“台湾青年看温州”参访团30多位台湾青年走进百岛洞头。到半屏山景区参观盼归亭、同源同根碑、百龙广场等地，了解两岸半屏山故事，欣赏两岸同源同宗的“龙”文化。到韭菜岙沙滩公园，了解沙滩休闲项目、同心夜市、后备厢集市等文旅业态，体验水上摩托、快艇等海上项目；在非遗手作工作室体验民俗蟹壳画制作。参访台湾青年向洞头区人才办、区人社局、团区委等部门负责人咨询台湾青年创业就业、人才引进等相关政策，与在洞头台湾青年积极交流，了解在洞头就业生活情况。

（罗丽丽）

区直机关党建

【概况】2020年年底，中共洞头区委机关工委服务管理党组织218个，下辖机关党组织129个、事业党组织53个、国企党组织16个、企业党组织13个、社会组织党组织6个，民办非企业党组织1个。其中，机关党委10个、机关党总支9个、机关党支部110个；事业党委1个、事业党总支1个、事业党支部51个；国企党委3个、国企党支部13个；企业党委1个、企业党总支1个、企业党支部11个；社会组织党总支1个、社会组织党支部5个；民办非企业党支部1个。党员2765名，其中预备党员95名。全年发展机关党员95名，35周岁以下64名，本科以上学历82名，“两新”组织7名。

区委机关工委以“支部书记选育年”为总牵引，以“最强支部·模范机关”为抓手，推进机关党建“整体建强、全域提升”。全年推选民主评议优秀党员520名，慰问患病党员、困难党员和老党员200余人，发放慰问金20余万元。机关事业单位党员“两地双评议”和“海霞红·机关党建联盟”等做法获省、市多项荣誉。

【机关党建品牌建设】2020年，为推动机关党建形成“一领域一特色一支部一品牌”的格局，区机关党组织结合部门实事、重点工作，自主申报“党建+”品牌项目。通过现场观摩、项目评审、线上点赞等步骤，评选出区法院机关党委“四度天平·先锋我行”、区农业农村局机关第三党支部“红色领航·平安牧渔”、区卫生健康局机关党委“厚德精医·三赛竞绩”、区政务服务中心党支部“新政务·心服务”、区烟草局党支部“精实·先锋”、区审计局党支部“红心立审·铁面立威”、区市场监管局机关党委“市场卫士·红盾先锋”、区纪委区监委机关第一党支部“百岛卫士·清廉花开”、区人力社保局党总支“满意人社360°”、区教育幼儿园党支部“红色领航·幸福教育”等10个优秀机关党建品牌和区霓屿义校党支部“七彩党建·红霓先锋”、区委政法委党支部“平安护航·法润洞头”、区财政局机关党委“双美双优·财政先锋”、区交通运输局党总支交通“五心”党建、区税务局机关党委“红蓝力量·税企同行”等培育型党建品牌5个。

【“最强支部·模范机关”建设】2020年，为深入贯彻落实习近平总书记在中央和国家机关党的建设工作会议上的重要讲话以及省、市机关党建工作座谈会精神，提高机关党的建设质量，根据《中共温州市委办公室关于开展“模范机关”建设的实施意见》文件要求，区直机关单位开展“最强支部·模范机关”建设，着重抓好培育、立项、实施、验收、推广等5个环节，搭建“最强支部”比拼擂台，全年建设区委办党支部、区府办党支部、区纪委区监委机关第一党支部、区法院第四党支部、区委政法委党支部、区人力社保局第一党支部、区农业农村局机关第三党支部、区卫生健康局机关党支部、区市场监管局机关第一党支部、区政务服务中心党支部等最强党支部10个。

【机关党员“两地双评议”】2020年，进一步规范机关党员到居住地、原户籍地报到服务，运用服务积分模式，把“两地双评议”与党员“五星争创”、科级干部全程积分、一般干部全员绩效联动考核，引导机关党员在助贫扶困、垃圾分类、安全整治等“关键小事”上作示范，累计认领服务17521件，结对贫困户1001户。“两地双评议”工作案例，获第九轮全省机关党建工作优秀创新成果奖。

【实施“支部书记选育年”】2020年，区委机关工委为加快建设一支高素质、专业化的党务干部队伍，破解党务干部培优难题，通过明确“40岁以下、优秀中层干部、本科第一学历”党务干部选配标准，采取集中届中调整方式，选优配强机关党务干部161名，实现年轻科级干部任支部书记、优秀中层干部委员、35岁以下委员、本科学历委员等4个占比“过半”。把党务工作经历纳入干部履历，加强党务干部任职周期管理。推行党务干部持证上岗制，294名党务干部通过考试持证上岗。“支部书记选育年”获市级机关党建创新项目一等奖。

【"示范阵地"竞标会】 2020年4月23日，为全面推进机关党组织活动阵地规范化建设，着力解决阵地建设"示范不多、辐射不强、功能不优"等问题，加快建设一批特色鲜明、可看可学可复制的"示范阵地"，夯实示范支部、模范机关建设组织基础，引导各单位党组织将活动阵地向行业群体、服务对象覆盖延伸，区委机关工委组织开展"示范阵地"竞标活动，施行项目评审、资质竞选等机制，择优对实施条件最优、推进速度最快的阵地建设项目予以资金倾斜分配。17家机关单位党组织参加竞标活动，其中13家单位竞选中标，根据实地验收情况，给予党组织活动场所建设补助经费总计19.19万元。

（叶丽丽）

2020年4月23日，"示范阵地"创建项目竞标会　（金棉拍摄）

信访

【概况】 2020年，洞头区召开信访专题工作会议2次，印发《关于进一步加强接访与初信初访工作的通知》《关于设立区信访事项复查复核办公室的通知》《关于成立温州市洞头区信访听证员、督查员（评定员）库的通知》《关于做好农村建房信访事项专项化解工的通知》等，不断创新信访工作机制，全区信访形势保持平稳有序，实现各级"两会"、中共十九届五中全会、洞头先锋女子民兵连建连60周年庆祝活动、省委巡视等重点时段"零上访、零滋事、零事故"，省级"无信访积案区"实现三连创。4月2日，国家信访局授予洞头区"三无县（市、区）"称号，为全市唯一获奖县（市、区）。全市信访工作年度考核排名第一。

全年受理群众信、访、网、电5052件，同比上升44.5%，其中来信85件，上升84.78%，重复信比例5.61%；来访90批125人次，批次下降45.78%，人次下降59.01%；来电3528件，上升86.46%；网上投诉1349件，下降3.08%。区级领导接待来访群众28批54人次，占本级走访批次总量的42.42%。区级走访人次占四级走访总量80.8%。全年发生越级上访24批25人次，其中到温上访16批17人次，批次下降20%，人次下降22.72%；去省6批6人次，批次下降25%，人次下降45.45%；赴京2批2人次，批次人次上升100%。全年无发生进京扰序。

【信访"最多跑一次"改革】 2020年，洞头区推进信访"最多跑一次"改革，区信访局成建制入驻矛调中心，区法院、司法等25个部门及社会力量入驻，整合"十二中心"为"一中心"。实行"1+5+12+N"运行模式，即实行1窗受理、设置5大功能区域、12个对外服务窗口、配备N个功能室，通过中心协同系统，推动群众诉求事项与入驻部门实时交办、处置，并按相应条线要求导入办事程序，实现访调、访诉分流和无缝对接。信访民情代跑与乡镇矛调中心融合，北岙、大门、霓屿、鹿西建成矛调中心，让群众享受到"最多跑一地"的便利。全年完成信访代跑290件，区级来访同比批次下降53.28%、人次下降67.13%。

【信访积案化解】 2020年，洞头区继续开展"无信访积案区"创建活动，实施信访积案"起底清仓"行动，制定《关于做好2020年区级领导包案化解疑难问题工作的通知》，梳理区级疑难复杂信访问题15个，全部落实区级领导包案，建立"问题、任务、责任"三张清单，实行案件化解动态管理"台账"。建立由信访部门主导，包案领导"主审"，责任部门"会审"，行业专家"陪审"的"动态会商"化解机制，与信访人面对面沟通交流，逐案"把脉"，同堂协商。全年化解历史积案7件，省、市交办农村建房问题3件。

【初信初访管理】 2020年，洞头区印发《关于进一步加强接访与初信初访工作的通知》，建立洞头区初信初访事项办理工作制度和洞头区重大（疑难）信访问题立项、移交督办制度，实行初次信访问题交办、办结环节阅批制度，信访事项全程跟踪和督办制度，信访工作每周会商研判制度等，不断完善初次信访管理机制，打造初信一次性终结闭环。全年初次来信、走访、网上信访化解率分别为100%、100%、97.75%；信访按期受理率、按期办结率、回访核实率均100%；信访部门满意度99.65%，责任部门满意度99.53%；信访办理零差错。

【法治信访建设】2020年，洞头区实施越级上访“重拳整治”和重点领域“破障肃源”行动，落实专项通报、领导约谈、专案督导等举措，全年发出通报1份，领导约谈1次，督促落实疑难信访问题10件，越级上访同比批次下降17.24%、人次下降26.47%。开展《中华人民共和国信访条例》修订实施15周年系列宣传活动，紧扣“学条例、用条例、守条例”的主题，开展以现场接访集中宣传、进村入企送法上门、网络答题知识竞赛、专场业务规范培训、基层干部岗位练兵等一系列活动，累计发放宣传品、宣传资料5000余份。

（林玉燕）

史志编研

【概况】2020年，中共温州市洞头区委党史研究室（温州市洞头区地方志研究室）推进地方党史编研和年鉴编撰工作。启动《中国共产党洞头历史（三卷）》第一编和第二编第一章初稿试写。编辑《中共洞头县委文件选编（2006—2008年）》《县政府工作报告（1979—2013）》，收集县委文件2009—2010年资料和洞头历史大事记（2003—2020）资料，整理编辑《海霞》画册。整理洞头解放口述资料21篇6.67万字。《洞头年鉴（2020）》出版发行，完成《温州市抗击新冠肺炎疫情志·洞头部分》编纂工作，收集全区疫情期间发文材料95个、照片5651张及2393个文件材料。完成洞头区抗疫图片62张、影像、摄影书画等作品41个及文字材料2.58万字整理编辑。发挥史志“资政、存史、育人、服务”功能，加大《洞头记忆》品牌宣传，开展读志用志并赠书下乡宣传活动。

【《洞头年鉴（2020）》出版发行】2020年12月，洞头区按照“一年一鉴”的要求，打造精品年鉴的工作思路，《洞头年鉴（2020）》（总第三十卷）出版发行。该书由区委、区政府主办，区地方志研究室编纂，方志出版社公开出版。全书全面、系统、实事求是记述2019年洞头大事、要事、特事、新事，反映各行各业新变化、新经验、新探索。共31个栏目、251个分目、1286个条目，文中配照片（图标）270幅、表格68张。全书设“特载”“专辑”栏目，卷首设大事记、区情概览等4个栏目，百科设中共洞头区委等25个栏目，卷尾设附录、索引2个栏目，计100万字。16开精装本，印数500册，定价280元。主编曾焕定。

【《中共洞头县委文件选编（2006—2008年）》编辑发行】2020年，洞头区档案馆（区史志研究室）完成《中共洞头县委文件选编（2006—2008年）》编辑并内部发行。该书收集整理2006年1月至2008年12月期间的县委县政府主要文件并汇总编辑，为文件选编第六辑，全书69.6万字，印制300册。

【《海霞》画册编印】2020年，为庆祝洞头先锋女子民兵连建连60周年，传承和弘扬“海霞精神”，区档案馆（区史志研究室）收集历年女子连照片和视频材料，完成编印《海霞》画册。该画册，分“海霞之魂”“海霞之路”“海霞之星”“海霞之光”四部分，收录照片328张，共印制500册。

【《洞头县公安志（1991—2015）》出版】2020年5月，《洞头县公安志（1991—2015）》出版发行。该志编纂工作于2014年12月

《海霞》画册　　（区档案馆提供）

启动。全面客观地记述洞头县公安工作和队伍建设的发展历程。系《洞头县公安志》续志。本志上限承接前志下限年起自1991年，下限断至2015年12月，大事记下限截至2017年年底。凡59.6万字，由线装书局出版。主编张剑亮，执行主编翁定福。

【史志宣传教育】2020年，区史志研究室开展《地方志工作条例》颁布14周年宣传活动，组织读志用志并赠书下乡宣传“六进”（进课堂、进社区、进网络、进楼宇、进文化礼堂、进图书馆）活动。在15家文化礼堂和百姓书屋设立档案史志专柜，赠送300余册。全年累计赠送史志书籍1040本。启动《洞头记忆》品牌宣传，每周定期通过移动短信形式，向全区机关企事业单位工作人员、史志爱好者、在外企业家和部分规上企业等发送，内容涉及洞头自然、政治、经济、文化、社会等方面。全年收集整理《洞头记忆》材料18.78万字，发送短信35期8.26万条。8月，与区融媒体中心合作，借助洞头传媒微信公众号每周推出一期《洞头记忆》内容，至年底，共推出22期。

（谢海燕）

老干部管理

【概况】2020年，洞头区有离休干部10人，平均年龄约91.9岁。其中，居住本地5人，安置和居住在异地5人；机关单位6人、事业单位1人、企业3人；享受副处级待遇6人，享受正科级待遇4人。中共党员7人，占70%。副处级以上退休干部17人。

区委组织部、区人社局等部门联合出台《关于建立干部退休“六个一”制度的通知》，健全完善“干部随管理成长，管理伴干部一生”闭环体系，关心关爱退休干部，让退休干部接受思想政治再教育，始终牢记党员身份，始终保持初心本色。组织老干部参加区级重大会议和意见征求8场，提出意见建议50余条。围绕“公筷公勺”“垃圾分类”“基础治理”等重点工作，开展“知政议政促振兴”走看促活动4场。1月7日，邱国鹰获“浙江省离退休干部先进个人”称号。

2020年7月2日，开展“老少携游”海霞精神传承人培育活动。图为洞头先锋女子民兵连原指导员陈玉兰（穿红马甲中间）给孩子们讲海霞故事（高杏雨摄）

【离退休干部党组织管理】2020年，全区有单独设立的离退休干部党支部25家，创成市级“五好”星级支部13家。8月，开展离退休干部党支部书记、委员集中培训，提升离退休干部支部政治引领作用。按照离退休干部党支部书记（由退休人员担任的）每人每月200元标准，全年下拨工作补贴4.76万元。10个市级共享基地共接待服务离退休干部党支部及老党员团体62批次1600多人次。引导离退休干部参与到疫情防控工作服务中，近400名老党员共捐款16余万元。推进“三服务三助力”活动，组织开展志愿服务活动，如卫健局离退休干部党支部为企业150余名职工开展义诊、发放科普宣传资料400余份，免费送医送药12000余元。

【离退休干部服务】2020年，持续实施离休干部“服务专员”制度，在离休干部健康体检、“走看促”活动中提供“一对一”全程陪护服务。实施家庭医生个性化的、常态化的上门医疗服务。先后组织新春慰问、“七一”走访、高龄慰问等走访活动6次，慰问老干部172人次，送去物资11.3万元，解决困难问题10个。全年发放困难老干部及遗属帮扶慰问金6万元。

【老干部服务中心】2020年，举办“庆重阳”趣味运动会、抗疫书画展等活动。组织开展老干部志愿服务活动，其中区关爱帮扶志愿队发展至160人，全年300多人次参与志愿活动，累计志愿服务时间1万余小时，并获省级“助力社会治理银耀好团队”称号。董绍新、林梅林、林玉杯、成贞心、陈钦玉等志愿团队核心骨干获省级“最美助力之星”称号。全年开展“一月一礼堂”志愿服务活动5次，参与老干部志愿者80多人次，受益群众240余人。组织引导老干部参与“公筷公勺”“垃圾分类”“拒绝舌尖上的浪费”等宣传活动4次，参与老干部500余人，受益群众2300人。启动老龄志愿者“时间银行”管理，与洞头农商银行完成“时间银行”项目合作协议签订。参加温州市第二届老干部趣味运动会获团体第三名。

【老干部大学】2020年，洞头区老年大学正式更名为“洞头区老干部大学”，并在大门朝阳社区设立洞头区老干部大学大门分校。全校共设立太极拳、乒乓球、智能手机等15门学科（含大门分校），拥有学员267人，其中新生46人。受疫情影响，老干部大学线下课程全部停学，通过借力市老干部“空中课堂”平台资源，累计为各学员推介各类课程128节。自编《太极拳》《烹饪吉祥四宝》《手工丝网花百合的制作》《蟹壳画》《马王堆导引术》《朗诵—祖国啊，我亲爱的祖国》等6节“空中课堂”，供全市老干部学习交流。启动特色教学大纲编制工作，完成《老年健身操》教学大纲和讲义编制。

（洪丽欢）

精神文明建设

【概况】2020年，温州市洞头区文明指导中心推进全国文明城市复评创建，指导东屏街道东岙村、霓屿街道下社村创成全国文明村。出台《洞头区民间习俗行为规范（试行）》40条，移风易俗工作列入对部门和街道（乡镇）绩效考核督查负面清单和意识形态考核负面清单。开展“好家教·好家风·好家训”主题活动，全年获评“浙江好人”1个、“温州好人”5个。制定《洞头区制止餐饮浪费、深化文明餐桌行动方案》，创设《文明健康说》《文明焦点》等栏目，摄制播出系列“文明公筷”专题、《守住“一米线”争做文明健康好市民》等节目20期，创作音乐快板《公筷公勺来倡行》。制定《洞头区新时代文明实践志愿者、“兰小草”式人物礼遇办法》，开展“万朵鲜花送雷锋·致敬最美战疫人”专场活动，累计近200名好人收到鲜花与祝福。“春泥计划”转型创新，推出五老讲师团课题菜单，走进春泥学堂、假日学校，开展党史国史主题宣讲。

【文明城市复评创建】2020年，洞头区召开文明委全体（扩大）会议，动员部署复评工作，把全国文明城市巩固工作纳入区直部门和街道（乡镇）考绩，制定《2020年全国文明城市复评实地测评点位工作任务清单》，组织开展督查15次。实施洞头先锋女子民兵连建连60周年环境提升和全国文明城市百日攻坚行动七大专项行动，成立首批小区“海霞”红管家18个。出台实施全国文明城市复评区领导分片包干督导制度，建立区四套班子联系包干制、责任单位一把手负责制、工作通报制等三项制度，累计督办解决问题500余个。推行测评点位包干负责制，落实问题“包发现、包协调、包整改”的三包责任制。建立常态化督导机制，区文明办联合区纪委区监委累计发放督办单23期，督办问题80余个。开设“文明焦点”栏目，制作废品收购点乱象、僵尸车“霸”“道”现象等专题。

【公民思想道德建设】2020年，洞头区文明指导中心组织开展“好家教·好家风·好家训”主题活动，征集相关作品97件。开展“万朵鲜花送雷锋·致敬最美战疫人”专场活动，开设《身边的感动》栏目，累计播放点击量2万余次。开展“文明礼仪进家庭”主题宣传活动，创设《文明健康说》《文明焦点》等栏目，播出“文明公筷”专题、《守住“一米线”争做文明健康好市民》等栏目，创作音乐快板《公筷公勺来倡行》。依托“文明健康 有你有我”主题，设计制作平面类公益广告500张，制作文明主题宣传系列小品。出台《洞头区制止餐饮浪费、深化文明餐桌行动方案》，制作“海霞公筷”，举办公筷公勺发放仪式，推出《文明公筷进家庭，我有话说》专栏，开展“制止餐饮浪费，倡导文明用餐”督查活动，设置“公筷”宣传员，邀请老干部、道德模范、身边好人、最美家庭等先进典型50余人为公筷公勺代言。

【移风易俗深度改革】2020年，洞头区出台《洞头区民间习俗行为规范（试行）》40条，划出“三条红线”，减负“四大活动”，提升“五类习俗”。开展全区麻将风整治、民间迷信整治行动回头看，查处整治跳大神、迷信点等10多起。打造沙岙、仁前途等户外婚礼基地，强化操办婚庆报备。区殡仪服务中心建成投用，实现本岛片丧事集中办理。持续加强“拜天公”规整，印发“文明祭拜平安初九”倡议书25000份，海报1000份。

【群众性精神文明创建】2020年，东屏街道东岙村、霓屿街道下社村创成全国文明村，国网供电洞头公司、北岙街道双垅村、大门镇小荆村通过全国文明单位（村）复评。鹿西乡鹿西村、霓屿街道布袋岙村、大门镇沙枫港村创成首批温州市文明示范村，大门镇、元觉街道状元村、北岙街道大长坑村、大门镇仁前途村、霓屿街道正岙村等5个村镇获第十五批温州市文明村镇，北岙街道打水鞍社区、东屏街道半屏社区分别创成温州市五星级和四星级社区类文明单位。大门镇小门村、观音礁村、岙面村、东屿村、营盘基村、杨梅田村和区医疗保障分局、区统计局、区供销社、区投资促进服务中心、大小门投资公司等11个村（单位）创成洞头区文明村（单位），全区文明村占比96.9%。试点探索文明示范带建设，打造“新治理”文明示范带。制定新一轮“双千结对 共建文明”方案，建成区道德讲堂总堂，评选第三届洞头区十星级文明示范户40户。开展省级文明村镇、文明单位的评选和复评工作。

【未成年人思想道德建设】2020年，洞头区培育市级“春泥计划”示范点和优秀阵地8个，成立洞头区“海霞精神”少年宣讲团，开展海霞精神巡讲13场。“春泥学堂”为全区310名未成年人提供6740节公益免费课程。推出七大类18个课题的五老讲师团课题菜单，走进春泥学堂、假日学校，开展党史国史主题宣讲。组织“文明健康 有你有我”“垃圾分类从我做起”“绿色环保，节俭生活”等主题活动。举办“扣好人生第一粒扣子”大型主题游园活动，推出未成年人道德讲坛——“文明好习惯成长银行”，组织开展讲海霞故事系列主题研学、“小海霞走天下”主题游园会、海霞青春集训营和“花开向未来”等各类活动600余场次。

【新时代文明实践中心建设】2020年，洞头区建成新时代文明实践中心1个、实践所6个、实践站83个、实践点1个，全区注册志愿者24000多人，注册志愿者队伍65支。开展爱国卫生运动、文明劝导、治安巡防、纠纷调解、卫生清理等志愿服务工作202场次、宣讲231场，参与志愿者达到3600人次，惠及人数12000多人。

（林永新）

档案管理

【概况】2020年，温州市洞头区档案馆推进“五档共建”，深化“最多跑一次”改革。指导新冠肺炎疫情防控档案收集、归档等处置工作和全区村级换届档案管理工作。全程参与洞头先锋女子民兵连建连60周年纪念活动，获“突出贡献集体”称号。全年区本级共接待社会各界档案利用者396人次，其中：异地查档32人次，本地网上查档82人次；有效利用卷次121180件、字画244幅、照片1816张、资料45册，复印1855页，拷贝387.2GB。

2020年，获全市年度考核优秀、全省档案系统先进集体称号，通过省级国家综合档案馆验收，创成国家级数字档案馆。

【档案服务“最多跑一次”改革】2020年，区档案馆落实《关于2020年全省档案部门服务“最多跑一次”改革推进档案数字化转型工作的通知》要求，梳理2020年度档案数字化转型任务清单，加快推进各项指标任务。创新工作模式，把查档利用服务延伸至乡镇（街道）、村居，实现百姓查档“零距离”体验。完善检索体系，建立各种门类和载体档案案卷级、文件级目录数据库以及全部文书、业务档案全文数据库。全面开展1990年前的馆藏档案开放鉴定工作，共开放档案349卷，33868件，并实现开放档案网上查询，实现在线咨询服务。

【国家数字档案馆创建】2020年，区档案馆开展国家数字档案馆创建工作，对照“数字档案馆系统测试办法”，按照五大项99个小项建设标准，制订工作方案，落实责任科室和责任人，明确完成时限。多次邀请市局专家到馆指导，及时解决实际困难。改造升级全馆监控系统，升级档案馆机房，购买核心交换机、入侵防御系统和上网行为管

2020年10月28日，省级数字档案馆创建验收汇报会（区档案局提供）

理系统，重新划分网络拓扑图。安全加固和涉密清查业务系统。按照档案馆业务建设评测标准，开展档案质量状况、全宗卷检查及整改，不断完善考核台账内容。10月，通过省级国家数字档案馆测评；11月，完成省级档案馆业务建设创建。

【档案监管与执法】2020年，区档案馆加强重点建设项目的建设管理，提高项目管理水平及建设质量，联合区重点工程建设总指挥部办公室开展重点建设项目档案行政执法检查3次，督查海霞中学迁建二期工程等重点建设项目22个。9月，制定档案双随机工作计划，梳理机关事业单位64家、续建重点项目34个、档案服务中介5家、档案馆名单及时上传到双随机系统1家，并设置相关检查任务。全年开展执法检查16次（其中双随机抽查9次，即时检查7次），掌上执法率100%，任务完成率100%；参与跨部门双随机抽查任务2次，跨部门监管率33%，高于省市考核要求。梳理完成年度档案年检名单69家，通过档案资源共建共享平台年检抽查单位18家。

【档案规范化建设指导】2020年，区档案馆下发《关于做好新冠肺炎疫情防控档案资料收集的通知》，与20多家重点单位对接疫情防控工作档案收集、建档工作，确保疫情防控档案真实、完整，并及时进馆。加强村（社区）组织换届档案管理工作指导，印发《关于做好村（社区）组织换届档案工作的通知》，服务指导村居（社区）建档、存档、用档19个。指导完成霓屿街道及所辖10个村组织换届档案的整理及数字化加工工作，共计187卷、4908件、TIF9.249GB、PDF3.03GB。梳理全区2020年新建、续建、历史遗留建设项目及进馆的重点建设项目清单；指导全区34家在建及续建的工程开展档案管理登记工作。服务洞商回归企业浙江重山实业有限公司的青山岛开发项目档案。

【民生档案接收管理】2020年，区档案馆开展档案资源大接收，继续把民生档案作为档案馆资源建设的重要内容，依据第一批浙江省重要民生档案参考目录，16个部门的65种民生档案纳入接收的范围。全年接收12864卷、136347件。其中再生育审批档案、病历档案等12类民生档案4574卷，98055件。实现纸质档案和数字化成果双套制进馆。

【“三重一特”档案征集】2020年，区档案馆拓宽档案征集渠道，加强红色档案、重要人物档案、重大活动档案等“三重一特”档案征集工作。征集洞头先锋女子民兵连60周年、区“两会”等重大活动照片档案1011张、视频档案45.52GB、新闻稿档案355件；特色旅游照片档案268张、特色饮食照片档案12张，美丽村庄照片档案154张、新闻稿档案17件；陈承卫、林忠民、“兰小草”等22位本地名人照片档案561张，视频档案4.41GB，音频档案1件，新闻稿档案72件。做好疫情档案收集整理，共征集新型冠状病毒肺炎重要事件照1084张、视频117件、音频13件、文件434件。

【农村档案建设管理】2020年，区档案馆服务农村基层社会治理工作，开展街道（乡镇）档案情况调研，指导5个街道（乡镇）57个村居（社区）做好档案分类和规范整理。完成村级“小微权力”档案基本目录梳理。制定《洞头区村级小微权力清单归档范围及保管期限表》，共涉及村级重大决策事项、村级采购事项（非工程物资、服务采购）、村级工程小微权力清单运行事项、村级财务管理事项等11类大项68类小项村级小微权力清单归档范围及保管期限表，指导村级档案规范归档。

【档案宣传】2020年，区档案馆以“国际档案日”为契机，举办档案馆开放周系列活动，邀请网民、市民和学生走进档案馆，体验自助查档、档案整理，参观爱国主义教育基地展区，走近档案库房等，让市民全方位零距离感受档案文化。充分挖掘档案馆藏资源，与区委宣传部合作，协助做好洞头先锋女子民兵连建连60周年活动，制作完成纪念画册《海霞》。与区融媒体中心、退役军人局共同推出《不灭的记忆—英烈事迹访谈》。

（陈素芳）

机构编制管理

【概况】2020年，洞头区推进机构改革“后半篇文章”，理清农村宅基地管理改革等职责分歧12项，公布街道（乡镇）法定权力清单140项、“属地管理”事项责任清单75项，夯实街道（乡镇）监管职权32项。开展事业单位清理规范整合。出台实施区委编委工作规则、事业单位编制周转操作流程等管理机制，严格机构编制管理监督，全年共核准行政事业用编276名。推进机关内部“最多跑一次”改革，完善内跑事项要素，网办率100%，全新配置内跑“一件事”61项。加强区国有企业机构编制管理，出台区国有企业机构编制实名制管理操作规程，实施国企员工编制周转管理。完成核查全区433项内跑网办事项流程，优化流程图209个，网办率达100%。

【机构改革"后半篇"】2020年，洞头区开展机构改革"后半篇"和"大党组"融合发展"体检问效"活动，召开机构改革"大党组"融合发展和"后半篇体检"问效会，完成对全区65家部门全面"体检"工作。理清农村宅基地管理改革等职责分歧12项，优化调整林业和森林公安等管理体制，把区森林公安机关划转区公安分局机关直接领导管理，市自然资源和规划局洞头分局不再领导管理。设立区社会矛盾纠纷调处化解中心、区人民法院灵昆人民法庭。实施街道（乡镇）治理体制改革，组织开展街道（乡镇）法定职权清单和"县乡一体、条抓块统"街道（乡镇）"属地管理"职权清单梳理工作，出台《关于科学规范街道（乡镇）"属地管理"的实施意见》，公布街道（乡镇）法定权力清单140项、"属地管理"事项责任清单75项，夯实街镇监管职权32项，厘清区乡界面，助力基层减负。

2020年5月29日，机构改革"大党组"融合发展和"后半篇体检"问效会

（叶明天摄）

【事业单位改革】2020年，洞头区完成事业单位清理规范整合工作，精简15个部门事业单位20家，机构精简比例11.9%；完成148家事业单位"三定"印发、57人次涉改人员转隶、136家事业单位法人变更（注销）登记，改革进度居全市前3名。开展事业单位改革"回头看"评估，推动主管部门和事业单位机构、职能、人员向深度"化学反应"转变。率全省之先试行事业单位业务范围清单化管理，公布11家区直正科级事业单位共141项业务事项，规范事业单位依法运行。

【编制管理】2020年，洞头区制定出台区委编委工作规则等管理机制。实施事业单位编制周转管理，出台实施区事业单位编制周转操作流程，全年核准21家事业单位使用周转编制41名。实施公办幼儿园、医共体成员单位事业编制员额报备，优先保障招才引智、教育卫生和基层一线等重点领域编制使用，全年核准用编"三年百名"人才48名、教育卫生系统99名。全年共核准行政事业编制用编276名、编外用工131名，办理出入编560人次。加强机构编制监督检查，创新实施机关事业单位和国企公开招录（招聘）编制使用和需求计划统一申报审核制度。加强机构编制信息系统管理，完成全区285家行政事业单位（不含部门下设机构）的数据维护。

【事业单位登记管理】2020年，洞头区打造事业单位登记管理"无证明"最优化服务机制，健全"容缺制受理、承诺制审批、限时制办结、坐诊制服务"等机制，助力疫情防控、"最多跑一次"改革、事业单位改革等重点工作。开展事业单位登记管理事中事后监督检查工作，全面核查机构改革后事业单位法人登记信息，完成设立登记1家、变更110家、注销25家；完成全区122家事业单位法人年度报告公示工作，公示率达100%；开展事业单位法人登记管理"双随机、一公开"抽查工作，规范事业单位运作。

【国有企业机构编制管理】2020年，洞头区出台《区国有企业机构编制实名制管理操作规程》，规范国企机构设立撤销、编制使用、人员出入编和信息变更等办理程序；加强国企编制人员数据核查监督，完成全区252名国企员工、125名国企编外人员实名制数据校核。开展洞头水务公司"一体化"员工认定工作，完成洞头水务公司74名员工身份认定，确保水务管理市政一体化人员转隶顺畅。调整洞头城发公司、洞头旅发公司两家国企领导职数设置，推进董事长与总经理两职分离，完善区直属国企领导体制和组织架构；实施国企员工编制周转管理，推进国企编制灵活管理。

（陈美美）

洞头区人民代表大会

渔乡大有鲜 · 罗纯香

“海霞精神”

爱島尚武　励志奉献

洞头区人民代表大会

概述

【概况】2020年，洞头区人大常委会召开常委会会议9次、主任会议16次，听取和审议专项报告39个，作出审议意见10个、决议决定13个。

区委出台《关于高水平推进新时代人大工作和建设的意见》，坚持党管干部与人大依法任免有机统一，审议通过人事任免事项。建立"一府一委两院"联系制度。试行审议意见办理评价办法，首次清单式提出审议意见。建立区长办公会议交办机制。首次牵头举办"国家宪法日"集体宣誓活动。探索试行代表建议办理评价办法。开展专题询问，提高监督实效。

区人大常委会领导班子靠前督导疫情防控和复工复产，发出倡议，引导广大代表立足岗位投身战疫一线。听取和审议国民经济和社会发展计划执行情况的报告，围绕经济结构、项目推进、政策兑现等方面提出建议，推动经济社会健康发展和"十三五"时期各项目标任务的完成。审查批准1.08亿元新增抗疫特别国债，并建立月通报监管机制，加快债券资金使用进度，确保资金及时用于重大决策部署实施。调研监督《浙江省民营企业发展促进条例》贯彻实施，推动惠企政策落实，携手民营企业共克时艰、共渡难关。

区人大常委会听取和审议2019年环境状况和环境保护目标完成情况、公共卫生应急体系建设情况、国有资产管理情况与行政事业单位国有资产管理情况、推进矛盾纠纷调处化解"最多跑一地"工作情况、推进垃圾分类全程管理情况、"两菜一鱼"发展情况、殡葬改革和丧葬礼俗活动规范情况、重大招商项目落地推进情况、城发与旅发两家功能性公司运营情况、代表建议办理情况、民生实事项目进展情况等专项工作报告。听取和审议年国民经济和社会发展计划执行情况，听取和审议北岙街道人大工委关于2019年度工作情况和2020年度工作计划的报告，审议灵昆、东屏、元觉、霓屿街道人大工委关于2019年度工作情况和2020年度工作计划的报告。听取区政府关于非机动车管理工作情况、行政诉讼应诉工作情况、国土空间规划编制工作情况、污水处理设施建设运行与维护情况、民办教育发展情况、食品药品安全工作情况、海岛公园建设情况、智慧城市建设情况、渔农民增收工作情况等报告。严格落实规范性文件备案审查制度和程序，审查报备规范性文件16件。召开洞头区重点建设项目专题询问会，设立温州市洞头区人民代表大会社会建设委员会，人大代表议案办理满意率100。

（邱瑞菁）

【高水平推进新时代人大工作和建设的意见】2020年8月31日，为深入贯彻落实习近平新时代中国特色社会主义思想和中共十九大、十九届四中全会精神，认真落实省市委人大工作会议精神和区委重大决策部署，更好发挥人大职能作用，区委制定《关于高水平推进新时代人大工作和建设的意见》（洞委发〔2020〕40号），加强党对人大工作的全面领导、健全支持和保证人大依法履职的体制机制、推动人大工作创新发展、充分发挥人大代表主体作用、着力加强人大及其常委会履职能力建设等五大方面18条意见。

【人大代表履职】2020年，洞头区人大常委会坚持和完善常委会领导与代表座谈机制和常委会组成人员联系代表、代表联系选民制度，推动领导干部代表进站常态化，推进各级人大代表向选民述职。开展代表助推“四大建设”主题活动，引导代表为洞头经济社会发展建言献策。组织开展助推“四大建设”、全国文明城市复评、“最多跑一地”改革等代表主题活动，发挥监督推动作用。开展优秀代表建议评选活动，加强代表履职先进事迹宣传推介。组织区人大代表、街道（乡镇）人大干部到宁波大学开展集中培训。注重丰富代表履职实践，先后邀请代表列席常委会会议46人次，组织代表参与专题视察165人次，服务保障各级代表小组活动67次。

【议案建议督办】2020年，区十四届人大四次会议期间，收到代表建议、批评和意见97件，闭会期间1件。其中，詹景伟代表领衔提出的《关于加快状元岙深水港物流园区建设的建议》（10号）、《关于支持状元岙国际邮轮产业发展的建议》（11号）、吴金寿代表领衔提出的《关于加快本地集卡司机培养的建议》（13号）和侯宣荣代表领衔提出的《关于加快状元岙港区D区建设的建议》（18号）合并成《关于加快状元岙港区产业发展的建议》作为第1号重点建议。建议将叶小其代表领衔提出的《关于东屏街道城南路改造提升的建议》（46号）、邱安炬代表领衔提出的《关于加快实施北岙东屏内环交通融合的建议》（47号）和侯雪霞代表领衔提出的《关于建设东屏大道至蓝港花苑道路的建议》（50号）合并成《关于推进北岙东屏道路交通一体化建设的建议》作为第二号重点建议。截至9月29日，代表建议全部办理完毕并答复代表。代表建议所提问题得到解决或基本解决的有64件（A类），占65.31%，较上年上升3.66个百分点；所提问题正在解决或列入规划逐步解决的有30件（B类），占30.61%，上升2.04个百分点；所提问题因目前条件限制暂时无法解决，留待以后研究的有4件（C类），占4.08%，下降5.69个百分点。开展办理结果满意度调查，向领衔代表发放98份代表建议反馈表，从领导重视、办理态度、面商沟通、答复质量、落实情况等五个方面征求代表意见，收回98件，其中满意84件，占总数的85.71%；基本满意14件，占总数的14.29%。

（甘海宇）

洞头区第十四届人民代表大会第四次会议代表重点建议目录一览表

表2

序号	案　由	领衔人	联系领导	主办单位	会办单位
1	关于加快状元岙港区产业发展的建议（第10号、11号、13号、18号合并）	詹景伟、吴金寿、侯宣荣等6人	林　霞	区交通运输局	区发改局、区人力社保局、区文广旅体局、元觉街道
2	关于推进北岙东屏道路交通一体化建设的建议（第46号、47号、50号合并）	叶小其、邱安炬、侯雪霞等8人	林　霞	区住建局	区交通运输局、区综合执法局、自然资源和规划洞头分局、区城发公司、东屏街道

（区人大常委会办公室提供）

重要会议

【区十四届人民代表大会第四次会议】2020年4月28日至29日，温州市洞头区第十四届人民代表大会第四次会议在北岙召开。大会主席团成员38人，应出席代表162人，列席人员41人。会议听取和审查区长林霞所作的政府工作报告、区人大常委会主任叶国胜所作的人大常委会工作报告、区法院常务副院长吴兴国所作的法院工作报告、区检察院检察长胡刚所作的检察院工作报告；审查批准洞头区2019年国民经济和社会发展计划执行情况及2020年国民经济和社会发展计划草案的报告，批准洞头区2020年国民经济和社会发展计划；审查洞头区2019年预算执行情况及2020年预算草案的报告，批准洞头区2019年预算执行情况的报告及2020年预算；审查洞头区2019年民生实事项目完成情况，决定2020年区政府民生实事项目。会议以无记名投票方式选举温州市洞头区第十四届人民代表大会常务委员会主任1人，副主任1人，委员7人。会议决定设立温州市洞头区人民代表大会社会建设委员会，把温州市洞头区人民代表大会法制内务司法委员会更名为温州市洞头区人民代表大会监察和法制司法委员会，并表决通过监察和法制司法委员会主任委员1人，副主任委员2人，委员5人；财政经济委员会主任副主任委员1人；社会建设委员会主任委员1人，副主任委员1人，委员5人。会议表决通过关于政府工作报告等6个决议。会议期间，共收到代表提出建议、批评和意见97件。

【区人大常委会会议】2020年，区人大常委会召开常委会会议9次。会议具体情况如下：

1月2日，区第十四届人大常委会第二十五次会议召开。会议审议并表决通过有关人事任免事项。

1月22日，区第十四届人大常委会第二十六次会议召开。会议审议通过关于召开区第十四届人民代表大会第四次会议的决定；审议并表决通过有关人事任免事项。

3月31日，区第十四届人大常委会第二十七次会议召开。会议审议通过区人大常委会工作报告稿；听取和审议区政府关于洞头区2019年国民经济和社会发展计划执行情况与2020年国民经济和社会发展计划草案的报告、关于温州市洞头区2019年预算执行情况和2020年预算草案的报告、关于2020年洞头区民生实事候选项目情况的报告；听取和审议区第十四届人大常委会代表资格审查委员会关于补选代表资格审查的报告；审议决定区第十四届人民代表大会第四次会议列席人员名单；审议通过区第十四届人民代表大会第四次会议主席团和秘书长等建议名单；初审区第十四届人大财政经济委员会关于温州市洞头区2019年预算执行情况和2020年预算草案的审查结果报告、2020年政府民生实事项目代表票决办法草案；提出区人大有关专门委员会设立、更名的议案；审议并表决通过有关人事任免事项。

4月20日，区第十四届人大常委会第二十八次会议召开。会议通过关于召开洞头区第十四届人民代表大会第四次会议的决定、关于调整洞头区第十四届人民代表大会第四次会议列席人员的决定、洞头区第十四届人民代表大会第四次会议应邀在主席台就座人员调整建议名单；审议并表决通过有关人事任免事项。

5月28日，区第十四届人大常委会第二十九次会议召开。会议听取和审议区政府关于2019年环境状况和环境保护目标完成情况的报告，关于科技创新、促进民营经济高质量发展、公共卫生服务、扫黑除恶专项斗争、交通建设、乡村振兴示范带建设审议意见落实情况的报告；听取和审议区法院关于金融案件审理审议意见落实情况的报告；听取和审议北岙街道人大工委关于2019年度工作情况和2020年度工作计划的报告；审议灵昆、东屏、元觉、霓屿街道人大工委关于2019年度工作情况和2020年度工作计划的报告；审议区十四届人大四次会议代表建议。

7月27日，区第十四届人大常委会第三十次会议召开。会议听取和审议区政府关于2020年上半年国民经济和社会发展计划执行情况的报告、关于2020年上半年预算执行情况的报告、关于2019年预算执行及其他财政收支情况的审计工作报告、关于公共卫生应急体系建设情况的报告；听取和审议区政府关于2019年决算的报告，审查批准2019年区级决算；听取和审议区政府关于全区行政事业单位国有资产管理情况的专项报告，审议区政府关于全区国有资产管理情况的综合报告；听取和审议区人大常委会执法检查组关于《中华人民共和国传染病防治法》执法检查情况的报告；审议并表决通过有关人事任免事项。

9月14日，区第十四届人大常委会第三十一次会议召开。会议听取和审议区政府关于推进矛盾纠纷调处化解“最多跑一地”工作情况的报告、关于重大招商项目落地推进情况的报告、关于推进垃圾分类全程管理情况的报告、关于“两菜一鱼”发展情况的报告、关于殡葬改革和丧葬礼俗活动规范情况的报告；听取和审议区政府关于提请审议洞头区2020年地方政府债务限额及预算调整的议案；听取区法院关于2020年上半年工作情况的报告；听取区检察院关于法律监督工作情况的报告；审议并表决通过有关人事任免事项。

11月30日，区第十四届人大常委会第三十二次会议召开。会议听取和审议区政府关于城发、旅发两家功能性公司运营情况的报告，关于2020年民生实事项目进展情况的报告，关于代表建议办理情况的报告，关于法治政府建设情况的报告，关于2019年预算执行及其他财政收支情况的审计报告整改意见落实情况的报告；听取和审议区政府关于提请审议2020年区财政预算调整方案的议案；听取我区选举产生的部分市人大代表履职情况的报告；审议并表决通过有关人事任免事项。

12月11日，区第十四届人大常委会第三十三次会议召开。会议听取和审议区政府关于提请审议洞头区部分行政区划调整方案的议案。

【区人大常委会主任会议】2020年，区人大常委会召开主任会议16次。会议具体情况如下：

1月17日，区第十四届人大常委会第四十六次主任会议召开。会议听取区人大常委会办公室关于区人大常委会工作报告稿的起草说明，并讨论工作报告稿。

1月21日，区第十四届人大常委会第四十七次主任会议召开。会议讨论关于召开洞头区第十四届人民代表大会第四次会议的决定（草案）；讨论确定区第十四届人大常委会第二十六次会议议题；研究有关人事任免事项。

2月20日，区第十四届人大常委会第四十八次主任会议召开。会议讨论通过《关于推迟召开区第十四届人民代表大会第四次会议的决定》；讨论并原则通过《致全区各级人大代表的一封信》。

3月30日，区第十四届人大常委会第四十九次主任会议召开。会议听取区政府关于2020年民生实事候选项目有关情况的报告；讨论区第十四届人大四次会议列席人员名单草案及主席团和秘书长等建议名单；讨论区第十四届人大四次会议执行主席分组名单草案；讨论区人大有关专门委员会设立、更名的议案草案；研究有关人事任免事项；讨论区人大常委会工作报告稿；听取区第十四届人大常委会代表资格审查委员会关于补选代表资格审查的报告；初审2020年政府民生实事项目代表票决办法草案；讨论确定区第十四届人大常委会第二十七次会议建议议程等有关事项。

4月20日，区第十四届人大常委会第五十次主任会议召开。会议讨论《温州市洞头区人民代表大会常务委员会关于召开区第十四届人民代表大会第四次会议的决定（草案）》；听取区委组织部就区第十四届人民代表大会第四次会议列席人员调整建议名单及应邀在主席台就座人员调整建议名单所作的说明；讨论有关人事任免事项；讨论确定区第十四届人大常委会第二十八次会议建议议程等有关事项。

4月26日，区第十四届人大常委会第五十一次主任会议召开。会议讨论通过区第十四届人民代表大会第四次会议2020年政府民生实事项目代表票决办法草案修改稿；决定增加了区第十四届人民代表大会第四次会议列席人员。

5月22日，区第十四届人大常委会第五十二次主任会议召开。会议讨论并原则通过区人大常委会2020年工作要点、监督工作计划及常委会会议、主任会议、各专门委员会会议议题安排；讨论区十四届人大四次会议代表建议初审报告；研究决定区十四届人大常委会第二十九次会议有关事项。

6月28日，区第十四届人大常委会第五十三次主任会议召开。会议听取区政府关于非机动车管理工作情况的报告；讨论通过区人大常委会关于2019年环境状况和环境保护目标完成情况的审议意见；讨论通过区人大常委会相关监督实施方案；讨论并原则通过《关于贯彻落实〈浙江省街道人大工作条例〉全面推进新时代全区街道人大工作和建设的实施方案》《关于洞头区第十四届人大常委会组成人员联系区人大代表的意见》《关于区人大常委会领导及各委室联系街道（乡镇）人大工作的实施意见》。

7月27日，区第十四届人大常委会第五十四次主任会议召开。会议听取区政府关于行政诉讼应诉工作情况的报告；讨论有关人事任免事项；研究决定区第十四届人大常委会第三十次会议有关事项。

8月28日，区第十四届人大常委会第五十五次主任会议召开。会议听取区政府关于国土空间规划编制工作情况的报告；讨论有关人事任免事项；研究决定区第十四届人大常委会第三十一次会议有关事项；研究通过相关审议意见；讨论并原则通过区人大常委会审议意见和代表建议办理评价办法（试行）、区人大常委会与“一府一委两院”联系制度、区人大常委会街道工作委员会年度工作报告制度（试行）、区人大常委会关于组织市人大代表向区人大常委会报告履职情况的工作方案、区人大常委会关于建立和完善街道选民代表议政会制度的实施意见、区人大常委会关于推进街道民生实事项目代表票决制工作的实施意见、区人大常委会街道预算审查监督暂行办法，以及关于公布乡镇街道人大规范化建设清单的通知。

9月7日，区第十四届人大常委会第五十六次主任会议召开。会议听取区政府关于提请审议洞头区2020年地方政府债务限额及预算调整的议案说明；会议研究决定区十四届人大常委会第三十一次会议调整事项。

9月14日，区第十四届人大常委会第五十七次主任会议召开。会议讨论有关人事任免事项。

9月25日，区第十四届人大常委会第五十八次主任会议召开。会议听取区政府关于污水处理设施建设运行与维护情况的报告、关于民办教育发展情况的报告；讨论通过区人大常委会相关监督实施方案；讨论通过相关审议意见；通报市对县（市、区）“党领导人大工作”绩效考核细则（讨论稿）。

10月19日，区第十四届人大常委会第五十九次主任会议召开。会议听取区政府关于食品药品安全工作的报告、关于海岛公园建设情况的报告、关于智慧城市建设情况的报告；听取区人大常委会各工委关于代表议案建议督办情况的报告、关于民生实事项目督办情况的报告；研究决定区第十四届人大常委会第三十二次会议有关事项。

11月23日，区第十四届人大常委会第六十次主任会议召开。会议听取区政府关于2020年民生实事项目进展情况的报告、关于代表建议办理情况的报告、关于渔农民增收工作情况的报告、关于2020年政府预算调整方案的说明；讨论有关人事任免事项；研究决定区第十四届人大常委会第三十二次会议调整事项。

12月11日，区第十四届人大常委会第六十一次主任会议召开。会议讨论区政府关于提请审议洞头区部分行政区划调整方案的议案；研究决定区十四届人大常委会第三十三次会议有关事项。

（邱瑞菁）

监督工作

【概况】2020年，区人大常委会对区政府落实科技创新、民营经济高质量发展、公共卫生服务、扫黑除恶专项斗争、交通建设、乡村振兴示范带建设等审议意见的落实情况，及区法院落实金融案件审理审议意见落实情况等进行跟踪监督。

【公共卫生应急体系建设情况监督】2020年5月—7月，区人大常委会组成执法检查组，深入北岙、灵昆、大门等乡镇街道及医院、农贸市场、超市、车站、卡点、景区，采取听取汇报、明察暗访、座谈讨论等方式，详细了解洞头区《中华人民共和国传染病防治法》普法宣传教育、传染病防治体系建设、防治能力及防治保障等情况。7月，听取和审议区人大常委会执法检查组关于传染病防治法执法检查情况的报告和区政府关于公共卫生应急体系建设情况的报告。会议针对全区在公共卫生宣传教育、长效机制建设、人才队伍建设等方面存在短板和不足，提出加大宣传，全面提升公众健康防护意识；健全机制，全面提升传染病防治工作能力；强化队伍，全面提升公共卫生人员技术水平等意见和建议。

【环境保护目标完成情况调研】2020年5月上旬，区人大常委会成立调查视察组，统筹运用视察调研、听取报告、座谈讨论、实地暗访等方式，针对性围绕中央环保督察反馈整改意见及人大常委会的审议意见落实情况进行跟踪问效，督促区政府抓好海洋生态、矿山资源修复提升及饮用水源保护等文章，为全区高质量发展提供生态环境支撑。

【垃圾分类专项督查】2020年6月上旬，区人大常委会专题制定监督实施方案，对辖区的垃圾分类开展为期2个月明察暗访，对发现的问题及时揭短亮丑，督促工作难题破解。9月，听取和审议区政府关于垃圾分类全程管控情况工作报告，并结合常委会审议意见，首次提出15条具体审议意见办理清单，区政府专门召开区长办公会议专题研究落实，增强审议意见办理的针对性和实效性。

【非机动车管理监督】2020年6月，区人大常委会通过对重点路段、街道、停车场等场所的暗访，排摸全区非机动车管理现状，要求区政府要持续强化路面管控的综合治理，建立健全非机动车长效管理机制。加强配套设施建设，进一步规范乱占道、乱停放、乱充电行为。结合新实施的《浙江省电动自行车管理条例》，规范非机动车销售、持证驾驶、保险、车辆报废等行为，推进非机动车辆健康、有序发展。

【海岛公园建设监督】2020年8月，区人大常委会组织调研组先后到区文广旅体局、区海霞学院、白鹭湾海渔文化旅游度假区、北岙街道海霞村等地开展实地调研，就区海岛公园建设工作情况开展座谈。听取区政府关于洞头区海岛公园创建情况的报告。会议针对全区在创建中存在的创建特色不明显，基础配套设施滞后，产业推进缓慢等问题，提出彰显海岛特色，提高战略定位；强化要素保障，强力推进产业发展；打响海霞品牌，丰富创建内涵等意见建议。

【民办教育发展情况监督】2020年9月，区人大常委会组织调研组先后到区教育局、洞头一中、区乐成寄宿中学、海霞中学、实验中学、霓屿义校、教育幼儿园、教育第二幼儿园、教育第三幼儿园和太阳岛幼儿园等学校，通过工作视察、教师访谈、座谈交流等方式，与学校管理层、教师代表、家长代表和社会人士等开展面对面谈心，了解社情民意、倾听呼声、交流想法。听取区政府关于洞头区民办教育发展情况的报告。会议针对洞头区公民办教育协同发展意识不强，幼教机构“低小散”现象明显，校外培训机构品牌不足、有待进一步规范提升等问题，提出充分发挥乐成寄宿中学“头雁效应”；加大扶持民办学前教育；规范提升教育培训机构等意见建议。

【农污设施运维管理工作监督】2020年9月，区人大常委会结合区“污水零直排”创建工作，聚焦农村污水处理这一短板，成立调研组，采取看、听、议相结合以及公开征集群众意见等方式，深入了解全区农村生活污水处理设施建设和运行维护情况，并结合调研情况，向区政府提出深化认识，精准发力，建章立制等3个大类7个小项整改落实意见建议，监督推动做好农污设施运维综合提升工作。

【法治政府建设监督】2020年12月，区人大常委会通过走访调研和听取汇报，掌握法治政府建设的进展、成效和问题，通过审议意见，推动政府及其组成部门更加重视法治政府建设工作，提高制度供给质量和效率、完善综合行政执法改革和监管制度、严格规范公正文明执法，努力形成全社会关心支持和参与法治政府建设的良好氛围。

【重点项目建设监督】2020年，区人大常委会以“项目突破年”为契机，助推洞头重点项目建设。首次召开区重点建设项目专题询问会，选取六大重点建设项目，采取“一问一答一会诊”方式进行专题询问。17个部门和单位直面代表，一问一答，媒体公开，接受监督。会后形成27项清单任务，通过“一月一督查”等形式掌握项目推进进度，督促提升办理质量，确保询问应答事项落地落实。针对后续监督中项目久拖不决等问题，提出压实业主工作责任、成立项目推进专班等建议函，区政府采纳人大建议，召集部门负责人认领责任限时完成，推进项目建设。

【国有资产管理监督】2020年，区人大常委会根据中央和省市委关于建立政府向本级人大常委会报告国有资产管理情况制度的有关文件要求，审议全区国有资产管理情况的综合报告，听取和审议全区行政事业单位国有资产管理情况的专项报告。针对国有资产管理存在的规范管理意识不强、资产家底掌握不清、国企发展定位不明、归口管理不顺等问题，提出要加快推进资产确权工作，积极盘活闲置资产，加强国有资产监管，理顺国有企业管理机制，切实摸清国有资产家底等意见和建议。

【隐性债务风险化解监督】2020年，区人大常委会围绕区委关于进一步优化区级国资国企体制机制改革实施意见的贯彻落实，对作为政府投融资平台化身的洞头区城发、旅发两家功能性公司转型发展和运营情况开展专题调研，了解开展资产清理、推进债务剥离置换、提升企业经营与融资能力、建立现代企业制度等方面的情况。听取和审议区政府关于城发、旅发两家功能性公司运营情况报告，提出加快产业布局规划、整合经营性资产、加强债务清理、建立补偿机制等建议，并以常委会审议意见形式，督促政府做好两家功能性公司体制机制改革，以推动企业转型，化解隐性债务风险。

【政府债务限额与债券资金使用监督】2020年，区人大常委会做好区政府提交的地方政府债务限额及新增地方政府债务预算调整的议案的初审工作，要求区政府做好存量债务转换工作，制定科学的管理办法，建立严格的债务管理体系，积极消化政府存量债务，确保全区政府性债务规模合理、风险可控、使用规范。通过“一月一督查”等形式对债券资金使用进度开展监督，听取相关责任单位关于部分债券资金使用项目推进情况的汇报，对使用进度较慢、相对滞后的项目进行重点监督，督促各相关部门要充分发挥主观能动性，加快债券资金使用进度，提高债券资金使用效率，尽快形成实物工作量，拉动有效投资。

【乡村振兴工作情况监督】2020年，区人大常委会开展乡村振兴战略实施视察督查活动，深入各乡镇（街道）、村居，实地查看项目建设进度，走访了解农（渔）家乐、民宿、养殖产业发展情况，倾听乡村振兴建设存在的问题及意见建议。5月，常委会听取和审议区政府关于落实乡村振兴示范带建设情况审议意见情况的报告，对监督中发现的问题，督促有关方面切实改进工作，推动相关问题解决，确保专项监督达到预期的目的和效果。12月，召开乡村振兴“十四五”规划编制情况座谈会，专门听取区农业农村局关于乡村振兴规划编制的说明，重点就乡村振兴总体发展定位、振兴目标、功能布局、重点建设项目等进行讨论，并就规划中存在的重点不突出、定性多于定量、产业谋划不深等问题，要求进一步谋深、谋精、谋细。

【“两菜一鱼”发展情况监督】2020年，区人大常委会先后到农业农村局、经信局、供销合作社、海洋与渔业发展研究中心、科协及北岙、大门等6个街道（乡镇）调研“两菜一鱼”发展情况。9月，听取和审议区政府《关于洞头区“两菜一鱼”发展情况的报告》，围绕重视养殖产业发展、加强养殖科技创新、注重产业品牌效益等方面提出意见和建议。

【殡葬改革和丧葬礼俗规范整治活动情况监督】2020年，为进一步助推文明生态殡葬，杜绝丧事大操大办，从7月下旬开始，区人大常委会组成调查组通过实地走访和召开座谈会等形式，先后深入乡镇街道和有关部门开展督查活动，并专题听取区民政局工作情况汇报。督查中发现仍有违规办丧现象发生、监管机制不够完善等问题，经常委会审议提出进一步完善机制建设、强化政策宣传、加快设施保障等意见，有力助推殡葬改革和文明丧葬礼俗的形成。

【食品药品安全工作情况监督】2020年9月中下旬和10月上旬，区人大常委先后走访调查区食品检验检测中心、街道市场监管所，专题听取区市场监管局汇报，征集乡镇街道人大的意见和建议，并对酒店、排档、学校食堂、农贸市场进行明察暗访。专题听取和审议食品药品安全工作情况，提出食药安全的监管能力建设、机制保障和重点领域整治等意见，力促食药安全工作再上新台阶。

【退役军人保障体系建设工作监督】2020年，区人大常委会走访区、乡、村三级退役军人服务站，深入了解“枫桥经验”基层站点建设情况，并召开社会委第二次全体会议，专题听取退役军人三级保障体系建设工作情况汇报，并针对退役军人创业就业、烈士褒扬、服务保障等方面提出意见和建议，推进全社会形成关心尊崇退役军人的良好氛围。

（邱瑞菁　林星港　吕秀萍　吴作能　陈礼鹏）

专委会工作

【概况】2020年，区人大常委会加强社会建设委员会、监察和法制司法委员会的制度和组织建设。设立“人大讲坛”，开展人大系统依法履职、宣传信息等专题培训。各专委会协助开展“四大建设”、全国文明城市复评、“最多跑一地”改革等主题活动。

【区人大监察和法制司法委员会】2020年，区人大监察和法制司法委员会履行基层立法联络职责，严格落实规范性文件备案审查，依法加强监督，开展对区法院部分法官履职工作评议以及助推公益诉讼及检察建议工作。组织区人大常委会任命的人大常委会机关及“一府一委两院”等国家机关工作人员100余人，举行“12·4”国家宪法日集体宪法宣誓仪式。持续推动“七五”普法工作，加强民法典普法宣传。完善基层立法联系点网络，北岙街道入选市人大第二批基层立法联系点。协助开展《省两院规范性文件备案审查工作规定》《浙江省生活垃圾管理条例（草案）》《温州市家政服务条例（草案）》等立法调研活动，以及《温州市物业管理条例》立法后评估和地方性法规配套规范性文件制定情况自查等，组织召开各层次调研座谈会，汇集基层社情民意，梳理意见建议向省市人大反馈。全年备案审查规范性文件16件。对3名法官开展履职评议和公益诉讼及检察建议工作监督。

（吴作能）

【区人大财政经济委员会】2020年，区人大财政经济委员会加强全区经济运行监督，组织开展2019年度部分部门预算单位决算审查；召开2020年半年度与全年度经济形势分析会；听取和审议区2019年决算的报告，初审2019年部门决算草案；听取和审议区2019年预算执行及其他财政收支情况的审计工作报告；开展2021年部门预算草案审查及评审工作；初审区政府关于“十三五”规划纲要执行情况、“十四五”规划和2035年远景目标纲要编制情况的报告，关于2020年国民经济和社会发展计划执行情况与2021年国民经济和社会发展计划草案的报告，关于2020年预算执行情况和2021年预算草案的报告。审查区文明指导中心、区民政局、区文广旅体局等三个部门专项资金管理使用及其绩效情况。督促区政府做好51个审计事项的整改落实。全面开展对143家预算单位部门预算审查工作，重点审查预算单位部门60家，公开听证单位部门预算3家，通过审查，压减、优化项目支出1.62亿元，占部门申报预算30.3%。

【区人大社会建设委员会】2020年4月，区十四届人大四次会议表决通过，设立区人大社会建设委员会。围绕保障改善民生，听取区政府关于退役军人三级服务保障体系建设情况的报告等。召开对口联系部门工作交流座谈会，听取各部门工作职能、工作情况等。依法开展的涉及社会建设方面监督、听取和审议专项工作报告等。走访区、乡、村三级退役军人服务站，了解“枫桥经验”基层站点建设情况，专题听取退役军人三级保障体系建设工作情况汇报，并针对退役军人创业就业、烈士褒扬、服务保障等方面提出意见和建议。

人事任免

【概况】2020年，洞头区第十四届人民代表大会第四次会议选举25人次；洞头区第十四届人民代表大会常务委员会任命110人次，免职4人次。

选举：

叶海峰为区人大常务委员会主任；

陈后春为区人大常务委员会副主任；

朱顺义、陈乃车、陈春飞、林振权、郑建林、柯友疆、曾中扬为区人大常务委员会委员；

张孚标为区人大监察和法制司法委员会主任委员，黄根忠、王仁建为区人大监察和法制司法委员会副主任委员，石耀光、朱扬华、周春萍、郭坤磲、颜贤权为区人大监察和法制司法委员会委员；

朱顺义为区人大财政经济委员会副主任委员；

张孚标为区人大社会建设委员会主任委员，郑建林为区人大社会建设委员会副主任委员，尤海燕、杨森权、林银凤、金光义、周世遵为区人大社会建设委员会委员。

决定任命：

彭世伟为洞头区退役军人事务局局长；

张杰为洞头区综合行政执法局局长；

任命：

郭陆军为洞头区监察委员会副主任；

邱新楚为洞头区人民法院审判员、审判委员会委员、副院长。

王爵锷为洞头区人大常委会灵昆街道工作委员会副主任；

支文君、朱扬华、许曹毅、陈昆仑、陈佩秋、郑华端为洞头区人大常委会北岙街道工作委员会委员；

王体祥、陈晓锋、林小香、林兴村、林培强、黄建勇、潘乐平为洞头区人大常委会灵昆街道工作委员会委员；

叶小其、叶灿、陈轶群、罗丹丹、林素娟、洪求伟、欧阳楚楚为洞头区人大常委会东屏街道工作委员会委员；

方雯婕、叶林林、吴金寿、陈威娜、陈蓉蓉、郑海冬、黄娟为洞头区人大常委会元觉街道工作委员会委员；

张宇翔、张良水、陈林波、苏玲燕、郭芳芳、黄忠开、潘步总为洞头区人大常委会霓屿街道工作委员会委员；

陈冬梅、王祖杰为洞头区监察委员会委员；

杨丹为洞头区人民法院审判员；

蔡素枝、曾玲莉、陈阿萍、陈光友、陈嘉慧、陈剑、陈晶晶、陈利光、陈林芬、陈向华、陈小芬、陈雪花、陈玉琴、陈志湖、崔晓静、丁静、董建胜、胡杰、华燕、黄希景、姜锋、金配剑、柯位考、赖静静、赖万杰、李碧锋、李海蛟、李银团、林海帆、林璐、林茂艺、林士华、刘荣丹、南月珠、邱礼乙、施小天、孙小娟、孙兴勇、唐月霞、万海螺、汪文卿、王海珠、王挥、王施施、王涛、王晓萍、王志刚、吴静静、吴小芬、吴旭金、吴转燕、吴作能、谢松艳、颜峥嵘、杨琴琴、杨政、叶丰、叶美煌、叶伟华、余烘亮、张海鹏、张海燕、张艳、赵春仿、郑晓珍、郑元安、周世军、周永飞、朱建俊、庄森为洞头区人民陪审员。

决定免去：

叶万福的洞头区人民政府副区长职务。

陈旭阳的洞头区退役军人事务局局长职务。

免去：

金海娇的洞头区监察委员会委员职务。

黄建海的洞头区人大常委会灵昆街道工作委员会副主任职务。

（邱瑞菁）

人大代表

【概况】2020年，洞头区共有区级以上代表183人，其中全国人大代表1名，省人大代表3名，市人大代表18名，区人大代表161人。

【代表名录】

全国人大代表：

滕宝贵

省人大代表：

林　霞　颜丽函　陈丹凤

市人大代表：

陈宏峰　姜增尧　徐　静　殷志军
金良立　王蛟虎　林　霞　郭云强
叶海峰　叶国胜　李　毅　刘乐飞
江丽萍　周春萍　金文林　林加帅
任秉钧　张玉萍

区人大代表：

李玉红　季晓瀚　彭桂香　许素艳
曾中扬　张建疆　欧阳海霞　叶丽月
王仁建　林　雪　陈青委　陈佩秋
齐　雪　许曹毅　杨森权　柯友疆
尤海燕　蔡继华　杨建龙　方君育
郑华端　尤国仪　吴纪安　陈后春
吴兹添　吴子屹　杨新苗　黄根忠
朱扬华　张于喜　赵仙仙　林振权
郭云强　黄朝晖　曾海芬　许丽娟
许艳丽　王海雷　颜厥炎　苏彩照
颜孙胜　朱志兴　林微汝　徐松龙
朱元标　苏剑群　蔡芙玲　戴显强
黄建勇　张亦杰　林培强　董放鸣
陈小芬　吴云华　叶永辉　金光义
刘君可　朱建德　翁光才　林章勇
余琴瑜　周春萍　姜成兰　柳定波
金威华　朱顺义　吴建林　陈建海
陈庆琴　林　艳　李　毅　林银凤
陈民存　南建军　谢松艳　林　秀
翁定献　王信暖　陈荣华　林　霞
陈汉龙　陈林英　胡　刚　李罗芬
甘海选　刘建财　郑建林　陈丽芬
吴冬花　彭魏权　叶国胜　周世遵
叶小其　侯雪霞　叶旭进　洪求伟
陈坤业　陈素李　陈绿萍　邱安炬
邵建乐　纪华宣　张瑞静　周必东
郭加平　金丽玮　陈乃车　林素娟
张福德　褚志攀　庄　平　陈声荣
陈春飞　曾国柱　郑海冬　南立双
吴志安　吴金寿　叶明芽　叶明理
叶秀霞　庄芬连　石耀光　侯宣荣
詹景伟　曾焕明　洪文才　郭坤碟
潘步总　程银友　纪玉丕　叶　环
柯冬琳　蔡国华　梅山标　郭芳芳
郭海辉　刘素婷　张良水　柯泽慧
叶海峰　颜贤权　陈爱武　林立东
赖碎和　陈建英　郑元安　陈庆杰
张孚标　缪双叶　郑　鹏　陈志华
颜丽函　郑鹤珍　曾焕能　吴兹敏
林海鸥　邱新楚　唐海珍　林高承
陆银银

（甘海宇）

洞头区人民政府

朝朝满载 · 陈钦煅

“海霞精神”

爱岛尚武　励志奉献

洞头区人民政府

概述

【概况】2020年，温州市洞头区人民政府统筹推进疫情防控，扎实做好“六稳”工作，全面落实“六保”任务，18项主要经济指标排名全市前三，其中地区生产总值、三大产业增加值、有效投资等9项指标增速全市第一。实现地区生产总值114.42亿元，同比增长6.14%；财政总收入15.43亿元，其中一般公共预算收入10.02亿元；城乡居民人均可支配收入分别为52279元和32295元，分别增长5.5%和7.8%，两项收入比例为1.62：1，均衡度排名全省前列。

【产业结构不断优化】2020年，洞头区远洋捕捞实现零的突破，实施“洞头海鲜——从浪尖到舌尖”行动。开展养殖海区规范化管理试点，养殖证发放全覆盖，“两菜一鱼”养殖稳步推进。完成低效用地整治21.47公顷，厂房出租备案6.4万平方米。完成小微企业园巡察问题专项整治，电子电器科技园获市三星级小微园荣誉。成立建筑行业协会，建筑业总产值继续站稳百亿元大关。常态化运营海上观光游，建成帆板帆船、沙滩排球等基地，引进水上飞板、热气球、直升机低空观光等海洋运动产品，推出文旅消费季，开通飞机班、动车班、散客班，文旅品牌主题宣传口号、Logo、吉祥物全新亮相，海岛旅游逆势翻红。体旅融合发展经验在全国社会力量办体育改革试点现场推进会作交流发言，沙滩经济、民宿经济成为最大亮点，“东屏星光”上榜浙江12条美丽乡村夜经济精品线，入选浙江文化和旅游产业融合发展十佳县（区），获评AAA级景区城。加快推进白鹭湾、星空岛等项目，开展半屏旅游交通一体化运营试点。

【项目建设“百日攻坚”行动】2020年，洞头区88个重点建设项目完成投资44.9亿元，增长15.4%，社会投资占比75%；全年固定投资增速全市第一。华港LNG、梦幻海湾、黄金海岸、诚意鱼油等亿元以上产业项目落地开工10个，项目入选省“六个千亿”产业投资工程16个，诚意健康产业园（一期）、交通城建工业化项目建成投产，南洋国际大酒店投入营业，青山岛海洋公园获评全国旅游投融资项目。实现到位内资18.3亿元，总部回归税收1.4亿元。深化“拓空间强保障”专项行动，消化“批而未供”土地22.2公顷，处置“供而未用”土地28.41公顷，完成16.73公顷低效用地再开发。

【疫情防控和复工复产】2020年，洞头区成立疫情防控工作领导小组，区领导下沉一线督导指挥，增设大门指挥分中心，统筹推进疫情防控，打好“三个十天”硬仗，率全市之先实行连续2个“居家七天、足不出户”最严规定，借助“大数据+网格化”等手段，创新“五卡”闭环管理，坚决做到“十个一律”，落实“硬隔离、硬管控、硬封堵”，努力“找对人、找到人、找全人”；扎紧“岛口、网口、门口”，筑起群防群控、智防智控的坚固防线，用12天实现确诊病例“零新增”，用45天实现住院病例“清零”，确诊病例数量全市最少、本地零扩散。全区无发生聚集性疫情、无发生医院院感、无出现疫情新燃点。在全市先行增设“4+5”工作组，深入开展“三服务”“两万两千”行动，区领导联

洞头区新城片区无物业管理住宅区域分区隔离俯瞰图　　（区住建局提供）

系片、区直部门联系线、街道（乡镇）联系点，建立“一企一圈”，实行“备案制+负面清单+承诺制+线上服务”，帮助企业解决复工难题，全市首个实现规上工业企业全复工。开展争先创优行动，组建“1+14”专班强势攻坚，加快经济高质量回升。落实系列惠企便企政策，兑现资金1.65亿元，发放疫情防控专项贷款1.42亿元，为小微企业发放信用贷款4.11亿元。获批企业债发行规模达10亿元，10个项目获专项债资金3.5亿元。

【生态环境建设】2020年，洞头区通过省级“无违建”区复评。获评省生活垃圾分类工作优秀单位，东屏街道入选省级美丽城镇建设样板，鹿西乡创成国家卫生乡镇。花园村庄覆盖率86%，获评省新时代美丽乡村建设优秀区、省级乡村振兴产业发展示范建设县。蓝色海湾一期工程通过竣工验收，做法入选自然资源部社会资本参与国土空间生态修复十大案例，生态治理绿色崛起做法入选浙江乡村振兴十大模式案例。投放人工鱼礁3.6万立方米，增殖放流海洋生物6000万尾。新增国土绿化54.6公顷，“一村万树”推进村创建11个。完成大门、元觉“污水零直排区”创建，入选全国第三批节水型社会建设达标区。

【民生事业发展】2020年，洞头区启用温州市教师教育院洞头分院，建成投用霓屿幼儿园，获评省对区教育履职考核A等。慢病管理改革成果入选国家基层卫生综合改革实践典型案例，创成国家慢性病综合防控示范区。承办生命健康院士研讨会，完成区中医院、霓屿社区卫生服务中心、鹿西乡卫生院搬迁。建设区级敬老院，投用亦家康养中心。创成省级放心农贸市场2家、“五化”农贸市场2家，实现区管公办学校食堂“智能”阳光厨房全覆盖。“渔小二”做法获评省政府数字化转型优秀案例。建成18个社区文体服务中心、4家城市书房、8家百姓书屋、4家文化驿站，新建文化礼堂14家。发放低保金1119.9万元，物价补贴294.9万元。发放临时救助资金40余万元。实现人均年收入8000元以下困难家庭全面清零。实现省级平安区十五连创，成功捧回全省首批一星平安金鼎，创成全国信访工作“三无”区。

重要会议

【区政府常务会议】2020年，区政府召开常务会议12次。

1月20日，区长林霞主持召开区政府第31次常务会议。会议讨论研究并原则同意《关于建设洞头国际旅游岛的实施意见（送审稿）》《洞头区创建国家全域旅游示范区工作实施方案（送审稿）》《关于坚持农业农村优先发展加快海岛乡村振兴的若干意见（送审稿）》及《温州瓯江口产业集聚区洞头大小门临港产业区小门片区控制性详细规划》中间成果，《2020年民生实事候选项目》，2019年“头鬃旗”“海豚奖”“海龟奖”和专项工作特别奖评定结果。会议听取“六重”清单工作实施方案情况汇报。

2月28日，区长林霞主持召开区政府第三十二次常务会议。会议专题学习《中华人民共和国传染病防治法》《突发公共卫生事件应急条例》《国务院关于加强固定资产投资项目资本金管理的通知》，讨论研究《洞头区关于应对新冠肺炎疫情支持中小企业共渡难关的若干措施》《关于进一步加快海洋工业经济高质量发展的若干规定（送审稿）》《洞头区加快开放型经济发展若干规定（送审稿）》《洞头区城乡生活垃圾分类体系建设实施方案》《洞头区畜禽养殖禁养区调整方案》《洞头区2020年“六重”清单工作实施方案（送审稿）》《洞头区2019年法治政府建设工作报告（送审稿）》。

3月24日，区长林霞主持召开区政府第三十三次常务会议。会议专题学习省委、市委农村工作会议精神，《国有建设用地使用权出让》相关政策等。会议讨论研究并原则同意《洞头区美丽城镇建设行动方案》《洞头区美丽城镇建设行动实施方案》《2020年政府工作报告（送审稿）》《关于温州市洞头区2019年国民经济和社会发展计划执行情况与2020年国民经济和社会发展计划草案的报告》《关于温州市洞头区2019年预算执行情况和2020年预算草案的报告》及洞头2020年重点建设项目计划，2019年区政府及区政府办公室行政规范性文件清理结果。

5月11日，区长林霞主持召开区政府第三十四次常务会议。会议专题学习《法治政府建设指标建设及洞头区情况评估》。听取扫黑除恶专项斗争重点工作、生态红线划定情况的汇报。会议讨论研究并原则同意《关于建立区人民政府向区人大常委会报告国有资产管理情况制度的意见》《洞头推进长江三角洲区域一体化发展行动方案（2020—2025）》《洞头区海洋经济产业园再提质再增效专项行动方案》《关于进一步完善招商引资工作机制的实施意见》《关于进一步优化海岛振兴引导基金管理的通知（试行）》《洞头区养殖用海生态保护与管理暂行办法》《洞头区养殖海区生态化提升工作方案》《洞头区“海上花园”综合发展评价指标体系研究》《青山国家海洋公园项目供水设施建设协议》相关事宜及大门矿山历史遗留问题处置事宜、《关于促进洞头区建筑业持续健康发展的若干意见》和《洞头区关于进一步促进总部经济发展的若干意见》。

6月8日，区长林霞主持召开区政府第三十五次常务会议。会议专题学习《中华人民共和国社区矫正法》《浙江省人民政府关于修改〈浙江省政府信息公开暂行办法〉的决定》《中华人民共和国民法典》解读。听取二季度扫黑除恶专项斗争重点工作的汇报。会议讨论研究并原则同意《关于进一步规范街道（乡镇）财政体制管理的通知》《东屏街道后垅自然村二期房屋搬迁补偿安置实施方案》《洞头区人民防空工程管理办法》《洞头区人民防空工程建设使用与产权登记实施细则》《洞头区贯彻落实浙江省环境保护督察反馈意见整改方案》《关于规范整治养殖用海及碍航物的通告》。

7月2日，区长林霞主持召开区政府第三十六次常务会议。会议专题学习《以案释法统计普法宣传手册》《温州市优化营商环境办法》，传达全省美丽城镇建设工作现场会、全市民政会议精神。讨论研究并原则同意《关于进一步加强专职社区工作者队伍建设的实施意见》《改革区属国有企业工资决定机制实施办法》《洞头区区属国有企业负责人业绩考核办法》《中国（浙江）自由贸易试验区温州联动创新区瓯江口片区洞头分片区建设实施方案》《洞头区政府2020年度重大行政决策目录》。

7月24日，区长林霞主持召开区政府第三十七次常务会议。会议专题学习统计法律法规。会议学习传达贯彻市委、市政府、区委关于落实省委车俊书记参加女子连建连60周年系列活动的重要讲话精神、全国农村乱占耕地建房问题整治工作电视电话会议精神。会议讨论研究并原则同意《关于促进航运物流产业发展的若干意见》《洞头区人民政府与温州市城市建设发展集团有限公司的战略合作协议》《关于做好洞头区国有企业退休人员社会化管理工作的通知》《关于补缴国有土地划拨成本的通知》。

8月31日，区长林霞主持召开区政府第三十八次常务会议。会议专题学习《中华人民共和国监察法》《中华人民共和国土地管理法实施条例》《依法尽职履职 强化应急治理》。讨论研究2021年度洞头区城乡居民医疗保险筹资标准事宜，《关于加快推进新时代民政事业高质量发展的实施意见》《洞头区康养体系建设试点实施方案》《关于深化教育教学改革 全面提高基础教育质量实施方案》《关于推进洞头教育高质量发展的若干举措》《关于大力支持高中学校高质量发展三年行动计划（2021—2023年）》《洞头区综合交通建设三年行动计划（2020—2022年）》，洞头区深化“亩均论英雄”改革推进企业综合评价的补充意见调整方案及对应2019年度评价结果和《关于进一步深化“亩均论英雄”改革推进企业综合评价的实施意见》。

10月9日，区长林霞主持召开区政府第三十九次常务会议。会议专题学习《秋冬季疫情防控形势分析》。学习传达贯彻全省危化品安全“铁拳整治”专项行动推进会精神。讨论研究并原则同意《关于修订完善计划生育优惠政策的通知》《关于落实温州市高校毕业生招引“510计划”攻坚行动 助力“百万人才聚温州”的实施方案》《关于发展浙江自贸区温州联动创新区洞头分片区石化产业的若干意见》《洞头区海洋经济发展模式创新实施方案》《洞头区海岛公园建设三年行动计划（2020—2022）》，国润投资发展有限公司股权回购及相关问题处置事宜、岙仔村改造项目相关事宜及清理调整区政府议事协调和临时机构。

11月13日，区长林霞主持召开区政府第四十次常务会议。会议专题学习《中华人民共和国个人所得税法》《中华人民共和国电子商务法》《洞头区不可移动文物保护利用现状及工作建议》。讨论研究并原则同意《关于洞头区学前教育深化改革规范发展的实施意见》《温州市洞头区养老服务高质量发展行动计划（2020—2025年）》《关于进一步促进养老服务高质量发展的政策意见（试行）》及部署第二轮中央生态环境保护督察整改工作、《洞头区市政设施建设三年行动计划》和珑头湾海洋旅游综合体相关事宜。

12月10日，区长林霞主持召开区政府第四十一次常务会议。会议讨论研究并原则同意《洞头区部分行政区划调整方案》。

12月27日，区长林霞主持召开区政府第四十二次常务会议。会议讨论研究并原则同意《关于做好被征地农民参加基本养老保险工作的实施方案》。

【区长办公会议】2020年，区政府召开区长办公会议10次，印发会议纪要11次。

2019年12月31日，区长林霞主持召开区政府第三十六次区长办公会议。会议讨论研究《梦幻海湾项目投资开发意向协议》。

2020年1月20日，区长林霞主持召开区政府第三十七次区长办公会议。会议听取违建别墅清查整治“回头看”工作情况汇报。讨论研究《洞头区防汛防台抢险救灾能力提升55条措施》《温州星空之城·星空岛开发项目投资协议》，PPP项目资金来源相关事宜，城北、城南、霓屿等污水处理厂PPP项目提标改造磋商相关事宜，南塘工业区D-02地块收回等事宜。

2月28日，区长林霞主持召开区政府第三十八次区长办公会议。会议讨论研究马岙潭度假区项目回购税费减免，浙江固力混凝土有限公司申请延期缴纳大门美沙隧道多余石料公开招标收益金，温州市洞头区城南片A-16地块二期延期缴纳出让金，温州市洞头区小门石化产业基地A-01C地块一期延期缴纳出让金，温州市洞头区状元南片01-03e地块延期缴纳土地出让金等相关事宜。

3月24日，区长林霞主持召开区政府第三十九次区长办公会议。会议讨论研究马岙潭度假区资产回购及景区门票分成、企业社会保险阶段性减免等相关事宜，并听取疫情防控工作汇报。

5月13日，区长林霞主持召开区政府第四十次区长办公会议。会议讨论研究《关于调整洞头区重点工程建设爆破房屋震损补偿标准的通知》，浙江海霞文旅培训发展有限公司组建方案，洞头区受新冠肺炎疫情影响企业社保费返还方案，2020年度洞头区东西部扶贫协作工作实施计划，浙江固盛紧固件有限公司地块及资产，《洞头区人才房筹集建设方案》《洞头区2020年义务教育阶段学校招生工作实施办法》，半岛琴湾项目出让金缴纳及延期，大门临港产业基地花岗岩加工厂项目开工延期，洞头区自然保护地整合优化工作，《洞头区老年食堂规范化管理办法（试行）》，区人民医院与温医科大附属二医继续建立紧密型合作办医（医疗托管）机制及托管合作协议，青山国家海洋公园项目等相关事宜。

6月8日，区长林霞主持召开区政府第四十一次区长办公会议。会议讨论研究华港LNG项目和荣和矿山开采项目安全审批，《温州市星空之城*星空岛开发项目投资协议补充协议》，新城01-10地块开工延期，仁济学院教师公寓项目市政配套费免缴等事宜。

7月2日，区长林霞主持召开区政府第四十二次区长办公会议。会议讨论研究《洞头区征地区片综合价修改方案》，状元南片市政基础设施PPP项目，瑞泰紧固件有限公司商服地块（杨文工业区B-03-1D）违约金等相关事宜。

7月24日，区长林霞主持召开区政府第四十三次区长办公会议。会议讨论研究老城有机更新，洞头管道燃气公司相关股权收购，《洞头区人民政府与中国燃气控股有限公司战略合作框架协议书》《洞头燕子山公园入口广场G-06a地块规划研究》《洞头区霓屿街道紫菜产业园A-02等地块规划研究》《温州华港液化天然气（LNG）储运调峰中心（罐区）项目合作备忘录》，仁济学院教师公寓申购等相关事宜。

8月31日，区长林霞主持召开区政府第四十四次区长办公会议。会议讨论研究《洞头区城乡居民基本医疗保险门诊费用实行按人头定额结算试点工作方案》《洞头区供水设施公共服务一体化实施方案》，大门镇寨楼1矿山历史遗留问题处置，温州教师教育院洞头分院项目竣工延期，洞头小门综合供能服务站项目申请延期开工，温州东启汽车零部件制造有限公司B-5-a地块开工延期，金岙101项目建设及运营等事宜。

10月9日，区长林霞主持召开区政府第四十五次区长办公会议。会议讨论研究区人大常委会意见落实情况，《关于印发洞头区政府投资项目预算决（结）算审核管理办法的通知》，鹿西乡综合交通码头配套设施工程建设，东海贝雕艺术主题公园项目协议，浙江德宁医药、浙江固德医药疫情期间优惠政策享受延期半年，浙江方舟工程机械设备有限公司等11家企业开竣工延期，北岙街道大王殿村（东沙港内）地块开竣工，洞头新城一期第四期01-07b-02地块开竣工，设立温州市洞头城市服务有限公司等事宜。

11月16日，区长林霞主持召开区政府第四十六次区长办公会议。会议讨论研究《洞头区促进就业技能人才培养三年行动计划（2021—2023年）》，洞头新城社区生活综合体项目，电商、升规上限、专利、标准化优惠政策奖励倒挂兑现，《温州市洞头区人民政府—国网温州供电公司“十四五”战略合作框架协议》等相关事宜。

（庄应鹏）

民生事实项目

【概况】2020年，洞头区十四届人大四次会议通过票决产生10件民生实事项目，涉及文化教育、医疗卫生、文体惠民、交通出行、公共设施、智慧服务等内容。区政府把民生实事项目作为回应群众关切、保障民生需求、提升群众获得感和幸福感的重要抓手，召开动员部署会，明确任务，落实责任，推进民生实事项目，全年10项民生实事全面落实，投入资金10831.9万元。

【离岛地区农村饮用水工程项目】2020年，洞头区完成离岛地区农村饮用水工程项目，总投资1504万元。其中完成鹿西乡农村饮用水管网建设投用村居5个、大门镇村居6个。

【城乡生活垃圾分类处理项目】2020年，洞头区建成燕山花苑、碧海云天省级标准示范小区2个；建成中心街“定时定点”投放和收运商业街1个；建成燕山花苑“定时定点”投放和收运小区1个；建成鸽尾礁村、小门村、东屿村、中仑村、垅头村、惠民村、下郎村、正岙村、长坑垄村、鹿西村等农村生活垃圾分类处理村10个。总投资42万元。

【住宅消防管控“秒响应”项目】2020年，洞头区完成群众住宅户安装无线智能感烟探测器2000个。其中，北岙街道安装881个、东屏街道安装310个、大门镇安装314个、元觉街道安装245个、霓屿街道安装200个、鹿西乡安装50个。总投资20万元。

【智慧医疗服务项目】2020年，洞头区完成“飞药”平台建设并上线试运行，配送范围为北岙街道6个社区，配送时间为早上8点到晚上10点；卫生健康集成平台建设并投入使用，实现医后付、就医智慧结算、脱卡结算以及预约转诊、健康档案调阅、影像数据互认共享等功能。总投资1236.2万元。

2020年，洞头区垃圾分类示范小区建设　（区融媒体中心提供）

【海岛交通出行提升项目】2020年，洞头区完成330国道洞头段维修8千米；完成公交港湾站改造7个，分别为兴港家园2个、花岗村2个、海天佳境1个、白迭村1个，小门山渡口1个；完成农村公路3千米建设和5千米改造提升工程；超额完成14辆公交车更新；建成投用鹿西综合交通码头。总投资3727.8万元。

【停车位建设项目】2020年，洞头区超额完成1056个专用停车位建设；建成投用花园里停车场，其中建成立体机械停车位52个、普通停车位69个。总投资1849万元。

【海岛群众文体设施建设项目】2020年，洞头区建成并对外开放大门镇长沙社区、霓屿街道桐岙村2个百姓健身房，北岙街道大朴村1个笼式足球场，北岙街道隔头村1条登山健身步道，北岙街道双垄村1个多功能运动场，大门镇岙底村、霓屿街道桐岙村、元觉街道状元村3个小康体育村升级工程，北岙街道新城社区、大门镇岙底村、霓屿街道桐岙村3个篮球场提升工程，花园里城市书房、文化驿站以及大门镇文化驿站3个文化客厅。超额完成送书下乡10048册；贯通42公里健身步道，完成新城二期堤坝漫步道至同心公园节点的主体工程—滨海漫步区，打通洞头峡大桥东南侧至环岛西片堤坝节点；建成同心公园内部供市民休息的景观平台1个、游客游玩的网红打卡点—军港码头文化区块；建成新城二期河道驿站7座；建成同心公园周边一座250平方米休闲用房。总投资2053万元。

【残疾人无障碍改造项目】2020年，洞头区发放残疾人代步车36辆，配套购买第三者责任险；超额完成残疾人家庭无障碍改造47户。总投资36.5万元。

【养老服务提升项目】2020年，洞头区制定《关于促进养老服务高质量发展若干政策意见》《洞头区养老服务高质量发展行动计划（2020—2025年）》，出台老年食堂规范化管理办法，建成“e养食堂”智慧管理系统，落实80周岁以上低保等困难老人在老年食堂用餐的补助政策；完成生活困难老人家庭适老化改造20户；区级中心敬老院开工建设。总投资162万元。

【中小学教室视觉环境改造提升项目】2020年，洞头区完成灵昆第一小学等5所小学、洞头二中等4所初中、教育二幼等5所幼儿园共114套多媒体教学系统改造提升。总投资201.4万元。

（林生敏）

重点工程建设

【概况】2020年，洞头区重点建设项目88个，其中建成项目24个，正常推进45个，区政府专题会议研究明确列为白名单6个，投资完成率相对滞后项目5个，严重滞后项目9个。完成投资438854万元，为年度计划的105.4%。区本级财政投资项目完成投资124657万元，为年度计划的108.4%，其中PPP项目共完成投资50760万元，为年度计划的123.7%；非区本级财政投资项目完成投资314197万元，为年度计划的104.8%。按辖区街道（乡镇）划分，霓屿街道（10个）共完成投资79164万元，为年度计划的120.3%；元觉街道（13个）共完成投资72280万元，为年度计划的112.4%；大门镇（27个）共完成投资129758万元，为年度计划的110.8%；北岙街道（26个）共完成投资130814万元，为年度计划的105.2%；东屏街道（9个）共完成投资25147万元，为年度计划的63.1%；鹿西乡（3个）共完成投资1691万元，为年度计划的33.8%。全年重点工程政策处理事项计划完成162项，其中：实际完成130项，逾期未完成3项，取消29项。

【重点工程建成项目】2020年，洞头区重点工程建成项目24个，主要有洞头南洋国际大酒店、年产100万吨沥青混凝土搅拌站项目、铁炉头村东侧至沙岙村西侧生态廊道、2020年配电网新建与改造工程、大门镇污水处理厂提升改造工程、污水零直排建设项目、市政管网提升工程、半山精品民宿、南塘湾湿地公园、黄岙城市基础配套一期建设工程、荣和建材配送基地项目、鹿西明珠花苑棚改项目、农村公路改造提升工程、220千伏大门输变电工程（洞头侧）、荣和建材配送基地项目10千瓦接入系统工程、半屏沿线新渔村改造提升项目、海霞中学迁建二期工程、布袋岙污水处理厂工程、栖鹿湾人工沙滩修复工程、网寮鼻普通建筑石料矿治理工程、东屏中心小学综合楼建设工程、2020年栽花种树重点项目工程、北岙街道环东沙港沿线新渔村改造提升项目（产业发展配套项目）、电网建设配套管沟工程。

【重点工程正常推进项目】2020年，洞头区重点工程按时完成节点任务45个，其中状元岙综合能源站、大门岛美岙至沙岙隧道及连接线工程、元觉义校迁建工程、大门产业基地应急引水工程、城北污水处理厂一期建设工程、小门岛环岛公路工程、长沙安置房一期工程（II标）、海霞基地建设工程等8个项目投资完成率150%以上。

【重点工程红灯警告项目】2020年，洞头区重点工程累计投资完成率低于65%，严重滞后项目或节点任务未完成10个，分别为陆域引水二期工程，洞头区中心敬老院，同心小镇（美丽城镇示范工程），韭菜岙游客集散中心项目，白鹭湾海渔文化旅游度假区，浙江优瑞欣化学有限公司厂房建设工程，大门旅游停车场建设项目，年产4000吨精密电子装联用助焊剂、1500吨精密电子清洗剂及1500吨电子胶黏剂、三防漆建设项目、洞头三盘产权式酒店项目。

【重点工程红黄警告项目】2020年，洞头区重点工程累计投资完成率在65%—100%之间即相对滞后项目5个，分别为南塘新LNG气化站工程项目、小门岛石化产业基地污水处理厂工程、小门岛石化产业基地起步区市政工程、华顺燃料油项目、海峡云村金岙101工程。

（姚绍学）

2020年洞头区重点工程完成情况一览表

表3　　单位：万元

序号	项目名称	年度计划投资额	年度完成投资额	完成情况
1	陆域引水二期工程	1000	0	开工建设

续表3

序号	项目名称	年度计划投资额	年度完成投资额	完成情况
2	洞头区中心敬老院	300	0	进行主体结构施工
3	同心小镇（美丽城镇示范工程）	2500	324	进行立面改造施工
4	韭菜岙游客集散中心项目	2500	844	一期建成，二期挡墙施工
5	白鹭湾海渔文化旅游度假区	10000	4418	完成商业街区主体建筑框架基本、酒店区块3层以下主体建筑框架和崖壁及边坡治理
6	浙江优瑞欣化学有限公司厂房建设工程	2500	1155	基础施工
7	大门旅游停车场建设项目	1000	497	完成岙底至龟岩游步道建设
8	年产4000吨精密电子装联用助焊剂、1500吨精密电子清洗剂及1500吨电子胶黏剂、三防漆建设项目	3000	1823	基础施工
9	洞头三盘产权式酒店项目	8000	5184	完成东区主体施工
10	南塘新LNG气化站工程项目	1000	664	完成土地招标挂，完成设备招标采购，启动土建施工等
11	小门岛石化产业基地污水处理厂工程	1000	2225	开工建设
12	小门岛石化产业基地起步区市政工程	2000		
13	华顺燃料油项目	3000	2845	基础施工
14	海峡云村金岙101工程	500	480	主体施工
15	新城一期03-01-2地块项目	4000	开工建设	
16	珑头湾海洋旅游综合体	6000	婚庆酒店招标（2533）	
17	青山岛供电管网建设工程	500	1500	基本建成
18	青山岛供水管网建设工程	1000		开工建设
19	大门综合能源站	500	500	基础回填
20	观音礁度假酒店	500	500	建成
21	沙岙综合交通码头及接线工程	2000	2010	开展桩基施工
22	相思岙料场边坡治理工程	2500	2513	进行边坡修复及边坡绿化
23	东港休闲中心建设工程	15000	15081	基本完成土建部分施工
24	温州蓝色海湾生态建设项目（蓝湾二期）	7000	7040	进行主体施工
25	温州市青山欢乐岛项目（青山国家海洋公园）	30000	30198	主体施工
26	中普陀宗教旅游文化园	15000	15217	佛教文化园一期工程建成，二期开始打桩
27	胜利岙公园建设工程	1300	1326	建成
28	农业综合开发现代园（紫菜现代园）	4000	4120	基本建成
29	110千伏深水输变电项目	2000	2066	完成生产综合楼建设
30	温州市社会福利养老院建设工程	3000	3117	土建基本建成
31	330国道延伸线疏港公路建设工程	800	835	基本完成边坡开挖

续表3

序号	项目名称	年度计划投资额	年度完成投资额	完成情况
32	智慧城市运营项目	1600	1672	智慧城市数字小脑、视频一张网、智慧文旅、智慧应急、智慧民政建成，智慧医疗惠民基本建成
33	大门岙底至沙岙隧道及接线工程	7000	7324	完成隧道主体85%
34	大门镇消防站建设工程	1500	1574	基本完成主体结构建设
35	洞头区北岙街道鸽尾礁至大王殿连接公路建设工程	800	853	开展路基开挖
36	状元南片市政道路工程	5000	5394	进行地下综合管道及道路施工
37	元觉幼儿园工程	1200	1306	进行装修、附属
38	温州液化天然气（LNG）项目	50000	54481	基础施工
39	新城一期第四期02-01地块安置房工程	4000	4511	基本建成
40	大门镇农村饮用水水质及供水能力提升工程	1000	1156	完成I标段建设
41	温州交通城建工业化生产基地	20000	23545	生产性用房基本建成
42	“梦幻海湾”项目	10000	12001	基础施工
43	温州医科大学仁济学院教职工限价商品房建设项目	10000	12123	主体施工
44	状元岛河道水系治理工程	3000	3783	进行河道景观建设
45	黄金海岸度假及住宅区	25000	31811	完成80%住宅区主体施工
46	大门供水建设工程	600	779	完成陆域仁前途村段管道建设
47	精灵海岸养生庄园项目	15000	19649	精灵海岸养生庄园项目
48	新城二期市政道路工程	5000	6685	完成海润路永久道路建设
49	霓屿紫菜现代园（田园综合体）	30000	40164	基本完成商业地块景观绿化
50	大门镇环岛公路（仁前途至工业建筑标准化基地）提升工程	800	1091	建成
51	元觉街道旧村搬迁安置房工程(元觉一期安置房)	3500	4818	地下室地板浇筑
52	海霞基地建设工程	6000	9058	完成女子民兵连纪念馆改扩建及沿线景观提升；完成海霞学院4幢楼主体结构结顶
53	长沙安置房一期工程（II标）	1000	1667	完成桩基施工
54	小门岛环岛公路工程	4000	7140	基本建成
55	城北污水处理厂一期建设工程	3000	5607	完成主体结构
56	大门产业基地应急引水工程	2000	3742	完成加压泵站，设备安装到位，大桥输水管线完成施工
57	元觉义校迁建工程	4000	7965	土建完成
58	大门岛美岙至沙岙隧道及连接线工程	1200	2490	建成
59	状元岙综合能源站	500	4051	基础施工
60	洞头南洋国际大酒店	10000	10622	建成
61	年产100万吨沥青混凝土搅拌站项目	1500	1633	建成
62	铁炉头村东侧至沙岙村西侧生态廊道	2000	2062	建成

续表3

序号	项目名称	年度计划投资额	年度完成投资额	完成情况
63	2020年配电网新建与改造工程	2532	2474	建成
64	大门镇污水处理厂提升改造工程	1200	2871	基本建成
65	污水零直排建设项目	1500	2267	建成
66	市政管网提升工程	1000	1180	建成
67	半山精品民宿	900	1095	建成
68	南塘湾湿地公园	1500	1964	建成
69	黄岙城市基础配套一期建设工程	1000	1087	建成
70	荣和建材配送基地项目	10000	7941	建成
71	鹿西明珠花苑棚改项目	1800	735	建成
72	农村公路改造提升工程	1300	1445	建成
73	220千伏大门输变电工程（洞头侧）	4000	3911	建成
74	荣和建材配送基地项目10Kv接入系统工程	1100	745	建成
75	半屏沿线新渔村改造提升项目	1500	957	建成
76	海霞中学迁建二期工程	4000	2982	建成
77	布袋岙污水处理厂工程	2000	2559	建成
78	栖鹿湾人工沙滩修复工程	1200	956	建成
79	网寮鼻普通建筑石料矿治理工程	500	500	建成
80	东屏中心小学综合楼建设工程	340	374	建成
81	2020年栽花种树重点项目工程	2000	1268	建成
82	北岙街道环东沙港沿线新渔村改造提升项目（产业发展配套项目）	500	817	建成
83	电网建设配套管沟工程	900	954	建成
84	浙石油温州油库及配套码头项目	2000	0	无
85	洞头区城市更新及风貌改造试点工程	1000	0	完成施工图设计
86	鹿西岛生态围网项目一期工程	2000	0	—
87	同心码头综合体（城南片A-16地块）建设工程	4000	0	以方案招标EPC阶段（控制价、标文）
88	海陶村	1500	0	—

（区重点项目建设服务中心提供）

综合政务

【**概况**】2020年，温州市洞头区人民政府办公室起草修订各类综合文稿800余篇，上报省市信息180余篇，获得省市领导批示11篇。其中，撰写“区长走进发布厅”材料，全面展现洞头小康社会发展成果；青年洞头调研文章获区委区政府主要领导批示；产权式酒店公寓调研文章获区级一等奖；复工复产工作信息得到市委书记批示；强化社会投资专报获原常务副省长冯飞批示肯定。全年召开各类专题协调会议830个，出具交办单119张，协调解决一大批建设难题和历史遗留问题。深化政府数字化转型，时空大数据云平台入选省城市大脑典型场景应用、云上洞头入选市数据应用创新大赛优秀项目。协调推进打私工作，查获无合法来源货物2批次，为财政增收1040万元。

【政务公开】2020年，全区公开发布政务信息13512条，发布区政府和区政府办公室文件89件，行政规范性文件16件，政策解读58条。公开党政部门权力清单6407项、公共服务事项557项。公布街镇法定权力清单140项、“属地管理”事项责任清单75项。完成县乡两级标准目录编制，其中县级目录约1200条子项、乡级目录35条子项。全年累计受理政府信息公开依申请信息公开18件，答复被提起行政复议0件、被提起行政诉讼0件。全年未收取任何与政府信息公开有关费用。全年接收办件3137件，处置率及群众满意率均100%。出台《洞头区政府信息发布机制》《洞头区政府信息公开动态调整制度》《洞头区政府信息公开协调机制》《洞头区政府信息公开政策解读制度》《洞头区政府信息公开工作年度报告制度》等12项工作制度。

【提案议案办理情况】2020年，区政府承办十四届人大四次会议交办的代表建议97件、闭会期间交办的代表建议1件，承办政协八届四次会议交办的委员提案98件，总计办理建议提案196件，其中重点建议提案5件。所有建议提案均在规定时间内办结，办复率100%，建议提案中所提问题得到解决或基本解决的137件（A类），占69.9%；所提问题正在解决或列入规划逐步解决的48件（B类），占24.5%；所提问题因目前条件限制暂时无法解决，留待以后研究的11件（C类），占5.6%。共收到代表委员反馈意见196件，其中满意的174件，占总数的88.8%；基本（比较）满意的22件，占总数的11.2%。

【政务督查】2020年，区政府办公室创新开设“直击现场，‘洞’悉一线”督查栏目，开展现场督查13次，跟踪督办会议纪要和交办单200多个，发布政务督查专报55期、督办通知单6期、重要决策专项督查10期。督促完成省、市、区民生实事82项。

【电子政务】2020年，洞头区完成电子政务网络核心交换层以上设备IPV6改造、部署及连通工作，实现全区90%业务系统上云。门户网站增设党务公开专栏，开通优化营商环境、疫情防控、两个健康三个专题。政务信息公开站点改造完成，相关栏目调整并纳入区政府门户网站。

（林生敏）

2020年区政府及办公室重要文件选目一览表

表4

序号	文号	标题
1	洞政发〔2020〕1号	关于做好2020年春节期间洞头区烟花爆竹安全管理的通告
2	洞政发〔2020〕3号	关于印发《洞头区创建国家全域旅游示范区实施方案》的通知
3	洞政发〔2020〕4号	关于应对新冠肺炎疫情支持中小企业共渡难关的若干措施
4	洞政发〔2020〕6号	关于印发《洞头区畜禽养殖禁养区调整方案》的通知
5	洞政发〔2020〕11号	印发《关于进一步加快海洋工业经济高质量发展的若干规定》的通知
6	洞政发〔2020〕15号	关于进一步促进总部经济发展的若干意见
7	洞政发〔2020〕17号	关于印发《洞头区开展“证照分离”改革全覆盖试点工作实施方案》的通知
8	洞政发〔2020〕18号	印发《关于进一步完善招商引资工作机制的实施意见》的通知
9	洞政发〔2020〕24号	关于印发《洞头区海岛公园建设三年行动计划（2020—2022）》的通知
10	洞政发〔2020〕25号	印发《关于进一步促进洞头区养老服务高质量发展的政策意见（试行）》的通知
11	洞政办发〔2020〕4号	关于印发《关于坚持农业农村优先发展加快海岛乡村振兴的若干意见》的通知
12	洞政办发〔2020〕5号	关于印发《关于促进文化体育旅游产业融合发展的若干政策意见（试行）》的通知
13	洞政办发〔2020〕10号	关于印发温州市洞头区教育安全突发公共事件应急预案的通知
14	洞政办发〔2020〕11号	关于印发《关于促进洞头区建筑业持续健康的若干意见》的通知
15	洞政办发〔2020〕12号	关于印发《洞头区城市防台防洪应急预案》的通知

续表4

序号	文号	标题
16	洞政办发〔2020〕13号	关于印发2020年洞头区深化“最多跑一次”改革推进政府数字化转型工作要点的通知
17	洞政办发〔2020〕14号	关于印发《洞头区反走私“基层基础提升年”行动实施方案》的通知
18	洞政办发〔2020〕18号	关于印发《洞头区尘肺病防治攻坚行动实施方案》的通知
19	洞政办发〔2020〕22号	关于印发《温州市洞头区防台防汛防旱应急预案》的通知
20	洞政办发〔2020〕23号	关于印发《温州市洞头区全域“无废城市”建设工作实施方案》的通知
21	洞政办发〔2020〕24号	印发《关于促进航运物流产业发展的若干意见》的通知
22	洞政办发〔2020〕26号	关于印发《中国（浙江）自由贸易试验区温州联动创新区瓯江口片区洞头分片区实施方案》的通知
23	洞政办发〔2020〕28号	关于印发《温州市洞头区突发重大动物疫情应急预案（2020年修订）》的通知
24	洞政办发〔2020〕29号	关于印发《温州市洞头区农作物生物灾害应急预案（2020年修订）》的通知
25	洞政办发〔2020〕30号	关于印发《温州市洞头区康养体系建设试点实施方案》的通知
26	洞政办发〔2020〕33号	关于公布2019年度温州市洞头区工业企业“亩均论英雄”综合评价结果的通知
27	洞政办发〔2020〕34号	关于印发洞头区创建浙江省4A级景区城实施方案的通知
28	洞政办发〔2020〕38号	关于印发《洞头区综合交通建设三年行动计划（2020—2022年）》的通知
29	洞政办发〔2020〕39号	关于印发《洞头区产业政策评估管理办法（试行）》的通知
30	洞政办发〔2020〕40号	关于印发温州市洞头区近海岸突发事件应急预案的通知
31	洞政办发〔2020〕41号	关于印发温州市洞头区节水行动实施方案的通知
32	洞政办发〔2020〕43号	关于印发《洞头区市政设施建设三年行动计划（2020—2022年）》的通知
33	洞政办发〔2020〕44号	关于印发《洞头区促进就业技能人才培养“展翅行动”实施方案》的通知
34	洞政办发〔2020〕45号	关于印发《温州市洞头区养老服务高质量发展行动计划（2020—2025年）》的通知
35	洞政办发〔2020〕47号	关于印发温州市洞头区食品安全事故应急预案的通知
36	洞政办发〔2020〕48号	关于印发《洞头区供水设施公共服务一体化实施方案》的通知

（区政府办公室提供）

应急管理

【概况】2020年，洞头区有可调配应急救援队伍34支1115人，其中社会救援队伍10支183人，新增社会救援队伍8支102人。全年扑灭森林火情19起，出动森林防灭火人员近1100人次。全年发生火灾25起、未出现人员伤亡，直接财产损失29.9万元，同比火灾起数持平、死亡人数减少3人，经济损失下降41.7%。

洞头区编制近海岸突发事件应急预案，举办首期救援骨干培训班，组织海上救援等各类演练10余次。建立利东森林防火水源保障队，增设青山等引水上山蓄水点，半小时扑救圈初步形成。全年处置各类险情1245起，救援134人。全年区领导专题研究消防工作10余次，重点时节带队开展消防检查20余次。区消安委整治办公室对各街道（乡镇）开展每日督查、每周督办、每月通报、每季度排名等，共抽查出租房、合用场所2540余家，联合区平安办、安委办每月开展安全形势和重点工作“双预警”督查通报。充分运用闭环机制，下发督办单40份、通报11期，督办整改单位130余家、隐患187处；推动行业部门、街道（乡镇）按期完成市级、区级重大隐患单位各1家及火灾隐患集中区域整改工作1处。

温州市洞头区消防救援大队在第十四届“瓯江卫士杯”消防体能运动会、“两严两准”正规化整训暨队列大会操条令大测试竞赛、夏训练兵对抗赛、第四届“瓯越卫士杯”全员岗位练兵比武竞赛、全市防火业务岗位练兵比武竞赛等系列比武竞赛中获3个第一名、1个第二名、1个第三名成绩。

【“智慧应急一张图”建设】2020年，区应急管理局完成“智慧应急

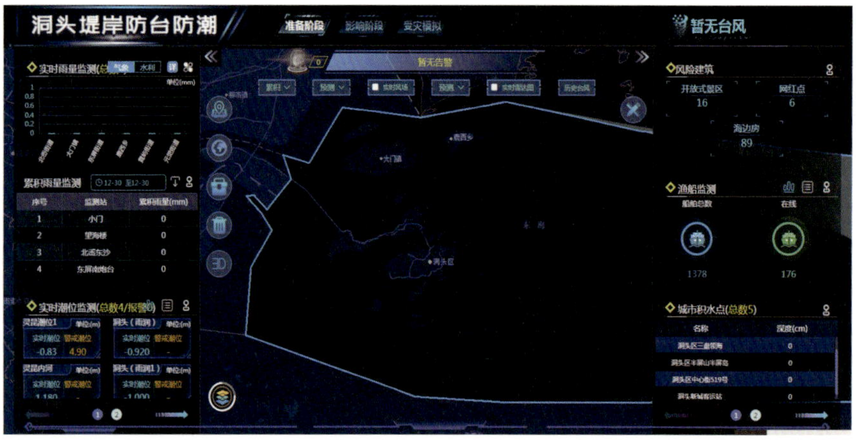

洞头区海岸防潮防汛系统　　（区应急管理局提供）

一张图”建设，与公安、水利、气象、自规、住建等部门打通数据，采集录入61类2626处安全风险和5类402个应急资源数据的信息，完善提升应急基础数据信息库，实现重点部位在线实时监控预警。创新开发海岸防潮防汛子系统和危化品预警预报子系统，该子系统作为温州市智慧应急一张图的重要组成部分和县市特色子系统，与温州市“智慧应急一张图”一同入选浙江省数字化转型特色项目。完成“救灾救援”一张表，将全区救援队伍、救援装备、防汛物资、避灾场所、综合减灾示范社区、应急预案等信息整合。

【应急救援体系建设】2020年，区应急管理局构建“3+3+3”应急救援队伍，整合体制内和体制外队伍，完成海陆空、远中近、常专心救援力量的布局。2020年年底，洞头区有可调配应急救援队伍1115人，其中社会救援队伍183人。培育雄鹰、海安、利东、元心、鹿栖等社会救援队，打造多专型社会救援队伍结构。其中，海安救援队纳规小型休闲船艇成员，率先推进滨海休闲行业自主管理，雄鹰救援队成为全市首支空中社会救援力量。举办首期救援骨干培训班，组织海上救援等各类演练10次，为95名应急救援队员投保100万元和50万元的人身意外险，共计投入9.24万元。明确应急联动成员单位分级模式和工作要求，梳理更新51个应急联动成员单位人员信息，按季度分析统计应急联动警情，全年开展应急联动模拟拉练和实地检查行动8次。

【海上救援队伍建设】2020年，区应急管理局打造“近礁救援消防为主，溢香救援队和猎豹救援中心补充、中距离（海岸十海里）范围救援由休闲渔船承担、远海救援由海事处和东海救助站承担的远中近”海上救援阶梯延长线。编制《洞头区近海岸突发事件应急预案》，制定《近岸水域专业队伍建设方案》，补齐近礁救援短板，筹建首支消防海上救援中队，在本岛、大门、鹿西分别成立溢香、海安、鹿栖等社会救援队，实现就地处置。与东海救助局温州救助基地签订《海上搜救联动机制备忘录》。在沙滩、码头、临水区域补充增设救生圈131处、救生绳等应急设备，策划建立海上应急装备库，购买智能遥控救生器、多功能救援杆、投掷型自动充气救生圈等海上救援设备，投入资金5万余元。

2020年洞头区社会应急救援队伍一览表

表5

名称	救援内容
温州市洞头区溢香应急救援队	城市搜救、山地救援、近礁救援等领域
温州市洞头区猎豹应急救援服务中心	城市搜救、山地救援、近礁水上救援等
温州市洞头区雄鹰航空应急救援队	空中搜救、森林防火、医疗救助等
温州市洞头区海安海上应急救援队	10海里近海应急搜救等
温州市洞头区红十字蓝港水上应急救援队	海上救援、海上巡逻等
温州市洞头区心理援助服务队	灾后心理咨询、心理援助等
温州市洞头区后寮村森林义务消防队	森林防灭火、防汛防台等应急抢险工作等
浙江利东洞头应急救援队	道路清障、消防和森林防火的应急用水保障等

（区应急管理局提供）

【应急预案管理】截至2020年年底，洞头区制定预案总数169个，其中专项预案44个，包括自然灾害类14个、事故灾害类13个、公共卫生事件类6个、社会安全事件类8个及应急保障行动方案3个。明确应急联动成员单位分级模式和工作要求；梳理更新应急联动成员单位人员信息51个；开展应急联动模拟拉练和实地检查行动8次；按季度分析统计应急联动警情。

（林清清）

【应急物资储备】2020年，区发改局作为应急物资储备职能部门，组织实施全区重要储备物资和应急储备物资的收储、轮换和日常管理。库房实行“1+7”储备模式，全年在疫情、台风期间投入资金100余万元补充和更新应急救灾物资，调拨物资15批次，物资金额近10万元。建立动态储备和相邻区县储备合作机制，全区动态储备冻猪肉20吨。

（洪 星）

【消防安全隐患整治】2020年，区消防救援大队围绕专项整治三年行动，推进生命通道、消防安全百日攻坚、小微企业、冬春火灾防控等专项整治。联合公安、供电、供水等部门采取断水断电查封处理368户，全区3人以上“通天式”居住出租房和需改造提升合用场所均完成整治，整治提升率为100%；全区19个住宅小区，64幢高层建筑均实施消防车通道标线标志，配备高层建筑消防安全楼长（经理人）；建成电动自行车充电口5157个并通电上线。全年累计检查单位357家、督改隐患192处、下发责令改正通知书151份，“三停”4家、查封6家、处罚18起。全年办理委托执法案件47起。

【消防安全信用管理】2020年，区消防救援大队联合区信用办、区发改局，把消防安全信用管理纳入征信系统，每月定期上报严重消防违法失信行为。贯彻执行“放管服”改革决策部署，8个政务服务事项接入政务服务2.0，全部实现“跑零次”“网上办”“掌上办”，12个事项实现即办，即办率达到75%，承诺期限大幅度压缩，提升审批和服务效率。完善“双随机、一公开”工作模式，定期生成“双随机”任务，公开公示抽查工作情况，联合区公安分局、区民政局、区教育局、区民宗局等多部门实施跨部门“双随机”联合检查12次，检查单位30家，有效推动行业部门履行消防安全职责。把“智慧消防”纳入民生实事内容，为6800余户业主安装智慧烟感，并全部接入消防“秒响应”平台，在初期火灾报警上取得良好效果。

【消防安全宣传】2020年，区消防救援大队发动全区各街道（乡镇）组织海霞妈妈志愿者、好厝边志愿者、平安巡防员、基层网格员及政府专职消防队等力量开展消防大巡防“五进”（进企业、农村、社区、学校、家庭等场所）活动，“面对面”讲解消防安全知识，发放各类宣传资料；携手美团外卖组织全区50余名外卖小哥穿上消防志愿者马甲开展消防宣传全城巡游公益活动。通过辖区开展“全城亮屏”行动，滚动播放消防安全常识或消防公益广告，沿街店铺、宾馆饭店、商场超市营业期间滚动播放消防安全三提示；依托文化礼堂和社区微型消防站等现有场地建成镇级消防体验室5个和消防宣传点15个，不定期开展“党员学消防”“海霞妈妈学消防”等宣传教育活动145场次，受教育群众6000余人次。运用手机短信、微信微博、融媒体中心、洞头新闻网等平台媒介，在节假日及重大活动期间发布消防安全提示信息，累计向居民群众、社会单位等特定群体发放宣传资料8万份，宣传标语1800余次，发送安全提示3000余条，短信36万余条。

（姚海敏）

信用体系建设

【概况】2020年，洞头区以健全信用建设制度保障和信用联动场景为重点，出台区级信用相关制度文件，发挥“信用+”联动作用，完善洞头区信用体系建设。组织“8·8”诚信日主题大会、信用工作业务培训、信用倡议书发放、信用建设问卷调查，点亮全城等系列活动。

【信用信息管理】2020年，印发《洞头区信用信息管理暂行办法》《洞头区信用联合奖惩对象清单和措施清单（2020试行版）》《2020年温州市洞头区信用信息目录》《2020年洞头区社会信用体系建设工作要点》，信用信息归集实现“5类主体”全面覆盖，统一社会信用代码100%赋码，完成省平台嵌入。累计录入信用信息近41.82万条，红名单462条，黑名单54条。区司法局持续做好政府信用法制监督，护航2019年前标的额500万元以上的67个重大行政合同正常履约。

【失信人员监管】截至2020年年底，区法院累计录入及发布失信被执行人名单3774人次；曝光失信被执行人名单1259例；全区处于发布中的失信被执行人共2737例，涉及失信被执行人1456个。限制4507人次（含法定代表及高管187人）购买机票、动车、高铁票。

【信用体系建设成效】2020年，洞头区推进“信易批”改革，出台实施方案，梳理公布全省首批490个“信易批”分级运用事项，在商事登记、投资建设、减证便民三大领域全面运行，通过数据对接实现“一号兑现”，截至年底，办理1636件；“信易游”模式初见成效，半屏山、望海楼联动全市15个景区“瓯江分”700分以上免费游玩，全年优惠13人次，优惠金额390元。

（邵柏达）

对口支援协作工作

【概况】2020年，洞头区推进东西部扶贫协作工作，全部完成市下达的东西部扶贫协作六大板块21个指标23项指标任务，完成率超150%的指标16个，占69.6%，其中，完成率超300%的任务指标12个，占52.2%。温州支援南部县建设的浙江温州工业园累计签约企业114家、开工投产58家，总投资超30亿元。全年投入帮扶专项资金4210万元，发动社会各界捐赠帮扶资金995.15万元，实施扶贫协作项目14个，其中产业合作类6个2330万元，劳务协作类3个130万元，人才交流类2个236万元，民生项目类3个1514万元。引导22家企业到南部县投资，实际到位投资额4.7365亿元。产业合作带动贫困人口数3321人，其中入驻园区企业吸纳贫困人口就业数42人，援建扶贫车间吸纳贫困人口就业数120人；通过消费扶贫采购、销售结对地区特色农产品1.3亿元，带动贫困人口数2012人。帮助贫困劳动力到省外就业数1934人，其中到东部结对省份就业244人，到其他地区就业1690人。洞头“万企帮万村”结对19对，19家结对企业通过慰问、社会捐助等方式开展帮扶活动，共捐赠帮扶资金67万元。洞头区对口工作领导小组办公室获全省东西部扶贫协作“组织工作奖”。

【东西部扶贫协作工作联席会议】2020年11月2日晚，温州市—南充市东西部扶贫协作工作联席会议在洞头区召开。区委副书记、区长林霞与南部县委副书记、县长尹成平分别就两地相关情况作汇报和交流发言，探讨两地协作发展事宜。洞头区与南充市南部县建立东西部扶贫协作关系来，洞头累计投入帮扶资金1.05亿元，发动社会各界捐款捐物1896.6万元，助力南部县产业链打造、园区平台建设、招商引资等方面实施帮扶项目38个，直接惠及贫困人口1.5万人。温州市委副书记、市长姚高员与到温州对接工作的南充市委副书记、市长吴群刚一行深入交流，共叙两地深情厚谊，共谋新时代东西部扶贫协作新篇章。会前，吴群刚一行参观考察洞头区蓝色海湾整治项目现场、浙江诚意药业股份有限公司等地。南充市委常委、副市长苏士勇，温州市副市长陈应许，南部县领导尹成平、朱大志、邓彪，以及区领导王蛟虎、林霞、刘素婷等参加会议。

【“浙川东西部扶贫工业园”共建框架意向书】2020年7月14日，区委书记王蛟虎率队到南部县，开展助力南部县决战决胜脱贫攻坚工作，共话东西两地山海情深，共建协商合作大格局。会上，洞头区、瓯江口产业集聚区管委会以及温州国际机电城，向南部县捐赠扶贫资金422万元；现场签订《共建“浙川东西部扶贫工业园”框架意向书》。浙川东西部扶贫工业园将由洞头区、温州市浙南产业集聚区、温州市现代集团下属国有企业共同出资建设，采取“反包倒租”方式。根据每年厂房租金收益情况，提取一定比例统筹用于南部县扶贫事业，助力南部县脱贫攻坚行动。园区规划占地面积66.67公顷，总投资100亿元。南充市副市长、南部县委书记张根生，南部县县长黄波，南部县人大常委会主任胡修云，南部县政协主席时春英，区领导邵建乐、叶锦丽等参加考察活动。

2020年11月2日，温州市—南充市东西部扶贫协作工作联席会议召开

（区融媒体中心提供）

【洞头区获全省东西部扶贫协作“组织工作奖”】2020年10月23日，浙江省助力决战决胜脱贫攻坚推进会暨东西部扶贫协作奖表彰大会在杭州召开。洞头区对口工作领导小组办公室获全省东西部扶贫协作“组织工作奖”，系全市唯一获奖县（市、区）。洞头区2018年与南部县开展东西部扶贫协作结对，区对口工作领导小组办公室发挥社会力量作用，推进东西部扶贫协作工作，共计投入帮扶专项资金1.05亿元，实施扶贫协作项目38个。累计开发就业岗位8000余个、组织贫困劳动力就业培训4037人、促进3572名贫困劳动力就业脱贫等，连续两年在两地市级年度考核中被评为“好”等次。

（陈 杨）

行政审批管理

【概况】2020年，温州市洞头区政务服务中心受理各类事项197341件，办结189823件，办结率96.19%；完成各类交易项目182个，总金额147906.03万元，其中：工程交易项目57项，中标金额为91545.48万元，节约金额11269.72万元，节约率10.96%；政府采购91宗，中标金额7692.89万元，节约额798.18万元，节约率9.4%；国企采购15宗，中标金额3596.72万元，节约金额655.79万元，节约率15.55%；产权12宗，成交额24243.94万元，增值8081.31万元，增值率为51.45%；土地项目总数7项，交易额20827万元。

【“证照分离”改革全覆盖试点】2020年4月30日，为认真贯彻落实国务院《优化营商环境条例》，进一步破解“准入不准营”问题，有效降低企业制度性交易成本，充分激发市场主体活力，根据《温州市人民政府关于印发温州市开展“证照分离”改革全覆盖试点工作实施方案的通知》（温政发〔2019〕5号）要求，区政府印发开展“证照分离”改革全覆盖试点工作实施方案，主要任务是建立清单动态管理机制、分类推进审批制度改革。配套措施包含规范衔接登记经营范围与申办经营许可、强化涉企经营信息归集共享、创新和加强事中事后监管、持续提升审批服务效能、强化法治保障。分为谋划启动、深化推进、总结提升三个阶段。至6月底前，全区所有涉企经营许可事项实行全覆盖清单管理，按照直接取消审批、审批改备案、实行告知承诺、优化审批服务等四种方式分类实施改革。

【营商环境优化】2020年，区政务服务中心深化“放管服”改革，聚焦企业和投资项目精准服务，全面启动政务服务2.0综合受理新模式，打造新大厅、新服务、新体验，设置咨询、导办、受理、出件、自助等区域，1152个事项实现线上线下同标准办理，平均办事时长缩短至10分钟以内，网办率95.66%，同比增长3倍多。开展减窗增效行动，变面对面为肩并肩服务，收件窗口减少10%，实现企业开办全流程跑进2小时，投资项目审批验收跑进80天。

【政务便利服务】2020年，区政务服务中心紧盯群众和企业办事痛点、难点、堵点，提升政务服务质效。推出“双首席”代办，精选业务骨干组成代办队伍，与街道（乡镇）、村社代办队伍形成三级联动，全年累计为企业和群众服务2844次；创新“十百千”机制，每季度剖析“十大案例”、走访“百名群众”、回访“千人千事”，深调研、破症结、速整改，收集案例32个，走访座谈310人次，回访3200余人次，“好差评”连续三年保持零差评；开展涉企鉴定评估“最多评一次”改革，规范行政行为，简化前置条件，优化中介服务，确定“最多评一次”事项43个，免于鉴定评估1个，共清理免于提供评估鉴定材料20个。

【阳光交易市场】2020年，区政务服务中心打造规范公共资源交易市场，完成招投标“零次跑”改革，实现全流程电子化交易项目57个，推行“不见面”开标，开标平均用时由3小时缩短至30分钟；拓展“远程化”评标，推动异地专家资源共享，实现专家就近评标；实行“电子化”保函，累计开具电子保函3204单，减轻企业负担近4.8亿元；规范招投标领域，查处围标串标案件1起，累计发现73家投标企业存在疑似围标串标行为，移交疑似线索13条；优化营商环境，清退投标保证金759.1万元，上缴沉淀资金68.06万元。

（苏姗姗）

机关事务管理

【概况】2020年，洞头区完成公务接待150批次，保障各类会议2400多场次，保障公务出行3400多次，行车53万千米，保障干部职工用餐27万人次。公共机构人均能耗降低率全省排名第44，能耗下降3.48%，同比全省排名上升29位。温州市洞头区机关事务中心全年保障集中防疫期间非医疗物资6000余件、用餐3万多份，日均消杀面积8000余平方米。统筹调配单位办公用房5间，安排临时机构及招商引资企业办公场所4间，盘活闲置房产对外出租6处，完成女子连宿舍等工程改造项目6个。组织开展办公用房巡查20多次，督促整改15

处。全年公车运行经费下降35%，差旅费下降30%。举办垃圾分类运动会，开展知识讲座，实施机关大院和行政服务中心垃圾分类示范创建。完成洞头先锋女子民兵连建连60周年、洞头生命健康院士研讨会、海峡两岸“双屏论坛”等重大会议活动及省委巡视组入驻洞头2个月的后勤保障工作。开展南部县粑粑柑果树线上团购认养和“两菜一鱼”进食堂活动，帮助大门瓜农解决西瓜滞销难题。率先在全区示范推行公筷公勺，联合向市民免费发放5000双公筷。完成机关大院内部环境改造，立体停车库投入使用。完成机关大院、行政服务中心等4处物业服务招投标，节约财政支出10.5%。指导区发改局获评市级节约型公共机构示范单位，区职教中心获评省级、国家级节约型公共机构示范单位，全区30%（27家）机关事业单位完成节约型公共机构示范单位创建。

开展制止餐饮浪费宣传　（区机关事务管理中心提供）

【公车社会化运行】2020年，洞头区为更好地保障部门公务出行，缓解公车服务中心驾驶员少、车辆老化等问题，推行公务出行社会化服务。从制度保障、经费测算、信息化管理、社会化运行模式等方面入手，制定社会化服务方案，进行竞争性磋商，完成公开招投标。12月正式运行，公务出行保障实行社会化服务和公车中心保障双轨并行，缓解部门用车难问题。

【制止餐饮浪费专项行动】2020年，洞头区贯彻落实习近平总书记对制止餐饮浪费行为作出的重要指示精神，在机关食堂和行政中心食堂开展制止餐饮浪费活动。通过开展倡议签名，打造小型“节约文化”走廊营造氛围，组建制止餐饮浪费督导员队伍，安装监控设备曝光浪费行为，设置小号餐盘专用通道等举措，其中，配置200个小份餐盘，设置小号餐盘专用通道，推行供应小份菜、半份菜举措。制止餐饮浪费行动取得成效，两家食堂日均餐厨垃圾从200千克降至140千克，减量30%。

【国家级节约型示范单位创建】2020年，区机关事务管理中心指导温州市洞头区职业教育中心开展国家级节约型示范单位创建，通过强化宣传督导、量化目标考核、深化技术改造等举措，克服疫情影响，按时完成各项改造提升工作，人均综合能耗、单位建筑面积综合能耗和人均水耗均小于省内同类型单位的0.9倍。12月15日，国家机关事务管理局、国家发改委、财政部公布名单，洞头区职业教育中心创成国家级节约型公共机构示范单位，温州市仅1家。

【洞头标准食堂采购模式建立】2020年，区机关事务管理中心走访全市50余家商户，从供货能力、品质、价格、食品卫生等方面进行综合比较，结合洞头实际制订大宗物品统一配送服务招标方案。6月，完成洞头区机关食堂、行政服务中心食堂大宗食品统一配送服务招标工作，由温州兴农蔬菜配送公司签订统一配送服务，减少采购流通环节，落实“菜篮子”降成本，年节约采购经费约10%。

【“垃圾分类”示范大院创建】2020年，区机关事务管理中心举办“垃圾分类”示范大院创建仪式，开展垃圾分类知识培训5场1000多人，组建垃圾分类督导员队伍，撤并垃圾分类容器，开展垃圾分类指导、督查，实施垃圾定时定点投放。截至年底，共改造垃圾集中投运点2个，替换分类标识120处，升级改造垃圾容器16处，机关大院和行政中心生活垃圾分类知晓率、收集率100%，投放准确率90%以上，比市垃圾分类办要求提高10%。

（汪娟娟 苏智娴）

政协洞头区委员会

琴歌鱼跃·罗纯香

“海霞精神”

爱岛尚武　励志奉献

政协洞头区委员会

概述

【概况】2020年，洞头区政协共召开常委会7次，主席会议7次，组织区政协党组理论学习中心组学习会9次、党组会议11次、专题学习会17次。全年做优“请你来协商”平台，落实“6+X”协商频次，聚焦城市精细化建设与管理、康养产业发展、村社融合发展等海上花园建设的重大问题、海岛振兴的关键问题开展协商，推动产权式酒店管理、养老服务等领域政策文件出台，促成紫菜产业园烘干项目落地。以《政协专报》形式报送各类调研、协商建议12篇，其中11篇获区委区政府主要领导批示交办。全年开展专项集体民主监督，围绕高水平全面建成小康社会补短板、社会治理领域“最多跑一地”改革、城乡生活垃圾分类处理等内容开展专项集体民主监督，并形成《专项集体民主监督报告》。创新推出《百岛连心桥·委员有话说》栏目，聚焦城民宿产业发展、城市停车管理、烟头落地乱象、老城有机更新、海岛普惠金融改革等一批民生实事话题。

组织开展视察调研状元岙港口发展、乡村振兴示范带建设、本土产业人才培育、基层治理“四个平台”建设、温州医科大学仁济学院校地融合发展的瓶颈问题、蓝湾整治、乡村振兴、重点工程建设等内容，形成《关于推进状元岙港口发展问题研究和工作建议》《洞头区镇街“四个平台”建设运行和推进情况调研报告》《关于支持温州医科大学仁济学院滨海校区校地融合发展的建议》等专题调研报告，获区委区政府主要领导批示肯定。助力“十四五”规划和2035年远景目标纲要编制，围绕临港产业发展、金融体制创新、优质教育协同发展等议题开展政治协商。

开展提案质量和提案办理质量“双向评议”工作，办复率和满意率均100%。开展“三访三助”活动53场次，走访村社、企业78家，参与委员370余人次，协商解决沙岙民宿项目七年停工未建等问题81个，获全市政协“一县一亮点”工作评比二等奖。举办委员培训班、委员讲坛，提高委员理论素养和履职能力，累计培训600余人次。完善委员评优推优机制，首次开展政协常委现场述职活动，进一步提高委员的影响力和美誉度。科学谋划疫情防控工作，发动政协委员踊跃捐款捐物，创作抗疫文艺作品，协助党委、政府解疑释惑、化解矛盾、理顺情绪，汇聚起万众一心抗疫情的正能量。投用政协书画院，举办“墨香海上花园”书画笔会、清廉洞头书法展等交流活动。

【新时代加强和改进人民政协工作实施意见】2020年8月31日，为全面贯彻落实习近平新时代中国特色社会主义思想和中共十九大精神，深入贯彻落实习近平总书记关于加强和改进人民政协工作的重要思想，认真贯彻落实中央和省委、市委政协工作会议及文件精神，区委制定《关于新时代加强和改进人民政协工作的实施意见》（洞委发〔2020〕41号）。把高效发挥人民政协专门协商机构作用作为政协履职工作的主业，明确职能定位，丰富协商内容，拓展协商形式，完善协商机制，提高协商能力；把加强思想政治引领、广泛凝聚共识作为政协履职工作的中心环节，坚持思想政治引领的方向，创新凝聚共识的载体，汇聚团结奋斗的正能量；

把健全完善人民政协工作制度、发挥委员作用作为政协履职工作的制度优势，完善政协履职制度，强化政协委员责任担当，优化政协委员履职服务，完善政协委员推荐提名和退出机制；把加强党对人民政协工作的全面领导作为政协履职工作的根本，加强政协系统党的建设，进一步形成政协工作合力。

【提案办理】2020年，区政协八届四次会议以来共提交提案105件，立案98件，交30个主办单位办理。截至11月底，所有提案均在规定时间内办理答复。提案所提问题已解决或建议被采纳的73件，占74.49%；列入计划解决的18件，占18.37%；因目前条件限制暂时不能解决，留待以后研究的7件，占7.14%。提案人对办理结果表示满意的91件，占92.86%；比较满意的7件，占7.14%。

【洞头区政协书画院揭牌】2020年10月17日，洞头区政协书画院揭牌。汪慧平任名誉院长，张释忠任院长。该院位于区政府旁城市书房二楼。旨在立足政协工作职能，拓展联络联谊渠道，搭建大团结大联合的文化艺术平台。活动现场，举行名家书法作品赠送仪式和首场“墨香海上花园”书画笔会。省市书画名家与本地书画界人士、书画爱好者，现场创作国画和书法作品50余幅。省文联副主席、一级巡视员张均林，市政协副主席诸葛启钏，区领导林霞、汪慧平、张释忠、叶明久、郭杭峰、张长霓等参加活动。

2020年8月13日，温州两岸同心政协委员会客厅揭牌　（区融媒体中心提供）

2020年区政协重点提案目录一览表

表6

案由	提案人	主办单位	协办单位
关于完善我区公共卫生应急管理体系建设的提案	卫生界	区卫生健康局	区应急管理局
关于提升3A景区村新形象的提案	教育界	区文广旅体局	区农业农村局
关于巩固全国文明城市创建成果的提案	社科界	区精神文明建设指导中心	区综合执法局

（戴冰凌 张华丽）

重要会议

【政协第八届温州市洞头区委员会第四次会议】2020年4月27日至28日，中国人民政治协商会议第八届温州市洞头区委员会第四次会议在北岙召开。参加委员163名，列席3名。会议审议批准汪慧平主席代表政协第八届温州市洞头区委员会常务委员会所作的工作报告和张释忠副主席受政协第八届温州市洞头区委员会常务委员会委托所作的八届三次会议以来提案工作情况的报告；会议在充分酝酿和民主协商的基础上，选举张长霓为政协第八届温州市洞头区委员会副主席，选举王锡、王振宇、陈灿渊、陈秋菊、陈继海、林海轮、颜厥苗等7人为常务委员会委员；会议审议通过政协第八届温州市洞头区委员会第四次会议决议和政协第八届温州市洞头区委员会第四次会议提案审查情况的报告。8名委员就公共卫生应急管理、生命科学岛、文明城市创建、“海霞”红色民兵小镇等方面作大会发言。会议提交提案105件，审查立案98件。

【区政协主席会议】2020年，区政协召开主席会议7次。

1月9日，区政协召开八届二十七次主席会议。会议研究八届四次会议筹备工作及人员分工；研究连续两年考核不合格委员劝退事宜；审议《政协温州市洞头区委员会关于政协常委和委员年度述职的实施办法》；审议通过年度优秀提案、优秀委员、先进界别组和优秀召集人名单；审议通过政协第八届温州市洞头区委员会常务委员会第十七次会议建议议程。

3月13日，区政协召开八届二十八次主席会议。会议传达学习上级关于疫情防控和经济社会发展工作会议精神；审议通过区政协2019年度优秀理论文章和社情民意信息评选结果；听取并研究各专委2020年度重点工作安排；研究区政协2020年度“请你来协商”议题安排；研究政协第八届温州市洞头区委员会第四次会议相关事宜；审议有关人事任免事项。

4月20日，区政协召开八届二十九次主席会议。会议审议《关于召开中国人民政治协商会议第八届温州市洞头区委员会第四次会议的决定（草案）》；协商政协第八届温州市洞头区委员会第四次会议相关事宜；研究区政协八届十八次常委会会议建议议程；审议有关人事任免事项。

5月21日，区政协召开八届第三十次主席会议。会议通报区政协领导班子成员分工事宜；审议政协第八届温州市洞头区委员会各专门委员会、联络组组成人员名单，洞头区政协八届四次会议重点提案和对口提案，洞头区政协2020年度“请你来协商”工作实施意见和政协温州市洞头区委员会常务委员会2020年工作要点；审议通过《政协温州市洞头区委员会领导联系常委、委员制度》《政协第八届温州市洞头区委员会领导联系常委、委员名单》《政协第八届温州市洞头区委员会中共党员委员与党外委员共学共联名单》；审议通过洞头区政协2020年度“主席接待委员日”实施方案，洞头区政协关于开展“三访三助”活动的实施意见，洞头区政协2020—2021年“百岛连心桥”栏目策划计划，区政协八届四次会议关于区政府、区政协、区法院、区检察院工作报告讨论情况的反馈意见和洞头区政协关于开展高水平全面建成小康社会补短板专项民主监督的实施方案；审议通过区政协开展2020年度社情民意信息评比方案，政协温州市洞头区委员会委员和界别组履职考核办法修订方案；审议通过区政协八届二十次常委会会议建议议程。

9月11日，区政协召开八届第三十一次主席会议。会议传达学习全省政协主席暑期读书会暨市、县（市、区）政协工作经验交流会精神；听取区精神文明建设指导中心、区文广旅体局、区卫生健康局关于重点提案办理情况的汇报；审议通过政协第八届温州市洞头区委员会常务委员会第二十一次会议建议议程；审议有关人事事项。

11月30日，区政协召开八届第三十二次主席会议。会议传达学习中央全面依法治国工作会议、全国政协贯彻中央全面依法治国工作会议意见、省委十四届八次全体（扩大）会议精神；审议通过《2020年度提案办理工作质量和提案质量双向民主评议活动方案》；审议通过《区政协常委2020年度述职活动方案》；审议通过《区政协委员活动经费管理使用的意见》；审议通过

2020年4月27日至28日，中国人民政治协商会议第八届温州市洞头区委员会第四次会议在洞头剧院召开（区融媒体中心提供）

政协第八届温州市洞头区委员会常务委员会第二十二次会议建议议程。

12月11日上午，区政协召开八届第三十三次主席会议。会议审议《洞头区部分行政区划调整方案》；审议通过政协第八届温州市洞头区委员会常务委员会第二十三次会议建议议程。

【区政协常委会会议】2020年，区政协召开常委会会议7次。

1月17日，区政协召开八届十七次常委会会议。会议听取区纪委区监委2019年纪检监察工作情况通报；听取区政府乡村振兴示范带建设和公共文化服务重点区建设情况通报；听取区检察院2019年工作开展情况通报；审议通过《政协温州市洞头区委员会关于政协常委和委员年度述职的实施办法》；审议通过有关人事任免事项；传达学习省政协十二届三次会议精神。

4月20日，区政协召开八届十八次常委会会议。会议通报表彰区政协2019年度优秀理论文章和社情民意信息；审议通过《关于召开中国人民政治协商会议第八届温州市洞头区委员会第四次会议的决定》；协商政协八届四次会议相关事宜；审议通过有关人事任免事项。

4月27日、28日，区政协分别召开八届十九次常委会第一次会议和第二次会议。会议听取各界别组对区政协副主席、常务委员候选人建议名单讨论情况的汇报；听取各界别组对总监票人建议名单讨论情况和监票人推举情况的汇报，审议通过总监票人建议名单和监票人名单；审议区政协八届四次会议决议（草案），听取各界别组对会议决议（草案）讨论情况的汇报，通过区政协八届四次会议决议（草案）；审议通过区政协提案委员会关于区政协八届四次会议提案审查情况的报告（草案）；听取各界别组对区政府、区政协、区法院、区检察院等工作报告讨论情况的汇报。

5月28日，区政协召开八届二十次常委会会议。会议传达学习政协第十三届全国委员会常务委员会工作报告精神；审议通过《洞头区政协2020年度“请你来协商”工作实施意见》；审议通过《政协温州市洞头区委员会常务委员会2020年工作要点》；审议通过《政协第八届温州市洞头区委员会各专门委员会、联络组组成人员调整名单》；审议通过《区政协八届四次会议重点提案和对口提案》。

9月11日，区政协召开八届二十一次常委会会议。会议传达学习全省政协主席暑期读书会暨市、县（市、区）政协工作经验交流会精神；听取区政府关于公立医院综合改革和医共体改革情况、全区重点建设项目情况、全域旅游示范区和省级海岛公园创建情况的通报；审议通过有关人事事项。

12月4日，区政协召开八届二十二次常委会会议。会议听取区纪委区监委关于2020年度纪检监察工作情况的通报；听取区人民政府关于全区实体经济创新发展、社会精细化治理、现代渔农业发展情况的通报；听取区人民法院关于2020年度法院工作情况的通报；听取区人民检察院关于2020年度检察工作情况的通报。

12月11日，区政协召开八届二十三次常委会会议。会议审议通过《洞头区部分行政区划调整方案》。

协商议政

【概况】2020年，区政协按照省委、省政协关于开展县（市、区）“请你来协商”平台建设工作的要求，做优“请你来协商”平台，把“请你来协商”与基层自有议事平台相结合，推动政协协商与基层协商有效衔接。区委、区政府主要领导先后就公共卫生体系建设、产权式酒店发展与规范、紫菜现代产业园发展、城市精细化建设与管理、康养产业发展、村社融合发展等海上花园建设的重大问题、海岛振兴的关键问题，与政协委员面对面协商。全年共举办专题协商6场，界别协商5场，对口协商7场，参加委员230余人次，提出意见建议500余条，以《政协专报》形式向区委区政府报送协商建议12篇，其中11篇获区委区政府主要领导批示交办，推动产权式酒店管理、养老服务等领域政策文件出台，促成紫菜产业园烘干项目落地。

【公共卫生体系建设协商】2020年6月12日，洞头区政协举行首场“请你来协商”活动，围绕“公共卫生体系建设”开展专题协商议政。区领导汪慧平、叶锦丽参加。8名来自教育、卫生、新闻文艺界别的委员结合调研成果与切身体会作协商发言，就基层医疗机构建设、应急防控财政保障、疫情期间物资保障、复合型人才队伍培养等问题，提出可操作性、针对性强的意见建议。

【产权式酒店发展与规范协商】2020年8月11日，洞头区政协聚焦“产权式酒店发展与规范”议题举行“请你来协商”专题协商会。区领导汪慧平、叶明久、张方任参加会议。重点协商如何把全区产权式酒店市场引导好、规范好、管理好，成为全面提升洞头全域旅游的重要抓手。围绕协商主题，区政协调研组、与会委员、企业家代表和相关部门负责人结合调研情况和各自工作实际开展协商交流。

【协商共话紫菜现代产业园发展】2020年9月25日，“请你来协商”活动在紫菜现代产业园区拉开帷幕。区领导汪慧平、朱学进、叶明久、张长霓等与政协委员、企业代表和相关部门负责人，齐聚紫菜现代产业园，采取现场办公的形式，“零距离”交流，“面对面”协商，共议紫菜现代产业园发展。与会政协委员、企业家代表和相关部门负责人围绕“紫菜现代产业园发展”主题，结合前期调研成果和工作实际开展深入的协商交流。

【城市精细化建设与管理协商】2020年10月10日，以“城市精细化建设与管理”为主题的“请你来协商”专题协商议政会在洞头区第三会议室召开，区委副书记、区长林霞和委员们共聚一堂，说不足、谈问题、提建议，共商城市精细化建设与管理，共建文明和谐城市。区政协主席汪慧平主持会议。

【协商推进康养产业发展】2020年11月16日，洞头区政协举行第五场“请你来协商”活动，区委书记王蛟虎与政协委员面对面，围绕“康养产业发展”开展专题协商议政。区政协主席汪慧平主持会议。8名区政协委员和业主代表结合调研成果与切身体会，围绕打造海洋医药特色康养产业、发展海岛温泉康养项目、医养结合慢病康养、智慧健康养老、做强青少年康养产业、康养产业人才队伍建设等建言资政。

【协商推进村社融合发展】2020年12月18日，以“村社融合发展”为主题的“请你来协商”专题协商议政会在洞头区第三会议室举行。委员们与相关部门负责人、村社代表齐聚一堂协商交流，集思广益、群策群力，为更好地推进村社融合发展工作，谱写好村社调整的“后半篇”文章出谋划策。

（张亚勤）

民主监督

【概况】2020年，区政协常委会组织开展高水平全面建成小康社会补短板专项集体民主监督，了解全区高水平全面建成小康社会科技创新、产业发展、民营经济和风险防范四个领域相关工作情况。组织开展城乡生活垃圾分类处理专项集体民主监督，助推打好污染防治攻坚战。全年组织市、区政协委员实地查看6个街道（乡镇）38个村居（社区）垃圾分类处理和宣传引导情况，10家企业和8家学校推行“光盘行动”情况，2家农贸市场的统一收集处理果蔬皮等执行情况，15家餐饮店的易腐垃圾处置情况，5家快递公司的包装材料重复使用情况，7个餐厨垃圾处理终端处理能力情况等。发现并向区委区政府及有关部门反馈问题8个，完成整改问题5个；提出意见建议10条，被党政部门采纳5条。组织开展社会治理领域“最多跑一地”改革专项民主监督，开展“最多跑一地”专项民主监督调研。创新推出《百岛连心桥·委员有话说》栏目，全年共录播5期专辑，提出意见建议42条。

【城乡生活垃圾分类处理专项集体民主监督】2020年，根据省市政协关于开展城乡生活垃圾分类处理三级政协联动专项集体民主监督的有关部署要求，区政协相继召开政协党组会议、主席会议、常委会对“城乡生活垃圾分类处理”相关事项进行专题研究，制订实施方案。成立6个专项集体民主监督组，分别深入街道（乡镇）、社区、村居及相关部门等开展督查。按照“就地、就近、就便”原则，让市、区政协委员按属地编到组，全部参与到民主监督活动中。根据全区实际情况，把垃圾治理的宣传引导情况、前端分类的执行情况、生产、流通、消费等源头减量情况、资源化回收体系建设情况、处理能力建设情况等方面内容作为民主监督重点。实行落实反馈制度。组织委员开展对已经解决的问题进行“回头看”，跟踪问效、防止反弹。围绕助推“城乡生活垃圾分类处理”主题，发挥界别优势，借助“三助三访”活动，向群众宣传“垃圾分类处理”知识，广泛征求群众对推进“垃圾分类处理”工作的意见建议。发挥电视、广播、网络、政协网站、微信公众号等各种媒体作用，宣传垃圾分类先进经验做法。

【社会治理领域“最多跑一地”改革专项民主监督】2020年，区政协与市政协联合举行社会治理领域“最多跑一地”民主监督活动，实地走访社会矛盾纠纷调处化解中心（信访超市），先后察看接待受理大厅、社会治理综合指挥中心、速裁庭等场所，详细了解矛盾纠纷调处化解中心运行情况，并就围绕基层治理、矛调中心建设及作用发挥等方面开展座谈会，促进实行“一窗受理、一站服务”，推动矛盾纠纷调处化解“最多跑一地”，带动形成市、区、村三级上下联动、左右协调的区域社会治理基本格局。

【“百岛连心桥·委员有话说”栏目】2020年，区政协创新推出《百岛连心桥·委员有话说》栏目，探索协商式监督新形式，架起党委政府与民众有效互动的桥梁，引导全社会广泛参与基层社会治理。栏目聚焦城民宿产业发展、城市停车管理、烟头落地乱象、老城有机更新、海岛普惠金融改革等一批民生实事话题，邀请委员、相关部门和市民代表面对面、零距离开展协商探讨，分析“病灶”，全年共录播5期专辑，累计180余人次委员参与，提出意见建议200余条，传递百姓心声。在省政协《联谊报》头版报道，同心苑公众号刊登推广文章。

（戴冰凌）

调研与活动

【概况】2020年，区政协聚焦全区重点工作和重要任务，围绕蓝湾整治、国家卫生城市复评、村级组织换届等内容开展专项视察活动，提出意见建议80余条。重点围绕状元岙港口发展等全区经济社会发展中的重大问题开展调研，形成《关于推进状元岙港口发展问题研究和工作建议》等调研成果。高质量完成区委“点题”任务，紧盯基层治理“四个平台”建设、温州医科大学仁济学院滨海校区校地融合发展的瓶颈问题，形成2篇专题调研报告，获区委书记批示肯定。围绕学前教育资源配置、城乡环境综合治理等民生实事开展专项调研。

【企业疫情防控与复工复产调研】2020年2月18日，区政协主席汪慧平带队开展企业疫情防控和复工复产调研。调研组先后走访浙江诚意药业股份有限公司、温州固德医药有限公司、洞头恒通电气制造有限公司、浙江方舟工程机械设备有限公司等企业，了解企业疫情防控具体措施和复工复产经营情况，与企业负责人谈防控、聊发展、问困难、商对策。调研组建议，当前疫情防控正处于关键时期，全区企业尤其是委员所在企业要严格按照区委区政府的部署要求，一手抓疫情防控、一手抓复工复产，做到疫情防控和复工复产“两手抓、两不误”，助力全区打赢疫情防控阻击战，促进全区经济平稳运行。

【“加快状元岙港口发展”课题调研】2020年4月8日，区政协主席汪慧平带队到温州港集团有限公司，围绕“加快状元岙港口发展”课题开展调研。调研组深入了解状元岙港区目前发展建设中的困难与问题，并就状元岙港区集疏运条件、产业配套设施、港城联动发展等问题进行交流，凝聚发展共识，共商发展良策。

调研组建议，要抓住有利时机，发挥政协优势，做深加快状元岙港口发展课题研究，为党委政府科学决策提供有益参考。

【四个平台建设专题调研】2020年5月21日至25日，区政协副主席张释忠、郭杭峰分别带队到各街道（乡镇）及相关部门开展“四个平台”建设专题调研。调研组一行实地察看和听取各街道乡镇最多跑一次（地）和“四个平台”运行情况和工作汇报。调研组建议，各街道（乡镇）和区级职能部门要以高效顺畅为目标，理顺关系完善机制；以务实管用为目标，明细职责创新制度；以解决问题为目标，消除“四个平台”改革中的薄弱环节，规范“四个平台”建设，健全基层治理体系，树立“一盘棋”思想，提升基层社会管理和服务群众水平。

【温州医科大学仁济学院专题调研活动】2020年6月12日，区政协主席汪慧平率区政协调研组一行到温州医科大学仁济学院（滨海校区）调研指导工作。在听取学院院长李章平从办学历程、招生态势、学科专业设置、人才培养特色、优势学科打造、全科医学“校地协同育人”模式、产学研一体化建设等方面的介绍后。调研组指出，当前仁济学院发展势头非常好，办学方向明晰、举措务实，特别是提出的全科互动体验与实训中心打造、海岛特色专业设置、康养项目开发等发展规划，符合洞头区域发展、产业转型和人才培养的实际需要。区政协将争取市、区级政策支持，为学院发展提供帮助。

（张华丽）

专委会工作

【概况】2020年，洞头区政协创新开展具有政协特色的“三访三助”活动，形成“专委会联界别组+界别进街镇+委员入村社”的工作格局。通过延伸履职触角、畅通履职渠道、拓展履职空间。各专委会积极参加疫情防控工作，围绕“三强两促”“六重”清单等工作开展协商建言，围绕高水平全面建成小康社会补短板、城乡生活垃圾分类处理等工作开展民主监督，围绕乡村振兴、重点工程建设等工作开展参政议政，围绕乡村振兴示范带建设等方面开展专项调研工作。创成全区首家省级政协委员会客厅——两岸同心委员会客厅。卫生界委员奋战在抗击疫情最前线，经济界、特邀界等委员累计捐款捐物达300余万元，新闻文艺界委员创作“抗疫”文艺作品20余件。

【提案委员会】2020年，区政协提案委员会创新开展提案办理工作质量和提案质量双向民主评议活动。区政协常委会组成人员和部分委员对提案主办单位提案办理工作进行评议；提案主办单位对政协委员的提案质量进行评议。通过双向民主评议工作，全年共评选出优秀提案6件。

【经济委员会】2020年，区政协经济委员会开展高水平全面建成小康社会补短板民主监督活动，制定洞头区三级联动民主监督工作方案，建立七个工作小组，分解监督任务，对接部门单位，组织委员深入企业、基层，开展专项民主监督，查找工作薄弱环节，寻找短板弱项，通过视察监督活动，对全区海洋经济高质量发展、海岛基础设施建设及优质教育等弱项短板提出务实管用的意见建议。开展“请你来协商”产权式酒店规范与发展的调研，召开专题协商会议，组织界别委员和部门、企业代表到杭州调研产权式酒店销售定价、运营管理等，促进产权式酒店管理办法出台。开展海岛普惠金融改革创新突破调研，走访民宿业、海运业、饭店服务业、工业企业、个体工商户等相关领域和人士，为深化海岛普惠金融改革突破创新的民宿经营权抵押贷款、无还本续贷、二次抵押贷款、海域使用权贷款等创新金融产品的破冰、扩面、规范、服务等问题，提出建议意见。组织开展“三访三助”活动，帮助解决新城维也纳酒店验收开业、海逸酒店消防水管检漏、大门西片区公交班线疫后加密等问题。

【农业和农村委员会】2020年，区政协农业和农村委开展高水平全面建成小康社会补短板专项民主监督，走访区发改局、区公安局等部门，完成“区域协调与城乡融合”领域5项“补短板”项目、2项“重点项目”的监督事项。开展以“城市停车管理”为主题的《百岛连心桥·委员有话说》录制活动，组织开展多次座谈，收集到委员专题建议7篇。组织政协委员、技术人才及有关单位，围绕“加强本土产业人才培育”方面工作，深入浙江诚意药业、金源化工、恒博电气等区重点骨干企业开展调查研究，为完善扶持政策、加强本土人才培养、缓解企业用工短缺、促进农民转产就业等方面提出意见建议。

【城乡建设和资源环境委员会】2020年，区政协城乡建设和资源环境委员会开展城区污水处理设施和管网建设运维情况调研，召集区住建局、区综合行政执法局、区水务公司等单位和专业人员开展座谈，实地查看污水设施建设情况，助力污水零直排区创建。开展城市精细化建设和管理调研，开展“请你来协商”城市精细化建设和管理专题活动，形成《洞头区城区污水处理设施和管网建设运维调研报告》《关于我区城市精细化建设与管理协商建议》专题调研报告2篇，提交意见建议25条。牵头做好城乡生活垃圾分类处理专项集体民主监督相关工作，结合全区实际制定并印发区政协关于《开展城乡生活垃圾分类处理专项集体民主监督的实施方案》，组织委员就近就便开展专项集体民主监督。

【科技教育卫生体育和文化文史学习委员会】2020年，区政协科技教育卫生体育和文化文史学习委员会开展基层公共卫生管理体系建设专题活动和城乡公共文化服务体系建设专题调研，针对公共文化服务体系建设，以及本土人才引进、培育和使用、发展空间、待遇改善、服务优化等内容召开座谈会，协商讨论形成《关于对产业人才本地化政策支持的建议》专题调研报告。联合区文联，举办海岸线诗歌沙龙活动，助力“中国诗歌之岛”品牌打造。加强与书协、美协、作家协会、摄影家协会等文化组织合作，举办“墨香海上花园”书画笔会、陈承卫油画作品展区书法笔会、美术笔会、“海上花园 百岛洞头”风光摄影大赛作品展等10余场活动，协助做好人民公社“三亲”史料的整编工作。

【社会法制民族宗教和港澳台侨外事委员会】2020年，区政协社会法制民族宗教和港澳台侨外事委员会走访少数民族村、中普陀寺、永福寺、海峡两岸同心小镇等地12次。调研海峡两岸同心小镇建设，实地调研韭菜岙、金岙101、大巴山等项目建设，了解台商、台青工作经营和委员会客厅工作开展情况。开展“请你来协商”紫菜现代产业

2020年10月17日，洞头区政协书画院揭牌　　（区融媒体中心提供）

园发展专题活动，形成意见建议12条，促进紫菜烘干厂项目落地。开展省市区“最多跑一地”三级联动集体民主监督活动，实地调研考察区“矛调中心”建设情况。开展社会法治建设视察调研，参与未成年人检察开放日活动和送侨法下乡等活动，针对民生热点难点问题开展各类民主监督工作10余次。组织开展“三访三助”活动，疫情后深入宗教场所开展问题排摸工作，共收集问题建议10余条。对接并化解鹿西乡政协委员提交的扎不断村道路、口筐村的民房周边山体滑坡等问题。

（叶夏东）

政协委员工作

【概况】2020年，区政协围绕区委“高水平推进区域治理”决策部署，制定出台《政协温州市洞头区委员会关于开展“三访三助”活动的实施意见》，推出以“走访村社、走访群众、走访企业，助力集中民意、助力矛盾化解、助力发展稳定”为主要内容的“三访三助”活动。聚焦做好群众工作、深入帮扶企业、开展便民活动等要点，形成“专委会联系界别组、界别委员进村入企”工作网络，以每季度“1+X”频次开展走访。建立街道（乡镇）政协工作联络组每月沟通联系制度，汇集困难问题，分类制定履职清单，充分运用“微协商”形式，解决好基层群众的烦心事、苦恼事。累计开展各类走访活动53场次，走访村社、企业78家，参与委员370余人次，协商解决沙岙民宿项目七年停工未建等问题81个。“三访三助”活动得到区委主要领导批示肯定和群众普遍“点赞”，并获全市政协“一县一亮点”工作评比二等奖。

【委员履职平台】2020年，区政协携手新闻媒体，创新推出《百岛连心桥·委员有话说》媒体访谈栏目，以协商监督新形式聚焦海岛民宿产业发展、老城有机更新等热点难点问题制作五期节目，播出后效果良好。省政协《联谊报》在头版作了报道，同心苑公众号刊登推广文章。180余人次委员参与其中，提出意见建议200余条，有效展现委员风采，获得广泛好评。联动民革温州市委员会，创成两岸同心委员会客厅，实现洞头区省级政协委员会客厅“零的突破”。投用区首家政协书画院，开展“墨香海上花园”书法名家笔会、油画艺术展览、海岸线诗歌沙龙等活动，为委员展示风采提供“新舞台”。

【委员履职服务管理】2020年，区政协举办1期委员履职能力提升培训班，3期“委员讲坛”活动。组织开展“委员活动日”活动，邀请区长通报当前区经济社会发展情况，交流洞头未来发展的形势和关键点。修改完善《委员履职情况量化考核办法》《常委和委员年度述职的实施办法》《领导联系常委、委员制度》等文件，制定出台《“主席接待委员日”实施方案》，推进委员履职服务管理工作制度化、规范化建设。组织做好温州市“最美政协人”推选工作，1名委员获评市级“最美政协人”，3名委员获评省市最美荣誉委员

（郭佩佩）

政协委员

【概况】2020年年底，洞头区市政协委员12名，其中女委员4名，占30%；区政协委员163名，其中女委员46名，占28.22%。

【委员名录】

市政协委员：

汪慧平　戴　冕　林海珊　洪文才
曾中扬　季晓瀚　许曹鲁　吴华征
曾　嵘　曾春萍　释芳振　林少珍

区政协委员：

王和飞　甘　泽　朱显妙　庄小萍
许荣胜　李金星　何掌霞　汪慧平
宋海良　张　杰　张　政　张高爱
陈丽芬　陈昆肃　陈继海　林　海
林加群　林宣志　罗明近　郑祥飞
郑德须　胡忠豹　徐守斌　翁玲玲
高海龙　郭陆军　黄立华　黄根键
彭增炜　彭德金　谢华跃　王成和
王琛博　方　萍　甘学伟　叶明久
朱永华　庄东升　许丽芳　李永明
杨建立　吴静静　沈　峰　张大华
张立志　张丽彬　张剑慧　陈　胜
陈升湖　陈胜战　邵玉芬　林　帅
林海轮　项　颖　赵春建　胡成业
胡鹏飞　夏建勇　郭　皓　黄招勇
黄莉莉　覃毅宝　曾华越　蔡文昭
颜峥嵘　王振宇　王静新　叶凌志
许永士　许志攀　苏　娅　李伯庆
杨迎炜　杨燕辉　陈　肃　陈冬梅
陈灿渊　陈秋菊　陈宣锟　陈素祯
陈献英　郑雪园　南薇薇　施立松
唐　琳　曹其忠　王小华　王秀兰
王海珍　吕良栋　苏小勤　李素勤
张军明　张洪星　张高永　张释忠
陈志文　陈群斌　林奇福　林春芬
郑海山　泮海境　胡建雄　洪　震
郭青松　郭建忠　唐玉丽　黄丽燕
黄爱娥　彭增宗　童燕翔　曾　嵘
薛立峰　王　锡　王祖成　朱建义
朱盛安　余雪琴　张长霓　张希才
陈昆传　陈其钦　郑　冰　郑声良
郑美蓉　胡海花　姚宗浩　郭维杯
释延源　释芳振　谢阿伍

（戴冰凌）

中共洞头区纪委 洞头区监委

静谧渔夜·陈建辉

“海霞精神”

爱岛尚武　励志奉献

中共洞头区纪委 洞头区监委

概述

【概况】2020年，洞头区委常委会深入贯彻新时代党的建设总要求，坚决落实全面从严治党主体责任，加快构建党建统领的整体智治体系。全年召开9次区委常委会议和2次巡察工作五人小组会议，研究全面从严治党工作。出台《洞头区深化全面从严治党主体责任压力传导十项举措》，推行“三张个性清单”、建立“三级约谈”办法、强化“三方问责”机制。扎实推进“五廉共创、共建共享”，创新政治生态实时监测评估预警平台，通过“日常监督+大数据”的方式，数字赋能实现政治生态治理从传统走向“智治”。持续深化“清风亮剑”行动，组织开展“明纪律、正作风、铸铁军”教育月活动，推动干部作风大改进。中共温州市洞头区纪委和温州市洞头区监委细化“三不三乱”监督清单和重点人负面清单，组织实施两轮常规巡察，完成东西部扶贫协作专项巡察。全年立案46件（其中留置案件6件），党纪政务处分37人；查处形式主义、官僚主义问题19起，处理24人；查处损害营商环境问题11起，处理11人。

【全面从严治党主体责任压力传导十项举措】2020年3月30日，为压实管党治党政治责任、层层传导压力，扎实推进全面从严治党走深走实，充分发挥“领头雁”效应，为净化政治生态、建设清廉洞头提供坚强保障。根据中央、省市全面从严治党有关要求，区委制定《洞头区深化全面从严治党主体责任压力传导十项举措》，按照定责、履责、督责、问责四个闭环环节，健全完善季度工作“三张个性清单”制度、个性清单内容双重审核制度、“一岗双责”情况半年度专题报告机制、健全三级全覆盖定期廉政谈话机制、党风廉政定期专题学习教育机制、定期研究督导机制、落实主体责任“三向抄告单”制度、政治生态评估预警提醒单制度、履职情况通报亮晒机制以及健全捆绑式问责等制度机制。通过全程纪实平台，对全区各单位及领导干部的责任落实情况实行全程、动态考评。

【清廉海霞智慧监督平台上线】2020年，洞头区纪委区监委聚焦基层监督体系和能力现代化，全面建成集政治生态评估预警、海霞说事智慧监督、阳光村务一掌通、农村“三资”前置全托四大功能为一体的清廉海霞智慧监管平台上线，实现信息化技术与纪检监察工作的深度融合。平台数据自动比对分析+线上实时监测预警，精准绘制政治生态四色预警图，动态掌握基层政治生态底数、规律、特点、趋向，政治生态评估由“模糊”变“精准”。全年召开线上线下说事会26场次，收集意见建议100余条，落实率87%。并代表温州与宁波作基层治理工作经验交流。

【全面从严治党主题公园正式开园】2020年12月31日，洞头区全市首个开放式全面从严治党主题公园——老虎山全面从严治党主题公园正式开园。该园毗邻三盘岗，是温州市唯一一个集党史教育、党性教育、廉政教育于一体的开放式全面从严治党主题公园。园区总面积约7500平方米，拥有初心亭、定心锚、正心园、向心舵、清心廊、修心亭、恒心亭、归心台等八大参观节点，诠释“党旗飘扬、清风浩荡”的主题主线。区领导吴志安、

2020年9月10日，“青年说清廉”思享汇演讲比赛举行

（区融媒体中心提供）

梅山标为主题公园揭牌。

【“青年说清廉”思享汇演讲比赛】2020年9月10日，洞头区纪委区监委、区委机关工委、团区委在海霞红港举办以“激扬青廉风采 展现窗口担当”为主题的“青年说清廉”思享汇演讲比赛，全区各机关单位16位青年“清廉分享者”参加活动。比赛设置一等奖1名、二等奖3名、三等奖5名及优秀奖若干名，现场观众投票产生现场最佳人气奖、最佳风采奖、最佳表现奖。区税务局朱天豪获一等奖。区委常委、区纪委书记、区监委主任梅山标参加。

重要会议

【区纪委一届六次全会】2020年3月26日，洞头区纪委一届六次全会召开在区政务服务中心召开。王蛟虎、林霞、叶胜国、汪慧平等区四套班子领导出席会议。会议听取区委常委、区纪委书记、区监委主任梅山标代表纪委常委会作题为《忠诚履职尽责 勇于担当作为 为高质量建设海上花园提供坚强保证》的工作报告；会议传达中央纪委和省纪委、市纪委全会精神，总结洞头区2019年纪检监察工作，部署2020年工作任务。区委王蛟虎书记作重要讲话，区四套班子领导；区纪委委员，区监委委员；区政协秘书长，区人大常委会机关、区政协机关各委（室）主要负责人；各乡镇（街道）党（工）委书记，纪（工）委书记、副书记；区直属各单位、省市属有关单位主要负责人；区委巡察办、各巡察组负责人；区纪委区监委派驻纪检监察组负责人；区纪委区监委机关各科室负责人；区委组织部干部监督室负责人；区监委第一届特约监察员；部分区第一次党代会代表参加会议。

【省委巡视组巡视洞头动员会】2020年11月12日，省委第六巡视组巡视洞头区工作动员会召开。会前，省委巡视工作领导小组办公室副主任陈德毅向洞头区委书记王蛟虎和区委副书记、区长林霞传达省委书记专题会议有关精神。会上，省委第六巡视组组长徐国平作巡视动员讲话，王蛟虎主持会议并作表态讲话，为全力支持配合巡视工作开展，推动洞头区进一步压紧压实管党治党的政治责任，打造风清气正、实干担当的政治生态提供坚实保障。省委第六巡视组副组长章伟、叶鹰及巡视组其他成员，省委巡视办有关人员，市委常委、纪委书记、监委主任方向，区四套班子领导，法检两长及其他县处级领导出席会议，区委委员、候补委员，区级机关各部门及各乡镇、街道党政主要负责人，区人大常委会、区政协各委办主要负责人，区直属企事业单位主要负责人，区纪委区监

2020年3月26日，洞头区纪委一届六次全会召开 （区纪委提供）

委和区委组织部班子成员，区委巡察办主任和巡察组组长，正县处级离退休老干部，市级以上“两代表一委员”代表等列席。

【全区巡察工作会议】2020年9月27日，洞头区召开全区巡察工作会议暨一届区委第八轮巡察工作动员部署会。会议深入学习贯彻习近平总书记考察浙江重要讲话精神，落实全国巡视工作会议、全省巡视巡察工作会议精神和中央巡视工作方针、省市巡视巡察工作部署，对区委第八轮巡察工作作动员、部署和安排。区委书记王蛟虎出席会议并作重要讲话。霓屿街道交流第六轮巡察整改成效，区委统战部交流第七轮党组织负责人组织落实巡察整改情况，区纪委区监委派驻第一纪检监察组交流派驻纪检监察组日常监督责任落实情况，区教育局围绕教育系统巡察“回头看”工作作表态发言。区领导梅山标、邵建乐；区委巡察工作领导小组成员；区直属各单位主要负责人；区委办、区府办、区人民法院、区委政法委、区教育局、区审计局分管领导；各乡镇（街道）党（工）委书记，北岙街道、大门镇、东屏街道、元觉街道、霓屿街道纪（工）委书记；区纪委区监委各派驻纪检监察组组长；区委组织部干部监督科负责人；区委第一、第二、第三巡察组及教育系统巡察“回头看”巡察组全体人员，区委巡察办全体人员；区教育局下属事业单位党支部书记参加会议。

【全区“五廉共建”现场推进会】2020年12月24日，洞头区“五廉共建”推进会召开。区纪委区监委从清廉细胞建设入手，推动清廉机关、清廉村居、清廉学校、清廉医院、清廉企业等五位一体的“清廉洞头”建设。会议通过现场观摩、典型交流等形式，要求全区各单位要以神形兼备为目标，以实际效果为标准，打造清廉细胞样板工程，以点带面推进“五廉共建”。区委常委、区纪委书记、区监委主任梅山标出席并讲话。

【全区清廉村居建设推进会】2020年8月25日，洞头区清廉村居建设推进会在大门镇召开，研究部署推广“农村集体‘三资’智慧监管”和“阳光村务智慧监管”工作。与会人员参观大门镇纪检监察规范化建设，听取该镇基层治理工作介绍，实地察看甲山社区清廉村居示范点建设情况，了解阳光村务智慧监管平台运行情况。大门镇、北岙街道、区民政局、区农业农村局分别作交流发言。区领导梅山标、张方任等参加会议。

（金 泉）

党风廉政建设

【概况】2020年，洞头区制定《2020年党风廉政建设和反腐败工作组织领导与责任分工》，落实全面从严治党主体责任清单，加强政治生态评估预警工作，建立政治生态建设档案。开展“明纪律、正作风、铸铁军”警示教育月，组织党员干部参加典型案件旁听庭审。围绕“定责、履责、督责、问责”四个闭环环节，制定主体责任季度共性清单三大类28条，推进主体责任清单化管理；出台深化全面从严治党主体责任压力传导十项举措，推动主体责任落实常态化规范化。运用全程纪实管理平台，对履职情况实行清单式、痕迹化、动态化管理，全年录入履责信息11440条，审核退回数据329条，点对点向43个单位反馈主体责任落实方面存在问题104个，督促问题整改率100%，实现工作部署、目标实施、履责监督痕迹化。全年因履职不力等问题受到党内问责的党员干部14人，全区层面发出通报2期，通报党组织7个。

【全面从严治党主体责任考核】2020年，为进一步强化各级党组织管党治党政治责任，推动清廉洞头和政治生态建设各项工作任务落到实处，根据中央、省委、市委和区委全面从严治党主体责任工作有关部署要求，区纪委区监委围绕党委（党组）及领导班子成员落实全面从严治党主体责任、政治生态建设和“清廉洞头”建设情况等共性清单和个性任务清单及全面从严治党工作“负面清单”。采取全程纪实

2020年12月24日，洞头区“五廉共建”推进会召开　　（区纪委提供）

管理、特色亮点工作评价、听取主体责任工作汇报等方式进行申报考核。全年通报主体责任落实不力党组织7个、问责党员干部14人，督促43家单位104个主体责任落实问题全销号，推动主体责任落实常态化规范化。北岙街道、元觉街道、霓屿街道、区委办、区检察院、区委组织部、区委宣传部、区委政法委、区融媒体中心、区发改局、区经信局、区民政局、区财政局、区住建局、区农业农村局、区审计局、区市场监管局、区医疗保障分局、洞头城发公司、区妇联、区税务局、国网洞头供电公司等22个单位为2020年度全面从严治党主体责任落实暨清廉洞头建设考核优秀单位。

【政治生态评估】2020年，洞头区贯彻落实中共十九大精神及省委建设清廉浙江的工作部署，推动全面从严治党向纵深发展，全面评价区域政治生态状况，根据省市纪委全面加强政治监督要求，区纪委区监委制定系列科学指标、设置赋分权重体系、构建智慧监测平台，推进政治监督常态化、精准化、科技化，实现政治生态治理从传统走向“智治”。建立“5+1”政治生态评估指标，部门协同联动，“实时监测”实现动态修复。以数据共享、部门协同、实施监测的方式，整合区委组织部、区委巡察办、区审计局等22家职能部门考评数据，绘制绿、蓝、黄、红四色“政治生态预警地图”，全年收集信息394条，黄色预警单位2家。

【清廉细胞建设】2020年，按照省委关于推进清廉浙江建设的部署要求，洞头区围绕清廉洞头建设目标，深入开展“五位一体”清廉细胞建设，按照清“五个一”（一个机构、一个方案、一个阵地、一套制度、一系列活动载体）要求，把握“共性”与“个性”的关系，采取“点线面”结合的方式，提高广大干部群众对清廉细胞建设的知晓度、参与度、认可度。坚持“建管用”并举，突出规范化运行，做好清廉示范点建设“后半篇”文章，建设“霓虹之屿、清风之路”“老虎山全面从严治党主题公园”等清廉微阵地。全年验收通过清廉细胞64家，其中清廉细胞示范点14个，清廉机关28个，清廉基层站所2个，清廉医院（卫生院）3个，清廉企业5个，清廉村居12个。

【清廉村居建设】2020年4月16日，为认真贯彻落实省市纪委关于强化清廉村居建设、有力推动基层治理专项工作意见和区委关于加快推进“清廉洞头”建设部署要求，洞头区强化清廉村居建设，主要任务是强化监督制约，提升乡村干部向心力；强化政治巡察，提升村级组织号召力；强化问题整治，提升基层政权公信力；强化规范建设，提升纪检组织战斗力；强化品牌打造，提升清廉村居影响力。建立建设清廉村居推进基层治理专项工作联席会制度，制定专项工作责任清单。全年建成清廉村居12个，即北岙街道柴岙村、东郊村、鸽尾礁村、隔头村、白迭村，大门镇朝阳社区、潭头村，东屏街道惠民村，元觉街道沙角村、花岗村，霓屿街道下郎村、石子岙村。

【警示教育月活动】2020年5月中旬至6月中旬，为深入贯彻落实全面从严治党要求，巩固拓展主题教育成果，狠抓主体责任压力传导十项举措落实，持续强化党员干部政治意识、规矩意识、法纪意识、廉洁意识，推进以案释德、以案释纪、以案释法，让党员干部知敬畏、存戒惧、守底线。洞头区组织开展“明纪律、正作风、铸铁军”警示教育月活动，开展一次典型案件警示教育、一堂党风廉政专题课、一次廉政风险集中排查、一次“庸懒散慢”专项治理行动、一次清廉文化主题活动。组织党员干部参加全覆盖观看《赌失初心终成空》警示教育片，围绕“讲政治、明规矩、存戒惧、作表率”主题发言。其间，全区签订1516份家庭承诺书，书写廉政微家书1008份，召集30名科级领导干部家属召开“廉内助学习交流会”。

（吴世娟）

纪律检查

【概况】2020年，洞头区持续深化“清风亮剑”行动，构建“1+5+6”正风肃纪明察暗访监督网络，紧盯餐饮浪费、移风易俗、违规吃喝、办公用房等领域“四风”纠治，深入开展“烟票”背后“四风”问题、公共资源中私人会所整治“回头看”“两违”等专项整治，全年查处违反中央八项规定精神问题25起34人。全年处置问题线索17件，立案10件，政务处分3人次。严肃查处职务犯罪案件，全年办理职务犯罪案件3件，成功留置6人，同比增长200%，送起诉3人。全年处置问题线索67件，立案38件，处分党员干部35人次。深化运用监督执纪“四种形态”，共处理77人次，处理比例分别为54.5%、36.3%、1.2%、7.7%。抓长抓实“最多访一次”，实现检举控告量、农村检控量、业务外信访量、上级转送量和信访成案贡献率四降一升，连续6年无赴省进京访发生。

【行风政风双评议活动】2020年，为紧扣区委“高水平推进区域治理高质量建设海上花园”年度工作主题主线，进一步深化“最多跑一次”改革，提升全区机关中层科室和基层站所办事效率和服务质量，洞头区组织开展行风政风双评议活动。评议内容包含落实中心工作情况、优化办事服务情况、正确履行职责情况、严守纪律法律情况；参评对象为区级机关部门、学校、国有企事业单位和行业服务机构的所有中层科室和所属基层站所，分综合管理类、执法监督类、基础服务类、行业企业类、审批服务类、基层站所类、教育机构类等七大类。通过服务对象满意度评价、主管部门评价、人大代表评价、政协委员评价、投诉举报和监督检查评价，确定综合评定。最终，全区294个中层科室和基层站所参加评议，评出满意中层科室（基层站所）15个，不满意中层科室（基层站所）8个。

【“干部队伍建设年”活动】2020年3月开始，全区纪检监察系统开展“干部队伍建设年”活动，通过“主题党日”、青廉讲堂、百千万读书班等学习载体，开展政治修养锤炼月等活动。围绕监督执纪、审查调查、案件审理、信访调查、信息撰写等业务，定期组织业务研讨和工作交流。全员签订“十项承诺”，加强纪检监察干部“八小时外”监督，深化执行饭局报备等“三报告一记录”制度。开展“一室一品、一地一韵”品牌创建比拼，推行一体化协同、扁平化管理、共享式考核。派驻机构、街道（乡镇）纪委自办案件数分别同比增长350%和166.7%。签订“十项承诺”，开展无预告检查12次，饭局报备180人次，实现谈心家访全覆盖。

【疫情防控纪律督查】2020年1月25日，洞头区制定新型冠状病毒肺炎疫情防控工作督查机制，设立3个专项工作小组和11个防控工作督查小组，监督检查全区6个街道（乡镇）和重点单位落实疫情防控工作。截至年底，开展督查1581次，督促整改问题1009个，发送督查报告50期，抄告单164份，通报党组1个，通报批评10人，诫勉谈话3人，约谈提醒警示谈话28人。

【“最多访一次”品牌建设】2020年，洞头区设立领导接访日，推动来访接待场所进驻矛调中心，开展信访宣传接访活动，打造重要领域信访绿色通道，确保疫情防控、村社换届平稳有序，拓展“最多访一次”广度；制定信访件初核方案预审机制，编发《办信质量量化审核负面清单》，汇编《信访举报业务手册》，建立直查快办机制，规范办信程序、提高处置效率、把牢办理质量；聚焦突出问题，深入开展积案攻坚、澄清正名和信访分析工作，强化“最多访一次”深度。全年受理信访举报65件，同比下降16.67%，重复信访率全市最低，百件积案攻坚行动位列全市一等次，全市唯一连续6年零越级访、零赴省进京访。

【街道（乡镇）自办案件“破零”】2020年，根据上级纪委关于街道（乡镇）自办案件全覆盖的工作要求，区纪委通过一个多月时间，提前实现全区零自办案件街道（乡镇）“清零”目标。全年6个街道（乡镇）完成自办案件8件，提供有价值问题线索5条，同比分别上升166%、66%。

【派驻机构审查调查工作】2020年，区纪委监委通过建立办案人才培养机制、月报告机制、约谈提醒机制和分组排名考核等制度，提升派驻机构审查调查工作质效。全年5个综合派驻纪检监察组均实现自办案件或有价值问题线索“破零”，其中自办案件9件，同比上升350%，提供有价值问题线索6条，处置问题线索17件，同比上升750%。

（林小义）

监督巡察

【概况】2020年，洞头区坚持深化政治巡察，不断提升发现问题能力，强化巡察与其他监督贯彻融合，深化巡察整改“后半篇文章”，倾力打造“覆盖优化、精准定位、提质增效、监督合力”四大工程取得明显成效。全年组织实施常规巡察两轮、跨县（市、区）推磨式交叉巡察三次及温州洞头—四川南部东西部扶贫协作专项巡察，全覆盖五大板块147个单位党组织、83个村居，前七轮巡察反馈问题1235个，移交线索69件（103人），督促上缴国库资金2231万元。第六轮共反馈问题188个，自评办结183个，督促运用第一种形态问责干部161人次，健全完善制度118项。探索提炼总结“六查六看”“三步九法”等一批切合海岛渔村实际的巡察洞头模式和特色亮点做法，刊发省级以上媒体巡察信息13篇，创新推进首档宣传巡察工作的广播类节目《巡察之声》7期。

【洞头区巡察整改全程闭环管理实施办法试行】2020年7月18日，为了进一步强化全区各级党组织管党治党政治责任，深入推动巡察发现问题整改落实工作，确保责任落实到位、整改措施到位、问题解决到位，根据相关规定，洞头区试行巡察整改全程闭环管理实施办法。该办法主要适用于区直部门、乡镇街道、事业单位、国有企业、基层站所的巡察整改，村社巡察整改可以参照本办法执行。被巡察单位党组织是落实巡察发现问题整改的责任主体，被巡察单位分管区领导履行“一岗双责”，纪检监察机关、组织部门承担巡察整改的日常监督责任，区委巡察机构承担巡察整改的组织领导责任。方式步骤分为即知即改阶段、集中整改阶段、持续督改阶段。办法施行时间暂定一年。

【省委巡视专项检查工作】2020年11月29日至12月4日，省委巡视专项检查组对洞头区巡察工作开展专项检查。检查组实地检查洞头区巡察信息化、办公室场所、工作台账等内容，听取巡察工作领导小组的工作汇报，对32名领导干部开展个别谈话，查阅相关资料，下沉走访海霞村、同心村、玖栖民宿。区委巡察办在区委巡察工作领导小组的统一部署指挥下，按照39项检查清单，汇编成59卷的检查台账。

【扶贫开发和扶贫协作专项监督】2020年4月16日，为认真贯彻落实全省开展扶贫开发和扶贫协作专项监督工作精神，根据省、市部署要求，洞头区制定《扶贫开发和扶贫协作专项监督工作方案》，监督对象及范围为区内扶贫开发的各街道（乡镇）党委（党工委）、区扶贫开发领导小组成员单位；低收入农户增收攻坚工作领域和区外扶贫协作的区对口帮扶工作领导小组成员单位。目标任务是聚焦区内扶贫开发各级责任落实、紧盯“两不愁三保障”、易地搬迁政策执行，因病返贫、因残致贫帮扶，项目资金使用绩效等监督检查。走访协作单位15家、重点人员73人次、项目现场6个，查阅台账资料500余册，相关做法获市、区领导批示肯定。查处扶贫领域问题4起7人。

【政治监督】2020年，区纪委区监委聚焦十项监督重点，对洞头区委班子以及28名市管干部逐一进行政治画像；围绕“四清单”“两档案”“两报告”制度，把政治监督纳入绩效考评，对日常监督工作实行清单式监督、项目化管理，以常态化的“政治扫描”倒逼压实监督单位主体责任。截至年底，动态更新问题清单53份，同步实现全区各单位政治生态建设档案、廉政档案建设全覆盖，政治监督由“极少数”向“管住大多数”进一步拓展，实现政治效果、纪法效果与社会效果的有机统一。

【“移风易俗巩固深化年”专项监督】2020年，为进一步助推全区“移风易俗巩固深化年”工作，以优良党风促政风带民风，洞头区组织开展“移风易俗巩固深化年”专项监督。监督内容包含各单位贯彻落实情况、职能部门履职尽责情况、党员干部遵规守纪情况。采取起底问题线索、强化动态监管、加大查处力度、健全长效机制等方式。通过“12388”电话举报、清廉洞头网络举报平台、微信公众号等渠道，征集问题线索。全年开展督查213次，发现问题21个，处理问题20起。

【第七轮巡察工作】2020年4月至6月，洞头区委开展第七轮巡察工作，成立3个常规、1个跨县（市、区）交叉巡察组。巡察区直部门9个、国有企业1个和村居20个。重点巡察贯彻落实党的路线方针政策和党中央、省委、市委、区委决策部署情况，聚焦群众身边腐败问题和不正之风，聚焦基层党组织软弱涣散、组织力欠缺问题，紧盯脱贫攻坚、意识形态领域、法治建设、疫情防控与复工复产、基层治理现代化精细化等工作。第七轮巡察共反馈问题219个，自评办结214个，督促运用第一种形态问责干部202人次，健全完善制度98项，追回资金58.75万元；移交问题线索17件，办结15件，党纪政务处分2人，通报批评2个党支部7名党员干部，警示谈话4人。

【第八轮巡察工作】2020年10月至12月，洞头区委开展第八轮巡察工作。安排3个区委巡察组，常规巡察对象为区直部门4个和街道1个，对21个村居开展巡察“回头看”，组织鹿城区委第一巡察组对区委政法委开展交叉巡察，组织教育系统专项巡察组对区教育局及下属单位开展巡察“回头看”。巡察重点为被巡察单位“三定”职能及所承担的政治责任和职责使命、贯彻落实党的路线方针政策和党中央决策部署情况、群众身边腐败问题和不正之风、基层党组织软弱涣散、组织力欠缺问题等。巡察期间，移交线索5个，反馈即知即改问题30个。

【村居巡察整改评议】2020年6月3日，“海霞说事·霓有话说”村居巡察整改评议现场会在霓屿街道桐兴村举行，对3月区委巡察组巡察反馈问题整改落实情况，进行现场评议，200余名群众参加评议。同兴村村委书记向村民们汇报巡察反馈意见及整改落实情况。针对村里存在的问题，村民提问，现场干部答复。最终村民评议满意率近100%。活动累计举办80余场，征求意见600余条，解决民生小事167件。

（张文杰）

人民团体

闹鱼灯·王洁灵

“海霞精神”

爱岛尚武　励志奉献

总工会

【概况】2020年，洞头区总工会第八届委员会有两委委员（工会委员会委员和经审委委员）29人。截至2020年年底，全区基层工会265家，工会会员数1.9万人，其中行业工会11家、机关事业单位工会100家、乡镇（街道）总工会6家、社区工会18家、企业工会130家。

温州市洞头区总工会研究出台"抗战疫、助复工、促发展"十大专项行动，开展企业复工"点对点"指导帮扶工作。洞头女子民兵连纪念馆红色文化教育基地创成首家省级职工疗休养基地，霓屿街道办事处职工书屋和国网温州市洞头区供电公司职工书屋入选省级职工书屋，新创市级职工疗休养基地21家，打造全域30家疗休养基地"十分钟"优质服务圈。全年选优推荐5个项目参与全市重点建设立功竞赛。创新"e+山海"营销，率先在抖音、小红书、朋友圈三大热门自媒体平台推出"抖音in洞头""花开海上·用小红书分享你的美"等系列活动，抖音平台话题点击率超200万次，拍摄制作"温州洞头：墨香与疗养的惬意时光"在学习强国刊登；联合永嘉等地举办多场专场推介，与泰顺、文成、永嘉等地形成山海协助，推进资源互推、职工互送、基地互建战略合作。组织洞头区第一届职工疗休养产品（线路）设计大赛暨人气网红疗休养基地评选。落实劳模疗休养、健康体检、津贴发放等工作，全年慰问各级劳模57人次，发放慰问款物10余万元。

【送温暖资金使用管理实施细则】2020年10月20日，为进一步开展好工会送温暖活动，提高资金使用效益，实现送温暖常态化、规范化、制度化，根据温州市工会文件精神，区总工会制定《洞头区工会送温暖资金使用管理实施细则（试行）》，包含总则、资金来源、使用对象及标准、资金的使用管理、监督检查和附则共5章17条内容，细则自下发之日起执行。

【基层工会组织建设】2020年，区总工会建立未建工会企业清单，落实基层工会组建责任机制，实现百人以上企业动态覆盖，25人以上企业基本覆盖。通过干部多跑、管理先跑、平台代跑实现基层工会运行情况"一手清"、规范选举程序，确保基层工会选好"当家人"，提升基层工会规范化水平，该项工作在全省"基层组建、基层改革"经验交流会上作交流发言。先后在《浙江工人日报》《工人日报》和中国工会新闻网报道。推进工会服务供给侧结构性改革，依托标准化示范性工会创建基础，全年新增职工功能小组24家，补助职工兴趣小组开展各类文体活动68场。

【职工宣传活动】2020年，区总工会到基层开展职工流动讲堂、劳模讲坛、工会微课堂等理论宣讲50余场，线上开展"我最喜爱的习总书记的一句话""家与国的故事"等主题大讨论。改造提升成区级职工文体中心、职工服务中心"两个中心"，填补区级职工阵地"空白点"。以小三级工会文化阵地建设为辐射网点，创成全国级职工书屋2家，建好职工身边文化阵地。召开区劳模协会年会、组织"寻访海岛精彩蝶变 弘扬劳模精神"等。提升"洞头工会"公众号服务宣传能力，推出"e起走"、蚂蚁森林合种春天等具有工会特色的融媒体

2020年5月22日，开展"寻访海岛精彩蝶变 弘扬劳模精神"活动

（金梦雅摄）

产品，发布信息237期，线上阵地活跃会员占全区工会会员46%，公众号在全省微信矩阵中动态保持在前30名，是全市唯一入榜的县级工会公众号，"洞工e家"影响力提高。

【职工维权帮扶服务】2020年，区总工会实施"春送祝福、夏送清凉、秋送助学、冬送温暖"四季帮扶品牌活动，累计慰问防疫一线、送温暖、大病医疗救助等2181人次，筹集资金153万元。落实《洞头区工会困难职工专项帮扶资金使用管理实施细则》《送温暖资金使用管理实施细则（试行）》及大病医疗救助等政策，临时救助、送温暖、大病医疗救助等项目常态化帮扶职工554人次，发放资金13.72万元。融入区域治理，拓宽利益诉求"双向"表达机制，创新推行"职通心声"议事平台，落实议事"八有"标准，200余名职工协商解决工资福利待遇、劳保用具缺失等关键小事近50件。推出转岗就业、心理健康、婚恋交友等十大套餐。全年参加职工医疗互助保障职工8899名，发放理赔保障金71万元。

【首家省级职工疗休养基地创成】2020年10月10日，省总工会办公室发文认定首批119家单位为浙江省职工疗休养基地，洞头先锋女子民兵连纪念馆红色文化教育基地名列其中。洞头先锋女子民兵连纪念馆发挥爱国主义教育基地作用，坚持贴近实际、贴近生活、贴近群众，组织开展系列宣传教育活动。纪念馆先后被评为首批国家级国防教育基地、全国爱国主义教育示范基地、全国红色旅游经典景区，是连队进行思想政治教育、爱国主义教育和国防教育主要阵地，也是学校和企业开展爱国主义教育德育基地。

【首届职工疗休养产品（线路）设计大赛】2020年11月27日，区总工会联合区文广旅体局"海上花园·惬意休养"洞头区首届职工疗休养产品（线路）设计大赛。共有20件职工疗休养产品（线路）参加现场展示。经过角逐，新境界旅行社张丽凡获一等奖，北岙街道陈文郁、元觉街道方雯婕获二等奖，旅发公司林芳芳、大自然旅行社洪颖奕、东屏街道林丽影、华夏旅行社周伟豪获三等奖。

（许洛桁）

共青团

【概况】2020年年底，洞头区有基层团委13个，团工委7个，团总支13个，团支部261个，青年团员5980个，发展新团员180人。全区少先队员7377名，少先队辅导员221名，少先队组织1082个，其中少先队大队部18个，中队203个，小队861个，少先队组织建队率100%。

共青团温州市洞头区委员会实施"凝心铸魂""建功追梦""亲青圆梦""服务大局""强基潮头"等五大工程，向党组织推荐优秀团员青年55名。完成全区83个村（社区）团组织换届工作，共产生村团支部书记83人，团支委委员193人。开展重点青少年走访慰问活动，全年走访慰问全区6个街道（乡镇）重点青少年200余名，全区重点青少年结对帮扶率100%。深化"12355"中高考减压行动，组织开展各类减压讲座、心理团辅等活动10余场，受众学生3000余人。举办"亲青恋"专场活动6场，为250余名单身青年提供婚恋交友服务；推动5个"青年之家"综合服务平台成为面向青年群体开展服务、引导工作的重要载体，全年开展活动累计383次，参与人数11138余人次。获评全国青年安全生产示范岗3个、全国优秀少先队集体1个，入选《省中长期青年发展规划》实施省级试点培育单位，争取省青基会资金80万元。创成省红领巾学院洞头分院，承办市少先队争章活动，组织第八届队长学校，深化红领巾e站1013等载体，发布青少年海霞红色研学线路3条，吸引全省高校团委书记双月学习周、龙湾中学等赴洞头开展研学。开展新时代好少年寻访、红领巾心向党·争做海霞好少年等活动23场次，构建海霞青少年培养机制。

【青年创新创业】2020年，团区委开通“青春洞头”抖音号，开展“我为洞头代言”主题活动，聘任10名团干部作为青春推介官，共推出“团团带货推介会”洞头民俗特产推介、“青春推介官”洞头特色民宿体验活动、“团团邀您游洞头”抖音视频大赛等系列活动30余场，形成推介视频、体验报告等素材50余条。响应“地摊经济”号召，推动代言升级，开设为期一周青春集市，打造现场展销平台，推介文工创意、地方特产、创意才艺等青年创业项目30余个，吸引市民5000多人次。深化“扬帆工程”项目，联合省青年创业就业基金会走访蓝家花圃、海尔智能家居体验馆等青年创业项目12个，发放无息贷款50万元。创成区级青年文明号9家，申报市级青年文明号3家，参与“最多跑一次”、助力复工复产、优化营商环境等服务。开展南部青年电商创业专题培训班，培训创业青年200余名。创成省级青创农场1家。

【青年人才服务】2020年，团区委服务青年人才发展、汇聚青年人才力量平台，联合区委组织部、区人力社保局成立洞头区青年人才联谊会，首批青年人才会员107名，其中硕士及以上学历86人，占比80%，包含海洋科学、土木工程、旅游管理、生物医药等洞头发展紧缺型专业。组织开展“智汇百岛·青春启航”青年人才交流、青年人才新春分享会、“青年说清廉”思享汇等活动20余场。联合组织、人社、农商银行等相关单位为青年人才量身定制人才优惠卡，涵盖购房、体育、餐饮、购物、住宿、交通等优惠服务10项。常态化开展“家燕归巢”寒暑假社会实践活动，开展大学生“家燕归巢·助力振兴”行动。

【青年志愿服务】2020年，团区委在疫情期间发出倡议5份，组织志愿队伍12支和青年突击队8支，发动团员青年志愿者5600余人次，发放抗疫宣传品1000余份，发动团属协会捐助各类医用、生活等物资130余万元，开展一线防疫、心理帮扶、采购配送及医护人员帮扶等志愿服务项目，累计服务时长超3700小时。依托“百家社团进乡村”“爱心卡车暖百岛”“乡村公益特派员”“青春助力中高考”等载体，常态化开展文明劝导、爱心粥茶、景区服务、防汛抗台、助老扶弱、帮跑助跑等志愿服务活动500余场。承接洞头先锋女子民兵连建连60周年、洞头区第十届放生节等大型活动志愿服务。推广“亲青帮”平台，在线配齐配强律师、社工、心理咨询师、公检法司干部等“专家团”人员36名。

【青少年关爱工作】2020年疫情期间，团区委开通“12355”青少年疫情心理咨询热线，7名心理咨询室志愿服务队全天候在线服务，接听热线咨询电话23个，网络咨询16个，共提供帮扶50人次。通过政府购买服务，联合快乐小屋青少年事务所，采取“社工+义工”模式，免费为新居民子女、留守儿童、寒门学子和残障家庭子女开设公益课外培训班、冬夏令营、心理团辅等活动，全年共服务青少年约3000人次。实施未成年人法律援助、合适成年人指派和思想教育引导等，全年开展合适成年人指派8次，提供相关帮助5次。持续开展希望工程“助学、助医、助困、圆梦”四大行动，通过政、社、企三方联动模式，募集青少年关爱扶贫资金与成长资金12万元，资助学生80人。发布亲青筹项目3个，筹集善款5万元。推广亲青帮平台，开展重点青少年走访慰问800余人次。设立红领巾公益“立鹏建设”希望工程爱心资金，企业捐资24万元。

【浙江省红领巾学院洞头分院成立】2020年6月20日，温州市“红领巾心向党·海霞精神代代传”主题教育活动暨浙江省红领巾学院洞头分院授牌仪式在实验小学举行。与会人员观摩海霞红领巾研学线路推介视频，介绍洞头红色的海霞精神和海霞文化，蓝色的贝雕艺术和工艺，金色的海霞村历史和发展等；举行温州市红领巾学院和洞头区海霞学院签约仪式，双方在合作共建研学基地、开展教育人才结对帮扶、搭建红领巾研学交流平台等方面开展合作。团省委副书记王慧琳，团市委书记董步显，区委常委、组织部部长邵建乐等出席。

【洞头被列入省县域中长期青年发展规划培育试点】2020年10月20日，浙江省青年工作联席会议办公室在杭举行《浙江省中长期青年发展规划（2017—2025年）》试点工作培训，全面启动县域中长期青年发展规划试点，确定洞头区等21个县（市、区）为试点培育地区。试点时间为2020年10月至2021年10月。试点采取表格化清单式，依据规划内容，结合浙江特色，列出10项机制性任务和15项发展性任务。洞头团区委以推进改革为主线加强学校团队建设，打造“海霞”团建品牌，开展“青年大学习”活动，打造红领巾服务体系，提升学生团员整体素质。构建青年人才交流学习平台，加强基层团组织建设，提高共青团凝聚青年、服务青年能力。

2020年5月13日，洞头区青年人才联谊会成立　（陈巧慧摄）

【洞头区青年人才联谊会成立】 2020年5月13日，洞头区青年人才联谊会成立，全区“三年百名”中高层次人才、机关企事业单位、温州医科大学等优秀人才105人创建。旨在为青年人才搭建一个互相学习、交流的平台，发挥人才优势，助力全区高质量发展。会议通报青年人才联谊会筹备情况，表决通过《洞头区青年人才联谊会章程》，选举洞头区青年人才联谊会理事、副会长、常务副会长、会长。团区委书记曾中扬为首届洞头区青年人才联谊会会长。

【团员青年“推优入党”工作实施办法】 2020年7月29日，为进一步适应发展党员工作的新形势、新要求，根据《中国共产党章程》《中国共产主义青年团章程》《中国共产党发展党员工作细则》等有关规定，区委组织部、团区委联合印发《关于深化党建带团建加强新形势下团员青年“推优入党”工作的实施办法》，推进团员青年“推优入党”制度建设和推广，规范团员青年“推优入党”总体要求、基本条件、推优步骤等，向党组织推荐优秀团员青年作为党的发展对象，扩面提质，形成特色。截至年底，共推荐优先团员青年55名。

【“青春集市”主题活动】 2020年6月12日至21日，为积极响应“地摊经济”号召，助力青年创业就业，团区委在北岙街道新城广场开展“青春集市”主题活动，经过选拔，全区各行各业20余户青年商家参加。向市民和游客展示文工创意、手工美食、地方土特产、创意才艺、生活杂品等特色项目。“青春集市”开张第一晚，吸引群众500余人次。

【洞头区青年人才交流活动】 2020年6月12日，区委组织部、区人力社保局、团区委联合举办“智汇百岛·青春启航”洞头区青年人才交流活动在隔头沙岙举行。活动通过激扬新时代温州人精神·新时代青年说、青年人才事迹分享、青年人才风采展示、青年人才交流互动等环节，先后完成“铛铛车环岛游”“破冰互动”、篝火晚会、才艺表演等。为青年人才提供交流学习机会，服务洞头人才发展体系建设。全区各单位60余名青年人才联谊会成员参加活动。

【洞籍学子家乡行活动】 2020年8月13日，区委组织部、区人力社保局、团区委、洞头海事处联合举办“家燕归巢·智汇百岛”洞籍学子家乡行活动，40余名返乡大学生参加此次活动。洞头籍学子们先后从海上看洞头，参观诚意药业、玖栖民宿等地。在随后举行的座谈会上，学子们结合今天参观的切身体会，结合自己的所知所想，大家对于洞头的经济发展、青年创业、旅游宣传、文化建设等方面展开讨论，畅所欲言，共话家乡发展。团区委就近年来促进青年就业创业及家燕归巢工作向广大洞籍学子进行介绍，区人力社保局就洞头区大学生创业就业政策等进行深入解读。

【洞头区首个村团支部换届】 2020年8月14日，霓屿街道布袋岙村团支部召开团员代表会议，23名团员代表参加。按照年轻化、高素质的整体要求，采取两推直选的方式，把能力突出、群众满意的团员推荐为候选人预备人选。竞职者分别进行竞职演说，现场回答团员、青年的提问。最终选举产生新一届村团支部班子，产生村团支部书记1名，委员4名。新当选书记代表支委班子从组织青年、引导青年、服务青年、维护青少年权方面作表态发言。

【第九届温州市争章技能展示活动】2020年10月9日至10日，温州团市委、市教育局、市少工委联合主办的第九届温州市少先队争章技能展示暨洞头区纪念中国少年先锋队建队71周年主题队日活动在洞头城关小学举行。全市共70名少先队辅导员选手参加争章技能展示活动，重点围绕“传承红色基因·培育时代新人”主题及全市少先队主题教育实践活动等内容开展，分别设置理论测试、思政宣讲、红色研学、活动宣传、团队展示等五项活动内容。洞头区委副书记、政法委书记吴志安，温州团市委副书记邱智强出席开幕式。

【洞头区少先队争章技能大赛】2020年10月9日至10日，洞头区少先队争章技能大赛在城关小学举行。全区10所学校少先队组织辅导员、少先队员80余人参加活动。活动通过微型队会展示、少先队知识竞赛、创意手工制作、争章活动宣传等环节全面考察少先队辅导员及少先队员的理论功底、专业素养和工作能力。活动由团区委、区教育局、区少工委联合举办。

（陈巧慧）

妇女联合会

【概况】2020年，全区有街道（乡镇）妇联6个（不包括灵昆街道）、妇工委1个、单位妇委会21个、行政村（居委会）妇联67个、社区妇联16个。有街道（乡镇）妇联主席6名（不包括灵昆），副主席16名，执委98名（含主席副主席），机关企业单位妇工委、妇委会主任22名。

温州市洞头区妇女联合会开启多元化海霞精神宣教行动，全面掀起妇女共学热潮；发动巾帼文明岗岗位建功，获示范新领域妇联组织、示范妇女微家等省级荣誉4个；全程协助女干部教育基地打造，引进多个市级培训班次，省级巾帼爱国主义教育基地落户洞头。“她服务”在“逆行战疫”中传递温暖，在“复工复产”中精准帮扶，在“经济常态”中助力提质。推进家庭文明建设，启动第五届家庭文化节，开展“文明礼仪进家庭”，引导“垃圾分类MV”全民畅跳、“文明公筷”倡议接力、“爱粮节粮”家社联学。推出“家庭助廉”“家教指导”系列活动，获评省市各类典型家庭41户。建立“她管家”“1+6+N+X”调解机制，分级分类调处家事矛盾；组建区级“她管家”调解队，以“固定排班+点单服务+机动驻岗”形式入驻矛调中心；率全市之先实现婚姻家庭辅导员村社全覆盖。

【弘扬海霞精神】2020年，区妇联以洞头先锋女子民兵连建连六十周年为契机，组织妇女群众开展“学海霞精神·做海霞传人”行动。配合做好区“海霞精神”主题研讨会。组织各类女性培训班开展“海霞精神”大讨论。举行“我担当 我奉献 我实践·展新时代海霞风采”主题演讲比赛，引导女干部、巾帼文明岗岗员讲好身边海霞故事。成立海霞精神宣讲团开展“新时代海霞说”巡回宣讲18场，走进机关、村社、学校、企业、住宅小区、宗教场所，掀起妇女共学热潮。组织“海霞妈妈进军营”“巾帼文明岗岗员服务女性创业基地”等“海霞式”服务。选树“海霞式”优秀基层妇联组织和最美女性36个。

【疫情防控】2020年，区妇联制作《向她致敬》宣传片，开展“逆行的力量”微宣讲、线上接力倡议，编制“地方方言+普通话”防疫宣传顺口溜，开展全方位宣传普及，分发宣传资料560份，受益人数2100人次。吸纳23名专业人士成立巾帼热线服务志愿团，开通5条热线，累计发放防疫物资超2000件；发动巾帼创业联盟、巾帼志愿者，开展“送爱心菜”“一线卡口送温暖”“留观点送关爱”“自发捐款购买防疫物资”等活动。

2020年9月29日，“我担当 我奉献 我实践·展新时代海霞风采”主题演讲比赛召开

（区妇联提供）

【芳邻守望三年行动项目】2020年，区妇联推行“芳邻守望”提质扩面行动，发布“芳邻守望”三年行动项目，推出芳邻守望“六个一”行动指南、五大项目服务清单，在全区83个村社组建“芳邻家庭”331个，链接爱心资金24万元，成立“芳邻加油站”4家，参与党员、巾帼志愿者600名。留守妇女关爱帮扶留守儿童、老人，开展“相伴”“相助”“相悦”活动110场，变“一时一地”送温暖为“常态长效”做公益。

2020年，区妇联为“芳邻家庭”赠送爱心礼包　（区妇联提供）

【家庭文明促进】2020年，区妇联深化“最美家庭”“绿色家庭”“墨香家庭”等特色家庭寻找活动，推荐各类家庭获评省市级荣誉62户。启动“清风润万家·家风伴我行”家庭助廉“六个一”系列活动，举办廉内助学习交流会，征集“好家教·好家风·好家训”作品，展示家庭助廉成果等；联动推出《文明健康说》《身边的感动》栏目，组织开展“文明公筷及垃圾分类进家庭”活动；举办“文明礼仪进家庭”活动，近80名机关干部和群众参与制作MV《垃圾分类卡路里》，以广场舞唱跳形式助力垃圾分类文明新风理念深入人心。落实《浙江省家庭教育促进条例》，围绕“家庭教育宣传周”线上知识竞赛推进社会资源链接，累计链接商家资源超5万元；联合市民活动中心等单位成立家庭教育服务站点7个，签约女性社会组织6家，举办家庭教育读书会、家庭教育公益学堂进校园8场；打造“秀慧课堂”公益平台，开设亲子瑜伽等各类课程76场。

【巾帼创业创新】2020年1月，区妇联成立巾帼助企帮扶团，开始到巾帼创业基地开展“面对面服务，点对点走访，实打实举措”暖企行动。帮扶落实产业补助超15万元，落实低息贷款超50万元。开展“巾帼助农爱心公益行动”，组织巾帼志愿者参与志愿服务，协助企业解决因疫情导致的人员短缺问题；搭建“需求—购销—配送”一体化信息平台，解决霓屿海鸭蛋、大门七彩山鸡蛋、鹿西大黄鱼等渔农产品滞销问题，累计销售额20万余元。开展驻企帮扶，帮助洞头亿丰旅游发展有限公司落实“一事一议”政策项目补助15万元，协助百岛森林公园成功申请市级研学基地。联合区人社局举办女性专场招聘会、月光招聘周活动，为女性提供就业平台。举办月嫂、护工等精准化培训4期，提升妇女就业技能152名。举办巾帼民宿健康行活动，向30家巾帼民宿赠送“民宿药箱”，并试点配备驻点医生。该项工作做法在中国妇女网、《温州都市报》报道。深化“海霞云创”专项行动，举办“海霞当主播，云端促发展”创业女性直播培训与带货活动，成立海霞直播团、巾帼创业联盟直播室和村姑直播室，引领妇女“云上”创业，以最佳姿势拥抱“5G”时代。该活动信息在学习强国、浙江新闻客户端刊登。

【“她管家”品牌升级】2020年，区妇联联合政法委等部门建立区级“她管家”调解服务平台，链接“区—街镇—村社—试点站”构建“1+6+N+X”四级联动机制。组建区级“她管家”调解服务队并进驻矛调中心，通过“固定排班+点单服务+机动驻岗”形式开展调解工作。在矛盾调节大数据中心设置信息归集端口，明确分类处置路径及动态化解进程。制定出台《“海霞妈妈”平安管理办法》，实现队伍人员组成、年龄结构、服务特长等有机更新，实行积分量化星级评定，建立礼遇关爱长效机制，定期组织专题培训，提升海霞妈妈在身份认同感、服务品质化、队伍规范性等，扩大“海霞妈妈”品牌影响力。率全市之先举办婚姻家庭辅导员专项能力培训班，实现全区83个村社婚姻家庭辅导员全覆盖，吸纳基层妇联执委、妇女骨干、社会组织及专业人士加入辅导队伍。组织家事调解员岗前培训，成立家事顾问团，强化家事调解力量支撑。

【“一户一花墙”创建】2020年，区妇联围绕花园洞头建设目标，牵头完成百岛千户“一户一花墙”创建、美丽庭院片区示范带任务等，打造“花墙网红打卡点”，开展分类创建、入户指导、花墙示范带大比拼、“美丽课堂进庭院”、庭院创建交流会、美丽庭院家家秀等活动。创成示范带9条，创建户超1000户，超额完成市定目标。

【基层妇联干部培训】2020年8月20日至21日，洞头区“学海霞精神·做海霞传人”妇女工作者专题培训班在洞头海霞学院举行，区直机关妇委会、巾帼文明岗、两新组织妇联和住宅小区妇联等50名妇女工作者参加。培训分为课程培训和课外实践。课程类包括《信仰的力量——中国共产党从苦难走向辉煌的内动力》《疫情背景下的中美关系》《海霞精神的传承与弘扬》等，实践类包括队列训练、学唱军歌、入户慰问等。通过“吃连队饭、住海霞营、穿民兵服、过军事日、走解放路”海霞红色教育等培训，旨在让参训妇女工作者在体验海霞文化中锤炼党性修养，弘扬新时代海霞精神，在建设“重要窗口”中彰显巾帼风采。

【妇女儿童关爱活动】2020年，区妇联组织开展“欢乐六一　快乐成长”芳邻家庭研学游活动，霓屿街道、元觉街道20组“芳邻家庭”参加。启动“守护童年·牵手共成长”暑期儿童关爱服务活动，通过“相爱”“相行”“相长”“相伴”四大系列，开展离岛行、游学夏令营、基层巡讲等活动。联合多部门开展“关爱助学　一路相随”助学倡议活动，为结对困境儿童解决“上学难”问题。依托“海霞关爱基金”，对接爱心企业和企业家，进行“一对多”爱心助学计划。邀请女童保护志愿者讲师进社区、校园，为400名学生开展16场儿童防性侵讲座。

（陈　颖）

【妇女儿童权益保障】2020年，区妇联联合8个部门出台《关于建立侵害未成年人案件强制报告制度的工作意见（试行）》，与检察院联合开展未成年保护教育线上专栏《少年乘风》，宣传女童保护、网络诈骗等。全年各调解室排查调解家庭矛盾纠纷202起，妇联接访20件（含“12338”热线）。全年开具家暴告诫书20余起，为受暴妇女提供法援6起。法院出具人身保护令5起。实施贫困母亲两癌救助项目，为贫困妇女购买健康险946名。募捐海霞关爱基金17.8万元，发放关爱资金36.44万元，帮扶困境妇儿427名。

【平安家庭宣传教育】2020年，区妇联开展多形式法治宣传活动。通过三八维权周、“6·26”禁毒宣传月线上有奖竞答及“11·25”反家暴周环岛骑行等宣传活动。旨在开展讲座、广场活动、平安妈妈入户宣传、平安巡逻等，宣传平安家庭、妇女维权、民法典、防诈骗等，全年共分发宣传品、宣传资料2万余份，开展女童保护讲座16场、民法典讲座进基层10场，覆盖6个街道（乡镇），推进《中华人民共和国民法典》知识进村社、进家庭。开展“平安家庭”示范户、“最美洞头人·最美平安妈妈”寻访活动，共寻访镇街级“平安家庭”示范户850户，区级“平安家庭”示范户17户，“最美洞头人·最美平安妈妈”10名，其中2名获“最美温州人·最美平安妈妈”称号。

（叶双双）

科学技术协会

【概况】2020年，温州市洞头区科学技术协会所属区级学（协）会9个，街道（乡镇）科协6个。组织科技工作者开展学术交流、建言献策，发挥“科技活动周”“全国科普日”“青少年科技创新大赛”等科普品牌传播科学技术知识作用。针对科普宣传重点人群，开展社区益民行动、科技惠农帮扶、青少年科教等形式多样的科学实践活动。围绕科技（科普）活动周、全国科普日等科普品牌活动，发动街道（乡镇）科协、学（协）会和纲要组成单位参与举办节能减排、建筑行业安全生产、腰肌劳损慢病健康等多类型、多主题科普等科普活动23场。举办“激扬新时代温州人精神，追忆红色记忆”首届国防知识科普教育邮展。联合教育局开展洞头区青少年科技节活动。7月30日，区科协邀请杭电科大教授在电子电器科技园区举办现代智能传感器及其集成技术专题培训。10月18日至19日，举办2020世界青年科学家峰会·洞头生命健康院士研讨会，成立3个研究中心。11月17日，中国机械工程学会专家到企业解决技术难题。

是年，洞头区科协组织科普活动获评全国科普日优秀活动；区科协获评市网络科普知识竞赛优秀组织单位、第三十五届温州市青少年科技创新大赛优秀组织单位；诚意公司科协获评浙江省“百佳企业科协”。

【科普防疫】2020年，区科协及时推送转发权威科普栏目“超级科学+”“科普中国”实时解惑。通过“科普中国”APP、科普短信平台、微信群及基层“三长”资源、科普志愿者资源等科普阵地线上线下渠道，向基层群众累计发送疫情预防知识信息6000多条。

【科普信息化】2020年，区科协在《温州科普》电视栏目上制作并播发250个电视微科普视频，其中，本地制作科普短片45期；向公务员、科技工作者群体推送手机科普短信13期3.1万人次。新增“科普e站”（电子触摸屏）1台，定向把科普信息资源送达目标人群；推广温州市“科普进万家”网络知识竞赛，累计参加人数5951人。

【科技惠农服务】2020年，区科协全力做好复工复产阶段“三服务”工作，走访农村养殖（种植）专业合作社、加工企业30多家，排摸疫情难点，分发科普折页2500份、84消毒液40桶、口罩300个、75%消毒酒精400多瓶，帮助解决人才、技术等方面的问题11个。主推“寓教于乐”旅游+科普模式，助力科普基地融入旅游行业实现带动经济收益和科普资源盘活，相关做法被省科协杂志刊登介绍。11月，与区人社部门开展农民技术人员职称评定，评出初级职称20名。在省市农职称评比中，获评农民高级技师2名，农民技师3名。

【科技学会服务】2020年，区科协发动科技社团联合开展形式多样的科普宣传活动。区护理学会开展庆祝“5·12”国际护士节系列活动，包括护理学术交流、技能大比武，心肺复苏急救普及等活动。抗疫期间，护理学会发动全体会员做好疫情救治、应急处置等工作；区老科协到偏远海岛渔村开展科普保健讲座及义诊6场，送药价值2万余元，受众600多人。实施花园村庄建设、全民医疗健康等多个调研课题；区药品行业协会开展“安全用药、战疫同行”全国安全用药月。11月18日，区建设行业协会、区安全生产协会开展“安全生产科普知识宣传、助推建筑业冲刺全年红”活动。

【青少年科教活动】2020年，区科协举办青少年科学三分钟演讲、创客教育文化节、科普列车进校园、科普教育基地体验游等校园特色科技载体12场次，吸引学生积极参与体验科技活动。海霞红港青少年成长科吧科学冬令营开班，围绕体验科学秀、探究实验、科考游学等主题，合计推出周末科学趣味课程8期。

2020年11月，洞头区科学冬令营举行　（区科协提供）

【青少年科技创新大赛】2020年10月，区科协联合区教育局开展青少年科技创新大赛，包含科技创新项目竞赛活动（包括创造发明、科幻画、科学论文等竞赛）和科技实践活动、科学幻想绘画等展示活动，评出科技创新项目小学组一等奖3名、二等奖5名、三等奖11名，初中组一等奖1名、二等奖2名、三等奖3名；科技实践活动小学组一等奖1名、二等奖2名、三等奖3名，初中组一等奖1名、二等奖1名、三等奖1名；科学幻想绘画作品小学组一等奖5名、二等奖9名、三等奖22名，初中组一等奖1名、二等奖2名、三等奖5名；科技辅导员一等奖1名、二等奖2名、三等奖4名；优秀指导师12名。组织参加温州市第三十三届青少年科技创新大赛，洞头区获科技发明一等奖1名、二等奖1名、三等奖1名；科技辅导员创新成果竞赛项目一等奖1名、三等奖1名；科学幻想绘画二等奖1名、三等奖5名；科技论文三等奖6名；实践活动三等奖3名；倪协凯获评市青少年科技创新大赛优秀科技辅导员。

【全国科技工作者日活动】2020年5月30日，洞头区组织开展全国科技工作者日活动，召开科技工作者座谈会，为120多名企业外来科技工作者、本地企业技术骨干组织开展关爱健康体检。开展寻“科技追梦人”活动，宣传基层一线科技工作者争当创新先锋典型。

（刘良伟）

归国华侨联合会

【概况】2020年，温州市洞头区归国华侨联合会开展凝侨力助家乡系列行动、侨情普查及侨法宣传、慰问走访、服务侨企等爱侨护侨活动，强化政治引领、凝心聚力、服务保障。全年区侨联开展春节、“六一”、中秋等节日走访慰问活动，慰问重点华人华侨、贫困归侨侨眷、留守儿童等147人次。开展送法下乡、侨法现场咨询及送法入户等活动，邀请律师作专题讲座，受理咨询人员500余人，发放侨法政策法规宣传资料1000多份。全年推进村社侨联组织建设，全区建成村社侨联5个和村社侨联小组11个。

【疫情防控工作】2020年，区侨联组织全区7个街道（乡镇）开展疫情期间侨情大排查，摸清底数；在洞头籍海外华侨华人、留学生等微信群，实时发布疫情信息和防疫事项，及时解答各类问题。做好返乡意愿人员“一对一”服务，全年对接回国人员224人；常态化联系华人华侨及留学生家属，疫情期间送出口罩600多个；与侨企加强联系，在复工复产后第一时间送上口罩、温度计；沟通需接种疫苗的华人华侨、留学生，全年接种疫苗16人。疫情期间，海外华人华侨热心捐赠资金33万元，捐赠医用外科口罩37900只，手套15000双，N95口罩8140只。

【侨联学习教育活动】2020年，区侨联召集区侨联委员及各街道（乡镇）侨联主席专题学习市侨联十一届六次全委（扩大）会议精神。清明节发动海外华侨华人、海外留学生、归侨侨眷及统战侨联干部开展“网上祭英烈”、观看回忆洞头解放史等活动。在侨界微信群宣传“兰小草”精神、吕海生事迹、“海霞精神”等，传播社会主义核心价值观。

【基层阵地建设】2020年，区侨联指导北岙街道、大门镇建设“侨胞之家”“五型侨联”等。协调落实大门侨联“侨胞之家”建设，选址大门镇原治安综合楼三间办公室，投入7.5万元。5月，大门侨联“侨胞之家”建设完成投用。

2020年8月27日至28日，洞头区开展“童心向党·牵侨手童行”夏令营活动

（区侨联提供）

【“童心向党·牵侨手童行”夏令营】2020年8月27日至28日，洞头区元觉街道开展“童心向党·牵侨手童行”夏令营活动。围绕“协作、自信、分享”，设置“薪火相传 做新时代海霞好少年”“弘扬状元文化 放飞状元梦想”两大主题活动。共30名青少年参加。

（方芳）

工商业联合会

【概况】2020年年底，温州市洞头区工商业联合会执委会执委47人，基层商会7个，即北岙商会、灵昆商会、大门商会、东屏商会、元觉商会、霓屿商会、鹿西商会；行业商会1个，即电器商会；联合性协会2个，即企业联合会、新生代企业家联谊会；联系异地商会9个，即上海商会、杭州商会、乐清商会、贵州商会、北京商会、四川商会、西安商会、广州商会、银川商会。

制定《洞头区企业家政治待遇提升十条措施》《洞头区民营企业家能力提升行动实施方案》《关于鼓励支持民营企业积极投身公益慈善事业的实施意见》和《洞头区新生代企业家到部门挂职锻炼工作方案》。全年组织优秀企业家代表参加全委会等重要会议52人次，选树省、市、区三级优秀企业家16人次，召开亩均论英雄综合评价等涉企政策意见征求会3次，推荐新生代企业家3人到区涉企部门挂职，选派新生代企业家1人参加市委党校城区年轻班学习；推动出台《洞头区“温馨老家”在外商会联络服务机制建设实施方案》，落实落细“四大员一热线”服务机制，全年共提供保健服务190人次；开展商协会改革，实施现有商协会“撤扩并”，撤销1家，新建1家，指导现有3家市级四好商会做好规范化建设和巩固提升；制定《洞头区工商联兼职主席挂钩联系企业工作制度》，8位副主席挂钩联系35家执委企业，全年协助解决挂钩企业问题19个；修订完善《洞头区工商联执委履职积分制管理实施办法》。动员会员企业积极参与公益慈善事业，全年捐款捐物价值达460余万元。

指导北岙商会创成全区第一家街道（乡镇）商会服务综合体，指导温州市东启汽车零部件制造有限公司创成区级清廉民企。浙江诚意药业股份有限公司、浙江东一海洋集团有限公司获评浙江省抗击新冠肺炎疫情先进浙商企业；浙江诚意药业股份有限公司和浙江中燃华电能源有限公司获评市新时代“两个健康”先行区创建工作先进集体。

【**服务民营企业发展**】2020年，区工商联成立疫情防控工作领导小组，协调解决企业复产复工存在问题20件，促成工商联执委企业复工率100%。联合人行洞头支行推荐行长挂钩联系企业10家，获专项再贷款支持1.61亿元。建立涉企司法紧密联动机制，与法院、检察院等6部门签订合作协议36条，为民营经济提供“法制护航”。依托工商联自有维权服务平台和司法联合维权服务平台，全年参与企业维权协调15次，为企业维权8件，报送维权案例5件，入选市级十大典型案例1件。全年共召开政企恳谈会3次，解决企业存在的困难问题17个。组织参与百会万企评部门活动520人，组织69家企业对全区72家审批服务、执法监督部门站所开展满意度评价。

【**洞头区工商联一届四次执委会**】2020年6月30日，洞头区工商联（总商会）一届四次执委会召开，40名执委参加。会议听取审议通过《区工商联（总商会）2019年度工作报告》《区总商会2019年度财务工作报告》，举行“工商联+”护航民营经济发展合作机制签约仪式。会议表彰2019年度优秀执委，表决通过相关人事任免事项，补选产生1名副主席，2名常委和4名执委。

【**洞头区工商联一届五次执委会**】2020年10月20日，洞头区工商联（总商会）一届五次执委会召开，33名执委参加。会议学习传达习近平总书记对新时代民营经济统战工作重要指示精神，新生代企业家们分享部门挂职锻炼和党校学习的心得体会，审议通过工商联执委履职积分制管理办法（修订版），选举产生副主席1名。

【**两个健康非公经济人士理论研修班**】2020年12月9日至12日，区工商联联合区经信局、区企联会举办“传统产业高质量发展研讨班暨两个健康非公经济人士理论研修班”，全区民营企业家代表52人参加。开设习近平总书记关于社会主义社会建设重要论述、中美贸易战等理论课程，并安排企业家实地观摩现场，通过理论结合实践的教学形式，学以致用。

【**洞商学堂**】2020年，区工商联邀请党政领导、知名专家开设工业经济、企业管理相关课程，包括温州市经济和信息化局党委副书记、副局长赵斌的《浅谈温州工业经济发展》，温州大学教授的《国际国内双循环与企业创新发展》，洞头退休干部邱国鹰老师的《海霞精神的铸就与弘扬》等，对企业家进行现场授课，开展“青蓝新学”、新生代企业家等专题培训，提升企业家综合素质；到四川南部县，为当地经营管理人才送上知识盛宴。全年共举办培训6期，参训人员420余人次。

2020年6月30日，开展与民营企业家面对面法律服务活动　（苏玲芳）

【**理想信念教育实践活动**】2020年，洞头先锋女子民兵连纪念馆创成市级首批理想信念教育实践基地，形成集参观学习、主题报告、军企互动、重温入党誓词为一体的企业家理想信念教育模式。开展中共十九届五中全会精神，习近平总书记对新时代民营经济统战工作重要指示精神，中央经济工作会议精神等学习会，开展赴女子连纪念馆、瓯江口规划展示厅、永嘉红十三军教育基地等红色主题教育，全年共计19场次600余人次。

（庄婷婷）

法　治

鱼跃蟹欢 · 罗纯香

“海霞精神”

爱岛尚武　励志奉献

法　治

政法委与综治

【概况】2020年，洞头区全面深入贯彻习近平法治思想，以“十六连创”为主线，以“金鼎贴星”为目标，围绕“法治政府示范区创建”，全力打造平安洞头、法治洞头。全力服务保障“六稳”“六保”，深化法治护航“两个健康”，制定柔性执法首次免罚清单364项，审结涉企纠纷1005件，为283家企业执行到位金额1.17亿元。深化落实审慎监管改革、数字监管清查、行政争议化解等举措，建成全市首个“无证明区”。开展“蓝色海湾整治”“海域非法养殖”专项监督，破解非法养殖、养民纠纷难题。开展执法司法规范化水平提升年活动、诉源治理、政法一体化数字卷宗单轨制协同办案，诉前化解率41.72%，法院一审民商事案件立案数下降近12%。深化“最多跑一地”改革，源头化解矛盾纠纷，“鹿西无讼岛”“船老大”“渔小二”等品牌获省市领导肯定，鹿西乡人民调解委员会获评全国模范调委会。开展扫黑除恶专项斗争，助力全区83个村社完成换届选举工作，对1名涉黑社区矫正对象和2名涉爆归正人员按要求严格落实教育矫治措施。全年完成“两会”、疫情防控、洞头先锋女子民兵连建连60周年等维稳安保工作任务35项。组织开展“双月攻坚”、“两车”治理、危化品“铁拳”整治等专项行动，启动区域治理现代化精细化三年行动计划，创新基层“八治”体系，实施鹿西无讼岛、船老大调解等十二大改革创新项目。深化社会治理领域“最多跑一地”改革，率全市之先推广街道（乡镇）“一厅通办”模式，累计建成智慧安防小区8个，全省首推“一网一图一库一码一队”五一工作法。“七五”普法收官，2018年—2020年度连续3年全省法治建设群众满意度蝉联全市第一。连续15年获评省级“平安区”，获全省首批一星平安金鼎。

是年，洞头区委政法委获省平安护航70周年、市级扫黑除恶专项斗争突出集体等荣誉，基层治理工作得到省委主要领导调研肯定，并在国家级媒体刊发报道。

【机构增设】2020年7月，根据上级要求部署，区委、区政府批准设立温州市洞头区社会矛盾纠纷调处化解中心，为区委区政府直属公益一类全额拨款事业单位，机构规格相当于正科级，归口区委政法委领导。主要承担区社会矛盾纠纷调处化解的统筹协调、风险研判、指挥调度、决策服务等具体工作。内设机构3个，全额拨款事业编制8名。

【平安洞头建设】2020年，洞头区坚持完善平安报表制度，落实模拟评分、动态监测、阶段预警等机制，推进平安建设“一把手”工程，严格落实领导责任制和“属地属人”原则，推行清单式领责、定责、督责、问责，实行约谈、通报制，全年共约谈5家，通报2家。全面推进隐患清零销号，开展平安“双月攻坚”行动，落实平安督查暗访闭环机制，推进部门联动检查、街道（乡镇）交叉检查、区级暗访督查、属地暗访自查，共排查隐患1833条，整改率98.7%，平安隐患数下降32%，市专项巡查隐患问题全市最少。加大各类风险事故防范力度，研究制定治安、交通、海上、消防、建筑工地五大安全领域专项治理措施，“智慧交通”电动车管理、元觉街道试点出租房

"三色管理"、霓屿街道平安海区创建等创新做法成效明显，水上交通整治排名全市第一，实现电动车和火灾事故"零死亡"，全年继续保持命案、两抢零发。开展平安宣教"六进""六结合"及街道（乡镇）一把手话平安专栏等活动，群众安全感全市第一，参与率全市第二，平安指数全省前列。

【全省首批一星平安金鼎】2020年4月14日，全省建设平安浙江工作会议召开，省委、省政府表彰2019年度全省平安建设和综治工作先进，洞头区捧回全省首批一星"平安金鼎"，连续15年达到平安建设标准。洞头区立足海岛实际，十五年一贯深化"平安洞头"建设，推动平安建设"往下沉、往前移、往实做、往深谋"，成立全省首家渔海事调处中心，建成投用社会矛盾纠纷调处化解中心，建立信访全域代跑机制，多元化破解群众纠纷调解难题。集中开展"消防安全、民间迷信、两车整治、物业小区"等七大领域专项攻坚行动，实施"电子围栏""云上警务""科技围城"为重点内容的治安防控项目，推出"民生实事项目代表票决制"，发布养殖海区矛盾纠纷"三色管理"新规、"海霞休闲公寓"管理模式等13项"洞头标准"。健全完善"民主恳谈""村民说事"等基层协商民主方式，推进百姓议事会、乡贤参事会、道德评判团等基层治理建设，开展船头问情、田间问计、庭院问策、厝边问需、海边问效等基层"五问"活动，建成"三治融合示范村（社区）"36个，涌现出海湾三区"红管家"等一批典型做法，海霞妈妈、溢香应急救援队、"好厝边"等70多支志愿者队伍。先后创成全国无邪教示范区、全国平安建设先进区。

【扫黑除恶专项行动】2020年，洞头区按照"一十百千万"行动目标，推进扫黑除恶专项斗争，共收到线索13条。全面完成"六清"行动目标，侦办恶势力犯罪团伙案件3个，打处各类犯罪嫌疑42人，抓获部督等涉黑恶逃犯5名。开展十大专项行动，收网新型涉网恶势力犯罪集团1个，新增打财战果30万元，财产刑执行到位率100%。开展十大行业乱象乱点整治行动，霓屿海区整治成效获市委领导肯定。洞头区委政法委获评2019年度市级扫黑除恶专项斗争突出贡献集体。

2020年4月14日，洞头区获评省首批一星"平安金鼎"。图为区长林霞（左一）参加授鼎仪式（区委政法委提供）

【社会矛盾纠纷调处化解中心】2020年，洞头区社会矛盾纠纷调处化解中心整合"十二中心"为"一中心"，推动部门及社会力量入驻25个，变"专科受理"为"全科受理"，实行"1+5+12+N"运行模式，推动问题就地化解。全年中心共受理各类诉求事项12732件，办结率100%；受理各类调解2268起，化解率99.91%。全区走访量同比下降45.78%、诉讼立案数下降11.63%。率全市之先在鹿西试点并全区推广街道（乡镇）实行便民服务中心、矛调中心"双中心"整合的"一厅通办"模式，得到省委原书记车俊调研肯定，经验做法在浙江法制报头版刊登。

【全省首推"五一"工作法】2020年，洞头区在全省首推"一网一图一库一码一队"基层治理"五一"工作法。采集8000余条基础管控要素，开发"洞头网格"系统，全域上线7000多个"平安码"，对重点行业实行三种形态、四种责任赋码管理，重点行业"五色管理"，实现"以智管格""以码管业"，同等工作量下网格隐患排查量同比上升约50%，实现精密智控。

【政法系统政治轮训】2020年11月24日至26日，洞头区政法系统政治轮训班在海霞学院举行，全区50余名政法干部参加。培训采取专家授课、实战演练、军事练课等方式，用理论武装、实践固基，提升政法队伍的政治力、执行力和战斗力。洞头区委副书记、政法委书记吴志安出席开班仪式，并开展中共十九届五中全会精神宣讲。

【洞头区反邪教协会换届】2020年10月21日，洞头区反邪教协会第二届第一次代表大会、第二届理事会第一次理事会议召开，会议选举29

名理事，选举刘东升担任理事长（会长），选举王昌海为副理事长（副会长），方迎迎为秘书长。

（金　晴）

法治政府建设

【概况】2020年，洞头区加快推进法治政府建设，制定《法治政府建设与责任落实督察工作方案》，法治洞头（法治政府）建设纳入区党政绩效考评体系并单列考核。印发《关于加强防控新冠肺炎疫情法治化建设的意见》，从司法、执法、普法守法等环节提出11条工作举措，报备临时性应急行政管理措施文件67件。持续深化"最多跑一次"改革，基本建成"无证明区"，共清理912个事项1852个证明材料，累计数据共享、部门核验、告知承诺办件量4万余次。健全完善"双随机、一公开"监管，全年设定双随机抽查1511次，抽查结果公示率99.7%。出台行政合同管理办法，公布年度重大行政决策目录11份，严格落实重大行政决策、规范性文件、重大行政合同合法性审查100%覆盖机制。

【依法行政决策体系建设】2020年，洞头区开展重大行政决策能力提升专项行动，出台《洞头区行政合同管理办法》，公布年度重大行政决策目录11份，严格落实重大行政决策、规范性文件、重大行政合同合法性审查100%覆盖机制。开展行政规范性文件动态优化，全年区政府及其办公室制发规范性文件16件，废止、宣布失效文件136个，以省行政规范文件管理平台推广和专项督查为抓手，把规范性文件数据化管理的触角有效延伸到最基层。全年区政府法制部门参与各类涉法会议160余次，审核涉法文件90余件，提出审核意见400余条，政府法律顾问参与行政事务100余次。

【行政执法监督】2020年，洞头区持续压实行政执法"三项制度"，全区30个行政执法部门均建立公示"1套文书+3张流程图+5张清单"，创新涉海行政执法监督品牌，严格规范公正文明执法。强化执法证件监督管理，全市率先完成证件清理工作，开展执法证考试情况督察整改，提升行政执法证件考试合格率，全区行政执法持证率92.60%。

【法治化营商环境优化】2020年，洞头区推动出台海岛普惠金融创新、企业"一卡通"、小微企业集成共享等惠企改革措施19项。修订《洞头区政府行政规范性文件管理办法》，开展涉及营商环境领域的行政规范性文件专项清理，2019—2020年对区级行政规范性文件拟修改23件，废止31件，宣布失效108件。出台《洞头区法治政府建设与责任落实督察工作方案》，把法治化营商环境纳入重点项目专项督察内容。推行"双随机、一公开"监管模式，对民营企业主体开展企业公示信息检查、专利性真实监督检查、商业银行收费检查等检查，掌上执法录入率100%。严格执行涉企执法检查备案制度，报备涉企执法检查34次，严格履行"一事一报"制度。完善涉企免罚清单动态调整机制，出台《洞头区涉企行政指导实施方案》，梳理公示"涉企依法不予行政处罚事项目录"364项。在公共法律服务中心设立民营企业之窗，以"企业法律门诊"模式，提供企业门诊服务28次，解决法律问题20个。

【"无证明区"改革】2020年，洞头区推行证明事项告知承诺制，清理912个事项1852个证明材料，累计减少群众提交证明6000余件，全面推行"一窗受理、集成服务"，整合30个部门1082个"一窗"受理事项，公布57项193个"一件事"，梳理全区行政许可事项584个，下放街道（乡镇）审批事项330个，50%以上民生事项可在街道（乡镇）就近办理。推广"刷脸办"事项100个、"全域办"事项100个，加快"渔小二"、企业开办等"一件事"升级，开设数据共享端口80余个，累计数据共享办件量16000余件，部门核验办件量17000余件，告知承诺办件量2400余件。"无证明区"创建经验在《温州探路者》等党政刊物发表。渔业审批"一证通办"获批农业农村部改革试点，"渔小二"自助办证系统得到《人民日报》点赞。

【行政复议诉讼】2020年，洞头区深化行政复议规范化建设，依托矛调中心、"洞头普法"拓宽线上线下申请渠道，全面推行行政复议受理调解前置机制，行政复议调解率50%。出台《洞头区行政诉讼应诉管理办法》，实质化运行行政争议化解中心，强化行政应诉指导和败诉责任追究。全年新收一审行政诉讼案件败诉率2.17%。

（叶　珺）

公安

【概况】2020年，温州市公安局洞头分局完成中共十九届五中全会、2020世青会、洞头先锋女子民兵连建连60周年庆祝活动及村（社区）组织换届选举等重大安保警卫任务17批次，出动警力758人次，全年无发生较大影响的涉稳案事件。继续保持全年命案、两抢零发，刑事发案同比下降10.19%；

累计打处违法犯罪人员776人，刑事打击154人，打掉涉恶犯罪集团1个，抓获各类逃犯19人。“中央公馆”“海港花苑”“海悦城一期”等3个智慧安防小区通过验收评定。电动车智能抓拍应用系统在全市率先试行，106项服务事项实现刷脸办、全域通办、信易批，2个“警医邮”网点16项业务实现无差别办理。全年办理各类审批申请30715件，APP、政务网等线上收件26659件；累计上门办证送证50余件；全年非工作日累计办证144件，办理涉企审批98件。全年发放居民身份证8882张，其中省外身份证933张。办理临时身份证1722张。受理中国公民普通护照372人次，往来香港、澳门通行证185人次，大陆居民往来台湾通行证47人次。全年刊发国家级媒体2篇，省级媒体12篇，市级媒体8篇。短视频“从警路上，匆匆那些年”，获浙江省委平安办主办的“平安浙江三微大赛”短视频类三等奖和最佳创意奖。

区公安分局执法质量蝉联省级“十三连优”。交警大队、大门所分别获评全省最美警队、全市最满意基层站所，1名民警、辅警入选“最美浙警”。区公安分局被市委、市政府评为2019年度扫黑除恶专项斗争突出贡献集体、全市公安机关考评成绩突出集体；交警大队党支部被市委、市政府评为温州市抗击新冠肺炎疫情先进集体、温州市先进基层党组织；区公安分局被市公安局授予抗击新冠肺炎疫情集体三等功；分局指挥中心、大门派出所被市公安局授予集体三等功。

【森林警察转隶】2020年10月，温州市洞头区森林公安机关划转至温州市公安局洞头分局机关直接管理，市自然资源和规划局洞头分局不再管理。森林公安职能划入区公安分局，业务上接受市自然资源和规划局洞头分局指导，继续承担森林防火有关工作，主要负责火场警戒、交通疏导、治安维护、火案侦破等，查处森林领域其他违法犯罪行为；协同市自然资源和规划局洞头分局开展防火宣传、火灾隐患排查、重点区域巡护、违规用火处罚等工作；依法行使森林法规定的行政处罚权。市自然资源和规划局洞头分局按照以防为主、防救结合的原则，承担森林防火有关工作，履行森林防灭火工作行业管理责任，主要负责落实综合防灾减灾规划相关要求，组织编制森林火灾防治规划、防护标准并组织实施，组织指导和开展防火巡护、火源管理、火灾隐患排查、防火设施建设、火情早期处理等工作并监督检查，承担林业领域行政执法工作，组织指导国有林场林区开展防火宣传教育、监测预警和督促检查等工作。区公安分局设立内设机构森林警察大队，具体承担森林公安等有关工作；区公安分局下设各派出所按权限承担辖区森林管理相关职责。不再保留市自然资源和规划局洞头分局直属机构区森林公安局（挂区公安分局森林警察大队牌子）建制。原区森林公安局5名政法专项编制及人员划入区公安分局，人员转隶按程序办理，核增区公安分局中层职数2名。

【疫情防控】2020年，区公安分局扼守330国道和大门大桥两大进出口，协同职能部门开展卡检查控、巡逻劝导和驻点维护。快速处置涉疫警情373起，查处涉疫违法行为20起50人。全局18个党支部214名党员“先锋队”，全部请战卡口、隔离点，火线入党民警3名，荣励公安二等功民警1名。

【“最多跑一次”改革】2020年，洞头公安分局按照“最多跑一次是原则、跑多次是例外”要求，创强举措、创优服务，依托“审批超市”“离岛项目”“温警在线”等平台，打造“海岛智慧警局”样板。牵头完成姓名变更一件事、新居民一件事及非机动车上牌一件事等便民事项，累计办理1800余件。全年办理业务30715件，APP、政务网等线上收件26659件，办结率100%，提前率9.41%。全年开展上门服务50余次，无休办证144件。

【雪亮工程建设】2020年，洞头公安分局推进“雪亮工程”建设，投入资金700余万元。新增治安监控70个，人脸识别系统100个，车辆卡口13个，非机动车抓拍卡口17个，视频结构化200路。搭建完成人脸应用平台和综合采集分析平台。

【“警管家”服务创新】2020年，洞头公安分局积极践行助企护企警务，帮助企业完成信用修复4家，“清零”安全隐患247处。稳控化解涉企不稳定因素7起，送法上门宣讲110余场次。创新“互查、互学、互比”行业自治模式，研究出台《积分等级评定标准》等制度，评出“放心”企业40家。落实“首次不罚”柔性执法政策，对41家轻微违规企业，优先运用教育提醒、责令改正等行政指导手段，侦破某民生工程串通投标、青山岛项目阻挠工程施工等案件，助推民营经济健康发展。

【道路交通管理】截至2020年年底，洞头区机动车保有量29142辆，其中汽车23530辆、摩托车5411辆、其他车辆201辆；全年累计办理机动车上牌834辆，其中汽车240辆、摩托车594辆，电动自行车上牌2323辆。驾驶人保有量

28020人，新增驾驶人1188人。全年共立案交通事故21起、死亡8人、受伤26人、直接经济损失13.6余万元；简易程序处理2676起，其中轻微受伤510起。

【交通违法查处】2020年，洞头公安分局交警大队开展“一创一治”和危化品“铁拳整治”“逢五”统一行动等整治行动100余次，查处无证驾驶、酒后驾驶等严重交通违法行为和摩托车、电动车超载、不戴头盔等显见性交通违法行为。全年查处各类交通违法64577起，其中现场查处36486起、非现场28091起；查处酒驾（含醉驾）382起，同比上升10.72%。

【交通安全宣传】2020年，洞头公安分局交警大队结合“百万警进千万家”活动，深入辖区开展交通安全宣传和教育。全年制作宣传单5万余份，“五进”宣传600余批次，受众教育4万余人次。运用新闻网站、电视台等新闻媒体曝光交通违法典型案例信息52期；利用微信、微博、抖音等新媒体开展宣传交通安全635次。全年在市级以上媒体报道71篇，其中国家级、省级媒体各1篇，进一步提高广大交通参与者的安全意识。

【电动车治理】2020年，洞头公安分局按照“禁新治旧、人车并管、限时限域、安全有序”要求，加大对二轮、三轮电动车管理力度，研发“电动车驾驶人交通违法在线学习考试系统”，累计安全教育4500余人次。排查电动三轮车3800余辆，实行备案登记、统一编号、参加保险并设定使用年限等符合条件2505辆；残疾车辆置换纳入重点民生实事项目，共置换残疾人轮椅专用车56辆；建设电动车违法自动抓拍监控点17处，率先填补电动车非现场管理盲区。全年查处电动车各类交通违法29145起，电动车事故数同比下降24.3%，电动车守法率从30%提高至90%以上，实现电动车事故“零死亡”。

【“僵尸车”整治】2020年5月1日至7月31日，洞头公安分局交警大队联合北岙街道、综合行政执法局等有关部门开展“僵尸车”专项整治，规范建成区机动车停车秩序，提高道路通行条件。共排查、清理各类“僵尸车”339辆，其中货车18辆、客车132辆、摩托车133辆、其他车辆56辆。

【海防工作】2020年，洞头公安分局与海事等部门，开展联合巡查，加强港岙口码头巡查，严控非法船只、人员入境。全年开展港口巡查128次，岙口巡查104次，码头巡查120次，临时停靠点巡查72次，查验人员178人次，查验船舶154艘次，发放各类宣传材料500余份；联合区海事处、农业农村局、交通运输局、市场监管局等部门，开展海上小型休闲船艇专项整治、反走私专项巡查、进口冷链食品专项检查等联合执法行动20余次。

【特大非法吸收公众存款案】2020年，洞头公安分局继续侦办2019年立案侦查邓某某特大非法吸收公众存款案件，涉案金额3.4亿元，实际受损金额6000余万元，受损群众70多人。主犯邓某某于8月13日被洞头区人民法院依法判处有期徒刑7年并处罚金10万元。办案民警克服新冠疫情影响，到广东、山东、北京、天津、浙江、湖南等6省20市开展案件侦查，10月29日把该案其他2名犯罪嫌疑人移送区人民检察院依法起诉，并开展追赃挽损，查封各类不动产共计35处，追回资金近2000万元。

【处置民间金融风险】2020年，洞头公安分局开展打击“呈会”等涉众型经济犯罪，全年立案侦查非法吸收公众存款案件（呈会）4起，刑事拘留2人，取保候审2人，监视居住1人，移诉3人，判刑2人。涉案金额2811.98万元、人数174人，挽回经济损失536余万元。继续开展民间金融风险处置打击工作，全年接待涉会人员5700余人次，受理投诉件650余件，涉及被投诉对象320余人，涉及资金7400余万元。调解1062件，其中成功调解420件，签订书面协议249份，口头协议171份，涉及金额3879.8万元，追偿资金入户993万元，分配清偿资金1973万元。

【侦办虚开增值税案件】2020年，洞头公安分局继续侦办2019年立案并发起部督集群战役的温州江东能源发展有限公司虚开增值税专用发票案件。犯罪嫌疑人孙某某和李某某利用温州江东能源发展有限公司，在没有发生实际货物交易的情况下，采取虚假“货款”走账和收取票面额6%—10%开票费的方式，向江苏南通元素商贸有限公司、舟山华利源石油化工有限公司等多家企业虚开增值税专用发票2715份，金额2.599余亿元，税额4583余万元，合计价税3.0573余亿元。2020年5月，分局将犯罪嫌疑人李某某、孙某某移送检察院审查起诉。2020年9月，洞头区人民法院分别判处犯罪嫌疑人李某某、孙某某有期徒刑2年6个月和10个月。

【扫黑除恶】2020年，洞头公安分局推动全区扫黑除恶专项斗争。共核查各类线索4条，移诉恶势力犯罪集团1个，收网新型涉网恶势力犯罪集团1个，抓获新型涉网黑恶犯罪嫌疑人7人，破获新型涉网黑恶刑事案件3起，新增打财战果30万余元。

【刑事犯罪侦办】2020年，洞头公安分局共破各类刑事案件110起，刑拘109人。其中破本地侵财刑事案件51起，侵财对象刑拘31人，侵财对象移诉29人，两抢案件零发案，命案零发案，抓获各类逃犯25人。

【电信网络新型违法犯罪治理】2020年，洞头公安分局共破获电诈案件20起，抓获嫌疑对象35人，刑拘起诉对象9人，止付被骗资金19.245万元，返还被骗资金102.9万元。侦破公安部督办案件1起，抓获犯罪嫌疑人5人，追缴赃款1万元。

【首起套路贷案件侦破】2020年，洞头公安分局侦破金华土土车服信息咨询有限公司“套路贷”犯罪集团案件，扣押冻结涉案资金900余万，抓获嫌疑人13人。经查，该团伙以“金华土土车服”名义，以低利息、手续便捷为手段引诱被害人借款，通过虚假流水，拖扣车辆，要挟强迫被害人结清钱款等手段，实施非法牟取暴利的“套路贷”恶势力犯罪活动。5月至8月，鹿城区人民检察院以恶势力犯罪集团对该案13名犯罪嫌疑人提起公诉。

（叶礼君）

检察

【概况】2020年，温州市洞头区人民检察院依法严惩各类刑事犯罪，共受理提请逮捕案件72件100人，批准逮捕53件72人；受理移送审查起诉案件172件238人，提起公诉128件185人。依法不批捕30人，不起诉48人。开展羁押必要性审查，变更强制措施3人。探索公开听证工作“四大检察”领域全覆盖，全年公开听证案件26件33人。推进认罪认罚从宽制度“可用尽用”，认罪认罚案件适用率91.1%。全面构建生态领域恢复性司法理念，对积极承担生态损害赔偿责任的12名非法捕捞水产品案当事人依法从宽处理，联合职能部门增殖放流鱼苗270余万尾。依法公开案件程序性信息266条，重要案件信息3条，终结性法律文书158份，法律文书公开率100%。举办检察开放日、公开宣告等活动18场，邀请代表、委员、人民监督员等社会各界人士参与、监督检察工作140人次。

组织开展不捕、不诉案件、优秀法律文书等专项评查，开展行使职权、会风会纪等日常检务督察28次。落实市检察院党组巡察反馈问题的整改。开展法律监督竞赛，组织参与各类学习锻炼82人次，干警张辉星获评全省政法系统执法办案突出个人，张益根获评全市环境治理攻坚战突出个人并荣记全市检察机关疫情防控三等功。区检察院获评全市“规范化数字档案室”单位。区检察院打造“党旗红”引领“检察蓝”党建品牌，机关支部党建课题调研获全省检察机关理论研究三等奖。获全市检察机关好新闻二等奖，连续三年上榜全市检察机关新媒体大赛名单。

【疫情防控与复工复产服务保障】2020年，区检察院开展涉疫、涉非法交易及滥食野生动物等专项监督，跟进调查销售“三无口罩”案件线索，依法建议行政机关做出行政处罚，督促下架非法销售的野生海马及制品。疫情防控期间，远程提审61人次，接待律师线上阅卷28人次，引导2名刑满释放人员返回居住地。开展检察助力“六稳”“六保”专项活动，走访全区快递、金融企业，重点项目单位，严控防疫期间毒品犯罪流通环节寄递化、复工复产后金融风险、“假证”案件逆势增长等问题，发出检察建议6份，回应企业诉求4件。

【“三大攻坚战”服务保障】2020年，区检察院严厉打击非法吸收公众存款、集资诈骗等涉众型经济犯罪，批捕6件9人，起诉13件16人，追赃挽损2400余万元。构建检政银三方金融风险协同防控机制，规范信贷内控制度、信用卡营销市场竞争行为。联动推进司法救助与扶贫帮扶工作，向因案致贫、因案返贫的7户受害家庭发放司法救助金8.5万元。开展最低生活保障金公益诉讼专项监督，依法监督取消服刑人员低保资格，追回2人连续14个月不当发放的低保金。聚焦污染防治，开展“美丽田园创建”专项监督，督促开展工业区扬尘污染、水源地环境破坏等专项整治，督促拆除东沙渔港非法排污设施、清理田间垃圾堆放点30个。起诉非法采矿、非法捕捞水产品等破坏环境资源犯罪22人，追偿生态环境修复费用144余万元。

【民营经济服务保障】2020年，区检察院建立涉企检察监督密切联动机制，联合签署“检察监督+工商联”护航民营经济协议，共同维护在外洞商合法权益。出台服务台胞台企工作意见，提升台胞台企在洞司法获得感。办理企业职工虚开增值税发票、串通投标、职务侵占等涉企刑事犯罪案件和劳资、合同纠纷等民事行政监督案件40件。开展送法进企业、入园区活动6次。全面深化业务数据查询等内跑事项运行，受理民营经济代表人士综合评价审查等事项，100%实现非涉密事项“网上办”“掌上办”。

【刑事诉讼监督】2020年，区检察院监督立案3人，监督撤案8人，纠正漏捕2人，纠正讯问主体不合法、混用案件程序等侦查违法行为3件。开展暂予监外执行检察监督、剥夺政治权利刑罚执行专项监督，发出纠正违法通知书2份。参与看守所、社区矫正日常检查工作27次，审查并同意提请减刑1人。提前介入职务犯罪案件6人，其中县处级1人。依法妥善办理涉案资金流水7000万元网络赌博案等具有重大影响案件。优质高效审结刘某等人“套路贷”诈骗案，依法改变黑恶定性，并促成被告人认罪认罚。获评全市刑事执行检察优秀案例1件。

【民事行政监督】2020年，区检察院深化虚假诉讼专项监督，提出再审检察建议3件，再审后改判3件。开展民事审判活动监督36件。加大民事诉讼监督案件调处力度，对其中2件因无法得到赔偿，导致生活困难的当事人开展司法救助，促成跨度13年涉市政道路工程纠纷信访积案有效化解。开展行政审判活动监督7件，适时介入行政争议实质性化解，对不服行政处罚决定的当事人开展释法说理，诉前化解3件。获评全市民事检察精品案例1件，优秀案例1件。

【公益诉讼监督】2020年，区检察院持续开展“公益诉讼守护美好生活”等专项行动，启动行政公益诉讼诉前程序48件，均在诉前环节落实整改。办理民事公益诉讼案件3件，其中提起民事公益诉讼1件，达成诉前和解2件。创新食药领域民事公益诉讼损害赔偿制度。探索生态环境损害赔偿磋商机制，促成生态环境部门与赔偿义务人达成全区首例非法占用农用地生态环境损害赔偿磋商协议。规范拓展公益诉讼案件范围，制止辖区内加油站手机扫码支付行为；督促5家文保单位开展文物保护问题整改；推动被占用盲道清理，完善客运场所等无障碍设施6处；督促维修整改“带病上岗”“超期服役”健身器材28处。深化海洋检察工作，跟进监督规范养殖用海管理，现场复查、座谈会商10余次，督促清理违法养殖海域面积4.6万余亩，实现养殖证发放全覆盖。规范养殖用海专项监督获评全市司法规范化水平提升年活动优秀案例、全市检察机关公益诉讼三周年优秀案例。

【未成年人司法保护】2020年，区检察院零容忍打击侵害未成年人犯罪，批准逮捕5人并提起公诉。对未成年人犯罪情节轻微并有悔罪表现的，依法适用非羁押、非刑罚措施4人。加大未成年人权益联动保护、未成年被害人“一站式”询问、涉案未成年人心理疏导、家庭危机干预等专业支持，推动建立未成年人保护和犯罪预防社会化支持体系。全年开展未成年人司法救助、观护帮教5人，发放司法救助金4万元。建立侵害未成年人案件强制报告制度，开展校外培训机构教师从业禁止专项监督，推动校园周边公共环境整治、未成年人门票优惠政策落地。打造“少年乘风”法治宣传品牌，制作微电影5期，开展法治进校园活动8场。一课题荣获全省检察机关未成年人权益保护调研成果一等奖，网络直播交友安全教育课程获评全省优秀网课，获评全市未成年人检察优秀案例1件。

【司法规范化水平提升年活动】2020年，区检察院开展司法规范化水平提升年活动，完善检察长办案、检察官联席会议、案件评查机制，优化检察官业绩考评机制，减轻当事人诉累，办案期限缩减37%。案件质量核心指标“案—件比”优化为1：1.14，排名全省第六。提出确定刑量刑建议占比92%，量刑建议采纳率100%，排名全市第一。调研成果获省、市级奖项6项。7个案件被评为全市精品、优秀案例。1名干警获评全省政法系统执法办案成绩突出个人。

【检察环节诉源治理】2020年7月1日，区检察院12309检察服务中心入驻区矛调中心。抓实“群众来信件件有回复”，联合职能部门共同推进矛盾纠纷源头化解，依法妥善办理来信来访120件，同比下降14%，促成涉案5400余万元非法吸收公众存款案62名被害人息诉罢访，达成还款和解协议1500万元。获评全市控告申诉检察精品案例1件。

【温州海警局洞头工作站检察官办公室成立】2020年5月13日，区检察院驻温州海警局洞头工作站检察官办公室正式揭牌成立，成为全省首个基层检察院派驻海警部门的检察官办公室。双方签署《关于全面加强检警协作配合的若干意见》，检察官办公室采取巡回制实质化运作，由检察机关选派资深员额检察官专门负责，海警机构明确办公室专人配合开展工作，在打击海上违法犯罪活动、海洋资源开发利用、海洋生态环境保护、海洋渔业管理等方面形成监督合力。

（庄丽燕）

法院

【概况】2020年，温州市洞头区人民法院共受理各类案件3519件，同比下降0.9%；结案3663件（含旧存），上升4.17%。结案率92.44%，排名全市首位。员额法官人均结案201件，增加8.4件。新收刑事案件129件，审结132件，判处罪犯176人。新收行政诉讼案件84件，审结88件，其中异地行政案件55件。审查非诉执行案件3件，裁定准予执行2件。新收民商事案件

1277件，审结1352件，服判息诉率94.53%。新收执行案件1293件，执结1334件，执结率排名全市首位，执行到位金额1.95亿元。

区法院改造审判法庭实现互联网庭审功能。坚持推广在线矛盾纠纷多元化解平台，通过平台调解案件1075件，成功率70%。联合检察、市监建立食药安全领域公益诉讼资金管理机制，保护群众“菜篮子”安全。开展打击虚假诉讼专项行动。坚持定期召开府院联席会议，联合区委依法治区办建立行政机关派员轮驻行政争议调解中心工作制度。严格落实立案登记制，坚持推广网上立案、跨域立案等便民举措。温州市洞头区人民法院灵昆人民法庭成立。联合鹿西乡开展“无讼岛”创建，成立由乡贤、“两代表一委员”等组成的“无讼工作室”。法官到机关、企业、学校、村社等授课10余次，开展宪法、民法典、反家暴、禁毒、无讼等主题宣传20余场。

2020年，区法院创新打造“四度天平、先锋我行”党建品牌，成立“四度天平”数字传媒工作室，工作室荣获温州市机关党建创新项目三等奖，院第四党支部获市级“四化”党支部荣誉称号。

【“两战双赢”服务保障】2020年，区法院配合区委政法委制定关于依法严厉打击疫情防控期间违法犯罪行为的通告。处理因疫情产生的合同履行、劳动争议、诈骗等各类案件16件，依法平等保护各方当事人合法权益。常态化开展“三服务”活动，走访企业30余家，帮助研判复工复产中可能遭遇的法律风险和问题，协调解决实际困难15个。充分发挥执行职能服务“六稳”“六保”，疫情期间采取“活封”“活扣”措施解决一起涉防疫物资生产企业买卖合同纠纷，促使200辆救护车辆得到按期投用。

【营商环境服务保障】2020年，区法院加强对各类市场主体合法权益的保护，审结涉企纠纷1005件，为283家企业执行到位金额1.17亿元。与区工商联签订护航民营经济协议书，拓宽涉企法律服务路径。发挥破产审判作用，司法重整后的南洋国际大酒店于2020年10月开始营业，该案获评2018—2020年温州市十大破产审判典型案例。配合区政府处置“僵尸项目”，岙仔旧村改造项目引入战略投资人向被执行人企业注资8960万元；帮助企业走出资产重组困境，国企东屏新农村发展公司实现债权7700万元。名品广场地块以置信洞头新天地的新面貌开始预售，盘活土地资源11925平方米。

【“最多跑一地”改革】2020年，区法院落实立案登记制，当场登记立案率超99%。推广网上立案、跨域立案等便民举措，网上立案1689件，跨域立案7件。坚持和发展新时代“枫桥经验”，发挥法院诉讼服务中心整体入驻区矛调中心和审判团队“1+1”定向服务7个街乡的优势，纠纷源头治理效能更加突出。诉前化解纠纷569件，诉前化解率41.72%，推动民商事案件收案量同比下降11.63%。改革和优化人民法庭布局，灵昆人民法庭揭牌办公，当地群众打官司跑本岛成为过去式。

【刑事案件审判】2020年，新收刑事案件129件，审结132件，判处罪犯176人。审结故意伤害、“两抢一盗”、“黄赌毒”等犯罪案件49件。审结非法吸收公众存款、电信网络诈骗等案件7件，涉案金额1.38亿元。联合政法委、公安、检察成立邓某某非法吸收公众存款案财产处置专班，追回1500万元退赔款和多处房产。审结非法捕捞水产品、非法采矿等案件14件。审结生产销售有毒有害食品犯罪案件6件，联合检察、市监建立食药安全领域公益诉讼资金管理机制，保护群众“菜篮子”安全。开展打击虚假诉讼专项行动，查处虚假诉讼7件，其中刑事制裁1件，民事制裁6件。

【民商案件审判】2020年，区法院新收民商事案件1277件，审结1352件，服判息诉率94.53%。审结婚姻、继承等家事纠纷119件，发出人身保护令5份，维护妇女、儿童、老年人、残疾人的合法权益。畅通劳动者维权绿色通道，严惩恶意欠薪行为，审结拖欠农民工等工资案件49件。联合区政府妥善处理供电公司电力线路与东海燃气储配站过近问题，引导对储配站异地置换迁建进行价值鉴定，以第三方评估价格为依据，促成双方达成调解协议。

【行政诉讼审判】2020年，新收行政诉讼案件84件，审结88件，其中异地行政案件55件。审查非诉执行案件3件，裁定准予执行2件。区法院推进区行政争议调解中心实体化运作，协调化解全区58.8%的行政案件，促进行政诉讼案件收案量同比下降48.75%，行政机关败诉率下降5.48%。坚持行政负责人出庭应诉制度，全区行政机关负责人出庭应诉率保持100%。深化司法与行政良性互动，坚持定期召开府院联席会议，联合区委依法治区办建立行政机关派员轮驻行政争议调解中心工作制度。针对审判实践中发现的问题，向党政机关和有关单位发送司法建议6件，促进提升法治化治理能力和水平。

【审判案件执行】2020年，新收执行案件1293件，执结1334件，执结率排名全市首位，执行到位金额1.95亿元。区委全面依法治区委员会出台关于加强综合治理从源头切实解决执行难问题的实施意见，进一步完善综合治理执行难大格局。巩固深化"基本解决执行难"成果，持续开展打击拒执专项行动，探索建立守信激励机制，"自动履行为主、强制执行为辅"的执行长效工作机制进一步健全。全年移送涉嫌拒执犯罪5件8人，受理拒执自诉案件1件2人，已追究刑事责任4件6人，拒执案件成案率居全市首位。

【灵昆人民法庭成立】2020年12月21日，温州市洞头区人民法院灵昆人民法庭在瓯江口产业集聚区揭牌成立。灵昆人民法庭管辖案件范围为瓯江口新区、灵昆街道的一审民商事纠纷。由一名员额法官、一名法官助理及六名司法辅助人员组成，设审判法庭、调解室、司法服务咨询台。旨在为基层矛盾纠纷化解、诉讼服务便民利民、培育法治化营商环境提供有力司法服务保障。

【"无讼岛"创建】2020年，区法院联合鹿西乡开展"无讼岛"创建，成立由乡贤、"两代表一委员"等组成的"无讼工作室"，并打造1个金牌"船老大"调解总部、6个村调解工作室、3个在外流动"船老大"调解站，构建"政府主导、渔民自治、法院断后"的多元解纷机制。大门法庭轮驻大门镇、鹿西乡2个矛调分中心，在全区7个乡镇、街道挂牌设立巡回审判诉讼服务点。鹿西乡诉前化解纠纷75起，涉及金额1248余万元，其中疑难纠纷28件，辖属岛屿当事人诉讼立案仅9件。相关做法获人民网、《人民法院报》、《浙江日报》等主流媒体关注报道。

【首例"拒执罪"自诉案件】2020年9月23日，区法院公开开庭审理并当庭宣判区首例拒不执行判决、裁定罪自诉案件，两名被告人犯拒不执行判决、裁定罪，分别判处拘役三个月、四个月。法院认为，被告人高某銮、高某巧对人民法院的判决、裁定有能力执行而拒不执行，情节严重，其行为均已构成拒不执行判决、裁定罪，属共同犯罪。鉴于被告人高某銮、高某巧案发后均如实供述其罪行，系坦白，其中被告人高某巧又腾空房屋配合执行工作，并当庭认罪，且案发时已满七十五周岁，对两名被告人均予以从轻处罚，其中对被告人高某巧并可适用缓刑。遂作出上述判决。

【首例涉"套路贷"诈骗案】2020年10月30日，区法院公开开庭宣判被告人刘某、洪某诈骗罪一案，分别判处被告人刘某有期徒刑七年并处罚金3万元，被告人洪某有期徒刑三年六个月并处罚金1万元。该案系该院审理的首例涉"套路贷"诈骗案。法院认为，被告人在实施"套路贷"过程中，以非法占有为目的，虚构事实、隐瞒全部或部分真相，通过诉讼手段，骗取他人财物数额达23.84万元，数额巨大，予以认定两名被告人均构成诈骗罪，且属共同犯罪。被告人洪某在共同犯罪中起次要作用，系从犯。两名被告人归案后如实供述自己的罪行，系坦白，结合其犯罪地位，予以不同程度从轻处罚，遂依法作出上述判决。

【两起食品罪案宣判】2020年5月27日，区法院集中宣判两起生产、销售不符合安全标准食品罪案件。两名被告人因在生产、销售的食品中超范围滥用食品添加剂的行为，均被判处拘役两个月，并处人民币3000元罚金。法院认为，两名被告人违反食品安全标准，在生产、销售的食品中超范围滥用食品添加剂，足以造成严重食物中毒事故或其他严重食源性疾病，其行为均已构成生产、销售不符合安全标准的食品罪，遂依法作出上述判决。因此类案件存在侵犯社会不特定消费者健康安全的隐患，故法院未采纳

2020年11月6日，区人民法院以巡回审判形式在鹿西乡鹿西村文化广场公开开庭审理纠纷案件　（曾琳玉摄）

各辩护人关于对两名被告人适用缓刑的意见。

（林慧慧）

司法行政

【**概况**】2020年，温州市洞头区司法局完善大调解机制，做实做优矛盾化解“最多跑一地”，精心培育“船老大”“她管家”等品牌调解工作室，全年受理各类矛盾纠纷1580件，成功调解1580件，协议涉及金额12405.62万元。强化特殊人群精准监管，全年累计入矫57人，解矫68人，连续12年实现“零脱管”“零重新犯罪”，开展监地衔接远程视频会见224人次。持续强化法律服务供给，全年开展“百村百企行”、法律援助“月月行”等宣传咨询活动12场。打造惠民公共法律品牌，试点“海岛民宿+法律顾问”，为民宿提供法律服务271家，深化“兰小草”法律门诊、“海岛律管家”服务。全年接待来访群众2899余人次，受理法律援助和法律帮助案件445起，“12348”线上服务470件，开展企业法律体检32次。全面激活法治宣传惠民实效，开展专项法治宣传活动147场，通过省、市“七五”普法总结验收，全区市级以上民主法治村达到70%。推进“最强党支部·最红排头兵”创建，深化“法润兰香”党员志愿服务品牌创建，党员志愿者开展志愿服务12次，参与党员150余人次。

【**法治保障企业复工复产**】2020年，区司法局成立企业复工复产法治保障专班，组建“洞头区疫情防控法律服务志愿团”，做好企业复工疫情防控指导和政策法律保障。印发《中共温州市洞头区委全面依法治区委员会关于加强防控新冠肺炎疫情法治化建设的意见》《新冠肺炎疫情防控期间行政执法工作指引》，从司法、执法、普法、守法等各个环节提出工作举措11条，为企业复工复产提供在线即时服务32次。

【**“海上枫桥”调解模式**】2020年，区司法局以“纠纷不出村，诉讼不离岛”为目标，打造“船老大”、“她管家”、律师调解品牌等可推广可复制、老百姓可亲近的基层调解模式。其中，“船老大”调解品牌得到时任省委书记车俊考察点赞，其发源地鹿西乡人民调解委员会获评全国模范调委会。

【**海岛特色法治文化街区**】2020年10月，区司法局围绕海岛实际和花园村庄建设，在东屏街道蓝港社区打造集渔家民俗特色与法治宣传教育于一体的法治文化街区。街区内设有“法律在身边”、“传承法治精神”、“保护渔业资源、造福子孙后代”法治小品、法治文化墙、法治长廊、法治跑道等元素，把法治文化和渔家民俗文化有机融合，让周边居民和外来游客在游览时深入了解法治文化的内涵。创设村社标志性建筑等公共区域的法治元素，融合群众生活，注重观赏性、实用性、耐久性统一，提升法治宣传教育的影响力和渗透力。

【**社会化大普法建设**】2020年，区司法局坚持“谁执法谁普法”，全区36个重点责任单位制定普法清单项目142个。推选“海霞妈妈”普法志愿队伍、溢香普法公益组织等“六优”项目21个，培育“法治带头人”“法律明白人”191人。深入开展宪法、民法典宣传教育，通过省、市“七五”普法总结验收，全区市级以上民主法治村达到70%，打造东屏街道蓝港社区渔家民俗特色法治文化街区，联动“抖音”直播、法治动漫提升法治宣传时代感和亲和力。

【**社区矫正规范化建设**】2020年，区司法局学习贯彻《中华人民共和国社区矫正法》，启动“社区矫正主题宣传月”活动，召开部门研讨会，完善部门衔接机制，提升调查评估执法效能。开展常务会会前学法、社区矫正大讲堂、研讨会、矫正司法专场、网上知识竞猜等活动，联合公检法定期开展季度执法检查。调整洞头区社区矫正委员会。召开调查评估研判分析会，联合公检法等部门，建立洞头区社区矫正调查评估衔接配合机制，提升调查评估质量。

【**“智慧矫正”工作**】2020年，区司法局推广使用“浙里矫”和阳光矫APP，强化信息化智能化水平，确保重要时期社区矫正的安全稳定。阳光矫正APP使用率100%，“浙里矫”使用率95%。建立数字卷宗案件管理室，推进“智慧矫正中心”创建。探索社区矫正流程化管理模式，做好重要节点的维稳安保工作。

【**公共法律服务特色品牌培育**】2020年，区司法局打造海岛民宿+法律顾问特色服务，启动洞头区“渔悦东屏·民宿联盟”市场主体法律顾问网格服务覆盖试点，对东屏街道271家民宿提供法律顾问服务。打造“兰小草”法律门诊工作室，融合律师和调解多元力量，为军人、农民工、残疾人、未成年人、一线医务人员提供综合性法律服务。打造“海岛律管家”法援服务模式，组建外岛值班律师团，实现以公共法律服务中心为后台支撑，话务、咨询值班为延伸的离岛法援“零次跑”。

（叶珺）

军　事

渔场领路人 · 陈海英

“海霞精神”

爱岛尚武　励志奉献

军　事

国防后备力量建设

【概况】2020年，温州市洞头区人民武装部按照实战化要求加强国防动员和后备力量建设，后备力量遂行多样化，军事任务能力提高，民兵整组严格落实。组织开展后备力量各类资源潜力调查，分析民兵建设现状，研究队伍布局结构，论证修订整组方案，制订工作实施计划；以海上力量和应急队伍建设为重点，完成基干民兵队伍三大类整组任务。召开基层建设观摩会，采取“观摩先进、互相学习”方式规范基层建设；开展基层武装部评星挂牌评比，提高辖区基层武装部及行政村（社区、居民区）民兵连部软硬件建设。

【新时代民兵建设重要窗口打造】2020年7月31日，中国共产党温州市洞头区第一届委员会第八次全体（扩大）会议通过《关于大力弘扬海霞精神 全面打造新时代民兵建设重要窗口的决议》（洞委发〔2020〕37号），包含牢记领袖勉励关怀，坚定扛起全面打造新时代民兵建设重要窗口的使命担当；大力弘扬海霞精神，增强全面打造新时代民兵建设重要窗口的精神力量；践行新使命新要求，致力全面打造新时代民兵建设重要窗口的示范标杆；聚焦海上花园建设，全面迸发海霞红色文化的时代魅力等内容。

【民兵整组工作】2020年，洞头区以海上力量和应急队伍建设为重点，完成基干民兵队伍三大类（应急、专业、特殊）整组任务。

【民兵演训】2020年，洞头区组织民兵集训6个批次，区民兵应急连、海上维权、海上侦察警戒、海上搜救等民兵分队接受训练。各基层武装部组织民兵应急排进行自训，加强基础体能、队列、抢险救灾安全防范和基本技能、海上救护等专业的训练，各行业系统编兵单位和专业民兵分队立足岗位进行专业自训。12月，代表温州军分区参加省军区岗位练兵比武海上过驳补给项目考核，参训人员展示洞头海上民兵风采。区人武部被省军区评为2020年度战备训练先进单位。

【民兵抗疫救灾】2020年，区人武系统组织人员投身新冠肺炎疫情防控工作，区人武部主要领导分别挂钩北岙街道和大门镇，深入集中隔离点一线组织民兵力量调配；人武部职工投入小区、社区疫情防控工作；各街道（乡镇）专武干部带领民兵负责管控集中隔离点。洞头先锋女子民兵连民兵先后进入50余个村居社区宣传摸排、劝导引导，并协同公安、卫生等部门在330国道设卡，担负进入洞头第一道关卡执勤任务。9月，台风“黑格比”正面袭击洞头，全区民兵队伍出动参与人员转移、设施加固、道路清障等任务。

【征兵工作】2020年8月1日开始，洞头区增强做好征兵工作的使命感和紧迫感，推进兵役登记、体格检查、政治考核、役前训练、走访定兵、交接运输等各环节的工作落实，增强征兵工作质量效益；确保各项优抚政策落地，坚决守牢廉洁征兵底线，确保征兵工作高标准落实。健全联防联控机制，注重协调联动；明确疫情防控责任，落实疫情防控措施，确保“零感染、无传播”。各部门在做好2020年征兵工作的同时，注重确保大学毕业生、高校新生等优质兵员入伍。不再征招初中生兵员。至9月30日，完成征兵任务。

国防教育

【概况】2020年，洞头区开展“军事日”“国防知识讲座”“八一光荣榜”“军人荣誉墙”等活动，组织区四套班子和各级领导过军事日活动。落实部机关干部和专武部长到学校、机关、基层开展国防教育授课活动，开展国防教育宣传日系列活动，做到国防教育进社区、进学校、进企业、进党政机关。完善国防教育委员会运行机制，落实国防教育军地合署办公制度，配强国防教育讲师团力量，发挥大众传媒作用，注重运用微信、微博等新兴载体平台，创新方法手段，开展国防教育。全年洞头先锋女子民兵连纪念馆国防教育基地接待爱国主义教育和国防教育1298批次、2.61万人次。

【首届国防知识科普教育邮展】2020年7月31日，温州市洞头区科协联合区经信局、区文广旅体局、区邮政局等在区市民活动中心举办“激扬新时代温州人精神，追忆红色记忆”首届国防知识科普教育邮展，旨在缅怀革命历史，弘扬爱国主义精神，培养民族自豪感、使命感。邮票展分为《航天飞梦》等8个板块。其中一角的建军节纪念邮票独具特色，既全面反映人民军队艰难曲折的发展历程，又展示人民军队建军93年辉煌成就。

【国防教育宣传活动】2020年9月19日，全国第二十个全民国防教育日，洞头区组织机关企事业单位等开展国防教育宣传日系列活动。温州医科大学仁济学院举行国防图片展览和国防专题讲座。在滨海校区联合洞头区北岙街道人武部举办“以奋进新时代、聚力强军梦”为主题全国国防教育日图片展览；以问答形式，解答同学关于国防义务的困惑与疑问。邀请洞头南炮台山海防连副指导员从国防概述、国防的意义和重要性、国防建设成就、中国面临的国防问题四个方面给2020级新生做国防专题讲座，滨海校区1600余名新生参加。区民政局联合霓屿街道、微动力公益组织在霓屿街道开展国防教育“奋进新时代，聚力强军梦”活动。

武警工作

【概况】2020年，武警温州支队洞头中队围绕强军目标，贯彻落实《军队基层建设纲要》精神，以练兵备战为中心工作，打牢训练基础、练精抢险救灾等各项任务能力。联合北岙街道上新社区和退役军人事务局多次开展军民共建活动。抗击新冠肺炎疫情期间，中队官兵严格管理，严格落实疫情措施。中队立三等功1人，嘉奖5人。

【思想政治工作】2020年，武警温州支队洞头中队组织开展“传承红色基因，担当强军重任”主题教育和红肩章宣讲员进班排、“五不一有”、手机网络大家谈等活动，发挥党员先锋模范带头作用。

【军事训练】2020年，武警温州支队洞头中队落实军委习近平主席练兵备战指示，狠抓军事训练，把训练成绩与评功评奖和入党、转士官相挂钩，形成“训练有功、训练有为”和“有作为才能有地位”机制导向。支队勤训轮换获团体第二名，“兵峰”群众性练兵比武获团体第一名，中队长康祥辉获干部组第三，中士苏谢东获全能第一名。

（康祥辉）

洞头先锋女子民兵连

【概况】2020年，洞头先锋女子民兵连紧扣“适应军事需要，服务地方建设，打造鲜明特色，扩大社会影响，建设过硬连队”目标，贯彻习近平总书记在建连60周年勉励语精神，征集新时代海霞精神表述语。开展为期三个月封闭式集训。谋划“观赏性+实战性”结合演示科目。洞头先锋女子民兵纪念馆阵地提升，成为省内外市民喜爱打卡的红色旅游景点。完成连队建连60周年纪念活动，各级媒体累计刊发（播）“海霞”60周年主题报道850余条（篇），“洞头宣传”官方抖音号“洞头先锋女子民兵连”相关话题和视频点播量1.2亿人次。

洞头先锋女子民兵连连队官兵与公安民警、医务人员设卡值守防疫排查，参与疫情防控工作。连队获评浙江省抗击新冠肺炎疫情先进集体。围绕“海上花园”建设、平安洞头创建、基层社会治理等领域开展志愿服务。组织开展爱国主义和国防教育，利用开学军训季，为温州市外国语学校、温州市第二十二中学等8所学校开展军事训练；第二十个全民国防教育月，开展“国防知识有奖竞赛”，分片式“线下”走访宣传。全年纪念馆接待2520批次，34883人。其中纪念馆义务讲解共287批次共13521人。

【女子民兵训练】2020年3月17日，洞头区组织女子民兵连全体官兵开训。连队的特战排骨干及来自各行各业的“新海霞”组成集训队展开为期三个月封闭式集训。围绕建连60周年军事课目内容，增加步手枪互换射击、房间突入、战术基础、海上救援等科目，设训练之星、学习之星、内务之星、进步之星等评比活动。围绕军事科目“精神传承、战时应战、急时应急、平时服务、时代风采”五个篇章，高标准完成军事课目训练，受到原省委书记车俊及省军区首长高度肯定和赞扬。贯彻习近平总书记在建连60周年的勉励语精神，封闭式训练一个月，巩固强化训练课目。

【海霞精神宣传】2020年，洞头区开展与海霞相关历史资料的收集整理工作，协助文联挖掘60个故事，结合洞头风景拍摄女民兵美照、视频等，制作宣传画册、专题汇报片，开通微信公众号“新海霞”专栏、举行新闻发布会、文艺展演等。各级媒体累计刊发（播）“海霞”60周年主题报道850余条（篇），其中《人民日报》、新华社、《解放军报》《光明日报》、中央电视台等国家级媒体平台250多条。央视《新闻联播》刊播《爱岛尚武励志奉献“海霞精神”永不褪色》新闻单条，时长2分钟；《人民日报》政治版刊发《六十年，她们接力坚守》报道；《新华每日电讯》头版刊发主题报道，新华社全媒体平台推出“‘海霞精神’60年”系列图文、视频报道19组；央视《国家记忆》蹲点洞头10天，把“海霞”作为《海防民兵》电视节目主题进行专题拍摄。“洞头宣传”官方抖音号“洞头先锋女子民兵连”相关话题和视频点播量1.2亿人次。

【洞头先锋女子民兵连建连60周年纪念活动】2020年6月20日，纪念洞头先锋女子民兵连建连60周年暨全面打造新时代民兵建设重要窗口会议在洞头召开。省委书记、省人大常委会主任车俊出席会议并讲话。区委书记王蛟虎汇报“坚持党管武装，弘扬海霞精神”的经验做法。省委常委、秘书长陈金彪，省委常委、常务副省长冯飞出席，省委常委、省军区司令员主持，省委常委、温州市委书记陈伟俊致辞。省军区领导刘建伟、张晓林出席和市领导姚高员、葛益平、陈作荣、陈浩，区领导林霞等参加纪念活动。会前，车俊一行看望洞头先锋女子民兵连全体官兵、老民兵代表，参观洞头先锋女子民兵连纪念馆，观摩洞头先锋女子民兵连军事课目汇报演示。19日晚，车俊一行观看了洞头先锋女子民兵连建连60周年文艺展演。

【洞头先锋女子民兵连建设规划编制】2020年，为贯彻落实区委一届八次全会作出“大力弘扬海霞精神、全面打造新时代民兵建设重要窗口”决议精神，区人武部联合区委、区政府制定洞头先锋女子民兵连建设五年规划，通过在弘扬传统、铸魂育人中提升忠诚力，在履行使命、练兵备战中提升战斗力，在建强阵地、机制保障中提升创新力，在编强组织、坚强堡垒中提升凝聚力，在优化队伍、厚实人才中提升新活力，在服务社会、融合发展中提升感召力，在典型引领、培育特色中提升影响力，在产业培育、服务经济中提升竞争力等措施。达到爱党报国信念坚定、遂行任务堪当重任、秩序规矩堪比现役、融合发展成效明显、支部堡垒坚强有力等目标，并提交温州军分区、省军区审定。

【获评浙江省抗击新冠肺炎疫情先进集体】2020年11月13日，全省抗击新冠肺炎疫情总结表彰大会在省人民大会堂举行，大会表彰300个浙江省抗击新冠肺炎疫情先进集体，洞头先锋女子民兵连党支部获评浙江省抗击新冠肺炎疫情先进集体。新冠疫情发生后，女子连连队官兵响应党的号召主动请缨，在抗疫一线奋勇前行，与公安民警、医务人员设卡值守防疫排查，共同筑起一道牢固的防线。休假在家女民兵参与到当地疫情防控工作中。其间，女民兵先后进入50多个社区村居，每天工作16个小时以上，用行动践行着海霞人的使命与担当。

【女民兵志愿服务】2020年，洞头先锋女子民兵连官兵重点围绕“海上花园”建设、平安洞头创建、基层社会治理等领域开展志愿服务。

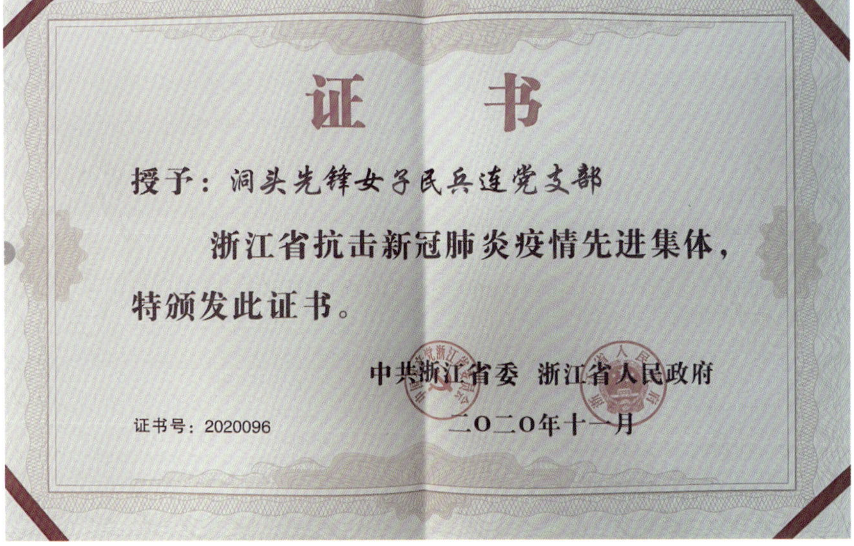

浙江省抗击新冠肺炎疫情先进集体证书 （区人武部提供）

其间，配合交警在景区周边道路对过往车辆开展交通引导；接力“兰小草精神”，参加无偿献血；走进敬老院，探望孤寡老人；开展“传承海霞精神·一碗热粥暖百岛”腊八节送温暖；参与平安大巡防，定期开展村庄治安巡逻、环境整治等活动；抗击“黑格比”，协助海霞村做好连部周边民宿安全隐患排查等。

【洞头先锋女子民兵连纪念馆提升改造工程】2020年6月，洞头先锋女子民兵连纪念馆提升改造工程完工对外开放。改造后纪念馆分三层六个展厅，分别为序厅区、“海霞”之魂展厅、“海霞”之路展厅、“海霞”之星展厅、“海霞”之光展厅、尾厅区。建筑面积由870平方米扩展到2300多平方米。项目于2019年8月1日开工改造，责任单位是洞头区人武部；设计单位是浙江中维建筑设计有限公司；施工单位是鸿强建设集团有限公司；监理单位是浙江南正项目管理咨询有限公司。纪念馆二次装修设计采购施工总承包单位是浙江视野环境艺术装饰工程有限公司。

【主题教育活动】2020年7月至12月，为深入学习贯彻省委书记车俊系列重要指示要求，扛起打造新时代民兵建设重要窗口使命担当，高质量建设海上花园。洞头区开展“激扬温州人精神、弘扬海霞精神、建设海上花园”主题教育活动。活动融入干部教育培训、领导班子建设和基层党组织建设。“海霞精神”作为区委理论学习中心组和各党委（党组）理论学习中心组重点内容，制订系统学习计划，分专题开展研讨。全区各基层党组织开展形式多样学习宣传活动600余次，覆盖学习人数达2万余人，结合支部主题党日、“百千万教育”读书班、文化礼堂“四千结对”等载体，开展学习海霞精神专题学习月活动，组织开展参观一次纪念馆、听一次党课、看一次专题片、做一次志愿服务活动、写一篇心得体会，自觉践行“海霞精神”。举办“海霞精神”主题报告会、海霞精神研讨会、海霞精神基层巡讲等活动，弘扬海霞精神。

【海霞精神主题研讨会】2020年6月9日，“海上花园 巾帼风采”海霞精神主题研讨会召开。军事科学院军队政治工作研究院党史军史研究中心研究员郭志刚，中国社科院政治学研究所研究员冯钺，中国红色文化研究会副会长胡呈军，解放军报国内新闻编辑室主任编辑、《中国民兵》杂志主编解学锋，先后作主旨演讲。互动研讨活动邀请温州大学教授、温州市决策咨询委员会委员张小燕，洞头先锋女子民兵连指导员杨燕辉，区人民医院院感科副科长、主管护师陈虹，温州军分区政治工作处干事管郑武等嘉宾，参与互动研讨。此次海霞精神研讨会的举办，标志着洞头先锋女子民兵连建连60周年系列活动的序幕正式拉开。省妇联党组成员、副主席李志慧，区委副书记、区长林霞，浙江省军区政治工作局宣保国教处处长何先锋，市妇联主席何莉平，军事科学院军队政治工作研究院党史军史研究中心研究员郭志刚，解放军报国内新闻编辑室主任编辑、《中国民兵》杂志主编解学锋，中国社科院政治学研究所研究员冯钺，中国红色文化研究会副会长胡呈军，区委副书记吴志安，区委常委、宣传部部长侯合海等参加研讨会。

【“传承海霞精神”再动员大会】2020年7月31日，洞头区举行洞头先锋女子民兵连建连60周年总结暨“传承海霞精神”再动员大会。大力激扬新时代海霞精神，提振全区干部群众的精气神，凝聚起高质量建设海上花园的工作合力，扛起“重要窗口”建设者维护者展示者的洞头担当。与会人员观看洞头先锋女子民兵连建连60周年活动视频剪辑。会上表扬在海霞系列建设中作出突出贡献集体和个人。连长陈盈盈、“海霞妈妈”志愿者服务队、驰援武汉疫区女民兵陈虹、溢香民间救援队等典型代表，作“传承海霞精神”主题报告，号召社会各界努力当好“海霞精神”坚定传承者和自觉践行者。大会还进行军事课目演练，举行授旗传承仪式。区领导吴志安、侯合海、邵建乐、陈细团、张孚标、张释忠等500多人参加会议。

【开展向洞头先锋女子民兵连建连学习活动】2020年3月4日，中共温州市委、温州市人民政府、温州军分区发文《关于开展向洞头先锋女子民兵连建连学习活动的决定》（温委发〔2020〕8号），要求广泛学习女子民兵连先进事迹，学习连队听党指挥、对党忠诚、服从命令的政治品格；学习连队坚守使命、铸魂国防，接力传承尚武精武精神；学习连队服务大局、不计得失、甘于奉献的家国情怀，学习连队践行宗旨、心系群众、团结协作的优良传统；学习连队弘扬新风、传承文明、紧跟时代的巾帼风采。结合“三强两促”专项活动、“三服务”活动和“万名干部进万企”“千名干部连千村”活动。3月18日，洞头区委发出《关于开展向洞头先锋女子民兵连学习活动的决定》，要求学习连队听党指挥、守卫海岛的坚定信仰，深入贯彻指示精神；学习连队保家卫国、强军铸魂的尚武精神；学习连队斗志昂扬、恪尽职守的励志本色，深入传承洞头精神；学习连队不计得失、心系群众的奉献意识，深入建设海上花园。大力宣扬“爱岛、尚武、励志、奉献”的海霞精神。

【洞头先锋女子民兵连建连60周年新闻发布会举行】2020年6月15日，“洞头先锋女子民兵连建连60周年”主题新闻发布会在温州市举行。人民网、中国网、浙江日报、浙江之声等30余家媒体记者，分别就如何弘扬“海霞精神”、发展红色旅游、建设“海上花园”等方面内容提问。温州市副市长娄绍光，温州军分区副司令员唐社教，洞头区委书记王蛟虎，温州市委宣传部常务副部长、市政府新闻办主任吕朝晖，洞头区委常委、宣传部部长侯合海，洞头先锋女子民兵连连长陈盈盈等出席新闻发布会。

【全国媒体海霞采风行】2020年6月9日，中央、省、市级30多家媒体代表，到海霞故乡感受“海霞精神”传承脉动。采风团一行走进海霞村，从联防亭漫步至红星小区，沿途听取该村基础情况介绍，了解军民鱼水情故事、村集体经济发展和村民生活变化等内容。通过实地走访、听取介绍等形式，挖掘海霞故事，领略“海霞精神”。

【文艺展演】2020年6月19日晚，洞头先锋女子民兵连建连60周年大型文艺展演在仁济学院举行。晚会由序和3个篇章构成，以序《霞出东方》拉开帷幕，有表演唱《同为长城添辉煌》《不爱红装爱武装》，小品《请叫我海霞》，舞蹈《霞光》，情景歌舞《大海啊故乡》等12个节目。晚会打破常规主持人报幕的形式，通过三代讲述人衔接几个篇章。省委书记、省军区第一党委书记车俊等观看演出。

（李郑勇）

人民防空

【概况】2020年，温州市洞头区人民防空办公室完成省、市两级人防办赋予的指挥通信训练任务、工程建设、人防设施设备维护检查等，召开全区人防指挥部指挥长会议，明确各成员单位年度训练任务，深化演习成果。加强对人防专业队、民防应急救援队、人防志愿者队整组训练。加强巡视检查人防结建工程，检查、清理、核查已竣工人防工程设备设施工程质量，检查和监督管理在建工程项目。

【人防事项“最多跑一次”改革】2020年，区人防办按照“最多跑一次”要求，人防窗口18个审批事项全部纳入省“最多跑一次”目录，统一绘制业务经办流程图和办事流程图。事项名称、事项编码等要素均与省办下发指导目录保持一致。依托“一张网”，全部可通过浙江政务服务网预审，压缩审批时限，提高审批效能。通过上门代办服务，提高审批服务效能和审批满意度。

【规范人防工程建设管理】2020年，区人防办完成人防产权制度改革。6月28日，印发《温州市洞头区人民防空工程管理办法（试行）》《温州市洞头区人民防空工程建设使用与产权登记实施细则（试行）》（洞政办发〔2020〕16号）等政策文件，创建新型人防工程维护管理模式，推进人防工程建设与经济建设协调发展，实现城市建设融合发展。开展专项整治和人防易地建设费自查工作。加强人防工程平时维护管理，落实安全责任制。完成全区各个项目现场核实和数据上报工作，占比100%。

【人防应急能力】2020年，区人防办调整更新人防专业队伍人员名单，对全区人防专业队和民防应急救援队进行整组点验，开展整组训练工作，提高应对突发事件的能力。落实人防指挥部平时组织开展人防战备工作的职责，规范完善各街道（乡镇）人防指挥部规章制度。参照《浙江省人民防空指挥部及其办公室、成员单位平时职责和工作机制》要求，建立健全各街道（乡镇）人防指挥部计划制度、报告制度、会议制度、演练与培训制度等工作机制，编制街道人防指挥部（指挥机构）年度工作要点。完善防空警报管理。加强人防疏散体系建设，建立全区综合应急疏散场所、应急救援物资储备库管理制度，规范日常管理。加强警报器管理，对全区防灾警报器进行全面检查，“5·12”“9·18”等重要防灾、防空警报试鸣活动鸣响率100%。

【人防宣传教育】2020年，区人防办开展特色主题活动，全区中小学开展“5·12”防灾减灾日等主题日班会宣传活动和“9·18”勿忘国耻宣传活动，发放防空知识宣传册；组织参加全市新中国人民防空创立70周年系列宣传活动，组织“我与人防的故事”征集活动，找寻与人防相关的老物件、老场景、老照片；邀请机关领导、人防工作者、救援队队员等对新中国人防创立70周年送上视频祝福；选取人防教师参加市办举行的演讲比赛。发挥溢香人防基地教育作用，建成“溢香应急救援队指挥中心”、安防体验馆、消防真实火灾模拟教室、宣传教室、消防器材展示厅，推出安防体验、安全知识培训、模拟火灾应急演练、海上救援、防溺水等一系列公益学堂课程，通过情景式、体验式、互动式等方式，让企业职工、群众、学生能直观学习安全防范知识，掌握应急处置技能，全年接待培训参观8000余人。借助洞头电视台、政府门户网站、网易新闻等媒体，宣传人防法律法规和最新工作动态。利用移动短信等平台，发布防灾警报试鸣短信。在中心街路口、商场广场等人员密集场所，不间断播放人防宣传片，推进国防教育全民普及。

（吴卫军）

退役军人事务服务

【**概况**】2020年，温州市洞头区退役军人事务局开展退役军人、优抚对象、“三属”走访慰问工作，及时发放临时性困难补助，实现走访全覆盖。完成退役士兵保险接续审核工作和转业士官择岗安置任务，退役士兵返乡报到事项实行“一站式”办理，完成率100%。联合多部门举办退役军人专场招聘会和“月光招聘周”专场招聘活动，邀请本地企业积极为退役军人提供就业岗位。帮助就业困难退役军人实现上岗就业。洞头区双拥服务中心和洞头区双拥志愿者协会成立。

【**双拥工作**】2020年，洞头区退役军人事务局助推温州市实现全国“双拥模范城”创建“五连冠”，区双拥办获评集体嘉奖1次。洞头区双拥服务中心和双拥志愿者协会成立。组织开展春节、“八一”建军节期间驻岛部队走访慰问，举行“万朵鲜花送雷锋”拥军行活动，举办拥军文艺演出11场；帮助驻岛部队办购置部队训练用睡袋，完成厨房、篮球场改造项目等实事6件。开展典型选树和烈士褒扬工作，全区抗战老兵王清等“最美”人物获市级表彰7人；推出“不灭的记忆·英烈事迹访谈录”节目6集，弘扬烈士事迹，获市革命烈士纪念馆收录；举办“双拥杯”门球赛、乒乓球赛，老兵趣味运动会等活动。发动部队官兵、退役军人参与疫情防控、防汛救灾等应急任务。

【**洞头区双拥服务中心成立**】2020年5月28日，洞头区双拥服务中心成立，为洞头区退役军人事务局下属单位，主要负责困难退役军人关爱帮扶、心理疏导，开展双拥共建和烈士褒扬宣传等工作。

【**洞头区双拥志愿者协会成立**】2020年11月24日，洞头区双拥志愿者协会成立，旨在为驻岛部队、军人军属、民兵队伍提供优质服务。会议审议并通过《洞头区双拥志愿者协会章程》，会议选举产生洞头区双拥志愿者协会第一届理事会会长、副会长，聘请洞头先锋女子民兵连首任连长汪月霞为协会总顾问，陈加战当选会长。截至年底，协会共有85名会员，包括34家单位会员和51名个人会员，其中退役军人代表40余名，涉及餐饮住宿、工程机械、电子信息、环保生态、建筑工程等多个行业。协会旨在开展双拥工作研讨和交流，帮助驻岛部队、现役军人军属、退役军人及三属解决生产生活困难，促进退役军人就业创业，开展双拥宣传等。

【**全国示范型退役军人服务中心创建**】2020年12月，根据退役军人事务部办公厅《关于开展2020年度全国示范型退役军人服务中心（站）验收工作的通知》（退役军人办函〔2020〕268号）精神要求，经各申报单位对照《全国县（市、区）示范型退役军人服务中心创建标准（试行）》《全国乡镇（街道）示范型退役军人服务站创建标准（试行）》，经自查自评和市级退役军人事务部门初审，省级退役军人事务部门复审，洞头区退役军人服务中心和6个街道（乡镇）服务站及28个社区村居服务站创成全国“示范型”服务站，其中北岙街道获评省级新时代“枫桥式”服务站。

【**优抚安置**】2020年，洞头区退役军人事务局圆满完成移交安置转业士官工作，协调职能部门和接收安置单位，核定编制岗位；通过档案评分、理论考试和综合成绩评定等环节实行全程透明化操作，召开择岗安置会议，做到择岗阳光公开，实现转业士官成功择岗就业。

（谭洁）

2020年11月24日，洞头区双拥志愿者协会成立　（区退役军人事务局提供）

农业 水利

海区又绿羊栖 · 杨金花

“海霞精神”

爱岛尚武　励志奉献

农业　水利

农业

【概况】2020年，洞头区实现农业产值11701万元，同比下降1.6%，农作物播种面积2666公顷、2547.6吨，分别增长1.48%、5.81%。出台《洞头区乡村振兴五星级示范村创建工作实施方案》，印发《关于进一步推进乡村振兴示范带和五星级示范村创建活动的通知》，确定15个村居（片区）创建乡村振兴五星级示范村。投资资金12.21亿元，新建示范带4条。持续开展乡村振兴“五四竞赛”活动，推动培育出海鲜夜宴、同心夜市、韭菜岙沙滩公园等一批星光经济、沙滩经济、民宿经济代表，打响“夜画渔港”“夜游东沙”名片。完成2个“阳光农场”、1个绿色牧场、4个“生态渔场”创建工作，3个标准化示范基地“一场一标准”通过专家评审。全区村集体经济总收入1.4亿元，增长15.33%，实现村集体经济总收入20万元年以上和经营性收入18万元以上村全覆盖。

【粮食生产】2020年，洞头区农作物播种面积2666公顷，比上年增长3.2%；其中粮食作物播种面积907公顷，增长2.2%；粮食作物中谷物播种面积110公顷，增长17.5%，番薯播种面积386公顷，下降3.5%，马铃薯播种面积173公顷，下降12.8%。

【部省共建乡村振兴示范省先行区创建】2020年，洞头区按照《部省共建乡村振兴示范区先行创建实施方案》和《部省共建乡村振兴示范区先行创建重点任务清单》要求，强化组织领导、注重全员参与、强调全程督考，控节点、攻难点、创亮点，全力推进创建工作，努力打造部省共建乡村振兴示范省先行区，深入贯彻乡村振兴战略，10条乡村振兴示范带全面建成；深化实施“五农五化”，按照洞头区农村美化、农房亮化、农民转化、农地彩化、农耕文化等“五农五化”特色载体，推动培育出海鲜夜宴、同心夜市、韭菜岙沙滩公园等一批星光经济代表；全域推进五星级示范村建设，探索静美乡村建设新机制；开展9轮“最美村”“最脏村”“最脏厕所”评比活动，累计评选出40村次人居环境考核优秀村居，发放奖励资金200万元；完成10个农村生活垃圾分类提升村创建，创成1个省农村生活垃圾分类示范村，5个省级善治示范村，17个省新时代美丽乡村达标村建设任务完成27个。制定洞头区乡村振兴战略规划（2020—2025年）、洞头区花园村庄人居环境督考办法（试行）、洞头区乡村振兴五星级示范村创建工作实施方案。

（张　蕾）

【农经管理】2020年，区农业农村局指导完成全区股份经济合作社换届选举工作及参与大门镇村级换届选举，督导86个村及村集体三资清查工作。完成村财务审计50个及村财务清账工作36个，涉及金额9.3亿元。推进农村集体“三资”前置全托监管系统建设，7月大门镇、东屏街道率先启动农村集体“三资”前置全托试点工作，12月完成原财务数据迁移，全面推广应用智慧系统。指导完成洞头区农户小额普惠贷款25.46亿元。开展2020年省级示范性专业合作社和家庭农场申报工作、市级示范性专业合作社和家庭农场监测工作。全年农村产权交易额5121万元，涉及18村。盘活农房221幢，涉及面积33774.47平方米。

（李小山）

【《关于坚持农业农村优先发展加快海岛乡村振兴的若干意见》印发】2020年2月27日，为全面深化农业农村优先发展，培育农业农村转型发展新动能，巩固提升农业产业化水平，加快全区现代渔农业发展，推进海岛乡村振兴，区政府印发《关于坚持农业农村优先发展加快海岛乡村振兴的若干意见》（洞政办发〔2020〕4号）。该意见包含支持绿色农业发展、构建质量安全农产品体系、鼓励承包地流转、支持农业产业做强、支持农产品展示展销、鼓励休闲渔农业发展、支持现代渔业发展、鼓励开展渔船安全改造、规范发展“三位一体”合作组织、推广“两菜一鱼”区域品牌等。涉及政策自2020年4月1日施行，有效期至2021年12月31日，农业秸秆综合利用、化肥农药减控等相关实施细则另行制定。

【“瓯越鲜风”千场创建】2020年，根据《温州市人民政府关于培育农业农村新动能实施乡村振兴战略的若干政策意见》（温政发〔2020〕15号）和《温州市农业农村局 温州市财政局关于印发〈温州优质农牧渔产品“瓯越鲜风”标准化生产基地千场创建工程实施方案〉的通知》，洞头区创成“阳光农场”2个、绿色牧场1个、“生态渔场”4个，3个标准化示范基地“一场一标准”通过市级评审。

【乡村振兴“两进两回”实施意见】2020年4月21日，为推动科技、资金、人才等资源要素流向农村，激发乡村活力，推进乡村全面振兴，根据《温州市人民政府办公室关于推进乡村振兴“两进两回”的实施意见》精神，洞头区实施海岛振兴战略领导小组印发《洞头区乡村振兴“两进两回”实施意见》，实施科技进乡村行动，强化科技成果应用，加大科技支农力度，加强人才招引培育；实施资金进乡村行动，强化农村金融要素支撑，畅通工商资本下乡渠道，加大政府引导支持力度；实施青年回农村行动，鼓励青年回乡参与工作，支持青年回乡发展产业，加大青年带头人培养；实施乡贤回农村行动，吸引乡贤回归，深化工作机制，发挥乡贤作用。打造回乡创业平台，落实回乡创业政策，优化农村营商环境。目标到2022年，建设省级高水平农业科技示范基地1个，孵化农村创业典型项目20个，“青创农场”1家，农业科技贡献率达到66%；争取各级支持乡村振兴财政投入2亿—3亿元，涉农贷款余额新增25亿元；培育青年“农创客”20名、“新农人”20名，培育乡土人才“名师名家”3名；吸引1000名新时代乡贤返乡回乡投资兴业、建设家乡。2020年4月23日起施行，有效期至2022年12月31日。

【省级农业绿色发展先行区创建】2020年，出台《洞头区农业绿色发展示范项目实施方案》，组织指导实施2018—2019年度农业绿色发展示范项目，推进肥药实名制购买和定额制施用管理，上报省市肥药两制三年改革主体30个，覆盖90%以上。推广水稻两壮两高、移栽油菜标准化栽培等技术。

【隔头村入选省首批民宿（农家乐）助力乡村振兴改革试点名单】2020年6月19日，浙江省文化和旅游厅、省农业农村厅公布省首批民宿（农家乐）助力乡村振兴改革试点，15家单位入选，洞头区北岙街道隔头村名列其中。隔头民宿集聚区位于洞头区本岛西部海岸，是温州市唯一的海岛精品民宿集群，森林覆盖率90%。坚持“生态保护、产业融合、全民共享”发展理念，把发展海岛民宿作为乡村振兴突破口，完善基础建设和产业培育，实现业态互动、生态生活生产交融。集聚区鼓励村集体和渔民多元参与民宿产业发展，为村民提供就业岗位30多个，旅游从业人口占就业人数15%以上。围绕“一个总部、两项工程、三样模式、四种支撑、五大主题”的改革任务，鼓励引导渔民由传统农业向乡村休闲旅游业转变，推动农村产业结构调整。以岩海民宿项目为示范样板，引进岩海山居、玖栖海上桃源里等民宿项

玖栖海上民宿　　（区融媒体中心提供）

目，形成西片民宿集群效应。

【省级乡村振兴绩效提升奖补资金补助】2020年8月7日，根据《浙江省财政厅 浙江省农业农村厅关于印发浙江省乡村振兴绩效提升奖补资金管理办法（试行）的通知》《浙江省财政厅关于组织开展2020年省级乡村振兴产业发展示范建设项目申报的通知》（浙财函〔2019〕608号）、《浙江省财政厅关于同意列入2020年度省级乡村振兴产业发展示范建设县的批复》（浙财农〔2020〕28号）等有关文件要求，结合乡村振兴督查激励通报和上一年度乡村振兴产业发展示范建设进展等情况，洞头区获第三批省级乡村振兴绩效提升奖补资金4000万元，主要用于乡村振兴产业发展示范建设。

【乡村振兴五四竞赛活动】2020年，洞头区组织开展乡村振兴五四竞赛两轮，参加比拼村居19个。第一轮五四竞赛一等奖优胜村2个，分别为大门镇仁前途村、东屏街道半屏社区，二等奖优胜村2个，分别为北岙街道小朴社区、东屏街道洞头片区；第二轮五四竞赛7个村获评五星级示范村，分别是霓屿街道下社村、鹿西乡鹿西村、东屏街道东岙顶片区、北岙街道海霞村、北岙街道隔头白迭片区、大门镇仁前途村、东屏街道寮顶村。

【农业机械】2020年，区农业农村局加强农机安全宣传教育，通过组织驾驶员学习法律法规知识，平安农机示范乡镇、村居设立固定安全宣传窗，在交通繁忙地段和公路两旁悬挂宣传横幅、张贴宣传标语等形式。全年开展安全学习活动3次，悬挂宣传横幅12条，宣传资料1500多份，发送农民信箱信息200多条。开展农机安全专项整治活动，与交警联合出动开展检查6次，出动检查人数46人次，检查车辆22辆次，未发现严重违章问题。全年发放中央农机购置补贴资金3.26万元，收益农户9户，补贴机具10台，主要有轮式拖拉机和微耕机。

（林 培）

农业执法

【概况】2020年，区农业农村局组织开展农资打假、农业投入品监督抽检、农产品质量安全、动物卫生监督和畜禽无害化处理等行动。开展“绿剑3+法”行动，累计出动执法人员197人次，检查生产经营主体167个次。完成农业生产投入品抽样50个，查处各类一般程序违法案件13起、简易案件31起，共计罚没款2.1万元。部署农药包装废弃物回收工作，累计回收处置农废0.47吨，超额完成省市下达任务，完成率142%。累计处理养殖环节病死猪195头，协助市自然资源和规划局洞头分局处置扑杀驯养野生动物蓝孔雀700多羽，协助行政执法局处置扑杀流浪犬85头。累计省级风险监测80批次，合格率100%；市级送检55批次，合格率100%；区级抽检420批次，检测结果无不合格反馈；开展蔬菜常规检测4036批次，合格率99.9%。

【专项执法行动】2020年，区农业农村局组织开展食品安全“利剑”系列专项执法和违法违规调运生猪百日攻坚等行动。累计监督抽样生产经营主体农产品56家，完成畜产品抽样23批次，蔬菜、水果产品抽样152批次。

【农机安全监管】2020年，区农业农村部门联合交警部门全面推进变拖整治。累计开展联合上路检查19次，扣留违规上路拖拉机4台，提前完成变型拖拉机清零59台。

（林 培、甘君临）

林业

【概况】2020年，洞头区林业产值568万元，下降13.8%。建设海岛大花园，完成霓屿红树林海洋湿地公园首批红树林种植20公顷、柽柳6.5公顷，打造全省最大红树林海洋湿地公园。实施“一路一花径、一村一精品、一户一花墙、一坡一花景、一港一风情”工程，全年绿化美化工程投资1412万元。建成景观提升道路4条，美丽乡村景观精品村3个，花园庭院1000户，花园渔港景观1个，花园景区绿化提升3个。实施完成新增国土绿化54.6公顷。编写上报《洞头区“十四五”期间年森林采伐限额编制成果报告》，完成洞头区限额编制工作。

【绿化美化】2020年，洞头区组织开展“3·12”义务植树活动，累计参加人员1.2万人次，栽种各类苗木3万株；组织开展“栽花种树”六个一建设项目，累计完成投资1412万元。完成新增国土绿化54.6公顷，完成任务数的102.4%。组织开展2019年度彩色健康林建设和森林抚育项目验收和实施2020年度森林抚育项目作业设计和公开招投标工作。

【林业产业】2020年，洞头区实施全省乡村振兴战略，提升乡村绿化水平，完成“一村万树”推进村创建11个；落实“一亩山万元钱”地块，完成新建培育5.33公顷，辐射推广26.67公顷，巩固深化6.67公顷；开展市级康养基地创建和市森林康养示范基地扶持资金工作。

【野生动物管理】2020年，洞头区开展禁止非法野生动物交易、革除滥食野生动物陋习专项行动，发放宣传手册5000份，疫情期间开展巡逻检查共派出2个检查组75人次，检查各类场所11个（其中检查野生动物养殖场所4家，检查野生动物经营场所1家；农贸市场、酒店5家；检查野生动物观赏场所1家，关闭野生动物观赏场所1家），检查自然保护地4处；宣传教育人数100人，累计巡护里程105千米。全年开展野生动物救助12次，抢救和放飞野生动物13只。完成洞头区涉及禁食野生动物处置养殖企业2家，无害化处置蓝孔雀701羽，发放补偿资金49.07万元。完成与区农业农村局梅花鹿和雉鸡品种移交2个和撤回被许可人人工繁育行政许可决定工作2家。

【森林资源管理】2020年，区农业农村局根据《国家林业和草原局关于开展2020年森林督察暨森林资源管理“一张图”年度更新工作的通知》《浙江省林业局关于开展2020年森林督察暨森林资源管理“一张图”年度更新工作的通知》文件要求，完成图斑动态更新、规范重要因子变更及公益林年度变化更新等任务。完成动态遥感监测两期，涉及图斑17个。完成和上报洞头区2020年森林资源管理“一张图”年度更新数据，分别向森林公安分局和瓯江口管委会移交违法森林资源案件53起。

【林业有害生物防治】2020年，洞头区加强森林病虫害防治，实际累计监测面积36.8万亩次，监测率100%，其中病害实际监测12.2万亩次，虫害实际监测24.6万亩次。全年松材线虫病累计除治面积894.27公顷，清理枯死木25650株，烧毁松枯死木54.28万公斤，累计已投入资金146.2万元，完成验收核查工作。开展噻虫啉防治作业面积46.67公顷，马尾松毛虫防治53.33公顷，无公害防治作业面积46.67公顷，累计投入资金3.75万元。完成秋季松材线虫病普查及防治方案编制工作，全区共涉及街道（乡镇）6个，枯死松树株数20543株，面积866.47公顷，行政村58个，小班334个。

【自然保护地管理】2020年，根据省林业局《关于做好当前自然保护地整合优化预案编制工作的通知》（浙林字函〔2020〕96号）文件精神，洞头区成立自然保护地整合优化领导小组，整合优化省级以上自然保护地5处，完成“三上”方案上报，整合优化后全区设两个自然保护地，分别为洞头国家级海洋自然公园和洞头省级地质自然公园，自然保护地总面积35369.95公顷。

【重点生态公益林管理】2020年，洞头区完成国家级公益林变更调整项目5个，涉及面积2.67公顷；完成省级公益林变更调整项目1个，涉及面积0.07公顷；公益林补偿资金发放144.92万元。全年出动执法人员27人次，出去车辆9车次，联合区森林公安局开展林业执法巡查。

（夏建伟）

畜牧业

【概况】2020年，洞头区牧业产值2957万元，同比增长40.7%。鼓励引进发展“新、奇、特”适度规模畜禽养殖，有效完成绿色牧场建设、重大动物疫病防控、动物卫生监督执法等各项工作。开展对街道（乡镇）督查10余次，走访指导养殖户40余户，全年共计免疫生猪1500头次，家禽14万羽次。全面部署和开展非洲猪瘟的防控工作，做好疫情期间畜牧业补助工作，共计发放养殖补助4.04万元。创成1家市级“绿色牧场”。完成生猪保供指标0.5万头年末存栏任务。截至年底，有生猪养殖场1家，生猪年出栏数0.12万头，期末存栏数0.25万头，猪肉产量115吨；蛋鸡养殖场（户）17个，年出栏数5.05万羽，期末存栏数4.11万羽，鸡蛋产量352.5吨；肉鸡养殖场（户）15个，肉鸡年出栏数2.25万羽，期末存栏数1.02万羽，鸡肉产量63吨；蛋鸭养殖场2个，年出栏1.5万羽，期末存栏1.6万羽，鸭蛋产量219.6吨。

【畜禽养殖禁养区调整】2020年2月28日，为贯彻落实省委、省政府关于“坚决走规模化科学养殖新路，不走散养污染环境老路”决策部署，推动实现“以标准化、绿色化、规模化、循环化、数字化、基地化引领走稳生猪产业高质量发展”目标；进一步规范畜禽养殖禁养区划定和管理，促进生猪生产发展，区政府制定调整畜禽养殖禁养区。划定六大类畜禽养殖禁养区，即饮用水水源保护区畜禽养殖禁养区，风景名胜区畜禽养殖禁养区，城镇居民区、文化教育科学研究区等人口集中区域畜禽养殖禁养区，永久基本农田保护区畜禽养殖禁养区，文物保护单位保护范围和建设控制地带畜禽养殖禁养区，法律法规规定的其他禁止养殖区域等。

【市级“绿色牧场”创建】2020年，根据《温州市人民政府关于培育农业农村新动能实施乡村振兴战略的若干政策意见》（温政发〔2020〕15号）和《温州市农业农村局 温州市财政局关于印发〈温州优质农牧渔产品“瓯越鲜风”标准化生产基地千场创建工程实施方案〉的通知》，经建设主体的申报、专家评审和公示，洞天畜禽养殖专业合作社通过市级“绿色牧场”验收。项目投资32.47万元，改造提升场内配套池塘、海岸线排洪沟、各个功能间等。

【非洲猪瘟等动物疫病防控】2020年，根据省市防治动物疫病指挥部文件精神，洞头区政府从区、街道（乡镇）、村居三个层面落实主体责任，对防控和处置工作实施集中统一指挥，落实部门指导推动和监管责任。严格生猪调运监管和餐厨剩余物监管，严禁跨省调运，全面禁止泔水饲养。做好生猪生产、肉品供应和舆论引导工作。截至年底，洞头区没有发生非洲猪瘟疫情。

（余泓源）

农村扶贫

【概况】2020年，洞头区率全市之先将扶贫纳入机关事业单位党员“两地双评议”，实施“五排查五清零”攻坚行动，人均年收入8千元以下农户等5种贫困现象全面清零，低收入农户城乡基本医疗保险参保率100%，低收入农户人均可支配收入增长12%以上。2020年年末，洞头区通过建立洞头区“共同富裕小康码”系统分析低收入农户年龄、健康情况、劳动能力、各项补助享受情况等，生成预警名单，将预警结果分别发送至帮扶干部、村居、责任单位并开展核查整改，结合“浙江省低收入农户帮促数字化应用”，形成多形式、多渠道、多层次预警监测网，防止出现大规模返贫现象。

【“五排查五清零”攻坚行动】2020年，洞头区开展“五排查五清零”攻坚行动，通过问题清单整改、动态销号管理，实现人均年收入8000元以下农户、农村困难家庭危房户和无房户、因病致贫困难群众、可享受而未享受社会救助政策对象、零就业家庭现象全面清零。开展支出型贫困认定117户273人。救助132户次271人次，救助金额42.7167万元，人均救助1576.26元。特困人员基本生活费标准从1175元/月提高到1315元/月；低保标准从804元/月提高到886元/月。建立从幼儿到大学一系列困难学生教育救助政策，全区各中小学没有低收入农户失学辍学现象，义务教育入学率、巩固率均100%。全年资助家庭经济困难学生798人次，资助金额78.53万元。建成投用霓屿义务教育学校新校区，3所偏远乡镇学校（洞二中、大门镇小和鹿西小学）均通过省标准化学校评估验收，全区省标准化学校达标率100%。落实应保尽保政策，全区困难群众基本医疗保险、大病保险的个人缴费部分全部由区财政出资，全年合计121.15万元。医疗救助保障救助困难群众2686人次，救助资金147万元，门诊救助1239人次，救助资金67.55万元。全区（不含灵昆）6个街道社区卫生服务中心（乡镇卫生院）、37家村级卫生室（社区卫生服务站），共计约200名执业（助理）医生并实行国家基本药品制度，基层就诊率65.05%，县域就诊率保持90%以上水平，常见病、慢性病可及时救治。完成危房改造任务，排查农村困难家庭四类人员的房屋1281户，鉴定出C级危房8户、D级危房1户、无房户12户。实现一体化供水，全区低收入农户均达到饮水安全水平。

【产业扶贫】2020年，洞头区建立健全扶贫开发项目库，梳理储备项目36个，建设项目8个，完成218户折股量化帮扶增收任务，实现低收入农户户均年增收2000元以上，实现低收入农户人均可支配收入增长率12%以上。

【结对帮扶】2020年，洞头区创新扶贫干部结对帮扶机制。把“两地双评议”“千名干部联千村”与“精准扶贫五个一”三项机制结合，推动实现“支部包村”“干部包户”工作目标。创新扶贫干部结对管理模式。采取以村（居）为基本单位形成网格化管理模式，把辖区低收入农户所在村（居）的挂钩干部及党员形成4级网格员，由本村书记担任4级网格长，街道（乡镇）扶贫分管领导形成3级网格，扶贫富民领导小组成员单位分管领导形成2级网格员，区级分管领导为1级网格。创新考核督导落实方式。通过结对干部填写《低收入家庭结对干部帮扶月记录表》形式，明确干部结对帮扶工作落实情况，把支部包村、挂钩结对帮扶情况纳入社会救助专项治理工作督查要点、“千名干部联千村”工作评价内容以及机关党建常态化督导清单，建立全方位、全覆盖、多层次、立体化扶贫结对干部管理模式。

（朱晓卉）

美丽乡村建设

【概况】2020年，洞头区投资12.2亿元，投资率127.5%，新建4条海岛振兴示范带，全面完成3年10条示范带建设任务。开展两轮“五四竞赛”观摩活动，创成省级美丽乡村示范乡镇1个、美丽乡村风景线1条、美丽乡村特色精品村3个、高标准农村生活垃圾分类示范村1个，建设省新时代美丽乡村27个、善治示范村5个，创建培育五星级示范村15个。培育星光经济、沙滩产业、网红民宿等乡村新业态，点亮夜经济，东屏星光获评全省美丽乡村夜经济精品线。

【乡村振兴五星级示范建设】2020年，洞头区按照“产业兴旺、生态宜居、乡风文明、治理有效、生活富裕”总要求，以花园村庄和乡村振兴示范村为基础，以“五农五化”行动为抓手，组织乡村振兴五星级示范创建。通过申报推荐、确认资格、组织实施、考核验收，报区委常委会研究确定霓屿街道下社村、鹿西乡鹿西村、东屏街道东岙顶片区、北岙街道海霞村、北岙街道隔头白迭片区、大门镇仁前途村、东屏街道寮顶村为乡村振兴五星级示范村。元觉街道花岗沙角片区获最具人气奖、元觉街道小北岙村获最具潜力奖、东屏街道半屏社区获最佳拼搏奖、大门镇大荆村获最佳风尚奖。

【美丽田园创建】2020年，洞头区印发《洞头区美丽田园创建行动实施方案》，完成市级美丽田园整治创建2个，面积180.73公顷，划定5个街道（乡镇）重点整治田块11处。开展万亩海上紫菜田园整治，全区共整治田园面积163.87公顷。开展积存垃圾整治、拆除脏乱棚架、乱建设施和乱架杆线等脏乱差设施整治；大门镇完成美丽田园区块整治并通过市级验收2个，其中黄岙片农田获评全市30个最美田园之一。其余9个重点田块整治全面通过区级验收。

【省级善治示范村创建】2020年，洞头区创成省级善治示范村5个，分别为北岙街道双垅村、大门镇东浪村、东屏街道半屏社区、东屏街道寮顶村、霓屿街道上社村。

【新时代美丽乡村建设】2020年，洞头坚持原生态保护，实施古渔村保护开发行动计划，组织开展花园村庄人居环境专项督查、“两最”（最好和最差）评比、环卫保洁网格化管理等措施。全年累计评选出25个人居环境优秀村居，发放奖励资金125万元，创成省美丽乡村示范乡镇1个、省美丽乡村风景线1条、省新时代美丽乡村达标村27个、省善治示范村5个、省美丽乡村特色精品村3个、省高标准农村生活垃圾分类示范村1个。持续推进乡村振兴示范带建设，2018年至2020年累计投资22.1亿元，建成乡村振兴示范带10条，覆盖全区86.15%行政村。打造80万平方米的美丽田园，培育海鲜夜宴、同心夜市、韭菜岙沙滩公园等一批星光经济、沙滩经济、民宿经济等。获省新时代美丽乡村建设优秀区和省级乡村振兴产业发展示范建设县称号。

北岙街道海霞村被评为乡村振兴五星级示范村　（北岙街道提供）

【东屏街道获新时代美丽城镇建设省级样板】2020年12月21日，浙江省新时代美丽城镇建设工作2020年度样板城镇和达标城镇考核验收结果公布，洞头区东屏街道获评“2020年度新时代美丽城镇建设省级样板”。东屏街道由4个住人岛、88个无居民岛组成，陆地面积14.48平方千米。户籍人口2.19万人，下辖9个村2个社区（半屏社区、蓝港社区）。通过国家级蓝色港湾整治工程、省级小城镇环境综合整治、花园村庄建设等各种创建载体，打造国家级生态乡镇、浙江省美丽乡村示范街道、浙江省旅游强镇、省级特色小镇创建。

（叶海函）

水利

【概况】截至2020年年底，全区建有小二型水库6座及重点山塘17座，总库容285万立方米。建有大小河道（沟）66条57.5千米，排涝水闸18座，其中中型水闸1座，排涝泵站3座，基本满足各片区排涝需求。建有20年一遇以上标准海塘8处15.52千米，城南片、杨文片和新城区等重要片区基本达到50年一遇防洪标准。累计铺设318千米入户管道，完成全区农村饮用水工程建设，86个村农饮供水保障率、26个监测点水质达标率100%。编制上报大陆引调水和“安澜千亿”工程方案。投资1.9亿元，启动海塘生态提升工程，改造新城区和海中湖生态景观。

【洞头区海塘安澜工程规划方案通过审查】2020年10月22日，洞头区召开《温州市洞头区海塘安澜工程建设规划方案（2020—2030年）》审查会。区发改、财政、水利、资规、蓝湾办、城发公司、设计单位等参加会议。区水利局介绍海塘安澜工程有关情况，设计单位汇报工程规划方案。参会人员围绕提标加固海塘范围、定位布局、资金筹措、建管模式、组织保障等方面，对规划方案的具体需求、存在问题和建议展开讨论。方案根据全省海塘安澜建设规划总体定位，对标国内先进滨海城市、富有特色的生态海塘，通过海塘安澜千亿工程建设，实现区域相通、功能融通、堤顶连通、内外互通、政策打通，全面提升洞头区海塘防御标准，围绕洞头蓝色海湾建设，串联并融合洞头风景区、美丽河湖、妈祖文化等资源，把洞头海塘打造成“蓝色海湾，百岛争艳”的特色大塘。

【洞头区新城二期河道景观工程获省“优秀园林工程”金奖】2020年9月3日，根据《关于开展2020年度浙江省“优秀园林工程”奖评审工作的通知》，经专家评审委员会评定，全省254个项目分获2020年度浙江省“优秀园林工程”金、银、铜奖，其中13个项目获金奖、银奖。洞头区新城二期河道景观工程获2020年度浙江省“优秀园林工程”奖项金奖。该项目位于新城二期，是洞头区新城二期景观绿化工程PPP项目的子项目。工程主要包括海景河、新西河、大朴溪三条河道两岸绿化景观，总长度约4348米，总用地面积约15.32万平方米，其中新城二期河道景观工程用地面积13.88万平方米。

水利工程建设

【概况】2020年，洞头区水利工程投资6535万元。其中：状元南片标准塘生态修复工程完成年度投资3783万元，南塘标准塘生态修复工程完成年度投资1350万元，水利工程运行管理和维修养护完成年度投资325万元。杨文工业区（一、二期）防洪排涝工程、城内片河道（后垄河、岙内河）建设工程、埭口河河道护岸修复工程等通过竣工验收，新城二期排涝泵站二期工程通过完工验收。

【杨文工业区（一、二期）防洪排涝工程竣工】2020年6月12日，洞头杨文工业区（一、二期）防洪排涝工程通过竣工验收。该工程于2014年10月14日开工建设。工程按排涝标准20年一遇，防潮标准50年一遇设计，泵站排涝总流量为7立方米/秒，护岸建筑物级别为5级，泵站房建筑物级别为4级，配套用房为5级等。工程新建一座排涝泵站，泵站排涝流量7立方米/秒，泵站等别为Ⅳ等，属小（2）型泵站，占地面积1960平方米（其中泵站房屋建筑面积356.4平方米）；泵站前蓄水湖总面积1.02公顷和低洼保留地1.82公顷，新建护岸总长469米。工程批复概算1860.83万元，其中工程建安费1630.39万元，由温州市城市发展有限公司实施建设，乐清市水利水电建筑勘测设计院设计，浙江汇力建设有限公司施工，浙江中环建设监理有限公司监理。

【城内片河道（后垄河、岙内河）建设工程竣工】2020年5月20日，洞头城南片河道（后垄河、岙内河）建设工程通过竣工验收。工程于2012年10月25日开工建设。该工程按排涝标准20年一遇，新建护岸总长902.6米，岙内河单位工程护岸总长1302米。工程概算批复5043.36万元，其中工程建安费4060.08万元，由洞头城市发展有限公司（原洞头县城市开发建设指挥部）实施建设、温州水利电力勘测设计院设计、温州宏源水电建设有限公司施工、中水淮河规划设计研究有限公司监理。

【埭口河河道护岸修复工程竣工】2020年5月20日，洞头县埭口河河道护岸修复工程（桩0+533.025—桩0+658.025段）通过竣工验收。该工程于2014年3月1日开工建设。主要建设内容为护岸排污箱涵修复、护岸加固及两边绿化恢复等工程，修复加固护岸总长125米，其中修复护岸80米，加固护岸45米。工程概算697.65万元，由洞头城市发展有限公司实施建设、温州水利

洞头区新城二期海滨河景观（区农业农村局提供）

电力勘测设计院设计、温州宏源水电建设有限公司施工、中水淮河规划设计研究有限公司监理。

【新城二期排涝泵站二期工程通过完工验收】2020年4月10日，洞头区新城二期排涝泵站二期工程通过完工验收。该工程于2018年9月4日开工建设。新建护岸总长192.7米，其中泵站翼墙88米、引航道左岸挡墙104.7米，排涝泵站绿化面积4100.3平方米。工程概算1896.68万元，由洞头城市发展有限公司实施建设、温州水利电力勘测设计院设计、衢州宏坤环境建设有限公司施工、杭州建义建设工程监理有限公司监理。

（郭　敏）

【海洋生态廊道整治修复工程—南塘湾公园】2020年12月14日，海洋生态廊道整治修复工程——南塘湾公园项目完工验收。该工程于2018年9月10日开工建设。项目总用地面积约242181平方米，其中绿化项目总用地146409平方米，水体78807平方米，停车场1420平方米，园路铺装15281平方米，廊亭264平方米。主要建设内容包括景观、绿化、河道清淤、景观水电等。工程概算3887.15万元，由洞头城市发展有限公司实施建设、杭州园林设计院股份有限公司设计、浙江处州建设管理有限公司监理、温州市东沙建设有限公司承包施工。

（苏　胜）

水政

【概况】2020年，洞头区深化水利审批改革，完成生产建设项目水土保持方案审查审批26件，水土保持设施验收报备6件，取水许可延续3件，并及时足额征收水资源费和水土保持补偿费。上报“十三五”水土保持目标责任制考核成果。组织开展“世界水日”与“中国水周”活动，宣传《中华人民共和国水法》。加强水土保持监督管理，委托第三方机构协助开展水土保持监督检查26次。入选全国第三批节水型社会建设达标县（区），创成省级节水型小区2家。完成全区农田灌溉水有效利用系数测算分析工作，全区灌溉水有效利用系数0.606。全区农村饮用水水质检测合格率100%。

【洞头入选全国第三批节水型社会建设达标县（区）】2020年11月25日，水利部公布第三批节水型社会建设达标县（区）名单，其中洞头区榜上有名。洞头区结合海岛水资源紧缺现状，围绕国家级节水型社会建设达标县（市、区）目标，坚持“节水优先、空间均衡、系统治理、两手发力”治水方针，施行用水总量控制、用水效率控制等多项举措，研究出台《洞头区阶梯水价制度》，实现全区阶梯水价全覆盖。投入300万元建设鹿西乡海水淡化并网工程，新建一条约3.5千米DN160管道及配套泵房等附属设施，解决鹿西群众旱季用水需求。截至年底，洞头区累计创成节水型企业10家、节水型单位60家、节水型小区6家、节水型灌区2个。

【洞头区节水行动实施】2020年11月18日，为推动全社会节水，全面提升水资源节约集约利用水平，促进生态文明建设和经济社会高质量发展，根据省、市节水行动实施方案，区政府制定《温州市洞头区节水行动实施方案》，实施总量强度双控行动、农业节水增效行动、工业节水减排行动、城乡节水降损行动、节水科技引领行动、节水标杆示范行动、节水宣传教育行动等七大行动。完善水资源刚性约束协同推进机制、水价动态调整机制、节水财政政策、水效标识制度、用水监测统计制度等五项机制。目标到2022年，万元国内生产总值用水量、万元工业增加值用水量较2015年分别降低17%和32%以上，城市公共供水管网漏损率控制在10%以内。到2025年，全区水资源节约循环利用水平走在全市前列。万元国内生产总值用水量、万元工业增加值用水量较2015年分别降低20%和35%以上，农田灌溉水有效利用系数提高到0.61以上，全区用水总量控制在0.27亿立方米以内。到2035年，全区水资源节约循环利用达到全省先进水平。

【供水设施公共服务一体化实施】2020年12月23日，为认真贯彻落实市委、市政府重大部署，推进全区供水市政设施公用服务一体化进程，根据温州市人民政府专题会议纪要〔2017〕30号、市府办抄告单〔2020〕199号等文件精神，区政府制定《洞头区供水设施公共服务一体化实施方案》，主要实施内容是职责机构整合划分、保留区排水公司、清产核资及资产处置、同城水价补助机制、人员身份甄别确认、工程项目实施。已纳入年度工程计划和项目前期的工作按原计划执行。整合区水务发展有限公司，保留排水公司及相应工程建设和资产管理职责，供水服务职责移交市公用集团，构建市区供水“一城一网”管理体制，统一负责区供水工作及设施运营管理，达到与市区供水“同城、同网、同价、同服务”目标。

（郭　敏）

海洋与渔业

火热的渔市 · 吴黎明

“海霞精神”

爱岛尚武　励志奉献

海洋与渔业

概述

【概况】2020年，全区渔业产量17.43万吨，同比增长5%，实现渔业产值16.8亿元，增长18.15%。其中：捕捞产量13.13万吨，捕捞产值9.31亿元。实现养殖产量3.41万吨，产值6.76亿元。养殖面积5.38万亩，全区渔业从业人员8914人。全区有渔业船舶1350艘，其中，捕捞渔船547艘，总功率54553.9千瓦，养殖船758艘。作业类型包括拖网、张网、刺网、灯围和沿岸小作业等，作业海域主要集中在温台渔场和洞头近岸区域。

率全国之先实行养殖用海确权发证，完成退养还海工程，实现养殖证发放全覆盖。实施渔业增殖放流，投放曼氏无针乌贼、大黄鱼、黑雕等苗种1.43亿单位。参加第三届中国海洋牧场博览会，展示洞头海洋牧场建设成果，提升海洋牧场优质农产品品牌知名度。6艘远洋渔船赴西非海域生产，开创温州海洋渔业发展新纪元。国家级海洋牧场项目完成投资2700万元，建成3.6万立方米人工鱼礁。“渔小二”获评省政府数字化转型优秀案例，列入“一打三整治”年度考核加分项，在全省复制推广。实施“从渔船到餐桌”行动，培育“从浪尖到舌尖”区域营销品牌。全区有休闲渔业运行主体69个，从业人员181人，休闲渔船25艘，共接

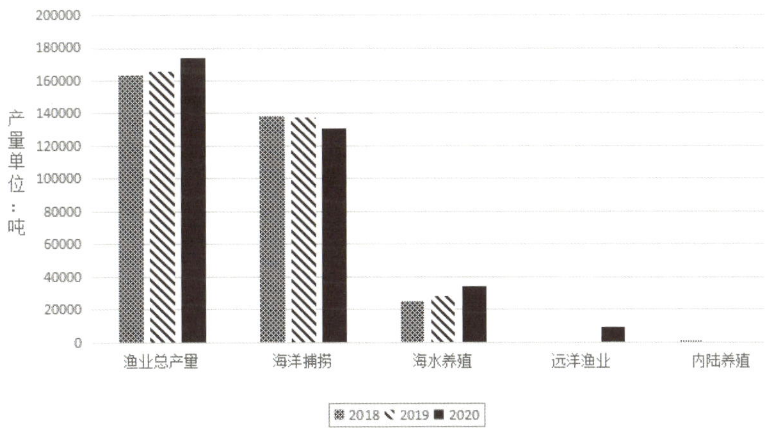

图5　2018—2020年洞头区水产品总量对比图

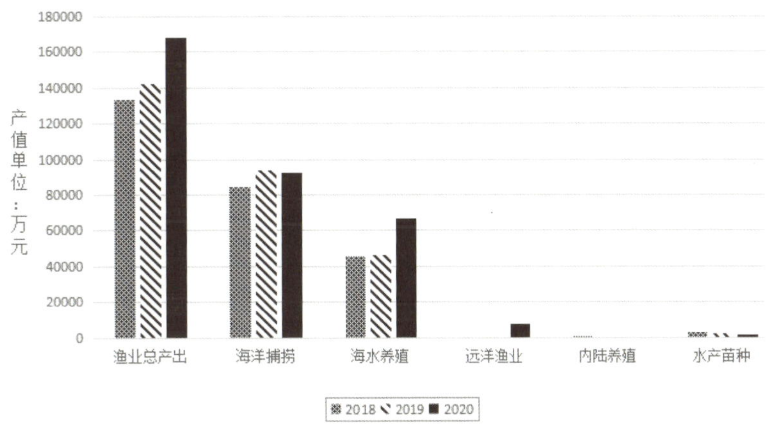

图6　2018—2020年洞头区渔业总产出对比图

待游客17.64万人，实现经营收入1903万元。

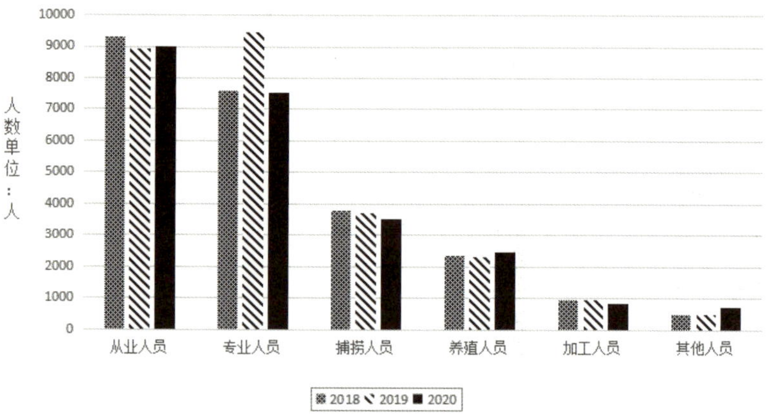

图7 2018—2020年洞头区渔业劳动力结构变动情况图

【“渔小二”系统推广】2020年，洞头区完成浙江省省级渔业行政许可改革试点工作，渔民只需线下跑一地一次就能办成事，部分事项实现“零次跑”，提交办事材料减少近60%，年办事费用支出减少近30万元。全省全面推广复制洞头经验建设“渔小二”系统，除舟山外均上线运用。浙江省农业农村厅把“渔小二”系统建设列入“浙江一打三整治”工作考核加分项。洞头经验做法被评为浙江省政府数字化转型优秀案例。

【渔船到餐桌行动实施】2020年，温州市洞头区农业农村局注册运行“洞头三农”抖音及其副号“洞头海鲜”，完成上架“洞头海鲜—从浪尖到舌尖”购物小程序，搭建40多艘近海双拖捕捞渔船、2组10艘渔运船、1个加工包装企业、1个电商运营企业的产供销链条，打通线上线下渠道，解决洞头海鲜冻品全国营销问题。

【洞头区远洋渔业实现“零”突破】2020年3月23日，由温州市大洲远洋渔业有限公司建造的远洋捕捞船“大洲1001”“大洲1002”“大洲1003”“大洲1005”“大洲1006”“大洲1007”启航，赴塞内加尔、几内亚比绍两国开展远洋捕捞，标志着洞头区海洋捕捞产业走出国门，实现洞头区远洋渔业“零”的突破。六艘远洋渔船为大马力中型双夹板单拖冷冻渔船，每艘船舶主机功率2210千瓦、船长52.6米、总吨位750吨。截至年底，远洋渔业产量8960吨。

（郭计超）

2019—2020年洞头区海洋捕捞产量结构情况表

表7　　单位：吨

内容			2019年	2020年	同比趋势
海洋捕捞总产量	合计		137787.8	131265.21	4.73%↓
	鱼类	小计	128950.7	121395.87	5.86%↓
		海鳗	3380.83	2415.7	28.55%↓
		鳓鱼	1174.7	917.6	21.89%↓
		鳀鱼	16543.8	15659.62	5.34%↓
		远东拟沙丁鱼	4129	7983.5	93.35%↑
		鲱鱼	0	0	0
		石斑鱼	0	0	0
		鲷	53	51	3.77%↓
		蓝圆鲹	335	569	69.85%↑
		白姑鱼	191	194	1.57%↑
		黄姑鱼	261	265	1.53%↑
		鮸鱼	25	29	16%↑
		大黄鱼	84.9	49.2	42.05↓

续表7

内容			2019年	2020年	同比趋势
海洋捕捞总产量	鱼类	小黄鱼	2029.99	1370.8	32.47%↓
		梅鱼	3100.2	3145.4	1.46%↑
		方头鱼	0	0	0
		带鱼	11027.6	12582.2	14.1%↑
		金线鱼	54	53	1.85%↓
		梭鱼	56	55	1.79%↓
		鲐鱼	5278.86	4021	23.83%↓
		鲳鱼	4357.95	5059.5	16.1%↑
		马面鱼	1388.85	2618.8	88.56%↑
		马鲛鱼	5891.32	8167.55	38.64%↑
		鲻鱼	117	120	2.56%↑
		龙头鱼	5994.9	8976.75	49.74%↑
		金枪鱼	0	0	0
		竹筴鱼	0	2782	↑
	虾类	小计	1371.82	1577.9	15.02%↑
		毛虾	467.75	435.5	6.89%↓
		对虾	37	726.4	1863.24%↑
		鹰爪虾	80.4	79.25	1.43%↓
		虾姑	124.77	181.75	45.67%↑
	蟹类	小计	1443.7	1368.2	5.23%↓
		梭子蟹	873.9	743.8	14.89%↓
		青蟹	70	58.4	16.57%↓
	贝类		239	159.6	33.22%↓
	头足类	小计	5760.88	5787.54	0.46%↑
		乌贼	2142.08	1919.36	10.4%↓
		鱿鱼	2726.3	3584.93	31.49%↑
		章鱼	186	217.25	16.8%↑
	其他		21.7	976.1	4398.16%↑
海洋捕捞分作业产量	合计		137787.8	131265.21	4.73%↓
	拖网		107266.58	101292.69	5.57%↓
	围网		420	420	0
	刺网		10810.13	13491.12	24.8%↑
	张网		19075.55	15821.7	17.06%↓
	其他		215.54	239.7	11.21%↑

（区农业农村局提供）

海水养殖

【**概况**】2020年，洞头区海水养殖总面积5.38万亩，比上年增加3366.5亩，同比增长6.67%。海水养殖总产量34065.1吨，比上年增加5862.77吨，增长20.79%。实现养殖产值4.72亿元。其中：全区紫菜养殖面积3.09万亩，产值3.17亿元；羊栖菜养殖面积1.4万亩，产值1.25亿元；大黄鱼养殖面积1368亩，产量1007.7吨，产值8745万元。全区养殖品种13个，主要是浅海、滩涂、围塘养殖，其中紫菜、羊栖菜养殖面积约占海水养殖总面积80%。形成以羊栖菜、紫菜、黄鱼养殖为主体，以浅海其他品种、滩涂贝类等为补充生产格局。

制定出台《洞头区养殖用海生态保护与管理暂行办法》《洞头区养殖海区规范整治专项攻坚行动工作方案》《养殖海区规范整治专项攻坚行动指导程序》《洞头区海上田长制》。集中整治违规养殖现象和养殖设施，养殖证发放实现全覆盖。

【**洞头区养殖用海生态保护与管理暂行办法**】2020年5月28日，为规范养殖海域使用管理，切实维护国家海域所有权和养殖海域使用权人的合法权益，区委改革办、区农业农村局、自然资源和规划洞头分局联合印发《洞头区养殖用海生态保护与管理暂行办法》（洞改办发〔2020〕6号）。规定洞头区行政区域内海岸线向海一侧的内水的水面、水体、海床和底土，符合区养殖水域滩涂规划，可用于海水养殖的海域和滩涂必须符合海洋生态红线制度和海洋功能区划，实行统一规划、综合利用、合理开发与环境保护相结合的原则。单位和个人使用海域从事海水养殖的，应取得海域使用权证和水域滩涂养殖证。同一海域的海域使用权证和水域滩涂养殖证登记主体应相同。应按照核定的内容从事养殖生产活动。出租（发包）方可以委托村级组织管理养殖用海生产活动。从事养殖生产活动不得采用破坏养殖用海及临近沿岸区域海洋生态环境的方式方法。对新增的网箱鱼类养殖，鼓励采用生态环保材料，避免破坏养殖用海生态环境。建立养殖辅助用船（筏）街道（乡镇）报备登记管理制，养殖船和机动辅助塑料泡沫筏由街道（乡镇）统一标识。办法自发布之日起试行。

【**养殖海区规范整治专项行动**】2020年，洞头区启动养殖海区规范整治专项行动，区"一打三整治"行动领导小组办公室制定《洞头区养殖海区规范整治专项攻坚行动工作方案》，全面摸清全区养殖海区相关基本情况，对违规养殖现象和养殖设施进行集中整治。开展养殖海区划界工作，委托专业机构利用卫星遥感及无人机影像资料对全区养殖海区现状开展基础核查，明确养殖区四至范围。完成养殖证发证工作，重新核发养殖证，全年累计清理养殖户363户，签订养殖租赁协议612户，面积1933.33公顷，收取租金146万元，共发放养殖证35本，面积9133.33公顷，养殖证发放实现全覆盖。

【**省级乡村振兴产业发展示范建设项目获批**】2020年6月28日，洞头区申报的洞头区鹿西岛渔业产业数字化发展示范建设成功获批省级乡村振兴产业发展示范建设项目。该项目总投资概算2.13亿元，其中省级财政补助8000万元，区级财政资金安排4100万元，社会资本投资9150万元，旨在打造集养殖、加工、物流、营销、文旅等为一体的数字化、智能化现代乡村振兴产业发展示范样板，推动乡村智慧化发展、农业绿色发展、城乡融合发展。

【**全国首单紫菜价格指数保险落地**】2020年10月14日，为缓解异常天气导致紫菜养殖风险，发挥农业保险保障作用，提高保险保障水平，创新保险保障机制，洞头区金融工作服务中心、区财政局、区农业农村局与人保财险洞头支公司联手，率全国之先推出洞头区政策性紫菜价格指数保险试点方案，提高紫菜养殖产业抗风险能力，保障渔养民收入。霓屿街道紫菜养殖专业合作社负责人签下全国政策性

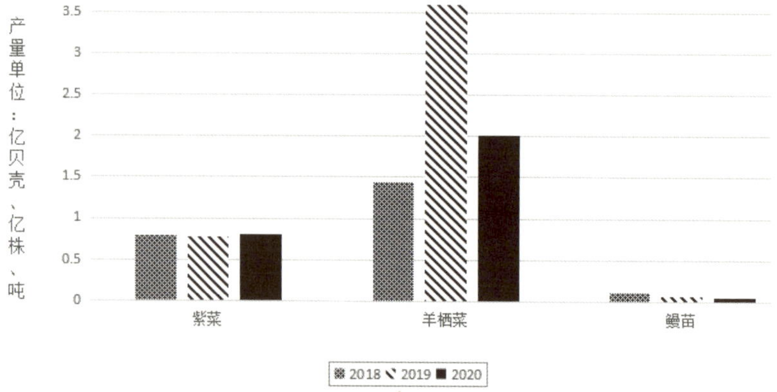

图8　2018—2020年洞头区苗种生产对比图

紫菜价格指数保险第一单，为177亩紫菜提供3万元风险保障。试点期间，霓屿街道桐岙村投保人数15人，保险面积近700亩。按照“政府主导、市场参与、保本微利、可持续性”原则，霓屿街道桐岙村开展紫菜价格指数试点工作。首年保费承担比例为市财政承担70%，农户负担30%，每亩106元保费。

2019—2020年洞头区海水养殖面积产量结构情况表

表8

内容				2019年	2020年	同比趋势
海水养殖分品种产量、产值、面积	合计		吨	28202.33	34065.1	20.79%↑
			万元	46107.49	66791.45	44.86%↑
			亩	50483	53849.5	6.67%↑
	鱼类	小计	吨	2639.61	4627	75.29%↑
			万元	10811.49	13594.58	25.74%↑
			亩	1908	2440	27.88%↑
		鲈鱼	吨	582.84	1270.81	118.04%↑
			万元	976.2	1211.09	24.06%↑
			亩	223	234	4.93%↑
		石斑鱼	吨	0	0	0
			万元	0	0	0
			亩	0	0	0
		美国红鱼	吨	1031.4	1317.45	27.73%↑
			万元	2162	2137.5	1.13%↓
			亩	538	445	17.29%↓
		鲷鱼	吨	80.52	158	96.22%↑
			万元	193.88	397.49	105.02%↑
			亩	162	170	4.94%↑
		大黄鱼	吨	600.89	1007.74	67.7%↑
			万元	6282.49	8745	39.2%↑
			亩	900	1368	52%↑
		鮸状黄姑鱼	吨	0	0	0
			万元	0	0	0
			亩	0	0	0
		鮸鱼	吨	218.6	864	295.24%↑
			万元	674.92	1092.49	61.87%↑
			亩	85	195	129.41%↑
	虾类	小计	吨	230	251.6	9.39%↑
			万元	1163.5	1127.1	3.13%↓
			亩	254	302	18.9%↑
		南美白对虾	吨	160	180.6	12.88%↑
			万元	789.8	783.6	0.79%↓
			亩	108	285	163.89%↑

续表8

内容				2019年	2020年	同比趋势
海水养殖分品种产量、产值、面积	蟹类	小计	吨	15	13	13.33%↓
			万元	205	140.6	31.41%↓
			亩	3	27	800%↑
		梭子蟹	吨	12	13	8.33%↑
			万元	193	140.6	27.15%↓
			亩	0	27	↑
		青蟹	吨	0	0	0
			万元	0	0	0
			亩	0	0	0
	贝类	小计	吨	3281	4782	45.75%↑
			万元	4755	7388.95	55.39%↑
			亩	3000	5608.5	86.95%↑
		泥蚶	吨	185	472	155.14%↑
			万元	654	1352.1	106.74%↑
			亩	0	966	↑
		贻贝	吨	0	50	↑
			万元	0	30	↑
			亩	0	22.5	↑
		蛏子	吨	3096	3793	22.51%↑
			万元	4101	5750.85	40.23%↑
			亩	3000	4425	47.5%↑
	藻类	小计	吨	22036.72	24391.5	10.69%↑
			万元	29172.46	44540.22	52.68%↑
			亩	45318	45472	0.34%↑
		紫菜	吨	2250	4777	112.31%↑
			万元	13704	31706.3	131.37%↑
			亩	30760	30870	0.36%↑
		羊栖菜	吨	19372.7	19208.5	0.85%↓
			万元	15025.52	12520.72	16.67%↓
			亩	13558	13960	2.97%↑
		海带	吨	414	406	1.93%↓
			万元	442.95	313.2	29.29%↓
			亩	498	498	0
	其他类	小计	吨	0	0	0
			万元	0	0	0
			亩	0	0	0

续表8

内容				2019年	2020年	同比趋势
海水养殖分品种产量、产值、面积	其他类	海参	吨	0	0	0
			万元	0	0	0
			亩	0	0	0
海水养殖分水域产量、产值、面积	海水养殖类型	小计	吨	28202.33	34065.1	20.79%↑
			万元	45787.59	66791.45	45.87%↑
			亩	50483	53849.5	6.67%↑
		海上养殖	吨	24665.33	29565.5	19.87%↑
			万元	39961.96	58618.3	46.69%↑
			亩	47226	48114.5	1.88%↑
		滩涂养殖	吨	2920	3571	22.29%↑
			万元	3600	5227	45.19%↑
			亩	3000	3968	32.27%↑
		其他	吨	617	928.6	50.5%↑
			万元	2225.63	2946.15	32.37%↑
			亩	257	1767	587.55%↑
	海水主要养殖方式	小计	吨	28202.33	34065.1	20.79%↑
			万元	45786.59	66791.45	45.87%↑
			亩	49833	52739.5	5.83↑
		池塘	吨	617	928.6	50.5%↑
			万元	2225.63	2946.15	32.37%↑
			亩	257	1767	587.55%↑
		普通网箱	吨	2410.61	3241	34.45%↑
			万元	6728.49	5726.78	14.89%↓
			口	6290	12005	90.86%↑
		深水网箱	吨	218	503	130.73%↑
			万元	4060	7106	75.02%↑
			立方米	1834400	2576600	40.46%↑
		筏式	吨	22036.72	25348.5	15.03%↑
			万元	29172.47	45505.52	55.99%↑
			亩	45318	44403.5	2.02%↓
		吊笼	吨	0	473	↑
			万元	0	280	↑
			亩	0	200	↑
		底播	吨	2920	3571	22.29%↑
			万元	3600	5227	45.19%↑
			亩	3000	3968	32.27%↑

（区农业农村局提供）

水产品流通加工

【概况】2020年，全区水产品加工企业14家，水产品加工能力14124吨/年，水产加工品总量9806吨。水产冷库16座，冻结能力1520吨/日，冷藏能力5231吨/次，制冰能力555吨/日。全区通过省级无公害产地认定16家，无公害产品认定16个。

【区级渔农业龙头企业认定】2020年8月19日，为促进渔农业龙头企业的健康快速发展，更好地发挥农业龙头骨干企业在实施乡村振兴战略中的积极作用，根据《洞头县县级渔农业龙头企业认定办法（试行）》（洞政办发〔2011〕62号）精神，经企业申报、街道（乡镇）初审和区级渔农业龙头企业认定工作小组审核，决定新增浙江承恩食品有限公司为区级渔农业龙头企业，监测期为2年。该公司成立于2016年12月，注册资本为1000万元，所属行业为农副食品加工业，经营范围包含食品生产、渔业捕捞、食品经营、食品互联网销售，海水养殖和海洋生物资源利用装备销售、水产品收购、水产品批发等一般项目。

【特色美食烹饪大赛】2020年5月19日，洞头“农商银行杯”特色美食烹饪大赛在东屏街道韭菜岙沙滩举行。比赛主题为“百岛盛宴·‘鱼’众不同”，以鹿西黄鱼和本地小海鲜为食材，现场还评选出“至尊黄鱼”“百岛十二鲜”等具有海岛特色的海鲜美食。经过评审，蓝色海岸大酒店获“黄鱼宴”比赛环节一等奖，菜肴获“至尊黄鱼”荣誉。福满楼酒店获“百岛十二鲜”比赛环节一等奖。大赛由区文广旅体局、区市场监管局主办，区餐饮行业协会承办。

（郭计超）

渔港综合管理

【概况】2020年，洞头区启动鹿西港、东沙港、洞头中心渔港废油回收点，开展常态化废油回收工作，累计回收清运废油35.06吨；开展物业化巡查715余次，清理垃圾59.3吨，安全检查服务渔船188艘，发现安全隐患及有关问题46处。与海警、北岙、东屏街道建立涉港部门联勤联动机制，开展渔港区域卫生环境和秩序整治、渔船防台防汛等工作。洞头中心渔港渔获物定点上货点成为全国第一批国家级渔获物定点上岸渔港。

【洞头区渔港管理标准】2020年11月11日，为加强渔港建设与管理，规范渔港水域渔业和旅游活动，保护渔港区域环境，保障渔港水域船舶航行和人员活动安全，区改革办、区农业农村局联合制定洞头区渔港管理标准。该标准包含总则、港长制、渔港水域管理、渔港设施经营管理、渔船安全检测服务、渔港旅游秩序管理、法律责任与处罚措施、附则等8章49条。标准自发文之日起施行。

【国家级渔获物定点上岸渔港获批】2020年6月3日，农业农村部公布第一批66座国家级海洋捕捞渔获物定点上岸渔港名单，洞头中心渔港渔获物定点上货点的方案通过农业农村部验收，成为全国第一批国家级渔获物定点上岸渔港。评审指标主要包括基础设施设备、驻港监管能力、信息化管理能力等三个方面。洞头中心渔港，原为农业农村部批准的国家一级渔港，是洞头区第一大港，位于洞头本岛和半屏岛之间。港内建有渔船避风、渔需物资补给和卸货、水产交易、水产品加工、渔政管理与渔民培训、船只修造、渔业休闲旅游、渔民新村等八大功能，可容纳大中型渔船3000艘，年卸港量15万吨。渔港内，洞头区海洋与渔业执法大队长期驻港，并配备省海洋渔船安全救助信息平台系统。

海洋渔业执法管理

【概况】2020年，洞头区实施海上抢险救灾行动11起，其中救助船只1艘，救助25人，救助总航时34.5小时，航程6211150余千米。共办理渔业处罚案件60起，罚款40.66万元，移送公安机关办理的涉嫌案件13起，没收违禁渔获物2770.06千克，查获“三无渔船”36艘，清理违规违禁网具3773顶（件）。

【海上船舶安全专项整治】2020年11月26日，为深入贯彻落实《温州市全面深化“一打三整治”专项行动暨海上渔船安全专项整治实施方案》及相关会议精神，坚持属地负责、部门协同原则，按照“稳部署、早宣传、保安全、严打击”方式，洞头区启动“一打三整治”专项行动。区海洋与渔业执法大队共出动执法人员35人次，对东沙渔港、洞头中心渔港开展安全检查，累计登检渔船24艘，整改安全隐患10处，立案查处4起。开展涉渔“三无”渔船集中拆解前期查获涉渔“三无”船舶28艘。

【“一打三整治”专项检查】2020年5月1日起，浙江全面进入休渔期，洞头区市场监管局、区渔政部门、区检察院联合开展“一打三整治”专项检查。执法人员从流通领域和餐饮环节入手，推进执法监管和宣传教育。重点检查渔获物交易码头、农贸市场周边及隐蔽性源头场所等区域。出动执法人员53人次，开展联合执法3次，检查农贸市场6家，餐饮单位53家，张贴《2020年海洋伏季休渔暨幼渔保护公告》200余份。查获渔获物有虾和白姑鱼若干公斤。

（林佳慧）

渔船检验与监管

【**概况**】2020年，洞头全区拥有渔业船舶总量1350艘，其中捕捞渔船547艘、渔业辅助船45艘、养殖船758艘。渔业船舶总数基本稳定，其中小型渔船数量减少明显，总体呈向大中型渔船转变趋势。完成辖区内所有海洋渔船、渔业辅助船法定检验及防污染整改。推进法定检验工作，重点检验渔船的安全救生设备的配备情况、船体结构的完整性、水密舱壁的水密性能、通导设备检测、影响船舶稳性的改装等存在较大安全隐患问题的项目。梳理和规范浙江政务网网上申请检验审批事项，开展渔船进厂检验办证现场办理活动，实现离岛检验跑零次。完成508艘35米以下渔业船舶防治油污染设备配备，实现渔船防污染全覆盖。

【**汛期渔船避风管理**】2020年7月7日，为保障全区渔船汛期避风工作有序进行，最大限度减少人员伤亡、财产损失，保障海上生命和财产安全，区政府印发《洞头区汛期渔船避风工作预案》，根据一般、较大、重大和特别重大的防汛分级，分为相应的Ⅳ级、Ⅲ级、Ⅱ级、Ⅰ级。由相关职能部门组织街道（乡镇）安排渔船进入东沙渔港、鹿西渔港、大背岙渔港、小北岙避风渔港、深门综合渔港、元觉花岗渔港、三盘阜埠岙避风港等避风。

【**渔业船舶避风和人员上岸全过程监管**】2020年7月7日，为规范渔业船舶防台监管工作，有效破解全区防汛防台期间渔船安全管理及智慧调度短板，进一步健全渔船安全管理责任体系，根据相关法律法规及《温州市洞头区防汛防台抢险救灾能力提升55条措施》，区政府印发《洞头区渔业船舶避风和人员上岸全过程监管工作预案》，主要对停泊在洞头辖区内渔港避风的渔业船舶上相关人员实施全程监管和撤离等工作。相关单位根据分工职责，按照启动、核查、巡查、处置、强制、安置、预防等工作流程。行政处罚违反防台指令渔船7艘。

（唐孟勋）

2018—2020年洞头区渔业船舶变动情况表

表9

内容					2018年	2019年	2020年	同比趋势
机动渔船	合计			艘	1442	1345	1350	0.37%↑
				总吨位	38580.9	37799.4	40232.1	6.43%↑
				千瓦	73589.38	69670.18	76197.55	13.67%↑
	生产渔船	小计		艘	1395	1300	1305	0.38%↑
				总吨位	33189.9	31624.4	33908.1	7.22%↑
				千瓦	60159.98	56421.88	61992.25	9.87%↑
		捕捞渔船（按功率分）	小计	艘	638	543	547	0.73%↑
				总吨位	32427	30864	33147	7.40%↑
				千瓦	52735.66	48994.56	54553.9	11.35%↑
			441千瓦以上	艘	0	0	0	0
			184—440千瓦	艘	156	141	138	2.13%↓
				总吨位	28915	27552	29663	7.66%↑
				千瓦	43560	40898	42250	3.31%↑
			44—183千瓦	艘	18	16	82	413%↑
				总吨位	844	838	1384	65.16%↑
				千瓦	1794.3	1619.4	6344.6	292%↑

续表9

内容					2018年	2019年	2020年	同比趋势
机动渔船	生产渔船	捕捞渔船（按功率分）	43千瓦以下	艘	464	386	327	15.28%↓
				总吨位	2668	2474	2100	15.12%↓
				千瓦	7381.36	6477.16	5959.3	7.80%↓
		养殖船		艘	757	757	758	0.13%↑
				总吨位	762.9	762.9	761.1	0.24%↓
				千瓦	7424.32	7424.32	7438.35	0.19%↑
	渔业辅助船			艘	47	45	45	0
				总吨位	5391	6175	6324	2.41%↑
				千瓦	13429.4	13248.3	14205.3	7.22%↑
非机动渔船				艘	228	228	117	48.68%↓
				总吨位	346	346	135	60.98%↓

（区农业农村局提供）

海洋管理

【概况】2020年，洞头区推动海域综合管理改革创新，加强海域、海岛、海岸线使用管理，开展洞头区沿海滩涂（潮间带）资源监测评价、海洋生态预警、无居民海岛调查、无居民海岛精细化管理和海岸线修测等工作。

【海域综合管理】2020年，洞头区开展沿海滩涂（潮间带）资源监测评价工作。系统掌握潮间带自然资源数量、质量及其变化情况，摸清潮间带空间保护利用现状，为制定和实施海岸带综合保护利用规划、国土空间规划、海洋生态保护红线以及海洋减灾防灾等提供基础数据和科学依据。开展海洋生态预警工作。通过赤潮灾害监测、海洋生态基础监测及海洋生态本地调查，准确获取海洋生态预警监测数据，掌握海洋生态功能状况及其动态变化，推进年度海洋生态预警监测工作。

【海岛综合管理】2020年，洞头区编制《大竹峙岛保护与开发利用示范项目海岛开发利用具体方案》《无居民海岛价格评估报告》，并通过省厅现场踏勘。修编《洞头区海岛保护规划》。开展无居民海岛调查，加强无居民海岛管理，掌握无居民海岛开发利用现状，为无居民海岛开发利用、分类处置历史遗留用岛、全面加强监管提供决策依据，组织开展新增和变化数据的补充填报工作，以单岛为单位，按照“一岛一表一图一档”编制补充填报成果，形成洞头区无居民海岛管理数据库，完成现场核查及技术核查并上报自然资源厅审核。组织开展无居民海岛精细化管理工作。依托大竹峙岛综合管理站建设，通过无人机载激光雷达技术、多光谱遥感技术、植被样地监测、智能化在线监视监测等新型监测手段，对大竹峙岛的保护和开发利用状况进行长期连续性的监视监测，掌握大竹峙岛开发利用对海岛自然资源和生态环境的影响状况，分析生态环境变化趋势和潜在生态风险，进行常态化评估，为大竹峙岛的保护和管理提供基础数据和决策依据。

【海岸线综合管理】2020年，洞头区开展海岸线修测工作，及时掌握本区海岸线保护与利用动态信息，更新本区海岸线调查统计成果；实现洞头区海岛岸线调查资料的全面更新，系统地掌握全区岸线自然属性与资源环境的现状，为省、市两级政府制定国土空间规划和加强海岸线分类保护、整治修复以及精细化管理等提供基础数据和科学依据，为实现自然岸线保有率管控目标、构建科学合理的海岸线格局提供决策支撑，为推进海洋生态文明建设奠定基础。

（夏建伟）

经济管理

兴旺渔村 · 许爱花

“海霞精神”

爱岛尚武　励志奉献

经济管理

区域经济运行与发展

【概况】2020年，洞头区面对新冠肺炎疫情冲击和复杂国内外环境，锚定“两手硬、两战赢”目标，以“守住三口”“三强两促”“六重清单”及MEI“争优创先”为主抓手，推进疫情防控和经济社会发展各项工作。全年实现地区生产总值114.42亿元，同比增长6.9%。城乡居民人均可支配收入为52279元和32295元，分别增长5.5%和7.8%；财政总收入15.43亿元，其中一般公共预算收入10.02亿元；城镇登记失业率1.82%。除第三产业增加值、社会消费品零售总额、一般公共预算收入、城镇常住居民人均可支配收入等部分指标受疫情等因素影响低于预期，区十四届人大四次会议确定的其他指标计划均执行较好。

洞头区第一产业（占GDP比重6.2%）。渔业（占一产比重达96%，其中捕捞占渔业总产量80%，养殖占渔业总产量20%）。全年渔业总产量17.43万吨，实现捕捞业总产量14.02万吨，“两菜一鱼”效益良好，白龙屿生态海洋牧场、黄鱼岛智能生态渔城等黄鱼养殖扩容增效，实现养殖业总产量3.4万吨。第二产业（占GDP比重40.9%）。工业（占二产比重49.9%），全社会工业增加值19.19亿元，同比增长9.7%。全年规上工业总产值51.19亿元。全年省内建筑业总产值89.18亿元；固定资产投资实际增速30%以上。88个项目完成投资43.89亿元。从投资结构看，交通、生态投资延续良好态势；民间投资平稳增长；高新技术投资、工业投资板块仍未改善，排全市末位。四大行业除批发业增加值因福福商贸等新上限企业同比增长14.8%外，零售、住宿、餐饮以限下传统企业为主，受疫情冲击停工较久，消费升级“云产业”挤占线下市场等因素影响，同比分别下降0.3%、6.4%、7%。在系列消费促进活动、政策扶持作用下，限上批零住餐企业除零售业同比下降13.6%排全市末位外，限上批发、住宿、餐饮同比分别增长44.8%、13.1%、13.6%。全区海运总运力78万载重吨，较上年新增13万载重吨，继续保持全市第一名；集装箱吞吐量突破41万标箱。

（俞 漪）

【“十四五”发展规划编制】2020年，洞头区联合瓯江口温州瓯江口产业集聚区管理委员会编制“十四五”规划和国土空间总体规划，推进洞头与瓯江口规划共编、设施共建、港口共筑、平台共兴、幸福共创，加快瓯洞一体化进程。研究确定构建洞头核心岛屿片区、瓯江口片区、大门—鹿西协同发展极、城市协同发展联动环“两核一极，一环联动，西扩东优”空间格局。制定提出实现主要经济指标五倍增长，成为经济总量占全市份额上升最快区具体目标。谋划形成瓯洞“十四五”规划重大项目库，重点围绕基础设施、要素支撑、民生保障、瓯洞一体化发展等领域补齐短板，着力推进十大类、398个重大项目建设，“十四五”时期计划投资1363亿元。向部门单位、代表委员、社会各界等重点群体开展分类咨询。同步编制专项规划13个。

【国家级海洋经济示范区建设】2020年，洞头区纳入《2020年温州市海洋经济发展示范区重点项目建设计划》项目37个，累计完成投资34.26亿元；落地开工亿元以上重大产业项目10个。制定《洞头区海洋经济发展模式创新实施方案》，探索海洋经济发展新模式，持续拓展社会资金参与海洋经济发展合作领域，全年社会投资占比76%。推进建设霓屿紫菜现代产业园。引进近亿元民资，建成6艘远洋渔船赴西非开捕，实现全市远洋渔业“零突破”。启动浙南水运中心建设。全年港口货物吞吐量998万吨，集装箱吞吐量突破41万标箱，分别同比增长29.1%、57.8%。青山欢乐岛等一批涉旅重大项目加快建设。发布《“海上花园”综合发展指数评价指南》，填补“海上花园”综合发展区域评价的空白。蓝湾整治项目入选自然资源部十大典型案例和国土空间生态修复案例。参与温州国家海洋综合管理创新试点，做好海域养殖规划，探索开展“标准海”改革，发布实施养殖类、文旅类“标准海”出让标准、养殖用海生态保护与管理暂行办法。实施“湾（滩）长”制度，吸收第三方力量参与海域管理。实施海岛生态型“透水式”建设用海试点，探索产权证办理改革。海岛普惠金融创新试点纳入温州金改2.0版，制定海域使用权融资试点等3个方案，办理全国首单紫菜价格指数保险。

【海洋经济发展模式改革】2020年11月16日，为加快推进海洋经济高质量发展，进一步打破要素瓶颈，探索海洋经济发展新模式，实现洞头海洋经济转型和陆海统筹发展，区改革办、区发改局联合印发《洞头区海洋经济发展模式创新实施方案》（洞改办发〔2020〕15号），通过提升渔港经济发展活力、深化涉海民营经济发展模式、坚持守护海洋生态蓝色本底、探索海洋资源利用方式、创新国家海域综合管理机制、推进海岛综合开发与保护试点、深化海岛普惠金融改革等改革途径，分为改革启动阶段、实施阶段、总结阶段，制定任务清单。到2022年，海洋经济发展质量显著提升，民营经济参与海洋经济发展更加活跃，海岛生态文明建设走在全国前列；争取海洋产业增加值达到90亿元以上，社会投资占限额以上固定资产投资比重超过70%。

【“海上花园”综合发展指数评价指南发布】2020年6月，洞头区《“海上花园”综合发展指数评价指南》经区市场监管局批准，作为地方标准规范正式发布。该标准的发布，填补了“海上花园”综合发展区域评价的空白，为“海上花园”建设提供更多的洞头实践。以洞头区“海上花园”综合发展评价工作的现状和存在问题，规定洞头区“海上花园”综合发展的术语和定义、评价原则、评价体系、评价指标、数据采集和整理等内容。标准将适用于“海上花园”综合发展指数评价工作。明确“海上花园”的术语和定义，以“城在海中、村在花中、岛在景中、人在画中”为愿景，代表着生态环境优美、产业绿色发展、人民生活幸福、治理能力现代化的海岛区域公共品牌；明确洞头区“海上花园”综合发展指数评价工作的评价原则，包括评价导向性、发展创新性、指数全面性、数据可行性等评价原则；明确洞头区“海上花园”综合发展指数评价工作的评价指标，包括生态建设、经济发展、社会民生、文化生活、政府治理等具体评价指标；明确数据采集和整理，规范具体步骤与流程。

【长三角一体化发展建设战略合作框架协议】2020年5月15日，洞头区政府与上海长兴海洋装备产业园区签订《长三角一体化发展建设战略合作框架协议》，融入长三角一体化发展迈出第一步。区委常委、常务副区长刘素婷、上海长兴海洋装备产业园区董事长郁葱分别代表双方签约。双方遵循“平等互利、优势互补、资源共享、互动合作、共同发展”原则，加强两地开发建设合作。围绕洞头和园区同为海洋经济发展的前沿阵地，加快推动海洋经济协同发展，重点在产业发展、飞地合作、生态环保、人才交流等方面加强合作交流，共同推进海洋经济发展示范区建设。上海长兴海洋装备产业园区于2007年4月正式成立，园区位于崇明区长兴岛中东部，规划面积7.13平方千米。

【首笔企业债券获国家发改委批复许可】2020年6月12日，洞头区首笔企业债券获国家发改委批复许可。该债券以温州市洞头城市发展有限公司为发行主体，申请发行额度10亿元，所筹资金0.64亿元用于新城一期03—02地块安置房工程；0.41亿元用于新城一期02—06地块安置房工程；1.47亿元用于大门镇长沙安置房（长沙农房集聚一期工程）项目；4.37亿元用于洞头区全域景区化建设项目；3.11亿元用于补充营运资金。债券期限7年，采用固定利率形式，单利按年计息。债券由温州市交通投资集团有限公司提供全额无条件不可撤销连带责任保证担保。

【洞头区再获省海洋（湾区）经济发展资金补助】2020年11月，省财政厅、省发改委提前下达2021年度省海洋（湾区）经济发展资金，洞头区再获资金补助9633万元。洞头是温州国家级海洋经济发展示范区的核心区域。围绕国家级海洋经济发展示范区建设，抢抓长三角区域一体化发展战略机遇，贯彻落实全省大湾区大花园部署，积极向上争取更多支持。全区累计获省海洋经济发展专项资金达4.205亿元。

2020年洞头区国民经济和社会发展目标完成情况表

表10

	指标名称	单位	2020年计划目标	2020年完成情况	
				绝对值	增速（%）
约束性指标	1.单位地区生产总值综合能耗	吨标煤/万元	完成上级下达任务		
	2.主要污染物排放总量				
	其中：化学需氧量	吨			
	二氧化硫	吨			
	氨氮	吨			
	氮氧化合物	吨			
	3.城镇登记失业率	%	≤3	1.82	
	4.城镇新增就业人数	人	1400	1107	
预期性指标	1.地区生产总值	亿元	7.5	114.42	6.9
	其中：第一产业	亿元	2.0	6.52	4.8
	第二产业	亿元	7.8	47.44	7.8
	工业增加值	亿元	10.0	27.20	8.9
	第三产业	亿元	8.0	60.45	6.4
	2.固定资产投资	%	12.0	—	15.4
	3.社会消费品零售总额	亿元	8.5	29.09	-2.2
	4.一般公共预算收入	亿元	10.0	10.02	3.2
	5.城镇常住居民人均可支配收入	元	7.5	52279	5.5
	6.农村常住居民人均可支配收入	元	8.5	32295	7.8
	7.旅游接待人数	万人次	600	696	—2.4
	8.研究与试验发展经费投入强度	%	1.3	2.06	—

说明：1.地区生产总值及其结构是全区口径，绝对值按现价计算，增幅按可比价计算；研究与试验发展经费投入强度采用全区口径。2.其他指标采用原洞头口径

（区发改局提供）

固定资产投资

【概况】2020年，洞头区通过攻坚“项目突破年”，实施项目助理制，全速推进项目建设，限上固定资产投资实际增速30%以上，保持全市第一、全省前列，取得历史性突破。有效投资做法两次入选省投资专班典型案例。3个项目入选省“152”项目清单、16个项目入选省“六个千亿”产业投资工程、16个项目被纳入省重大产业项目库、10个项目获批专项债3.5亿元。88个区重点工程累计完成投资43.89亿元，为年度计划105.4%。建成220千伏大门输变电工程（洞头侧）、荣和建材配送基地等项目，诚意健康产业园（一期）、交通城建工业化项目投产，南洋国际大酒店投入营业，华港LNG提前于去年8月落地开工。9个僵尸项目全部激活，65个历史遗留项目完成资产登记备案，形成资产23亿元。10亿元的企业债成功获批，首期发行5亿元。

【限额以上固定资产投资】2020年，洞头区限额以上固定资产投资比上年增长15.4%，其中民间项目投资增长6.2%，交通投资增长22.9%，生态环保、城市更新和水利设施投资增长29%，高新技术产业投资下降18.4%，工业投资下降4.8%。88个重点建设项目完成投资41.64亿元，为年度计划105.4%。

【省“六个千亿”投资工程重大项目】2020年7月8日，省发展改革委公布浙江省“六个千亿”产业投资工程2020年实施计划，其中，洞头区高分子材料及氢能综合利用项目和温州液化天然气（LNG）等2个项目被列入新增引领性重大项目。其中，高分子材料及氢能综合利用项目总投资约120亿元，建成后可年产180万吨丙烷脱氢产品、均聚产品、无规共聚产品、抗冲共聚产品和三元抗冲共聚产品。温州液化天然气（LNG）项目主要建设内容为LNG专用码头工程、接收站工程和外输管道工程。拟分两期建设，一期规模为年接转LNG300万吨，二期发展到年接转LNG1000万吨。

招商引资

【概况】2020年，洞头区实现到位内资22.4亿元，完成年度任务131.8%，同比增长45%。开启云招商模式，以云推介、云洽谈、云签约将招商推上“云”端，变“面对面”为“线连线”，“见面签”为“在线签”。成功签约梦幻海湾、星空之城·星空岛等6个5亿元以上产业项目；落地开工亿元以上产业项目10个，其中制造业项目5个，超额完成市定任务；招引中国民营企业500强项目1个。实际利用（高技术）外资50万美元，增长31.5%。新引进总部项目2个，新增总部回归税收1.5亿元，增长52%，超额完成市下达1.1亿元任务。

【招商机制完善】2020年6月3日，为深入推进招商引资“一号工程”，进一步提升全区招商引资工作成效，全力推动谋大招强工作持续向好发展，区政府印发《关于进一步完善招商引资工作机制的实施意见》（洞政发〔2020〕18号），进一步完善招商引资工作机制。主要包含完善招商引资联席会议制度，构建“1+3+N”招商联动机制，创新多元化招商工作机制，推行招商引资“双评估”机制，建立招商项目全流程闭环机制，优化招商引资服务机制，加大招商引资考核奖惩机制等。区领导每月牵头召开招商引资联席会议，研究部署区招商引资工作；重大招商引资项目挂钩领导不定期召开会议，研究分析招商项目推进情况，协调、解决项目存在问题。

【“云招商”模式】2020年3月12日，温州市“云招商”第二场新媒体推介会在温州广电中心演播室举行，在线观看人数突破20万人次。洞头区通过“云招商”介绍洞头区基本概况和区域特色，并从海湾、海岛、海洋科技、海洋经济四个方面推介韵动海湾健康小镇、大瞿艺术岛、海洋科技产业城、智能制造产业园等重点项目，向线上线下客商发出邀约。

【梦幻海湾项目签约】2020年2月26日，洞头区政府与杭州昊广投资有限公司签订总投资约30亿元的梦幻海湾项目，该项目于2019年被列入省“152”工程谋划项目库，是洞头重大旅游产业项目。项目位于洞头区环岛西片工程海域及周边地块，采取陆海联动方式开发，打造以旅游娱乐为主，集商业、文化、体育竞技为一体的旅游商业综合体。倡导生态环保理念，保护海湾、岸线、岸礁的原生态，实现资源开发与生态文明和谐共赢。

【星空之城·星空岛项目“云签约”】2020年3月4日，温州市2020年重点招商引资项目云签约仪式洞头分会场活动举行，洞头区政府与温州兴龙航空集团有限公司通过视频连线在线完成“星空之城·星空岛”项目合作洽谈、项目签约，是全区首个“云签约”项目，总投资约18亿元。项目建设分为两部分，包含大竹峙岛开发项目（星空岛）和柴岙地块开发项目（星空之城）。位于洞头岛东侧约3.5千米海域处，岛屿面积约0.45平方千米的大竹峙岛开发项目（星空岛），开发范围包括大竹峙岛、小竹峙岛及岛屿周边部分海域，主要建设内容包括已建房屋改造提升、艺术馆及配套项目建设、景观配套及客房群建设等；柴岙地块开发项目（星空之城）选址于洞头区杨文工业区A-12a地块，总建筑面积约15万平方米，主要建设酒店、游客中心、直升机候机楼、酒店车库、酒店机电及配套项目等。

【大门·鹿西一体化综合开发项目签约合作协议】2020年3月13日，洞头区政府与中交疏浚（集团）股份有限公司华东区域中心“云签约”大门·鹿西一体化综合开发合作协议。该项目是洞头区为贯彻落实浙江省、温州市大湾区战略部署，围绕“一区一港一城一岛”开发思路，推进洞头区海岛开发建设一个重点项目。项目位于洞头区大门镇和鹿西乡范围内，将建设融合休闲度假、文化旅游、生态居住、健康养生、海洋牧场等产业综合性项目，投资总额不低于80亿元。

（叶纯莹）

财政

【概况】2020年，洞头区财政总收入15.43亿元，同比增长2.2%。其中，一般公共预算收入10.02亿元，增长3.2%，占财政总收入64.9%；上划中央税种收入5.41亿元，增长0.4%。税收收入6.12亿元，增长14.5%，占一般公共预算收入61.1%。全年一般公共预算收入中，三大主体税种合计入库3.98亿元，增长17.7%。增值税入库29419万元，增长20.5%，增收原因主要是减税降费政策翘尾影响逐步减缓以及企业复工复产持续推进；企业所得税入库6144万元，下降18.5%；个人所得税入库4281万元，增长126.4%，增收原因主要是受总部招引企业股东申报缴纳历年分红个人所得税2576万元的一次性因素影响。其他税种入库21352万元，增长8.8%。其中资源税入库2236万元，下降47%，减收原因主要是上年一次性因素入库拉高同期基数所致；契税入库6967万元，增长184.7%，增收原因主要是受华中楼盘陆续交房及拍卖入库的叠加影响；城市维护建设税入库3411万元，增长7.5%；房产税和车船税分别入库1383万元、1071万元，分别增长4.4%、19%；土地增值税和土地使用税分别入库3315万元、1467万元，分别下降5.1%、3.7%。全年组织非税收入13.13亿元，增长13.3%，其中纳入一般公共预算收入管理的非税收入3.9亿元。重点做好LNG矿山资源公开处置、土地出让以及协调走私罚没款缴库等征收调控工作。全年共获中央、省、市各类资金16.2亿元，增长12%，其中：特别抗疫国债等“两直”资金3.69亿元；新增政府性债券9亿元。

温州市洞头区财政局连续第八年获区级绩效考核优秀单位，连续第十二年获省级文明单位称号。

【财政支出管理】2020年，全区一般公共预算支出31.64亿元，同比下降3.4%，完成全年调整预算101.1%。其中，民生支出22.46亿元，占一般公共预算支出71%；与GDP相关的八项支出23.03亿元，占一般公共预算支出72.8%。全年教育支出4.45亿元，增长12.6%。建成并投用海霞中学迁建二期、霓屿幼儿园等项目，完成元觉义校、元觉幼儿园主体工程建设，职教中心二期工程开工建设。保障教育信息化建设，实施教育信息化项目应用28项，建成智慧校园2个、创客基地（空间）17个，实现教育资源共建共享；全年社会保障和就业支出3.18亿元，其中对城乡居民基本养老保险基金补助6048万元，参保人数38300人；对机关事业单位基本养老保险基金补助3000万元。低保特困等补助支出1420万元，低保金标准由804元/月调整至886元/月。全区3326名残疾人享受“两项补贴”826万元，覆盖率100%。发放创业担保贷款1630万元、就创补贴171万元，失业人员再就业405人；全年卫生健康支出3.07亿元，保障医共体改革和疫情防控能力提升建设，补齐疫情防控物资设施短板，下达疫情防控补助资金3716万元。启动区人民医院改扩建暨公共卫生服务中心建设项目。统筹资金1.6亿元用于实施蓝色海湾整治、美丽乡村经济、美丽花园、破堤通海系列工程等建设。完成新城二期、状元南片市政提升工程，半屏韭菜岙、鹿西沙滩成功修复，创成省级美丽乡村示范乡镇1个、美丽乡村风景线1条、美丽乡村特色精品村3个、高标准农村生活垃圾分类示范村1个。落实惠企政策“直通车”，优化营商环境，全年兑现涉企优惠政策资金1.64亿元。助力企业复工复产，落实新冠疫情财政政策资金1.06亿元，兑现率100%。开展“春暖瓯越·温享生活”消费券和工业消费券投放工作。开展小微企业和个体工商户纾困帮扶工作，兑现纾困资金1140万元，惠及269家小微企业和1004家个体工商户。落实国有企业减免房租政策，减免房租357万元，惠及企业及个体工商户676户。

【财政体制改革】2020年，区财政局推行预算管理一体化改革，实施定额公用经费分类分档管理，健全预算项目库全生命周期管理，补齐预算编制管理短板。加强财政结转结余资金管理，全年盘活存量资金4.92亿元，收回区本级2019年结转结余资金5408万元。推进非税收入收缴电子化管理和统一公共支付平台建设。推进政府采购改革，实行政府采购项目电子化，推进“政采云扶贫馆”和网上电子卖场建设，建立网上超市价格巡检机制，规范国企资产管理和采购活动，实现国企采购入驻“政采云”平台。开展“上门服务至少一次”活动，上门服务预算部门265次、二级单位329次、企业145次，服务1323人次，收集并解决问题162个。

【投融资体制改革】2020年，区财政局加大国有企业平台转型，推行经营性项目市场化融资，加大筹融资力度。全年完成筹融资33.62亿元，完成年度任务136.7%，发行企业债券5亿元，政府投资项目支出29.43亿元，保障重大项目建设资金需求。历时5年申报、总发行规模10亿元的首笔企业债获批发行，首期成功发行5亿元，标志着洞头区国有企业进入债券市场实现直接融资。深入实施防范化解地方政府隐性风险专项行动，落实融资平台“三年转型”计划，完善全口径债务监管，全年化解隐性债务11.97亿元，完成年度任务132.4%，实现市场化转型平台企业5家。

【财政监督管理】2020年，区财政局构建全过程预算资金绩效“闭环”机制，推进全过程预算绩效管理，开展事前绩效目标评审、事中跟踪监控及事后绩效评价，全年完成自评复核项目100个，重点评价项目12个，整体评价单位1家，涉及资金2.06亿元。开展10项财政专项检查，发现问题单位18家，下达行政处理决定书10份，财政检查责令改正通知书5份，落实即知即改单位3家。建立健全专项内控办法9项、内控操作规程20项，实现财政业务内控全覆盖。完成“三算”（预算、结算、决算）审核项目511个，审定金额26.08亿元，节约资金1.22亿元，净核减率4.6%。完善国库集中支付动态监控，累计核实违规单位60家，纠正违规资金147笔351万元，纠正率达100%。出台《洞头区蓝色海湾整治修复项目专项资金管理办法》，规范资金拨付流程，明确资金拨付时效，确保资金专款专用。

（陈倩倩）

2020年洞头区一般公共预算收入执行情况表

表11

项　目	2019年执行数（万元）	2020年预算数（万元）	2020年执行数（万元）	完成预算（%）	同比增长（%）
一、一般公共预算收入	97043	100000	100163	100.2	3.2
（一）税收收入	53462	60000	61196	102.0	14.5
增值税	24413	27363	29419	107.5	20.5
企业所得税	7539	6044	6144	101.7	−18.5
个人所得税	1891	4183	4281	102.3	126.4
资源税	4221	5135	2236	43.5	−47.0
城市维护建设税	3174	3188	3411	107.0	7.5
房产税	1325	1234	1383	112.1	4.4
印花税	837	914	996	109.0	19.0
城镇土地使用税	1524	1364	1467	107.6	−3.7
土地增值税	3493	3044	3315	108.9	−5.1
车船税	900	894	1071	119.8	19.0
耕地占用税	1533	320	316	98.8	−79.4
契税	2447	6089	6967	114.4	184.7
环境保护税	11	14	13	92.9	18.2
其他税收收入	154	214	177	82.7	14.9
（二）非税收入	43581	40000	38967	97.4	−10.6
专项收入	4187	8605	8411	97.7	100.9
其中：教育费附加收入	1680	1640	1769	107.9	5.3
地方教育费收入	1309	1093	1295	118.5	−1.1
残疾人就业保障金	526	590	597	101.2	13.5
教育资金收入	—	3397	2811	82.7	—
农田水利建设资金收入	—	1750	1797	102.7	—
森林植被恢复费	—	60	66	110.0	—
其他专项收入	672	75	76	101.3	−88.7
行政事业性收费收入	1689	998	909	91.1	−46.2
罚没收入	6183	7850	7939	101.1	28.4
国有资本经营收入		79	197	249.4	

续表11

项　目	2019年执行数（万元）	2020年预算数（万元）	2020年执行数（万元）	完成预算（%）	同比增长（%）
国有资源（资产）有偿使用收入	31210	21130	20170	95.5	-35.4
捐赠收入	—	—	—	—	—
政府住房基金收入	261	188	188	100.0	-28.0
其中：公共租赁住房租金收入	81	—	—	—	-100.0
其他收入	51	1150	1153	100.3	2160.8
二、上划中央收入	53892	52704	54102	102.7	0.4
企业所得税60%	11308	9066	9216	101.7	-18.5
个人所得税60%	2837	6275	6421	102.3	126.3
增值税50%	24413	27363	29419	107.5	20.5
消费税100%	15334	10000	9046	90.5	-41.0
三、财政总收入	150935	152704	154265	101.0	2.2

（区财政局提供）

2020年洞头区一般公共预算支出执行情况表

表12

科目名称	2019年执行数（万元）	2020年预算数（万元）	2020年执行数（万元）	完成预算（%）	同比增长（%）
本级支出	327411	313072	316436	101.1	-3.4
（一）一般公共服务支出	36584	41015	42823	104.4	17.1
（二）国防支出	550	1086	793	73.0	44.2
（三）公共安全支出	15892	17818	18600	104.4	17.0
（四）教育支出	39569	41547	44546	107.2	12.6
其中：教育支出	38355	40947	43989	107.4	14.7
教育费附加支出	1214	600	557	92.8	-54.1
（五）科学技术支出	7235	8330	8365	100.4	15.6
（六）文化旅游体育与传媒支出	6329	7241	6838	94.4	8.0
（七）社会保障和就业支出	31622	31626	31767	100.4	0.5
（八）卫生健康支出	31504	30401	30750	101.1	-2.4
（九）节能环保支出	7787	4152	5037	121.3	-35.3
（十）城乡社区支出	87932	50061	48397	96.7	-45.0
（十一）农林水支出	28632	22571	26024	115.3	-9.1
（十二）交通运输支出	10179	20853	14808	71.0	45.5
（十三）资源勘探信息等支出	2395	6449	6976	108.2	191.3
（十四）商业服务业等支出	166	317	474	149.5	185.5
（十五）金融支出	105	109	109	100.0	3.8
（十六）自然资源海洋气象等支出	4163	12181	12646	103.8	203.8
（十七）住房保障支出	4891	4322	4271	98.8	-12.7

续表12

科目名称	2019年执行数（万元）	2020年预算数（万元）	2020年执行数（万元）	完成预算（%）	同比增长（%）
（十八）粮油物资储备支出	971	1322	1409	106.6	45.1
（十九）灾害防治及应急管理支出	2949	2851	2868	100.6	-2.7
（二十）其他支出	5	0	55	—	1000.0
（二十一）预备费	—	0	—	—	—
（二十二）债务付息支出	7914	8820	8819	100.0	11.4
（二十三）债务发行费用支出	37	0	61	—	64.9

（区财政局提供）

税务

【概况】2020年，洞头区税务各项收入167103万元，比上年减收9390万元，下降5.32%。其中税收收入107040万元，比上年减收3146万元，下降2.86%；非税收入60063万元，比上年减收6243万元，下降9.42%，其中社保费55788万元，比上年减收6240万元，下降10.06%。国家税务总局温州市洞头区税务局服务“六稳”“六保”大局，全年组织区级一般公共预算税收收入入库6.1亿元，同比增长14.5%，高出全市平均增幅1倍，全市排名第三名；办理出口退税2383万元，20.84万人次享受到个税减税红利；“最多跑一次”改革引向深入，“非接触式”办税大力推广。

【税收征管】2020年，区税务局推进首次个税汇算清缴，引导纳税人开展个税汇算工作，关注个税汇缴进度，及时上报年度汇算实施情况及实施中发生的重大问题，提前完成总体进度和退税进度“双一百”目标。依法做好相应拍卖清算程序。与市中院、区司法局等单位联系，清理累积的旧案陈案，做好相关公司的资产拍卖并将相应税款解缴入库。

【税收风险监管】2020年，区税务局建立建筑劳务业风险模型，开展建筑劳务虚开风险识别模型构建相关工作，了解行业经营规律及分析易发税收风险点，筛选风险特征指标，探索防范行业税收风险的风险管理模型建设工作。推行税源信息共享制度。及时掌握全区经济税源动态情况，确保投资项目税收有效产出，帮扶企业和新生税源发展提供精准方向，开展税源经济信息收集共享工作，由全区招商投资管理部门共同参与收集共享，全区招商投资管理部门在开展日常工作时，及时收集共享工程建设、土地出让、矿产资源、招商引资等条线税源经济最新信息。整合税务、财政、大数据管理等各部门和街道（乡镇）管理资源，成立税源社会化共治机构。共同防范税收风险。

【减税降费】2020年，区税务局落实减税降费政策，主动为企业提供电话和上门辅导服务，助力2000余户企业渡过难关。帮助中油沥青公司享受减免和缓缴社保费近500万元，缓解其因疫情和国际油价下跌造成的资金周转困难；主动对接浙江立业建设集团有限公司等建筑企业，办理减免、缓缴社保费，缓解其因工程款回收困难，难以兑付民工工资问题；引导受疫情影响较大的167家餐饮住宿企业充分享受政策红利。

【“非接触式”办税】2020年，区税务局针对新冠疫情的特殊局面，全面推广应用电子税务局和浙江税务APP，落实各项“非接触式”办税缴费服务，引导纳税人选择网上办、自助办和掌上办等多元办税方式进行业务办理，网上综合办税率较去年提升14%。通过增加办税服务厅自助区导税人数并精简窗口人员数量，引导“非接触式”办税；联合农商银行指派流动服务缴款车下乡巡回收缴社保费；扩大发票邮寄范围，对申请通过邮寄方式领用发票的纳税人，全部实现免费送达。

【海岛自助办税服务圈】2020年，区税务局通过创新社会协办“办税服务厅”，依托“银行网点自助办税”“景区自助办税”“离岛自助办税”搭建形成“海岛自助办税服务圈”，解决对应区域纳税人95%以上税收业务需求，减少因交通带来的办税不便。该项特色服务被作为“中国故事”在人民网、中国政务网、学习强国等媒体报道。

（麻锦涛）

2020年洞头区税收收入计划执行情况一览表

表13

项　目	本年实绩			
	累计入库数（万元）	上年同期入库（万元）	累计同比增收额（万元）	累计同比增幅（%）
税务部门组织的收入	167103	176493	−9390	−5.32
一、税收收入合计	107040	110186	−3146	−2.86
1.增值税	49907	50735	−828	−1.63
2.消费税	9046	15334	−6288	−41.01
3.企业所得税	14924	18437	−3513	−19.05
4.个人所得税	10744	4728	6016	127.24
5.车辆购置税	649	673	−24	−3.57
6.营业税	354	308	46	14.94
7.环保税	16	13	3	23.08
8.契耕两税	7283	3980	3303	82.99
（1）契税	6967	2447	4520	184.72
（2）耕地占用税	316	1533	−1217	−79.39
9.其他各税	14117	15978	−1861	−11.65
（1）资源税	2236	4221	−1985	−47.03
（2）土地使用税	1467	1524	−57	−3.74
（3）城建税	3649	3678	−29	−0.79
（4）印花税	996	837	159	19.00
（5）土地增值税	3315	3493	−178	−5.10
（6）房产税	1383	1325	58	4.38
（7）车船税	1071	900	171	19.00
二、非税收入合计	60063	66306	−6243	−9.42
1.教育费附加	2159	2183	−24	−1.10
2.地方教育附加	1438	1454	−16	−1.10
3.文化事业建设费	5	23	−18	−78.26
4.地方水利建设基金	−2	0	−2	—
5.税务部门罚没收入	0	33	−33	−100.00
6.残疾人就业保障金	663	585	78	13.33
7.其他收入	12	0	12	—
8.社保基金收入	55788	62028	−6240	−10.06
（1）养老保险基金	28800	38592	−9792	−25.37
（2）失业保险基金	536	579	−43	−7.45
（3）医疗保险基金	16619	13054	3565	27.31
（4）工伤保险基金	351	400	−49	−12.34
（5）生育保险基金	0	698	−698	−100.00
（6）其他保险基金	9482	8705	777	8.93

（区税务局提供）

2020年洞头区申报纳税实缴入库税收30强一览表

表14

序号	纳税人名称	法定代表人	行业
1	浙江立鹏建设有限公司	徐益芳	建筑业
2	温州中石油燃料沥青有限责任公司	吴建林	制造业
3	浙江诚意药业股份有限公司	颜贻意	制造业
4	温州宇帆建筑劳务有限公司	冯晓东	建筑业
5	浙江卓信建筑有限公司	郭荣	建筑业
6	浙江亿新建筑劳务有限公司	焦青琦	建筑业
7	浙江温州洞头农村商业银行股份有限公司	陈剑林	金融业
8	温州奥博置业有限公司	叶建忠	房地产业
9	温州嘉丰建筑劳务有限公司	徐来瑞	居民服务、修理和其他服务业
10	温州金源新材料科技有限公司	黄日新	制造业
11	温州新岛城市建筑泥浆处置有限公司	董理	交通运输、仓储和邮政业
12	温州大小门岛投资开发有限公司	覃毅宝	租赁和商务服务业
13	浙江尚谦艺建筑有限公司	吴晓龙	建筑业
14	浙江宏泰混凝土有限公司	胡成业	制造业
15	温州市洞头华中房地产开发有限公司	黄东海	房地产业
16	温州德立建设工程有限公司	黄方鹤	建筑业
17	温州市烟草公司洞头分公司	邢加圣	批发和零售业
18	浙江宏联建设有限公司	应征宇	建筑业
19	国网浙江省电力有限公司温州市洞头区供电公司	王亮	电力、热力、燃气及水生产和供应业
20	中国农业银行股份有限公司温州洞头支行	郑明璞	金融业
21	浙江迪特高强度螺栓有限公司	邵晓忠	制造业
22	浙江中燃华电能源有限公司	许继红	批发和零售业
23	浙江图盛输变电工程有限公司温州洞头昌海分公司	叶明海	建筑业
24	温州市洞头城市发展有限公司	彭进贵	建筑业
25	温州金源置业投资有限公司	章华听	房地产业
26	中海油温州能源销售服务有限公司	吴红卫	批发和零售业
27	温州洞头鸿胜旅游发展有限公司	周海平	房地产业
28	浙江弘博新材料科技有限公司	叶少云	制造业
29	温州小岛特细纤维材料有限公司	陈鹤	制造业
30	浙江永宏电气股份有限公司	洪玮	制造业

（区税务局提供）

价格管理

【概况】2020年，温州市洞头区发展和改革局组织开展各项重要商品价格监测。关注市场价格走势及市场销售和产品价格变化情况，按照省市监测报告制度对粮食、食用油、肉蛋菜、液化气、钢筋、水泥等重要商品价格实行每月10日和20日采价两报制度。特别是疫情期间，每日对涉及民生的菜品进行价格监测，对监测中发现的猪肉价格异常上涨情况，反映给相关部门，保障社会价格总水平基本稳定。

【政府定价项目】2020年，区发改局制定新冠肺炎疫情防控期间临时降低非居民用水用气用电价格，大门镇、鹿西乡供水企业供水价格按现行价格下调10%，非居民用户天然气到户价格每立方下调0.2元，减轻受疫情影响企业用能负担，维护和保障正常经济社会秩序，累计减免水费86.5万元、天然气8.77万元、电费166.35万元。

【成本监审】2020年，洞头区开展城镇供气成本、城市供水成本、污水处理成本等3项成本监审项目及教育幼儿园、大门幼儿园、霓屿幼儿园、灵昆中心幼儿园、灵昆春苗幼儿园等6项成本调查工作。引入第三方机构进行成本审核，协助开展成本监审成为常态。

【价格认证】2020年，洞头区办理公安机关委托价格认定案件55件，认定标的额14.7万元，及时对委托单位的符合认定案件做出结论，为司法机关定性处理提供法律依据。

（陈　凯）

海事管理

【概况】2020年，中华人民共和国温州洞头海事处保障大型船舶安全进出港290艘次，集装箱吞吐量41.63余万标箱，组织海上险情处置11次，搜救遇险人员49人，人命救助成功率96%。全年开展水上巡航巡查172次，检查船舶1101艘次，查处违章349件，行政司法案件结案354件，行政处罚金额196.97万元。完成第十三届中国·洞头横渡半屏海峡冬泳邀请赛，洞头区开渔节，“百特杯”温州洞头半程铁人三项大赛，第十二届中国·洞头全国海钓邀请赛，洞头先锋女子民兵连建连60周年海上军演等活动服务保障。

洞头海事处通过省级文明单位复评，浙江海事局“精品支部”复核，获评温州市直机关抗疫先进党支部、浙江海事局先进党组织。黄文达获“最美温州人·温州好人”荣誉称号。

【平安海区建设战略协议】2020年9月1日，温州海事局与洞头区人民政府签署深化平安海区建设助力海上花园发展战略合作协议，协议以深化平安海区建设，助力海上花园发展为主线，明确定期会商工作机制和合力共建平安海区格局、齐心共促海洋经济发展、深化合作共赢机制等三大方面内容。

【疫情防控】2020年，洞头海事处发挥党员干部先锋模范作用，党员突击队8名队员累计坚守防疫一线6928小时，其中全天候在岗连续坚守26天，安全转移离岛鹿西临产孕妇2名、白血病患者1名、坠楼老人1名；为13艘锚泊船只协调运输生活物资3000公斤。帮助鹿西乡政府制订船运调水方案，解决疫情期间海岛居民生活用水不足难题；助力青山岛“海上迪士尼”项目复工复产，协调开辟证书办理绿色通道，加强该项目施工作业船舶的现场监管。

【海事执法】2020年，洞头区贯彻百日攻坚、蓝盾三号、查处长期逃避海事监管船舶、“两船”“两超”专项整治行动及无线电专项整治。落实领导应急值班制度，巩固每周定日带队执法以及48小时蹲点值守等机制，在原有值班制度基础上，增加“每月安排夜查行动不少于2次，周末海上巡航不少于2次”要求。总结“非接触式”监管经验，探索“互联网+监管”常态化机制，加强大数据分析运用，把水上拦截线调整至状元岙港区外航道以及蓝田水域，实现重点监管、精准监管兼顾。全年查处各类砂石船舶68艘次，查处内河船违章6艘，强制扣押船舶9艘（6艘内河船，2艘海船，1艘三无船舶）。

（孙　杰）

国土资源管理

【概况】2020年，洞头区坚持以优化空间规划为引领，以强化节约集约用地主线，以严格资源保护为根本，全力做好规划和资源要素保障，为全区经济高质量发展提供坚实力量。温州市自然资源和规划局洞头分局完成《洞头区国土空间总体规划研究》初步成果，开展“资源环境承载能力及国土空间开发适宜性”评价和“国土空间规划实施”评估工作。深化“拓空间强保障”专项行动。科学划定城镇空间、农业空间、生态空间和城镇开发边界、永久基本农田保护红线、生态保护红线的“三区三线”。预留S1、S211、绕城北高速疏港支线等重要交通廊道空间136公顷，永久基本农田保护面积818公顷，临港产业发展预留空间1400公顷。海洋生态示范区创建排名全省第二，蓝湾项目作为全国唯一海洋生态修复案例，入选自然资源部第一批社会资本参与国土空间生态修复十大案例。全年各项资金收入超8亿元，其中土地出让收入2.08亿元，划拨土地转出让收入4.19亿元，矿产品收入2.2亿元，使用海域出让收入904.2万元。

【土地出让】2020年，洞头区土地出让收入2.08亿元，完成土地出让5宗，面积188.02亩，分别为王山头B-01地块、仁济学院教师公寓地块、南塘工业区C-04a1、诚意药业康养地块。燕子山入口广场G-06a地块、霓屿紫菜产业园NY-A-06a地块已完成挂网。

【土地要素保障】2020年，洞头区低效土地再开发251亩，完成率167%。经营性用地做地储备186亩，完成率143%。新增建设用地指标715亩，保障LNG项目、鹿西综合交通码头等用地需求。完成11个项目6.50公顷的林地征占用审批。完成5个项目11.17公顷海域使用权出让。完成694.92万吨普通建筑石料出让工作。完成省政府确定的全民所有海洋资源资产试点区域清查工作。保障元觉停车场、鹿西综合交通码头、大门观音礁停车场、大门沙岙综合交通码头及接线公路工程等基础设施项目用地需求。

【国土资源拓空间强保障专项行动】2020年，洞头区消化全批次“批而未供”土地22.2公顷，完成率111%。消化2009—2017批次“批而未供”土地6.47公顷，完成率58%。处置“供而未用”土地28.41公顷，完成率30.4%，主要由于状元南片约66.67公顷土地处于土地融资抵押状态。完成16.73公顷低效用地再开发，超额完成全年10公顷任务数。完成做地任务12.4公顷，分别为杨文工业区A12地块5.33公顷、诚意药业康养地块7.07公顷，超额完成8.67公顷任务要求。

【矿山治理管理】2020年，洞头区按照“一矿一策”要求，制订废弃矿山生态治理方案，推进废弃矿山生态治理工程。全年完成三年行动计划内废弃矿山生态治理11处。做好全区在采矿山的日常巡查和动态监测管理，加快大门矿山“5+1”历史问题化解处置，推进瓯飞料场市场化运作；做好小门石子岙矿地综合利用项目报批。

【审批服务改革】2020年，洞头区深化“最多跑一次”“放管服”改革，推进“五多合一”（多规合一、多审合一、多证合一、多测合一、多验合一）审批服务改革九大改革实施方案，内容覆盖工程建设项目从规划编制、选址预审、用地批准、工程许可到验收的自然资源和规划管理的全部环节，实现对拟合并审批事项，只需提供一个办理流程，整合一张申请表单，统一一套申报材料，推行一次技术论证，颁发一本许可证书。改革事项从10项压缩为4项，办理工作日从64个压缩为38个。全年完成不动产登记总量21305件。

【海岛公园建设三年行动计划】2020年11月25日，深入践行“绿水青山就是金山银山”理论，贯彻落实全省海岛大花园建设，区政府制定《洞头区海岛公园建设三年行动计划（2020—2022）》，主要任务是提升美丽海岛风貌，推进海岛全域景区化工程，深耕海岛生态修复工程，深化花园洞头系列工程，实施海岛城镇风貌提升工程；加快陆岛交通建设，构建内畅外快的综合交通体系，打造浙南水运中心，提升旅游公交服务品质，优化提升环岛公路景观设施；推进陆海协同发展，强化重大旅游项目开发，探索推行旅游一体化，有序推进空间腾挪发展模式，探索“海陆空”岛际联动发展；丰富海岛公园旅游产品，创新发展海渔文创产品，培育星光经济夜间消费产品，开发滨海度假旅游产品，做强海上休闲运动产品，推广海岛特色美食产品；加大绿色科技支撑，深化清洁能源推广工作，推进5G网络覆盖工程，优化供水保障服务，提升滨海旅游品牌形象，创新海岛营销方式，深化“洞头标准”改革，优化海岛旅游精品线路，强化旅游监管力度，提升开放合作水平。目标到2022年，全面建成海岛公园，把洞头海岛公园打造成国际休闲度假型海岛旅游目的地。

【蓝湾项目入选社会资本参与国土空间生态修复案例】2020年11月5日，自然资源部举行《社会资本参与国土空间生态修复案例（第一批）》新闻发布会，介绍首批社会资本参与国土空间生态修复案例有关情况。其中《浙江温州借助社会资本推进“海上花园”建设》案例介绍洞头“蓝色海湾”建设经验。洞头借助“蓝色海湾”整治行动项目落户洞头契机，按照全域规划、整岛修复原则，把“蓝色海湾”整治项目总体方案设计统一纳入全域概念性规划，按照“谁修复、谁受益”原则，通过赋予一定期限的自然资源资产使用权等方式，探索社会资本参与海洋生态修复新模式，得到民营社会资本参与和支持。

（夏建伟）

能源监管

【概况】2020年，洞头区围绕能源“双控”目标任务，加大能源“双控”监管和节能监察、谋划重大能源产业项目、抓好能源保障、推进绿色交通和清洁能源发展。制定印发《温州市洞头区2020年能源“双控”实施方案》，组织开展区域能评2个、省级重点用能企业的用能情况监测2家和重点用能企业的节能监察8家。完成深门中石化加油站和新城中石化加油站的综合供能服务站改造，全年新建充电桩（快充）30个，累计建成直流快充桩66个，全市排名前列。开展普通电力直接交易企业名单确认工作，完成普通直接交易用户增量配网企业22户和售电市场交易用户61户。

【节能审查监察】2020年，洞头区推行“区域能评+区块能耗标准”的区域能评模式，完成《洞头同心旅游小镇区域节能评估报告》和《小门岛石化产业基地起步区A产业区区域节能评估报告》节能审查工作。加强省级在线能源系统监测，督促温州中石油燃料沥青有限责任公司和温州金源新材料科技有限公司等2家省级重点用能企业做好月度能源信息报送，完成温州中石油燃料沥青有限责任公司能耗在线监测系统建设及设备接入工作，获省级专项资金补助4万元。执行“双随机”工作制度，按照“掌上执法”工作要求，采取“以监察带服务、寓服务于监察”方式，对5家工业企业和3家非工企业开展节能监察，完成全年节能监察任务，并聘请相关能源专家对企业用能情况进行诊断服务，进一步规范企业用能行为。

【绿色能源发展】2020年，洞头区加快公共交通领域车辆清洁化替代，推进洁净运输，发展新能源汽车212辆，其中公共交通52辆、出租车26辆、其他车辆134辆。按照“桩站先行、适度超前”工作思路，推进充电桩（站）建设，全年新建鹿西乡客运中心专用充电桩12个、半屏社区新建桩（快充）10个、泉丰酒店新建充电站6个桩、新城中石化加油站新建2个桩，全年新建充电桩（快充）30个，全区累计建成公用充电桩166个，其中直流快充桩66个，在全市排名前列，公用充电桩站点布局20个，自用充电桩222个。

【能源要素保障】2020年，洞头区开展年度普通电力直接交易企业名单确认工作，完成普通直接交易用户增量配网企业一类企业用户4户、二类企业用户18户、售电市场交易用户企业名单确认61户。谋划重大能源产业项目，重点推进洞头海上风电项目前期工作，协调业主做好海上测风和对接全省海上风电修编工作，初步规划洞头海上风电场容量200万千瓦。

（赵典天）

市场监督管理

【概况】2020年，洞头区新设市场主体2232户，增长34.62%，新增注册资本（金）70.67亿元，增长32.5%。截至年末，全区市场主体总量11253户，同比增长13.53%，首次突破1万大关；注册资本（金）总额282.94亿元，增长23.97%。全区共有食品生产企业26家，其中新增食品生产企业2家、办理许可证变更申请3家、延续1家，注销1家。共有小作坊备许可登记32家，创建名特优食品作坊和亮化达标小微食品生产企业2家。全年新增区长质量奖1家，“品字标”品牌企业1家，卓越绩效企业2家，培训企业质量管理人员55人次。制定发布“浙江制造”标准1个，参与制定国家标准1个、“浙江制造”标准1个。健全完善品牌与标准化奖励体系，率全市之先把市质量管理创新奖、省企业标准“领跑者”、通过“浙江制造”品牌认证企业现场年审等奖励事项，纳入品牌标准化扶持奖励范围，全年兑现奖励资金120万元。

【市场主体出清】2020年，洞头区注销市场主体835户，减少48.44%，其中主动退出648户，依职权注销个体户149户，吊销长期未经营企业31户，连续两年未经营农专社7户。全年38户市场主体被列入经营异常名录，“两直”资金纾困补助1543家市场主体，兑付补助资金1119.4万元、贴息32.2万元。

【小微企业管理】2020年，洞头区新增小微企业373家，其中新增八大万亿元产业小微企业96家；实现“个转企”51家，新转公司占100%；股份有限公司2家，进出口经营权备案企业23家，有出口实绩企业10户；淘汰落后企业4家，关停整治“低小散”企业34家；6家企业被新认定为科技型小微企业；新增小微企业培育库企业110家（其中，县级100家、市级10家）；发放创新券金额429.16万元，面向小微企业开放科研设施与仪器64台次，开放实验室服务批次183次；全区“银商合作·守信贷”覆盖农商行等5家银行，小微企业成长卡累计开卡约500张，共发放小微企业“守信贷”贷款7亿元。“两直”资金纾困补助小微企业260家，兑付资金520万元。

【企业年报信息】截至2020年6月30日，洞头区2019年度企业年度报告应申报2770户，已申报2639户，自然年报率95.27%；个体工商户应申报数6784户，已申报5883户，自然年报率86.93%；农专社应申报数157户，已申报156户，自然年报率99.36%。

【广告合同管理】2020年，洞头区广告监测情况良好，监测各类互联网广告、媒体广告及其他广告650条，查处广告案件3件，罚没款10000元。格式合同备案9件，公示浙江省AAA级守合同重信用企业8家、AA级守合同重信用企业9家、A级守合同重信用企业5家。其中，新申报的"温州蓝天管件阀门有限公司"获评浙江省AAA级"守合同重信用"企业。

【放心厨房建设】2020年，温州市洞头区市场监管局推进省民生实事项目建设，建成正岙村、花岗村、惠民村、蓝港社区等农村家宴放心厨房4个。升级建设"后厨操作可观、食材来源可溯、食安管理可查、诚信承诺可示、餐饮服务可评"的AI智能"阳光厨房"12家，实现公办学校食堂AI智能阳光厨房全覆盖。全年开展监督抽检488批次，其中生产（小作坊）75批次，流通282批次，餐饮131批次，合格率98.8%。核查处置国、省、市、区四级不合格食品15件，立案15件，结案12件，结案率80%。

【食品安全执法】2020年，洞头区立案查处食品类案件52件，移送公安5件，罚没款17.96万元，其中餐饮环节立案32起，流通环节13起，生产环节1起。持续加大抽检力度，针对群众反映强烈甜蜜素超标、海水虾违规添加等违法线索，集中开展专项执法抽检，共查处违法添加食品添加剂案件24件，其中移送公安5件。在规范餐饮行业经营整治行动中，抽检餐具84批次，立案查处餐具消毒不合格11件。

【冷链食品物防工作】2020年，区市场监管局强化食品安全溯源管理，完成种植养殖基地2家、水产品二维码电子追溯体系建设12家。利用"浙冷链"系统，实施重点产品经营主体"进赋码、出扫码"，全区激活"浙冷链"重点主体33家，累计赋码1098个，扫码1996个，核酸检测样本154个，发现并整改问题隐患103个，行政立案7起。落实"人物并防"策略部署，加强进口冷链食品从流通到消费各环节管控，截至年底，实现全区重点冷链经营主体存量进口冷链食品全部清零，进口冷链食品全管控、国产冷链食品全溯源。

【食安区创建工作】2020年，洞头区食品安全被列入区委巡察工作任务，全区6个街道（乡镇）全部印发《食品安全党政领导干部责任制清单》，形成"党政同责、一岗双责、失职追责"责任体系。组织开展积压食品专项清查、食品安全风险隐患大排查大整治、食品安全突出风险隐患治理等专项执法行动，规范食品生产经营行业秩序，降低食品安全风险，通过省市两级食安区创建动态管理评价。组织开展食品安全"宣传周"、村居科普讲座、食品安全"五进"等各类宣传活动25余场次，张贴村居宣传海报450余张，全区行政村食品安全科普宣传全覆盖。开展食药公众开放日、"你点我检"和"你选我查"等活动，设立"红黑榜"曝光台，推进食品安全责任保险工作。

【消费者权益保护】2020年，区市场监管局受理消费者咨询、投诉、举报共968件，处置率100%，挽回消费者损失经济23.71万元。查处餐饮明码标价、住宿服务等消费领域案件65件，罚没款39.33万元，其中消费热点诉转案7件。全年约谈企业9家，发布"谨防傍名牌""微信朋友圈谨慎购物"等消费警示5期，发放各类倡议书4期，建立洞头区消费体验示范基地2家。创成放心消费单位949家，其中无理由退货单位291家，放心工厂51家，东岙放心消费街区1个。

【全省率先实现食药领域公益损害赔偿】2020年，洞头区消保委、市场监管、检察院、法院等部门联合制定《洞头区食药安全领域公益损害赔偿资金管理暂行办法》，推动公益诉讼与食药安全领域损害赔偿制度有效衔接。由洞头区人民检察院根据区人民法院判决或诉前和解结果，依法提起民事公益诉讼，要求造成损害的单位或个人缴纳资金，并由洞头区消保委负责对赔偿资金的收缴、管理。设立"赔偿资金"账户实行专账管理。全年实施赔偿案件2件，赔偿资金0.2万元。该项工作获评浙江省消保委创新项目。

【药械化安全监管】2020年，区市场监管局先后开展药品零售企业疫情防控专项检查、中药饮片专项整治、疫苗使用单位疫苗储存、运输情况检查、新冠肺炎疫情防控医疗器械质量安全专项检查等专项整治20余个。完成省民生实事送药上山进岛便民服务点2个，24小时"网订店送"企业5家；推广"互联网+考勤"，提升执业药师在岗履职率；开展化妆品"百千万"美丽消费示范工程提升，完成示范商场1家、示范经营单位5家；上报药品不良反应89例，完成全年任务数

102.3%，上报医疗器械不良事件24例，完成全年任务数104.3%；完成药品抽检任务数30批次、药品快速检验19批次、化妆品8批次。

【“双随机、一公开”监管抽查】2020年，区市场监管局采取“X+5”模式通用检查事项，包括登记事项检查、工业产品生产许可资格检查、商标使用行为的检查、公示信息检查（不定向）、市场类标准监督检查，结合对市场主体的其他检查事项一并实施；制定价格行为检查、产品质量监督抽查、食品安全检查等84个年度计划任务，共抽查对象1096户，查出问题222户；部门联合“双随机、一公开”监管工作，价格、药品、餐饮和烟花爆竹等行业开展部门联合“双随机、一公开”69次，参与部门25个，检查对象243户次。

【市场监管案件查处】2020年，区市场监管局以“亮剑2020”综合执法行动为载体，相继开展食品安全、反走私、防疫物资等专项行动，全年共立案查处各类案件113件，计罚没款46.47万元，其中工商类案件41件，罚没款14.7万元；产品质量类案件10件，罚没款2.1万元；食药类案件52件，罚没款17.96万元；特种设备案件5件，罚没款13万元；物价类案件5件，罚没款0.53万元。

【防疫防控物资监管】2020年，区市场监管局开展以医用防护用品和生活用品稳控为重点的系列执法监督检查工作，共立案查处假冒伪劣口罩案4起，没收假冒伪劣口罩1800余只，罚没款0.48万元；立案查处扰乱市场价格案件1起，罚没款0.46万元。

【涉企收费专项检查】2020年，区市场监管局组织开展涉企收费专项检查，确保上级降本减负各项政策措施。通过走访排查，发现违转供电规违法企业2家，责令企业按照文件规定予以退费，为53家终端用电企业清退转供电多收电费52.8万元；开展国有资产减租政策落实监督检查行动，完成租金减免380.7万元，惠及704家中小微企业及个体工商户。

【特种设备安全监察】2020年年末，洞头区（不含灵昆）注册登记特种设备2080台（件），其中在用锅炉29台、压力容器566台、起重机械193台、电梯683台、场（厂）内专用机动车辆122台、压力管道工程97单元、大型游乐设施1台，停用登记389台。在用液化石油气瓶55270只，新增55270只，检验44207只，报废4254只。全年累计（含监察和服务）出动人员851人次，检查服务企业262家次，下达整改指令书17份，查处各类隐患61处。全年没有发生特种设备事故，特种设备隐患整治率、注册登记率、定期检验率均达到100%。积极推行分类评价工作，200家特种设备使用单位完成分类评价工作，146家特种设备使用单位实行三项制度。重点推进实施电梯智能化监测分步安装改造工作，全面完成人员密集场所物联网安装工作。推广电梯安全责任保险，全区电梯投保460台，投保率90%。

【质量品牌建设】2020年，区市场监管局举办“品字标”企业统一亮标活动，完成亮标贴标“四个百分百”计划企业4家。品牌企业和实施“浙江制造”标准企业销售占比达60%以上，居全市第一。开展先进质量管理方法培训，完成培训55人次，新增卓越绩效企业2家，获评区长质量奖企业1家。开展羊栖菜特色产业质量提升行动，深化区电器商会等3个行业协会质量共治。

【标准化建设】2020年，区市场监管局引导企业参与标准制修订。辖区企业发布实施T/ZZB 1551—2020《固结磨具树脂薄片砂轮》“浙江制造”标准，参与制定T/ZZB 1676—2020《固结磨具 磨钢轨砂轮》“浙江制造”标准与GB/T 3098.23—2020《紧固件机械性能M42—M72螺栓、螺钉和螺柱》国家标准。温州亿通自动化设备有限公司成功立项《带式输送机 跑偏开关》等4个行业标准，实现全区行业标准立项零的突破。制定发布《初级坛紫菜质量分级》地方标准规范，引导企业制定羊栖菜收购分级标准，实现优质优价。

【计量工作】2020年，区市场监管局推广e-CQS强检平台注册使用，强化衡器、加油机、医疗卫生等计量器具强制检定管理。全年共检定各类强制检定计量器具5476台件，其中农贸市场在用衡器246台、加油机165支、压力表1617只、血压计69只、流量计11只、出租车计价器54只、水表2670只、燃表588只。推进计量“双随机、一公开”监管工作，完成“民用三表”监督抽查，集贸市场在用计量器具监督检查5家、加油机计量专项监督检查2家、眼镜配置场所计量监督检查3家、产品能效标识监督抽查4家、环境检验机构在用计量器具监督检查等年度抽查任务。

【计量助企帮扶】2020年，区市场监管局支持企业复工复产，开辟应急通道，解决复工复产企业红外额温计核准服务及企业计量器具强制检定需求，对复工复产企业计量器具全部实施免费检定；组建“计量服务小分队”，实施特事特办。按照“便企服务，特事特办”原则，开展入企帮扶。主动对接离岛企业大门中燃华电能源和温州中石油燃料沥青有限责任公司2家企业压力表送检难题，实施上门检定服务。

【**合格评定**】2020年，区市场监管局对区产品质量监督检验所、区疾控中心、区环境监测站、区司法鉴定中心、区建工实验室等5家机构开展双随机监督检查，并跟踪验证。完成市级食品检验检测机构“双随机”监督抽查任务，各检验检测机构均在规定时间内完成整改。以低压电器为重点，对洞头区4家低压电器强制性认证产品生产企业进行检查，未发现超范围生产和产品质量安全风险隐患等违法行为。

【**产品质量监管**】2020年，区市场监管局组织开展紧固件产品质量安全风险排查，实施企业分类分级监管工作。开展民用防疫物资产品质量专项整治，狠抓企业行政指导，压实企业主体责任，建立一企一档，强化质量帮扶和标准检测技术服务，严厉打击过滤效率、防护效果等核心指标不达标、以次充好等质量违法，监督抽查熔喷布、口罩产品5批次，合格率100%。开展流通领域成品油专项监督抽查和执法检查，共抽查14批次，合格率100%。组织开展流通领域商品质量抽查，共抽查75批次。

【**洞头企业首次入选省企业标准“领跑者”名单**】2020年1月2日，浙江省品牌建设联合会、浙江省标准化协会联合公布2019年度浙江省企业标准“领跑者”名单，全省43家企业的49项标准入围，以浙江迪特高强度螺栓有限公司为主制定的T/ZZB 0575-2018《高强度履带螺栓、螺母》标准榜上有名，为洞头区企业首次获此称号。该公司生产高强度螺栓、螺母产品广泛应用于工程机械、风电、石油、桥梁等行业，坚持以先进标准引领产品和服务质量提升，先后为主制定“浙江制造”标准2项，参与制定国家标准等5项，获“品字标”品牌认证证书5张，率先取得国际互认证书1张。

（夏珊珊）

2018—2020年洞头区内资市场主体消长情况表

表15

项目			内资企业			农专社	个体户
			总量	非私营企业	私营企业		
新设单位	设立注册户数（户）	2018年	527	28	499	24	972
		2019年	541	25	516	19	1098
		2020年	666	21	645	8	1558
		同比（%）	23.11%	−16.00%	25.00%	−57.89%	41.89%
	新增注册资本（万元）	2018年	382625	93105	289520	3996	12131
		2019年	504467	63580	440887	4957	12095
		2020年	690641	111200	579441	1260	14770
		同比（%）	36.91%	74.90%	31.43%	−74.58%	22.12%
注（吊）销单位	注销户数（户）	2018年	208	10	198	29	544
		2019年	606	159	447	28	966
		2020年	159	2	157	8	658
		同比（%）	−73.76%	−98.74%	−64.88%	−71.43%	−31.88%
累计总数	累计户数（户）	2018年	2466	317	2149	214	6888
		2019年	2720	319	2401	171	7021
		2020年	3168	327	2841	164	7921
		同比（%）	16.47%	2.51%	18.33%	−4.09%	12.82%

续表15

项目			内资企业			农专社	个体户
			总量	非私营企业	私营企业		
累计总数	累计注册资本（万元）	2018年	1785820	641851	1143969	32962	69100
		2019年	2177807	700117	1477690	31049	73439
		2020年	2714966	783074	1931892	31542	82916
		同比（%）	24.67%	11.85%	30.74%	1.59%	12.90%

说明：表中数据均含分支机构　（区市场监管局提供）

2020年洞头区新设内资企业行业分布情况表

表16

行业类别	户数（户）	同比增长率（%）	注册资本（万元）	同比增长率（%）
农、林、牧、渔业	12	20	18280	220.25
制造业	74	72.09	169876	211.81
电力、燃气及水的生产和供应业	3	200	1050	5.00
建筑业	150	51.52	240309	39.68
批发和零售业	156	24.8	143783	97.19
交通运输、仓储和邮政业	19	−13.64	9158	−67.28
住宿和餐饮业	10	25	6453	856.00
信息传输、软件和信息技术服务业	34	36	19400	350.64
金融业	2	—	0	—
房地产业	24	60	4345	−77.53
租赁和商务服务业	87	11.54	34156.8	−50.59
科学研究和技术服务业	40	−23.08	30710.8	−19.71
水利、环境和公共设施管理业	8	−11.11	2970	−66.32
居民服务、修理和其他服务业	7	−53.33	807.00	−94.06
教育	12	33.33	362.00	20.27
卫生和社会工作	4	—	1210.00	—
文化、体育和娱乐业	23	−23.33	7620.00	−52.77

（区市场监管局提供）

审计监管

【概况】2020年，温州市洞头区审计局实施审计项目16个，查出管理不规范资金3.96亿元，收回和上缴财政资金2790.3万元；移送案件线索7件，其中副科级领导干部被严重警告1名，被记大过、警告和通报批评处分19人。区委、区政府主要领导批示审计专报32篇次。获温州市优秀审计项目4个。完成大门镇矿山资源开采管理、东西部协作资金、岙仔村旧村改造项目历史遗留、PPP项目建设跟踪审计、“百日攻坚”遗留项目结算办理等项目审计工作。开展城发、旅发两大国企审计。两大国企注销清理多家低效公司，收回投资收益178万元、欠缴租金42万元。首次获评浙江省审计系统优秀单位，连续2年获评温州市审计系统优秀单位及洞头区绩效考核优秀单位。

【预算法实施与财政风险防范审计】2020年，区审计局采用“财政+专题”模式开展财政同级审工作，反映政府过“紧日子”政策没有完全落实到位、财政管理改革有待深化、财政运行质量有所下降等11大类17个问题，为区委、区政府防范财政风险提供决策参考。促进区政府出台《关于进一步规范街道乡镇财政管理体制试行的通知》等文件2个；促进2021年部门预算编制全面落实政府过“紧日子”要求，对部分资金使用率低于30%的项目压减项目资金30%以上，并收缴各预算单位生育津贴209.7万元，清理结转墙改资金90.65万元，清退涉企保证金759.1万元，清退率100%。

【民生政策落实和财力保障审计】2020年，区审计局重点开展民生项目同城待遇实施情况和“一卡通”补贴资金审计，促进提高2021年度城乡医保个人缴费标准为40元，化解未报销的教育系统公用经费185.36万元；促进15项惠民惠农补贴项目统一纳入“一卡通”平台管理，并完成与市民卡中心的数据接口系统建设，从源头上解决一人多卡现象，核实取消低保低边资格16户，及时补发1059人低保气价补贴11.91万元和低保计生参保补助9.35万元，追回“一卡通”多发或违规资金30.09万元。

【产业政策运行绩效审计】2020年，区审计局开展区级重大产业政策绩效审计，重点反映产业政策整合不到位、导向不精准、政策兑现与地方财政贡献倒挂等问题，促进区住建局等7个主管部门完成多项并存政策的清理整合工作，促进康隆医药等不达标企业的清退及涅盘游艇公司整顿。区政府和相关部门制定出台《洞头区产业政策评估管理办法（试行）》等6项制度，区经信局等6个主管部门将新政策及兑现均纳入市平台，缩短政策兑现时间。

【公共投资与监管机制建设审计】2020年，区审计局首次开展政府投资电力工程造价管理审计调查，反映电力工程市场机制不健全、政府监管严重缺位等突出问题，促进出台《关于规范政府投资电力工程委托代建项目建设管理意见》，收回2个电力项目虚增造价80万元。明确由区纪委书记牵头审计整改，促使全面开展14个电力项目标底审核，核减标底造价307万元。加强PPP项目跟踪审计，出具意见函18份，核减工程造价860万元。

【审计整改监督】2020年，区审计局打通审计整改“最后一公里”。全年召开2次区委审计委员会会议，制定出台《审计容错免责暂行办法》和《审计工作重大事项督察督办办法》。把审计整改纳入政治生态评估预警常态化实时监测，区长专题召开审计整改联席会议2次，区委办把审计整改纳入绩效考核督办内容。全年共梳理100个问题，下发政务督办专报9期，审计整改率96%，首次实现常务副区长向人大报告审计整改情况。

（曾玲莉）

统计管理

【概况】2020年，洞头区完成北岙街道、大门镇两个重点街道（乡镇）基层基础示范点建设；复评验收基层基础建设38家，复评完成率97%（1家注销）；创建达标5家，其中部门3家，创建完成率100%。全区（不含灵昆）街道（乡镇）均按要求设置统计办公室（统计信息中心、统计站），北岙街道、大门镇均单独设立统计站；配置统计编制9名，其中北岙、大门与东屏各2名，其他街道（乡镇）统计编各1名，在岗从事统计人员共17名。全年开展各类培训共计1200余人次，组织远程培训20场。开展“统计订制服务”活动，全年开展定制服务10余场，全年为部门服务78次、赴基层服近700人次、企业近150次，解决实际问题62个。

【统计法治建设】2020年，洞头区制定《洞头区防范和惩治统计造假专项核查方案》，对工业、投资、商贸、服务业等重点专业单位开展全方位数据质量核查。全年检查101家企业（项目），其中工业27家，投资项目45个，商贸15家，服务业4家，劳动工资6家，科技4家。全年开展执法稽查38件，立案查处7件；其中单处警告3件，警告并罚款案件4件，总罚款金额2.6万元，洞头区被市统计局列为数据质量低风险地区。推进全区6个街道（乡镇）、89个村居及社区（不含灵昆）统计普法联络点建设。全年组织开展送法上门、送法入村、送法入企多项统计宣传活动，充分利用电子显示屏、短信平台等多媒体开展普法教育。发放普法材料750多册，短信1000多条，宣传纪念品500多份。

【城乡一体化住户统计调查】2020年，洞头区启动新一轮（2018—2022年）城乡一体化住户调查样本户的第三年。城乡居民人均可支配收支调查数据包括工资性收入、经营净收入、财产净收入、转移净收入等四大收入和食品烟酒、衣着、居住、生活用品及服务、交通通信、教育文化娱乐、医疗保健、其他用品和服务等八大生活消费支出。全年城镇常住居民人均可支配收入52279元，较上年增长5.5%，人均收入水平居全市第八，增速居全市第一。人均生活消费支出31522元，同比增长0.1%。全年农村常住居民人均可支配收入32295元，增长7.8%，人均收入水平居全市第六，增速居全市第三。人均生活消费支出22629元，增长1.1%。城乡居民收入比1.62，比2019年缩小0.03，是全市最均衡县（市、区）之一。

【第七次全国人口普查】2020年始，洞头区组织开展第七次全国人口普查。普查的标准时点：2020年11月1日零时。组建区、乡、村三级普查机构；开展6个街道（乡镇）人口普查区级综合试点，120多名村居普查指导员参与试点。全区（不含灵昆街道）6个街道（乡镇）83个村居共划分83个普查区和513个普查小区。组织全区500多名普查指导员和普查员选聘及综合业务培训。截至11月9日，洞头区在全市12个县（市、区）和2个功能区中率先完成人口普查清查摸底及短表登记工作，全区摸底户数共计6.5万户，短表上报6.5万户，长表上报12534人。区人普办和街道（乡镇）通过报纸、电视台、普法广场、户外LED屏等媒介开展普查宣传周、宣传月活动，分发《全国人口普查条例》1000份、《致被调查户一封信》45000份、《人口普查宣传手册》800册、宣传画1000张，分发雨伞、围裙、纸扇等宣传品13000件。

（余克新 曾素恋）

安全生产监督管理

【概况】2020年，全区发生纳入统计的安全生产事故1起，无人员死亡，未发生较大以上或有较大社会影响的生产安全事故；全区共发生火灾25起，未出现人员伤亡，直接财产损失29.9万元，同比火灾起数持平、死亡人数减少3人，经济损失下降41.7%。全年安全生产形势持续向好，连续15年获评省平安县（区），夺取全省首批星级平安金鼎。

【疫情防控复工复产】2020年，新冠肺炎疫情防控期间，温州市洞头区应急管理局进驻区突发公共卫生事件应急指挥中心，承担数据管控组相关工作。组织机关党员干部深入社区、卡口一线，开展巡查值守、防疫宣传、物资保障等工作。组织溢香、猎豹等应急救援队伍开展“溢同携手·志愿同行”“豹团取暖·共克时艰”系列行动，共发放宣传手册9958份、张贴宣传海报3657份，发放医用口罩3.2万余只、消杀面积3.68万平方米。落实复工复产安全专项保障，建立“一个助企业服务员、一个安全督导员、一个防疫指导员”“三个一”机制，一对一做好企业防疫期间的安全指导服务，落实高危企业“一企一策”，指派专人对高危企业开展复工复产安全指导服务。疫情防控期间，共完成企业安全指导服务1028家次，发现并整改安全隐患786处，下发安全预警2次、督查建议函5份、督查建议28条，全区未发生因复工复产引发的各类安全生产事故。区应急管理局党支部被评为“洞头区疫情防控和复工复产事迹突出党组织”。

【安全生产专项整治】2020年，洞头区在市安全生产“5+5”专项整治基础上，增加旅游安全专项整治，开展安全生产“5+6”专项整治。全区11个领域32个层面的安全生产隐患得到有效治理。区交警区消防救援大队针对查处的电动车违法行为创新电动车留置培训，对电动车实行留置7天，期满后，驾驶员接受统一安全教育培训予以领取，截至年底，共留置培训878人。区综合执法局在瓶装燃气餐饮场所探索安装可燃气体报警装置，完成安装可燃气体报警装置50处。

【小型休闲船艇整治】2020年，出台《洞头区小型休闲船艇联合整治处置办法》《洞头区防台期间小型休闲船艇安全管理方案》等规定，明确小型休闲船艇扣押、处置相关事项，完善小型休闲船艇汛期安全管理。完成96艘小型休闲船艇和20艘登礁船的纳规管理，更新小型休闲船艇（证件齐全）34艘，共开展海上联合执法25次，出动执法人员230人次，扣押小型休闲船艇6艘。浙江政务信息第867期专刊刊发洞头区小型休闲船艇整治成果。

【安全生产三年行动计划】2020年，区应急管理局牵头梳理制定全区实施安全生产综合治理三年行动计划任务清单，共涉及13个领域、78个问题、585个任务，对具体任务、牵头单位、责任单位、完成时限进行挂牌督战，实施“红黄绿”三色催告机制。按照省、市要求成立工作专班，建立专班工作制度，专班作战，挂图作战，并采取三项措施保障三年行动计划的有效落实。全年实现149项年度工作任务全部按期完成。

【危化品整治】2020年，区应急管理局实施危化品全生命周期管理，推进完成大小门化工园区标准化复评，开发危化品预警预报子系统，率全市之先实现辖区危化生产企业信息化预警监测，洞头区八大高危行业安责险投保率100%。

【危化监管】2020年，区应急管理局推进小门化工园区“五位一体”建设。以危化品全生命周期安全重点，开展压力管道容器、危险化学品打非治违、石油化工安全、开危险货物运输安全、“小化工”、充装和卸载环节管控等专项整治。发动行政执法队、网格员、村干部、志愿者297余人次。检查86家次，排查整改隐患64条，查获违法行为5起，行政处罚4起，行政处罚19.5万元。开展安全责任险“保险+服务”攻坚行动，全区危化品生产经营企业和烟花爆竹经营单位实现全覆盖。全年检查56辆危货车辆，立案5起，完成3家道路危货运输企业9处隐患和36辆危货运输车辆25处隐患整改。挂靠经营危货车辆全部完成清理，获评全省首批无挂靠县市区。创新开发危化品预警预报子系统，率全市之先实现辖区危化生产企业信息化预警监测。

【审批服务】2020年，区应急管理局推出安全生产审批“零次跑”服务载体，按照急办件“主动式”服务，承诺件“全程式”服务，特殊件“保姆式”服务要求，办理“零次跑”事项23件，实现所有事项“跑零次”。建立手机APP公众号等六大申报通道，实现本岛片1小时预约办理。成立专班服务区重大项目安全生产审批11件，就重大项目审批路径赴省市专项协调争取25余次，破解诚意药业鱼油项目审批难题、促成华峰LNG项目和荣和矿山携手并进、协调浙石油瓯江口综合功能服务站许可落地等。全年区应急管理局代跑服务73人次，办理“零次跑”事项29件，所有事项100%提前办结。

（林清清）

国有资产监督管理

【概况】2020年，洞头区共有国有企业34家（不含参股大小门公司），其中：公共服务类企业7家、功能类企业21家、竞争类企业6家。全年区属企业年末资产总额200.9亿元，同比下降12.9%，减收原因主要是集团公司改制合并报表、往来款清理等；净资产89.4亿元，增长46.5%；年末负债总额111.5亿元，下降34.3%；年末负债率55.5%，下降18%；累计实现营业收入2.2亿元，增长21%；全年实现利润总额-1590万元。

截至年底，全区行政事业单位机构数226个，其中：独立核算机构数153个。全区资产合计10.5亿元，增长49.6%，其中：行政单位资产5.76亿元，事业单位资产4.74亿元。

【国有企业监管】2020年，温州市洞头区国有资产管理办公室出台《洞头区国有企业财务监督管理试行办法》（洞国资办〔2020〕3号），建立完善企业内部财务管理制度，加强全区属国有企业财务监督管理，提高财务管理水平和会计信息质量，防范财务风险。规范国有企业资产管理和采购活动，实现国企采购入驻“政采云”平台，做好国有企业资产管理工作。

【国资国企体制机制改革】2020年，区国资办出台《改革区属国有企业工资决定机制实施办法》（洞国资办〔2020〕15号）及配套文件《改革区属国有企业工资决定机制实施办法配套细则》《洞头国有企业薪酬内部分配指导意见》《洞头区区属国有企业负责人业绩考核办法》《洞头区区属国有企业负责人任期业绩考核细则及收入兑现办法》《2020年度区属国有企业负责人业绩考核办法及评分细则》，建立与国企组织结构相适应的国资国企监管体系框架，规范国企监管权限和流程，建立区属国有企业负责人业绩考核体系，增加经营项目培育等指标，引导鼓励企业培育经营项目，拓宽营收渠道，发挥考核机制导向作用。探索混合所有制运营模式，收购安泰危化品公司员工持股、合资设立城市服务公司，成立国有控股（或参股）的运营实体，提升国企运营能力。率全市之先完成本级国企退休人员社会化管理工作，规范完成国企员工档案管理。深化区国有企业人事管理制度改革，开展区属国企高管选聘和员工招聘工作，健全区属国企领导班子配置，优化国企员工专业和年龄结构。

【行政事业性国有资产管理】2020年，区财政局印发《关于进一步加强洞头区政府采购管理工作的通知》（洞财采监〔2020〕224号），明确采购人在政府采购活动中的主体责任。全面实行政府采购项目电子化，办公用品配置采购实现“最多跑一次”，有效提高采购效率。强化全区“资产云”系统管理，利用大数据，做到月月有月结、月月有月报，账账相符，确保国有资产报告完整、真实、可靠。强化全区行政事业单位国有资产监督管理，开展全区机关单位、事业单位房屋建筑物资产及土地使用权资产的清查盘点工作，共梳理资产（房产）536处。

（陈倩倩）

工 业

渔村新貌 · 陈钦煅

“海霞精神”

爱岛尚武　励志奉献

工　业

概述

【概况】2020年，洞头区实现工业总产值108.29亿元，比上年增长3.7%；工业销售产值105.22亿元，增长1.9%；新产品产值48.84亿元，增长8.2%。全区实现规上工业总产值51.2亿元，比上年下降1.3%；规上工业增加值9亿元，增长11.7%，增速居全市首位。其中，高新技术产业、战略性新兴产业、数字经济核心产业制造业增加值分别增长1.4%、19.1%、31.8%，占规模以上工业的比重分别为55.5%、63.8%、3.6%。制造业增加值增长7%，装备制造业增加值下降3.5%。

洞头区成立企业复工复产工作专班和挂钩联系组，全面摸清工贸企业“三返”人员底数，绘制复工复产作战图，在全市率先实现规上（限上）企业100%复工。实施“三服务”“两万”专项行动。兑现疫情惠企政策75.17万元，惠及企业74家。全面推广“企业码”。推进千亿级生命健康产业培育。制定出台洞头分片区建设实施方案，完成复制推广自贸试验区创新经验7条。出台油气贸易政策。完成自贸区LPG交割库设立。中石油燃料沥青技改船燃完成保税仓申请。完成大门海洋经济示范区都市型功能区产业招商地图修编，新增落地在建亿元产业项目3个，其中5亿元单体制造业项目1个，落地在建亿元产业项目到位资金2亿元。诚意药业健康产业园入选省制造业大会展示项目；诚意二期年产1000吨超级鱼油项目落地。新增上云企业106家。完成低效用地整治332亩，厂房出租备案6.4万平方米。完成全区工业企业2019年度亩均评价。浙江永宏电气股份有限公司、浙江方舟工程机械设备有限公司入选2019年度温州市制造业重点行业“亩均效益”领跑者企业。

【海洋工业经济高质量发展若干规定】2020年3月17日，为贯彻落实新发展理念，切实转变海洋工业经济发展方式。根据市委文件精神，洞头区制定《关于进一步加快海洋工业经济高质量发展的若干规定》，激发企业创新发展，支持企业技术改造，加大科技型企业培育，支持创新平台建设，鼓励创新服务载体建设，鼓励科技创新服务，加大科技成果转化力度；推进数字经济发展，支持推进“两化融合”，支持企业购买云服务，推进工业互联网发展，支持数字核心产业发展；支持企业做大做强，鼓励企业壮大规模，支持企业打造品牌，鼓励申请运用知识产权，突出亩均税收激励，降低企业融资成本；鼓励绿色集聚发展，鼓励企业节能减排、发展循环经济、创建绿色体系，支持发展小微产业园；做强做优特色产业，支持水产品企业深加工、传感器企业抱团发展、石化项目落地达产。规定适用于2020年1月1日至2021年12月31日奖补对象。

【全市率先实现规上工业企业全复工】2020年2月，洞头区在新型冠状病毒肺炎疫情可控情况下，在全市率先增设生产恢复组，重点开展规上工业企业走访调研，摸清企业复工复产需求。成立三个规上工业企业复工复产服务专班，每个服务专班由5—6人组成，分别负责10家企业，指导企业复工复产，实行一企一策一方案，先后制定出台27条惠企措施、10条市场监管措施、11条非公企业用工和人才服务举措。制定复工复产方案和“白名单”，排出复工周计划表。截至2月20日，全区规上工业企业率全市之先全部复工，获市委书记批示。

【洞头区新增规模以上工业企业8家】2020年，洞头区新增规模以上工业企业8家，为浙江乾丰汽车零部件有限公司、浙江瓯越交建科技股份有限公司、浙江伟望汽车零部件有限公司、温州市华升微型电机有限公司、先锋电力设备有限公司、温州市永宝紧固件有限公司、智能尔电气有限公司、温州中燃擎诚立信能源有限公司。

【洞头区工业企业“亩均论英雄”综合评价】2020年9月24日，根据《温州市人民政府关于深化“亩均论英雄”改革推进企业综合评价的实施意见》和《洞头区深化“亩均论英雄”改革推进工业企业综合评价的实施意见》（洞政发〔2019〕19号）等文件精神，洞头对2019年度全区工业企业分规模以上、规模以下两个类别开展综合评价。规上工业企业26家，其中A类企业9家、B类企业11家、C类企业6家；规下工业企业201家，其中A类企业10家、B类企业45家、C类企业73家、D类企业73家。

【“万名干部进万企”专项行动】2020年，洞头区通过规上工业企业座谈会、助企服务员培训、助企服务“百日攻坚”等方式，解决企业发展难题，共收集企业问题223个，全部化解，其中通过协调会、会议纪要和交办单等形式帮助企业解决历史遗留和现行问题57个。

【洞头4家企业入选市百强企业系列榜单】2020年12月25日，温州市企业联合会、温州市企业家协会、温州市工业经济联合会联合发布2020温州市百强企业系列榜单，洞头区浙江立鹏建设有限公司、浙江中燃华电能源有限公司、温州市万年混凝土有限公司、浙江诚意药业股份有限公司等四家企业上榜。是具有法人资格不同所有制、不同行业的企业，通过自主申报，县（市、区）“三会”推荐，以2019年度在温州市销售收入（或营业收入）为依据产生。

【诚意药业收购康乐药业15%股份】2020年6月8日，浙江诚意药业股份有限公司收购康乐药业15%股份，成为康乐药业第一大股东。该公司通过盘后大宗交易方式收购浙江康乐药业股份有限公司股份391万股，交易总额2932.5万元。交易完成后，诚意药业累计收购康乐药业股份1173万股，交易总额8870.7万元，占康乐药业股份总数15%。康乐药业为新三板挂牌企业，主营对乙酰氨基酚（扑热息痛）原料药及颗粒制剂的生产及销售，2018年、2019年营收分别为5.1亿元、4.87亿元，净利润分别为4416.96万元、6572.4万元。

2020年洞头区工业企业分布情况一览表

表17

指标	工业单位数（个）	年产值（万元）	比上年±%
总计	578	583439	−1.57
一、按规模分组			
2000万元以下	543	55910	−23.52
2000万—3000万元	11	33639	−24.24
3000万—5000万元	11	44498	−70.08
5000万—1亿元	5	34630	18.61
1亿—5亿元	5	135785	4.46
5亿—100亿元	3	278978	3.77
二、规模以上工业按登记注册类型分组	35	527529	1.52
内资企业	34	503376	2.26
国有企业	1	2592	−87
有限责任公司	4	224073	0.97
私营工业	29	277051	13.02
港、澳、台商投资公司	1	24153	−11.87

说明：未含灵昆街道

（区统计局提供）

2020年洞头区街道（乡镇）工业总产值情况表

表18

指标名称	2019年（万元）	2020年（万元）	累计同比±（%）
合计	592756	583439	−1.57
其中：北岙街道	168776	161384	−4.38
大门镇	282952	254262	−10.14
东屏街道	106508	110701	+3.94
元觉街道	27123	42811	+57.84
霓屿街道	6238	13354	+114.07
鹿西乡	1159	926	−20

（区统计局提供）

主要行业

【概况】2020年，洞头区主要工业行业包含机械汽配、电子电器、医药化工、水产品加工、建材工业，全年主要行业规上工业总产值47.6亿元，同比下降3.4%，其中机械汽配行业产值增长13.5%，电子电器行业产值下降21.4%，医药化工行业产值下降3.6%，水产品加工行业产值增长16%，建材工业产值下降11.0%。

【机械汽配行业】2020年，洞头区机械汽配行业规上企业实现总产值5.6亿元，同比增长13.5%。温州市东启汽车零部件制造有限公司和浙江伟望精密工业有限公司获浙江省“隐形冠军”培育企业认定。浙江迪特高强度螺栓有限公司列入温州市高成长型工业企业培优名单。浙江信立达机械科技有限公司、温州鸿鹏汽配制造有限公司、温州市海力砂轮制造有限公司认定为高新技术企业。机械汽配行业规上工业企业中年度亩均综合评价A类企业有2家，分别为浙江迪特高强度螺栓有限公司、浙江方舟工程机械设备有限公司。

【电子电器行业】2020年，洞头区电子电器行业规上企业实现总产值2.1亿元，同比下降21.4%。洞头传感器企业首次以组团形式参加上海国内大型专业展览。洞头区电器商会和洞头区职教中心签约“产教融合、协同育人”，开启学校、行业组织、企业三位一体合作模式。电子电器行业规上工业企业中年度亩均综合评价A类企业有1家，为浙江永宏电气股份有限公司。

【医药化工行业】2020年，洞头区医药化工行业规上企业实现总产值34.9亿元，同比下降3.6%。浙江诚意药业有限公司被列入温州市领军型工业企业培优名单。其总投资约6.67亿元，含量为99%的“高纯度鱼油EPA生产线”成功签约。医药化工行业规上工业企业中年度亩均综合评价A类企业有3家，分别为浙江诚意药业股份有限公司、温州中石油燃料沥青有限责任公司、温州金源新材料科技有限公司。

【水产品加工行业】2020年，洞头区水产品加工行业规上企业实现总产值0.45亿元，同比增长16%。温州佳海食品有限公司认定为浙江省“隐形冠军”培育企业。温州鸿海水产有限公司实施规模为水产品加工能力10000吨，冷库库容5000吨的水产品加工及冷库项目，总投资约2300万元。霓屿紫菜现代产业园项目总用地面积123031.2平方米，总建筑面积235787.14平方米。建成一、二标段主体工程，完成内部交通道路、雨污管网铺设、供电管网铺设等工程。截至年底，工业、商业地块完成投资约8.01亿元。

【建材行业】2020年，洞头区建材业规上企业实现总产值4.6亿元，同比下降11%。温州交通城建工业化生产基地被评为2020年度温州市“红色工地”建设优秀项目。建材行业规上工业企业中年度亩均综合评价A类企业有2家，分别为温州市洞头昌荣花岗岩制造厂、浙江宏泰混凝土有限公司。

【临港工业】2020年，洞头区临港工业产值27.34亿元，同比下降8.7%，占总产值53.4%。大小门临港石化产业区认定为浙江省化工园区合格园区。编制《温州市洞头区临港产业发展规划》。状元岙港区新开辟至印尼、俄罗斯集装箱航线，集装箱吞吐量突破40万标箱，增长58%。

2020年洞头区规上工业主要行业产值情况一览表

表19

行业	产值（万元）	同比增长（%）	占总产值的（%）
五大行业小计	405138	-17.97	76.79
其中：机械汽配	60286	23.64	11.43
电子电器工业	27113	3.21	5.14
医药化工	254865	-29.58	48.31
水产品加工	4485	15.98	0.85
建材工业	58389	9.97	11.07
总产值中：临港工业	179315	-23.12	33.99

（区统计局提供）

新兴产业

【概况】2020年，洞头区开发利用海洋空间，推进海上风电项目建设，发展海洋工程装备等高端制造业。建成大健康研究院，推进诚意药业年产1000吨超级鱼油项目。积极培育工业互联网、工业设计、文化创意、检验检测认证等生产性服务业企业，集聚发展总部经济。实施数字经济“一号工程”，推进大门冷能数据中心建设，实现全区5G网络基本覆盖，数字经济核心产业增加值增速达到10%以上。全区新材料产业产值7.03亿元，在库规上企业4家。

【数字经济】2020年，洞头区数字经济核心产业增加值同比增长13.5%，数字经济核心产业制造业增加值增长10.6%。新增上云企业106家，完成率117.8%，工业软件APP12个，完成率109%；5G通信基站新建46个，新建铁塔基站12个，改造铁塔基站12个，合计完成70个，完成率109.4%；电信业务量实现11.3亿元，增长29.2%；全年数字经济综合评价指数得分77.3，列全省第四十三位，位次提升32位。

【诚意药业年产1000吨超级鱼油项目签约】2020年12月10日，诚意药业与北京创新通恒科技有限公司在诚意药业上海总部签约“年产100吨高纯度鱼油EPA（原料药）生产线建设项目”。该项目是国内首个以治疗心血管疾病的海洋医药产品——“高纯度鱼油”项目。创新通恒是国内最早涉及利用超级色谱技术提纯生产高纯度鱼油EPA最大的研究、制造企业，具有较强的从基础原料、关键制造设备、GMP管理等一系列质量优势。EPA可协助清除附着于血管壁上的胆固醇与硬化斑，降低血液中胆固醇水平，有助于保持血液畅通流动，抑制不正常血液凝集、预防血栓产生，阻止中风或心肌梗塞的发生。

【洞头4家企业入选市战略性新兴产业重大项目】2020年3月18日，温州市发展和改革委员会公布温州市2020年战略性新兴产业重大项目计划名单，洞头区4个项目榜上有名。分别为高分子材料及氢能综合利用项目，温州交通城建工业化生产基地，温州液化天然气（LNG）项目，温州华港液化天然气（LNG）储运调峰中心项目。项目总用地约2222亩，占全市的12.8%，总投资253.85亿元，占全市19.6%，总投资居全市第一。

（何晓玲）

工业园区管理

【概况】2020年，洞头区有小微园3个。其中，洞头区电子电器科技园位于南塘工业区B-07b地块，占地面积51.15亩，总建筑面积5.75万平方米，入驻企业40家；洞头区机械汽配产业园位于洞头区南塘工业区，以机械汽配、机电及配套行业为主，用地面积90.28亩，建筑面积7.39万平方米，入驻企业28家；霓屿紫菜现代产业园作为浙江省市县长“152”工程项目和市首个省级农业综合开发现代园，涉及霓屿全岛陆上面积约11.5平方千米，辐射霓屿岛北侧1.5千米范围内约3万亩浅海滩涂及海域，计划投资15亿元，截至年底，完成一、二标段厂房和配套建设。全年小微园区工业产值约2.3亿元，创税约916万元。

【小微企业园规范化创建和整改提升专项行动】2020年5月上旬至12月，为贯彻落实市委、市政府关于小微企业园高质量发展的工作部署，进一步提升小微企业园管理水平和发展质量，区政府印发《关于开展小微企业园规范化创建和整改提升专项行动的通知》，创建标准及整改内容包含建立园区“三位一体”管理机制，违规入园企业统一整治提升，完善企业入园标准、加强入园合同管理，开展园区企业综合评价，规范园区厂房转租转让行为，违规转租转让行为整治，进一步优化园区公共配套，建立小微企业园区数据动态监测管理制度，营造良好营商环境等。分为动员部署、对照整改、总结提高三个阶段。成立工作组，下设办公室（设在区经信局）和4个工作小组。目标实现企业集聚、产业集群、要素集约、技术集成、服务集中，规范管理小微企业园建设，争创省市示范性小微企业园。实施新企业入驻登记备案审查37件，规范园区厂房租赁登记6万平方米，完成老旧工业区厂房整片搬迁20家。

【海洋经济产业园再提质再增效专项行动】2020年5月14日，根据《进一步提升小微企业园建设管理服务水平十条刚性措施（试行）》（温政办〔2020〕36号）等文件精神，进一步优化配置海洋经济产业园资源要素，切实推进洞头海洋经济产业高质量发展，洞头区开展海洋经济产业园再提质再增效专项行动，范围以海洋经济产业园为主，包括杨文片区、南塘片区和城南片区。实施小微园规范化创建、开展低效用地和低效企业双整治、完善招商引资和企业培育政策、优化园区管理和公共配套等四方面14项举措。分为调查摸底、全面推进、总结提高等三个阶段。目标争取完成小微园规范化创建2个，整治低效用地200亩以上，盘活空置厂房95%以上，完成优质企业招商10家以上，完成“小升规”8家，新增“专精特新”入库企业培育10家，完成技术改造项目立项10个，园区产值同比提升20%，园区亩均税收由8万元/亩提升至10万元/亩，园区产出效益显著提升，园区管理服务实现一体化。时间自2020年6月15日起实行，有效期至2021年12月31日。

【园区企业亩均效益】截至2020年12月，杨文和南塘工业区实体经营工业企业（包括个体户，下同）有187家，从产值上看，规上企业仅19家，年产值低于500万元企业108家，占园区企业总量58%；从税收上看，园内年税收小于10万元企业有107家，占57%；年税收贡献为0及以下企业有37家，占20%；从亩均税收上看，全年园区亩均税收8.6万元/亩，有98家企业亩均税收低于5万元，占52%。

信息化建设

【概况】2020年，洞头区数字经济发展综合评价指数为77.3，列全省第四十三位，位次提升32位；信息化发展指数为102.4，全省排名26，较上年上升52个名次；两化融合指数68.99。新产品产值增速13.9%，超全市平均值。全年新增上云企业106家，累计593家。平台样板公司仕博在“洞头企业云管家”平台上线，并新增2家上线企业。招引惺畅和易贝两家软件和信息服务业公司。诚意药业医药健康产业园（一期）建成投用，为温州市唯一入选省制造业高质量发展大会展示的制造业重点项目。全年新建5G通信基站46个，新建铁塔基站12个，改造铁塔基站12个，合计完成70个。全区建有（不包括灵昆街道）5G通信基站101个，实现主城区基本全覆盖和其他街道有覆盖点。

洞头区实施视频一张网建设，上线公安专网汇聚平台、预警管控平台、全科网格排查平台等系统。全年新增前端监控222个、视频结构化150路、人脸抓拍点位100个、卡口抓拍点位30个。半屏电岛旅游交通一体化建设工程建成。

【建成首个企业云平台】2020年6月，基于云端的企业运营管理解决方案，又称“洞头企业云管家”平台，由华中科技大学温州先进制造技术研究院下属顶智智能技术团队建设并上线，免费供洞头企业使用。该平台在以生产管理为核心功能的基础上，把销售、采购、仓储、生产、设备、人事等企业运营管理的全要素进行全周期的产品整合，平板样板公司仕博已经实现上线，新增上线企业2家。

（张文雅）

【智慧城市运营项目完成】2020年，洞头区实施数字小脑、视频一张网、智慧应急一张图综合指挥与协同管理云平台、医共体健康信息平台、老年食堂智慧管理系统服务、智慧文旅、温商服务全球通等七大项目，建设资金2650余万元。其中，通过数据小脑项目建设，实现数据中央管控、数据目录交换、数据资源查询、数据服务应用等功能，汇聚形成城市管理数据仓，汇集各部门数据180万余条。上线“智慧应急一张图”综合指挥与协同管理云平台，形成二三维时空信息、安全风险源、物联感知等八大数据库，提供风险态势分析、风险信息一张图、安全风险源管控、救灾资源监管等分析功能。开发危化企业风险分析预判、堤岸防台防潮预警、防汛防台形势图修编等子系统。通过医共体健康信息平台，开通医后付、电子票据、预约转诊等各项便民服务功能。老年食堂智慧管理系统投用，区养老服务中心及6家民办养老中心统一纳入在线监管。实施智慧文旅项目，建设文旅体数据仓，升级产业监测、行业监管平台，形成洞头文旅体统一管理平台。提升景区场馆客流、车流、住宿分析能力，提供文旅资讯、VR冲浪体验等各项功能。

【数据共享应用】2020年，首个数据应用“洞头天气预警”上线，实现天气预警信息自动分发提醒，数据跨部门共享。“渔小二”自助办证系统建设项目入选省观星台优秀应用，“云上洞头”APP获2020年温州市开放数据应用创新大赛优秀奖。

【智慧城市运行机制】2020年，洞头区智慧城市指挥中心在疫情防控、防汛防台、旅游假日期间发挥重要作用，充分利用“大数据+网格化”“精密智控+硬核隔离”等手段，为疫情防控提供有力保障。全年发布智慧城市巡查抄告单23期，督促部门整改各类问题95个。旅游假日期间，向区领导及旅游、交警等有关部门定时推送旅游、交通数据分析信息。继续加强政府投资信息化项目管理工作，提升信息化统筹力度和财政资金使用效益。全年收到部门各类信息化项目审核申请27个，合计资金2336余万元，节省财政资金245余万元。

（苏海鑫）

【智慧政务服务】2020年，区政务服务中心推进政务服务数字化，创新“信用办”，全市首推“信易批”改革，率先在投资建设、商事登记、减证便民三大领域开展信用审批，公布全省首个“信易批”事项清单共计490个事项；推进“刷脸办”，公布全市首批“刷脸办”事项，100个高频事项实现刷脸取号，刷脸办事；深化“就近办”，建成10个标准型基层服务中心（站），形成15分钟办事圈；打通“全域办”，实现17个部门、100个事项从“属地可办”向“异地能办”转变；开通“数据办”，建立全省首家政务数据银行，实现少材料甚至零材料办事；推广“跨国办”，建成“全球通”站点，开通10个海外联络点，打通为侨服务最后一公里；推出5G基站建设审批等“一件事”集成服务，材料压缩至4份，环节精简至1个。

（苏姗姗）

【中国电信洞头分公司】2020年，中国电信温州市洞头分公司设综合部、市场部、网络部、政企部等4个部室和城关支局、北岙支局、大门支局、霓屿支局、灵昆支局等5个支局。现有在岗职工122人。设有营业厅6个、营业服务网点4个。截至年底，全区拥有固定电话10174户，移动手机用户30372户、宽带用户20082户。全年业务收入4335万元。投资管线建设220.82万元，建设瓯江口管道4个、状元南片管道1个和霓北局、灵昆局主干中继光缆工程1个。无线网络建设室外5G基站19个。全区共有在网基站350个，其中LTE258个，室外5G基站34个，室分58个。完成霓北、大门和鹿西OLTC220设备退网以及C300替换。建设MSOTN传输网，大门、灵昆和鹿西IPRAN设备BBU，整改灵昆支局的同路由线路。更换元觉状元岙、郎等、东郊、隔头、大门大荆、观音礁等基站蓄电池。

（洪 军）

【中国移动洞头分公司】2020年，中国移动洞头分公司设有综合部、市场部、网络部政企部四个部门和北岙、外岛两个区域，下辖新城、北岙、东屏、霓屿、大门、鹿西6家营业厅以及移动代销点37家，公司现有在职员工58人。全年实现年运营收入超9000万元。通话客户超10.18万户，移动通信客户区域份额超92%；移动宽带用户2.99万户，宽带市场份额逐年提升。洞头移动公司党支部获评浙江移动先进基层党组织、洞头移动分工会获评中国移动模范红旗职工小家。

全年投入通信工程建设总额超1.5亿元，建设开通5G基站157个，开通4G逻辑站点108个，主城区5G覆盖率92.6%，4G物理站点超过300个，逻辑基站数量753个（宏站、基站、室内分布），4G网络覆盖率超99%，无线网络质量全地区领先，实现家宽覆盖地址数超7.2万户，家宽光纤覆盖率超99%。全年有线建设投资6000万元，完成机房购置及改扩建、土建节点10个，骨干及节点机房总量21个，城域网出口带宽160G，累计建成光交接箱249个，管道426孔千米，光缆总长2610千米，完成SPN传输平面和CMNET设备核心机房建设，落地CDN设备，建成1588以太时钟系统；实现大竹峙岛、青山岛网络覆盖，助力滨海旅游开发，完成鹿西卫生院5G远程云诊疗项目及鹿西鸟岛5GVR项目。疫情期间率先开展装维保障，线上处理及现场保障相结合，助力“停课不停学”网课直播及企业复工复产，发送疫情防控宣传信息175万余条，覆盖全区10余万名群众。

（卢宣任）

【中国联通洞头分公司】2020年，中国联合网络通信有限公司洞头区分公司现由市场、建设、综合等部门组成。全年新开通5G基站35个及4G室分站点7个，总投资近1350万元；完成洞头全区域（含瓯江口新区）内传输主干管线及城域网建设共计150余万元；推出千兆宽带试点小区，家庭宽带下行速率200M。全年主营业务同比增长72%、通服业务增长19%、ICT

业务增长145%。创新项目涉及公安、教育、交通、民政、大数据及国企等行业，项目内容涉及智慧党建、舆情、多媒体教学、热成像、梯联网、云服务及美丽乡村等。签订教育局热成像业务、多媒体教室及精准教学项目，新增公安智慧党建及民政智慧党建业务，成功拓展交通部门车船联运项目，帮助霓屿街道打造“云上下社”治理平台，平台内容包括垃圾分类、党建、便能服务、独居老人安全等。中标智慧民政老年食堂项目。

（林泊舍）

供电行业

【概况】2020年，洞头区全社会用电量达4.161亿千瓦时，同比增长11.77%，较温州市平均水平（1.90%）高9.87%。工业用电量为1.6569亿千瓦时，增长14.04%，增幅位居全市第二，较温州市平均水平（-1.59%）高15.63%。全年累计完成固定资产投资7552万元，全口径供电可靠率99.9754%，上升0.0538%。线损率为3.45%，下降0.05%，实现全年安全生产无事故。

开展“服务全面建成小康社会营商环境优化年行动”，高效保障荣和建材、霓屿紫菜园、青山岛海上公园、南洋国际酒店、浙能LNG等项目用电需求。国网洞头供电公司海霞电力女子服务队（海霞电力排）实行实体化运行，建成海霞电校。选拔12名女职工参加洞头先锋女子民兵连建连60周年军事科目演练和电力应急技能展示并接受时任省委书记车俊、省军区司令员冯文平检阅。国网洞头供电公司通过全国文明单位复评。获浙江省AA级“守合同重信用企业”、浙江省企业文化建设示范单位等称号。海霞电力女子服务队获“最美洞头人”称号。国家电网浙江电力（洞头海霞）红船共产党员服务队获评国网浙江省电力有限公司2019—2020年度优秀红船党员服务队称号。大门供电所、海霞供电所分别获评2018年度及2019年度“温州市满意基层站所”，鹿西供电服务站连续19年获评区级满意基层站所。连续五年获区直单位年度绩效考核“优秀单位”称号。

【电力供应】2020年，从产业分类来看，渔业工业高速增长，旅游、餐饮业持续发力。第一产业用电量182.5061万千瓦时，同比上升23.9%，占全社会用电比重0.44%，上升0.04%。其中渔业累计完成用电156.7265万千瓦时，上升20.94%。第二产业用电量18371.9422万千瓦时，上升12.98%，占全社会用电比重44.15%，上升0.47%。第三产业用电量10579.1668万千瓦时，增长11.54%，占全社会用电比重25.48%，下降0.05%。城乡居民生活用电量12476.8118万千瓦时，增长10.07%，占全社会用电比重为29.98%，下降0.46%。三类产业和居民生活用电对全社会用电增长的贡献率分别为0.8%、48.17%、24.99%和26.04%，总体变化符合洞头经济发展形势。

【电网基础建设】2020年，区政府与国网温州供电公司签署“十四五”战略合作框架协议。区供电公司打造“多元融合高弹性电网”和“不怕台风的电网”，编制《洞头电网三年攻坚行动》，220千伏常青变与其35千伏出线工程、35千伏大门变2号主变增容工程完成，推进110千伏深水变加速建设和35千伏霓屿变前期工作。省内率先实现配电自动化覆盖率100%，全省首座全岛屿配网架空线路“合闸速断+时间级差”型馈线自动化项目投运。

【电力服务改革】2020年，区供电公司率全市之先实现供电营业厅“刷脸”办电“零证办”、高压业务“一证通办”全覆盖，高压接电平均流程压降至24.56个工作日，低压接电压降至2.19个工作日，接电时长分别同比压降28.3%和29.22%。

【220千伏大门输变电工程完工】2020年10月15日，220千伏大门输变电工程完成建设，该工程属浙江省重点工程，是洞头区首个220千伏输变电工程，于2018年10月23日正式开工建设。工程项目站址位于小门岛外垟青西北侧，占地约8000平方米，本期主变2台，总容量为33万千伏安；线路由乐清220千伏象阳变送出，架空和电缆线路分别为8.8千米和6.3千米，总造价近4亿元，由温州电力建设有限公司负责建设。

【供电服务】2020年，区供电公司疫情防控期间实施电网调度等关键岗位3个月全隔离，加强重要用户用电保障，确保医疗机构、隔离点及相关生产企业可靠供电。助力企业复工复产，推出惠民助企举措16项，对除高耗能行业外工商业用户提供九五折优惠，各类举措共惠及用户7858户，减免电费298.82万元。完成110千伏高压电缆迁改、世界青年科学家大会、洞头先锋女子民兵连建连60周年、春节国庆中秋等重要节假日及活动期间的保供电任务。台风“黑格比”累计投入2356人次，历经50个小时昼夜奋战，完成受灾用户恢复供电和电力设施灾后抢修。提高配网全业务不停电作业率，停电时户数同比下降60.78%，供电可靠率提升至99.9754%，排名全市第一。

（张方东）

2019—2020年洞头区行业用电分类情况一览表

表20

项目类别	本年累计用电量（万千瓦时）	上年累计用电量（万千瓦时）	同比增长（%）	占比（%）
全社会用电总计	41610.4269	37228.5889	11.77	100
A.全行业用电合计	29133.6151	25892.9915	12.52	70.02
第一产业	182.5061	147.2991	23.90	0.44
第二产业	18371.9422	16261.4183	12.98	44.15
第三产业	10579.1668	9484.2741	11.54	25.42
B.城乡居民生活用电合计	12476.8118	11335.5974	10.07	29.98
城镇居民	6675.1841	6151.2346	8.52	16.04
乡村居民	5801.6277	5184.3628	11.91	13.94

（区供电公司提供）

供水行业

【概况】2020年，温州市洞头水务发展公司供水服务基本覆盖洞头全区域，服务人口约10万人。除离岛乡镇（大门镇、鹿西乡）外，水源主要来自温州状元水厂成品水，进水单价为1.8元/立方米。完成洞头区市政管网提升工程（供水设施提升工程）一标段和洞头区破堤通海项目给水管迁改工程。洞头区市政管网提升工程（供水保障工程）、精灵海岸市政给水管网改造工程、城南污水处理厂应急池改造项目、新城一期三级管网修复工程、埭口河上游污水整治工程完工。协助大门镇政府、鹿西乡政府开展抗旱调水工作，不定期检测其水司出厂水水质。全面加快推进供水一体化工作进度。

【供水安全稳定】2020年，洞头区总供水量718.8万吨，日供水约1.9万立方米，营业收入2678.92万元。通过加强供水泵站巡查力度，严把出厂水与管网水水质，增加各泵站水质检测频率；出厂水九项综合合格率100%，管网水七项合格率100%。配合物业小区，加强二次供水水质检测，完成“一户一表”安装790户。

【污水生产运行】2020年，洞头水务发展公司根据实际运行情况优化污水处理运行工艺，提升水量和确保出水达标。全年污水处理总运行天数366天，污水处理量175.95万吨，运行负荷率60.09%，COD削减量211.64吨，合格率100%，氨氮削减量52.17吨，合格率100%。完成年度省下达洞头区减排指标。

（林思茹）

【洞头区市政管网提升工程（供水设施提升工程）一标段完工】2020年9月30日，洞头区市政管网提升工程（供水设施提升工程）一标段完工。该工程于2018年3月20日开工，包括北岙街道埭口至后垅给水管更换、浅门段给水管加固、给水管道防腐、大门岙底及杨梅田水厂构筑物与净水设备修复等配套工程的施工。工程责任单位为洞头区综合行政执法局，出资方为洞头水利发展有限公司，施工单位为温州鸿业市政园林工程有限公司，设计单位为洞头县规划建筑设计院。

【洞头区市政管网提升工程（供水保障工程）完工】2020年6月23日，洞头区市政管网提升工程（供水保障工程）通过竣工验收。该项目主要建设内容为王山头泵站、花岗村、长坑村、鹿坑村及东郊村给水管网4087米、路面修复和王山头泵站扩容建设、深水港管道流量控制（远程控制系统）及附属工程。工程于2020年3月9日开工建设，5月29日完工。投入资金886.86万元。建设责任是区综合行政执法局，设计单位是浙江西城工程设计有限公司，施工单位是温州市阳关建设有限公司，监理单位是浙江首信工程项目管理有限公司。

【灵霓大堤破堤通海项目（给水管迁改工程）工程完工】2020年11月17日，灵霓大堤破堤通海项目（给水管迁改工程）工程完工。该工程为灵霓大堤破堤通海项目工程的附属项目，建设内容包括原管道接水、新管道建设等配水工程。2020年6月17日开工，建设单位是洞头水务发展有限公司、洞头交通发展有限公司，设计单位是温州设计集团有限公司，施工单位是温州市公用工程有限公司，监理单位是温州市卓运建设工程监理有限公司。

【精灵海岸市政给水管网改造工程通过验收】2020年11月23日，精灵海岸市政给水管网改造工程通过竣工验收。该工程位于洞头区霓屿街道石子岙，项目建设内容包括原管道拆接、新管道建设等配套工程。工程于2020年4月10日开工，7月10日完工。建设单位是洞头水务发展有限公司，设计单位是洞头县规划建筑设计院，施工单位是温州永宏建设工程有限公司，监理单位是浙江万基工程管理有限公司。

（施　骞）

【布袋岙片区污水处理厂一期工程竣工】2020年3月1日，布袋岙片区污水处理厂一期工程开工建设。工程建设规模为污水处理能力为2500立方米/吨，其中一期工程规模为800立方米/吨，二期工程规模为1700立方米/吨；项目建设主要内容为污水处理工艺工程、建筑结构工程、电气与自控仪表工程、通风工程、给排水及消防工程、厂区围墙、道路、大门及绿化等。12月，一期工程完成设备调试并竣工验收。该项目合同为固定单价合同，工程概算2926.35万元。工程由温州市洞头城市发展有限公司实施建设、浙江西城工程设计有限公司设计、淮安同方截源控污工程有限公司承包施工、温州华厦建设监理有限公司监理。

（苏　胜）

大门海洋经济示范区

【概况】2012年3月，大门海洋经济示范区挂牌成立，功能定位为浙江海洋经济发展示范区先行区、温州对台经贸合作试验区。2015年4月，根据省、市关于瓯江口产业集聚区体制调整的意见，成立瓯江口产业集聚区洞头大门岛分区管理委员会，实行“一套人员、三块牌子”运作模式。管理上实行示范区、大小门岛投资开发有限公司、大门镇“三位一体”模式。2020年6月，大门管委会实行独立运作模式。

大小门岛是连接长三角经济区与海西经济区重要节点，东南距洞头区北岙镇15.5千米，南隔大门水道距元觉街道状元岙港区7.5千米，西临乐清黄华9.5千米、洞头灵昆岛11.2千米，北向隔海距玉环楚门6.2千米。大小门岛岸线资源丰富，岸线总长59.13千米，其中深水岸线16.1千米，大门岛岸线长约42.18千米、小门岛岸线长约16.95千米；大小门岛拥有丰富的浅海滩涂资源，10米等深线以内浅海面积约1.77万公顷，其中潮间带滩涂面积约0.68万公顷；大小门岛拥有丰富的花岗岩资源，享有“花岗岩之乡”盛誉。大小门岛港区是温州港三大核心港区之一，为温州唯一可以建设20万吨级以上泊位港区。共布置各类生产性泊位38个，其中10万吨级以上泊位5个（大型LNG泊位2个，通用散货泊位3个），5万吨级19个。大小门岛功能定位为温州临港工业岛和港口物流岛，主要发展石化产业、港口物流业、现代服务业以及其他配套产业。

2020年，示范区在建工业投资项目6个，其中百亿元项目1个，10亿元项目1个，亿元以上项目4个。全年完成固投10.84亿元；完成招商引资到位资金7.28亿元，同比增长70.2%。完成“亩均效益”综合评价17家，“专精特新”企业培育工作5家。新招引总部经济认定企业40家，完成税收入库597万元，形成地方贡献280余万元。开程沥青混凝土搅拌站项目LPG施工基本完成；华顺燃料油罐区建成，办公楼基本结顶；优瑞欣项目开展桩基施工；力强科技项目桩基施工完成，推进厂房建设；浙能LNG项目场平工程罐体基础施工推进；温州市综合材料生态处置中心1万吨/年医废改扩建项目开工建设。大门大桥至沙岙隧道段被列入324省道规划；美岙至沙岙隧道全线贯通；沙岙码头开工建设；小门环岛路面浇筑；推进岙底至沙岙隧道建设。陆域引水工程完成大桥段管道安装与加压泵站主体工程施工，配水管网工程建设完工。220千伏大门输变电工程全线建成投用。小门石化起步区市政工程启动，黄岙做地项目提前完工。

【机构调整】2020年6月，根据《温州瓯江口产业集聚区洞头大门岛分区管理委员会（温州市洞头区大门海洋经济示范区管理委员会）职能配置、内设机构和人员编制规定》通知和区委一届第八十次常委会、大门管委会独立运行协调会精神，正式实行独立运作模式。明确温州瓯江口产业集聚区洞头大门岛分区管理委员会、温州市洞头区大门海洋经济示范区管理委员会为温州瓯江口产业集聚区管理委员会的园区机构和温州市洞头区人民政府派出机构，机构规格正科级，实行“一套人马、两块牌子”运作模式。并实行双重管理体制，以洞头区人民政府管理为主。

【中燃华电驰援武汉能源1400吨】2020年2月28日，大小门岛重点企业—浙江中燃华电小门岛石化基地为武汉能源物资供应船舶“松台山16号”输送1400吨能源，用于武汉火神山医院、雷神山医院及疫区群众供气。获人民网、温州晚报、看温州APP、洞头发布、洞头新闻等媒体刊播和点赞。

【力强新材料项目开工建设】2020年4月15日，年产4000吨精密电子装联用助焊剂、年产1500吨精密电子清洗剂及年产1500吨胶黏剂、三防漆建设的力强新材料项目开工建设。该项目位于小门岛石化产业基地B—02b3地块，总用地面积约1.7公顷，总建筑面积11700平方米，总投资10280万元，主要建设内容包括车间及辅助用房。建设责任单位是浙江力强科技有限公司，设计单位是温州市工业设计院，施工单位是浙江宏联建设有限公司，监理单位是浙江南正项目管理咨询有限公司。

【华顺燃料油项目在小门B地块开工建设】2020年4月28日，浙江华顺能源有限公司年产20万吨船用燃料油项目开工建设。该项目位于小门岛石化产业基地B—02b4地块，总用地面积约2.02公顷，总投资11660万元，建设责任单位是浙江华顺能源有限公司，设计单位是温州市工业设计院，施工单位是浙江宏联建设有限公司。

【长沙安置房一期工程（II标）开工建设】2020年6月24日，总投资4000万元的长沙安置房一期工程（II标）开工建设。该项目选址大门临港产业基地J6-19-1地块，总用地面积约0.67公顷，总建筑面积约1.24万平方米，共计95套。建设单位是温州大小门岛投资开发有限公司，设计单位是温州联大建筑设计有限公司，施工单位是宏信建设有限公司，监理单位是温州筑诚交通工程监理有限公司。

【小门综合供能服务站开工建设】2020年9月14日，小门综合供能服务站开工建设。该项目总投资8334万元，位于大门镇小门岛A—01C地块，用地面积0.46公顷，主要建设一座综合能源供应站。建设责任单位是温州大小门浙石油综合能源销售有限公司，设计单位是广东政和工程设计有限公司，施工单位是杭州海阔建筑工程有限公司，监理单位是浙江江南工程管理股份有限公司。

【浙江优瑞欣化学有限公司厂房建设工程开工建设】2020年10月8日，浙江优瑞欣化学有限公司厂房建设工程开工建设。该项目总投资7000万元，项目位于小门岛石化产业基地B—02b2地块，总用地面积1.36公顷，总建筑面积8000平方米，主要建设内容包括生产车间、辅助车间、水处理设施等。建设责任单位是浙江优瑞欣化学有限公司，设计单位是温州市工业设计院，施工单位是浙江宏联建设有限公司。

【大门配水管网工程开工建设】2020年10月13日，大门配水管网工程开工建设。该项目位于大门岛内，总投资3400万元，新建供水管道全长4.17千米，其中陆上供水管道3.37千米，海底管道0.8千米，项目工期14个月。建设责任单位是温州市洞头水利发展有限公司，设计单位是浙江中水工程技术有限公司，施工单位是浙江海洋工程有限公司，监理单位是中心凯瑞工程咨询有限公司。

【温州市综合材料生态处置中心项目开工建设】2020年10月26日，温州市综合材料生态处置中心1万吨/年医废改扩建项目开工建设。该项目总投资9880万元，项目建设用地4243.1平方米，其中道路占地面积850平方米，主要建设1陶30吨/日医废焚烧线，1座综合车间，1座消防泵房及水池，1套除臭系统和生产废水处理设施等。年处理医疗废物1万吨，焚烧总处置规模达3万吨/年。建设责任单位是温州市环境发展有限公司，设计单位是中国市政工程华北设计研究总院有限公司，施工单位是温州建设集团有限公司，监理单位是上海宝钢工程咨询有限公司。

【沙岙综合码头及接线工程开工建设】2020年10月28日，作为大门连接鹿西的主要交通码头总投资9854万元的沙岙综合码头及接线工程开工建设。该项目主要包括1个500吨级滚装泊位、2个300吨级客运泊位、防坡堤及后方陆域配套设施、沙岙码头至沙岙村连接线等。建设责任单位是浙江京瓯建设管理有限公司，设计单位是温州市交通规划设计研究院，施工单位是北京建工路桥集团有限公司，监理单位是温州筑诚交通工程监理有限公司。

【大门旅游停车场建设工程开工建设】2020年11月13日，大门旅游停车场建设工程开工建设。该项目总投资1961万元，项目主要包括岙底至游步道连接线公路、龟岩游步道和光明水库周边旅游基础配套等附属设施建设。建设责任单位是温州市洞头旅游文化发展有限公司，设计单位是浙江城建规划设计院有限公司，施工单位是温州霸耀建筑工程有限公司，监理单位是浙江广厦工程建设监理有限公司。

【大小门临港石化产业区获评浙江省化工园区（集聚区）合格园区】2020年12月25日，浙江省经济和信息化厅、浙江省生态环境厅、浙江省应急管理厅公布化工园区评价认定结果，合格园区49家，大小门临港石化产业区榜上有名，全市仅两个。该园区位于大门镇小门岛，总规划面积约329.47万平方米，由A、B、C3个区组成，西起220千伏变电站地块外围，北以小门北侧顺堤为界，南临环岛路至大门水道，东至中石化LNG项目东侧海岸线。园区以石化产业为主导产业，共有9家企业进驻。

（陈一凡）

交　通

一港网箱大养殖·陈钦煅

“海霞精神”

爱岛尚武　励志奉献

交　通

概述

【概况】2020年，洞头区完成交通设施建设投资13.16亿元，同比增长31.6%；交通重点项目投资2.05亿元，占年度计划的125%。完成公路货运周转量34699.59万吨公里，增长30.23%；完成水路货物周转量259亿吨公里，增长16.52%；完成港口货物吞吐量累计完成998.36万吨，增长29.16%；集装箱吞吐量完成41.14万标箱，增长57.85%。

洞头区建成半屏慢道，推进沙岙隧道、破堤通海等项目，建成投用美沙隧道，实现大门公路全环岛。开辟状元岙港区至印尼、俄罗斯集装箱航线，外贸航线增至7条。港口物流园区集卡停保场投用，推进状元岙二期回填工程、进港深水航道整治等项目。谋划推进浙南水运中心、国际邮轮港配套设施建设。新增海运企业1家，新增运力13万吨，单船吨位提升16%，总运力近80万吨。实施330国道灵昆段大中修工程、大门马观线局部改造提升工程，完成主干公路绿化彩化和环岛公路“白改黑”项目，新建和改造提升农村公路20.8千米，创建美丽经济交通走廊17.3千米，建成公路观景休息点6个。健全完善桥隧安全管养机制，推行预防性养护。鹿西道路客运实现国有化、全电岛运营，调整优化城乡客运班次和线网。更新新能源公交车11辆、出租车14辆。改造提升城关车站，新建港湾站7个，智能站点10个，水陆公交智能调度系统上线投用，四大渡口改造提升。组织道路运输行业公交车22辆、巡游出租车16辆、教练车6辆及城乡巴士3辆参加“爱心送考 情暖仲夏”公益活动。

（杨瑶）

【综合交通大格局规划】2020年，洞头区谋划综合交通“十四五”规划及对外大通道规划布局，出台实施交通建设三年行动计划。深化对外通道，做好对外交通体系和码头建设课题研究，推进S211霓屿至北岙段及瓯江口至霓屿段、S1洞头延伸线、温州绕城北高速东延线、苔岙隧道等项目前期，启动浙南水运中心、灵霓海堤改造、岙底隧道至大门隧道连接线工程及交通旅游集散中心。

【洞头区出台《综合交通建设三年行动计划（2020—2022）》】2020年10月15日，为进一步强化新时期洞头区社会经济发展的交通支撑，完善全区交通基础设施网络，提高交通服务水平全面服务保障海上花园建设，根据市委《关于全面提升中心城区首位度 加快建设区域中心城市的决定》和区委、区政府“拉大框架、拉近距离；港城联动、产业聚合；疏通堵点、保障畅通；水陆一体、交旅融合”部署要求，构建现代综合交通体系，制定出台综合交通建设三年行动计划，主要任务是聚焦干线能级提升，提速对外大通道规划建设；聚焦区内路网优化，打造美丽经济交通走廊；聚焦港产港城联动，提升港口集群发展动能；聚焦海上客运枢纽，打造浙南水运中心；聚焦城乡公交一体化，提升公交服务品质；聚焦数字交通建设，提升行业治理能力。谋划项目53个，其中续建项目13个，新建项目24个，前期项目16个，三年计划完成投资额50.4亿元，其中本级投资14.56亿元，社会投资35.8亿元。

（邱艳萍）

【交通运输疫情防控】2020年，温州市洞头区交通运输管理局为做好新型冠状病毒感染的肺炎疫情交通运输防控，1月23日起，设置330国道洞头霓屿通道中心出入口、大门大桥出入口、元觉渡口、大小门码头、鹿西昌鱼礁码头等交通重点卡口，部署应急运力11辆，科学调整公共交通客运班次班线，织密疫情防控安全网，严格落实扫码、测温、车辆船舶消杀等防疫措施，开展净海行动，累计开展港口、岙口、码头等各类巡查395次。复工复产期间成立工作专班，完成全区交通行业企业复工审查备案49家，指导企业通过申请白名单返洞职工120人，接回企业职工180人，物流企业快速恢复运营，运输能力基本达上年同期水平。

（苏剑培）

【首条乡村社区巴士线路试运行】2020年7月28日，洞头区首条乡村社区巴士线路在霓屿街道开通试运行。霓屿街道社区巴士采用以预约定制为主的"定点定线"运行模式，以布袋岙公交停车场作为首末站，经停霓屿幼儿园、霓屿社区卫生院和霓屿中心义校，首班时间为7：30，末班时间为17：00。票价实行2元一票制，可采取刷卡、投币或支付宝支付等方式。

公路

【概况】截至2020年年底，洞头区有公路56条，总里程240.528千米。其中，高速公路1条，里程2.626千米；普通国道1条，里程42.284千米；农村公路54条，里程195.619千米。公路网密度为192.42千米/百平方千米。全区所有街道（乡镇）及行政村实现通准四级以上等级公路。330国道洞头段年平均日交通量为1.1243万辆，拥挤密度为0.37；330国道灵昆段年平均日交通量为2.0536万辆，拥挤密度为0.68。

【公路养护】2020年，温州市洞头区公路与运输管理中心完成G330洞头灵昆坝头至机场路段养护大中修工程、S332洞头三盘大桥至白迭段公路养护大中修工程和洞头区环岛公路西线路面大中修工程，总投入约3100万元。选取花期交错的苗木品种，完成实施2020年洞头区主干公路绿化彩化工程。全年修复沥青路面3000平方米，完成路面坑洞修复800余处，修复护栏1000余米。完成桥隧定期检查、桥梁防眩板修复和隧道提质升级及桥梁限高设置工作。实现全区主干公路、通景公路精细化管养。

（郑 浩）

【公路沿线"三化"整治】2020年，区交通运输局完成公路边"三化"省市点位共27个，其中省级点位3个，市级点位24个，自查自纠点位37个（包括第一季度市里对区里考核点位），累计完成省级3个、市级20个、自查自纠点位37个问题点位的整治。治污染点216处，清理路边非公路标志牌237块，清理违法堆放物2318平方米，共拆除占道经营点211处，整治景区沿线流动摊贩176处。结合"花园村庄""乡村振兴示范带"建设及小城镇环境综合整治等工作，重点整治提升五岛沿线、环岛沿线路段、环金线精品示范带。投入洞头区2021年主干公路绿化彩化项目，绿化提升改造G330、环岛公路、五岛公路等局部位置，投资额约300万元。

（黄晓曦）

【违法超限运输整治行动】2020年，区交通运输局通过日常巡查和错时稽查相结合，部门联合执法，定点、流动蹲守、分散设卡等组合方式打击超限超载运输行为。全年查处超限超载车辆166辆，包括"百吨王"车辆6辆，超限"100%"66辆，罚没款203.4166万元，移交交警部门处理41辆。

（曾学政）

【鹿西渔港港区道路工程交工】2020年6月23日，鹿西渔港港区道路工程通过交工验收。该工程参照三级公路标准设计，总投资约5600万元，于2017年10月正式开工，分主线和辅线，主线长约2115米（其中桥梁200米），辅线全长约70米。其标准路幅宽度为11米，滨海观光段宽度为12米，主要包括路基、路面、排水、桥梁、交通工程附属等内容。工程采用PPP项目模式，责任单位是原区工务局，设计单位是中交第三航务工程勘察设计院有限公司，由北京建工路桥工程建设有限责任公司和北京建工集团有限责任公司（联合体）承建。

【洞头区中心渔港港区道路（生态慢道）二期工程建成投用】2020年6月，洞头区中心渔港港区道路（生态慢道）二期工程建成投用。该为洞头区南片交通基础设施提升工程一个子项目，是全区第一个通过PPP方式确定的交通工程项目，总投资估算为10726.34万元，工期16个月，其中建安费7507.46万元，建设资金除上级补助资金外，其余由区财政采用PPP模式筹集，工程于2019年3月26日正式开工，2020年5月31日完工。项目位于洞头半屏山片区滨海环岛路，分屏海北路、屏海中路、屏海南路三条道路实施，设计总长约4200米，其中屏海北路约1085米、屏海中路约2235米、屏海南路约880米。项目主要建设内容为桥梁、路基、路面、雕塑小品、给排水、电力和通信管缆入地管沟建设、人行道改造提升、照明、标志标线、护栏等附属设施。项目由温州市洞头区交通运输局负责实施，浙江京瓯建设管理有限公司承建，温州市交通规划设计研究院、中国联合工程有限公司设计，北京建工路桥集团有限公司施工，温州筑诚交通工程监理有限公司监理。

【美岙至沙岙隧道及接线工程建成投用】2020年12月31日，美岙至沙岙隧道及接线工程建成投用，实现大门公路全环岛。该项目起点位于沙岙村（南山坪）与上南台之间的十五队北侧老路上，终点东寨楼村，路线全长2.943千米，其中道路长度1.527千米，隧道1.283千米，桥梁长0.133千米，主要建设内容包括道路、隧道、桥梁、涵洞、机电、公路设施及预埋管线、绿化及环境保护、排水等配套工程。项目采用两车道二级公路标准设计，道路设计速度为40千米/小时，路基宽度为11.5米，隧道净宽11米，净高5米，工程概算总投资16139.07万元，于2018年4月28日正式开工，2019年12月12日实现隧道贯通，2020年12月25日完工。工程主管部门是洞头区交通运输局，建设单位是浙江省基础建设投资集团股份有限公司，设计单位是温州市交通规划设计研究院，施工单位是杭州市交通工程集团有限公司，监理单位是河北华达公路工程咨询监理有限公司。

【沙岙综合交通码头及接线工程开工建设】2020年10月，沙岙综合交通码头及接线工程开工建设。新建综合交通码头一座，包括1个500总吨级滚装泊位和2个300总吨级客运泊位，设计年通过能力为客43.3万人次、车4.7万辆次，主要建设内容包括码头工程、陆域工程、公路工程等，总投资约0.9亿元。该项目为洞头区南片交通基础设施提升工程PPP项目中大门—鹿西快速通道工程子项目，责任单位是洞头区交通运输局，实施单位是区交通工程建设指挥部，建设业主单位是浙江京瓯项目管理公司，设计单位是温州市交通规划设计研究院，施工单位是北京建工路桥公司，承建单位是浙江林苑路桥工程有限公司，监理单位是河北华达公路工程咨询监理有限公司。

（黄婷婷）

道路运输管理

【概况】2020年，洞头区拥有城乡客运经营企业1家，新增公交企业1家（温州市洞头旅游文化发展有限公司，未正式营运）。全区共有公交客运线路28条，拥有客运车辆91辆2289座。跨区班线3条，洞头—温州（包含洞头至汽车南站、附一新医、龙湾机场、动车南站、温州茶山校区）、洞头—乐清、大门—温州，营运客车20辆627座；城区公交线路9条，营运公交车34辆，核载人数1744人；城乡公交线路16条，营运客车62辆1374座；包车9辆，其中省际包车6辆234座、县内包车3辆57座。全区拥有出租车经营企业3家，出租车114辆452座（其中本岛101辆，大门8辆，鹿西5辆），出租车从业人员677人。拥有驾驶员培训学校2家，教练车49辆。全区拥有汽车维修企业38家，其中二类机动车维修企业13家，三类专项维修企业8家，摩托车维修业户8家，汽车快修9家。全年完成公共交通客运量、公共交通客运周转量分别为513.15万人和6640万人千米；完成货运量376万吨，增长40.39%；货物周转量34700万吨千米，增长30.23%。春运期间投入客运车辆99辆2153座，其中跨区客运班线客车16辆492座，跨区公交12辆286座，本岛城区、城乡公交车53辆1020座，外岛片（大门、鹿西）短途班线客车19辆355座；巡游出租车114辆456座。受新冠肺炎病毒影响，与2019年农历同期相比，春运旅客运输量39.26万人次，客运周转量497.97万人次，下降3.16%和2.89%。

【城乡客运发展】2020年，洞头区完成鹿西岛道路客运国有化改革，打通全区公交全域化、国有化“最后一公里”。制定《洞头区城乡公交客运线路调整优化方案》，解决公交线网布局短板、部分公交线路效益低下、财政补亏快速增长等问题，节省成本开支80余万元。按照《关于印发洞头区水陆公共交通企业服务质量考核办法的通知》文件精神，组织开展安全生产、经营行为、服务质量和履行社会责任等方面落实情况检查，考核公交企业服务质量，定期通报考核结果，下发限时整改通知书。实施城关客运站改造提升工程，投资约80万元，完善旅客集散功能，改造提升候车环境，配套建设12个充电桩。区交通运输局联合区财政局制定并出台《关于印发〈洞头区2019—2020年度水陆公交运营亏损补助方案〉的通知》（洞交发〔2019〕33号），截至2020年年底，全年公交客运财政亏损补助预拨1700万元。

【鹿西岛城乡公交国有化运营正式投营】2020年4月21日，鹿西岛城乡公交国有化运营正式投营，实现鹿西民生和旅游均等化发展目标，全面推进洞头区公共交通事业发展。全电岛化投入450多万元购置12辆零排放、零污染纯电动公交车。纯电动公交车车身全部喷上“离岛慢城·花园鹿栖”的字样和

2020年4月21日，鹿西城乡公交国有化运营正式启动（区融媒体中心提供）

具有鹿西旅游元素景观图案。车辆视频监控、GPS定位、智能空调暖风系统等设施一应俱全，统一实行2元一票制，刷卡享受7.5折优惠，70周岁以上老人免费乘坐。开通昌鱼礁码头至鹿西乡政府、昌鱼礁码头至口筐、昌鱼礁码头至东臼3条城乡公交班线，1条旅游专线，其中城乡公交班线试运期间，首班时间6:50，末班时间17:20。鹿西岛城乡公交国有化运营，标志着鹿西公共交通与城区正式接轨，标志着洞头公交全域化、国有化。

（童汝慧）

【运输行业管理】2020年，洞头区新增集卡企业7家，累计17家；新增集卡车140辆，新增运力1131吨；新增普货企业1家，累计18家，新增车辆45辆；新增危货企业1家，累计2家，新增危货车辆12辆。全年淘汰老旧柴油货车13辆，兑现补助23.2万元。投入资金约30万元新（改）建港湾式公交站7个。燃气车更新为清洁能源出租汽车比例达到70%，更新纯电出租车11辆，完成油气两用改装出租车6辆，并兑现相应补助。开展巡游出租车疫情补助、星级出租车评定补助等。继续实施汽车电子健康档案工作实行“黑名单”企业通报制，对全区20家二类维修企业进行管理，每个月对列为黑名单企业进行通报，并下发整改通知书，结果与企业年终信用考核挂钩。落实专人每月通过管理系统对两家驾校教练车进行抽查，对学时造假现象，通过确定证据移交稽查科查处。助力企业复工复产，帮助道路交通运输企业接回湖北籍员工67人。

【巡游出租汽车行业“星级车”评定】2020年，根据《温州市洞头区巡游出租汽车星级评定办法（试行）》，围绕出租车车容车貌、规范服务、文明礼仪和安全经营等4个方面，5个大项29个小项进行综合评比，全区113辆出租车评选出五星级出租车3辆，四星级出租车10辆。

（李小刚）

【非法营运车辆专项整治行动】2020年，区交通运输局严打网约车线下接客等行为，抓好白天巡查治理，早晚高峰期间安排错时巡查治理和宣传工作，通过管理非现场执法点大数据分析对非法营运实施精准打击。全年共查处非法营运车辆27辆，罚没款35万元整。

（陈 鸿）

【专项整治行动】2020年6月14日起，区交通运输局汲取温岭“6·13”事故教训，组织开展地毯式、立体式道路危险货物运输安全大排查大整治，梳理2家道路危货企业24辆危货车辆，确认危货车辆存在挂靠经营行为5辆（3辆民用爆炸物品运输车辆、2辆瓶装液化气运输车辆），责令企业对挂靠车辆进行清理整顿。联合区综合执法局、公安交警、区城发公司和东海液化气供应站等单位协调解决车辆挂靠问题，明确安泰公司承诺严格按照“五统一”要求，回购车辆，统一财务管理结算，与涉及挂靠车辆从业人员签订劳动合同，统一支付工资和缴纳社会保险并完成整改。洞头区获评全省首批“无挂靠县”。

（苏剑培）

水路运输管理

【概况】2020年，洞头区招引水运企业1家，辖区现有企业20家，总运力79.92万载重吨，较上年新增11.06万载重吨，运力规模持续10年居全市第一，占全市总运力61%；在册船舶154艘，其中（普货船139艘，油船12艘，拖轮3艘），船舶平均吨位5092载重吨，同比增长7.2%。完成水路货物周转量260亿吨千米，增长16.7%。

【渡口专项整治行动】2020年4月9日起，区交通运输局联合部门成立渡口专项整治专班，下设三个小组，实行双月整治。通过检查渡口管理、收费情况等，发现洞头航顺运输公司存在安全台账未建立、浙洞航1号长期占用码头影响渡口营运秩序、车辆渡船方面未依法公示收费项目和标准等问题。向企业发放责令整改通知书，针对以上问题要求企业7日内整改完毕，确保渡口渡船经营单位运营管理安全。

【水路危险货物运输企业专项整治行动】2020年6月开始，区交通运输局持续开展“雷霆行动”“铁拳行动”专项行动，对辖区危险品运输企业进行全面安全生产大检查。对危货企业实行三色评审制度，联合执法队，出动检查人员124人次，检查企业33家次。全年完成检查评分3轮，查处大小隐患共39处全部整改完毕，辖区6家危险品运输企业全部为绿色档评分。

（林雨寒）

港口

【概况】洞头辖区拥有状元岙港区、大小门岛两大核心港区，规划总布置深水泊位63个。截至2020年年底，状元岙港区建成5万吨级化工码头1个，5万吨级（兼靠10万吨级）集装箱（多用途）泊位3个，其中7#泊位临时靠泊国际邮轮，港区一期形成陆域面积56.33公顷，港区二期工程基本形成陆域面积81.67公顷；大小门港区现有5万吨级、2千吨级、5千吨级和1千吨级油气码头各1座，在建26.6万方LNG码头1座，港区小门岛西作业区已形成陆域面积约66.67公顷。港口吞吐稳步增长，对接温甬外贸内支线业务，拓展外贸钢坯、生铁、外贸水泥、直航进口水果等业务。3月，温州（鹿城）市场采购贸易组货拼箱中心成立。7月，新开辟“温州—印尼”航线，为浙南闽北唯一直达印尼四大港口的航线。全年港口货物吞吐量累计完成998.36万吨，同比增长29.16%；集装箱吞吐量累计完成41.14万标箱，增长57.85%。

【温州至印尼集装箱航线开通】2020年7月21日，温州港状元岙港区又一条国际物流大通道——“温州—印尼”航线正式开通。“温州—印尼”航线直挂印尼雅加达、三宝垄、泗水、望加锡四大港口，雅加达、望加锡两大港口作为中转点，覆盖印尼其他所有偏港，是浙南、闽北地区唯一直达印尼四大港口的航线。首航为SITC（海丰国际）集装箱班轮“海丰麦斯”轮。

（张梦玉）

【状元岙港区货物、集装箱吞吐量实现“双增长”】2020年，洞头区物流业面对国内疫情防控及国际外贸复杂形势，坚持统筹协调推进，辖区港口物流业经济运行态势稳定向好。全年完成货物吞吐量760万吨，同比增加55.1%；完成集装箱吞吐量29.69万标箱，增加38.16%，双双超过上年全年指标。状元岙港区克服疫情带来困难，调整货源市场，打通温州市外贸钢材进口新模式新渠道，扩大对闽北、赣南、浙北、台州、丽水等地区辐射效应，前三季度钢铁散杂件业务贡献71万吨，并于9月引进外贸进口线材业务。

【温州至海参崴集装箱快速航线首航】2020年11月28日，“远东之宝号”轮从温州港状元岙港区出发驶往海参崴，温州港集团与俄罗斯远东航运（FESCO）携手新开的“温州—海参崴”集装箱快速航线实现首航。该集装箱快速航线开通为温州及周边辐射地区与“一带一路”沿线国家的互动往来、经贸合作提供新的便捷通道。航线挂靠路径为海参崴—青岛—宁波—温州—海参崴。货物从温州港出发，4天可达俄罗斯远东港口海参崴，通过搭载FESCO俄铁专列，发往莫斯科、新罗西斯克、叶卡捷琳堡等俄罗斯五大消费地及欧洲各国，温州到莫斯科全程只需20天。

【港口运营回暖】2020年第一季度，洞头区受新冠肺炎疫情影响，水运、港口经济持续走低。5月，洞头水运、港口经济总体呈回暖增长态势。1—5月，完成货物吞吐量289.64万吨，与上年同比增长15.42%。其中状元岙港区完成253.33万吨，与上年同比增

温州状元岙港区　　（状元岙公司提供）

长70.28%，大小门港区完成36.31万吨，减少64.46%。5月完成集装箱吞吐量2.03万标箱，环比增长13.4%；1月至5月累计完成9.8万标箱，增长52.5%。

（张梦玉）

【温州华港液化天然气储运调峰中心一期项目开工】2020年9月23日，华峰集团温州华港液化天然气储运调峰中心一期300万吨/年项目在洞头区状元岙港区正式开工。该项目被列入《浙江省能源发展“十三五”规划》《浙江温州海洋经济发展示范区》重点建设项目。项目位于温州港状元岙港区C作业区，占地19公顷，分三期建设完成，总投资106亿元。投资主体是华峰集团有限公司旗下的全资子公司温州华港石化码头有限公司。一期工程，投资规模24亿元，周转规模300万吨/年。建设内容包括1座10万吨级码头（满足18.2万立方米LNG船舶靠泊）、2座16万立方米的LNG储罐及配套工艺装置。市委副书记、市长姚高员，中国寰球工程有限公司党委书记魏亚斌，市委常委、常务副市长陈建明，华峰集团董事局主席尤小平，区领导王蛟虎、林霞、叶海峰、汪慧平等出席开工仪式。

（张仁锁）

2020年洞头城区公交线路一览表

表21

序号	线路号	线路走向	单程（千米）
1	公交1路	洞头新城客运站(始发站)、屿仔、久一重工、永宏电器、东启电器、九厅、老干部活动中心、海霞广场、新城人本超市、人民医院、城关车站、区府广场、农贸市场、农商银行、社区矫正中心、经信局、疾控中心、育才花苑、埭口、洞头第一中学、海天佳境、蓝港花苑（终点站）	10
2	公交2路	大王殿、东沙、二垄、岙仔新村、双垄、新城人本超市、人民法院、供电局、海悦城（临时停靠）、行政服务中心（临时停靠）、乐成寄宿中学、消防局、交警大队、移动公司、城关车站、区府广场、农贸市场、农商银行、社区矫正中心、经信局、疾控中心、育才花苑、风门	14.2
3	公交3路	城关车站、金田（返经）、行政服务中心（返经）、供电局（返经）、人民法院、海霞广场、洞头新城客运站、三盘大桥北、花岗、沙角、兴港家园、活水潭、沙岗、内深门、沙岗、和平岙、状元岙、小北岙、小北岙码头	12.2
4	公交5路	洞头新城客运站、老干部活动中心（去经）、中央公馆、教育一幼、海霞军旅、人民医院、城关车站、区府广场、农贸市场、农商银行、金典时代、移动公司、供电局、市民活动中心、实验小学、洞头乐成寄宿中学、行政服务中心西门、温州医科大学滨海校区、小朴、大朴、大长坑、南塘花苑、风门嘉园、风门、海港花苑	13.2
5	公交7路	城关车站、金田（返经）、人民法院、海霞广场、洞头新城客运站、三盘大桥北、西山头、大岙、阜埠岙、后山头、观音堂、开元度假村、下尾村口、下尾	6
6	区间客运班线（S1）	城关车站、人民法院、海霞广场、洞头新城客运站、三盘大桥北、花岗、沙角、兴港家园、活水潭、沙岗、内深门、外深门、石子岙、霓北中学、桐岙、下社、网鼻寮、雁升路瓯帆路（返程为雁升路灵华路）、S1瓯江口、瓯江口发展大楼、附二医瓯江口院区、霓贤路瓯华路、瓯江口规划展示馆	39.5
7	观光旅游环线	洞头旅游集散中心、新城人本超市、双垄、大沙岙路口、东岙、国际放生台、蓝港花苑	10
8	夜间公交	洞头新城客运站、九厅村、老干部活动中心、海霞广场、新人本超市、人民医院、城关车站（去程）、区府广场（去程）、城中社区（去程）、明泰家电（去程）、金典时代（返程）、移动公司（返程）、社区矫正中心、经信局、疾控中心、育才花苑、埭口村、洞头第一中学、海天佳境、蓝港花苑	6.2

（区交通运输局提供）

城乡建设

渔村夕阳 · 陈建辉

“海霞精神”

爱岛尚武　励志奉献

城乡建设

概述

【概况】2020年，洞头区制定《洞头区市政设施建设三年行动计划（2020—2022年）》《城南路改造提升设计方案》等。温州市洞头区住房和城乡建设局制定《洞头区加装电梯改造意见》《洞头区加装电梯补助政策》等文件。“洞头标准”《关于进一步优化洞头区国有土地上房屋装饰装修工程审批的指导意见》《洞头区产权式酒店管理暂行办法》出台。霓屿街道西岙道路改建工程和长沙市政一期工程建成，民生实事项目花园里停车场公共停车位100个和海悦城·璟园专用停车位1056个竣工，完成老医院停车场、府前停车场、顶寮路停车场、光明巷停车场等7个停车场（库）提升改造初步方案。率全省之先在国有土地上房屋装饰装修工程可承接项目数上对原有法规实现“跨越式”突破，获省住建厅认可。推进美丽城镇建设，完成区级4个样板创建及培育街道（乡镇）行动方案编制。4月12日，洞头区住建局（人防办）办公地址迁至北岙街道九厅路188号人防大楼。

【国有土地上房屋装饰装修工程审批改革】2020年11月11日，区住建局联合区改革办出台《关于进一步优化洞头区国有土地上房屋装饰装修工程审批的指导意见》，对国有土地上房屋装饰装修工程审批进行改革，国有土地上房屋装饰装修工程可承接项目数上率全省之先对原有法规实现“跨越式”突破。申报材料精简50%以上。梳理、精简装修项目施工许可和竣工验收审批申报材料。通过承诺制、内部共享、内部获取等方式，把装修施工许可申报材料由12件减为8件，装饰装修工程竣工验收备案材料由12件减为5件。审批证照数减少1/2以上。整合窗口审批职能，建设工程质量安全监督手续、建设工程消防设计审查、建筑工程施工许可等多个事项实施“多合一”办理。对同属《城市用地分类与规划建设用地标准》（GB50137）建设用地分类“大类”装修项目临时改变房屋用途的，取消提供材料报相关主管部门审批环节。扩大项目负责人承接工程项目数量，在原法规上对项目负责人承接项目数量予以突破，同意在确保工程质量的情况下，施工企业项目负责人可承接在建装饰装修项目由1个增加至2个，减轻企业负担，降低施工成本。

【洞头区产权式酒店管理暂行办法】2020年12月1日，为深化“两个健康”先行区建设，积极引导本区旅游房地产业发展，规范产权式酒店管理，进一步推动房地产转型，区住建局联合区改革办出台《洞头区产权式酒店管理暂行办法》，加强区域内产权式酒店的规划、建设、销售、经营、产权登记等管理。市自然资源与规划局洞头分局、区住房和城乡建设局、区文广旅体局、区发展改革、市场监管、消防、环保等相关行政主管部门按照职责分工，负责产权式酒店的相关管理工作。酒店产权人自持房产比例不低于地上建筑面积的40%。酒店管理者需向业主公开经营信息，包括租住情况、营业额、酒店员工薪资及其他支出等。办法自印发之日起施行。

【浙江省“烂尾楼”激活典型案例】2020年，洞头南洋国际大酒店项目重启，洞头区住建局组织业务骨干成立专班对酒店扩建、装修等相关事宜进行剖析、全流程预判和实战式演练，423天内不间歇实行全方位、保姆式的服务，邀请国家级、省市权威专家指导20余次，组织召集协调会30余场次，攻克项目新旧建筑审批验收等系列难题。12月16日，洞头南洋国际大酒店项目正式通过竣工验收，辗转十数载的“僵尸”项目成功激活投用，成为浙江省烂尾楼激活典型案例。

【服务企业提升】2020年，区住建局优化网上办理流程和指南，实现审批事项100%“不见面”办理，办理业务共612件，其中浙江省政务网上受理办结262件，3.0系统业务审核约350件。对部分工程项目开通审批“绿色通道”，发挥诚信承诺和容缺审批制度作用，扩大审批服务审批范围。落实专人服务保证各项目线上对接审批，所有审批事项均实现“云服务”。开展“三服务”活动，提供“店小二”式一对一精准化服务，解决大门城建交通工业化、国鸿黄金海岸休闲中心等重点项目及企业各类问题50余个。助企“降压减负”，全面推行工程建设领域保函替代保证金，累计为企业节省3000余万元。破解南洋国际大酒店、温州鹏利标准件厂房、奥本轻工厂房等多个历史遗留问题。

（张 倩）

城乡规划

【概况】2020年，温州市自然资源和规划局洞头分局做好《温州市国土空间总体规划——洞头区块研究》，配合完成《温州市国土空间总体规划》编制工作，扩大中心城区，把洞头北岙、大门、东屏、元觉、霓屿等板块纳入温州中心城区范围。科学划定城镇空间、农业空间、生态空间和城镇开发边界、永久基本农田保护红线、生态保护红线的“三区三线”。预留S1、S211、绕城北高速疏港支线等重要交通廊道空间136公顷，永久基本农田保护面积818公顷，临港产业发展预留空间1400公顷。

【规划编制】2020年，市自然资源和规划局洞头分局开展《洞头区国土空间总体规划研究》编制工作并完成初步成果。明确洞头区未来发展战略导向，深化全区能级提升、空间优化战略研究。整合现行空间类规划，实现全空间覆盖、全要素管控。开展“资源环境承载能力及国土空间开发适宜性”评价、“国土空间规划实施”评估工作。统筹底数底图，更新总规数据库，完成洞头区城乡总体规划成果数据库和洞头区土地利用总体规划数据库执行更新及洞头“三调”、零米线调查等基础数据上报，开展“三调”基数转换工作，形成一张工作底图，推进陆海统筹一体化。开展生态保护红线、永久基本农田、城镇开发边界等重要控制线评估调整工作。完成洞头区生态保护红线方案上报自然资源部、完成永久基本农田、城镇开发边界划定初步方案。启动大门镇、鹿西乡国土空间总体规划编制工作。完成大门镇国土空间总体规划初步方案和鹿西乡国土空间总体规划初步思路。

【国土空间总体规划研究】2020年，洞头区围绕国家海洋经济发展示范区总体目标，开展洞头区国土空间总体规划研究，结合海洋公园、风景名胜区、地质公园等自然保护地和海洋生态保护红线，落实相关海域所在海岛岸线保护，明确海岛生态功能，维护海洋生态本底。围绕海洋经济区构筑重大平台保障，推动海洋两山理论实践。围绕海洋资源分布，重点打造五大海岛产业平台：本岛国际旅游平台、状元港城融合平台、霓屿渔耕文创平台、大门临港产业平台和鹿西渔旅融合平台。建立特殊用途区构筑山海开放格局。山水、海岛、渔村、田园相互交融的城乡形态是洞头的自然风貌基础。依托生态廊道、旅游轴线和海陆空间关系，塑造大型开放空间，优化整体山海格局。乡村振兴带村落群发展促进城乡统筹。针对海岛空间、景区空间、乡村资源分布离散特点，加快交通网络建设，建立南北两片一体化交通网络，并以滨海旅游休闲带资源，构筑南部环岛的文化主题乡村振兴带和大门鹿西自然主题乡村振兴带。海岛旅游资源与乡村群落互联互通，推动地区城乡统筹发展。

【规划管控】2020年，市自然资源和规划局洞头分局开展小门丙烷地块、诚意药业二期地块、仁济学院教师公寓地块、洞头人民医院改扩建地块、三盘桥头海盛食品地块、爱之家地块等规划编制。协助大门镇开展大门黄岙新区城市设计，完成大门镇西浪村村庄整治规划局部地块规划修改，小门岛石化产业基地控制性详细规划。

【测绘与地理信息管理】2020年，市自然资源和规划局洞头分局组织开展基础测绘“十四五”规划编制工作，完成洞头区“十三五”规划绩效评估报告和“十四五”规划需求调研。完成全区7平方千米的1：500和115平方千米的1：2000地形图测绘任务，通过省级质量检测。完成洞头区2019年6.6平方千米范围1：500 DLG数据融合，2019年“村社规模化调整”的街道（乡镇）空间位置核实及成果目录更新、系统运行维护、基础地理信息系统数据更新入库等，并通过省级质检。

（夏建伟）

建筑业

【概况】2020年，洞头区登记在册建筑业企业138家；施工总承包企业58家，其中一级资质施工总承包企业3家、二级施工总承包10家、三级施工总承包45家。全年实现建筑业总产值106.4亿元，增长0.5%，其中省内产值90.3亿元，增长10.8%，总产值和省内产值连续五年正增长。建设行业税收5.1亿元，占全区税收50.5%，创历史新高。截至年底，洞头区建筑总部园共有入驻企业17家（一级3家，二级5家，三级9家）。其中，浙江立鹏建设有限公司、浙江卓信建筑有限公司和浙江宏联建设有限公司三家一级总包企业全年合计总产值84.1亿元，占全区建筑业总产值的79%，总部经济带动效应明显。

（陈秦皓）

【洞头区建筑业持续健康发展若干意见实施】2020年5月26日，为进一步推动全区建筑业持续健康发展，根据《国务院办公厅关于促进建筑业持续健康发展的意见》（国办发〔2017〕19号）和《浙江省人民政府办公厅关于加快建筑业改革与发展的实施意见》（浙政办发〔2017〕89号）等文件精神，区政府印发《关于促进洞头区建筑业持续健康发展的若干意见》（洞政办发〔2020〕11号），鼓励企业“引进来”与“走出去”，支持企业做大做强，支持企业工程创优创标，鼓励企业技术创新与人才培养，创优市场环境。新迁入的施工总承包企业实行分级奖励，最高特级企业奖励500万元；设立建筑业企业做大做强的奖励机制，对地方综合贡献度首次超过500万元、1000万元的建筑业企业，分别奖励10万元、20万元；工程项目获最高奖励100万元等。2020年6月26日起施行，有效期至2022年12月31日。

【建筑工程安全监管】2020年，洞头区在建工程83个，其中房屋建筑工程72个，市政工程11个，建筑总面积约260.2万平方米，工程总造价约93亿元。区住建局实施“大门驻点”联动方案，深化“两随机一公开”制度，坚持“可视化”安全监管模式。开展“复工复产”安全专项检查、起重机械专项检查、安全生产“5+5”专项检查、扬尘整治专项检查等检查4次。组织安全生产“回头看”活动、“红色”工地创建活动、“安全生产月”系列主题活动、高温送清凉活动等活动4次。全年无安全生产事故发生，实现扬尘监控100%覆盖，全区标化工地率100%，推进安责险项目3个，实现市级优质工程1个，全年安全巡回检查300余次，移交行政处罚案件线索6条，下发安全整改通知书160份，停工整改通知书4份，累计整改意见1227条，并开展总部园安全教育培训3次，累计培训180余人。

【建筑工程质量监管】2020年，区住建局对全区在建工程实行“管家式”指导，以“专项+指标+应诉”为载体，探索“工程质量柔性监管”实施路径。开展工程实体质量专项检查、混凝土专项检查、市政工程质量专项检查、铁锤行动专项检查等检查4次，发现新城二期市政道路、南塘湾公园等项目质量问题，助推诚意产业园、中普陀等重大项目建设验收。全年无质量事故发生，全区一次性竣工验收合格率100%，分户验收合格率100%，实现浙江省优秀园林奖工程1个，钱江杯工程1个，全年参与各项验收300余次，移交行政处罚案件线索6条，形成工程抽查记录136份，下发质量整改通知书62份，停工整改通知书2份，累计整改意见312条。全年共处理房屋质量问题20件，解决海悦城业主投诉、杨文工业区民宿投诉等问题，投诉满意率100%。完成人防工程验收3个，率全市之先引入消防第三方技术服务，完成消防巡检75次，完成消防备案项目10个，消防验收项目17个，下发消防服务意见13份，消防隐患整改意见163条。

（江科炜）

【国家一级资质认证建筑业企业新增2家】2020年8月和12月，洞头区建筑业企业浙江宏联建设有限公司和浙江卓信建筑有限公司通过住建部企业资质申报审查核准，建筑工程施工总承包一级资质建筑业企业，全区一级资质筑业企业累计三家。可承接高度200米以下工业、民用建筑工程和高度240米以下构筑物工程。浙江宏联建设和浙江卓信建筑是洞头区重点培育的建筑业企业，2019年贡献产值分别为20亿元和14.8亿元。

【建筑业“无欠薪”专项整治】2020年，区住建局针对全区房屋建筑和市政基础设施工程领域开展专项整治，全年检查项目30个，涉及房屋建筑和市政工程欠薪各类投诉举报件108件，涉及人数813人，为797名民工人追回工资836.71万元，及时维护农民工合法权益。

【建筑工地扬尘开出最高罚单】2020年10月10日，洞头住建结合建筑工地扬尘治理标准化工作，对全区48个项目工程施工现场开展分批次逐点巡查。发现洞头区新城二期市政道路工程在海润路施工过程中存在施工场地堆土、砂石料未采取覆盖，防尘降尘措施不到位等行为。开出一张处罚金额为10万元建筑工地扬尘处罚最高罚单。工程位于海西湖新城二期核心区，主要包括市政道路、景观绿化及地下空间、二期水环境治理、航道工程等，工期4年。项目总投资额约2.5亿元，2月26日开工建设，建设内容包括海韵大道、海航路、海兴路、海润路、海虹路、经四路和纬二路等7条新城二期重要交通道路。

2020年6月3日，洞头区建设行业协会成立　（夏秀女摄）

【洞头区建设行业协会成立】2020年6月3日，洞头区建设行业协会召开第一届第一次会员大会，全区建筑、市政、勘察、设计等行业经营单位50位会员代表出席会议。会议审议通过《洞头区建设行业协会章程》《财务管理制度》《会费管理暂行规定》等，选举产生协会会长、执行会长、常务副会长、副会长、秘书长等。浙江立鹏建设有限公司董事长李柏瑞当选为协会会长。

（陈情琨）

城镇建设

【概况】2020年，洞头区深化国土空间规划编制研究，科学划定“三线”，保障重点片区开发。推进211省道、325省道洞头段前期，建成投用美沙隧道、鹿西综合交通码头，新改建农村公路20.8千米。陆域引调水工程纳入省水利“十四五”规划项目库。投用220千伏输变电工程。区级美丽城镇建设行动方案获省级优秀县域方案，东屏街道创成美丽城镇建设省级样板。启动“无废城市”建设，创成全市首批省级污水零直排区。新建污水管网1.5千米、雨水管网2千米，积水点改造1处，新建屋顶集雨等雨水收集系统8处，建成海绵城市（1平方千米，建成示范项目1个）；完成城镇生活小区“污水零直排”创建省级考核验收2个、城镇生活小区5个、自建房“污水零直排”创建市级考核验收10个。开工建设城北污水处理厂，完成霓屿布袋岙污水处理厂建设。新建大门长沙市政道路1千米，打通霓屿街道西岙道路断头路1条，新增专用停车位400个，建成花园里公共停车场，新增公共停车位100个。新增绿地8公顷，新增公园绿地1公顷，新增立体绿化0.08公顷，新建绿道2千米。

（陈仁敏）

【洞头区市政设施建设三年行动计划】2020年11月24日，为加快推进城市建设，进一步补齐市政基础设施短板，改善人居环境，完善城市功能，提升城市品质，结合“大建大美”“精建精美”及美丽城镇建设等工作，区政府制定《洞头区市政设施建设三年行动计划（2020—2022年）》（洞政办发〔2020〕43号），建设内容包含市政道路、慢行绿道、停车设施、供水安全、排水设施、燃气设施、垃圾转运设施和5G智能建设等，建立洞头区市政公用事业发展联席会议制度，加强市政公用事业发展专项规划的编制，制定计划项目清单，加强督查考核。推进新城二期市政道路工程、状元南片市政道路工程建设和花园里机械停车场、光明巷、赴学路等停车场改造建设及蓝湾二期项目、环岛绿道项目建设；全区新建和扩建城镇污水处理厂项目4个，建设规模为4.28万吨/日；力争完成城镇污水处理厂清洁排放改造项目1个，改造规模为0.8万吨/日；力争新建和改建城镇污水管网长度10千米；建成新的垃圾转运设施；燃气管网向老城区和重点招商引资项目区块延伸；5G基站建设；完成海绵城市项目1.9平方千米建设任务，建成海绵城市示范项目一个。

【“大建大美”】2020年，洞头区根据市建美办《关于印发2020年度“大建大美”工作任务清单的通知》要求，区住建局牵头全区“大建大美”任务清单落实工作，以提升城市品质、增强城市功能、补齐民生短板、优化宜居环境为重点，推进“大建大美”建设。全区纳入

“大建大美”专项工作项目25个，其中，新开工项目5个，续建项目12个，前期项目3个，全年计划完成投资额为10.85亿元，计划建成数5个。全年累计完成计划投资额18.53亿元，完成率为170.78%；新开工项目5个，完成率100%；全年建成数5个，年度计划完成率为100%，包括海霞中学二期迁建工程、220千伏大门输变电工程、洞头南洋国际大酒店、半屏沿线新渔村改造提升项目、南塘湾湿地公园。

（陈情琨）

【美丽城镇建设】2020年，洞头区根据省委省政府关于高水平推进美丽城镇建设的意见，调整原区小城镇环境综合整治行动领导小组及其办公室为温州市洞头区美丽城镇建设领导小组及其办公室，下设主任单位1个，副主任单位9个；领导小组办公室下设综合、督导、政策、技术、宣传等5个工作组，实行实体化运作。编制“一区一计划”及“一镇一方案”，其中，《洞头区美丽城镇建设行动方案》《东屏街道美丽城镇建设行动方案》《大门镇美丽城镇建设行动方案》分获省级优秀县域方案、省级优秀样板创建乡镇方案。全区纳入美丽城镇建设项目94个，计划总投入89.67亿元（其中2020—2022三年计划投资29.58亿元）。全年美丽城镇建设项目77个，开工率100%；计划投资12.75亿元，实际完成投资13.59亿元，完成投资率106.56%。其中，东屏街道21个建设项目全部完工，完工率100%，竣工项目17个，竣工率121.42%，累计完成投资额2.4亿元，投资完成率106.82%，创成全省首批美丽城镇样板。

（黄臻臻）

【省级美丽宜居示范村创建】2020年，北岙街道白迭村省级美丽宜居示范村完成建设，待省市考核验收。启动2021年省级美丽宜居示范村申报工作，元觉街道状元村被省住建厅列为2021年省级美丽宜居示范村试点建设村庄。12月，北岙街道海霞村通过省级美丽宜居示范村优秀村庄创建验收。

【同心旅游小镇建设】2020年，洞头区深化同心旅游小镇建设，推进国鸿黄金海岸休闲中心、中普陀佛教旅游文化园、东港休闲中心等重点项目建设。提升小镇VI系统设计、三线整治、截污纳管等。完成主题logo、旅游小品等VI系列应用产品的制作及重点区块布点、加工、安装。完善公共自行车、游船、电瓶车等公共交通设施的应用。实现公共场所免费WiFi全覆盖，建成停车场智能门禁、停车、智慧安防等项目。引进西安沐泽源公司进驻小镇客厅进行运营管理，实施小镇IP的市场孵化。小镇客厅对外开放，设置小镇便民服务窗口。全年小镇固定资产投资7.9亿元，累计投资15.8亿元；特色产业投资6.38亿元，累计投资13.7亿元。全年接待游客360万人次，旅游综合收入4.7亿元，同比增长22%，占小镇经济社会总收入的53%。

（张于江）

住房保障

【概况】2020年，区住建局制定《洞头区加装电梯改造意见》《洞头区加装电梯补助政策》，印发《洞头区住宅物业服务标准》《洞头区物业行业“红黑榜”管理制度》等制度，推出首个物业考核“红黑榜”信息。推进住房保障各项工作，住房保障率明显提升。全年发放公租房低收入补贴171户60.46万元，发放人才住房租赁补贴（新就业大学生）31户17.37万元，累计发放补贴202户达77.83万元。委托专业物业公司做好公租房及人才公寓日常管理及房屋维修，租金收缴实现“零次跑”，收缴共计10.03万元。全年退休职工一次性住房补贴发放共涉及41个单位65人，发放住房补贴资金133万元。

【住房建设】2020年，洞头区安置房项目开工1个，续建3个。大门长沙安置房2标段（90套）开工建设，鹿西明珠花苑棚改项目（88套）完成主体结构建设、元觉一期安置房（204套）项目完成地下室浇灌、新城一期四片区02—01地块安置房（250套）完成主体结构建设。

【洞头区既有多层住宅加装电梯工作若干意见试行】2020年5月27日，为加快推进全区既有多层住宅加装电梯工作，方便居民出行，完善住宅功能，提升居住品质和创建文明城市的需要，根据省建设厅等9个部门《关于开展既有住宅加装电梯试点工作的指导意见》、市住建委等11个部门《关于进一步推进我市既有住宅加装电梯工作的实施意见》和《温州市工程建设项目审批制度改革试点方案》等文件精神，区住建局联合区发改局、区财政局、区自然资源和规划分局等部门制定《关于推进洞头区既有多层住宅加装电梯工作的若干意见（试行）》。适用区域范围内（不含灵昆）四层及以上非单一产权既有住宅加装电梯项目。存在负面清单内容的，不适用本意见。具有合法的住宅所有权证的住宅小区通过申请，签订加装协议书，区住建局签署合格审查意见，委托具备房屋建筑工程施工总承包资质或电梯安装资质的企业进行施工安装，经街道（乡镇）、住建、市场监管、消防等有关部门验收并备案。取得合格的检验报告到市场监管部门办理电梯使用登记后，可投入使用。区财政局和区住建局按照有关规定给予资金补助。该意见2020年6月1日起施行。

【农村困难家庭危房治理改造】 2020年，洞头区成立扶贫富民工作领导小组，加快解决农村困难家庭无房危房问题，开展全区1281户困难家庭危房排查工作，发现危房9户（其中C级8户、D级1户），无房户12户，并完成治理解危工作，其中8户治理改造、1户拆除，12户无房户申请租房补贴。制定《洞头区农村困难家庭危房改造攻坚“回头看”工作实施方案》，开展危房治理“回头看”，联动街道（乡镇）做好日常动态监管。联合起草《加快解决农村困难家庭危房无房问题的政策意见》，解决洞头区农村困难家庭危房治理资金补助问题。

（张群峰）

【全区第一部既有多层住宅加装电梯建成投用】 2020年12月24日，位于北岙街道金海花苑的全区第一部既有多层住宅加装电梯通过竣工验收投入使用。洞头区试行多层住宅加装电梯工作若干意见后，5月27日，北岙街道金海花苑3幢1单元共计12户业主申请加装电梯；9月21日，金海花苑电梯加装设计方案通过审核并进入施工环节，12月24日电梯加装通过竣工验收。该项目造价48万余元，安装总高度21米，安装层数7层，由受益业主承担电梯建设及后期运维费用。加装后获政府一次性补助15万元。

【公租房管理】 2020年，区住建局将修订《洞头区人才公寓管理使用办法》，明确入住条件和审批流程，出台《洞头区人才公寓宿舍管理规则》《人才公寓积分管理》等相关制度，加强内部环境管理。全年新增公租房保障67户（含新就业人才），累计保障293户688人，覆盖率为2.84%，位居全市第二。全面排摸1249户低保、低边对象，实现12户住房困难救助保障全覆盖。完成海港花园（人才公寓）改造提升工程，人才公寓累计入住137人，入住率90%；启动洞头北岙新城03-01-2地块人才房建设，总建筑面积21897.08平方米。全年共发放公租房低收入补贴171户60.46万元；发放人才住房租赁补贴（新就业大学生）31户17.37万元，购房补贴2户40万元。累计发放补贴202户，共计117.83万元。

（郑成钢）

【住房执法监察】 2020年4月，温州市洞头区住房和城乡建设监察大队成立。对接市住建局、区大数据，做好互联网+监管国库和省库事项认领及掌上执法事项核对工作。10月，查处洞头区新城二期市政道路工程涉嫌施工工地未采取有效防尘降尘措施案件1件，对承建单位实行顶格处罚；全年出具调查报告6件，包括皇家花园涉嫌未组织竣工验收擅自投入使用案件、大门镇污水处理厂提升改造项目涉嫌使用不合格材料案件等。

【洞头区住宅物业服务标准】 2020年6月3日，为进一步规范洞头区物业服务企业管理服务行为，提高住宅小区物业服务质量，营造小区平安和谐氛围，洞头区住建局研究制定《洞头区住宅物业服务标准》，“组织管理体系”“公共设施设备管理与维护”“房屋管理”“秩序维护与管理”“环境及卫生管理”“接受监督指导”6个方面38条对住宅小区物业服务企业做出服务要求。该意见即日起施行。

【洞头区物业行业“红黑榜”管理制度实行】 2020年6月3日，为进一步规范洞头区物业服务企业管理服务行为，提高住宅小区物业服务质量，洞头区住建局制定《洞头区物业服务企业考核实施办法》，物业行业实行“红黑榜”管理制度，不断建设完善全区物业服务企业信用体系，对小区管理不善、服务不到

2020年12月24日，洞头区首部加装电梯通过竣工验收　（李建国摄）

位的物业企业予以考核曝光、优胜劣汰，并引入服务水平高，责任意识强的新企业，形成竞争态势，倒逼物业企业改善服务方案，提高服务水平。首次考核评定物业小区中，海湾家园三区、海悦城嘉园、中央公馆位列前三名，海天佳境、三盘领海别墅、海湾一区排名末三位；物业服务企业中，温州杰诚物业管理有限公司、浙江大管家物业有限公司、温州星河物业管理有限公司洞头分公司位列前三名，温州洞头华融物业管理服务有限公司、浙江华夏物业管理服务公司洞头分公司、浙江尚品物业服务有限公司洞头分公司排名末三位。

【物业管理】2020年，区住建局印发《洞头区住宅物业服务标准》《洞头区物业行业“红黑榜”管理制度》等制度，推出首个物业考核“红黑榜”信息，全面提升物业管理水平。推动“海霞红管家”自治模式，全区37个物业小区中，成立小区拓展党支部28个，物业企业党支部1个，累计实现党组织领导的多方议事协商服务机制小区28个。加大物业小区巡查力度，累计检查267批次，完成市、区级挂牌消防隐患单位整改小区2个。

【白蚁防治】2020年，洞头区私人灭治212户，白蚁药物购置费用2万元。全年采购白蚁监控装置3000个，通过地下型白蚁监测控制装置新技术实行白蚁预防，比传统喷杀更具预防性。安装乐成寄宿中学、霓屿幼儿园等4个房建工程的白蚁预防新技术监控安装。

（叶选益）

房地产管理

【概况】2020年，洞头区有资质房地产开发企业16家，其中三级开发资质1家，四级资质2家，暂定等级13家；房地产中介机构23家，从业人员43人。全年新增上市面积为14.92万平方米，销售总套数为2056套；全区一手房存量2250套，建筑面积24.34万平方米。

【房地产交易】2020年，区住建局办理预售许可5件，新增楼盘观海里、曼墅、钰园3期、玉海景园二期、紫菜园一期二标等项目，总预售面积9.28万平方米。累计商品房合同备案登记1329件，一手房销售面积10.56万平方米，同比增速12%，商品房交易金额11.26亿元，下降14.5%，其中商品住宅5.35亿元，下降2%；商品住宅均价为8770元/平方米，下降9.9%；累计完成二手房交易1014件，下降0.58%；总交易面积13.84万平方米，下降15.81%；交易金额5.63亿元，下降12.71%；交易均价4067元/平方米，增长3.59%。

【房地产预售资金监管】2020年，区住建局完善预售资金监督管理，实施预售资金数据月度申报审核制度，启动商品房预售资金监管协议备案。全年共办理预售资金监管协议备案3件。对海悦城钰园等在售10个商品房预售项目开展商品房预售资金监管工作，预售资金监管账户累计收入17.84亿元，累计支出16.85亿元，累计余额0.99亿元。

【房地产市场秩序检查】2020年，区住建局结合互联网+监管平台，落实专人进行掌上执法，完成日常动态巡查21人次；开展房地产领域扫黑除恶专项检查行动，排摸房开公司、房地产经纪机构线索，做好扫黑除恶专项检查记录和宣传工作，累计发放扫黑除恶宣传手册和海报48份，检查记录表36份，发布微信号扫黑除恶相关信息30条；做好长租公寓专项检查，对从事租赁业务21家住房租赁中介机构进行排查核实，检查中未发现企业有“高收低租、长收短租”等行为。

（郑成钢）

住房公积金管理

【概况】2020年，洞头住房公积金业务收入1959.74万元，同比增长1.33%；住房公积金业务支出1183.26万元，减少2.46%；实现增值收益776.48万元，增长7.71%。全年向区财政上缴廉租房建设资金107.55万元。办理各类公积金提取加发放贷款2.82亿元，住房消费额占归集额109.68%。至年末，全区公积金缴存人数11147人，新增1531人。城镇住房公积金缴存人数覆盖率全市第一。设立全市首个在偏远海岛公积金贷款服务便民点，大门、鹿西缴存职工办理全类型公积金贷款业务“不离岛”，打造“家门口公积金”。温州市住房公积金管理中心洞头分中心通过省建设厅、省档案局省一级档案目标管理复评考核评审工作。获省级文明单位称号。

【住房公积金扩面】2020年，全区实缴净增865人，完成市下达任务数的154.46%。全面落实疫情期间住房公积金阶段性支持政策，开展“三强两促”“三服务”助力复工复产，制定规模较大企业“量身定做”缴存方案。借力“银企关系”，调动受托银行开展扩面工作积极性。推进专业合作社、电商新兴企业、港口物流等行业建缴公积金。

【住房公积金归集】2020年，全区公积金归集总额25712万元，完成年度计划105.38%。职工月最低缴存额454元，最高缴存额5442元。

推进年度基数调整，其中机关、事业单位基数调整4000人，由原人均月缴存额3204元调整为3394元，人均增加190元。实施住房公积金资金竞争性存放，完成4400万元增值收益资金存款（一年期）竞争性公开招投标。

【住房公积金提取】2020年，公积金洞头分中心办理各类公积金提取总额20785.44万元，比上年增长23.59%。其中：退离休提取1711.3万元；购房提取7151.17万元；还贷提取9588.32万元；其他提取2334.65万元。主推“网上办事大厅”，窗口业务不再要求提供身份材料复印件。创新“信用办”，率全市之先推进“信易批”改革，实行信用快捷审批服务。

【住房公积金贷款】2020年，公积金洞头分中心加强贷款风险防控，年末贷款保持零逾期。继续实施个人住房公积金贷款转商业贴息贷款政策，发放公转商贷款2390万元，占比32.22%，公转商贷款7个工作日即可到账。全年发放公积金贷款7417.8万元。年末贷款余额56030.68万元，占全区金融业个人住房贷款的39.17%，位居全市第一名。

（蔡　楚）

城市管理

【概况】2020年，温州市洞头区综合行政执法局加快市政公用一体化，完善环卫保洁、市政管养、绿化养护等机制。深化综合执法改革，厘清城市管理职能和边界，基本完成环卫保洁一体化、绿化养护一体化和路灯管理一体化。推进生活垃圾分类工作，全市垃圾分类公众满意度第一，建成省市级垃圾分类示范小区。持续推进城乡生活垃圾分类体系建设，开展全区机关单位垃圾分类知识培训，试点海霞村6吨易腐垃圾就地处置，生活垃圾回收利用率45%以上。开展专项督导，重点加强物业小区、农贸市场、在建工地、环境卫生等管理，通过全国文明城市和卫生城市复评。全年受理数字城管案件5562件，受理社会应急联动工作平台780起，按期结案率100%。获评2019年度全省“无违建县（市、区）”创建工作先进集体、2019年度全省生活垃圾分类优秀单位、2020年温州农村生活污水治理设施运维管理优秀单位。

【疫情期间卫生防控】2020年，区综合执法局督促街道（乡镇）抓好城郊接合部、城中村等薄弱区域环境卫生综合整治，严禁乱占道乱堆放。加大城区3个农贸市场周边、临时疏导点、公厕卫生清洗频率，垃圾中转站每日消杀不少于2次，垃圾收运车辆、垃圾桶等环卫设施实行滚动消毒杀菌。防疫期间开展农贸市场周边大清洗20余次，滚动消毒垃圾车600余辆次、垃圾桶2400余个。开通鹿西岛生活垃圾清运专线、坚持城区垃圾分类处置、日产日清，落实垃圾无害化处理。在主次干道、重点小区设置废弃口罩投放点14个，配备专人、专车定时清理并消毒，避免废弃口罩造成二次污染或被不法分子回收利用。成立垃圾清运应急处置队3支队伍27人，配备8名业务能力精湛的优秀环卫工人及环卫设备，深入防控一线隔离点，处理疫情期间在家接受隔离观察的居民家庭产生的生活垃圾。

【市政设施管养体制改革】2020年，区综合执法局以城区管理体制为基础，编制本岛片大绿化、大路灯养护方案，统一承担分属4个部门的路灯、园林养护职能，化分散管养为专业管养。建立保洁一体化考核体系，完成保洁标准和规范制定，对各街道（乡镇）保洁工作进行统一考核评价。深化道路挖掘“一件事”改革，出台道路挖掘管理办法，规范道路挖掘管理，组建管线部门审批工作群，实行季度报批许可管理，原则上一条道路一年只允许开挖一次，减少“乱开挖”。

【城乡生活垃圾分类体系建设】2020年3月18日，为切实提高全区生活垃圾处理减量化、资源化、无害化处理水平，改善岛城生活环境，加快构建现代化城乡治理体系，推动经济社会绿色发展和可持续发展，根据省、市相关文件要求，区委、区政府制定《洞头区城乡生活垃圾分类体系建设实施方案》（洞委办发〔2020〕7号），着力提高生活垃圾分类投放质量，严格落实生活垃圾分类收集要求，大力提升生活垃圾分类运输水平，全面增强生活垃圾分类处理能力，开展宣传教育和督促引导。到2020年，全区生活垃圾分类收集基本全覆盖，城区实施强制分类，生活垃圾回收利用率达45%以上，全年生活垃圾零增长；新建省级高标准示范小区2个、市级示范小区6个，省级高标准垃圾分类示范村1个，打造定时定点商业街6条。到2021年，全区垃圾分类收集基本全覆盖；基本建成分类投放、分类收集、分类运输、分类处理体系，全面实施强制分类。

【市政管网建设管理】2020年，洞头区提升监管信息化水平，上线运行智慧排水GIS管理平台，绘就排水管网“一张图”。建成市政管网提升工程包括城南污水处理厂应急调节池改造及污水泵站提升工程、供水保障工程、新城区一期三级管网修复工程等。修复新城一期住宅小区内部三级管网32个，解决新城一期小区因地势沉降导致排水管网断裂、脱节、破损等问题，鹿坑、长坑等自然村供水管网完工，“一户一表”改造155户。改造城镇公厕5座，建成“爱心驿站”2座。牵头完成陆域引水二期工程项目前期可研前期立项，温州至洞头陆域引供水第二通道项目可研完成，选定第二通道供水路由；开展鹿西大陆引水工程前期研究，选定鹿西大陆引水工程路由。开展排水、燃气、环卫等专项规划前期研究，完成规划初稿。

【洞头区南塘新LNG气化站工程】 2020年10月，洞头区南塘新LNG气化站工程项目管网建设启动，该工程主要建设内容包含LNG气化站生产区及辅助管理区，包括工艺及土建、电气、自控、消防、管网等相关公用配套设施，资金概算为180万元。工程责任单位为温州市洞头管道燃气有限公司，设计单位为温州市燃气工程设计有限公司，监理单位为浙江正展工程项目管理有限公司，施工单位为龙海建设集团有限公司。全年新增管道燃气用户703户。

【栽花种树工程】 2020年5月，洞头区栽花种树工程完工，建设内容为新城主干道路绿化工程三个标段子项目，包含一标段洞头区霞光大道入口绿道至环岛路第一交叉口景观提升工程、二标段洞头区洞头峡大桥入区交通绿岛景观提升工程、三标段洞头区入城主干道绿化工程，完成投资额390万元。工程责任单位是区综合执法局，施工单位为杭州蓝天园林建设有限公司，设计及技术参与由区栽花种树指挥部技术组负责，监督管理由区栽花种树指挥部工程组负责。

【生活垃圾分类管理】 2020年，洞头区新增省级高标准分类小区1个，市级高标准分类小区2个，省级定时收运商业街1条，区级分类示范机关片区2个，试运行1处易腐垃圾处置终端。全面开展“垃圾分类双月攻坚冲刺”行动，要求限期整改机关企事业单位70余家，立案查处未履行垃圾分类责任餐饮单位11家、物业2家，对1家保洁公司违规收运行为进行考核罚款。

【园林绿化管理】 2020年，洞头区改造提升微型公园3个、提质改造南塘湾公园1公顷、创成市级园林式居住区（海悦城小区），累计修剪整形行道树5000余株，清理绿化带35.8万平方米，补植三角梅1380株、时令草花近1880平方米。

【市政设施维护管理】 2020年，洞头区不定期排查市政设施安全隐患，开展下水管网清淤疏通、更换维修雨水井盖、硬化修补塌陷等，全年累计排查市政道路1000余千米、疏通雨水管道74处、更换破损井盖109个、修复人行道砖块427平方米、更换交通标志牌36处、加固破损栏杆176米、增补公益广告牌129处。

【路灯维护】 2020年，区综合执法局管理全区3958盏路灯，坚持定期与不定期巡查公共照明亮灯情况，全年累计出动市政照明设施巡查人员1320人次。完善市政公共服务职能，解决群众照明求助问题123起，帮助迁移、增设路灯7处，修复破损老化照明线路2528米，确保道路亮灯率保持在98%以上。

【河道保洁管理】 2020年，区综合执法局坚持“管养结合，齐抓共管”工作理念，重点做好海滨河、埭口河、铜山河、长坑河、南塘河等13条河道动态巡逻频率，全年组织区域河道巡查125次、出动巡查人员260人次，确保在第一时间发现问题，处置问题。

【农村污水运行维护】 2020年，区综合执法局开展辖区内的行政村、

洞头峡大桥入区交通绿岛景观提升工程　　（区行政执法局提供）

自然村污水处理设施、接户情况复核，落实村居处理设施接户信息调查工作项目60个。常态化运行维护农村污水终端102个，完成农村污水设施标准化运维目标任务11个，整改问题278处，处理各类污水堵塞、抢修等诉求80余起。全年发放《浙江省农村生活污水处理设施管理条例》读本等宣传册2.3万份，提升农村污水处理知晓率。

【获评全省生活垃圾分类工作优秀单位】2020年4月1日，浙江省生活垃圾分类工作领导小组发布《关于2019年度全省生活垃圾分类工作考核评估结果的通报》，洞头区获评2019年度全省生活垃圾分类工作优秀单位。洞头成立城乡生活垃圾分类一体化工作领导小组，先后制定出台《洞头区农村生活垃圾分类减量化资源化处理工作方案》《洞头区城乡生活垃圾分类处理实施意见》《洞头区城乡生活垃圾分类体系建设实施方案》等文件，明确垃圾分类工作标准。采用“线上+线下”立体宣传模式，联合街道（乡镇），深入辖区开展垃圾分类宣传“八进”活动，举行分类知识讲座24场，发放宣传手册宣传用品6.8万余份。通过“海霞妈妈”城市管理志愿者服务队，联动社区干部、物业管理员、保洁人员、社会志愿者队伍等，扩大社会宣传覆盖面，建立全市首支专职生活垃圾分类督导员队伍。全区每日收运易腐垃圾约3吨，城区大中型餐饮单位垃圾分类覆盖率95%，党政机关及学校食堂100%；设立南塘工业区再生资源交易市场和九厅村设立综合建筑垃圾分拣中心（大件物品拆解点），实现建筑垃圾和大件物品垃圾的资源化利用。全区累计完成省级农村生活垃圾分类处理项目村55个，占总行政村任务数的85%；创成元觉街道花岗村、霓屿街道下社村省级高标准生活垃圾分类示范村2个。全省改革满意度调查中，垃圾分类知晓度全市第一。

综合行政执法

【概况】2020年，洞头区坚持定点布控、路长巡、无人机“非现场”盲区巡控、10分钟快速处置等方式，强化路面巡查，开展市容秩序、排水排污、毁绿占绿、人行道违停、安全生产等专项整治行动10余项，全年办理各类行政处罚案件2563件，累计罚没款82.8万元，首次对渣土领域开出16万元罚单。实施干部基层挂职实践，选派8名年轻干部在城区中队挂职办案锻炼。

【“无违建”成果巩固】2020年，区综合执法局巩固无违建区创建成果，完成拆违2.77万平方米，完成率554%，新建违建即查即拆率100%，拆后土地利用率95.9%，全区6个街道（乡镇）全部创成“基本无违建街道（乡镇）”。推进存量违建“清零”，全年处置存量违建2.82万平方米。

【市容环境治理】2020年，区综合执法局实施问题销号、分片督查制，组织开展“清风”“夜鹰”执法行动，全面落实“门庭三包六清”责任；创新“云委托”执法模式，开启“僵尸车”清理“快车道”，治理市容“乱象”和“顽疾”，助力通过全国文明城市和卫生城市复评。累计清除“僵尸车”203辆，更换市政设施760余处，调整优化人行道停车位1646处，修复破损道路、更新道路标识近4万平方米。

【城乡排（污）水管理】2020年，区综合执法局落实中央生态环境保护督察问题整改清单，提前完成垃圾清运处置6万余吨，完成三级污水管网提升改造9千米，完成入海排污口整治25个，编制城南污水处理厂“一厂一策”方案。完成大门镇、元觉街道、霓屿街道三个省级任务“污水零直排”建设，全域“污水零直排区”创建通过市治水办验收。

【城市治犬管理整治行动】2020年9月始，全市开展规范养犬管理整治行动，洞头区2个月内完成养管办框架建立、犬只底数排摸、收容场所选址建设、无主犬捕捉收容、文明养犬视频宣传及一站式免疫登记等工作。开出全区首张违规养犬罚单。完成区级免疫登记协助点设置2家，办理登记有主犬126只，收容无主犬68只。

【建筑垃圾处置监管】2020年，区综合执法局全面排查建筑工地底数，实行建筑垃圾运输企业和消纳企业备案制，办理全区首张建筑垃圾处置核准。推进建筑垃圾专项整治行动，立案查处乱倒建筑垃圾、建筑泥浆案件9起，累计处罚金额12余万元，集中固化建筑泥浆1000余立方米。

【燃气安全监管】2020年，区综合执法局组织开展安全隐患大排查专项执法行动，累计完成瓶装燃气场站安评16家，入户安全检查3.6万户次。提高燃气信息化管理水平，瓶装燃气信息化充装率100%，入户安检率116%，全年无燃气安全事故发生。

（林思茹）

商贸服务

休渔时节·陈建辉

“海霞精神”

爱島尚武　励志奉献

商贸服务

概述

【概况】2020年，洞头区因受到疫情影响，上半年消费市场受到冲击，下半年得到恢复。全年实现社会消费品零售总额29.09亿元，同比下降2.19%。2月至4月，对承租各街道（乡镇）、区属各单位（含所属国有独资、控股企业及其各级子公司）生产经营用房的商贸流通企业及个体工商户，主要包括批发和零售贸易业、餐饮业、仓储业，并涉及交通运输业和贸易平台等实行免收房租政策。全区纳入统计限上商贸企业55家，其中批发企业20家、零售8家、餐饮17家、住宿10家。全年限上批发业销售额65.37亿元，主要批发企业有浙江中燃华电能源有限公司，全年销售总额37.85亿元，占全区比重28.48%（不含瓯江口则比重58%）。

【消费品零售】2020年，洞头区实现社会消费品零售总额29.09亿元，同比下降2.19%。其中完成限上批零住餐销售总额68.83亿元，增长41.11%；限上批发业销售额65.37亿元，增长44.81%；限上零售业营业额2.12亿元，下降13.6%；住宿业营业额6462万元，增长13.07%；限上餐饮业营业额6920.9万元，增长13.62%。

【消费促进行动】2020年，为促进洞头本地消费市场复苏，温州市联动开展“春暖瓯越，温享生活”促消费活动，区政府向全区居民和外地籍在洞头人员发放消费券和旅游套票总额1700万元。组织开展“面朝大海·春暖花开”洞头文旅消费季五大行动，放送发放10万张总价值1000万元的半屏山景区VIP消费套票等优惠活动。开展中国·洞头“海霞旅游·生态消费”日系列活动。全区各级工会分批分次组织干部职工本地“春秋游”活动及职工疗休养活动。单位职工优先采购本地消费扶贫渔农产品等。

（吴建中、叶环）

【电子商务】2020年，洞头区电子商务零售额6.9亿元，同比增长30.5%。80%以上规上工业企业通过第三方平台或建设独立平台开展电子商务应用，其中鑫朝电子商务产业园2万平方米，入驻企业16家。截至年底，全区重点监测第三方电子商务平台上共有各类活跃网络零售网店422家，12月洞头区网店活跃度49.8%。其中活跃天猫网店34家，活跃网店占比100%。活跃天猫网店中旗舰店、专营店、专卖店分别为22家、11家、1家，旗舰店占比64.7%；全区淘宝（企业店）、天猫、京东共有农产品活跃网店18家。电子商务就业岗位1170个，间接带动就业岗位3080个。组织辖区内40多家电商企业开展线上电商知识大培训，发动参加市电商专题培训，提高电商企业管理人员、业务人员电商知识水平。培育海鲜直销电商小程序“洞头海鲜——从浪尖到舌尖”，促成本地电商企业与电商平台企业合作。

【食盐专营】2020年，温州市洞头区盐业公司共调入盐产品2067.3722吨；年底库存量410.8712吨。销售各类盐产品2161.48吨，其中小包装碘盐销售128.38吨，企业利润总额-18万元。全区碘盐合格率、碘盐覆盖率和合格碘盐食用率分别达到100%、99%和100%。共建立食盐零售配送客户资料182家，配送客户98家。在广场、农贸市场等地组织开展主题为“众志成城战疫情，科学补碘保健康”第二十七个“防治碘缺乏病日”宣传活动，通过悬挂宣传条幅，放置门型展架，设立咨询台、张贴宣传标语，旨在普及碘缺乏病防治知识，加深消费者对浙盐企业形象和“浙盐”品牌的认同。

（王超）

【拍卖典当业】2020年，洞头区有1家拍卖企业——洞头拍卖行有限公司。公司成立于1993年，注册资本100万元，是洞头区经信局下属的国有企业单位。主营业务涵盖拍卖的各个领域，业务范围涉及各级执法机关罚没物品、金融部门抵押物品、理赔物、无主物、闲置设备、破产企业资产、国有资产管理部门委托的动产不动产拍卖、商品估价鉴定咨询服务，国家法律、法规允许拍卖物品、财产权利等。7月31日，区编办下发《关于调整洞头城发公司等国有企业机构编制设置的通知》文件（洞编〔2020〕13号）。撤销洞头拍卖行有限公司国企机构编制设置，原3名人员及编制划入洞头城发公司。全年组织线上拍卖1场，公开拍卖13套房产，成功交易5套，成交额759.4万元。

洞头区有1家典当企业——洞头鑫隆典当有限责任公司。公司位于洞头区北岙街道复兴路101号、103号，注册资本500万元，主要经营动产质押、房地产（外省、自治区、直辖市房地产或者未取得商品房预售许可证在建工程除外）抵押典当业务、限额内绝当物品变卖、鉴定评估及咨询服务和商务部依法批准其他典当业务。全年企业典当业务总额502.25万元，发生典当业务13笔，年末资产总额523.12万元，年末典当余额502.25万元，当年息费收入23.65万元，无直接对外债务余额。

（郑德锋）

【医药销售】2020年，洞头区总部经济园入驻并运营的企业主要为医药企业，分别为浙江德宁医药有限公司、浙江固德医药有限公司。其中，浙江固德医药有限公司主要从事民营医院、诊所和药店的OTC业务，全年销售额17850.6万元；浙江德宁医药有限公司主要从事康宁集团所属各大医院及其他医疗机构、药店的业务，全年销售额6467.4万元。

【洞头首家口罩生产企业注册】2020年3月3日，浙江三冈生物科技有限公司通过厂房租赁备案登记，入驻南塘工业区鑫朝金属有限公司闲置厂房，为洞头区首家申请注册审批口罩厂。公司经营范围包括包含新材料科技、新能源科技、智能科技、环保科技、环境科技、光电科技、生物科技、医药科技及第一类医疗器械、第二类医疗器械、机电设备、劳保用品、民用口罩的生产、批发、销售（含网上销售）等，法定代表人黄志刚。

（李隆隆）

2020年洞头区涉药单位一览表

表22

类别	单位名称	地址
药品生产企业	浙江诚意药业股份有限公司	洞头区化工路118号
批发企业、连锁总部	浙江康隆医药有限公司	洞头区北岙街道飘香路3号A幢401室
	浙江固德医药有限公司	洞头区北岙街道溢香路86号B幢202室
	浙江德宁医药有限公司	洞头区北岙街道飘香路3号A幢102室
	浙江温周药房有限公司	洞头区北岙街道溢香路86号B幢502室
处方药店	温州市洞头联益医药零售有限公司	温州市洞头区北岙街道健康巷17号
	温州市洞头花旗药店	温州市洞头区北岙街道中心街67号A8-10
	温州市洞头一品堂药店	温州市洞头区北岙街道望海路18号
	温州市洞头同益药品零售有限公司	温州市洞头区北岙街道连城大道12号
	温州市洞头协和药品零售有限公司	浙江省温州市洞头区大门镇沙岩街45号
	温州市洞头康民药品零售有限公司	温州市洞头区北岙街道中心街373-375号
	温州一正药房连锁有限公司洞头店	温州市洞头区北岙街道中兴路38号一楼第一间

续表22

类别	单位名称	地址
处方药店	温州一正药房连锁有限公司洞头城南店	温州市洞头区北岙街道城南大道9号、11号
	温州一正药房连锁有限公司洞头城中店	温州市洞头区北岙街道中心街168-4、168-6号
	温州一正药房连锁有限公司洞头北岙店	温州市洞头区北岙街道烈士路31号
	国药控股好喜好大药房连锁（温州）有限公司洞头店	温州市洞头区北岙街道城南大道1号
	温州三德大药房医药连锁有限公司东屏店	温州市洞头区东屏街道海滨路20号
	温州三德大药房医药连锁有限公司洞头平民药店	洞头区北岙街道中心街212号
	温州叶同仁医药连锁有限公司洞头店	浙江省温州市洞头区北岙街道连城大道4、6-1号
	浙江瑞人堂康盛堂大药房医药连锁有限公司洞头连城店	浙江省温州市洞头区北岙街道连城大道12号
	浙江瑞人堂康盛堂大药房医药连锁有限公司洞头沙岩店	浙江省温州市洞头区大门镇沙岩街28号一楼
	英特一洲（温州）医药连锁有限公司洞头店	浙江省温州市洞头区北岙街道中心街406、408、410号
	温州市布衣大药房连锁有限公司洞头大门店	温州市洞头区大门镇富民街9号-4、9号-5
	温州市洞头同致药品零售有限公司	温州市洞头区霓屿街道海滨南路28号第一层
	温州市洞头鹿西玉琴药店（普通合伙）	温州市洞头区鹿西乡兴渔路12号
	温州百晓大药房连锁有限公司洞头北岙店	浙江省温州市洞头区北岙街道烈士路101号
乙类非处方药店	洞头一帆药店（普通合伙）	洞头区东屏街道仙岩路317弄11号
	洞头大门舒宁药店	洞头区大门镇富民街33号
	洞头海英药店	洞头区东屏街道城南路129号

（区市场监管局提供）

对外贸易

【概况】2020年，洞头区进出口总额（含一达通）实现19.77亿元，同比增长37.94%。其中，进口总额实现15.27亿元，增长35.85%；出口总额（含一达通）实现4.5亿元，增长45.53%。按企业类型分，外贸企业自营出口总额2.37亿元，增长154.84%；生产企业自营出口总额1.87亿元，下降6.97%；三资企业自营出口总额0.26亿元，下降53.57%。洞头区主要外贸出口企业有温州市东启汽车零部件制造有限公司、浙江信立达机械科技有限公司、浙江诚意药业股份有限公司、温州佳海食品有限公司、温州金源新材料科技有限公司等老牌企业，出口总额分别为4677万元、5714万元、2858万元、2679万元、2551万元，占全区出口总额41%；指导温州市盛翔供应链管理有限公司、温州市腾峰贸易有限公司开展市场采购贸易业务，累计完成市场采购贸易出口575万美元，创新发展外贸新业态经济。温州大洲远洋公司在非洲塞内加尔投资设立渔业公司，实现境外投资295万美元。主要外贸进口企业有浙江中燃华电能源有限公司，全年进口额15.13亿元，占全区进口总额99.09%。全年兑现外贸企业优惠政策金额76.59万元，涉及企业10家。

【自贸区改革创新试点】2020年8月10日，根据《浙江省人民政府办公厅关于同意设立中国（浙江）自由贸易试验区杭州联动创新区等的复函》（浙政办函〔2019〕89号）、《关于印发6个中国（浙江）自由贸易试验区联动创新区总体方案的通知》（浙自贸办〔2020〕1号）和《温州市人民政府办公室关于印发中国（浙江）自由贸易试验区温州联动创新区实施方案的通知》（温政办〔2020〕44号）文件精神，为建设好温州联动创新区洞头分片区，复制推广自贸试验区创新经验，探索开展差异化自主创新，打造成为温州联动创新区建设的重要增长极，区政府印发《自由贸易试验区温州联动创新区瓯江口片区洞头分片区建设实施方案》（洞政办发〔2020〕26号），重点任务是促进更高层次对外开放、推动跨区域联动合作与创新、加快建设绿色石化基地、谋划建设油气储运基地、探索油气贸易中心建设、打造浙南特色临港产业区。目标到2022年，推动能在洞头落地推广的全国自贸区改革试点经验应复尽复，全面推广，基本建成与临港产业相适应的配套设施，初步形成以油气为核心的外向型临港产业链，要素全球配置能力显著提升；到2025年，力争形成1个及以上改革经验及案例，初步建成高端产业集聚、投资贸易便利、辐射带动作用突出的开放平台。全年完成市全国自贸区改革经验复制推广任务7条。

【新增外贸企业5家】2020年，洞头区新招引外贸优质企业5家，即温州迈哲贸易有限公司、温州睿铭贸易有限公司、温州豪磊贸易有限公司、温州市盛翔供应链管理有限公司、温州子午线国际贸易有限公司。全年累计出口总额达1.72亿元，占全区外贸出口总额38%。

（吴建中、叶环）

烟草专卖

【概况】2020年，温州市洞头区烟草专卖局（分公司）实现税利6635.46万元，增长14.06%，直接缴纳洞头税款1167.31万元，汇总缴纳省税务1443.57万元，对洞头地方财政贡献额1238.72万元（含转移收入）。推进“两项试点”在基层落地实践，“香溢购”覆盖率93%，非烟订单进货面23.06%。全省分层分类对标考核小组排名第一。全年办理许可证467个，实际净增56户，网上办证率98.78%。推动文明吸烟环境建设，联合八家单位开展“烟头不落地，洞头更美丽”主题活动，组织青年突击队开展烟头兑换活动，实地勘验热门景区、人流密集处，建设南炮台山、仙叠岩、新城车站吸烟室3个，公共区域安装灭烟筒158个。党支部获市级首批“四化”示范党支部、洞头区优秀机关党建品牌。

【卷烟打假打私】2020年，洞头区查获涉烟违法案件105起，其中真烟案件55起，5万元或5件以上案件3起，查获涉案卷烟4026.3条，总案值43.25万元，全年市场综合净化率98.75%，实现假烟案件再突破，案值9.21余万元。违法嫌疑重点籍案件查处率300%；查处违法大户案件13起，违法违规大户查处率216.67%。

【烟卷零售终端建设】2020年，累计建设现代终端188户，现代终端占比23.06%；建成合作店9家，合作终端占比1.1%；“四全”门店入网124家，占比15.20%。

（邱颖莹）

供销合作经济

【概况】截至2020年年底，全区有正常运作农民专业合作社164家，其中区级示范性合作社33家，市级示范性合作社14家，省级示范性合作社2家，清理空壳合作社28家。温州市洞头区渔业单拖产业农合联成立，会员800多人，170多艘单拖渔轮，年产值近亿元。全年合作社经营收入3.84亿元，同比增长11.4%，带动农户4753余户。

温州市洞头区供销合作社在岛际航班首次恢复运营时，组织专供物资帮助鹿西乡41家商家恢复商品供应。盘活社有资产，通过公开招租等方式，全年实现社有资产租金收益10多万元，同比增长20%。举办农特产品进民宿现场会、七夕民俗风情节、第三届紫菜文化旅游节、鹿西大黄鱼海钓旅游节等特色活动。建立温州市小吃协会洞头办事处，筹办“瓯越鲜风”专场活动，集中展销洞头特产和旅游推荐商品。开展精准“三服务”，完成50吨化肥应急储备任务，组织春耕夏种等“农资下乡”活动5次，为农民免费配送各种化肥100余吨，累计让利10万余元。

【“三位一体”综合改革】2020年，区供销社推进区为农服务中心建设工作，在海霞红港示范带内建设农产品展示展销馆。开设“瓯越鲜风”洞头专营店1家，推荐4家农业龙头企业和合作社申报使用“瓯越鲜风”区域公用品牌。推进北岙“6个1”示范带建设，建成大王殿资金互助会、渔业单拖产业农合联、妈祖节海霞军旅、东沙港海鲜量贩城（农特产展馆）、北岙街道示范性农合联布置工作等特色项目。

【“两菜一鱼”品牌推广】2020年，区供销社谋划做好“两菜一鱼”进机关、学校、企业食堂宣传推广，完成“两菜一鱼”布点进驻16家。帮助星贝等“两菜一鱼”企业尝试线上购物、线下体验经营新模式，入驻开元、维也纳、白迭艺术村、玖溪玫瑰、鹿西民宿群、半屏民宿群等酒店民宿。跟进“洞头紫菜”地理标志证明商标申请，拟定《“洞头羊栖菜”“洞头紫菜”地理标志证明商标使用监督管理办法（试行）》，授权全区藻类企业使用“洞头羊栖菜”地理标志证明商标5家。多平台推介农产品，和政采云平台签订战略合作协议，首批推介“两菜一鱼”企业进驻新采云采购计划平台9家，推介企业产品入驻银泰等大型商超品鉴会4家。

【渔农民普惠金融服务】2020年，区供销社持续推广特色产业普惠金融产品。全年发放“紫菜贷”7818万元、“羊栖菜贷”6320万元，推出特色“民宿贷”普惠金融服务贷款15笔，共计450万元。组建市农信担保公司洞头办事处，完成农信担保115万元。

（刘冠竹）

粮食行业

【概况】2020年，洞头区完成储备粮早籼稻谷2293吨、区级储备成品粮450吨、食用油20吨、小麦1800吨。投入20余万元对仓储设施、设备等进行维修改造和提升。开展储备粮和储备食用植物油库存检查，库存粮油质量合格率、储存粮油品质宜存率、入库与储存期间质量检验建档率均100%，储备粮油全部达到“一符四无”标准要求。九厅中心粮库继续保持“三星级”粮库荣誉。

【粮食产销合作】2020年，洞头区与安徽省巢湖市农户签订3600亩粮食订单协议并建立稳定粮食购销关系。开展省际间粮食产销对接活动，组织粮食企业参加江西上饶举办的浙、赣两省五市粮食网上交易会。

【粮食应急预案演练】2020年，区发改局实行每周一报价格监测制度，疫情期间实行日采价监测机制，在全区12个粮食应急监测点对5个主要品种粮食价格进行监测，为及时掌握全区粮食市场价格变动情况，稳定全区粮食市场提供预警信息。继续与12个粮食供应点签订粮食应急供应协议，落实保持应急成品粮储备450吨，日粮食加工能力50吨设备一套，建立粮食应急运输企业运输机制，保障突发情况下的粮食应急供应。

（洪星）

邮政管理

【概况】中国邮政集团有限公司温州市洞头区分公司管理职能归属中国邮政集团有限公司温州市分公司，设立市场营销部和寄递事业部，下辖北岙、大门、鹿西、东屏、霓屿5个邮政支局（所）、1个元觉业务代办所。2020年，公司从业人员59人，其中在岗职工31人，劳务工28人。全区共有邮路8条，农村邮路2条，邮路单程总长519千米，城市投递道段13条，农村投递线路6条，其中汽车投递道段4条，摩托车投递道段2条，电动自行车投递道段9条，电动三轮车投递道段4条。村邮站建设总计73个，其中一类站58个，三类信息化村邮站15个，共有村邮员86名，其中专职11名。全年邮政业务总量完成1767万元（不含邮储银行部分），同比增长47.4%。

【农村电商运营】2020年，公司制订包裹快递业务发展奖励政策，提高营销、揽收和收寄各环节酬金标准，实行按岗、按质、按量、按责考核、按劳计酬，落实按劳取酬的分配制度。借鉴金融发展模式，做好“存量客户提升”工作。利用投递网优化建设改革契机，对城郊包裹投递、商务投递等开展社会合作模式。拓展农村电商业务渠道，与小商超结合，利用自主创新订单收集系统、小商超推销分销产品，培育客户关注线上平台的自主性，拓宽线上渠道，多渠道多方位宣传邮政分销产品优势，做好时节性产品销售，注重传统节日营销，制定符合洞头传统习俗的销售方式，通过中秋等重点节日项目，做好红酒、农产品、月饼等分销产品的专项营销工作。重点针对个人市场、私费市场、自费市场的拓展。采用线上线下结合，以邮掌柜为主要销售渠道，以大单品价格优势，把洞头农特产品（虾皮、紫菜、鱼干等）在批销系统销售，快速调高本地分销业务的发展。

【邮政行业服务】2020年，全区邮政业务总量完成1767万元（不含邮储银行部分），同比增长47.4%，其中：国内函件0.84万件，下降39.27%；国内包裹快递64.89万件，增长63.89%；国际及港澳台包裹快递19件（不包含速递），增长35.7%；机要件391件，增长20.68%；年末邮储日均余额达1.3亿元（不含邮储银行部分），增长22.66%；汇票332笔（不含邮储银行部分），下降65.67%；全年累计收订报纸194万份，增长0.13%，全年累计收订杂志0.3万份，下降9.33%，代理票务0.7万张。

（洪丽娟）

市场管理与服务

【概况】2020年，洞头区共有商品交易市场7家，其中农贸市场5家，生产资料市场1家，网上交易市场1家。有四星级文明规范市场2家（北岙、新城农贸市场）、三星级规范市场3家（大门、元觉、东屏农贸市场），“五化”农贸市场2家（北岙、元觉农贸市场），放心农贸市场4家（北岙、新城、元觉、东屏农贸市场）。

【农贸市场疫情防控】2020年，洞头区成立农贸市场疫情防控督查专班，严格执行农贸市场“五个一律”防控措施，督促各农贸市场开展日常扫码（亮码）、佩戴口罩、测温工作情况；全面禁止农贸市场活禽交易，每日开展清洗消杀，查验及记录食品销售进货相关要求，采购食品依法索要相关凭证，严格落实食品安全索证索票制度，进口产品需出入境检验检疫部门出具的检验检疫证明文件，不得销售未经检疫或检疫不合格商品。全年出动督查人员3000余人次，开展联合执法30余次。

【省级“五化”农贸市场建设】2020年8月，北岙、元觉农贸市场启动全省首批“五化”农贸市场创建，按照“五化”（便利化、智慧化、人性化、特色化、规范化）要求，入门处设置一站式服务台，放置充电宝、便民药箱、快递物流服务、共享雨伞等便利化、人性化服务设施；市场内信息公示查询平台、数据显示大屏、“瓯e办”政务一体机等智慧化设备，可查询食品溯源信息、日交易信息、办理便民服务事项；设立科普教育基地、读书角和母婴室，体现人性化；市场管理“规范化”，用“四色”区分不同区域经营户档案，建立经营户信用记录等管理数据库实施信用奖惩管理。10月，通过省、市两级现场考核验收。

（吕胜利）

餐饮住宿业

【概况】2020年，洞头区举办第三届紫菜文化旅游节、鹿西首届东海黄鱼节、大门油菜花节、第五届洞头大门海岛文化旅游节，促进旅游市场平稳快速发展，带动住餐消费逐步回升。推行“三戴两公”和“制止餐饮浪费 深化文明餐桌”行动。全区入选“2020年温州市特色产品伴手礼”产品3个，举办“百岛盛宴‘鱼’众不同”特色美食烹饪大赛，评选、推广“百岛十二鲜”“至尊黄鱼”系列特色菜品。全区新增民宿73家、床位804张；隔头村入选省首批民宿（农家乐）助力乡村振兴改革试点名单，玖栖海上桃源里、静舒心居2家民宿入选2020年温州十大市级示范性精品民宿。全区纳入统计限上餐饮企业17家、住宿企业10家，新上限4家，住宿业营业额2.24亿元，同比增长12.5%，其中限上住宿营业额6462.1万元，增长13.07%；餐饮业营业额6.92亿元，增长13.4%，其中限上餐饮业营业额6920.9万元，增长13.62%。主要住餐企业有温州市洞头沿港大酒店有限公司、温州市洞头溢香国际大酒店有限公司、温州中快餐饮服务有限公司等，全年营业额分别为3792.3万元、1216万元和787.4万元，占全区限上住餐总营业额的43%。

【餐饮主体数量】2020年，全区共有餐饮服务单位743家，其中小餐饮及小型餐饮服务单位642家，大中型以上餐饮服务单位101家，学校食堂14家，托幼机构食堂24家，建筑工地食堂18家，企事业单位食堂28家，其他食堂（含养老机构食堂）46家。

【餐饮食品安全监管】2020年，区市场监管局共立案查处餐饮环节案件32起，其中餐具消毒不合格11起。开展餐饮抽检131批次，不合格批次4个，立案4起。持续开展“文明用餐标准服务”行动，以“夜鹰”行动、餐饮“红黑榜”等执法行动为抓手，在大中型餐饮、景区及周边餐饮全域推行“三戴两公”“制止餐饮浪费”专项治理，全年打造标准服务示范点12家，公筷公勺、光盘行动响应单位300余家。完成“百岛盛宴‘鱼’众不同”特色美食烹饪大赛、第十三届七夕民俗风情节活动等大型活动保障15场，保障人数3万余人，实现活动期间食品安全零事故。

【服务餐饮业复工复产】2020年，区市场监管局加强餐饮单位复工后的检查指导频次，确保餐饮单位严格落实进货查验和索证索票制度、餐饮服务食品安全操作规范、餐饮用具清洗消毒、经营场所消杀等制度。2月，全市率先推出“无接触配餐柜”，携手饿了么、美团两家外卖平台在17个小区投放20个无接触餐柜，降低人员集聚和直接接触风险。推出餐饮业“三色”管理机制，根据餐饮经营单位疫情防控措施执行情况，适当放开堂食服务。4月，全区范围内推广“网络订餐看封签”行动，推动入网餐饮商家使用“外卖封签”常态化，让网络订餐更安全。

【消费者权益保护】2020年，区市场监管局受理消费者咨询、投诉、举报共968件，处置率100%，为消费者挽回损失经济23.71万元。查处餐饮明码标价、住宿服务等消费领域案件65件，罚没款39.33万元，其中消费热点诉转案7件。全年约谈企业9家，发布“谨防傍名牌”“微信朋友圈谨慎购物”等消费警示5期，发放各类倡议书4期，建立洞头区消费体验示范基地2家。围绕“放心消费在洞头”建设目标，创成放心消费单位949家，其中无理由退货单位291家，放心工厂51家，东岙放心消费街区1个。

【涉疫餐饮住宿退订纠纷处理】2020年，针对疫情突发疫情引发的餐饮、住宿消费退订事宜，区市场监管局成立消费投诉处置专班，排摸走访辖区酒店、民宿、餐饮经营单位，劝导经营者主动减少人群集聚活动，对前期退订的消费者予以全额退还定金、延期消费等方式。全年妥善处置涉疫投诉59件，为消费者挽回经济损失6.16万元。

（张莹颖）

旅游业

鱼跃鸟飞鱼娃共舞·杨金花

“海霞精神”

爱岛尚武　励志奉献

旅游业

概述

【概况】洞头是浙江省重点风景名胜区，现有七大景区，分别是仙叠岩景区、半屏山景区、东沙景区、大门岛景区、鹿西岛景区、竹屿岛景区和大瞿岛景区，景点400多个。旅行社3家，分社4家，即新境界旅游有限公司、大自然旅行社有限公司、华夏旅行社有限公司、温州市精诚国际旅行社有限公司洞头分公司、温州海外旅游有限公司洞头分公司、温州金菠萝国际旅游有限公司洞头分公司、温州交运集团国际旅游有限公司洞头分公司。

2020年，洞头区围绕打造“国际旅游岛”战略目标，推进文旅体融合发展。出台建设洞头国际旅游岛实施意见、全域旅游产业等3大规划。旅游景区重新布局，收回马岙潭景区，完成大沙岙景区回购谈判。推出文旅消费季，举办文旅活动27场，出台旅游优惠政策十大项，开发海霞有礼系列伴手礼，星光经济带动旅游市场复苏。推出“海上花园 百岛洞头”主题宣传口号和洞头文旅品牌LOGO、吉祥物“海海”及表情包，拍摄中英文宣传片，创作城市民谣。洞头文旅宣传走进全国十大城市，外宣报道453次，学习强国平台采用3篇，国家主流媒体采用142篇，抖音曝光量破350次，百度曝光量破780万次。出台海岛民宿等级评定办法，评选出海岛三星级以上民宿19家，全年新增床位804张。建设旅游重大项目13个，在建、签约落地项目总投资超34亿元。十多年僵尸项目国际大酒店对外营业，名品广场开工建设。全年接待游客713.57万人次，同比增长22.08%；实现旅游综合收入66.19亿元，增长25.89%。

【海岛公园创建】2020年，省发改委和省文旅厅联合制定出台《浙江省十大海岛公园建设三年行动计划（2020—2022）》，明确提出到2022年要全面建成“诗画浙江·海上花园”十大海岛公园旅游品牌。洞头区制定《洞头区海岛公园建设三年行动计划（2020—2022）》，梳理细化六大类25项年度任务清单。通过提升美丽海岛风貌、加快陆岛交通建设、推进陆岛协同发展、丰富海岛公园旅游产品、加大绿色科技支撑、提升滨海旅游品牌形象等六大系列建设。成立海岛公园建设工作领导小组，汇集全区各条战线35个部门工作力量，推动海岛公园建设，多次组织开展海岛公园建设规划研讨会、海岛公园建设三年行动计划讨论会。对接省文旅厅，争取建设资金补助，选派年轻优秀中层干部到省文旅厅资源开发处挂职。启动《洞头区海岛公园建设规划》编制，突出“一岛一主题、岛岛是乐园”，开发青山欢乐岛、大竹屿星空岛、大瞿养生岛、南策海钓岛等主题岛项目，推进白鹭湾海渔文化旅游度假区、同心小镇、梦幻海湾等一批休闲旅游“龙头”项目建设。全区累计在建文旅项目37个，总投资达147.3亿元。先后发布小型休闲船艇管理标准、“渔家乐”餐饮标准、海岛民宿标准等“洞头标准”16项。入选省首批AAAA级景区城试点单位、民宿助推乡村振兴改革试点单位、部省共建乡村振兴示范省先行创建单位，获评全国第二批“两山”实践创新基地。

【国家全域旅游示范区创建】2020年2月10日，为落实党中央、国务院关于全域旅游的部署安排，加快推进旅游业转型升级，促进国际旅游岛建设和全区经济社会高质量发展，区委、区政府决定启动国家全域旅游示范区创建工作，制定《洞头区创建国家全域旅游示范区实施方案》，重点任务是实施体制机制创新工程、产业要素保障工程、旅游服务提升工程、供给体系丰富工程、旅游秩序维护工程、旅游品牌营销工程，通过动员部署、组织实施、检查整改、迎检验收等阶段。主要目标创新示范目标，提炼不少于3项海洋旅游特色的创新示范领引内容；融合业态目标，旅游融合业态不少于15种；创建成果目标2021年完成国家全域旅游示范区创建，旅游业增加值占全区生产总值（GDP）比重13%以上，旅游从业人员占全社会从业人员比重20%以上，年均接待游客增速、旅游综合收入增速均保持在15%以上。

【洞头区全域旅游“八大工程”】 2020年5月13日，区委、区政府印发《2020年洞头区全域旅游“八大工程”责任清单》，包含旅游平台拓展工程、低碳旅游培育工程、旅游产业提升工程、旅游设施完善工程、民宿酒店提升工程、对外合作推进工程、旅游服务提升工程、旅游机制创新工程，推进国家级全域旅游示范区创建，加快省级旅游度假区、海岛公园建设。

【获评浙江文化和旅游产业融合发展十佳县区】 2020年4月28日，“2019浙江文化和旅游总评榜”公布，洞头区获“2019浙江文化和旅游产业融合发展十佳县区”称号，全市仅洞头入选。洞头区以文广旅体机构改革为契机，推进文旅融合工作向前发展，成绩斐然。出台文旅体产业融合发展两年行动计划，完成全域旅游产业发展规划编制。牵头服务文旅重大项目22个，推出同心夜市、激光水秀等活动，建成投用百岛森林乐园，引进帆船帆板、深海钓、咖啡产业基地等项目，渔民画开发取得实质性突破，两大旅游伴手礼入选省特色旅游商品名单，获评“全国文旅融合特色创新示范区”。

【青山岛海洋公园入选全国文化和旅游投融资项目】 2020年12月24日，文化和旅游部办公厅等7家单位联合发文公布全国文化和旅游投融资项目遴选结果，洞头区青山岛海洋公园入选，为全市唯一入选项目。遴选结果作为各级文化和旅游行政部门及合作金融机构开展政策支持和金融服务的重要参考。青山岛海洋公园为省“152”工程，项目总投资22亿元，打造“海上迪士尼”，主要建设海上游乐设施、休闲观光区、度假酒店及客栈等，项目建成后成为浙南地区功能最全、项目最齐、规模最大的海岛旅游主题公园。

【隔头入选省民宿助力乡村振兴改革试点】 2020年6月30日，浙江省文化和旅游厅、省农业农村厅公布浙江省首批民宿（农家乐）助力乡村振兴改革试点。洞头区隔头改革试点入选。隔头民宿集聚区位于洞头区本岛西部海岸，是温州市唯一的海岛精品民宿集群，森林覆盖率90%，拥有洞头仅有的两个森林康养基地：岩海森林康养基地和海脚森林康养基地。隔头村坚持“生态保护、产业融合、全民共享”发展理念，把发展海岛民宿作为乡村振兴突破口，不断完善基础建设和产业培育，实现业态互动、生态生活生产交融。

【《洞头区风景旅游志》启动编纂】 2020年7月13日，《洞头区风景旅游志》编纂工作讨论会召开，启动志书编纂。该书大纲旅游资源、旅游组织机构、旅游规划与建设、全域旅游与产业融合、旅游行业管理与政策、旅游市场与营销等九大篇章全面、客观、系统记述全区旅游工作的历史起源、改革发展、景区资源、产品开发、宣传营销、配套服务、行业管理等内容。邀请邱国鹰担任主编。

（王施施）

旅游市场营销

【概况】 2020年，洞头开展旅游市场营销，组建旅游工作专班、制定门票优惠政策等，策划文旅品牌宣传、创建“诗画浙江·百县千碗”美食体验店等。举办“百岛洞头·海霞故乡”海霞杭州专场推介会、“温润山海城，融动长三角”江苏推介会，区内举办大型旅行商大会2场，到北京、上海等10余个城市参加旅交会20余场。“引进来”旅行商到洞头踩线近500名。通过小红书、飞猪、马蜂窝和百度城市名片等新媒体平台，推广百岛清肺之旅、红色寻根游等精品线路和定向地区民宿信息流推送。联合举办“海霞旅游·生态消费”日、中国东海海岛旅游嘉年华暨温州多彩水文化旅游季、上海旅游节温州分会场暨温州自驾游等活动9场。协助部门街道（乡镇）举办中国·洞头七夕民俗风情旅游节、霓屿紫菜文化节等活动5场，推进星光经济，举办韭菜岙沙滩民俗演出和烟花秀活动。洞头沿港大酒店和小朴渔宴入选省“诗画浙江·百县千碗”美食体验店名单。《洞头区风景旅游志》启动编纂。

【洞头文旅消费季五大行动实施】 2020年4月至6月，为应对受新冠肺炎疫情影响文化和旅游消费市场需求，洞头区开展“面朝大海·春暖花开”洞头文旅消费季五大行动。

包含实施“春惠洞头”消费促进行动，送特色渔产品礼包、防疫物资礼包、防疫保险礼包，千万消费券大放送，A级景区免费游；实施“春暖洞头”助企惠企行动，加大文旅企业减负降费力度、文旅企业资金支持力度、文旅企业复产扶持力度；实施“春意洞头”产品供给行动，推广海鲜“养生宴”产品、海岛“森呼吸”产品、海岛“璀璨夜”产品；实施“春颂洞头”营销推广行动，举办一场文旅品牌“云发布会”，开展一系列旅游宣传和市场营销；实施“春享洞头”优化服务行动，树立良好形象，提高从业人员素质，提升行业服务品质。

【景区套票免费发放】2020年4月至12月，为刺激旅游市场恢复，降低疫情对旅游企业的损失，加大对旅游企业补助。洞头区定向发放10万张半屏山景区VIP套票。凡购买参与半屏山景区VIP套票活动的旅游产品，除节假日可免费游半屏山景区，还可享受近100家民宿、7家酒店、帆船、海上蹦极等旅游项目最低5折优惠。

【文旅品牌宣传推广】2020年，温州市洞头区文化和广电旅游体育局整体策划洞头文旅品牌，打造洞头文旅“超级IP”，推出“海上花园 百岛洞头”主题宣传口号、logo、“海海”吉祥物。推出伴手礼及“海海”人偶、“海海”微信表情包、“海海”视频短篇等海海系列衍生品，通过洞头景区、城市入城口形象标识、主城区道旗、出租车led屏等载体宣传洞头文旅品牌，推广城市品牌营销。

【中国·洞头海岛旅游嘉年华】2020年8月14日，中国洞头海岛旅游嘉年华暨温州多彩水文化旅游季启动，主题是“海上牧歌 多彩水季”。内容包含海岛旅游嘉年华启动仪式、“鲁滨逊漂流记”主题游、海岛旅游嘉年华、海岛文旅短视频大赛、海岛“乘风破浪”风情秀、海岛旅游风光摄影大赛、同心夜市、亲子游园、“枕浪听涛 夜洞头”沙滩民谣节、“全国媒体看洞头”采风行等。整合全省十大海岛公园、全市水上项目及洞头精品旅游线，活动至10月结束。活动主办单位是区人民政府、市文化广电旅游局，承办单位是洞头区文广旅体局，协办单位是区融媒体中心、区旅游文化发展有限公司、东屏街道办事处、温州新闻APP、温州市航拍摄影协会、洞头木心合文化旅游发展有限公司。

【全省旅游风光摄影大赛】2020年8月5日至11月7日，“海上花园 百岛洞头”全省旅游风光摄影大赛举行。大赛共收到198人稿件1368幅（组）2095张，参赛作品包括洞头区境内山水人文、海岸风光、景区风光、民俗文化、城市建设等内容。经过五轮评选，最终评委团评审筛选出金质收藏作品1件，银质收藏作品3件，铜质收藏作品5件，优秀作品91件。张洪林《景象洞头》获金质收藏奖。活动由浙江省摄影家协会、洞头区委宣传部、区文广旅体局和洞头区文联主办，区摄影家协会、区文化馆承办。

【洞头至文成景区直通车开通】2020年7月11日，洞头至文成景区直通车开通，实现每周三、周六洞头和文成两地游客互送，游客可从洞头新城客运站出发，到文成刘伯温故里景区。两地游客均可乘直通车经高速到洞头大沙岙景区或文成刘伯温古里景区。单程时间约2小时，单程票价为60元/人，往返票价为138元/人。旨在为两地游客出行提供便捷，提升游客出行效率。

【温州·洞头（杭州）文旅推介会】2020年8月1日，“海上花园·海霞故乡”温州·洞头（杭州）文旅推介会在杭州举行。区委副书记、区长林霞以“今天的洞头，很有‘奔头’”“今天的洞头，很有‘看头’”“今天的洞头，很有‘玩头’”“今天的洞头，你会‘来了再回头’”为主题，介绍洞头风土人情、发展现状、生态环境和旅游资源等。并推出洞头红色研学、海岛养心疗休养游等3条精品线路。全年针对杭州市民推出凭身份证半价游洞头等“万名杭州人游洞头”优惠政策。浙江省企事业单位干部职工凭年休假审批单原件，可免费游览洞头所有A级国有景区（仙叠岩、半屏山、望海楼景区），同行家属2人（含）购买门票可享受半价优惠。

【温州洞头文化旅游江苏推广周】2020年9月10日至11日，洞头区联合雁荡山、乐清、鹿城区广电旅游体育局到江苏南京、常州、扬州开展以“温润山海城·融动长三角”为主题文化旅游推广周。通过推介会、座谈会、路演等多种形式展示洞头海岛旅游资源。温州文旅企业分别与南京及扬州文旅企业代表签订合作协议，成立旅行社合作联盟，携手推进温州与江苏各地对口交流合作。活动旨在加强洞头及其他温州地区文旅企业与南京、常州、扬州等地旅行社之间联系，开创与客源城市共同携手合作，互通客源，加强交流，共同营造互惠互利、合作共赢良好局面。

【“交通之旅”第十六届旅游峰会】2020年12月13日至14日，2020年洞头区旅行商大会暨“交通之旅”第十六届旅游峰会举行，全国各地300余家旅行社负责人参加活动。活动通过“诗歌+漫游”的

2020年12月13日至14日，洞头区旅行商大会举行。图为全国百家旅行社负责人考察望海楼景区（曹炯摄）

推介和望海楼、仙叠岩、女子民兵连纪念馆和码头哥旅游产品展示中心踩线参观，展示洞头旅游资源。会上，浙江之旅联盟与洞头文广旅体局、青青旅游之家与黄鱼岛海洋渔业有限公司、新境界旅游有限公司与温州星贝海藻食品有限公司、浙江码头哥食品股份有限公司签订战略合作协议。

【洞头与百度深度合作】2020年，洞头区百度营销策略以“百度多端平台联动宣发，全渠道流量助推”为主线，覆盖浙江、上海等长三角区域，通过精准曝光、内容营销、品牌宣传等手段，在百度APP、百度百家号、百度百科和百度信息流等七个平台开展宣发活动。百度营销采用增设百度城市名片、投放百度动态开屏、海量信息流投放等一系列措施，实现“云游洞头—攻略查询—出行预定”一体化。上线“洞头旅游城市名片”，涵盖景区、民俗、民宿、美食、酒店等六大内容，4月至9月，洞头区在百度曝光量总计781万余次。

【“踏浪百岛 尽享海味”文旅体活动】2020年4月11日，洞头半屏山韭菜岙沙滩举行主题为“踏浪百岛 尽享海味”文旅体活动，1000余名游客和市民在现场踏浪玩海、品尝舌尖风味。洞头区主要领导在现场与游客展开零距离互动，带头体验帆船、热气球飞翔等海上运动并现场赠送游客半屏山VIP套票。活动通过直播形式与游客实时分享、互动，实现云游洞头并邀请四方游客畅玩洞头。

【温州自驾旅游文化节】2020年9月12日，上海旅游节温州分会场暨温州自驾旅游文化节在洞头国际放生台举行，主题是文旅温州风·吹响长三角。活动内容包含上海旅游节温州分会场暨温州自驾旅游文化节启动仪式、自驾车协会文化联谊活动、房车露营体验之旅、“温润之州”市集、“百车百人”自驾游百岛洞头。主办单位是洞头区人民政府、市文化广电旅游局，承办单位是区文广旅体局、区供销合作社（农合联）、温州市楠溪江旅游经济发展中心、温州市苍南县旅游和体育事业发展中心。

【洞头抖音岛文化周】2020年，“十一”黄金周期间，洞头区借助抖音等新媒体平台开展首届温州洞头山海文化周，全方位展示“海上花园·百岛洞头”整体形象。该活动引入“区域特色+互联网”的模式，发挥短视频和直播网络传播优势，整体活动曝光量超1亿人次，抖音话题流量播放量7400余万人次，观看活动直播人数60余万人次。

（曹　炯）

红色旅游

【概况】2020年，洞头区以洞头先锋女子民兵连建连60周年为契机，通过开展中国·洞头“海霞旅游·生态消费”日活动、“海上花园·百岛洞头”旅行商大会、“海上花园·海霞故乡”温州·洞头（杭州）文旅推介会和抖音文化周等活动，推广红色旅游线路，开发海霞红色伴手礼等系列举措，传承和弘扬海霞精神。洞头先锋女子民兵纪念馆阵地提升，成为省内外市民喜爱打卡的红色旅游景点。各级媒体累计刊发（播）“海霞”60周年主题报道850余条（篇），其中人民日报、新华社、解放军报、光明日报、中央电视台等国家级媒体平台刊发250多条。央视《国家记忆》蹲点洞头10天，把“海霞”作为《海防民兵》电视节目主题进行专题拍摄。

【红色旅游活动】2020年6月20日，洞头区举办2020年中国·洞头“海霞旅游·生态消费”日活动暨“海上花园·百岛洞头”旅行商大会，发布“红七月”优惠政策。开展旅行社踩线活动，促进区内外旅行社交流合作，推动本区红色旅游市场发展；举办“海上花园·海霞故乡”温州·洞头（杭州）文旅推介会，面向重要目标客源地市场推介本区红色研学线路。通过“洞头红色研学线路”等旅游产品推介及“万名杭州人游洞头”优惠政策发布。开展首届温州洞头山海文化周活动，依托抖音平台，挖掘提升海霞红色精神内涵。

【“海霞旅游·生态消费”日系列活动】2020年6月20日，中国·洞头“海霞旅游·生态消费”日系列活动启动，上海、苏州及省内各地100名旅行商受邀参加。活动包含启动仪式、长三角百名旅行商踩线行动、全国民兵免费游洞头行动、海霞旅游精品线万众行动、海霞红色旅游伴手礼开发行动、海霞红色旅游讲解提升行动、海霞志愿服务行动、“花园鹿西·海霞旅游”行动等。发布“红七月”政策和“大团政策”等优惠政策，旅行社一次性组织大型团可获奖励2.5万元。现场推出红色经典游、红色寻根游、红色研学游三条经典红色旅游线路并发布洞头文旅品牌和吉祥物。活动指导单位为浙江省文化和旅游厅，主办单位为洞头区委、区政府和市文化广电旅游局，承办单位为洞头区文化和广电旅游体育局，协办单位为洞头旅游文化发展有限公司。

【包装红色旅游产品】2020年6月，洞头区委托设计公司结合海霞女兵人物面孔，设计小美人鱼卡通形象，并在2020年中国·洞头“海霞旅游·生态消费”日活动仪式暨“海上花园·百岛洞头”旅行商大会和多个媒体平台上发布。以海霞女民兵和红色旅游元素为原型设计海霞卡通形象logo和60周年logo，制作海霞保温杯、U盘、数据线、毛巾等伴手礼一批文旅宣传品，挖掘红色旅游文化衍生价值，宣传推广红色旅游文化内涵。走访旅行社，推广红色旅游研学产品。

（曹 炯）

2020年6月20日，洞头“海霞旅游·生态消费”日活动（区融媒体中心提供）

乡村旅游

【概况】2020年，洞头区创成北岙街道小朴村、东屏街道松柏园村2个村庄省AAA级景区村，截至年底，全区有省AAA级景区村13个。组建区民宿联盟，发布民宿联盟十大优惠政策，推动民宿行业合作发展。全年新增民宿103家、床位1108张，省级银宿6家、市级示范性精品民宿5家、市级示范性民宿集聚村5个、区三星级以上民宿19家；全区民宿总数447家，有489个特种行业许可证、床位数4777张。洞头区仙叠岩下景区花园、九厅屿仔、新城客运站对面公共卫生间等3个卫生间获评国家AAA级旅游厕所。

【小朴村创成省AAA级景区村】2020年11月16日，北岙街道小朴村获评“浙江省AAA级旅游景区村”。小朴村位于北岙街道西北面，三面环山，一面临海，与九仙、大朴、东郊村相邻。全村陆域面积约0.858平方千米，滩涂面积80公顷。村内有历史文化底蕴深厚的白马庙，其马灯舞获区首批非物质文化遗产代表作。洞头区旅游标志性建筑——望海楼位于村南山顶。连接小朴与楼望海楼的是一条游步道——白马古道。

【松柏园村创成省AAA级景区村】2020年11月16日，东屏街道松柏园村获评“浙江省AAA级旅游景区村”。松柏园村位于洞头区半屏山，半屏松柏园景区位于整个半屏岛东北部，三面环海，与洞头本岛隔江相望。辖区有闻名遐迩的“神州海上第一屏”——半屏山；韭菜岙沙滩是浙南目前最大的人工沙滩，集休闲玩沙、水上项目、网红灯塔的星光经济带。该村合理利用和开发资源，挖掘、发展与旅游相配套的大桥头娘娘洞观光、垂钓和韭菜岙沙滩，发展渔家旅社、餐饮服务业等。建设休闲旅游小商品商铺、休闲旅游广场，发展海岛观光旅游。初步形成集沙滩游泳、冲浪、餐饮、购物为一体的旅游经营项目，配有垂钓、捕捉海味、捡螺拾贝等有趣的海岛旅游特色。

【洞头第三届紫菜文化旅游节】2020年10月28日，浙江·洞头第三届紫菜文化旅游节在霓屿街道布袋岙文化礼堂广场举行。活动以“紫菜之乡精彩霓屿”为主题，包括“紫菜飘香”烹饪大赛，“舌尖霓屿”农特产品展销，“精彩霓屿”

文艺会演和“我是采摘手”紫菜现场采摘体验等活动。12家酒店、农家乐餐饮代表队参加烹饪大赛，评审团从口味、工艺、色泽、创意等方面对参赛菜品进行品鉴；温州鹿城、龙湾等地40多名游客出海，亲身体验紫菜采摘，感受海岛田园风情。活动由霓屿街道党工委、办事处主办。

【大门镇第四届海岛油菜花节“线上”举行】2020年3月16日，大门镇第四届旅游文化节暨海岛油菜花“云赏游”开启。因疫情原因，海岛油菜花节从线下改为线上举行。借助“大门发布”公众号平台推出4个系列“云赏游”篇章，全方位呈现海岛独特的油菜花景观及岛上景点、民宿和农特产资讯。

【静舒心居入选市级示范性精品民宿】2020年11月20日，温州市农业农村局联合温州市文化广电旅游局发布2020年温州十大市级示范性精品民宿，洞头静舒心居民宿等十家民宿榜上有名。该民宿位于鹿西乡山坪观景平台对面，房屋面积为350平方米，院子面积1300平方米，距离妖人岙海滩1.7千米，离鹿西岛各大景点较近。民宿总体以石屋所建，房间内整体环境干净整洁，集现代风格于一体，家居为木质结构，因此入住时会有原木的淡香。内置6件客房，1间标间，3间1.5米大床房，2间1.8米大床房，6间卫生间，内置棋牌室、餐厅、烧烤架、KTV等娱乐设施。厨房、洗衣机、吹风机等生活用品俱全。

【玖栖海上桃源里入选市级示范性精品民宿】2020年11月20日，温州市农业农村局联合温州市文化广电旅游局发布2020年温州十大市级示范性精品民宿，洞头玖栖海上桃源里民宿等十家民宿榜上有名。该民宿位于洞头区北岙街道隔头村海脚自然村，坐落在海拔60—80米之间的半山腰上，三面环海、一面背山，正对大瞿岛和小瞿岛。2020年4月建成，建筑面积2000平方米，36个房间。民宿的名字玖表示黑色的美玉、石头，谐音“久”；栖，良禽择木而栖，隐居的意思；海上桃源里，洞头又称为海上花园、海上桃源；玖栖海上桃源里，长久隐居在洞头海上世外桃源里。

【杺园民宿获评省级银宿】2020年12月30日，浙江省民宿等级评定管理委员会公布2020年度白金宿、金宿、银宿名单，洞头杺园民宿入选。该民宿位于洞头区北岙街道沿港大道6号（逸海区）19幢，由两栋别墅组成，共有16个客房，含海景标房、亲子套房、海景榻榻米房等多种房型。另设餐厅和茶吧，可烧烤，配备无边泳池。

【白迭艺术村民宿获评省级银宿】浙江省民宿等级评定管理委员会公布2020年度白金宿、金宿、银宿名单，洞头白迭艺术村民宿入选。该民宿位于洞头区北岙街道西部白迭村，依山傍海，风光旖旎，错落有致的虎皮房保留着白迭村最淳朴的模样。拥有经过改造的各种风格石头房15幢，共有客房26间，床位38床。设有接待中心，会议室，创作室，阳光房及室外游泳池等各种设施。曾获评温州市十大精品民宿，洞头区“四星级海岛民宿”，中国洞头国际作家基地。

（张佳妮）

静舒心居民宿　　（区融媒体中心提供）

旅游行业管理

【概况】2020年，区文广旅体局组织开展文明旅游宣传活动，加大旅游监督检查力度，规范旅游市场秩序。联合相关单位举办各类培训活动，提升旅游从业人员服务意识和水平。推进“510计划”高校毕业生招引工作，组织申报“扶工扶农”滨海旅游人才项目，推动洞头旅游产业高质量发展。组织开展海岛星级民宿评选，评选出海岛三星级以上民宿19家。隔头村入选省首批民宿（农家乐）助力乡村振兴改革试点名单，玖栖海上桃源里、静舒心居2家民宿入选温州十大市级示范性精品民宿。开展半屏旅游交通一体化运营试点，引进景区旅游观光车、共享单车。

【旅游行业监管】2020年，区文广旅体局加强行业部门疫情防控和防汛防台工作，印发《洞头区文广旅体局防汛防台指挥工作指南》，组织抗击台风“黑格比”，做好节假日文旅市场疫情防控和安全检查。开展涉海国有景区专项安全检查，督促旅游企业加大对涉海景区监管力度，加强涉海旅游安全管理。制定《洞头区文化旅游市场扫黑除恶专项斗争“百日攻坚”行动方案》，整治文化旅游市场领域黑恶势力和市场乱象。全年出动检查358次，检查521家次，纠正执业不规范行为32次。

【文明旅游宣传】2020年，区文广旅体局组织开展规范经营宣传活动，到旅行社及服务网点开展节前规范经营宣传活动，发放《温州市旅行社行业规范》宣传材料，引导旅行社规范经营管理。举办洞头区“5·19”中国旅游日宣传活动，发放“文明旅游安全出行”“文化市场法制宣传”等资料300余份、公筷近200双，宣传旅游法律法规知识，提升游客文明旅游意识。利用端午节、中秋、国庆等节假日，到各文旅企业、景区开展文明旅游、安全出行宣传活动。

【旅游人才储备】2020年，区文广旅体局组织开展技能培训，举办全区红色旅游导游（讲解员）培训班、女子连建连60周年海霞红色讲解员培训班、国有景区讲解员培训班、乡村文旅融合及品质提升培训班、洞头区民宿管家实用人才提升培训暨民宿中式餐点烹调技能大赛，提升旅游从业人员业务水平和服务能力。全年累计开展旅游行业培训6场，培训人员400余人次。引导企业开拓就业岗位和招引人才，到浙江旅游职业学院、浙江工贸职业技术学院对接高校毕业生招引工作。涉旅企业全年共开拓招引岗位162个，新招聘大学生64人。组织申报“扶工扶农”滨海旅游人才项目5个，项目包含民宿、帆船帆板、旅游伴手礼、咖啡业态等。

【洞头区海岛民宿等级评定】2020年3月，洞头区根据《洞头区海岛民宿等级评定办法（试行）》，组织开展星级海岛民宿评定，共42家民宿参加。经申报、实地考察、专家评审、复核，按照民宿的环境设施、卫生维保、服务管理、文化特色等方面规范要求，最终评定星级海岛民宿19家。其中，五星级1家、四星级5家、三星级13家。聆海左舍民宿获五星级海岛民宿称号。

【红色旅游导游（讲解员）培训班】2020年5月12日至15日，为培养红色旅游人才队伍，为洞头先锋女子民兵连建连60周年庆典选拔讲解员，洞头区红色旅游导游（讲解员）培训班在浙江海霞军旅文化营地举行。全区各机关、企事业单位、旅行社、社会团体等80余名学员参加。培训采取专题讲座和现场教学相结合，理论和实践相辅助的培训方式。培训内容包含军事训练、导游形体与礼仪，景区讲解技巧、洞头海防文化与红色旅游、洞头旅游知识、语言沟通与技巧等。由区人力社保局和区文广旅体局联合举办，区海霞学院承办。

（盛成）

旅游项目开发

【概况】2020年，洞头区南洋国际大酒店建成营业，名品广场项目正式开工，东海贝雕艺术主题公园地块成功出让，星空之城项目签订投资协议。玖栖海上桃源里项目对外营业，伴·精选民宿项目建成，韭菜岙游客集散中心项目一期对外试营业。

【洞头南洋国际大酒店营业】2020年10月22日，洞头南洋国际大酒店对外运营。项目位于北岙街道新城区三期5号地块，总投资约5亿元，总用地面积0.97公顷，总建筑面积56400.2平方米，地上建筑24层，酒店以商务会务为主题，按五星级标准建设，拥有客房366间，是一家集住宿、餐饮、大型会议、宴会、娱乐、康体等为一体高端旅游商务酒店。楼层功能布局为一层商场、大堂，二层商场，三层宴会、会议、KTV，四层宴会、餐饮，五层泳池、健身，六层全日制餐厅，七至十层办公，十一至二十一层客房，二十二层行政酒廊，二十三层套房、会议，二十四层音乐餐厅。

【名品广场正式开工建设】2020年8月，名品广场项目正式开工建设。项目位于新城一期01—10地块，总投资约2亿元，总用地面积1.19公顷，总建筑面积38099平方米，主要建设内容包括高端旅游酒店、旅游购物商业区等，打造成集住宿、餐饮、购物、休闲为一体的高端商业综合体。该项目原为旅游僵尸项目，由区文广旅体局牵头会同区法院推进激活。该地块于2019年12月13日由温州茂富企业管理有限公司通过司法途径拍得，成交价3160万元，截至年底，基本完成桩基工作。

【东海贝雕艺术主题公园完成土地出让】2020年12月21日，洞头燕子山公园入口广场G-06a地块顺利出让，出让面积2823.69平方米，成交价230万元，由浙江阚螺文化有限公司摘得。该地块拟打造东海贝雕艺术主题公园，项目总投资约5000万元，建设周期为3年，主要建设陈设展览教育与服务区、藏品库区、行政与技研分区、大师工作室与研究所分区等四大功能区域。

【伴·精选民宿试营业】2020年12月，伴．精选民宿建成。该项目位于北岙街道半山自然村，占地面积约1.67公顷，建筑面积约4600平方米，项目总投资约3000万元，建筑15栋，客房总数量38个。区内配有餐厅、酒吧、书吧、花房，室内亲子游乐室，户外游泳池、户外亲子游乐区、户外烧烤平台等。截至年底，区内土建工程、环保车道等基础配套实施完工试营业。

【韭菜岙游客集散中心项目一期对外试营业】2020年5月，韭菜岙游客集散中心（品海左舍）项目一期对外试营业。该项目位于东屏街道半屏岛，项目占地约2.67公顷，建筑面积6694平方米，总投资约5000万元。项目对原村落石结构建筑进行梳理改造和部分新建，实施拆整结合，培育度假短租、旅游社区新业态。

（柳蓓蕾）

旅游设施建设

【概况】2020年，洞头区建设旅游重大项目13个，在建、签约落地项目总投资超34亿元。投资320万元，完成望海楼内部展示提升工程、景区城导视系统创建工程。温州市洞头旅游文化发展有限公司完善旅游配套设施建设，东沙渔港提升改造方案、霓屿紫菜园综合体回购谈判及设计方案等完成。洞头先锋女子民兵连纪念馆提升改造工程、红星大道及沿线环境整治项目建成。推进海霞基地建设项目、海峡云村金岙101工程、同心广场旅游综合体、同心小镇整体风貌改造项目。

2020年6月，洞头先锋女子民兵连纪念馆扩建工程完工（区融媒体中心提供）

【洞头先锋女子民兵连纪念馆扩建工程完工】2020年6月，洞头先锋女子民兵连纪念馆扩建工程完工。该项目占地面积约 713.74 平方米，建筑面积约 2352.97 平方米，其中新增用地面积 183.17平方米，新增建筑面积 1519.06 平方米，工程结合数字媒体视听科技与互动技术手段，影像效果创意与视频系统设计，艺术装置创意与互动体验设计，展现当地文化与女子民兵红色文化主题脉络，总投资约2140万元。项目由洞头旅游文化发展有限公司实施，鸿强建设集团有限公司负责主体扩建施工，浙江视野环境艺术装饰工程有限公司负责二次装修布展设计施工，浙江南正项目管理咨询有限公司监理。

【望海楼内部展示提升工程】2020年6月，望海楼内部展示提升工程完工。该工程总投资305万元，主要建设内容为优化主楼内游线设计，更新维护部分多媒体设备，优化部分展层图版画面，增加景区内互动体验设施，优化照明系统和标志系统。工程由洞头旅游文化发展有限公司负责，温州龙邦建设股份有限公司施工，温州市卓运建设工程监理有限公司监理。

【海霞基地项目建设】2020年12月，海霞基地项目完成海霞青年营民房基础改造与主体施工。该项目包括海霞文化区、生态休闲区、海岛运动区等内容，通过对幸福广场、红星大道、海霞旧居、海霞青年营、海霞学院周边景观等内容改造，为红色旅游注入新的元素。截至年底，海霞学院主体结构结顶，推进海霞青年营民房基础改造与主体施工。全年实际完成7038万元，完成年度投资额的117%。工程由洞头旅游文化发展有限公司负责，中国美术学院风景建筑设计研究总院有限公司设计，浙江恒富泰康建设有限公司负责施工，天津华北工程监理有限公司负责监理。

【景区城导视系统工程完工】2020年12月，洞头景区城导视系统工程完工。该工程总投资20万元，主要建设内容为在主城区、环岛公路共设置21个旅游导览标识牌，包括全景导览图、区域导览图、景点指向牌、立式指向牌、停车牌、警示牌。工程由洞头区旅游发展中心负责，温州市麦浪文化传播有限公司负责施工。

（余潇潇）

金融业

螺贝春秋 · 王思恩

“海霞精神”

爱岛尚武　励志奉献

金融业

概述

【概况】2020年，洞头区银行机构人民币存贷款余额273.12亿元，较年初增长24.8%，增速位居全市第一。其中，存款余额133.98亿元，较年初增长27.57%，增速位居全市第一；贷款余额139.14亿元，较年初增长22.24%；截至年底，不良贷款率持续低位运行，不良贷款额0.89亿元，不良率0.62%，低于全市平均水平0.17个百分点。

温州市洞头区政府金融工作办公室成立金融系统疫情防控工作领导小组，印发《关于进一步做好洞头区金融系统新型冠状病毒感染肺炎疫情防控工作的通知》，发布《金融机构防控新冠肺炎倡议书》，加强对金融机构复工和疫情防控的指导和管理，保障金融机构疫情管控和突发事件应急机制正常运转。制定《洞头区金融机构复工和疫情防控工作方案》，督促引导金融机构严格落实疫情防控和复工复产。制定《洞头区疫情防控期间金融惠企10条政策》和《洞头区人民政府关于应对新冠肺炎疫情支持中小企业共渡难关的若干措施》。实施省“凤凰行动”计划和市“百企上市”三年行动计划，累计实现场外市场挂牌6家，中燃华电获大连期交所沥青期货交割资质。试点温州金融综合服务平台线下实体化服务，推动线上“信贷超市”和线下“金融超市”融合发展。开展互联网金融专项整治活动，举办全科网格员金融风险防范知识与金融宣传员业务风险知识培训。

【企业复工复产】2020年，区金融办制定《洞头区疫情防控期间金融惠企10条政策》和《洞头区人民政府关于应对新冠肺炎疫情支持中小企业共渡难关的若干措施》（加大金融信贷帮扶板块），加大对防疫领域企业及受疫情影响的小微企业及重点群体贷款支持力度。疫情期间洞头区金融机构共为企业减息131万元，贷款让利580万元，企业办理贷款展期、延期、续贷814笔3.22亿元，梳理困难企业“白名单”16家，帮助化解企业融资难题14家，涉及金额5962万元。向上争取央行专项再贷款资金，共对全区6家企业发放优惠贷款11笔，金额1.42亿元，各县市区中率先实现名单内重点企业优惠贷款全覆盖。

【融资担保体系建设】2020年，洞头区制定《竞争力提升工程专项资金（融资服务建设）奖补方案》，加大融资担保补助。加强政策性融资担保机构合作，新增信保基金合作银行机构3家（工行洞头支行、中行洞头支行、洞头农商行）。推广政府、银行与保险机构合作机制。截至年底，政策性融资担保在保余额9355万元，较年初新增1989万元，小额保证保险在保余额7362万元，较年初新增3408万元。

【融资畅通工程】2020年年底，洞头区制造业贷款余额2.8亿元，同比增长52.07%，小微企业贷款余额27.75亿元，增长42.27%，企业信用贷款3.38亿元，增长398.46%，民营企业贷款25.14亿元，增长22.99%；“首贷户”新增188户，“无还本续贷”投放5.01亿元，政策性融资担保在保额新增0.97亿元。促成洞头区政府与温州银行、市信保基金签订三方战略合作协议，获100亿元信贷增量和10亿元融资担保额度，支持洞头区小微企业发展。成立金融工作专班，制定金融专班工作方案和专班任务清

2020年4月8日，洞头区政府与温州银行全民深化战略合作签约（倪肖乒摄）

单，定期召开金融专班工作例会，组织街道（乡镇）开展存款回流攻坚行动。全年存贷款总量有9个月增速位居全市第一，其中4月份获全省第一。开展金融助企服务活动，制定《金融专班助企服务“百日攻坚”专项行动工作方案》，对辖区重点企业开展“一对一”结对服务。

【海岛普惠创新试点】2020年，洞头区创新金融机制，探索制定《洞头区海域使用权融资试点方案》《洞头区政策性紫菜价格指数保险工作方案》《洞头区农房抵押贷款“一件事”“最多跑一次”实施方案》《“亩均效益”差异化金融政策实施意见》。率全国之先推出政策性紫菜价格指数保险举措，落地全国首单紫菜价格指数保险。推进金融服务线上化，推广移动办贷、掌上办贷等服务方式，实现辖区银行全覆盖。其中，中行洞头支行推出银税贷，农行洞头支行推出小微网贷、抵押e贷，工行洞头支行推出网贷通，建行洞头支行推出快贷，洞头农商行推出浙里贷等。继续实施普惠金融改革八大项目，推广企业“无还本续贷”与固定资产二次抵押贷款，截至年底，累计投放无还本续贷5.01亿元，固定资产二次抵押贷款投放3980万元。开展自贸区温州联动创新区金融创新工作，中燃华电获大连期交所沥青期货交割资质。

【资本市场培育】2020年，洞头区推动上市企业高质量发展，诚意药业通过大宗交易方式累计收购康乐药业（新三板企业）股份1955万股，交易总额14345万元，占康乐药业股份总数25%，成为康乐药业第一大股东。拓宽企业融资渠道，采取担保+土地抵押方式，破解城发公司债项级别AA—级难以发行企业债难题，历时5年，企业债券获国家发改委批复许可，助力发行洞头区首笔企业债，成功发行首期债券募集资金5亿元。实施省“凤凰行动”计划和市“百企上市”三年行动计划，全年实现场外市场挂牌6家，实现企业股改2家（温州御鑫环保科技股份有限公司、温州鸿固五金科技股份有限公司）。

【金融风险监管与防范】2020年，区金融办通过非现场监管和现场检查相结合方式，做好小贷公司、典当行、农村资金互助会日常经营监督管理工作，开展小贷公司、典当行年度审计及监管评级工作。借助网格化管理机制，发挥金融网格员作用。组织开展全科网格员金融风险防范知识培训班与金融宣传员业务风险知识培训班各1期，参加人员106人次。开展金融风险防范知识现场宣传和“四进”讲座合计8场，惠及群众近3000人次，发送金融风险防范与处非宣传短信5012条。依托省金融风险“天罗地网”、温州“金融大脑”等互联网平台，对各类地方金融组织进行风险监测，调查排摸监测发现的异常信息，通过实地调查、分析核实，排除金融风险隐患。开展互联网金融专项整治活动，地方金融生态安全与社会稳定。

【场外市场挂牌5家】2020年，洞头实现场外市场挂牌5家，即温州市鑫铭消防设备股份有限公司、温州市洞头天马化工有限公司、温州市怡华水产科技有限公司、温州市洞头泓志畜牧养殖专业合作社、温州市洞头超利水果种植专业合作社。

（倪肖乒）

【民营企业管理】2020年，洞头区加大服务企业力度，破解“后疫情”时期企业发展瓶颈制约和实际困难，深化“万名干部进万企”活动，开展助企服务“百日攻坚”专项行动；组织干部深入企业，了解企业发展的困难和问题，采取有效措施，激发洞头实体经济内生动力，推动经济高质量发展。截至年底，通过助企服务员调研走访等渠道收集企业问题223个，化解223个，化解率100%，其中针对需区级层面解决的问题进行二次梳理，提交区政府专题会议协调企业问题57个，为45个企业问题明确解决路径，要求相关责任部门及时办理。

【“企业码”推广应用】2020年，洞头区贯彻落实省、市有关“企业码”建设决策部署，按照省、市、区工业专班工作要求，启动“企业码”全面推广工作。截至年底，全区共领取企业码3524个，领码率139.18%，基本实现全覆盖。推进“企业码”应用拓展，结合惠企直通车、公共服务、产业链合作、政银企联动等环节，构建码上政策、码上诉求、码上融资、码上培训等模块，打造“企业码”应用示范区。

【洞头区第二届民营企业家评选活动】2020年9月底，洞头区启动第二届优秀民营企业家评选活动。通过申报、推荐、复核、公示。最终温州市洞头沿港大酒店有限公司总经理方萍、黄鱼岛海洋渔业集团有限公司董事长石福明、温州小岛特细纤维材料有限公司总经理吕志伦、浙江立鹏建设有限公司董事长李柏瑞、温州市洞头溢香国际大酒店董事长杨森权、温州洞头东海贝雕工艺品有限公司总经理陈灿渊、浙江恒博电气制造有限公司董事长兼总经理郑西平、温州金源新材料科技有限公司董事长兼总经理黄日新、浙江卓信建筑有限公司董事长黄华胜、浙江诚意药业股份有限公司董事长颜贻意入选。

（杨伶俐、林思敏、张文雅）

银行

【概况】2020年年末，洞头区本外币存款余额合计273.24亿元，同比增长24.79%，本外币贷款余额139.14亿元，增长22.24%。处置化解不良贷款0.81亿元，不良贷款余额8442万元，不良贷款率0.61%。3000亿元疫情防控专项再贷款累计发放1.42亿元。1.5亿元再贷款再贴现累计发放1.23亿元。普惠小微贷款延期率92.56%。普惠小微信用贷款发放占比42.64%。全年完成5249户纳税人退税190.08万元，累计拨付财政防疫救灾应急资金127笔873.35万元，“两直”资金1264笔1.64亿元。

2020年11月5日，洞头区第二届民营企业家节庆祝表彰大会　（苏玲芳摄）

【首贷户培植专项行动】2020年，人行洞头支行结合各金融机构实际细化分解任务，建立“五部门联动 五名单共享”机制，实行“五张名单”共享，形成银政企三方合力，实现首贷户增量扩面。截至年底，新增首贷户213户，首贷率33.97%，位居全市前列。

【海岛普惠金融服务模式探索】2020年，中国人民银行洞头支行依托农户信用信息系统，创新建立政府、人民银行、商业银行、保险公司“四位一体”低收入农户贷款实施方案，增强银行对低收入农户贷款投放能力。推进海岛普惠金融创新试点，建立海洋经济贷款监测体系，探索具有海岛特色的多层次普惠金融服务模式，推广海洋特色信贷产品。截至年底，海洋经济贷款余额78.95亿元，同比增长28.57%，高于各项贷款增速6.33个百分点。其中，民宿贷1.39亿元，海域使用权抵押贷款0.35亿元，“两菜”贷款0.97亿元，渔轮（马力）抵押贷款2.81亿元。

【信用评定成果转化】2020年，疫情防控期间，人行洞头支行推出无接触查询服务，落实征信权益保护工作，调整因疫情住院治疗或隔离人员还款安排58人，成功删除受疫情影响产生的异议2笔。落实金融机构征信查询服务收费减免工作，为辖内3家接入机构减免5.79万元。推广应收账款融资服务平台，完善农户融资服务。截至年底，农户应收账款融资新增注册108户，交易209笔。开展央行内部（企业）评级工作，通过评定企业12家。深化三信评定工作，全年新获评市级信用村2个，复评通过市级信用村3个、市级信用街道1个。

【海岛支付结算环境优化】2020年，人行洞头支行优化海岛支付环境，建成移动支付食堂场景4家，“一元购”培育用户9237户，移动支付业务量完成率全市第一；云闪付APP平均支付月活跃数比上年翻倍，完成率全市第一。首创助农服务点电子台账，打造鹿西乡现金服务示范区，开展现金大篷车活动12期。创新推行第三方公司暗访机制，通报整改问题38个。投放首台多券别小面额自助机具，落实现金全额清分，推动拒收人民币整治行动。

【反洗钱监管】2020年，人行洞头支行完成地方法人机构反洗钱分类评级工作，开展反洗钱走访监管，提出客户信息有效性等相关问题6个。健全反洗钱联合工作机制，定期开展洗钱犯罪案件会商。协助侦破辖区首例非法买卖银行卡账户案件，抓获账户实际所有人1人，收集相关企业账户买卖信息5户。健全银税合作机制，与洞头区税务局签订《银税合作备忘录》，推动辖区反洗钱、国库、货币信贷等金融涉税领域的合作和协调，维护国家经济利益与安全。

（林海鸥）

【工行洞头支行】截至2020年年底，中国工商银行股份有限公司洞头支行各项存款余额8.16亿元，较年初增加1.61亿元。其中储蓄存款余额4.09亿元，比年初增加1.14亿元；对公存款余额3.99亿元，较年初增加0.46亿元。各项贷款余额7.29亿元，较年初增加2.48亿元。个人贷款余额5.15亿元，比年初增加0.5亿元。公司贷款余额2.14亿元，较年初增加1.98亿元，其中项目贷款增加1.78亿元。全年拨备前利润2983.13万元，同比增加891.56万元，中间业务收入1633.45万元，同比增加1056.39万元。不良贷款余额422万元，较年初增加98万元；不良率0.57%，比年初减少0.1%。疫情期间，为客户投放人行专项再贷款900万元。

（邵丹蕾）

【中国农行洞头支行】截至2020年年底，中国农业银行股份有限公司温州洞头支行本外币存款余额29.64亿元，较年初新增4.1亿元，总量四行第一（工行、农行、中行、建行）。其中对公存款余额17.6亿元，个人存款余额12.05亿元。各项贷款余额49.25亿元，市场份额35.4%，较年初新增5.88亿元，增量四行份额57.03%。全年实现拨备前利润12821万元，账面净利润5682万元。全区设9家24小时自助服务点设备20台。发行区域首张专属联名卡——“金穗海霞联名卡”。推进总行“一号工程”，共整村推进金融自治村和信用村36个，新增金融自治村3个，新增农户贷款1855万元（不含灵昆惠农服务点），贷款余额3.14亿元，惠及农户1315户。全年不良贷款余额1893万元（含卡透），较年初减少42万元，不良率0.38%，较年初下降0.07个百分点，不良率连续3年下降。

（张培培）

【中国银行洞头支行】截至2020年年底，中国银行股份有限公司洞头县支行本外币存款时点余额38745万元，较年初增加2569万元；其中，公司存款余额21533万元，较年初新增1694万元；个人存款余额17129万元，较年初新增835万元。本外币贷款（含信用卡透支）时点余额50855万元，较年初新增9988万元。其中，公司贷款余额22562万元，新增10035万元，增幅80.11%；个人贷款时点余额28293万元，较年初下降47万元，增幅-0.17%。2020年，支行成功处置不良贷款（不良信用卡透支）125万元，年底支行不良贷款余额82万元（全部为信用卡不良），不良率为0.16%。共有贷款企业14家，比年初新增5家（不包括5户贴现首贷户），贷款余额比年初增加10125万元。其中普惠贷款企业11家，比年初增加4家，普惠贷款余额7662万元，比年初增加4075万元。

（王远洋）

【中国建行洞头支行】截至2020年年底，中国建设银行股份有限公司洞头支行本外币各项存款时点余额11.75亿元，新增5.10亿元，四行（工行、农行、中行、建行）占比第二；各项贷款时点余额7.91亿元，新增0.95亿元，四行占比第二；中间业务收入938.61万元，四行占比第三。投放温州大小门岛投资开发有限公司“引水工程”、元觉安置房等重点项目，与大门镇签约党建共建暨金融服务助推乡村振兴整镇合作，服务助推乡村振兴。

（倪献琴）

【中国邮储银行洞头支行】截至2020年年底，中国邮政储蓄银行股份有限公司洞头支行各项存款余额5.02亿元，较上年减少1941万元；各项贷款余额9.88亿元（公贷项目1.5亿元数据未下沉），较上年增加12747万元。不良贷款余额486.72万元，不良贷款率0.58%。手机银行新增1511户，新增手机快捷支付2315户，新增自主收单155户。金融支持民营和小微企业发展，发放一手小企业法人按揭贷款12笔，金额9358.1万元；发放小微易贷（信用）5笔，金额139.06万元；发放无还本续贷7260万元；发放知识产权质押贷款2笔，金额1743万元；企业首贷户新增授信6

户；为29户企业贷款客户直接减免利息7.95万元，为19户转贷小企业客户让利48.2万元。金融支持乡村振兴工作，发放家庭农场贷款4笔，金额120万元；发放涉农企业贷款2笔，金额300万元；发放信用村镇建设小额贷款147笔，金额2194.4万元；发放创业担保贷12笔，金额160万元。投放公贷项目3500万元，结余1.5亿元。

（胡晶晶）

【温州银行洞头支行】截至2020年年底，温州银行股份有限公司洞头支行资产总额110410万元。其中对公存款74610万元，储蓄35799万元。储蓄比年初新增9544万元。各项贷款余额73656万元，比年初新增24583万元。为洞头城市发展有限公司元觉安置房项目发放贷款12000万元，办理流动资金贷款2200万元，投债2000万元。为洞头新农村建设发展有限公司办理流动资金贷款8000万元。全年发放创业担保贷款余额合计660万元，信保贷款余额7137万元。小微贷款余额12183.875万元，其中新增小微贷款5276.21万元。

（林浩浩）

【洞头农商银行】截至2020年年底，浙江温州洞头农村商业银行各项存款余额55.12亿元，比年初增加8.58亿元，增长18.42%，市场份额41.14%；各项贷款余额45.49亿元，比年初增加10.37亿元，增长29.53%，市场份额32.69%；存贷规模率先全区突破100亿元大关。全行五级不良贷款余额4406.2万元，比年初增加991.12万元，不良率0.97%，与年初持平。全年各项财务总收入2.93亿元，同比增加2304.01万元，增幅8.53%；各项财务总支出2.14亿元，同比增加2930.87万元，增幅15.84%；实现账面利润7508.61万元，同比下降721.41万元，降幅8.77%。对接“三资”监管系统，配合完成65个村18个社区“三资”智慧监管系统上线。截至年底，农户小额普惠贷款行政村授信面100%；支持个人贷款1.6万户30.51亿元，增长15.88%。安排专项信贷资金2亿元，推出“十大”惠企举措。小微企业贷款余额14.42亿元，比年初增加4.93亿元，增长51.95%。丰收互联活跃客户新增4651户。一码通交易笔数较年初增加199.61万笔，智能付交易笔数较年初增加0.63万笔。校园云发生交易3.41万笔274.05万元，商户云接入商户2329户；“丰收海商通”船舶覆盖率100%。在5家支行布放智柜机，12月份业务迁移率为11.25%。

（林芬妹）

【洞头富民村镇银行】截至2020年年底，浙江洞头富民村镇银行各项贷款余额83674万元，比年初增加12482万元；贷款户数4545户，比年初增加240户；存款余额70923万元，比年初增加18623万元，日均存款余额71648万元，比年初增加23696万元；资本充足率13.11%，流动性比例44.11%，拨贷比2.6%，拨备覆盖率393.04%，五级不良贷款余额554万元，不良率为0.66%。财务总收入7574万元，财务总支出5768万元，账面利润1806万元，净利润1320万元。

（洪力）

2020年洞头金融机构人民币存贷款情况表

表23　　　　单位：万元

项目 单位	存款		贷款	
	余额	比年初增减	余额	比年初增减
中国工商银行股份有限公司洞头支行	81136.08	16187.90	72928.20	24811.23
中国农业银行股份有限公司温州洞头支行	296272.88	40889.70	492467.38	58821.10
中国银行股份有限公司洞头县支行	38744.67	2568.52	50855.02	9988.06
中国建设银行股份有限公司洞头支行	117545.56	51048.47	79121.83	9549.53
中国邮政储蓄银行股份有限公司洞头支行	50233.76	−1943.41	83780.85	9246.47
温州银行股份有限公司洞头支行	110409.56	67408.96	73656.06	24582.78
浙江温州洞头农村商业银行	551151.00	85746.00	454925.00	103701.00
浙江洞头富民村镇银行	70923.42	18623.34	83674.03	12482.50

（人行洞头支行提供）

【小额贷款公司】2020年，温州市洞头区诚意小额贷款股份有限公司贷款余额5142.82万元，累计发放贷款金额9385万元，实现税金128万元，实现利润874.34万元，净利润791.67万元。温州市洞头区恒博小额贷款股份有限公司按照“加大清收不良贷款力度，积极拓展优良贷款渠道”经营决策，截至年底公司贷款余额7793万元，累计发放贷款金额10777万元，实现税金268.97万元，实现营业利润678.7万元，净利润511.16万元。

（陈文静 王慧颖）

保险

【中国人民财产保险公司洞头支公司】2020年，公司实现保费收入5392.42万元，同比上年增速0.15%。其中，车辆保费收入3558.65万元，财产险保费收入162.52万元，意外健康险保费收入1004.87万元，责任险保费收入286.38万元，船舶货运险保费收入194.52万元，信用保证保险保费收入166.06万元，农业保险保费收入19.42万元。连续6年承保区民政局儿童福利救助保险资格，保费4.8万元；残疾人意外险连续3年续保，年收取保费20万元；公路综合险花落人保，保费收入38万元；开展“保险+精准扶贫”模式低收入农户扶贫救助保险，保费收入33万元；统保全区机关事业单位工作人员交通工具意外险，保费收入16.59万元。基本囊括政保所有非车险项目，洞头区自然灾害公众责任险连续6年续保，收入保费26万元；医疗责任险连续6年全区统保；中标全区风景旅游责任险统保业务，收取保费10万元。全区游艇共97艘，其船上人员责任险中标，保费21.05万元；开启保险+服务+科技模式，承保全区各行业安全责任险共47家，收入保费29.16万元；全年承保油菜花246.98公顷，林木4897.27公顷，紫菜5.47公顷，水稻33.09公顷，农房29448户，共风险保障6.63亿元。为洞头区1家养殖场共2300头生猪提供生猪养殖保险，保费收入5.4万元。

全年受理案件4571件，赔款支出3340.51万元。其中，车辆赔款支出2202.88万元，财产险赔款支出54.02万元，意外险赔款支出117.19万元，责任险赔款支出148.84万元，农险赔款支出284.33万元，船货险赔款支出147.17万元，信用保证险赔款支出43.913万元，大病医疗赔款支出342.17万元。未决赔款148笔，未决金额4480.2万元。

（孙珠芬）

【中国人寿保险公司洞头支公司】2020年，公司实现保费7444.51万元，比上年增加1281.23万元，增长20.79%。全年理赔给付支出524.2万元，比上年增加54.9万元，增长11.7%。全年各类给付金额885.96万元，比上年减少44.38万元，下降4.77%。全年给付各类生存金、满期金、保单红利等领取金额合计665.54万元。为全区6个街道（镇）村干部开展意外伤害、医疗保险及补充养老保险业务，推广渔工补充保险；开展农村小额意外保险、男女性安康等涉农险种；全年低收入人员共发生赔案269件，保险理赔金额82.2万元。全年学生发生赔案171件，保险理赔金额31.12万元。

（林征宇）

【中国人寿财产保险公司洞头支公司】2020年，公司保费收入1680万元，较上年出现负增长，其中车险保费收入1480万元，非车保费收入200万元，市场份额占比15.38%。非车险报案8件，结案8件，赔款合计25万元，结案率100%，非车险满期赔付率16.78%。车险报案2142件，案件1978件，赔款合计121万元，未决案件99件，结案率95.34%，车险满期赔付率67.48%。全险种合计赔款1236万元。全险种满期63.18%。与上年相比，车险结案率提高1.81%，车险满期赔付率降低3.61%。非车险结案率连续两年100%，全险种满期赔付率降低1.39%。为全区中小学校及幼儿园提供监护人责任险、养老机构提供养老机构责任险、企业提供食品安全责任险和出租人责任险，承保洞头区唯一上市公司浙江诚意药业股份有限公司的企业财产综合保险。

（钱立军）

【中国太平洋财产保险公司洞头支公司】2020年，公司保费收入2658.62万元，同比增长10.99%。其中，车险保费1892.88万元，非车保费收入765.74万元；全年赔款支出1170.29万元，赔付率44.02%。全险种保费占洞头区保险行业第二位。

（陈文湫）

【中华联合财产保险洞头支公司】2020年，公司完成保费1088.15万元，较上年同比增长1.69%，增幅额18.16万元。其中车险保费收入计899.76万元，较上年同比增长7.41%，增值幅额62.15万元；非车险保费收入188.39万元，较上年下降18.93%，下降幅额43.99万元。全年报案件数1487件（其中有效报案件数1177件，决案件1192件），已决612.76万元，未决件53件，未决金额531万元。

（方文婷）

环境保护

繁忙的渔村 · 陈姝樾

“海霞精神”

爱島尚武　励志奉献

环境保护

概述

【概况】2020年，洞头区牢固树立"绿水青山就是金山银山"理念，坚持"生态立区"战略，修订洞头区突发生态环境事件、突发辐射环境污染事件、饮用水水源突发污染事件应急预案。协调推进疫情防控和污染防治，开展各项生态文明建设，做好保护修复提升，打造全域大花园。蓝色海湾一期工程通过竣工验收，入选自然资源部第一批社会资本参与国土空间生态修复十大案例；二期启动"破堤通海、退养还海、十里湿地、生态海堤"建设，打造国家级湿地公园。深化花园细胞工程，花园村庄覆盖率86%。全年生态环保投资累计完成1.37亿元，完成年度任务171%。省海洋生态建设示范区创建连续三年考核进入前十，获评省新时代美丽乡村建设优秀区、省生活垃圾分类工作优秀单位，生态环境公众满意度蝉联全市第一。

【环保督察整改】2020年，洞头区全面落实第一轮央督省督问题整改，通过清单作战，提前完成涉及全区共性、个性问题整改销号22个，整改率和速度居全市前列。全面核查排水管网专项整治、船舶修造行业专项整治、废弃矿山生态治理专项整治等重点问题，实施监控信息分级分类预警管理。完成第二轮央督迎检任务，上报调阅资料5批29份，交办信访件6件。借力环保督察，全面排查整治环境安全隐患，出动人员880人次，立案查处10件，消除环境隐患问题119处。

【环境领域审批改革】2020年，市生态环境局洞头分局破解企业手续不齐全、身份不合法难题，以洞头区第二次全国污染源普查为基础，实施环评补办登记表备案或现状评估208家、豁免96家。实施固定污染源排污许可清理整顿企业647家，许可证发放17家，登记管理630家，实现全区固定污染源排污许可全覆盖。实施"环评审批正面清单"，豁免环评登记手续项目24个。环评现状评估表受理、应急预案备案、排污许可、辐射安全许可等工作实现"零次跑"。

【"无废城市"创建】2020年7月31日，为深入贯彻《国务院办公厅关于印发"无废城市"建设试点工作方案的通知》（国办发〔2018〕128号）和《浙江省人民政府办公厅关于印发浙江省全域"无废城市"建设工作方案的通知》（浙政办发〔2020〕2号）精神，推动全区开展全域"无废城市"建设，区政府制定《洞头区全域"无废城市"建设工作实施方案》（洞政办发〔2020〕23号），坚持能减则减，全面抓好产废源头减量化；坚持应分尽分，全面落实分类贮存规范化；坚持应收尽收，全面实现收集转运专业化；坚持可用尽用，全面促进资源利用最大化；坚持应建必建，全面推进处置能力匹配化；坚持应管严管，全面形成高压严管常态化；坚持应纳尽纳，全面实现管理手段信息化；坚持创业兴业，全面推动治理行业产业化；坚持问题导向，全面推动制度创新精准化；坚持长效常治，全面形成齐抓共管制度化。配套下发"责任、目标、任务、项目"4张清单，包括36项指标体系、59项重点任务、2个重点项目，明确具体工作要求和责任单位。召开无废城市建设工作部署会、无废细胞创建培训会、无废城市建设工作推进会等。到2022

年年底，完成“无废城市”建设，基本实现产废无增长、资源无浪费、设施无缺口、监管无盲区、保障无缺位、固废无倾倒、废水无直排、废气无臭味。

【洞头区第十届“生态文化月”活动】2020年6月5日，为纪念第四十九个“6·5”世界环境日和第十个“6·30”浙江生态日，洞头区在东屏街道半屏社区韭菜岙沙滩举行“生态文化月”启动仪式暨“美丽中国，我是行动者”世界环境日主题宣传活动。组织开展“呵护蔚蓝，海好有你”净滩活动，发布《2019年洞头区环境状况公报》，参与线下互动、线上直播互动。区环保志愿者协会、区户外运动协会等130多人参加。活动由区政府主办，区美丽洞头建设领导小组办公室、温州市生态环境局洞头分局承办，区融媒体中心、区综合行政执法局、区旅游文化发展有限公司、东屏街道协办。

【环境信访处置】2020年6月5日，洞头区严格落实“三联系、三反馈”工作制度。细化重点难点信访件处置，对完成信访处置重点件全部对照整改清单进行“回头看”。全年受理和处置信访投诉62件，与上年同期（61件）基本持平，增幅为1.6%。按污染类型看，涉废气类35件，涉建设项目7件，涉噪声类13件，涉废水类6件，其他信访件1件。全年无退回重办件，信访处置率100%，无省、市来信来访交办件和未化解重复举报件。

2020年5月31日，开展“生态文化月”净滩活动（市生态环境局洞头分局提供）

【“无废城市”建设主题手工制作大赛】2020年5月，为强化青少年儿童对于“无废城市”的认识，营造浓厚的宣传氛围，洞头区无废城市创建办联合区教育局、区生态环境分局举办“创意DIY，无废更亮丽”手工制作大赛暨创建无废城市、争做无废校园主题活动。活动共收到各校推荐手工作品125件。经评审，海霞中学滕敏、陈思默制作《环保小提包》获中学组一等奖；实验小学林雅各《8号机器人》、城关小学颜沐辰《可爱的家》获小学组一等奖；教育幼儿园叶航硕《星空台灯储蓄屋》、霓屿幼儿园张嘉和、张嘉煦《机器小达人》、教育二幼吕洪楷《森林小高楼》获幼儿组一等奖。并举办“无废”手工制品巡回展，提高“无废城市”创建群众知晓率，激发群众共创无废城市、同享生态未来的积极性和参与性。

2020年洞头区环境空气污染物平均浓度值及优良率一览表

表24

项目 / 月份	二氧化硫(微克/立方米)	二氧化氮(微克/立方米)	PM10(微克/立方米)	一氧化碳(CO)第95百分位数(毫克/立方米)	臭氧(O_3)最大8小时滑动平均第90百分位数(微克/立方米)	PM2.5(微克/立方米)	空气质量优良率（%）
1月	9	21	45	1.2	98	27	100
2月	9	12	40	1.1	118	23	100
3月	10	20	37	1.0	111	18	100
4月	10	22	50	0.8	162	24	86.7
5月	10	18	41	1.1	131	22	100

续表24

项目/月份	二氧化硫(微克/立方米)	二氧化氮(微克/立方米)	PM10(微克/立方米)	一氧化碳(CO)第95百分位数(毫克/立方米)	臭氧(O_3)最大8小时滑动平均第90百分位数(微克/立方米)	PM2.5(微克/立方米)	空气质量优良率(%)
6月	10	12	26	0.8	106	11	100
7月	8	12	25	0.7	118	11	100
8月	5	10	24	0.7	107	13	96.0
9月	5	15	28	0.9	153	15	90.0
10月	7	13	34	0.8	131	15	100
11月	8	19	38	1.0	134	17	93.1
12月	8	25	47	1.0	90	25	100
均值	8	16	36	1.0	131	18	97.2
GB3095—2012二级标准年平均限值	60	40	70	24小时平均：4	日最大8小时平均：160	35	/

（市生态环境局洞头分局提供）

生态环境建设

【概况】2020年，洞头区制定“绿水青山就是金山银山”实践创新基地建设年度工作计划，推进“绿水青山就是金山银山”转化实践重大平台各项任务落实；下发《2020年度洞头区美丽温州建设（生态文明示范创建行动计划）工作责任书》。开展领导干部自然资源资产离任审计、生态环境损害责任追究，推进区、街道（乡镇）两级生态环境质量报告工作，落实生态环境保护“党政同责、一岗双责”。编制上报生态文明建设示范区创建技术报告，通过省级生态文明建设示范复评。新增市级生态文明教育基地——温州市综合材料生态处置中心。全年生态环境公众满意度全省前列、全市第一。

【社会资本参与海洋生态保护修复项目建设管理办法试行】为吸引社会资本参与洞头区海洋生态保护修复项目建设，保障海洋资源与环境可持续利用，促进海洋经济协调发展，根据有关法律法规规定，温州市生态环境局洞头分局等单位制定《洞头区社会资本参与海洋生态保护修复项目建设管理试行办法》（洞改办发〔2020〕7号），包含总则、部门职能分工、项目类型、优惠政策、建设单位职责履行、工作流程、附则等7章29条内容。旨在吸引社会资本参与海洋生态修复、后期运维管理及陆域配套设施建设，实现生态修复增效、企业投资获益、农民转产增收，洞头经验入选全国首批社会资本参与国土空间生态修复典型案例。办法自发布之日起试行。

温州市综合材料生态处置中心　　（市生态环境局洞头分局提供）

【生态环境突发事件应急预案修订】2020年11月18日，为规范全区突发生态环境公共事件的应急处置工作，提高政府应对突发生态环境事件的能力，最大限度地预防、控制和减少突发生态环境事件及其造成的危害，保障公众生命财产和生态环境安全，维护社会稳定，区政府修订洞头区突发生态环境事件应急预案。包含总则、组织指挥体系与职责、预防和预警、应急响应、后期处置、应急保障、宣传教育及培训与演练、监督管理、附则等内容。预案即日起实施，2017年9月22日印发的《洞头区突发环境事件应急预案》同时废止。

【全国“绿水青山就是金山银山”实践创新基地建设】2020年，洞头区通过全域污水零直排建设验收，启动全域“无废城市”创建，统筹推进蓝色海湾整治、山水林田湖草试点、美丽城镇建设生态修复，修复网寮鼻、相思岙、大小门4处矿山，修复青山岛、栖鹿湾沙滩2个，累计生态化治理矿山20余处，修复沙滩9个，蓝湾二期“破堤通海、生态海堤、十里湿地、退养还海”推进。投放人工鱼礁3.6万空方，增殖放流海洋生物1.43亿单位，建设彩色健康森林266.67公顷，森林抚育666.67公顷，提升南塘湾滨海湿地公园22公顷，投入海洋生态补偿金376万元，新增霓屿红树林面积33.33公顷。实现生态优势转化为经济优势，借助社会资本推进“海上花园”建设入选自然资源部社会资本参与国土空间生态修复十大案例，“东屏星光”夜游经济带上榜浙江美丽乡村夜经济精品线路。

【省级山水林田湖草保护试点】2020年，洞头区围绕水生态环境提升、矿山生态环境修复等7个方面，统筹推进山水林田湖海系统治理，试点开工和在建项目共计12个，完成总投资2.04亿元。新建城北、布袋岙2座污水处理厂，完成大门、元觉、霓屿3个污水零直排镇街改造，修复新城一期三级管网，推进状元岛河道水系治理。生态化治理网寮鼻、仙田岗、龟岩、观音礁4处矿山，完成瓯飞料场、寨楼1矿绿色矿山评估。建设国家级海洋牧场完成海藻床、海藻场9000平方米建设，投放人工鱼礁3.6万空方，提升南塘湾滨海湿地公园22公顷，修复栖鹿湾人工沙滩近1万平方米。

【下尾村入围市美丽温州体验地建设名单】2020年，市生态环境局洞头分局开展美丽温州体验地征集工作，通过方案筛选、现场指导、设计优化，北岙街道下尾村入围全市2020年3个美丽温州体验地建设支持项目名单。该项目设计理念以“金色下尾，海上田园”为主题，结合生态农耕园改造提升、生态廊道建设、生物多样性观测点设置、节能环保设施科普及绿色生活民宿体验等方面，形成以田园健康生活、海岛生态旅游及绿色生活体验为主要模式的“绿水青山就是金山银山”理论转化体验示范地。

（张振宇）

环境质量

【概况】2020年，洞头空气质量优良率97.2%，同比上升1.2%；PM2.5平均浓度为18微克/立方米，同比下降18.2%；市控断面达III类水质以上比例100%；全区昼间城市区域噪声平均等效声级为53.0dB，评价结果为二级（较好）；昼间城市道路交通噪声路长加权平均等效声级为65.9dB，评价结果为一级（好）；2类、4类声功能区达到国家标准。

【饮用水源质量】2020年，长坑水库为洞头区县级以上饮用水源地，监测结果表明，长坑水库水质达到《地表水环境质量标准》（GB3838—2002）Ⅱ类水标准，全年县级以上饮用水源地水质达标率100%。

【跨行政区域河流交接断面】洞头区的跨行政区域河流交接考核断面设在长坑水库。根据《浙江省跨行

美丽温州体验地——三盘下尾村　（市生态环境局洞头分局提供）

政区域河流交接断面水质保护管理考核办法》，监测项目为pH、水温、溶解氧、高锰酸盐指数、氨氮、总磷、化学需氧量，考核指标为高锰酸盐指数、氨氮、总磷。2020年，长坑交接断面水质类别为Ⅱ类，考核结果为优秀。

【市控地表水断面】2020年，长坑水库、龙潭坑水库为洞头区市控地表水监测站位。市控地表水水质每月开展一次监测，监测项目为《地表水环境质量标准》（GB3838—2002）基本项目24项、水源地补充项目5项及透明度、叶绿素a，共31项。监测结果表明，长坑水库、龙潭坑水库水质综合评价为《地表水环境质量标准》（GB3838—2002）II类，达到功能区要求。

【环境空气质量】2020年，按《环境空气质量标准》（GB3095—2012）评价，洞头区空气质量自动监测站有效监测天数355天，空气质量优良率为97.2%，其中一级（优）有196天，占总天数的55.2%；二级（良）有149天，占总天数的42.0%；三级（轻度污染）有10天，占总天数的2.8%。全年PM2.5平均浓度为18微克/立方米，创历史新低，全市排名并列第一，全省排名并列第二，与上年

2019—2020年跨行政区域交界断面水质统计结果及年际比较情况表

表25　　单位：毫克/升

项目 年度	高锰酸盐指数	氨氮	总磷	功能要求类别	水质类别
2019年	2.4	0.08	0.012	Ⅱ	Ⅱ
2020年	2.7	0.09	0.018	Ⅱ	Ⅱ

2020年市控地表水水质统计结果及年际比较情况表

表26

监测站位	功能要求类别	2020年水质类别	2019年水质类别
长坑水库	Ⅱ	Ⅱ	Ⅱ
龙潭坑水库	Ⅱ	Ⅱ	Ⅱ

2019—2020年各乡镇水库水质情况表

表27

监测站位	2020年水质类别	2019年水质类别	功能区水质要求
枫树坑水库	Ⅱ	III	Ⅱ
前坑寮水库	III	III	V
元觉水库	III	Ⅱ	III
石子岙水库	III	III	IV
南山水库	Ⅱ	Ⅱ	Ⅱ

2019—2020年酸雨监测结果及年际比较情况表

表28

年度	样品数	酸雨率	降水pH值	
	个	%	均值	波动范围
2020年	67	70.1	4.98	3.98—7.63
2019年	112	74.1	4.78	3.75—6.65

2019—2020年城市道路交通噪声（等效声级）统计及年际比较情况表

表29

测点编码	道路名称	测点位置	路段长（米）	路面宽（米）	2020年昼间Leq（dB）	2019年昼间Leq（dB）
1	中心街	洞头区环保局	1246	11	66.6	65.5
2	连城大道	天天乐大药房斜对面	800	20	70.4	65.1
3	新城大道	佳信平价超市	1825	20	69.0	63.3
4	海滨大道	海滨大道48号	1120	24	69.8	67.6
5	岭背东路	岭北东路32号	940	9	68.4	66.1
6	车站路	车站路14号	718	9	70.2	68.7
平均	—	—	—	—	65.9	65.6

2019—2020年洞头区噪声功能区监测结果及年际比较情况表

表30　　单位：dB(A)

测点名称	标准适用区	国家标准		2020年		2019年	
		Ld	Ln	Ld	Ln	Ld	Ln
警池巷20弄6号	2类标准区	60	50	50.8	37.5	48.1	39.7
中心街260号	4类标准区	70	55	52.9	45.7	52.1	47.9

（市生态环境局洞头分局提供）

相比下降18.2%；空气质量优良率97.2%，与上年相比上升1.2%。全年环境空气质量级别非优良的天数10天，首要污染物均为臭氧，臭氧（O_3）日最大8小时平均第九十百分位数浓度为131微克/立方米，同比下降4.4%。

【降水】2020年，洞头区酸雨监测点位于北岙街道县前路53号，监测项目为pH、电导率、降雨量及SO_4^{2-}、NO_3−、F—、Cl—、NH_4^+、Ca^{2+}、K+、Na+、Mg^{2+}。全年采集降水样品67个，降水的pH值范围为3.98—7.63，pH均值4.98，酸雨率70.1%，与上年相比酸雨率下降4.0%。洞头区属中酸雨区。

【声环境质量】2020年，洞头区昼间城市区域噪声平均等效声级为53.0dB，评价结果为二级（较好）；昼间城市道路交通噪声路长加权平均等效声级为65.9dB，评价结果为一级（好）；2类、4类声功能区达到国家标准。

（周世陆）

环境管理

【概况】2020年，洞头区修编《突发环境事件应急预案》《饮用水源地保护区突发应急预案》《突发辐射污染环境应急预案》等预案，制定全域污染治理方案。建立“半月一督查、一月一通报”制度，创成全市首批省级污水零直排区。启动“无废城市”建设，全域推进村居、企业等无废细胞创建26个。全年下发治水督办单42件、整治河道问题195个；实施湾滩评优，开展双月考核，完成入海排污口整治58个。完成锅炉综合改造，淘汰老旧柴油车等，环境空气质量持续提升，其中PM2.5平均浓度18微克/立方米，全省并列第二。

【辐射污染环境突发应急预案修订】2020年11月18日，为防范突发辐射环境污染事件（以下简称突发辐射事件）发生，有效控制或减缓突发辐射事件可能造成的危害，提高政府应对突发辐射环境污染事件能力，最大限度地预防和减少突发辐射环境污染事件及其造成的损害，保障公众的生命财产安全和生态环境安全，区政府修订《洞头区突发辐射环境污染事件应急预案》，包含总则、应急组织指挥体系及职责、事件分级、预防和预警、应急响应、应急响应终止、后期处置、应急保障、宣传及培训与演练、附则等内容。预案即日起实施，2017年12月29日印发《洞头区突发辐射环境污染事件应急预案（修订）》同时废止。

【行业环境整治】2020年，市生态环境局洞头分局深化行业整治工作，开展工业涂装和农副食品加工行业企业整治提升成效评估15家，实施《洞头区工业涂装、农副食品行业整治提升行动补助实施方案》，为14家企业（1家放弃补助）发放补助金额39.5万元。实施温州市洞头联欣表面处理有限公司电镀行业复产整治提升，完成对金源化工等化工行业企业整治提升回头看3家。

【大气污染防治】2020年，洞头区落实打赢蓝天保卫战工作，深入开展生物质锅炉超低排放及燃气锅炉低氮改造，以及重点领域臭气治理，全年完成燃气锅炉低氮化改造12台，生物质超低排放改造4台；完成温州明远新型建材有限公司臭气异味治理项目；全年非道路移动机械编码登记149台。淘汰补助非营运柴油货车10辆。完成黑烟抓拍设备安装验收2套，累计抓拍黑烟车14辆。完成重型柴油车辆OBD远程在线监控设备安装及联网工作25辆。联合公安、交通部门开展路检4次、入户抽检和路面遥感监测，累计抽查柴油车144辆，发放督查意见书5份。推进物流通道空气自动站建设。根据物流大通道环境空气自动监测站网建设技术指南要求，状元岙港区空气自动站两站合一建设投入试运行。

【河（湖）长制管理】2020年，洞头区落实《温州市河长履职电子化考核评分细则》，利用“温州市河（湖）长制信息管理系统”平台、“温州河（湖）长通”APP、“掌上基层”APP、微信群、“绿水币”积分小程序等实现河长制工作“云办公”，提高河长履职“三率”水平。通过开展河道自查、专项督查、区县交叉检查等，发现问题195个，累计下发整改督办单42件，问题整改率100%。开展志愿者满意度宣传，全区入户宣传率100%。全年“五水共治”工作公众满意度全省前列、全市第一。

【“污水零直排区”建设】2020年，洞头区制定《洞头区“污水零直排区”建设实施方案》《洞头区“污水零直排区”运行维护管理办法》，做好全域“污水零直排区”建设顶层设计，保障工程实施和后期运维。简化项目资金拨付程序，加强技术保障，温州市洞头区治水办公室组织生态环境、住建、综合行政执法、农业农村等部门专业技术骨干组成“污水零直排区”建设指导组指导推进各项工作。编制街道污水零直排创建资料汇编。实行“半月一督查、一月一通报、一季一分析会”督查机制，推动项目建设，累计下发各类督办单、通报40余份。通过实施各项工程，实现辖区各区块雨污分流，完成全域“污水零直排区”建设。共计完成管网排查清疏118千米、新改建管网38.14千米、生活小区整治41个、六小行业整治368家、企事业单位整治49家，改建大门镇污水处理厂，新建霓屿布袋岙污水处理厂，新建区域污水集中收集处理设施4个，各类提升井8个。

【小微危废收运体系建设】2020年，市生态环境局洞头分局以“环保管家”为载体，实施小微危废集中收运一体化服务试点，通过降低危废收集门槛，破解小微危废处置难题，确保小微危废应收尽收。通过帮助企业落实网上转运处置审批登记平台，实现小微危废处置全年“零次跑”，可减轻小微危废处置成本最高可降低90%以上。

【净土清废监管】2020年，市生态环境局洞头分局扩大浙江省固废管理信息系统应用覆盖面，建立工业固废监管“一张网”。完善网格化巡查机制，配齐村（镇）网格化巡查队伍。严格落实危险废物转移联单制度，实现固体废物转移情况可查询可追踪。环境发展有限公司医废技改项目开工建设。全面推进“清废净土”工作，规范化提升整治涉危废产物企业6家及重点行业企业污染地块土壤详查任务4家。

【污染物总量管理】2020年，市生态环境局洞头分局开展污染物总量储备清算工作，编制“十三五”期间总量储备执行报告，帮扶全区25家总量控制企业完成排污权交易平台“十三五”总量指标登载工作。解决温州洞头联欣表面处理有限公司、温州环境发展有限公司总量历史遗留问题及丽水36-1终端处理厂机构改革带来的总量新增问题，追缴排污权费共计180.6万元。全年完成减排计划项目15个，其中水污染物减排项目8个，大气污染物减排项目7个。

【排污许可证管理】2020年，市生态环境局洞头分局全面完成“十三五”排污许可全覆盖的收官任务，根据《固定污染源排污许可分类管理名录》108个行业类别，共排查出相关个体工商户和企业数660家，4月份克服核发工作量激增、疫情等不利影响，于4月15日提前半个月完成阶段性工作目标，顺利完成33个行业共155家许可发放审核和登记工作，8月率全市之先全面完成年度排污许可证清理整顿任务，共完成核定发证15家，登记管理437家，清理208家。

【环境辐射管理】2020年，市生态环境局洞头分局完成区人民医院辐射安全许可证重新审批。利用六月生态环境月活动，开展核与辐射宣传。开展辐射重点单位核技术利用系统核查和风险隐患现场排查和双随机检查。完成国控辐射自动监测站建设，开展辖区内医疗单位辐射监督性监测4家。

（杨海潮）

【环境风险管控】2020年，洞头区完成《突发环境事件应急预案》《饮用水源地保护区突发应急预案》《突发辐射污染环境应急预案》等预案修编。全区涉重点风险源单位7家，落实环境应急预案备案率100%。完成“两个”环境风险专项排查，检查重点风险源单位34家次，排查出环境安全隐患问题11处，均整改到位。

【环保专项执法】2020年，洞头区聚焦蓝天、碧水、净土、清废、治源、设施提升等六类专项，组织开展涉水、涉气、涉废等各项执法行动，严厉打击企业监测数据弄虚作假、企业恶意偷排、漏排等环境违法行为。严格落实“双随机、一公开”执法监管制度，深化污染源企业年度监督性监测，推进“浙政钉”和“浙江移动执法”使用。全年开展各类专项行动12项次，检查企业280家次，出动人员880人次，下发各类责令整改通知书26份，行政立案数13件，处罚金额40.9845万元。

（邱蔡慧颖）

海洋生态保护

【概况】2020年，温州蓝色海湾一期项目通过省级验收，入选自然资源部第一批社会资本参与国土空间生态修复十大案例。蓝湾二期启动

“破堤通海、退养还海、十里湿地、生态海堤”建设，西山头王山头沙滩修复、生态海沟工程已完成初步设计，破堤通海工程开工建设，网寮鼻山体修复工程开展绿化种植，青山岛沙滩修复工程基本完成。省海洋生态建设示范区创建连续三年考核进入前十，生态环境公众满意度蝉联全市第一。

【湾（滩）长制管理机制】2020年，市生态环境局洞头分局明确湾滩长制组织体系、管理方式及考核奖励等机制，安排区财政湾滩长制管理专项经费278万元，下达街道（乡镇）湾滩保洁资金206万元，督促街道（乡镇）全面落实湾滩定期巡查与常态化保洁工作。开展湾滩双月考核与最美最脏湾滩评选，联合农业农村、自然资源规划、综合行政执法、港行等部门开展湾滩双月考核5轮，评选最美湾滩5个和最脏湾滩4个。建立湾滩长制奖补与双月考核挂钩机制，督促考核街道（乡镇）湾滩长履职情况，对获评最美湾滩村级湾滩长和协管员给予一定资金奖励。

【入海污染源治理】2020年，洞头区推进入海排污口整治58个，制定入海排污口“一口一策”整治方案，安排专项资金50万元支持东屏、大门、鹿西推进入海排污口整治，完成整治35个，无需整治19个，未完成整治4个。开展入海污染源专项排查，对沿海、滩涂、向陆一侧延伸2千米及入海河流上溯5千米范围8类入海排污口进行全面调查，共排查排水口612个，其中：工业企业排口1个，污水集中式处理设施排口98个，农业、农村和城镇排口176个，雨洪径流排口320个，溪流、沟渠、河港等排口16个，其他排口2个，建立入海排（污）口“一张图”。

【蓝色海湾整治项目一期通过省级竣工验收】2020年6月23日，温州蓝色海湾整治项目一期通过省级竣工验收。该项目位于温州洞头，总投资4.76亿元，系中国“十三五”规划纲要中的重大海洋工程之一。项目以整岛修复原则，提升海湾生态环境质量和功能为核心，开展海洋环境综合整治、沙滩整治修复、海洋生态廊道建设3大工程69个子项目建设。通过蓝色海湾一期整治行动，洞头完成清淤疏浚157万平方米，修复沙滩、卵石滩面积10.51万平方米，建设海洋生态廊道23.73千米，提升南塘湾滨海湿地公园22公顷，种植红树林27.93公顷，修复污水管网5.69千米。第一类二类水质面积占比增加10.4%。

【蓝色海湾二期整治行动】2020年，洞头区推进蓝色海湾项目建设，包括海岸带生态修复、滨海湿地生态修复、海岛海域生态修复等生态修复工程。完成海岸带生态修复工程330国道霓屿段绿化种植，北岙堤坝、状元岙南面堤坝景观建设和元觉岸线修复、同心公园周边海岸线修复及景观提升工程建设，基本建成青山岛沙滩修复项目，西山头、王山头沙滩修复进场施工。建成堤坝生态化建设工程1.56万米，沙滩修复12.5万平方米。滨海湿地生态修复工程、灵霓大堤破堤通海工程开工建设，建成霓屿湿地生态修复红树林和柽柳种植26.3公顷。完成三盘港海域传统网箱养殖政策处理和拆除工作；修复王山头山体工程1.4公顷及网寮鼻山体修复13.6公顷，启动绿化喷播作业。总投资4.51亿元，其中中央海岛和海域保护资金补助2.26亿元。

【海洋生物保护】2020年，洞头区蓝色海湾项目二期启动破堤通海工程，拆除灵霓大堤霓屿侧坝头247米，并建设200多米宽的生态海沟，恢复海水交换，打通凤鲚、鲈鱼、鳗鲡、日本对虾等瓯江流域海洋生物洄游通道。新增霓屿红树林滨海湿地公园面积33.33公顷，恢复潮间带生物多样性，成为鱼、虾、蟹、水鸟等生物天然栖息活动场所。建成海藻场、海藻床面积9000平方米，投放人工鱼礁3.6万空方，增殖放流各类海洋生态1.43亿单位。

（张振宇）

【近岸海域水质监测】2020年，洞头区海域面积约2607平方千米，开展海水水质、环境功能区水质、入海河流及海洋垃圾等四类监测，共布设站位22个，收集洞头区环境监测站对城南污水处理厂监测数据，获取和收集数据共4500余个。监测结果表明，与2019年相比，海水水质总体有所上升。2020年洞头近岸海域平均第一、二类水质监测海域总面积同比增加，第四类、劣四类水质海域总面积同比减少。不符合水质要求的指标为无机氮和活性磷酸盐。海水富营养化面积总体有所减少。5个环境功能区海水水质，8月水质最好，达标率80%；其次5月水质达标率40%；10月水质均为劣四类，均不满足环境功能区的水质要求。不达标水质超标指标主要为无机氮。洞头城南污水处理厂入海排污口全年4个季度采样监测均未发现超标排放，对海洋环境基本未造成危害。海面漂浮垃圾和海滩垃圾数量以塑料类垃圾居多。全年洞头近岸海域共发现赤潮1起，发生时间为5月1日至20日，赤潮优势种主要是东海原甲藻。洞头近岸海域未发生海上溢油事故。

（应凌锋）

教　育

放生 · 叶爱珠

“海霞精神”

爱岛尚武　励志奉献

教　育

概述

【概况】2020年，洞头辖区共有51所学校。其中，温州教师教育院洞头分院1所、大学2所（温州医科大学仁济学院、浙江工贸职业技术学院瓯江口校区）、瓯江口产业集聚区温州市属技师学院1所（温州技师学院）、瓯江口产业集聚区市直学校3所［温州护士学校、温州外国语学校（国有民办完全中学，面向全市招生）、温州外国语小学（民办学校，面向全市招生）］、普高1所（归市直属）、民办完全中学1所（洞头区乐成寄宿中学）、职高1所、初中6所（含九年一贯制学校2所）、小学9所、公办幼儿园8所、民办幼儿园18所。归温州市洞头区教育局直属管理的辖区学校共42所（不含温州外国语学校、温州护士学校、温州技师学院、温医大仁济学院、洞头一中）。全区在校生总数15888人，其中，职高987人、初中3839人，小学7084人，幼儿园3978人。全年教育经费支出5.25亿元，其中公共财政教育支出4.58亿元。全年资助贫困学生907人次，累计资助金额106.63万元。其中政府资助贫困学生798人次，资助金额78.53万元，社会资助贫困学生109人次，资助金额28.1万元。其中洞头区第二中学“国强学子基金”发放9.72万元，奖励补助学生51人。

洞头区制定《洞头区基础教育质量提升“扬帆行动”实施方案》《洞头区基础教育质量提升“扬帆行动”若干措施》。洞头区代表温州市推荐参加“全国义务教育优质均衡发展区”创建县（市、区）。2019年度省教育现代化指标得分洞头区排名全省第十七，居全市首位。区人民政府教育履职评价结果获得优秀“A”等。教育幼儿园创成温州市幼儿园教育装备优秀园、教育第二幼儿园创成温州市幼儿园教育装备达标园、城关小学创成温州市第二批未来（智慧）校园学校、灵昆中学被确认为第五批未来（智慧）校园实验校、灵昆中学、元觉义务教育学校被确认为第五批青少年创客教育空间学校、职业技术中学创成第六批青少年创客教育基地学校。区实验小学、区教育幼儿园、区霓屿街道社区学校确认为浙江省首批现代化学校。

【停学与复学】2020年，新冠肺炎疫情发生后，洞头区按要求学校停课，并按照“一区一策”“一校一表”“一师一案”工作思路，全区高中、初中、小学中高年段（3—6年级）于2月10日开始上网课，实现“学生停课不停学，教师离校不离教”。区教育局开展师生员工信息排查1.7万余人，发布疫情防控动态风险警示近200条，组织学校开展疫情防控演练近100场次、师生及家长疫情防控知识培训34000人次。成立心理健康危机干预小组，开展心理危机筛查，制定一对一干预措施；组织线上心理健康教育方法培训7次，提升各校心理专任教师和班主任心理健康指导水平。4月13日，初三、高三学生开始复学；4月20日，初中、高中（中职）一二年级和小学高段（四至六年级）复学；4月26日，小学低段（一至三年级）复学；5月中旬，全区幼儿园复学，公办幼儿园大班幼儿返学率为87%，民办幼儿园大班返学率为60%。5月16日，全区12家教育培训机构恢复线下培训。其间，区教育局对照省、市复学复课工作要求，做好师生到位情况、健康信息监测、方案制度执行和落实、应急演练与提升、后续保障、校园卫生、餐饮安全、学生路途安全、校园安保、线上线下教学衔接、健康教育等重点工作。组织开展复学前现场督查5次。

【国家级义务教育优质均衡发展区创建】2020年，洞头区推进国家级义务教育优质均衡发展区创建工作。出台《洞头区关于进一步深化集团化办学的实施方案》，成立教育集团12个，覆盖面100%；投入164.455万元，完成“互联网+义务教育”中小学校结对帮扶暨新型教学空间建设15所，新增7所学校为“互联网+义务教育”结对帮扶学校，乡村学校“互联网+义务教育”结对帮扶覆盖率100%。完成海霞中学迁建二期工程、东屏小学改扩建工程，推进元觉幼儿园、元觉义校迁建工程及职教中心迁建二期工程。改善成人学校、社区学校办学条件。

【基础教育质量提升“扬帆行动”实施】2020年9月17日，为认真贯彻落实习近平总书记关于教育的重要论述，根据中共中央、国务院《关于深化教育教学改革全面提高义务教育质量的意见》和《中共温州市委 温州市人民政府关于印发〈实施教育优先发展战略加快推进温州教育现代化实施方案〉的通知》等文件精神，区委、区政府制定《洞头区基础教育质量提升“扬帆行动”实施方案》（洞委发〔2020〕44号），加快洞头基础教育质量提升步伐，推进国家义务教育优质均衡区创建，率先高水平实现教育现代化，主要举措是实施学前教育补短行动，扩大学前教育资源供给，加快学前教育内涵发展；实施义务教育强基行动，优化义务教育校网布局，深化义务教育课程建设，推进义务教育教学改革；实施高中教育培优行动，改善高中办学条件，提高高中教学质量，调整高中招生计划，加大办学政策保障；健全教师队伍建设机制，改进新教师培育机制，建立骨干教师培养机制，实施教师轮动培训机制，完善师资队伍管理机制；强化办学质量评价机制，深化学校发展性评价，强化教学过程性监测；优化绩效考核奖励机制，完善绩效考核奖励分配制度；深化学校集团办学机制，加快推进区内集团化办学步伐，构建区外名校教育联盟共同体；完善培训机构管理机制，大力培育优质校外培训机构，强化校外培训机构常态管理。总体目标至2023年，全面构建学前教育优质公共服务体系，创成国家义务教育优质均衡发展区、省教育现代化区，高质量完成省对区政府教育履职评价考核。

【基础教育质量提升“扬帆行动”若干措施】2020年9月17日，为高水平推进教育现代化，高品质办好人民满意的教育，根据《中共温州市洞头区委 温州市洞头区人民政府关于印发〈洞头区基础教育质量提升“扬帆行动”实施方案〉的通知》（洞委发〔2020〕44号）文件精神，区委、区政府制定《洞头区基础教育质量提升“扬帆行动”若干措施》，实施人才招引，引进名优师资，优化招录办法；强化名师培育，建立名师培养机制，鼓励在职学历提升；严格考核督导，实行教师分类评价，强化考核结果运用；深化绩效改革，完善绩效分配制度，深化校长职级制改革；支持普高发展，加大教学奖励力度；推进集团办学，实现全区集团化办学全覆盖，提高主城区集团化办学成效；落实“净校”制度，严肃“进校园”纪律，保障学校规范办学；倡导尊师重教，营造尊师环境，强化各方联动。

【洞头区教育发展大会】2020年9月6日，全区教育发展大会暨第三十六个教师节庆祝大会召开，会议围绕“提升教育教学质量，办好人民满意教育”主题，采取现场会议和全区各学校钉钉视频会议相结合方式召开。会议表彰省、市优秀及洞头最美教师等先进，宣读《洞头区基础教育质量提升“扬帆行动”若干举措》，区教育局、洞

2020年9月6日，全区教育发展大会暨教师节庆祝大会召开（区教育局提供）

头一中、乐成寄宿中学等单位及优秀教师代表聚焦“提升教育教学质量”作表态发言与经验交流。区委书记王蛟虎强调，教育是最大的民生，要进一步落实教育优先发展战略，做到“三个优先”，落实“三项制度”。要通过强化部门联动、强化家校联动、强化社会联动凝聚教育合力。区领导林霞、叶海峰、汪慧平、梅山标、侯合海、邵建乐、叶锦丽等1400余人参加会议。

【首届洞头区关爱奖学金发放】2020年6月12日，洞头区教育局联合区关爱帮扶志愿队在区职教中心组织举办首届洞头区关爱奖学金发放仪式。区关爱奖学金由区关爱帮扶志愿队筹集、捐助。面向洞头区域内就读初高中公办学校家庭经济困难在校生。奖学金每年计划3万元，奖励高中生20人，每人1000元；初中生20人，每人500元。

【“明眸皓齿”工程实施】2020年，区教育局完成教室灯光改造123个，采购可调式课桌椅380套、教学多媒体系统114套，视力普查仪器17套等设施；完成2次16所中小学（幼儿园）学生视力免费检查100%覆盖，建立学生个人近视防控数据档案，并反馈给学生及其家长。其中灵昆一小、实验小学、洞二中、灵昆中学学生近视率控制良好。

学前教育

【概况】2020年，洞头区共有幼儿园26所，在园幼儿3978人；其中，公办8所、民办18所，街道（乡镇）公办幼儿园实现全覆盖。共有班级数151个，其中公办园61个、民办园90个，公办园在园幼儿覆盖面为56%（含利用国资举办的2所集体性质民办园）。教职工615人，专任教师331人。持证教师331人，持证率100%。

制定出台《关于学前教育深化改革规范发展的实施意见》《洞头区全面推进幼儿园课程改革实施方案》，霓屿幼儿园建成投用，完成元觉幼儿园主体工程施工。全年创建省一级幼儿园1所，为洞头区灵昆街道中心幼儿园（民办园），实现民办一级园“零”突破；创建省二级幼儿园2所，即区灵昆幼儿园和区霓屿幼儿园。全区学前教育一级幼儿园3所（教育幼儿园、教育第二幼儿园、灵昆街道中心幼儿园），二级园8所（教育第三幼儿园、鹿西幼儿园、大门幼儿园、灵昆幼儿园、太阳岛幼儿园、育才幼儿园、灵昆永兴幼儿园、霓屿幼儿园），二级及以上优质园共11所，优质园覆盖面为70%。全区26所幼儿园均为等级幼儿园，等级幼儿园覆盖面100%，普惠园比例为100%。

【学前教育深化改革规范发展实施意见】2020年12月15日，为进一步完善学前教育公共服务体系，切实办好新时代学前教育，更好实现幼有所育、幼有优育目标，根据上级文件精神，区委、区政府制定《关于学前教育深化改革规范发展的实施意见》，主要任务是优化布局，保障幼儿园资源供给；补齐短板，加快城镇住宅小区配套幼儿园建设；多措并进，提升农村幼儿园办园质量；创新机制，加强教师队伍建设；加大投入，健全学前教育经费保障机制；落实责任，强化幼儿园规范发展；深化改革，提高幼儿园保育教育质量。工作目标至2020年，普惠性幼儿园占比100%；等级幼儿园占比100%；专任教师持有教师资格证占比100%；启动学前教育普及普惠区督导评估前期筹备工作，基本建成以公办幼儿园和普惠性民办幼儿园为主体，布局合理、资源充足、质量保证的学前教育公共服务体系；至2022年，建成投用海悦城住宅小区配套幼儿园，完成大门长沙安置房配套幼儿园主体工程建设；全区公办幼儿园在园幼儿覆盖面力争达60%以上。完成学前教育普及普惠区创建，全面建成公益普惠、布局合理、资源充足、质量保证的学前教育公共服务体系；至2035年，高质量普及学前教育，各街道（乡镇）学前教育优质均衡，形成完善的学前教育管理体制、办园体制和政策保障体系，各类幼儿园健康持续发展。

【幼儿园课程改革】2020年，区教育局根据省市《全面推进幼儿园课程改革实施意见》文件精神，出台《洞头区全面推进幼儿园课程改革实施方案》，立足海岛本土资源，行政助推、研训带动、幼儿园行动“三位一体”，推进课程改革。洞头区园本化课程建设取得初步课程成果。其中，教育幼儿园的“海豚湾课程”，教育二幼的“乐绘课程”，教育三幼的“玩美课程”，太阳岛幼儿园的“阳光课程”，城关中心幼儿园的“礼仪课程”，灵昆中心幼儿园的“野趣课程”取得成效；教育幼儿园《海洋绘本课程》和教育第二幼儿园《绘乐整合课程》获温州市精品课程一等奖，入选浙江省精品课程。其他幼儿园形成“一园一品、百花齐放”多元化格局。灵昆幼儿园成为九把钥匙实践园，教育幼儿园成为三朵云智慧实践园，教育二幼成为安吉游戏实践园，教育三幼成为温州游戏实践园。

【教师素养大赛获佳绩】2020年11月10日，首届温州市幼儿园教师专业素养大赛在龙湾举行，区教育局教育科派两组参赛团队（公办组、民办组）参加，获一等奖2个、二等奖2个，三等奖4个，教育第三幼儿园陈晨获游戏观察一等奖，太阳岛幼儿园陈维罗获论文修改一等奖；两个团队均获团队赛二等奖。

【保育工作视频比赛获佳绩】2020年10月，由温州市教育局主办，温州市学前教育指导中心承办的温州市幼儿园保育工作操作流程视频评选结果公布，洞头幼儿园选送4个作品，其中获一等奖2个，二等奖1个，三等奖1个的优异成绩。评选活动旨在规范幼儿园保育工作行为，提升保教质量，做到“保教结合，教养并重”。

【灵昆街道中心幼儿园通过省一级幼儿园评估验收】2020年11月10日，灵昆街道中心幼儿园通过省一级幼儿园评估组专家团验收，获浙江省一级幼儿园称号，实现洞头区民办幼儿园一级园“零”突破。截至年底，全区省一级幼儿园共3所。

【幼儿园发展性评价考核结果】2020年10月，洞头区按照公布2019学年洞头区学校（幼儿园）发展性评估考核结果，区教育幼儿园、区教育第二幼儿园、区太阳岛幼儿园、区城关中心幼儿园被评为优秀单位；教育第三幼儿园、区灵昆幼儿园、区灵昆永兴幼儿园、区灵昆中心幼儿园、区快乐幼儿园、区育才幼儿园、区东屏中心幼儿园被评为良好单位；区霓屿幼儿园、区大门幼儿园、区元觉幼儿园、区鹿西幼儿园、区海悦城幼儿园、区双兴幼儿园、区智多星幼儿园、区创智幼儿园、区沙塘幼儿园、区童星梦幼儿园、区爱儿幼儿园、区苗苗幼儿园、区春苗幼儿园、区乐岛幼儿园、区大门第二幼儿园被评为合格单位。

2020年洞头区街道（乡镇）在园幼儿覆盖面情况一览表

表31

序号	单位	幼儿园数		幼儿数（人）			
		公办	民办	公办	公办覆盖面	民办	民办覆盖面
1	北岙街道	2	5	886	53%	779	47%
2	东屏街道	1	2	200	47.7%	219	52.3%
3	灵昆街道	1	9	110	9%	1159	91%
4	元觉街道	1	0	55	100%	0	0
5	霓屿街道	1	1	220	100%	0	0
6	大门镇	1	1	175	62.7%	104	37.3%
7	鹿西乡	1	0	71	100%	0	0
合计		8	18	1717	43%（不含集体办幼儿园）	2261	57%

（区教育局提供）

2020年洞头区公办幼儿园教师、幼儿情况表

表32

幼儿园名称	教师		学生数	大班		中班		小班	
	在职数	在编数		班级数	学生数	班级数	学生数	班级数	学生数
教育幼儿园	37	19	528	5	189	5	169	5	170
教育二幼	30	18	358	4	125	3	101	4	132
教育三幼	16	6	200	2	71	2	67	2	62
元觉幼儿园	7	1	55	1	14	1	23	1	18
霓屿幼儿园	7	1	220	2	60	2	60	3	100
大门幼儿园	16	1	175	2	59	2	60	2	56

续表32

幼儿园名称	教师		学生数	大班		中班		小班	
	在职数	在编数		班级数	学生数	班级数	学生数	班级数	学生数
鹿西幼儿园	9	2	71	1	25	1	20	1	26
灵昆幼儿园	10	3	110	1	20	1	30	2	60
合计	132	51	1717	21	563	17	530	20	624

（区教育局提供）

2020年洞头区幼儿园情况一览表

表33

序号	幼儿园名称	地址	性质	等级	园长
1	洞头区教育幼儿园	北岙街道新城区城南大道136号	公办	省一级	侯仙琴
2	洞头区教育第二幼儿园	北岙街道赴学路23号	公办	省一级	潘丽君
3	洞头区教育第三幼儿园	东屏街道惠民村长寿巷42弄22号	公办	省二级	许晓晖
4	洞头区元觉幼儿园	元觉街道状中巷44号	公办	省三级	徐薇
5	洞头区霓屿幼儿园	霓屿街道曙光路88号	公办	省二级	王瑶
6	洞头区鹿西幼儿园	鹿西乡海景街158号	公办	省二级	罗妮娜
7	洞头区大门幼儿园	大门镇勤奋路8号	公办	省二级	黄海月
8	洞头区灵昆幼儿园	灵昆街道瓯绣大道4099号	公办	省二级	童燕翔
9	洞头区城关中心幼儿园	北岙街道县东巷6弄29号	民办	省三级	张爱兰
10	洞头区太阳岛幼儿园	北岙街道新城区广场路3号	民办	省二级	陈维罗
11	洞头区双兴幼儿园	北岙街道繁荣街2弄18号	民办	省三级	陈黎�
12	洞头区育才幼儿园	北岙街道中心街570弄10号	民办	省二级	蔡慧锋
13	洞头区智多星幼儿园	北岙街道健康巷17号	民办	省三级	李金凤
14	洞头区快乐幼儿园	东屏街道府前路8号	民办	省三级	董艳玲
15	洞头区东屏中心幼儿园	东屏街道前坑寮村	民办	省三级	蔡淑微
16	洞头区大门镇第二幼儿园	大门镇大溪巷10号	民办	省三级	林海琴
17	洞头区灵昆中心幼儿园	灵昆街道繁灵街	民办	省二级	王小云
18	洞头区灵昆永兴幼儿园	灵昆街道叶先村	民办	省二级	陈芙芸
19	洞头区灵昆春苗幼儿园	灵昆街道双昆村	民办	省三级	范海晓
20	洞头区灵昆爱儿幼儿园	灵昆街道灵昆北路137号	民办	省三级	单素丽
21	洞头区灵昆创智幼儿园	灵昆街道兴灵路	民办	省三级	黄蓉蓉
22	洞头区灵昆童星梦幼儿园	灵昆街道上岩头路	民办	省三级	黄小薇
23	洞头区灵昆沙塘幼儿园	灵昆街道沙塘街	民办	省三级	金晓和
24	洞头区灵昆苗苗幼儿园	灵昆街道兴灵路2号	民办	省三级	吴圣芬
25	洞头区灵昆乐岛幼儿园	灵昆街道海思村	民办	省三级	高凌云
26	洞头区海悦城幼儿园	北岙街道新城区海兴路	民办	省三级	柯丽苗

（区教育局提供）

义务教育

【**概况**】2020年，全区小学11所（含九年一贯制学校小学学段2所），小学班级196个，在校学生7084人（含女生3364人），其中新居民子女1434人，特殊儿童40人。小学适龄学生入学率、巩固率、新居民子女入学率均100%，特殊儿童入学率100%。小学新生班级31个，新生招生1127人；小学毕业班级35个，小学毕业生1262人，升学率100%。初中7所（含九年一贯制学校初中学段2所、洞头区乐成寄宿中学初中段1所），班级103个，在校学生3839人（含女生1770人），其中新居民子女654人，特殊儿童34人。初中适龄学生入学率、年巩固率、新居民子女入学率、特殊儿童入学率均100%；初中新生班级数39个，新生招生1420人。初中毕业班级28个，毕业生1088人，初中毕业生升入高中阶段学校1051人，初中升学率97.34%，普职招生比例51.6：48.4。

制定出台《洞头区关于进一步深化集团化办学的实施方案》《洞头区第一批紧密型教育集团办学实施方案》，成立12个教育集团（含4个学前教育集团），义务教育集团化办学覆盖率100%，灵昆中学集团化办学经验在《温州日报》报道。城关二小获评市级“小而优”学校样板校，鹿西小学、元觉义校分别创成区级“小而优”示范校、达标校。灵昆一小获评温州市中小学生课后服务优秀学校。

【**集团化办学实施意见**】2020年12月10日，为深入贯彻落实《中共温州市委温州市人民政府关于加快温州基础教育发展的若干意见》《温州市教育局关于进一步深化义务教育集团化办学的实施意见》等文件精神，加快全区基础教育办学模式变革，扩大优质教育资源，促进全区基础教育优质均衡发展，洞头区制定《洞头区关于进一步深化集团化办学的实施意见》，组建模式分为“紧密型”教育集团、“合作型”教育集团、“联盟型”教育集团、“托管型”教育集团。要求完善制度体系，主动探索适合集团化办学的现代学校管理制度；实行交流互动，合理配置集团教师（管理人员）资源；加强教研联动，实现集团教研活动一体化；强化质量监控，实现共同进步；整合文化资源，优化教育环境；推动特色发展，形成“一校一品”格局。目标力争通过三年实现全区优质教育资源区域内均衡覆盖，教育现代化水平显著提升，优质教育资源基本满足人民群众需求。成立教育集团12个（含4个学前教育集团），义务教育学校集团化覆盖面100%。

【**“互联网+义务教育”学校建设**】2020年，区教育局投入164余万元，完成“互联网+义务教育”中小学校结对帮扶暨新型教学空间建设15所，新增“互联网+义务教育”结对帮扶学校7所，乡村学校“互联网+义务教育”结对帮扶覆盖率100%，实验小学被评为温州市“互联网+义务教育”结对帮扶示范校。

【**城关二小创成市级“小而优”学校样板校**】2020年11月27日，温州市“小而优”学校创建评估组专家一行到城关二小，开展温州市“小而优”示范校评估工作，采取听取汇报、实地察看、查阅台账、师生访谈以及分析评议等形式。专家组一行参观校园环境，观看40分钟大课间活动。校长汇报评估概况、主要成绩和亮点、存在问题及整改措施三方面阐述学校开展“小而优”学校创建工作情况。专家组按评估要求，对学校提供的15个指标材料做现场查阅，及时记录、逐项打分。城关二小围绕“绿色教育”办学理念，以“红绿蓝”生长课程为载体，开展海霞红、成长绿、海岛蓝课程群建设。以“同心向党”为核心，开展社会主义核心价值观引领；实施“12343”教学基本范式，扎实“三导四有”课堂变革；尝试采用“1+X”的模式开展快乐篮球实践，落实“一校一球”；开展海洋主题STESM项目活动，推进学生素养提升。获评温州市“小而优”学校样板校，并在《温州日报》作专题报道。

【**郑叶子获国家级奖学金**】2020年6月，教育部公布第十四届宋庆龄奖学金获奖名单，1538名入选，浙江省44名中小学生名列其中，洞头区城关小学郑叶子榜上有名。郑叶子系洞头区城关小学603班学生。其品学兼优，多才多艺，关心他人，并带动身旁的小伙伴共同进步，兴趣广泛，全面发展，多次参加各种比赛，均获佳绩。宋庆龄奖学金是面向义务教育阶段中小学生设立的国家级奖学金，设立于1994年，每两年颁发一次。主办方为教育部、中国福利会和中国宋庆龄基金会。

【**实验中学获评国家级青春健康教育示范基地**】2020年5月8日，中国计生协会发布新一批国家级青春健康教育示范基地名单，洞头实验中学青春健康教育俱乐部上榜。洞头区实验中学青春健康教育俱乐部成立于2016年10月，占地面积260多平方米，包含图书阅览区、技能培训区、网络视听区、咨询服务区、宣传展示区、心理指导中心等多个功能室。各功能室设施设备齐全。2017年12月获浙江省青春健康教育基地称号。青春健康教育是计生协以青少年性与生殖健康教育为核心内容的活动品牌，注重青少年参与和服务青少年，对青少年特别是在校学生的青春期生理、心理健康知识、人际交往、预防意外怀孕、预防艾滋病病毒感染等方面开展知识普及，促进青少年健康成长和幸福家庭建设和社会和谐。

2020学年洞头区义务教育基本情况表

表34

地区/别	小学				初中				入学率（%）		年巩固率（%）		升学率（%）	
	当年毕业		当年招生		当年毕业		当年招生							
	班级数（个）	人数（人）	班级数（个）	人数（人）	班级数（个）	人数（人）	班级数（个）	人数（人）	小学	初中	小学	初中	小学	初中
合计	35	1262	31	1127	28	1088	39	1420	100	100	100	100	100	100
北岙街道	15	566	14	540	7	301	17	701	100	100	100	100	100	100
灵昆街道	7	253	7	260	5	177	5	181	100	100	100	100	100	100
东屏街道	4	147	3	88	8	325	8	272	100	100	100	100	100	100
大门镇	3	125	3	118	4	165	4	130	100	100	100	100	100	100
元觉街道	2	43	1	28	1	31	2	41	100	100	100	100	100	100
霓屿街道	3	102	2	76	3	89	3	95	100	100	100	100	100	100
鹿西乡	1	26	1	17	0	0	0	0	100	100	100	100	100	100

（区教育局提供）

高中教育

【概况】2020年，全区普通高中1所，即温州市洞头区第一中学，属省二级普通高中特色示范学校。全区普通高中27个班级，在校学生1109人（其中女生575人）。普通高中新生班级数9个，招收新生393人；普通高中毕业班9个，毕业生389人，毕业率100%；普通高中学考（含高一学业考试）平均成绩合格率达97%，超全市总平均成绩。报考普通高校总人数389人，普通高校录取总人数389人，其中，一段上线25人、二段128人、三段236人，高考总录取率100%。是年，新增中学高级职称4人，中级职称2人。学生男子篮球队获市中学生篮球联赛第四名，市跆拳道锦标赛3名学生获第一名。实施“明眸皓齿”工程，开展学生心理高危全覆盖筛查，建成省健康促进校（铜牌）。普通高中教师论文发表国家级4篇、省级5篇，市级评比获奖3篇；教学技能比赛市级获奖17项、精品案例评比市级获奖7个，学科竞赛市级获奖12项。

【高中学校高质量发展三年行动计划】2020年9月17日，为认真贯彻《国务院办公厅关于新时代推进普通高中育人方式改革的指导意见》《国务院关于印发国家职业教育改革实施方案的通知》文件精神，推动高中学校高质量发展，区委、区政府制定《洞头区大力支持高中学校高质量发展三年行动计划（2021—2023年）》（洞委办发〔2020〕26号），主要举措是加强师资建设，组建青年教师研修班，实施“青蓝”师徒结对计划，加快名优教师培养；推进教学改革，落实教学常规，加强校本研训，改进教学评价，优化教学管理。深化职业高中“产教融合”“现代学徒制”及“1+X”试点工作。推进教学改革，支持普高学校初高中衔接教学；调整招生计划；改善办学条件，鼓励和引导温州知临教育集团在洞头设立数学研究院，助推温州（洞头）乐成寄宿中学创建优质品牌学校；完善奖教机制。设立高中学校教育质量奖。目标通过三年努力，不断提升教育教学质量，跻身全市中上水平，实现高中学校办学质量跨越式发展。

【洞头一中悱愤课堂教学变革】2020年，洞头一中重温“修济”校训，发扬“红专”精神，推进悱愤课堂教学变革，引导学生学习方式转变，引领教师专业发展。推进老教师、骨干教师及共产党员“悱愤课堂”教学展示引领。完善“悱愤课堂”教师成长手册，实行《“悱愤课堂”评价量表》进课堂；重视“启愤”问题设计，注重教学双边活动，突显学生的主体地位；突出课堂问题设计与反馈校正，改进学生学习方式，从而提高教师课堂教学技能。探索悱愤课堂变革校本化，构建学校教科研训一体化；打造现代滨海高中特色化。高考一段线上线25人，本科上线率40%，专科上线率100%。

【洞头一中自主开发特色选修课程】2020年，洞头一中现有“洞头魅力：走进海洋生物”“校园民谣吉他”等省精品课程3个，“百岛洞头地理”“洞头特色定向拓展”“海洋生物藻类”“宋之韵”“百岛守望”等市级精品课程26个，位居全市同类学校前列。

中等职业技术教育

【概况】2020年，温州市洞头区职业技术教育中心（简称区职教中心）共29个班级，在校生987人（职高847人、技校140人），其中女生400人。2020年，高三毕业班级9个，毕业生267人，其中，电子电工专业97人，学前教育专业40人，旅游服务与管理专业20人，计算机专业39人，电子商务专业40人，艺术类31人。毕业生267人，就业（升学）267人，就业率100%；直接就业16人，占比6%；升入高一级学校人数251人，占比94%；对口就业261人，对口就业占比97.75%。2020年高一招生8个班级，在校生301人，其中，电子技术应用专业117人，幼儿保育专业38人，高星级饭店营运与管理专业40人，计算机专业39人，电子商务专业40人，工艺美术专业27人。是年，区职教中心获评温州市劳动教育示范学校和温州市第六批青少年创客教育基地学校；推出校内电子商务产教融合孵化空间——“职小匠”创新创业工作室，连续2年获浙江省电子商务大赛团体二等奖，电商专业学生均获“中国助理电子商务师”证书。

浙江省中小学电脑制作大赛获一等奖1项、二等奖1项；温州市中职技能节电子商务赛获一等奖；电子电器应用与维修专业入选省中职高水平专业建设B类。区职教中心二期工程完成招投标。

【获评温州市劳动教育示范学校】2020年12月30日，根据《温州市教育局办公室关于组织开展2020年温州市劳动教育试点（示范）学校申报认定工作的通知》精神，市教育局组织评估组对申报学校进行综合评估，认定全市55所学校为温州市劳动教育示范学校，洞头区职业技术教育中心名列其中。学校加强劳动教育管理规范，配置劳动实践教育场地和劳动实践教室（实训基地），安排校外劳动实践活动，把劳动教育纳入全体教师培训内容，建立劳动教育器材、耗材补充机制，基础设施配套齐全，落实安全保护措施。经市教育局组织专家组复核认定为温州市劳动教育示范学校。

【获评温州市第六批青少年创客教育基地学校】2020年12月5日，温州市第七届青少年创客文化节在温州七都金融科技文化中心举行，授予洞头职教中心“温州市第六批青少年创客教育基地学校”称号。区职教中心学校坚持“教育大数据”和“互联网+教育”新教育理念，建设智慧教育学习环境，从创客基地、创客空间、创客课程、创客活动、创客文化等多维度推进创客教育。开出智能电子创意、海岛贝雕制作、“职小匠”电子商务创新创业、现场导游模拟等多个创客项目，建成创意工坊、智能电子系列实训室、3D打印室、电商带货直播实训室等可开展创客教育的功能教室15个。创客教育纳入整体课程规划，开设创客类课程17门。组成创客教师25位。学校及师生先后获浙江省省级实训基地（电子）、全国中职学校教师信息化教学设计和说课大赛二等奖、浙江省网络精品教学空间（电子电工、电子商务）、温州市级校企合作共同体（电子电气人才培养校企合作共同体）、温州市中职学校技能节大赛电子商务技术赛项一等奖、数字影音后期制作技术赛项一等奖、授牌洞头区青年创业学院等多项创客类、创新创业类荣誉。

洞头区职教中心开展学生日常创客教育　（区教育局提供）

【两名学生获中等职业教育国家奖学金】2020年12月，教育部、人力资源和社会保障部发布《关于2019—2020学年度中等职业教育国家奖学金获奖学生名单的公告》，区职教中心计算机应用与维修专业程宇和电子电器应用与维修专业潘雅锐等获中等职业教育国家奖学金。该奖重点围绕中职学生在校学习成绩、道德风尚、专业技能、社会实践、创新能力、综合素质等指标择优推荐、评选。通过学生申请，层层评审，最终确定获奖人员。是国家设立面向中职学生设立国家级最高荣誉奖项，每年评审一次，用于奖励中等职业学校（含技工学校）全日制在校生中特别优秀学生。全年奖励2万名学生，奖励标准为每位学生每年6000元，颁发国家统一印制荣誉证书，记入学生学籍档案。

高等教育

【概况】2020年，温州医科大学仁济学院下设13个学部、25个本科专业，257个班级，在校普通本科生7207名，现有教职工共585人，其中专任教师401人，行政人员49人，教辅人员32人，工勤人员100人，另有外聘教师98人。温州医科大学滨海校区是温州医科大学继学院路校区和茶山校区后的第三个校区，滨海校区在校生数共3241人。其中，2019级1738人，2020级1875人；拥有实验室9个，启用教室111个，其中230座教室8个，170座教室4个，140座教室24个，80座教室34个，语音室7个，讨论室34个。其中装有多媒体教室68个。该校区寝室数量849个，床位3392个，最大可容纳学生3700人。

2020年6月，仁济学院学生工作办公室获浙江省“巾帼文明岗”称号。9月，滨海校区仁济学院迁建工程一期四标上榜浙江省建设工程“钱江杯”优质工程奖名单。

【仁济学院课程获评省级精品开放课程】2020年4月，浙江省教育厅公布2019年高等学校省级精品在线开放课程和本科高校省级线下、线上线下混合式、社会实践等四类一流课程认定结果，仁济学院共计6门课程获省教育厅认定。“外周血细胞形态学检查技术”等三门课程认定为本科高校省级线下一流课程，“医学伦理学”等两门课程认定为本科高校省级线上线下混合式一流课程，“病理生理学”认定为高等学校省级精品在线开放课程。

【全国农村订单定向医学生培养院校联盟学术年会举行】2020年10月18—19日，2020年全国农村订单定向医学生培养院校联盟学术年会在温州医科大学滨海校区举行。活动以“大健康产业发展与全科医学教育”为主题，围绕大健康产业发展、智慧医疗、慢病管理、疫情后全科医学人才培养等议题展开研讨。梳理基层全科医生定向培养模式，推动健康中国2030年战略和提升基层卫生服务水平出谋献策。国内外知名院士、医学领域专家学者、高校联盟代表、各地卫生健康系统代表等200余人参加。温州医科大学2010年开始开展定向培养基层卫生人才工作，累计有定向毕业生1813人，覆盖浙江省11个地市77个县（市、区）。

【第五届华东地区病理生理学研讨会举行】2020年10月30日至11月2日，第五届华东地区病理生理学研讨会在温州医科大学滨海校区举办。会议以“细胞决定命运”为科研主题，以“教什么、谁来教、怎么教”为教学主题，以院士报告、大会报告、卫星会议、青年报告、壁报展示等多种形式展开学术研讨，搭建与国内同行深入交流的平台。首场报告邵峰院士作《Pyroptosis，inflammation and anti—tumor immunity》，中国科学院院士、上海交通大学副校长陈国强，中国科学院院士、北京生命科学研究所学术副所长邵峰，温州医科大学党委副书记陈培根，洞头区委副书记、区长林霞等230余人出席开幕式。研讨会由上海市病理生理学会主办，温州医科大学仁济学院、中共温州市洞头区委统战部、温州医科大学基础医学院和上海交通大学医学院教育部细胞分化与凋亡重点实验室联合承办。

【仁济学院第一次学生代表大会召开】2020年11月15日，仁济学院在滨海校区召开第一次学生代表大会，73名学生代表参加会议。院学生会主席团成员张成越作温州医科大学仁济学院学生委员会工作报告，表决通过《温州医科大学仁济学院学生会章程（修正案）》，大会选举产生温州医科大学仁济学院第一届学生委员会委员11名。

成人教育

【概况】2020年，洞头社区学院（浙江开放大学洞头学院）完成洞头电大成人专科毕业52人、浙大本科毕业44人，其中，春季专科毕业37人（行政管理11人，学前教育9人、园林技术17人）；春季、秋季浙大本科毕业分别为29人、15人。全年洞头区电大专科、本科招生共76人，其中春季行政管理专科招生11人，秋季行政管理招生32人（专科13人、本科19人），秋季学前教育招生33人（专科6人、本科27人）。洞头社区学院（洞头电大）

成人高中毕业生145人，秋季成人双证制高中招生161人，累计成人教育高中学籍管理系统在籍学员306人。全年完成各类社会人员培训3045人次，其中家政类服务技能培训1025人次、两后生职业素养培训102人次，完成全市各类社会职业培训3000人次目标。全年学分银行平台系统学习成果录入数（按人次计）24705人次，占比常住人口数22.3%，超省均15%。

制定出台《洞头区教育局关于印发社区（成人、老年）学校管理实施办法的通知》《洞头区社区教育领导小组办公室关于开展洞头区2020年度社区（成人）学校目标管理暨校长工作绩效考核的通知》，规范社区（成人、老年）学校管理工作。截至年底，全区建成洞头区社区学院（含浙江开放大学洞头学院）1所，创成市二级社区学院；7个街道（乡镇）建成社区学校（含成人文化技术学校、老年开放学校）。其中，创成省标准化成人文化技术学校7所，创成省社区教育示范学校1所（霓屿）、市社区教育示范学校1所（元觉）、市一级社区学校3所（鹿西、东屏、大门）、市二级社区学校2所（北岙、灵昆）；全区93个村居（或社区）创成市一级社区分校2所、市二级社区分校10所，全区社区分校新建达标率占比100%；创成浙江省成人教育品牌项目4个（鹿西、霓屿、东屏、元觉）、浙江省现代化成人文技校3所（鹿西、霓屿、元觉）、首批浙江省现代化社区学校1所（霓屿）。

【成人教育品牌创建】2020年，大门成人文化技术学校创成省现代化成人文化技术学校，元觉成人文化技术学校“孝善守望”项目获评为省成教项目品牌。大门社区学校“兰小草道德馆”入选市级“终身学习体验基地”。鹿西社区学校获评市“社区学校·文化礼堂”共同体示范项目。北岙城南社区分校创成市二级现代化社区学校。灵昆一小获评温州市中小学生课后服务优秀学校。霓屿街道老年学堂获评温州市示范老年学堂。霓屿社区学校创成浙省首批现代化社区学校，《紫菜养殖户培训》入选省级“终身学习活动品牌”。

【老年学堂建设】2020年7月，霓屿街道老年学堂完成硬件建设、设配添置及文化标识，通过省民生实事智慧管理平台验审。该学堂为2020年省政府民生实事项目；8月，区首家老年学堂揭牌，举办开班培训。全年霓屿街道老年学堂完成新增培训学位122人，完成市下达指标的122%；开设声乐合唱、棋类、健身操、养生保健、家庭教育、书法、手工制作、海霞精神等课程8门。

【社区教育进文化礼堂】2020年，区教育局贯彻落实省、市、区《关于推进社区教育进农村文化礼堂三年行动计划（2019—2021年）》要求，整合各类资源送师资、送课程、送培训、送服务、送活动进农村文化礼堂，提升农村居民综合素养。全年推进四类学习活动进文化礼堂活动60个，各类学习活动总次数313场次，居民学习活动3.1万人次，文化礼堂活动平均5.05场次，全年社区教育进文化礼堂覆盖率96.8%。《品味鹿栖》学习品牌入选温州市社区教育进文化礼堂学习品牌，鹿西社区学校入选温州市“文化礼堂·社区学校”共同体项目。

【全民终身学习活动周】2020年11月17日，洞头区人民政府与温州市教育局、温州城市大学联合在市教育院洞头分院举办温州市暨洞头区全民终身学习活动周活动。会议表彰省、市、区级百姓学习之星，省级示范学习型城市，省、市级现代化成人学校，省、市级成教（终身学习）品牌项目等；举行“温州市全民终身学习活动周”会旗交接仪式。举办全市各县（市、区）终身学习成果图片展播和洞头区终身教育成果文艺汇演活动。市政府副市长汤筱疏，市教育局局长郑建海，区领导林霞、叶锦丽及省、市、区各类获奖代表260余人参加开幕式。

【青少年校外教育】2020年，洞头区社区学校联合辖区中小学做好学生课后托管服务，形成以学校教师为主体、社会各类专家为支撑、志愿者服务为辅课后服务新格局。是年，鹿西社区学校1名学子获评市“亲子阅读·书香家庭”网上读书月征文二等奖，洞头区灵昆第一小学入选温州市中小学生课后服务优秀学校项目。

【社区教育理论研究成果】2020年，《基于特色课程与平台建设的乡村老年教育模式的实验》被列为市社区教育实验重点项目；《发展民宿产业，助力乡村振兴，共建美好家园》《社区教育助力乡村文化振兴的鹿西案例》获市终身教育优秀工作案例一等奖，社区教育论文分获市二等奖1篇、市三等奖2篇；《海岛“鹿栖三头”乡村文化融入社区教育的实践与研究》获市社区教育实验项目验收一等奖；《基于区域背景下挖掘老年教育特色项目的实践与研究》《网络时代图书馆与终身教育融合发展的实践与研究》获市课题研究二等奖，《兰小草道德教育读本》入选市社区教育特色课程；陈松财主持课题《区域推进“农村文化礼堂+青少年校外教育”服务体系的构建与实践》被列为市社区教育规划重点课题，《乡村振兴下社区教育融入民宿发展治理的路径研究》被列为一般课题。

特殊教育

【概况】2020年，洞头区3—18周岁持证残疾儿童少年158人，其中视力残疾1人、听力残疾17人、智力残疾91人、肢体残疾31人、言语残疾2人、精神残疾8人、多重残疾8人。各类学校安置入学154人（普校87人、特校39人、送教28人），总入学率97.5%，其中学前段入学9人，入学率100%；义务段入学96人，入学率100%；高中段入学49人，入学率97.3%，三个学段入学率均超省市目标。全区现有特殊儿童113人（含适龄、超龄、外来、疑似对象）。21所中小学（幼儿园）100多个班级建档开展随班就读、送教上门工作。全区现建有义务教育阶段学校特殊教育资源教室10个，占义务教育阶段公办学校66.7%，全区各乡镇（街道）和随班就读学生5人以上的学校资源教室实现两个全覆盖。

2020年1月，洞头区特殊教育指导中心成立，联合组建洞头区特殊教育专家委员会。11月，承办温州市首届特殊教育资源教师实践操作技能考核现场会。洞头区霓屿义务教育学校资源教室创成温州市第二批示范性资源教室。

【特殊儿童情况评估】2020年，洞头区做好158名适龄残疾儿童少年入学排摸、分类安置，确保学前段、义务段、高中段入学率分别为100%、100%、92.5%。组织中小学（幼儿园）开展特殊儿童教育筛查评估，委托温州市第七人民医院开展医疗诊断评估。启用全国义务教育残疾儿童入学监测系统与全省个别化教育质量管理系统，提高控辍保学和个案服务水平。

【资源教室建设实现两个全覆盖】2020年，洞头区建成义务教育阶段学校特殊教育资源教室（含卫星班）10个，占比公办学校66.7%。改造提升实验中学、城关一小、霓屿义校资源教室条件，推荐霓屿义校申报创建温州市第二批示范性资源教室；教育科、特教中心开展学校资源教室调研指导、年度评估工作，认定区级示范性资源教室4个。全区各乡镇（街道）和随班就读5人以上学校的资源教室建设实现两个全覆盖。

【组建洞头区特殊教育专家委员会】2020年1月，区教育局优化调整洞头区特殊教育指导中心，区教育局、卫生健康局、民政局、残联联合组建洞头区特殊教育专家委员会，负责特殊教育组织协调、专业引领工作。各中小学均建立随班就读工作领导小组和资源教师团队（特殊教育教研组），推进随班就读专题研讨、课堂观摩、个案研判等活动。

【首届资源教师实践操作技能考核现场会举行】2020年11月12日，温州市首届资源教师实践操作技能考核现场会在洞头区霓屿义务教育学校举行。全市各县（市、区）56名中小学幼儿园资源教师分成18组，在资源教室里精彩演示实践操作技能，主要围绕特殊儿童典型的4个案例，从分析个案情况，选取训练触觉、前庭觉、本体觉等方面的多个感统器械，进行器械操作和对课例点评进行综合考核。现场会期间，听取霓屿义校特殊教育工作介绍，参观洞头区特殊教育成果展。现场会由市教育局、市特殊教育指导中心主办，区教育局承办，区霓屿义务教育学校协办。

【叶帅获省首届随班就读资源教师基本功大赛一等奖】2020年12月6日，浙江省首届随班就读资源教师基本功大赛结束，全省共100名随

2020年11月12日，温州市首届特殊教育资源教师实践操作技能现场会举行
（区教育局提供）

班就读资源教师参赛。洞头区实验中学教师叶帅代表温州地区参赛，经过技能操作、理论笔试、教育故事、个案分析、专家问答等环节层层比赛，以第一名成绩获初中组一等奖。

民办教育

【概况】2020年，洞头区民办中学1所，民办幼儿园18所，民办教育培训机构16所。全区民办教育培训机构教职工90人，专任教师40人，持有教师资格证40名，持证率100%。新增培训机构2所，即洞头英华教育培训学校有限公司、洞头非凡教育培训学校有限公司海逸分公司。全区民办幼儿园教职工319人，专任教师167人，持有教师资格证167名，持证率100%；大专以上学历教师167名，学历合格率100%。18所民办园均认定为普惠性民办幼儿园。

【民办幼儿园发展性考核】2020年，18所民办幼儿园办学规范通过发展性考核。其中太阳岛幼儿园、城关中心幼儿园为优秀单位；区灵昆永兴幼儿园、区灵昆中心幼儿园、区快乐幼儿园、区育才幼儿园、区东屏中心幼儿园被评为良好单位；区海悦城幼儿园、区双兴幼儿园、区智多星幼儿园、区创智幼儿园、区沙塘幼儿园、区童星梦幼儿园、区爱儿幼儿园、区苗苗幼儿园、区春苗幼儿园、区乐岛幼儿园、区大门第二幼儿园被评为合格单位。

【校外培训机构“白名单”单位】2020年，洞头区公布校外培训机构白名单，小新星英语培训学校、弘德培训中心、晓雯音乐学校、滨海果园培训学校、红泥巴培训学校、非凡教育培训学校有限公司、精英少儿口才培训学校、西米鹿艺术培训有限公司、楚文培训学校有限公司、睿博培训学校、睿扬教育培训学校有限公司、益其乐教育培训学校等入选。

【普惠性民办幼儿园专项资金补助】2020年，原洞头片区普惠性民办幼儿园专项资金补助金额为300.35万元，灵昆街道普惠性民办幼儿园专项资金补助金额235.18万元，灵昆街道中心幼儿园一级园创建成功奖励30万元，城关中心幼儿园被评为党建优秀单位奖励2万元，共计补助资金为567.53万元。

【校外培训机构监管】2020年，区教育局加强文化类校外培训机构监管，联合市场监管等部门开展从业人员资质核查；开展办学规范检查；联合宣传政策。疫情期间，督促经教育行政部门审批的校外培训机构14家，对洞头睿扬教育培训学校有限公司作出停业整改处理，现场查封车站路无证无照培训机构1家。

教育设施

【概况】2020年，区教育系统小型基建财政项目共15项，涉及财政资金580万元。其中，投入200万元，加固维修海霞中学乐知楼；投入100万元，改造提升城关二小一鸣公益基金“小而美”工程。霓屿幼儿园、东屏中心小学综合楼工程、海霞中学迁建二期工程建成投用；元觉义校迁建工程和元觉幼儿园完成主体工程，进入装修工程施工；职教中心迁建二期工程被列入地方专项债项目，并开工建设；实验小学分校工程完成可研编制。

全年教育技术装备资产总投入（含图书）1174.83万元，生均投入教育技术装备资金1011.27元。截至年底，全区中小学累计教育技术装备资产（含图书）7784.55万元，生均拥有教育技术装备资产6705.04元。全区中小学累计教育技术装备资产（含图书）7408.39万元，生均拥有教育技术装备资产6937.35元。全区16所中小学有15所建有创新实验室，创新实验室共有19个，建有率93.75%；16所中小学均建有录播（微格）教室，建有率100%；图书馆（室）70个，功能教室、创新实验室数量共338个，每百名学生拥有功能教室、创新实验室的数量2.91个。全区普通中小学教学仪器配备均达到浙江省一类标准。中小学计算机教室配有率保持在100%，普通教室配有多媒体设备占有率100%以上。无线网络覆盖主要教学区实现率100%，均接入省教育计算机网。完成区教育大数据平台、钉钉平台应用、平安校园综合应用管理平台、智慧教室（纸笔互动课堂）、大数据精准教学试点等信息化应用建设。

【民生实事项目建设】2020年，洞头区投入164.46万元，完成省“互联网+义务教育”中小学校结对帮扶暨新型教学空间建设设备。投入30.44万元，改造中小学教室灯光照明123个。投入201.38万元，改造提升全区4所初中、5所小学和5所公办幼儿园多媒体教学系统114套。

【霓屿幼儿园新园竣工开园】2020年8月28日，霓屿幼儿园新园举行开园。幼儿园园舍坐落在霓屿街道霓勤路2号。园舍占地面积约5660.36平方米，建筑面积4899平方米，总投资2807.62万元。幼儿园拥有12个班级的办学规模，举办7个班级，配备33名教职工。工程责任单位是区城发公司（原区工务局），设计单位是浙江中维建筑工程设计有限公司，施工单位是温州建设集团有限公司，监理单位是温州华厦建设监理有限公司。11月，霓屿幼儿园通过二级园评估。

【灵昆中学新校园启用】2020年1月2日，灵昆中学新校园启用。该校新校园位于灵昆街道上岩头村北单千路215号—227号，是灵昆街道辖区内唯一一所中学，也是瓯江口产业集聚区唯一全日制公办初级中学。2017年，瓯江口产业集聚区管委会投入1.4亿元对灵昆中学进行改扩建，总用地面积约3.8公顷，新建现代化的教学楼和综合楼建筑面积约18000平方米，办学规模24个班级，共有教学楼4栋，分别为博厚楼、博学楼、博识楼、博艺楼。建设单位是温州市瓯江口开发建设投资集团有限公司，设计单位是温州设计集团有限公司，装修单位是浙江大华幕墙装饰有限公司，土建施工是温州建设集团有限公司，监理单位是温州市恒业建设监理有限公司。

【职教中心迁建二期工程开工建设】2020年12月，区职教中心迁建二期工程开工建设。该工程位于北岙街道盘池路1号，总投资5890.52万元，总用地面积78647平方米，总建筑面积32590平方米，二期工程新建建筑总建筑面积13101平方米，新建实训楼建筑面积3125平方米，新建宿舍楼建筑面积2555平方米，新建体育楼建筑面积1879平方米，新建艺术楼建筑面积4918平方米，新建架空机动车停放建筑面积624平方米。工程建设单位是洞头区教育局，设计单位是温州市联大建筑设计有限公司，施工单位是方远建设集团有限公司，监理单位是浙江晟业工程咨询有限公司。

2020年1月2日，灵昆中学新校园启用　（区教育局提供）

招生考试

【概况】2020年，受疫情影响，各级各类学校开学延迟，全国公共英语等级、中考英语听力及中考体育等相关考试取消，中考、高考时间延后。全区中考报名共1080人，其中提前录取3人。全区中考共设考点4个考场37个。其中，实验中学（含元觉义校），设考场13个390考生名；海霞中学（含霓屿义校）设考场12个考生360名；洞头二中设6个考场160名考生；灵昆中学设6个考场167名考生。全区普通高考考生408人，单独考试考生89人，高职职业技能理论考试考生59人，设考点1个（洞头一中），考场17个，其中普通高考考场14个，单独考试（高职职业技能理论）考场3个，是一个复合考点。

【招生信息发布】2020年3月，区教育局发布实验小学等3所学校招生预警信息发布，按流程印发《2020年洞头区义务教育阶段学校招生工作实施办法》，多渠道发布招生信息。6月，完成民办学校摇号招生。6月8日，出台《温州市洞头区教育局关于印发2020年初中学业水平考试实施意见》，协助市教育局直管处制定并发布《2020年洞头片区高中招生工作实施办法》等文件。

【高职单招单考】2020年，洞头区职业技术教育中心高职单招单考报名90人，其中，计算机专业37人，电子电工专业22人，艺术类专业31人。专科上线90人，本科上线2人，高职单招单考录取率100%。

师资队伍

【概况】2020年，全区公办学校教职工1276人，专任教师1067人，其中公办幼儿园教师158人，小学教师515人，初中教师309人，职高教师80人；中级职称503人，占47.1%；高级职称239人，占22.4%；研究生学历17人，本科学历819人，大专学历231人。幼儿专任教师学历合格率、专科及以上学历均100%；小学专任教师学历合格率100%，专科及以上学历99%；初中专任教师学历合格率100%，本科及以上学历95.4%；职高专任教师学历合格率98.6%。是年，招录新教师47人，其中研究生3人；新评聘高级教师18人，一级教师26人，二级教师4人。

组织开展校本培训主题研修活

动和专题新教师培训，实施卓越教师培养计划。是年，洞头区获温州市第六批教师校本培训精品课程项目2个，温州市第六批教师专业发展培训精品课程项目1个；温州市精品培训案例2个；温州市校本研训示范校1所（城关小学）。实现教师工资收入“不低于公务员”标准。

【新教师上岗培训】2020年10月21日至23日，洞头区举行新教师试用期集训。全体学科研训员、新教师指导师，及新入职教师等100多人参加培训。新教师试用期培训分为集中专业理论培训、课堂教学技能培训、教学研究实践指导等三个阶段。培训开设教育法律法规，德育班主任专题《做一名幸福智慧的班主任》《用系统思维带班——构建和谐班集体》，心理健康教育专题《新教师压力自我管理》，教师专业成长专题《幸福梦想教师成长》《我和我的教育故事》《用心规划经常成长》，课堂教学常规专题《基于落实“三校”常态》等。并签订师徒结对。

【洞头区卓越教师培养计划】2020年，洞头区培养一定数量的特级教师、正高级教师和洞头本土化省市级名师、名校长、学科骨干团队，带动全区整体师资水平发展，出台“卓越教师培养计划”，综合确定第一批培养对象35名。7月16日至19日，洞头区卓越教师培训项目开班，邀请浙江师范大学继续教育学院院长张振新、浙江师范大学研究生学院常务副院长孙炳海等专家团队共9人开展培训。设立“卓越研究生”联合培养实践基地。11月22日至29日，启动洞头区卓越教师培训项目第二阶段计划。浙江师范大学专家团队指导开展为期一周的跟岗实践活动。关注参训教师个性化需求，详细划分语文组、数学组、英语组、科学组、幼教组、综合组等6个学科小组，配备蔡伟教授团队、杨光伟教授团队、刘晓及其团队、曾平飞教授团队、许兴建教授团队及浙师大教授团队等六个专家团队，从导师课堂、教学研讨、学员上课、导师点评等角度，展开分组学习。

【班主任专业技能提升】2020年，洞头区开展班主题智慧故事征集比赛、班主任智慧故事演讲现场赛、班主任基本功大赛、班主任优质课比赛等一系列活动，确定“以训促赛，以赛促训”提升策略，提高班主任素养和专业水平。特邀省班主任基本功大赛一等获得者吴萍萍到洞头开展讲座、浙江省名班主任工作室主持人徐斌华为全区中学班主任及德育干部做《我们一起学做“明”班主任》讲座；开展中小学主题班会课展示活动等。全年推荐参加市班主任技能大赛4名班主任分获二等奖2名、三等奖2名。

教学教研

【概况】2020年，洞头区教育局疫情防控期间，创新线上教学新模式，推出线上教学“新三导”学习模式，“线下教学”阶段推进新常规建设，开展强基提质专项调研。推荐霓屿义校小学部创建市常规达标校，鹿西小学、灵南小学、城关一小、元觉义校小学部创建市达标校；初中阶段通过市新常规达标创建学校。完成专题视导8次，开展“助推学校教学质量提升”分析反馈会，指导初三复习，提出洞头区中小学“找—寻—抓—评—提”专项活动修订方案。举办省“百人千场”名师赴洞头区送教下乡活动。

【课题论文等评比】2020年，洞头区教师申报课题183项，立项课题175项。市立项评审课题18项，各类市立项课题10项。中小学（幼儿园）论文参评399篇，获奖241篇，占60.4%，其中一等奖40篇，二等奖81篇，三等奖120篇。推荐参加市级论文评比89篇，获奖52篇，其中一等奖6篇、二等奖18篇、三等奖28篇。区中小学课题相关项目（微调研和课题论文）评比145篇、课题相关论文97篇和微调研报告评比48篇，评出获奖课题相关论文59篇，其中一等奖10篇，二等奖20篇，三等奖29篇。市中小学线上教学和教研管理案例推荐中小学案例25项，评出区级一等奖3项，二等奖5项，三等奖8项，推市案例共6项。

【初中学校质量提升推进会】2020年12月4日，洞头区初中学校质量提升推进会在洞头区霓屿义校召开。会议分析反馈2020年初中毕业生学业考试、2019年省中小学教育质量综合评价初中监测报告情况等，各初中校长作2021年中考迎考策略汇报，各学科教研员作2020年中考学科质量分析及2021年中考教学建议。

校园文化建设

【概况】2020年，洞头区美丽校园创成率、文化特色项目培育率均100%；累计认定精品社团112个；组织开展战“疫”感人英雄人物与事件宣传，上好疫情期间“开学第一课”、开展“最美逆行者”主题教育活动；把洞头先锋女子民兵连建连60周年系列活动融入学校德育品牌创建，开展“学生讲海霞”故事、中小学“海霞校园讲解员”大赛、组织学生到红色印迹馆、海霞主题军事公园、南炮台山公园等实地开展军事训练、老少携游军事活

2020年洞头区教师教育教学课题、论文获奖一览表(市级二等奖以上)

表35

序号	作者	题目名称	成果出处	获奖等级	获奖时间	作者单位
1	南存钱	重构单元·凸显整体·提升思维——“运算定律”单元整体教学的再思考	温州市教育教学研究院	市论文一等奖	2020年5月	洞头区实验小学
2	杨燕燕	“家文化”：让小班化“化”起来——小学低段小班化班集体文化建设的实践与思考	温州市教育教学研究院	市论文一等奖	2020年5月	霓屿义务教育学校
3	洪扬	行规养成视域下的“5+X”积分制——小学高段班级管理模式的实践与思考	温州市教育教学研究院	市论文一等奖	2020年5月	霓屿义务教育学校
4	吴维斌	一研·二评·三跟进：让数学作业讲评课有效发生	温州市教育教学研究院	市论文一等奖	2020年5月	灵昆第一小学
5	董芳蕾	“云教学”“云教研”：一朵云推动另一朵云	温州市教育教学研究院	市论文一等奖	2020年5月	实验小学
6	潘素静	入景·入情·入理·入行——例谈课堂教学中爱国情怀从“认同”到“自觉”的实施途径	温州市教育教学研究院	市论文二等奖	2020年5月	霓屿义务教育学校
7	吴丽琴	体育课堂中“学、练、赛、评”一体化教学实践	温州市教育教学研究院	市论文二等奖	2020年5月	实验小学
8	陈政	感悟非遗·传承文化：基于非遗文化美术学科群的设计与创新	温州市教育教学研究院	市论文二等奖	2020年5月	实验中学
9	纪娜娜	展学：让小班化学习看得见	温州市教育教学研究院	市论文二等奖	2020年5月	实验小学
10	张于胜	教学常规新建设 核心素养再提升	温州市教育教学研究院	市论文二等奖	2020年5月	海霞中学
11	张高永	搭建空中“三线”管理 解决宅家“一点”难题——新冠疫情下班主任线上工作的思考与探索	温州市教育教学研究院	市论文二等奖	2020年5月	东屏中心小学
12	黄凤霞	指向“学习力”提升的小学数学单元评价实施策略	温州市教育教学研究院	市论文二等奖	2020年5月	城关小学
13	余爱娣	化“管理”为“共营”	温州市教育教学研究院	市论文二等奖	2020年5月	实验小学
14	陈后万 王邦泽	创“四环二延”悱愤课堂，助教师专业化发展	温州市教育教学研究院	市论文二等奖	2020年5月	第一中学
15	吴立足	一生·二仿·三迁移：初中科学问题解决能力培养的实践与反思	温州市教育教学研究院	市论文二等奖	2020年5月	霓屿义务教育学校
16	张梦怡子	三关定点：中高年级拓展性阅读的实践探索	温州市教育教学研究院	市论文二等奖	2020年5月	实验小学
17	沈千淇	问学课堂：基于“学习共同体”的学习型科学课堂的实践研究	温州市教育教学研究院	市课题一等奖	2020年11月	霓屿义务教育学校

续表35

序号	作者	题目名称	成果出处	获奖等级	获奖时间	作者单位
18	庄海棠	小学生非连续性文本阅读能力的实践与研究	温州市教育教学研究院	市课题二等奖	2020年11月	实验小学
19	吴维斌	小学高段数学“错题资源”分类与利用的实践研究	温州市教育教学研究院	市课题二等奖	2020年11月	灵昆第一小学
20	庄海雷	习题中生物学资源的挖掘及其在教学中的应用	温州市教育教学研究院	市课题二等奖	2020年11月	洞头区第一中学
21	卢娉	基于整本书阅读的作业设计与实践——以统编语文教材七年级名著为例	温州市教育教学研究院	市课题二等奖	2020年11月	元觉义务教育学校

（区教育局提供）

动等“海霞魂”教育。先后开展“全面小康 我们来了”主题读书教育活动、“抗美援朝”主题教育活动，培养学生“爱国爱党”情怀；实验小学王萧雅获“全面小康我们来了”主题演讲比赛市级一等奖。获区级及以上各级各类先进500多人次，其中，洞头区城关小学郑叶子同学获得教育部第十四届宋庆龄奖学，区职教中心2018级电子商务班“关爱小组”获“最美温州人”称号，灵昆一小木棉中队获评全国优秀少先队集体。洞头区职教中心创成温州市劳动教育基地，职教中心、洞头二中、元觉义校、灵昆一小、城关二小认定为区劳动基地。

【活力校园建设】2020年，洞头区各学校开足体育和艺术课程，“文体2+1”纳入拓展课程，确保做到“五定”。参与中小学生体质健康监测学校100%，中小学生体质健康合格率居全市第一，优良率居全市第二；参与全市统一组织的义务教育艺术素养监测学校100%，成绩居全市中上水平；组织开展区级体育节、艺术节、科创运动会等比赛，参加人数3000余人次；组织师生参加省、市体艺各项比赛获奖项1260余人次，获优异成绩，其中城关小学获得市中小学生空手道锦标赛团体总分第二名，实验小学获市中小学生乒乓球比赛中男子乙组第二名，灵昆一小李香同学获市艺术节篆刻一等奖等。

【“海霞魂”传承活动】2020年，洞头区中小学组织开展“海霞魂”教育，先后开展征文、摄影、绘画、参观游玩等活动，引领学生感受并认同“爱岛尚武，立志奉献”海霞精神、“五岛连桥”众志成城精神、“兰小草”大爱精神；举办“第四届学生讲海霞”故事、第四届中小学校园讲解员大赛、洞头姆讲洞头方言大赛等。各校组织学生到望海楼、海霞主题军事公园、南炮台山公园、海事基地等实地开展中小学生军事训练、老少携游军事活动，激发学生“红色”精气神。借力海霞60周年庆与海霞学院挂牌契机，先后开展研学、成立小海霞宣讲团、“我为海霞代言”等活动。

【洞头区中小学生体育节】2020年9月至11月，洞头区中小学生体育节举行。比赛分篮球、阳光体育、田径三个大项。其中：篮球项目设小组赛和决赛；阳光体育项目设小学组和中学组，小学组项目包含50米、一分钟跳绳、一分钟仰卧起坐、8×50米往返跑；中学组项目包含800米、1000米、引体向上、一分钟仰卧起坐、8字跳长绳。田径项目分小学组和中学组，小学组项目含11—12岁组、10岁组以下组；初中组含14—15岁组、10岁组以下组。全区18所学校，2000余人参与各项比赛。最终洞头区实验中学获中学组团体冠军，洞头区东屏小学获小学组团体冠军。比赛由洞头区文广旅体局和区教育局主办，区职教中心协办，区跑步协会承办。

【洞头区中小学第四届校园讲解员大赛】2020年12月8日至9日，洞头区举行中小学第四届校园讲解员大赛，共评出团体一等奖2名、二等奖4名、三等奖10名；实验小学陈佳颖等10名同学、海霞中学林诗芸等10名同学分别获得小学组和中学组洞头区第四届“十佳校园讲解员”称号。

（许洋洛）

科学技术

端午粽子香 · 林满慧

“海霞精神”

爱岛尚武　励志奉献

科学技术

概述

【概况】2020年，洞头区完成工业企业研发费用9386万元，同比增长22.5%，增速居全市第四；完成技术交易额2.98亿元，完成任务数的297.66%，居全市第一；生命健康产业产值8亿元，增速20.8%。区域科技创新指数127.7，位居全省第三十八位，上升25个位次，提升幅度居全市第三。创成国家级高新技术企业6家、省级科技型中小企业8家。温州鸿鹏汽配制造有限公司、温州市海力砂轮制造有限公司认定为浙江省高成长科技型中小企业。

【科技创新主体培育】2020年，洞头区创成国家级高新技术企业6家，省高成长科技型企业2家，省级科技型中小企业8家，省级高新技术企业研发中心1家，市级企业研发中心1家。全区拥有国家级高新技术企业10家，省科技型企业65家，省级企业研究院1家，省级企业技术研发中心4家，市级企业技术研发中心10家，其中高新技术企业数占规上企业比重居省、市前列。电子电器科技园被列入市科技型小微企业创新园创建名单。

【国家级高新技术企业创成6家】2020年，洞头区创成国家级高新技术企业6家，其中新认定3家，即温州鸿鹏汽配制造有限公司、温州市海力砂轮制造有限公司、浙江信立达机械科技有限公司；重新认定3家，即浙江诚意药业股份有限公司、浙江永宏电气股份有限公司、浙江迪特高强度螺栓有限公司。

【浙江省科技型企业新增8家】2020年，浙江绿钢管件有限公司、温州市瑞泰紧固件有限公司、浙江信立达机械科技有限公司、温州启宏智能科技有限公司、浙江浙农海洋生物技术有限公司、先锋电力设备有限公司、浙江瓯越交建科技股份有限公司、温州索能自动化系统有限公司被认定为浙江省科技型中小企业。

科技研究成果

【概况】2020年，洞头区加强与中科院上海药物研究所、浙江大学等高校院所和创新载体战略合作，加强海洋药物、生物制药领域产学研联合攻关。开展“点对点”指导服务，引导企业研发项目信息管理系统上线80家，率全省之先实现高新技术企业、规上企业和省科技型中小企业全覆盖。做好“技术难题征集”“成果推介”等活动，完成技术合同交易额2.98亿元，发明专利产业化项目4项，快推进区域科技成果转移转化。黄鱼养殖模式创新项目被列入国家重点研发计划。“智慧海洋牧场装备技术中心”被认定为浙江省工程研究中心。

【海洋科技创新】2020年，中国水产科学院东海水产研究所、省水产养殖研究所、浙江东一海洋集团“东海渔业资源增殖与多元化养殖模式示范”项目被列入国家重点研发计划“蓝色粮仓科技创新”重点专项；推进浙江大学与黄鱼岛公司合作“大黄鱼智能生态渔城研发及应用示范”省重点研发计划项目实施；星贝公司与浙江大学订单式研发的坛紫菜智能烘干机技术再优化委托项目推进。

【智慧海洋牧场装备技术研究中心获批】2020年12月，省发展改革委发布《关于认定2020年度省级工程研究中心的通知》（浙发改高技〔2020〕388号），洞头区与浙江大学、宁波理工学院等单位联合申报的“智慧海洋牧场装备技术中心”被认定为浙江省工程研究中心，此为洞头区获批的首个省级工程研究中心。该研究中心是洞头区海洋与渔业发展研究中心、浙江东一海洋集团有限公司与大连理工大学宁波研究院、浙江省海洋水产养殖研究所、浙江海洋大学中交水利水电建设有限公司共6家单位合作共建，形成浙江省海洋养殖装备领域内集产学研为一体的研究团队。重点研究海洋牧场装备智能化、提升海洋牧场装备抗风浪性能、研发智慧海洋牧场自供能系统、增强装备综合性能测试能力，为浙江省“蓝色粮仓”建设提供技术和人才支持。

科技服务平台

【概况】2020年，洞头区围绕海岛发展和产业导向，抓住国家海洋经济发展示范区建设机遇，推进海洋生态产业创新服务综合体建设，打造高能级研发创新平台。温州东启公司入驻温州（嘉定）科技创新园。

【首家企业入驻“科技飞地”】2020年，洞头区温州东启公司入驻温州（嘉定）科技创新园，为全区首家入驻“科技飞地”企业。温州市东启汽车零部件制造有限公司是一家开发和生产汽车制动系统和冷却系统产品的专业制造公司。曾获“国家高新技术企业”“浙江省专利示范企业”等荣誉，产品销往南北美洲、欧洲等30多个国家和地区。拥有国家专利56项。抢抓长三角一体化国家战略机遇，抢先在沪布局对接科技创新资源和高端人才平台。温州（嘉定）科技创新园是温州规模最大“科技飞地”，园区重点面向数字经济、智能装备、生命健康、新能源网联汽车、新材料等战略性新兴产业。

【科技助企服务】2020年，洞头区发挥国家大院名校温州联合研究院洞头分院创新服务平台技术支撑作用，推动院企深度合作，助力企业创新发展。全年开展产学研对接、技术培训和指导等活动10次，组织专家走访70余人次，答疑解决技术难题35个。

【产业创新服务综合体】2020年，洞头区海洋生态产业创新服务综合体服务产业包括海洋生态养殖加工与海洋生态健康两大产业。全年综合体共投入经费295万元，服务蓝湾二期项目总投资4.5112亿元，完成投资近1.8亿元。与中科院南海海洋研究所、上海华东师范大学、浙大宁波理工学院等14家大院名校达成合作协议或项目。全年综合体对产业集群内企业服务次数90次，帮助企业解决技术难题45个，围绕海水养殖产业，以养殖户（合作社、企业）为服务对象，联系建立示范点20个。

（黄林芝 戴志浩 林瀚 吴小青）

2020年洞头区省级新产品试制项目一览表

表36

序号	项目名称	申请单位
1	智能型电梯荷检测装置	温州市洞头胜裕机电有限公司
2	YB—12/0.4—1250高压/低压预装式变电站	瓯波电气有限公司
3	KYN28铠装移开式交流金属开关设备	瓯波电气有限公司
4	HXGN高压交流金属封闭环网开关柜	瓯波电气有限公司
5	竖直管道安装截止阀J41	温州蓝天管件阀门有限公司
6	防尘球阀Q347F	温州蓝天管件阀门有限公司
7	防火浮动球阀FQ41F	温州蓝天管件阀门有限公司
8	预应力高防松螺母组合件	浙江迪特高强度螺栓有限公司

（区经信局提供）

知识产权

【概况】2020年，洞头区申请专利166件，其中发明39件、实用新型94件、外观设计33件；授权专利241件，其中发明22件、实用新型134件、外观设计85件。

【质押融资额首次突破亿元】2020年，洞头区知识产权质押融资额首次突破亿元，为10979万元，其中，商标质押授信5041万元，专利质押授信5938万元。较上年翻一番，激活企业知识产权的融资价值、缓解企业资金压力。

【首家品牌指导服务站投入运营】2020年10月，洞头区首家品牌指导服务站——洞头区个民协品牌指导服务站创成并投入运营。为辖区市场主体提供包括政策分析建议、奖励咨询、创新荣誉申报、注册申请指导、风险预警指导等服务内容20多项，惠及全区个体劳动者和民营企业协会会员单位600余家。该服务站与区市场监管局建立联系制度，直接对接品牌建设、知识产权、标准化等高质量发展内容，并引入第三方专业知识产权服务机制。

【4家企业入选温州市重点商标保护企业名录】2020年，温州市市场监督管理局公布第二批温州市重点商标保护名录，洞头区4家企业入选，即洞头区浙江恒博电气制造有限公司、浙江迪特高强度螺栓有限公司、温州佳海食品有限公司、黄鱼岛海洋渔业集团有限公司等。

（陈 捷）

海霞学院

【概况】2020年，温州市洞头区海霞学院承接女子民兵连60周年活动相关牵头协调任务，坚持问题在“一线”破解，“白+黑”“5+2”奋战100余天，召开专题协调会100余次，解决纪念馆装修布展、海霞村氛围营造、集训人员食宿等急难问题100余个。参与海霞学院建设，优化硬装设计，承接软装工程。主动承接海霞小镇规划编制，谋划打造以海霞村为核心、覆盖周边6个村，以“红色IP+”产业为核心、涵盖新旅游发展六要素的特色小镇。出台纪念馆参观管理办法，优化服务，全年接待观众4万多人次，同比增长40%。

实施“立根铸魂”“固本强基”“强筋壮骨”作风建设三大行动，打造“爱岛尚武 励志奉献”海霞铁军。落实区委提出的“以院管企、以企养连”“院企一体”运行模式，实践海霞红色学府发展新路子，挂牌中国旅游景区成员单位、省红领巾学院洞头分院、温州商学院思想政治理论教学基地。贯彻落实省委“将海霞学院打造成全省女干部进修培训基地”的点题，争创全国巾帼爱国主义教育示范基地、浙江妇女干部学校分校和浙江海霞干部学院。联合举办海霞精神主题研讨会，开展新时代海霞故事和短视频征集，新时代海霞故事在洞头新闻报纸上连载。成立清廉海霞志愿者队伍，建设海霞廉政基地，会同妇联开展“海霞式”优秀基层妇联组织和最美女性寻访。

围绕“五个一”办训特色要求，内拓外展走访对接区内外500余家单位，开拓培训市场；建立省市区三级师资库，设立海霞红港、寮顶坑道等现场教学点12个，开发特色课程六大类100余项，完成市首期女干部、市委党校中青班和区科股级女干部、纪检监察干部等培训班65期。创新推出海霞红色研学游等红色游线路3条，开发海霞杯、海霞笔等文创品，推进海霞文化产业发展全年收入250余万元、利润70余万元。

【培训市场开拓】2020年4月始，海霞学院承办各类培训班65期，其中区内35期，区外30期。其中，二季度完成11个培训班次，实现培训收入50万元；三季度完成32个培训班次，实现培训收入112万元；四季度完成22个培训班次，实现培训收入93万元。学院积极挖掘课程资源，初步构建海霞文化、党性教育、军旅生活、海上花园建设、海洋特色文化等五大课程体系，同时围绕区委提出的“吃一餐连队饭、穿一身民兵服、住一晚海霞营、过一次军事日、走一趟解放路”这“五个一”海霞红色教育特色，走出“理论培训+现场教学+军事体验”的培训模式。学院始终以党性教育为核心，特别推出体验新时代民兵生活主题党日活动，打造主题党日品牌。

【海霞学院揭牌】2020年6月19日，洞头区海霞学院揭牌。该学院将以海霞精神等内涵为依托。该学院位于北岙街道海霞村，总占地面积近6.67公顷，拥有洞头先锋女子民兵连纪念馆、海霞军事主题公园、海霞营地、海霞青年营、汪月霞旧居等红色教育实训基地，可同时容纳在院培训500多人。主要开展红色文化、教育培训、军事训练、研学旅游等工作，弘扬、传播“海霞精神”。省军区副政委张晓林与区委书记王蛟虎共同为海霞学院揭牌。区领导吴志安、侯合海、陈细团等出席。

【海霞学院阵地建设】2020年，海霞学院拓展教育平台，设立海霞村（汪月霞旧居）、寮顶回族村（海防坑道文化）、海湾三区（海霞红管家）、至朴海陶文化（温州海窑文化艺术中心）、溢香应急救援队（韭菜岙沙滩）、海霞红港（红色印迹馆）、霓屿下社村、东岙顶村、海霞妈妈总部、海洋水产养殖研究所、东海贝雕艺术博物馆、海霞军事主题公园等现场教学点12个，利用红色教育资源，丰富红色研学课程体系。

【温州市女干部培训班在海霞营地举行】2020年11月30日至12月4日，为进一步提升女干部党性锤炼、政治历练、解决实际问题等综合能力，加强女干部队伍建设。全市首期“传承海霞精神 激扬巾帼风采 展现窗口担当”2020年温州市女干部培训班在海霞营地举行，市直机关、县（市、区），市属国企、高校优秀女干部50名参加培训。培训内容分为军事训练、现场教学、党性教育、理论研讨四个教学板块。市委组织部副部长胡永锋，区委常委、组织部部长邵建乐等出席开班仪式。市妇联副主席方黎明主持。

（林韦钰）

社科工作

【概况】2020年，洞头区有省级社科基地2家，即洞头先锋女子民兵连纪念馆、望海楼；市级社科基地6家，即洞头东海贝雕艺术博物馆、洞头区红色印迹馆、“兰小草”道德馆等，类型包括历史古迹、纪念馆、博物馆和文化礼堂。召开常务理事会会议，选举通过产生挂职副主席1名。组织开展社科普及周系列活动、社科论文征集评选活动、洞头区首届新时代新风采辩论赛活动。

2020年9月，开展市级社会科学普及基地复评和申报评选工作，“兰小草”道德馆获评市级社科基地，红色印迹馆获评市级优秀社科基地。10月，温州市重大人才工程申报工作中，东海贝雕博物馆获评市级文化类创新团队。联合举办“海上花园 巾帼风采”海霞精神主题研讨会，探索和发展新时代海霞精神。

【洞头区首届新时代新风采辩论赛】2020年10月，洞头区开展“激扬温州人精神、弘扬海霞精神、建设海上花园”首届新时代新风采主题辩论赛，16支队伍参加。比赛采用四轮淘汰赛赛制，决赛现场，采用播放选手参赛VCR和直播方式。最终区府办代表队获冠军；区法院代表队获亚军；区教育局代表队、霓屿街道代表队获季军；区府办代表队陈娅男、区法院代表队陈学臻、区教育局代表队王朋杰、霓屿街道代表队甘泽森获最佳辩手。

【社科普及周系列活动】2020年5月，洞头区举办“百年追梦，全面小康”网络社科知识竞赛，连续开展3期，参与3000余人次。6月，围绕洞头先锋女子民兵连建连60周年，联合区委宣传部举办海霞精神研讨会。9月，开展“非遗体验公开课”，邀请贝雕、水族贝壳画老师为市民授课，传授洞头特色非遗技艺，公众参与500余人。10月，开展洞头区首届新时代新风采辩论赛。

【社科论文征集评选活动】2020年3月，区社科联组织全区社科工作者开展“两山”理念征文活动，征集论文30余篇，邀请专家评审。4月，开展全区优秀社科论文评选活动，征集调研文章42篇，推送参加温州市比赛获市级优秀论文奖二等奖1篇，三等奖5篇。8月开展“弘扬海霞精神 建设海上花园”新时代海霞故事征集活动，共征集68篇作品。

【地域文化挖掘工作】2020年3月，区社科联完成《瓯江山水诗之路：海上仙境诗画洞头》拍摄，选取特色景点，邀请专家讲解，5月在浙江公共新闻频道播出。5月，编辑出版“海上花园 百岛洞头”宣传画册。组织开展洞头乡土人文研究，出版《洞头乡贤》。

（钊筱晗）

2020年洞头区申请专利获得授权基本情况表

表37

序号	专利号	专利名称	专利权人	专利类型
1	201810449587.2	窨井	温州实诚建设有限公司	发明
2	201810069706.1	建筑物垂直绿化系统	浙江立鹏建设有限公司	发明
3	201710701535.5	一种对射式光电开关	温州洞头恒达冶金设备制造有限公司	发明
4	201711194178.4	一种装配式建筑结构及其施工方法	浙江宏联建设有限公司	发明
5	201810349317.4	一种奈拉滨的制备方法	浙江诚意药业股份有限公司	发明
6	201710701519.6	一种漫反射式光电开关	温州晟荣工业自动化有限公司	发明
7	201811302585.7	一种智能化建筑房屋	温州锦瑞建设有限公司	发明
8	201710701531.7	一种埋入式安装的漫反射式光电开关	温州益禾电子科技有限公司	发明
9	201810069684.9	一种复合建筑房屋结构	浙江立鹏建设有限公司	发明
10	201810070241.1	一种基坑支护结构	浙江立鹏建设有限公司	发明
11	201911142383.5	一种方便安装连接的混凝土预制污水检查井	浙江瓯越交建科技股份有限公司	发明
12	201810451263.2	一种市政道路排水结构	温州实诚建设有限公司	发明
13	201811513893.4	预制桥的桥板桥墩连接结构	浙江瓯越交建科技股份有限公司	发明
14	201711190267.1	一种重型机械用倒车报警器	浙江方舟工程机械设备有限公司	发明
15	201910140860.8	一种级联无刷双馈电机不平衡负载下的预测电流控制方法	浙江永宏电气股份有限公司	发明

续表37

序号	专利号	专利名称	专利权人	专利类型
16	201811384532.4	一种市政排水井转接装置	温州集程建设有限公司	发明
17	201811303456.X	一种居家组合装饰门	温州锦瑞建设有限公司	发明
18	201811302590.8	一种建筑房屋智能化屋顶	温州锦瑞建设有限公司	发明
19	201910239211.3	一种房建施工用升降机	浙江立鹏建设有限公司	发明
20	201811303458.9	一种市政园林灌溉设备	温州锦瑞建设有限公司	发明
21	201910239871.1	一种基坑降排水结构	浙江立鹏建设有限公司	发明
22	201910239175.0	一种钻孔灌注桩施工方法	浙江立鹏建设有限公司	发明
23	201820418778.8	一种眼药点滴器	浙江东一海洋集团有限公司	实用新型
24	201921024763.4	耐高压直线位移传感器	温州启宏智能科技有限公司	实用新型
25	201920939081.X	一种举升阀	浙江宏联建设有限公司	实用新型
26	201920773624.5	一种板材拉伸机用托料小车	浙江立鹏建设有限公司	实用新型
27	201920673476.X	Y形皮碗的通用型装配工装	温州启宏智能科技有限公司	实用新型
28	201920673554.6	带液压助力离合器工作缸总成	温州市洞头区水产科学技术研究所	实用新型
29	201822137635.2	一种助眠午睡枕	浙江立鹏建设有限公司	实用新型
30	201920773613.7	一种板材拉伸机缓冲机构	浙江立鹏建设有限公司	实用新型
31	201920774314.5	一种板材拉伸机用矫平小车机构	浙江立鹏建设有限公司	实用新型
32	201920774312.6	一种板材拉伸机用快速移动缸机构	浙江立鹏建设有限公司	实用新型
33	201920774294.1	一种板材拉伸机用上料机构	浙江恒博电气制造有限公司	实用新型
34	201920774319.8	一种板材拉伸机用双油缸输送机构	浙江方舟工程机械设备有限公司	实用新型
35	201920773623.0	一种板材拉伸用钳口机构	福一电气有限公司	实用新型
36	201920773622.6	一种保证升降同步的板材拉伸机用行走轮机构	国网浙江省电力有限公司温州市洞头区供电公司	实用新型
37	201920938975.7	一种举升缸	温州集程建设有限公司	实用新型
38	201920938935.2	一种前悬缸	温州集程建设有限公司	实用新型
39	201921238927.3	一种安全光幕结构	温州集程建设有限公司	实用新型
40	201921368579.1	一种递进式分配器接近开关	温州集程建设有限公司	实用新型
41	201920776478.1	一种多功能大功率便携模块化桌面气炉	温州集程建设有限公司	实用新型
42	201920819107.7	一种缝纫机低噪音电磁铁	温州集程建设有限公司	实用新型
43	201921106521.X	一种轻质可伸缩折叠脚凳	温州集程建设有限公司	实用新型
44	201921198500.5	一种双通道转速传感器	温州集程建设有限公司	实用新型
45	201920938933.3	一种制动头总成	温州集程建设有限公司	实用新型
46	201920938973.8	一种差速器	张尧林	实用新型
47	201921165734.X	一种超声波水槽	温州集程建设有限公司	实用新型
48	201921209624.9	一种砂轮更换便捷的打磨装置	温州煜博电气有限公司	实用新型
49	201920294021.7	一种油烟机集油盒的装夹装置	温州嘉冠智能科技有限公司	实用新型
50	201921216939.6	电子提花机的顶杆总成	温州康诺泵阀科技有限公司	实用新型
51	201921292379.2	绝缘伸缩式钳型电流表	浙江方舟工程机械设备有限公司	实用新型

续表37

序号	专利号	专利名称	专利权人	专利类型
52	201920090130.7	一种便于检测建筑外墙渗水设备	张尧林	实用新型
53	201920838347.1	一种低噪音电磁铁	浙江方舟工程机械设备有限公司	实用新型
54	201921181623.8	一种收缩包装机的防烫伤保护装置	浙江方舟工程机械设备有限公司	实用新型
55	201921181632.7	一种收缩包装机的加热条精确定位装置	温州市东启汽车零部件制造有限公司	实用新型
56	201921310083.9	螺栓螺母组装装置	温州市东启汽车零部件制造有限公司	实用新型
57	201921310439.9	内六角螺栓热锻模具	温州煜博电气有限公司	实用新型
58	201922233544.3	一种半绝缘与全绝缘组合式环网柜	温州康诺泵阀科技有限公司	实用新型
59	201922234509.3	一种变压器用散热装置	温州宝力鑫自动化技术有限公司	实用新型
60	201922275327.0	一种防尘高低压开关柜	黄庆峰	实用新型
61	201921790968.3	一种高密封集成式电控回油制动主缸总成	温州市洞头区乡村文化建设促进会	实用新型
62	201922274853.5	一种加强散热性能的抽出式开关设备	温州煜博电气有限公司	实用新型
63	201922289670.0	一种节能环保变压器	李梁相	实用新型
64	201922289120.9	一种输配电分合闸控制设备	黄鱼岛海洋渔业有限公司	实用新型
65	201922233534.X	一种电气成套开关设备	林家鸿	实用新型
66	202020005940.0	一种房建施工用隔音防护板	浙江方舟工程机械设备有限公司	实用新型
67	201921903958.6	一种加强型建筑砌块结构	温州煜博电气有限公司	实用新型
68	201921814380.7	一种加气混凝土砌块	温州煜博电气有限公司	实用新型
69	201921339183.4	一种金属件锻造装置的冲压机构	温州日迪龙智能科技有限公司	实用新型
70	201921956698.9	一种预制构件吊装用连接组件	刘恭诚	实用新型
71	201921817657.1	一种混凝土加气块	南琼琼	实用新型
72	201922361316.4	一种房建工程框架柱模板加强龙骨	南琼琼	实用新型
73	201922289115.8	一种自动化控制集成设备复合故障保护器	温州嘉冠智能科技有限公司	实用新型
74	201922141072.9	一种螺母攻牙机送料机构	浙江大华幕墙装饰有限公司	实用新型
75	201922139604.5	一种盖型螺帽	温州蓝天管件阀门有限公司	实用新型
76	201921848139.6	一种水利渠道预制件拼装结构	温州煜博电气有限公司	实用新型
77	201921398342.8	一种装配式预制混凝土的预制模板构件	陈庆中	实用新型
78	201922141022.0	一种防松螺母	温州蓝天管件阀门有限公司	实用新型
79	201922397276.9	一种房建工程用的混凝土柱的锚固装置	温州蓝天管件阀门有限公司	实用新型
80	201922215274.3	一种压帽机的脱料结构	温州蓝天管件阀门有限公司	实用新型
81	201920850805.3	一种大型环型锻件锻造模具	温州蓝天管件阀门有限公司	实用新型
82	201922247529.4	自阻尼电磁铁	温州市东启汽车零部件制造有限公司	实用新型
83	201922203513.3	一种圆顶螺帽	黄鱼岛海洋渔业有限公司	实用新型
84	201921751541.2	一种装配式建筑墙体构件	温州蓝天管件阀门有限公司	实用新型
85	201922141162.8	一种法兰螺母	张高桥	实用新型
86	201922488381.3	一种四通切换阀	温州市东启汽车零部件制造有限公司	实用新型
87	201922140999.0	一种螺母	温州市海力砂轮制造有限公司	实用新型
88	202020067496.5	一种房建工程框架柱加固模板	温州市海力砂轮制造有限公司	实用新型

续表37

序号	专利号	专利名称	专利权人	专利类型
89	201922151053.4	一种混凝土预制板存放架	温州市海力砂轮制造有限公司	实用新型
90	201922207031.5	一种倒立式拉丝机	温州市海力砂轮制造有限公司	实用新型
91	202020029622.8	一种新型房建檐口结构	张赟超	实用新型
92	201921818000.7	一种沙子球磨机	郭廷祥	实用新型
93	201922141101.1	一种盖形螺母	温州市海力砂轮制造有限公司	实用新型
94	201922274855.4	一种加强减震性能的开关设备	温州蓝天管件阀门有限公司	实用新型
95	201922452451.X	一种高性能阀门散热器	庄德恩	实用新型
96	201922215145.4	一种螺母清洗机的进料机构	温州市海力砂轮制造有限公司	实用新型
97	201922275290.1	一种机电安装管线快速安装防松脱吊架	温州市海力砂轮制造有限公司	实用新型
98	201922117862.3	一种便于冷却的锻造件传送装置	黄鱼岛海洋渔业有限公司	实用新型
99	202020023464.5	一种塔式悬吊房建筑	陈海杰	实用新型
100	202020045368.0	一种组合式房建用铝合金模板	温州市东启汽车零部件制造有限公司	实用新型
101	201921562852.4	一种装配式钢结构预制墙板	温州市东启汽车零部件制造有限公司	实用新型
102	201921897202.5	一种拆袜机	温州市宏特新型墙材有限公司	实用新型
103	201921794036.6	一种低能耗工业锻造炉	洪恭火	实用新型
104	201922275235.2	一种建筑工程用智能化照明设备	郑海益	实用新型
105	201922206320.3	一种尼龙锁紧螺母	郑晓霞	实用新型
106	201922142414.9	一种自紧螺母	温州吉旺电子科技有限公司	实用新型
107	201922248401.X	流体阻尼电磁铁	浙江绿钢管件有限公司	实用新型
108	201921814792.0	一种混凝土加气块	温州市海力砂轮制造有限公司	实用新型
109	201922141021.6	一种防松螺母	温州市海力砂轮制造有限公司	实用新型
110	201922141071.4	一种尼龙锁紧螺母	温州市东启汽车零部件制造有限公司	实用新型
111	201922140958.1	一种法兰螺母	温州索能自动化系统有限公司	实用新型
112	201922423320.9	一种房建墙体混凝土模板重复利用对穿拉杆	温州宝力鑫自动化技术有限公司	实用新型
113	201921995988.4	一体化水冲自循环环保公厕	庄文彬	实用新型
114	201922486730.8	一种数控设备液压夹具	庄克凯	实用新型
115	201922234493.6	一种电气成套设备试验台	庄克凯	实用新型
116	202020241387.0	一种带中心阀的补偿孔式总泵	庄克凯	实用新型
117	202020606062.8	一种封口机及其光电开关	庄克凯	实用新型
118	201922358719.3	一种房建保温隔音组合式复合墙板	叶建生	实用新型
119	202020241375.8	一种用垫圈密封补偿孔的总泵	苏德榜	实用新型
120	202020825956.6	一种耐高压接近开关	苏德榜	实用新型
121	202020391665.0	带散热阻热结构盘式制动器的高性能制动卡钳总成	苏德榜	实用新型
122	202020393183.9	一种用于二次张拉反拱变形测试的简易装置	苏德榜	实用新型
123	201922422717.6	一种房建设的现浇混凝土双肢柱架构体	苏德榜	实用新型
124	202020023562.9	一种新型的抗震防腐房建基础	苏德榜	实用新型

续表37

序号	专利号	专利名称	专利权人	专利类型
125	202021130113.0	一种筋膜枪用电机	张高庭	实用新型
126	202020115368.3	一种新型房建地基开挖防坍塌用防护架	方海游	实用新型
127	201921814593.X	一种加气混凝土砌块	柯文韩	实用新型
128	202020045319.7	一种组合式房建剪力墙施工钢筋卡具	温州洞头东海贝雕工艺品有限公司	实用新型
129	202021123554.8	一种多功能包装机用电机	温州洞头东海贝雕工艺品有限公司	实用新型
130	202020115369.8	一种房建伸缩缝结构	温州索能自动化系统有限公司	实用新型
131	201922289172.6	一种智能化建筑工程施工用升降机	温州索能自动化系统有限公司	实用新型
132	201922233548.1	一种便于锁紧的高低压开关柜	温州洞头东海贝雕工艺品有限公司	实用新型
133	202021124795.4	一种颈部揉捏按摩器用电机	黄庆峰	实用新型
134	202020132917.8	一种用于房建施工的楼梯模板	陈荣艺	实用新型
135	202021123831.5	一种揉腹机用电机	陈荣艺	实用新型
136	202020005972.0	一种高层楼房建筑用玻璃窗双轴铰链	陈荣艺	实用新型
137	201922289668.3	一种自动化控制集成设备断相光电保护器	陈荣艺	实用新型
138	202020390391.3	一种早龄期混凝土梁脱模用模板系统	陈荣艺	实用新型
139	202020713346.7	一种应用于海洋牧场围栏设施的岸基连接结构	叶尊福	实用新型
140	201921281600.4	一种眼药液瓶点滴架	林新成	实用新型
141	202020529573.4	一种加气混凝土砌块	林新成	实用新型
142	202020528960.6	一种环保型加气混凝土砌块切割机	南琼琼	实用新型
143	202021370900.2	一种声音较小的按摩电机	林新成	实用新型
144	202020896118.8	一种光幕结构	陈荣艺	实用新型
145	202020529321.1	一种搅拌机	黄庆峰	实用新型
146	202020713614.5	一种具有防逃逸功能的堤坝围网结构	张赟超	实用新型
147	202020580542.1	一种声光报警器	张赟超	实用新型
148	202020700246.0	一种用于固定网具的连接组件	张赟超	实用新型
149	202021370932.2	一种便于安装的电动推杆	张赟超	实用新型
150	202020390353.8	一种带测力功能的预应力张拉装置	张赟超	实用新型
151	202021371031.5	一种用于电动拖把的直流电机安装结构	张赟超	实用新型
152	202020844273.5	一种挖掘机用高啮合防脱轨履带铁齿	苏德榜	实用新型
153	202020112391.7	一种新型固定式房建用设备平台	林新成	实用新型
154	202020529199.8	一种加气混凝土砌块	苏德榜	实用新型
155	202021370966.1	一种永磁直流无刷电动机的骨架结构	陈碎清	实用新型
156	202020713395.0	一种安全性强的堤坝网具安装结构	张赟超	实用新型
157	201930421334.X	接近开关	温州日迪龙智能科技有限公司	外观设计
158	201930426987.7	一种眼药液瓶点滴仪器	仇星火	外观设计
159	201930372606.1	可拆卸超轻折叠椅摇椅原木套件	张文广	外观设计
160	201930401718.5	开关面板（A12）	张赟超	外观设计

续表37

序号	专利号	专利名称	专利权人	专利类型
161	201930404310.3	灯臂（9479）	陈荣艺	外观设计
162	201930404322.6	灯臂（9480）	陈荣艺	外观设计
163	201930427860.7	吊灯（9479）	陈荣艺	外观设计
164	201930427865.X	吊灯（9480）	陈荣艺	外观设计
165	201930251798.0	华佗夹脊穴膀胱经量子磁棒	陈德来	外观设计
166	201930400926.3	吊灯（19603）	庄文彬	外观设计
167	201930409093.7	吊灯（19609）	庄文彬	外观设计
168	201930450615.8	吊灯（19803）	庄文彬	外观设计
169	201930411147.3	吸顶灯（19609）	庄文彬	外观设计
170	201930427862.6	吊灯（6707）	庄克凯	外观设计
171	201930470749.6	相框	郑文光	外观设计
172	201930507314.4	挂钩（63）	林新成	外观设计
173	201930507677.8	挂钩（68）	林新成	外观设计
174	201930401920.8	吊灯（19604）	庄文彬	外观设计
175	201930339901.7	风寒湿痹量子磁刮痧器	陈德来	外观设计
176	201930544033.6	气囊支架	郑伊微	外观设计
177	201930408405.2	台灯（19605）	庄文彬	外观设计
178	201930441942.7	吸顶灯（19803）	庄文彬	外观设计
179	201930446799.0	包装袋	叶美玲	外观设计
180	201930644782.6	包装盒	张孚斌	外观设计
181	201930654276.5	插座（G1）	张赟超	外观设计
182	201930709762.2	吊灯（20310）	庄文彬	外观设计
183	201930653951.2	开关（G1）	张赟超	外观设计
184	201930654259.1	开关（G2—G3）	张赟超	外观设计
185	201930069219.0	棉布袋	温州市元觉山农业开发专业合作社	外观设计
186	201930595543.6	全方位安全光栅保护器	温州索能自动化系统有限公司	外观设计
187	201930528942.0	热水器（2）	陈汉虎	外观设计
188	201930426796.0	食品包装袋	叶美玲	外观设计
189	201930585248.2	食品包装袋	叶美玲	外观设计
190	201930628042.3	吸顶灯（2005方）	陈朱旺	外观设计
191	201930628032.X	吸顶灯（2005圆）	陈朱旺	外观设计
192	201930697559.8	吸顶灯（20304）	庄文彬	外观设计
193	201930704451.7	吸顶灯（20312）	庄文彬	外观设计
194	201930513928.3	远红外软坚散结防瘤按摩棒	陈德来	外观设计
195	201930575593.8	灯配件（火炬）	李立琴	外观设计
196	201930575597.6	灯配件（漏斗）	李立琴	外观设计
197	201930693267.7	灯饰配件（20306）	庄文彬	外观设计

续表37

序号	专利号	专利名称	专利权人	专利类型
198	201930678350.7	电脑横机罗拉挡板（带毛刷）	郭建华	外观设计
199	201930693260.5	吊灯（20301）	庄文彬	外观设计
200	201930697981.3	吊灯（20302）	庄文彬	外观设计
201	201930702400.0	吊灯（20303）	庄文彬	外观设计
202	201930704326.6	吊灯（20305）	庄文彬	外观设计
203	201930709761.8	吊灯（20309）	庄文彬	外观设计
204	201930580293.9	理发器主机（ht—200）	胡建锋	外观设计
205	201930745261.X	包装盒	叶海权	外观设计
206	201930576154.9	灯配件（聚美）	李立琴	外观设计
207	202030086107.9	吊灯（6708）	庄克凯	外观设计
208	202030086117.2	吊灯（6709）	庄克凯	外观设计
209	202030086108.3	吊灯（6710）	庄克凯	外观设计
210	202030030387.1	红外线保护器	温州市洞头思远电子有限公司	外观设计
211	201930528951.X	热水器（1）	陈汉虎	外观设计
212	201930702167.6	吸顶灯（20308）	庄文彬	外观设计
213	202030025727.1	执手（A801）	杨跃鹏	外观设计
214	202030025577.4	执手（A802）	杨跃鹏	外观设计
215	202030025555.8	执手（A803）	杨跃鹏	外观设计
216	202030025726.7	执手（A804）	杨跃鹏	外观设计
217	202030101684.0	拖车制动主缸	温州市东启汽车零部件制造有限公司	外观设计
218	202030214497.3	吊灯（9280）	叶天平	外观设计
219	202030117339.6	电力数显仪表	李昌谊	外观设计
220	202030085703.5	吊灯（6711）	庄克凯	外观设计
221	202030117349.X	微机综合保护器	李昌谊	外观设计
222	202030182518.8	衣钩（939）	林新成	外观设计
223	202030085699.2	吊灯（6712）	庄克凯	外观设计
224	202030215094.0	吊灯（9278）	叶天平	外观设计
225	202030182521.X	衣钩（937）	林新成	外观设计
226	202030117419.1	微机综合保护器	李昌谊	外观设计
227	202030080290.1	食品包装袋	叶美玲	外观设计
228	202030085709.2	吊灯（6713）	庄克凯	外观设计
229	202030303617.7	衣钩（950）	林新成	外观设计
230	202030309650.0	吊灯（DW7181）	李立琴	外观设计
231	202030280490.1	挂钩（80）	林新成	外观设计
232	202030332280.2	门锁执手（529）	游春月	外观设计
233	202030331318.4	门锁执手（530）	游春月	外观设计
234	202030303616.2	衣钩底座（铁082）	林新成	外观设计

续表37

序号	专利号	专利名称	专利权人	专利类型
235	202030297967.7	气动隔膜阀	浙江奥米流体设备有限公司	外观设计
236	202030342159.8	灯饰配件（19803）	庄文彬	外观设计
237	202030331329.2	门锁执手（528）	游春月	外观设计
238	202030304027.6	衣钩（951）	林新成	外观设计
239	202030279838.5	挂钩（82）	林新成	外观设计
240	202030332304.4	门锁执手（527）	游春月	外观设计
241	202030366297.X	包装袋（美人鱼）	叶美玲	外观设计

（区市场监管局提供）

气象科技

【概况】2020年，温州市洞头区气象局做好“黑格比”台风等重大灾害性天气气象预报预警服务工作。洞头海洋气象监测预警中心建成。开展温州海岛旅游气象服务示范建设，升级完善海洋观测系统；发布海岛四季景观气象指引，提供特定航线全程跟踪式精细化服务，建设主要景区智能生态监测站。提高洞头区养殖业气象监测服务能力，建设白龙屿水产养殖气候站1个；深化气象防灾减灾体系建设，完成户外气象信息发布系统建设22套。《洞头区防汛防台抢险救灾能力提升55条措施》，完成气象监测站网改造升级工作4个，完成灵昆沙塘、小霓屿岛区域气象自动站建设2个。

【洞头区气象灾害防御重点单位】2020年12月3日，区政府公布2020年度气象灾害防御重点单位名单，北岙街道小三盘村、白迭村、隔头村、小朴社区、大朴村、九厅社区、双垅村、海霞村、柴岙村、城南社区、小长坑村、风门社区、打水鞍村、大长坑村、三盘社区；大门镇寨楼村、豆岩村、仁前途村、营盘基村、乌仙头村、大荆村、小荆村、兰湖洞居委会、大溪居委会、朝阳社区、岙底村、岙面村、潭头村、西浪村、东浪村、石浦村、沙枫港村、观音礁村、东屿村、长沙社区、甲山村；霓屿街道桐岙村、下社村、石子岙村、同兴村、正岙村、下郎村、郎等村；鹿西乡鹿西村、口筐村、东臼村、山坪村、昌鱼礁村、扎不断村；东屏街道中仑村、垅头村、寮顶村、半屏社区；元觉街道花岗村、沙岗村、状元村、小北岙村等57家单位气象灾害防御重点单位。

【气象防灾减灾规范宣传】2020年3月25日，为贯彻落实《温州市人民政府办公室关于印发温州防汛防台抢险救灾能力提升50条措施的通知》《中共温州市委宣传部 温州市应急管理局 温州市气象局关于进一步加强和规范气象防灾减灾宣传工作的通知》等文件精神，提升全区公共气象服务和气象灾害防御能力，洞头区加强和规范气象防灾减灾宣传工作。加强部门协作联动，强化防汛防台宣传纪律；建立信息传播“绿色通道”，强化传统媒体传播权威气象信息的主体作用；完善新媒体弹窗式发布机制，提高预警覆盖面和及时性；拓宽信息发布渠道和宣传载体，形成防灾减灾宣传合力；推进气象预警和科普进文化礼堂，不断提升公众的防灾减灾意识。按气象预警信息发布要求发布。

【气象服务保障】2020年，区气象局制作发布重要气象报和内参等决策服务材料106期、岛际交通及休闲游航线专报728期、保障重大活动和节日等专题317期、预警信号106期，发送短信105万余条，完成洞头先锋女子民兵连建连60周年系列活动气象保障服务，气象台每天滚动制作发布军事课目汇报演习场地（洞头峡大桥）专业气象服务预报产品。开发为农服务平台，根据渔农产品生产周期进行直通式服务的效率和频率。建立贴近养殖区的监测系统，助力白龙屿生态牧场黄鱼养殖需求；建设小霓屿岛区域自动站1个，为霓屿南片紫菜主产区的生产和保险理赔提供科学依据。

防灾减灾

【概况】2020年，洞头区气象局完善防灾减灾机制，加快气象防灾减灾标准化村（社区）建设全覆盖。实现全省首批、温州市首个省级气象防灾减灾标准化村（社区）建设全覆盖。区应急管理局把避灾场所建设纳入区级民生实事项目，投入43万元，完成避灾安置点新建6个、规范化提升3个，扩容930人。完成创建国家级减灾示范社区1个，省级减灾示范社区1个。以13万人为基数，为全部洞头区籍群众和灾害期间游客投保自然灾害公众责任保险。制定应急物资储备及调拨计划，完善建立全区“1+7”物资运行管理模式，共配备27类物资78858件（套），与乐清、瓯江口、龙湾、瓯海、鹿城签订跨区物资联动保供协议。购置配备应急救援指挥车1辆，车载指挥云平台1个，无人机1台，布控球1只，单兵设备32台，对讲机43台，实现灾害现场与省、市应急指挥中心、“智慧应急一张图”可视化通信联络。

【避灾场所规范化提升】2020年，区应急管理局完成避灾场所规范化提升民生实事项目，新建6个、提升避灾场所3个，扩容安置930人，其中区级避灾场所2个，村级7个，共计投入财政资金43万元，全部通过现场验收。按照三年一检测要求，委托第三方机构完成安全检测工作22处。整合监控设施，完成避灾点可视化接入“一张图”工作47处。建立“1+7”模式救灾物资储备库，完成区级储备库改造800平方米，投入109万元资金，完成全区应急救灾物资储备任务1万套。

【防汛防台抢险救灾】2020年1月26日，区应急管理局出台《温州市洞头区防汛防台抢险救灾能力提升55条措施》，全面提升防汛防台抢险救灾能力。制定《防汛防台工作导则》《防汛防台应急工作指南》，落实防汛责任人768人，建立醒夜值守制度，实行每个自然村以户为单元的人员醒夜值守机制。编制《洞头区汛期渔船避风工作预案》《洞头区渔业船舶避风和人员上岸全过各监管工作预案》，保障全区渔船汛期有序避风。收集全区水库山塘、渔业船舶等八大类领域基础数据，制定《洞头区防台防汛安全隐患大排查大整治方案》，开展重点区域三轮汛前隐患排查554处，发现整改隐患11处，均完成整改。全年共储备发电机92台、抽水泵113台、卫星电话99部，实现“三大件”全覆盖。台风影响期间，启动“安全码”战时运用，完成全区重点转移人员“浙江安全码”扫码定位259名。区防指发布传真电报38份，重点区域安全提醒2.9万条、预警信息54份。气象服务短信30余万条。4号台风“黑格比”全区未发生人员伤亡和重大财产损失。

【气象防灾减灾标准化村社建设全覆盖】2020年，为有效提高基层气象灾害应急能力和公众防御意识，减轻气象灾害影响，提高基层气象防灾减灾水平，洞头区气象局加快建设气象防灾减灾标准化示范村（社区）。全区7个街道（乡镇），92个村（社区），包括瓯江口新区灵昆街道9个村，均完成防灾减灾标准化村（社区）创建工作，覆盖率100%，实现省级气象防灾减灾标准化村（社区）建设全覆盖，为全省首批、温州市首个。

【防灾减灾宣传】2020年，区应急管理局组织“5·12”全国防灾减灾日系列宣传活动和“国际减灾日”宣传活动，通过现场活动、技能培训、防震演练、线上知识竞答形式，增强防灾减灾意识，提高防灾减灾应急能力。全年共开展防灾减灾培训2期，参加205人次，演练8次，发放宣传品3000余份，线上培训1500余人。

（何华玲）

2020年温州市洞头区避灾安置场所一览表

表38

序号	级别	场所名称	场所地址
1	区级	洞头区避灾安置中心（区人民剧院）	北岙街道新城大道273号
2	区级	洞头区避灾安置中心（洞头区实验小学）	温州市洞头区北岙街道海虹路2号
3	乡镇级	北岙街道避灾安置中心（北岙街道办事处）	温州市洞头区北岙街道霞晖大道335号
4	乡镇级	灵昆街道避灾安置中心（灵南小学）	灵昆街道上岩头村
5	乡镇级	大门镇避灾安置中心（大门镇中心敬老院）	大门镇沙岩后巷40号
6	乡镇级	东屏街道避灾安置中心（洞头区实验中学）	育才东路1号
7	乡镇级	元觉街道避灾安置中心（活水潭村村部）	元觉街道活水潭村村部
8	乡镇级	霓屿街道避灾安置中心（霓屿街道办事处）	霓屿街道滨海北路2号
9	乡镇级	鹿西乡避灾安置中心（乡政府办公楼）	鹿西乡新办公楼
10	村级	北岙街道区市民文体中心避灾安置点	洞头区市民文体活动中心

续表38

序号	级别	场所名称	场所地址
11	村级	北岙街道区财政局避灾安置点	北岙街道腾飞路79号
12	村级	北岙街道区第一中学避灾安置点	洞头区第一中学
13	村级	北岙街道区城关小学避灾安置点	洞头区城关小学（顶寮路42号）
14	村级	北岙街道海霞学院避灾安置点	原职教中心
15	村级	北岙街道城南社区避灾安置点	北岙街道中心街380号
16	村级	北岙街道小长坑村避灾安置点	北岙街道小长坑村村部
17	村级	北岙街道东郊村避灾安置点	北岙街道人民西路79弄29号
18	村级	北岙街道九厅社区避灾安置点	北岙街道燕山路458号
19	村级	北岙街道柴岙村避灾安置点	北岙街道城北路1095弄7号
20	村级	北岙街道鸽尾礁村避灾安置点	北岙街道原鸽尾礁小学
21	村级	北岙街道大王殿村避灾安置点	北岙街道新港东路158号
22	村级	北岙街道三盘社区大岙避灾安置点	北岙街道大岙村村部
23	村级	北岙街道银海社区避灾安置点	银海社区办公楼
24	村级	北岙街道海霞村避灾安置点	海霞村村部
25	村级	北岙街道大长坑村避灾安置点	长坑中路52号
26	村级	北岙街道上新社区避灾安置点	温州市洞头区北岙街道水产巷8号
27	村级	北岙街道打水鞍社区避灾安置点	温州市洞头区北岙街道打水鞍路3号1幢
28	村级	北岙街道双垅村避灾安置点	双垅路169号
29	村级	北岙街道小三盘村避灾安置点	人民路130
30	村级	灵昆街道灵昆一小避灾安置点	灵昆街道叶先村
31	村级	灵昆街道双昆村避灾安置点	灵昆街道双昆村老年活动中心
32	村级	灵昆街道上岩头村避灾安置点	上岩头村村部
33	村级	大门镇区第二中学避灾安置点	大门镇振兴西路1号
34	村级	大门镇沙枫港村1避灾安置点	大门镇枫树路4号
35	村级	大门镇东浪村避灾安置点	大门镇东浪路50号
36	村级	大门镇西浪村避灾安置点	大门镇西浪路22号
37	村级	大门镇岙面村避灾安置点	岙面村居家养老服务照料中心
38	村级	大门镇岙底村避灾安置点	大门镇岙底村村部
39	村级	大门镇乌仙头村避灾安置点	大门镇乌仙头村村部
40	村级	大门镇黄岙社区避灾安置点	大门镇甲山致富路2号
41	村级	大门镇大溪居避灾安置点	大门镇城门路6号
42	村级	大门镇长沙社区避灾安置点	大门镇振兴西路93号
43	村级	大门镇豆岩村避灾安置点	大门镇海安路1号
44	村级	大门镇仁前途村避灾安置点	大门镇前途路40弄1号
45	村级	大门镇小门村避灾安置点	大门镇常青16弄4号
46	村级	大门镇大荆村避灾安置点	大荆村居家养老服务照料中心
47	村级	大门镇营盘基村避灾安置点	大门镇金明巷6号
48	村级	大门镇小荆村避灾安置点	大门镇小荆村小荆路28号

续表38

序号	级别	场所名称	场所地址
49	村级	大门镇朝阳居避灾安置点	大门镇朝阳街10弄18号
50	村级	大门镇观音礁村避灾安置点	大门镇振兴东路1012号
51	村级	大门镇潭头避灾安置点	潭头服务中心三楼
52	村级	大门镇兰湖洞居避灾安置点	温州市洞头区大门镇振兴路169号
53	村级	大门镇沙枫港村2避灾安置点	大门镇沙岙村村部
54	村级	东屏街道社管中心避灾安置点	东屏街道府前路8号
55	村级	东屏街道岙仔村避灾安置点	岙仔办公楼
56	村级	东屏街道寮顶村避灾安置点	东屏街道城东路149号
57	村级	东屏街道东岙顶村避灾安置点	东屏街道仙岩路397号
58	村级	东屏街道后坑村避灾安置点	东屏街道中龙路61号
59	村级	东屏街道后寮村避灾安置点	东屏街道城东路68号
60	村级	东屏街道中仑村避灾安置点	东屏街道中仑巷18号
61	村级	东屏街道蓝港社区避灾安置点	东屏街道蓝港花苑D区1幢101室
62	村级	东屏街道东港社区避灾安置点	东屏街道仙岩路127弄36号
63	村级	东屏街道东岙村避灾安置点	东屏街道东岙路140—144号
64	村级	东屏街道半屏社区避灾安置点	半屏社区南屏路5号
65	村级	东屏街道外埕头片区避灾安置点	温州市洞头区东屏街道金埕路95号
66	村级	元觉街道文化大礼堂避灾安置点	元觉街道文化礼堂
67	村级	元觉街道深门村避灾安置点	元觉街道状元西路102号
68	村级	元觉街道小北岙村避灾安置点	元觉街道小北岙村委
69	村级	元觉街道状元村避灾安置点	元觉街道状元街168号
70	村级	元觉街道沙角村避灾安置点	元觉街道沙角新街20弄
71	村级	元觉街道沙岗村避灾安置点	元觉街道兴岙路20号
72	村级	霓屿街道义务教育学校避灾安置点	洞头区霓屿街道布袋岙新区
73	村级	霓屿街道正岙村避灾安置点	霓屿街道霓兴路21号
74	村级	霓屿街道郎等村避灾安置点	霓屿街道景山路58号
75	村级	霓屿街道上社村避灾安置点	霓屿街道龙川路33号
76	村级	霓屿街道下社村避灾安置点	霓屿街道龙兴路 1 号
77	村级	霓屿街道桐岙村避灾安置点	霓屿街道上虹路18号
78	村级	霓屿街道石子岙村避灾安置点	霓屿街道霓东路37号
79	村级	霓屿街道长坑垅村避灾安置点	霓屿街道长宁路288弄100号
80	村级	霓屿街道下郎村避灾安置点	霓屿街道上郎路1号
81	村级	鹿西乡东臼村避灾安置点	鹿西乡兴明路88号
82	村级	鹿西乡扎不断村避灾安置点	鹿西乡东红路73弄71号
83	村级	鹿西乡山坪村避灾安置点	鹿西乡山坪路123号
84	村级	鹿西乡鲳鱼礁村避灾安置点	鹿西乡兴华路53号
85	村级	鹿西乡口筐村避灾安置点	鹿西乡富兴街1号
86	村级	鹿西乡鹿西村避灾安置点	温州市洞头区鹿西村村委会

（区应急管理局提供）

文 化

沙滩渔韵味浓 · 陈晨

“海霞精神”

爱岛尚武　励志奉献

文化

概述

【概况】2020年，洞头区制定出台《关于促进文化体育旅游产业融合发展的若干政策意见（试行）》《洞头区社会文艺团队扶持补助办法（试行）》《洞头区文化驿站评估办法（试行）》《洞头区文化派驻员评估办法（试行）》等文件，推进国家公共文化服务体系示范区创建，完善公共文化阵地，提升公共文化服务水平。

创作舞台艺术类原创作品5个、战疫文艺精品60余个、视觉类艺术作品123幅。举办首届中国（洞头）渔民画大展，创成“中国渔民画之乡”和“浙江省美术写生创作基地”。获评“2019浙江文化和旅游产业融合发展十佳县区”。洞头海霞民兵小镇入选全省首批文旅金名片重点培育对象。全年聘任文化派驻员4名。

【国家公共文化服务体系示范区创建】2020年，洞头区召开国家公共文化服务体系示范区创建迎检部署会、汇报会，把国家公共文化服务体系示范区创建内容纳入区对各街道（乡镇）年度考核，分解责任任务。开展“三个一”督查活动（每周督查一次，通报一次，上报整改情况一次）落实整改发现问题。落实专人整理台账，逐条对照查漏补缺。整合创建成员单位宣传资源，通过微博、网站、公众号等媒体，主要交通干道、城区街道、文化场所和旅游景区悬挂横幅和在其LED电子屏等设施上投放公益广告。开展网上知识竞答，结合送书下乡、送戏下乡、文化驿站、文化礼堂、文化和自然遗产日等各类文化活动及“两会”等会议，统一拍摄编制发放创建宣传片、宣传资料、宣传品及宣传桌牌，进村进社区实地宣传，发放宣传品、宣传册3万多份，充分营造浓厚创建氛围。推进民生实事建设，完成花园里城市书房、文化驿站、大门文化驿站建设，开展线上线下活动近200场。11月底，市政府创建工作高分通过国家验收组验收。

【文旅产业融合】2020年3月9日，为认真贯彻中央和省市关于促进文体旅产业发展的有关政策意见，促进全区文体旅产业融合发展，洞头区出台《关于促进文化体育旅游产业融合发展的若干政策意见（试行）》，扶持文体旅产业新业态、培育提升文体旅品牌、加快市场开发拓展、加强人才队伍建设等五大方面22项内容。打造具有洞头地域特色的韭菜岙沙滩、大门仁前途、鹿西栖鹿湾等文化夜市。挖掘海岛文化IP，打造沙滩音乐、民俗演艺、渔港夜游等文化夜市项目，展示脚擂鼓、非遗小吃、迎头鬃、婚嫁习俗等非遗项目。扶持贝雕、海陶、贝壳画等文创产品开发，组织参加长三角国际文化产业博览会、温州文博会、“6·18”非遗购物节等。建成中国海窑艺术中心；东海贝雕主题公园完成土地出让，获取建设土地规划许可；白鹭湾海渔文化度假村加紧施工。开发海岛姑娘、军旅、渔民画、海陶、贝雕等海霞有礼系列文创伴手礼。抓好非遗体验基地、非遗民宿建设，创建市级非遗民宿5个、体验基地2个、示范点1个，非遗业态布点10个。

【海霞民兵小镇入选全省首批金名片重点培育对象】2020年1月20日，全省文化和旅游局局长会议在杭州召开，省文化和旅游厅与宁波等10个设区市政府签订培育文旅金名片共建合作协议，培育金名片厅市合作共建机制启动。按照“文旅融合、见形见物、三年见效、全国知名”原则，遴选确定首批金名片重点培育对象82个，洞头海霞民兵小镇名列其中。海霞民兵小镇以北岙街道海霞村为核心，创新军旅融合发展模式，构建带动能力强、关联作用强、联动性能强的可持续海霞红色旅游业态。一期工程主要改造提升海霞主题公园、洞头先锋女子民兵连纪念馆及训练基地等，用于游戏线下体验、游戏赛事节目录制和游戏观光接待；二期主要开发建设东沙村、鸽尾礁村、游艇俱乐部码头等区域，打造漂浮式“海上航母、海上农场”水上场景。

【洞头区社会文艺团队扶持补助办法试行】2020年2月21日，区财政局和区文广旅体局联合出台《洞头区社会文艺团队扶持补助办法（试行）》。财政在部门年度预算中安排区级社会文艺团队扶持补助资金，组织区内文艺专家，评定年度优秀社会文艺团队，其中年度五星社会文艺团队补助1万元、四星社会文艺团队补助0.8万元、三星社会文艺团队补助0.5万元。截至年底，评出北岙街道金秋、北岙街道海之韵、北岙街道雅韵旗袍等五星级乡村艺术团3支，元觉街道状元村、灵昆街道、北岙街道越音俪人等四星级乡村艺术团3支，东屏街道东岙顶村为三星级乡村艺术团。

【洞头区文化驿站评估办法试行】2020年11月10日，区文广旅体局出台《洞头区文化驿站评估办法（试行）》，该办法包含总则、申报条件及流程、活动开展及经费发放、监督与检查、退出与惩罚、附则等六章14条内容。全年评出区级五星级文化驿站3支，四星级文化驿站1支，三星级文化驿站3支。

【中仑村获评浙江省文化示范村】2020年4月19日，省文化和旅游厅命名省文化强镇和省文化示范村（社区），洞头区东屏街道中仑村获“浙江省文化示范村（社区）”称号。该评选旨在表彰重视文化建设、设施设备齐全、活动丰富经常、注重遗产保护、队伍稳定活跃、文化市场繁荣有序、管理科学规范、文旅融合发展的基层文化先进典型。中仑村通过抓红色阵地、红色服务、红色教育、红色文化、红色效应等。曾获省级文明村、省级卫生村、省级五星文化礼堂、省级100个优秀文化新地标、省级信用村、市级民主法治村、市级五美乡村、市级平安创建示范村等称号。

（陈伟灵）

2020年洞头区文化活动（展演）获奖情况表

表39

作者	作品	文化活动名称	题材	获奖、展演及入选情况
郑丽、张馨尹	《梦想成真》	温州市第九届音乐新作大赛	音乐	创作铜奖，表演铜奖
张馨尹	《来生来世把你爱》	第四届温州市青年歌唱家大赛	音乐	民族组金奖
洪星星、张杨杨	《霞光》	2020年温州市群众舞蹈大赛	舞蹈	创作银奖、表演银奖
王子震	《请叫我海霞》	浙江省第三十一届戏剧小品邀请赛	小品	银奖
王子震	《请叫我海霞》	温州市第六届戏剧小品大赛	小品	创作银奖，表演金奖
洪星星	《我的梦》	浙江省第三十一届戏剧小品邀请赛	小品	入围
曾熙衍	《穆桂英挂帅·辕门外三声炮》	温州市第四届少儿戏曲“小梅花”决赛	戏曲	三等奖
方雨晨	《打金枝·闯宫》	温州市第四届少儿戏曲“小梅花”决赛	戏曲	三等奖
郑锦怡	《打金枝·头戴珠冠压鬓齐》	温州市第四届少儿戏曲“小梅花”决赛	戏曲	三等奖
黄昭勇	色粉画《风中的鱼》	第十二届全国水彩.粉画展	美术	入展
黄昭勇	色粉画《大海的馈赠》	浙江省群星美术写生汇报展	美术	入选
黄昭勇	系列宣传画《众志成城抗击疫情》	温州市“同心战疫”美术、摄影主题作品展	美术	入选
陈建忠	油画《武汉火神山医院-施工场地》	温州市“同心战疫”美术、摄影主题作品展	美术	入选

续表39

作者	作品	文化活动名称	题材	获奖、展演及入选情况
董敏洁	版画《印迹》	温州市“同心战疫”美术、摄影主题作品展	美术	入选
林满慧	渔民画《众志成城、齐心抗疫》	温州市“同心战疫”美术、摄影主题作品展	美术	入选
万安春	渔民画《逆行者》	温州市“同心战疫”美术、摄影主题作品展	美术	入选
吴黎明	渔民画《复工复产加油干》	温州市“同心战疫”美术、摄影主题作品展	美术	入选
黄昭勇	色粉画《海鲜日记》	温州市第七届视觉艺术大展	美术	入选
林彬	油画《渔港》	温州市第七届视觉艺术大展	美术	入选
陈伟军	丙烯画《姐弟》	温州市第七届视觉艺术大展	美术	入选
吴秀云	渔民画《船妇迎郎满载归》	温州市第七届视觉艺术大展	美术	入选
叶爱珠	渔民画《满载而归》	温州市第七届视觉艺术大展	美术	入选
郭娟萍	渔民画《人欢喜火迎丰收》	温州市第七届视觉艺术大展	美术	入选
罗纯香	渔民画《渔丰图》	温州市第七届视觉艺术大展	美术	入选
吴黎明	渔民画《锦蟹漾波香四海》	温州市第七届视觉艺术大展	美术	入选
许爱花	渔民画《鱼汛归来鱼满仓》	“决胜全面小康”第二届全国农民画作品展	美术	入选
吴秀云	渔民画《美丽渔村共同奔小康》	“决胜全面小康”第二届全国农民画作品展	美术	入选
林美君	渔民画《丰收》	2020首届中国（洞头）渔民画大展	美术	优秀学术提名
陈钦煅	渔民画《富裕（鱼）在眼前》	2020首届中国（洞头）渔民画大展	美术	学术提名
吴秀云	渔民画《独占鳌头》	2020首届中国（洞头）渔民画大展	美术	学术提名
詹海萍	渔民画《迎火鼎，接新福》	2020首届中国（洞头）渔民画大展	美术	学术提名
杨金花	渔民画《生活旺如海带发》	2020首届中国（洞头）渔民画大展	美术	学术提名
罗纯香	渔民画《琴歌鱼跃》	2020首届中国（洞头）渔民画大展	美术	入选
陈海英	渔民画《网红新渔村》	2020首届中国（洞头）渔民画大展	美术	入选
叶宇彤	渔民画《赶潮》	2020首届中国（洞头）渔民画大展	美术	入选
庄蓉蓉	渔民画《紫菜大丰收》	2020首届中国（洞头）渔民画大展	美术	入选
陈佳颖	渔民画《白露秋分海蜇大且肥》	2020首届中国（洞头）渔民画大展	美术	入选
张乎千	渔民画《敲鼓-黄鱼丰收》	2020首届中国（洞头）渔民画大展	美术	入选
陈钦煅	渔民画《一带一路》	浙江省农村文化礼堂建设成果展演暨“三团三社”成果展演	美术	入选

续表39

作者	作品	文化活动名称	题材	获奖、展演及入选情况
林满慧	渔民画《丰收的喜悦》	浙江省农村文化礼堂建设成果展演暨“三团三社”成果展演	美术	入选
罗纯香	渔民画《渔舟凯歌惊蛰唱》	浙江省农村文化礼堂建设成果展演暨“三团三社”成果展演	美术	入选
王洁灵	渔民画《风调雨顺》	浙江省农村文化礼堂建设成果展演暨“三团三社”成果展演	美术	入选
叶爱珠	渔民画《迎亲》	浙江省农村文化礼堂建设成果展演暨“三团三社”成果展演	美术	入选
潘支边	《恢复生产》	温州市“同心战疫”美术、摄影主题作品展	摄影	入选
潘支边	《出示健康码》	温州市“同心战疫”美术、摄影主题作品展	摄影	入选
林高钦	《抗疫宣传》	温州市“同心战疫”美术、摄影主题作品展	摄影	入选
潘支边	《新海霞》	温州市第七届视觉艺术大展	摄影	入选
杨海贵	《七夕泡泡》	温州市第七届视觉艺术大展	摄影	入选
郭卫民	《洞头望海楼》	温州市第七届视觉艺术大展	摄影	入选

（金如龙）

文化交流活动

【概况】2020年，洞头区文化馆开展“江海长流 携手追梦”洞头·江干文化走亲文艺晚会、洞头—平阳文化走亲渔民画精品作品展、洞头—文成优秀摄影作品展，洞头区图书馆赴文成县、瑞安市图书馆开展“洞头海洋文化文献推广”活动等文化走亲活动5场。组织瑞安、文成、瓯海—洞头文化走亲活动3场。“贝雕螺钿漆器系列产品”入选中国国际进口博览会非遗和老字号联名款衍生品，“鸡母狗粿”入选浙江省“非遗薪传”传统美食展评活动，原创小品《请叫我海霞》获浙江省第三十一届戏剧小品邀请赛银奖。

【洞头·江干文化走亲文艺晚会】2020年11月18日，“江海长流 携手追梦”洞头·江干文化走亲文艺晚会在杭州凯旋街道景湖社区举办。《幸福中国》拉开序幕，包含独唱《左手指月》、小品《防不胜防》、中阮独奏《赤伶》、杂技《顶缸》等节目，洞头原创舞蹈作品《烤船谣》《霞光》参加表演。活动由洞头区文广旅体局、杭州市江干区文化和广电旅游体育局主办，洞头区文化馆、杭州市江干区文化馆承办，凯旋街道景湖社区协办。

【《请叫我海霞》获省小品邀请赛银奖】2020年10月27日至28日，浙江省第三十一届戏剧小品邀请赛在温州文成举办，全省原创戏剧小品参与角逐23个，洞头参加原创戏剧小品2个，分别是《我的梦》《请叫我海霞》，均以“海霞精神”作为创作主题，展现新时代新海霞的价值取向和精神力量。活动由浙江省文化和旅游厅主办，浙江省文化馆、温州市文化广电旅游局承办，温州市文化馆、文成县文化和广电旅游体育局执行承办。

（陈伟灵、金如龙）

群众文化

【概况】2020年，洞头区举办洞头先锋女子民兵连建连60周年文艺展演、首届中国（洞头）渔民画大展、中国·洞头第十三届七夕民俗风情节、洞头区市民文化节暨“民星秀”展演及巡演活动等大型文化活动10余场。开展迎新春送文化下乡演出活动10场、春节送祝福（写对联、拍全家福）10场，阅读活动25场，受众1万余人次。组织线上、线下文化馆、图书馆培训、展览、阅读等活动500余场，参与20万余人次。新增图书流通点12个、职工书屋8家，送书下乡15970册。创作音乐、舞蹈、美术等战疫文艺精品500余个，战疫公益歌曲《海霞红》被人民音乐出版社与广州市中山大学附属医院共建的“方舱之声”采用；创作原创舞蹈《霞光》参加温州市群众舞蹈大赛，原创小品《请叫我海霞》《我的梦》参加温州市第六届小戏小品大赛、浙江省第三十一届戏剧小品邀请赛，原创音乐《梦想成真》参加温州市第九届音乐新作演唱（演奏）大赛，创作渔民画等作品参加全国第十二届水彩粉画展，获“全国农民画邀请展”等国家省市奖项50余个。

【洞头民星秀大赛】2020年11月27日，“筑梦新时代 全面奔小康”2020年洞头区第三届市民文化节民星秀大赛暨中共十九届五中全会精神进基层文艺展演在区文化馆新馆广场举行。展演内容丰富、形式多样，包含声乐、舞蹈、戏曲、话剧等。表彰2019年市级优秀乡村艺术团。邀请市文化馆副馆长、研究馆员施玉凤，浙江省舞蹈家协会会员、温州市舞蹈家协会副秘书长李杰，浙江省舞蹈家协会会员、原杭州歌舞团首席演员单立言，温州市舞蹈家协会会员、洞头区教育第三幼儿园园长许晓晖，温州市音乐家协会会员、温州市声乐学会会员庄静担任比赛评委。排舞《凶猛》、舞蹈《青花瓷》《魅力洞头·喜悦渔鼓》、越剧《花好月圆》、木兰扇《渔家姑娘在海边》等5个节目获评最佳民星秀奖，获评优秀民星秀奖节目14个。活动由洞头区文化和广电旅游体育局主办，洞头区文化馆承办，北岙街道金秋乡村艺术团、北岙街道雅韵乡村艺术团、北岙街道海之韵乡村艺术团、北岙街道越音俪人乡村艺术团、霓屿街道布袋岙村乡村艺术分团、东屏街道蓝港乡村艺术团、灵昆街道乡村艺术团、元觉街道乡村艺术团、鹿西乡乡村艺术团、大门镇乡村艺术总团、M.E街舞工作室、益其乐教育协办。

【市级乡村艺术团星级评定】2020年，温州市创建办公布2019年度温州市优秀乡村艺术团星级评定名单，洞头海之韵乡村艺术团、雅韵旗袍协会乡村艺术团获评4星级乡村艺术团，北岙街道金秋乡村艺术团获3星级，元觉街道状元村乡村艺术团获2星级。

【全民读书活动】2020年，区图书馆开展线下、线上全民读书各类活动256场，群众参与42823人次，微信推文648篇，微信阅读量232093人次。区图书馆在疫情防控闭馆期间开展“艺”起战疫线上系列活动、“4·23”云阅读活动、线下阅读点单活动、暑期乐翻天活动等，依托民生实事项目、以全民阅读节为主线，通过各种读者活动，完善海岛30分钟阅读圈。

【首届中国（洞头）渔民画大展】2020年9月28日，首届中国（洞头）渔民画大展举行，为国内首个以渔民画为主题的全国性展览。活动自5月启动，收到吉林、广东、贵州、陕西、湖北等22个省画稿569件，49个画乡、文化馆、农民书画院等单位集体送展。最终确定入展作品124件，其中：学术提名25件、优秀学术提名5件，组织奖5名。11位本土作者入选，其中优秀学术提名1名，学术提名4名，5家选送单位获评优秀组织单位。活动由省文学艺术界联合会指导，省美术家协会、市委宣传部、市文学艺术界联合会和洞头区人民政府联合主办，区委宣传部、区文广旅体局、区文联、区融媒体中心承办。

【特色服务平台建设】2020年，区图书馆微信公众号搭建“洞头文化+洞头旅游”洞头文旅融合数字资源库，上传视频资料187份，音频资料54份。资料包括洞头海洋动物故事、洞头网红旅游景点宣传、洞头传统文化宣传等。疫情期间，收集洞头区“抗击疫情，万众一心”主题征文作品、致敬“战疫”斗士及“我有‘画’说”绘画作品，收藏至区图书馆地方文献参考阅览室，丰富洞头图书馆特殊时期资料收藏。

【军营阅读文化建设】2020年，洞头区图书馆与洞头区武警中队推出系列定制化阅读活动。开展点单讲座3场，参加150人，讲座主题包括心理、书法、手作。洞头区图书馆协助武警中队培育阅读推广和图书室管理人员，探讨多元化阅读活动，充实基层军队文化阵地建设。

（陈伟灵 金如龙 叶晶晶）

文学艺术

【概况】截至2020年年底，温州市洞头区文学艺术界联合会有文艺协会11家，即作家协会、书法工作者协会、摄影家协会、美术工作者协会、音乐工作者协会、舞蹈工作者协会、民间文艺工作者协会、诗歌协会、诗词协会、戏曲家协会、朗诵协会。全区有各级会员656人，其中国家级17名，省级66名，市级180名。修订《洞头区文学艺术作品奖励办法》。编辑《百岛》刊物4期。联合举办首届中国（洞头）渔民画大展和“渔民画名家画洞头”“文艺名家讲坛”“渔民画作品研讨会”等活动。编撰专题书籍《甲子芳华霞满天——海霞60周年60个小故事》《洞头道路故事》《洞头家风家训故事》。青年散文作者青岩通过“名家一对一结合”项目结对作家耿立，谢健健、叶申仕入选“新荷计划人才库”第八批入库，曹高宇获评2019年浙江省“新荷十家”，吴逢旭、谢健健、黄忠銮加入省作协，民协会员陈灿渊入选中国民协会员，摄协会员陈裕法、潘志边分别加入中国摄影协会和省摄协。洞头区贝雕工艺非遗传承人王卫东、渔灯制作工艺非遗传承人郑根霖加入省民协。张馨尹获第四届温州市青年歌唱家大赛民族组金奖。

【洞头区文学艺术作品奖励办法】 2020年10月27日，为进一步繁荣海岛文艺事业，推动全区文艺家多出作品、多出精品，根据《关于加强全省基层文联组织建设的意见》和《洞头区文联深化改革实施计划》等文件要求，制定《洞头区文学艺术作品奖励办法》，办法包含奖励范围和对象、奖励标准、奖项认定、申报要求等，每年度组织专家组进行评审认定、表彰奖励。全年共兑现2019年文艺奖励资金7.86万元，奖励作品114件。

【抗疫主题文艺作品创作】 2020年，区文联发布《致全区文艺工作者和文艺爱好者的倡议书》，发动参与抗疫文艺家会员1600余人次。其中区书协5名书法家书写抗疫宣传标语近600幅；区美协创作画作65幅；区音协和舞协创作《等你平安回来》《日常》《海霞红》《哪儿也不去》等公益音乐、舞蹈作品18个，邀请洞头籍青年舞蹈家蔡亦寒联合区舞协众会员共同演绎舞蹈作品《你好吗》；区朗协推出系列朗诵作品、方言版快板、三句半等作品；“文艺洞头”公众号编发抗疫专题40期；收集抗疫文学作品近150件，刊发《百岛》专题1期。

【文艺活动】 2020年，区文联组织开展“逐梦海上花园”文学主题月赛活动。举办“散文名家写洞头”活动和“诗歌+摄影”专题展览、陈承卫个人画展，开展“2020迎新春书法临摹展”“清风雅颂 清廉笃行”清廉洞头主题书法展、朱海平书法展。展出首届中国（洞头）渔民画入选作品和“海上花园 百岛洞头”全省旅游风光摄影大赛照片。开展“名家画洞头”活动；邀请省文联组织文艺小分队、省书法协会服务小分队到洞头开展“写祝福送春联”“文艺讲座”等活动。著名散文家陆春祥、周华诚、曹凌云撰写相关洞头散文在《人民日报》及《人民日报（海外版）》《光明日报》《解放日报》刊登。

【文学创作】 2020年，施立松、戴婉贞等的作品在《散文》《人民日报》等报刊发表近30篇，余退、王静新、沙漠等诗人作品在《诗刊》《扬子江》《江南诗》等刊物发表诗歌，海岸线诗群作品在《江南诗》发表专辑。

【中国诗歌之岛建设】 2020年，区文联推进“中国诗歌之岛”建设，举办“名家朗诵会”“第二届海岸线青年诗会”“第二届国际海洋诗歌节”等系列活动，邀请全国各地近百名诗人到洞头，交流诗意，创作一批富有海洋诗意的“洞头诗篇”。聘请著名诗人耿长春、陈东东为“驻岛诗人”，霍俊明、沈苇、朱朱、伊琳娜·丘特诺娃为“文艺岛民”，相关活动在学习强国、新华网、央广网等媒体报道。以网络诗会形式，协助做好第二届“两岸半屏山论坛”，采取线上线下联动方式，邀请台湾及大陆诗人通过“云端”方式参加。“海岸线诗歌”公众号网刊刊发抗疫主题、海洋诗歌主题诗歌70多期。

【中国（洞头）渔民画之乡落户】 2020年9月28日，“2020首届中国（洞头）渔民画大展”在洞头区举行，开幕式上，授予洞头中国（洞头）渔民画之乡。洞头区制定《打造“中国（洞头）渔民画之乡”文化品牌实施方案》，开展渔民画作品研讨、渔民画人才培养、渔民画精品创作、渔民画产业培育等，举办渔民画骨干培训班、座谈会、研讨会等，集中培训绘画技艺，传授绘画方法方式，提升渔民画骨干队伍素质。结合公益培训、网格化点单等文化服务，组织渔民画老作者到社区、村居、文化礼堂开展渔文化技艺普及活动。开发渔民画明信片、丝巾、茶杯、背包等10余种渔民画特色旅游伴手礼。设立渔民画展示基地，开发渔民画材料包，开展浸入式体验活动等。

【“蓝土地文库”（第七辑）出版】 2020年8月24日，“蓝土地文库”（第七辑）海霞女子散文社作品集出版并举行首发式。浙江省作协副主席、浙江省散文学会会长、鲁迅文学奖得主陆春祥、老舍散文奖得主耿立、散文家周华诚等参加评读。《蓝土地文库》（第七辑）作者为施立松、陈海舟、青岩、张丽珍、戴婉贞、冷云笺、曾香琴、林春芬。

【海霞文艺志愿服务】 2020年，洞头区完善“海霞文艺志愿服务体系”建设，引导“文联百村文艺志愿服务”到村居，在《半屏山文艺副刊》《百岛》及“文艺洞头”上推出书写专题。开展摄影拍“温暖全家福”、书法家“送福送春联”进村居、进文化礼堂活动。举办“海霞小作家班”公益培训，100多名学生参加，作品刊登《百岛》《洞头新闻·半屏山副刊》等各类刊物。引导10余名导师定期为“仁济学院”大学生社团提供舞蹈、礼仪、小品、朗诵、合唱等公益辅导，全年培训学生1000多人次，其中街舞在浙江省大学生艺术节大赛中获奖。

【文艺名家讲坛】2020年，区文联邀请鲁迅文学奖获得者沈苇、老舍散文奖获奖作家耿立、台南大学教授蔡昆宏、《诗潮》主编刘川、温州著名朗诵家丹音、中国著名美术家徐明慧等文艺名家到洞头区开展“文艺名家讲坛”，“点对点”指导会员作品。

（施立松）

2020年洞头区部分市级以上文艺作品发表及获奖情况表

表40

艺术门类	作者（获奖者）	作品名称	发表或获奖情况	主办单位
文学	余退	布匹与手（五首）	《诗刊》	中国作协
	余退	翻译（组诗）	《安徽文学》	安徽省文联
	余退	微光之牢（五首）	《江南诗》	浙江省作协
	余退	断弦琴（四首）	《星星》（诗歌原创）	四川省作协
	余退	余退诗五首	《青年文学》	共青团中央
	余退	余退的诗	《浙江作家》	浙江省作协
	余退	陈东东诗歌点评	星星理论版12期	四川省作协
	施立松	桥下情缘	浙江交通旅游导报	浙江交通旅游导报社
	施立松	又入人间世	人民日报海外版	人民日报社
	施立松	唐诗里的绍兴	人民日报海外版	人民日报社
	施立松	我想跟着阳光走	新民晚报	上海新民晚报社
	施立松	如果毛毛虫会尖叫	新民晚报	上海新民晚报社
	施立松	张东荪：书生谋国直堪笑	名人传记	河南文艺出版社
	施立松	菜园里的嘀嘀声	新民晚报	上海新民晚报社
	施立松	中国流行音乐的先行者黎锦晖	名人传记	河南文艺出版集团
	施立松	民国风物五则	海外文摘	天津市百花文艺出版集团
	施立松	渔村的光影碎片	第十届全国海洋文学大赛三等奖	浙江省作协
	施立松	争说西施曾醉此	《散文》	天津市百花文艺出版集团
	施立松	蛏子羹	《钱江晚报》	浙江省报业集团
	叶申仕	《省下一半》	《诗刊》	中国作家协会
	叶申仕	《把自然还给自然（四首）》	《星星》	四川省作家协会
	叶申仕	《船还没有来（四首）》	《江南诗》	浙江省作家协会
	叶申仕	《密林》	《星火》	江西省文联
	叶申仕	《南方妹妹（外一首）》	《青春》	南京市文联
	叶申仕	《渔村笔记》	《诗歌月刊》	安徽出版集团有限责任公司
	叶申仕	《山居素描（组诗）》	《诗选刊》	河北省作家协会
	叶申仕	《冬至、北极熊和镜子（外一首）》	《散文诗世界》	四川散文诗学会
	叶申仕	《我喜爱那些在黑暗中发光的小事物》	《诗潮》	辽宁省文联
	叶申仕	《把花衣裳还给金钱豹》	《小溪流》	湖南省文联

续表40

艺术门类	作者（获奖者）	作品名称	发表或获奖情况	主办单位
文学	叶申仕	《我喜爱那些在黑暗中发光的小事物》	《青年文摘》转载	共青团中央
	叶申仕	《洞头列岛笔记（外一首）》	《青年文学家》	黑龙江省文联
	叶申仕	《你是我爱情诗中唯一的错别字（外一首）》	《青年文学家》	黑龙江省文联
	叶申仕	《我在春天捡到一封信（外二首）》	《神州文学》	中国文学艺术界联合会
	叶申仕	《小镇独角兽（外一首）》	《诗歌月刊》	安徽出版集团有限责任公司
	叶申仕	《风的概论（四首）》	《贵州诗歌》	贵州省作家协会
	叶申仕	《镜子的真理》	《星星》诗歌理论	四川省作家协会
	叶申仕	《台风与海（外二首）》	《浙江诗人》	浙江省文联传媒中心
	谢健健	诗歌《平衡术》6首	《诗刊》	中国作家协会
	谢健健	诗歌《由一棵桂花树所想》外一首	《中国校园文学》	作家出版社
	谢健健	随笔《第三者眼中的诗》	《中国青年作家报》	中国青年报社
	谢健健	诗歌《那年看雪》	《中国青年报》	中国青年报社团中央
	谢健健	诗歌《那鹿湾》8首	《诗歌月刊》	安徽省文学艺术界联合会
	谢健健	诗歌《山中夜行》外一首	《诗歌月刊》	安徽省文学艺术界联合会
	谢健健	诗歌《巡查时刻》	《江南诗》	浙江省作家协会
	谢健健	诗歌《岁晚》4首	《江南诗》	浙江省作家协会
	谢健健	诗歌《割耳传说》6首	《福建文学》	福建省文学艺术界联合会
	沙漠	诗歌	《江南诗》	浙江省作家协会
	刘秀丽	诗歌《春的序曲》	温州日报	温州日报报业集团
	刘秀丽	《对弈》诗歌五首	《江南诗》	浙江省作家协会
	苏志强	文学作品	《江南诗》第二期	浙江省作家协会
	苏志强	文学作品	《浙江诗人》秋季特号组诗3首	浙江省作家协会
	叶英儿	《秋霜》《咏雁》	浙江诗联选粹	浙江省诗词与楹联学会
	王静新	《海边岩石时刻》（四首）	《江南诗》	浙江省作家协会
	王静新	《祖父的气味》（外二首）	《扬子江》	江苏省作家协会
	叶凌志	《扬帆起航》	“醉美平潭蓝”全国摄影大展	中国摄影报
	潘支边	《恢复生产》	浙江省“助力复工复产——浙江摄影人在行动”影展入展	浙江省摄影家协会
	潘支边	《林木养护趁早春》	浙江省“助力复工复产——浙江摄影人在行动”影展入展	浙江省摄影家协会
	郭卫民	《雁山瓯水》组图	诗画浙江全省风景摄影大展	浙江省文联、岱山县人民政府
	庄克栋	书法作品	浙江省农民书法篆刻大展	浙江省书法家协会
	庄克栋	书法作品	全国大书法行草书作品展览入选作品	中国硬笔书法协会

续表40

艺术门类	作者（获奖者）	作品名称	发表或获奖情况	主办单位
文学	张元丰	书法作品	浙里小康浙江书法篆刻大展入展	浙江省书法家协会
美术	陈海英	《富饶家乡》	入展由中国民间文艺家协会、中共江苏省宣传部、江苏省文化和旅游厅、江苏省文联主办、江苏省民间文艺家协会、江苏省现代美术馆承办的“小康大美——第二届中国南京农民画优秀作品双年展”	中国民间文艺家协会、中共江苏省委宣传部 省文化和旅游厅 省文联
	黄昭勇	《风中的鱼》	第十二届全国水彩.粉画展入展	中国美术家协会
	黄昭勇	《大海的馈赠》	浙江省群星美术写生汇报展入展奖	浙江省文旅厅、浙江省文化馆
	许爱花	《鱼汛归来鱼满仓》	决胜小康·第二届全国农民画展入展	中国美术家协会
	吴秀云	《美丽渔村共同奔小康》	决胜小康·第二届全国农民画展入展	中国美术家协会
	陈钦煅	《一带一路》	浙江省农村文化礼堂建设成果展演暨“三团三社”成果展演入展	浙江省文旅厅、浙江省文化馆
	林满慧	《丰收的喜悦》	浙江省农村文化礼堂建设成果展演暨“三团三社”成果展演入展	浙江省文旅厅、浙江省文化馆
	罗纯香	《渔舟凯歌惊蛰唱》	浙江省农村文化礼堂建设成果展演暨“三团三社”成果展演入展	浙江省文旅厅、浙江省文化馆
	王洁灵	《风调雨顺》	浙江省农村文化礼堂建设成果展演暨“三团三社”成果展演入展	浙江省文旅厅、浙江省文化馆
	叶爱珠	《迎亲》	浙江省农村文化礼堂建设成果展演暨“三团三社”成果展演入展	浙江省文旅厅、浙江省文化馆
	叶宇彤（学生）	《赶潮》	入选2020中国（洞头）渔民画大展	浙江省美术家协会 中共温州市委宣传部 温州市文联 洞头区人民政府

文化遗产

【概况】2020年，洞头区实施非遗考核奖励机制，评估和奖励传承基地18个、体验基地8个、传承人43个及带薪学徒2个。东屏小学、东岙村获评市级优秀非遗传承基地，东海贝雕艺术博物馆获评市级非遗体验基地示范点。洞头海岛端午习俗入选第十一批温州市非物质文化遗产名录。组织开展非遗保护队伍研培，做好疫情防控间非遗线上健康养生购和直销活动。开展非遗进社区、进景区、进民宿、进展厅、进驿站、进礼堂等活动及春节、元宵、清明、端午等传统文化活动100多场。推荐文创产品参加省市各类非遗赛事展评等各类活动20余次，贝雕、海陶、蟹壳画等3件文创产品入选市特色产品伴手礼；鸡母狗粿获省“非遗薪传”浙江传统美食展评优秀展演奖；古船木雕获评第二批浙江省优秀非遗旅游商品；黄熙琰、黄衍岚分获第三届“少年非遗说”浙江传说故事讲述大赛全省总决赛一、二等奖；至朴海陶作品获2020温州国际时尚文化产业博览会文化创意奖；6件贝雕、渔民画等作品获“景致东瓯”非遗主题展创意奖。组织签订区对街道（乡镇）、街道（乡镇）对村居及村居对个人的三级文物安全责任书，落实属地责任。制订年度文保单位分色管理方案，构建文保单位安全检查网络，全年开展文保单位巡查351家次，巡查三普登录点298家次。召开全区文物安全工作会议及文保员培训工作，开展消防培训演练进文保单位、传统民居集聚村15场。

【非遗阵地视频化运用】2020年，洞头贝雕视频进入国家级“云旅非遗影像展”“煮出来的贝雕”直播。组织《妈祖祭典》《海洋动物故事》两个国家级非遗项目口述史拍摄。组织进行了央视科教频道《匠人匠心》栏目拍摄，贝雕、渔灯、木雕等4个项目非遗网络教学拍摄及《薪火相承、越地拾遗》专题片拍摄。《鸡母狗粿》参加融媒体专题拍摄，东岙普度节濒危抢救性记录拍摄，浙江“十大海洋公园”非遗拍摄等20次拍摄活动。

【洞头区“文化和自然遗产日”系列活动】2020年5月至8月，洞头区组织开展2020年“文化和自然遗产日”系列，主题是“非遗传承·健康生活，文物赋彩·全面小康”。活动内容包含“文化和自然遗产日”非遗工作研讨会，“非遗传承健康生活”文化和自然遗产日系列活动启动仪式暨非遗集市活动，“古厢古色”之古建筑大挑战，考古小能手活动，幼儿读书节·“洞头姆讲海洋动物故事”比赛，“非遗体验公开课”走进文化驿站（文化礼堂）活动。主办单位是区文广旅体局、区教育局，承办单位是洞头区非遗中心、洞头区文保所、洞头区图书馆、乡镇街道综合文化站。

【贝雕入选中国国际进口博览会非遗推荐名单】2020年4月，洞头区东海贝雕工艺品有限公司贝雕工艺品螺钿漆器笔盒套装获省非遗中心确定为中国国际进口博览会非遗和老字号联名款衍生品推荐项目。中国国际进口博览会由中华人民共和国商务部、上海市人民政府主办。中国国际进口博览会非遗和老字号联名款衍生品分为“九州传承”套装和“璀璨中华”系列单品两种，通过博会平台宣传，展示中国非遗和中华老字号优秀文化符号，展示中国各地传统文化魅力。洞头贝雕被浙江省人民政府列入浙江省民族民间艺术专项保护名录。2007年被列入浙江省第二批非物质文化遗产名录。

【贝雕作品《国色春晖》获温州博物馆收藏】2020年6月13日，温州市文化广电旅游局在温州博物馆举办“文物赋彩全面小康”主题捐赠仪式，18位捐赠者向温州博物馆捐赠珍品收藏。洞头东海贝雕工艺品有限公司捐赠郑大志贝雕《国色春晖》，该作品色彩艳丽，栩栩如生，采用成块或丝状的贝壳薄片拼接而成，使整个画面更加立体。温州洞头东海贝雕工艺品有限公司是浙江省非遗项目“贝雕工艺”生产性保护基地，作品多次获全国大奖，曾入展国务院新闻办中华人民共和国成立70周年发布会，2017年曾获义乌文博会银奖。

【“古船木雕”入选省优秀非遗旅游商品】2020年7月，省文化和旅游厅公布第二批浙江省优秀非遗旅游商品共100件。其中，温州有10件商品入选，洞头“古船木雕”名列其中。评选活动由企业自主申报，市、县（区、市）文化和旅游主管部门审核推荐，经组织专家评审。洞头区木雕技艺传承人、温州工艺美术大师——木雕名家杨松苗把废旧的古船木与渔家生活相结合，开发古船木渔家木雕系列作品。

【传统民居保护利用】2020年，区文广旅体局完成区级文保单位东沙陈进宅整体修缮工程，开展文保单位活化利用工程；启动区级文保单位三盘海蜇行修缮工程。开展省保单位东沙妈祖宫线路整改工作和屋面维护工程、区级文保单位叶永源宅开展屋面及梁柱的维护工程；省保单位岙内叶宅周边增设消防水源；整治洞头叶永源宅、陈银珍故居、东岙卓宅等民居类文保单位安全隐患。启动“关爱双老”计划，关怀老宅及居住在老宅中的老人，开展春节前夕为古宅贴对联、节日为老人送温暖等人性化服务。

【“5·18”国际博物馆日活动】2020年5月18日，区文广旅体局联合东海贝雕艺术博物馆开展博物馆进校园活动，为城关二小师生展出藏品3个系列约40件，分别为走进历史—螺钿文物系列、回味过往—80年代的贝雕风格系列及推陈出新—新时代螺钿技艺系列，让师生体验螺钿工艺课程。

（陈献英　张莹）

2020年洞头区历史建筑名录一览表

表41

序号	名称	类别	类型	年代	复查/新发现	地址及位置
1	九斤水桶擂码头	近现代、重要史迹及代表性建筑	交通道路设施	1964年	复查	浙江省温州市洞头区北岙街道九斤村燕子山西北角山脚
2	大长坑水库	近现代、重要史迹及代表性建筑	水利设施及附属物	20世纪60年代	复查	浙江省温州市洞头区北岙街道长坑村大长坑自然村

续表41

序号	名称	类别	类型	年代	复查/新发现	地址及位置
3	小文岙水井	古建筑	池塘井泉	清	新发现	浙江省温州市洞头区北岙街道九仙村小文岙自然村海口神庙后山脚
4	小文岙拱桥	古建筑	桥涵码头	清	新发现	浙江省温州市洞头区北岙街道九仙村小文岙自然村海口神庙后山脚
5	仙岩西路水井	近现代、重要史迹及代表性建筑	水利设施及附属物	民国	复查	浙江省温州市洞头区东屏街道东岙村姚宅屋后
6	南山坪水井	近现代、重要史迹及代表性建筑	水利设施及附属物	20世纪60年代	复查	浙江省温州市洞头区大门镇沙岙村南山坪自然村王家件宅东北角
7	活水潭水井	古建筑	池塘井泉	清	复查	浙江省温州市洞头区元觉街道活水潭村半岭自然村
8	山坪水井	近现代、重要史迹及代表性建筑	水利设施及附属物	1953年	复查	浙江省温州市洞头区鹿西乡山坪村

（区文广旅体局提供）

洞头区非物质文化遗产传承基地一览表

表42

序号	申报地	项目名称	传承基地名称	批次	基地负责人
1	东屏街道	七夕成人节	洞头区东屏街道东岙村	市级第二批	洪求伟
2		贝雕、鱼灯	洞头区东屏小学	市级第二批	陈建卫（臧乐乐）
3		迎头鬃	中仑村村史馆	市级第五批	叶明稳
4		中仑舞龙	洞头区东屏街道中仑村	市级第三批	叶明稳
5		鱼灯舞	洞头区东屏街道垅头村	市级第三批	陈钦宾
6	北岙街道	妈祖祭典	洞头区北岙街道东沙村	市级第二批	陈华良
7		鱼灯舞	洞头区北岙街道大岙村	市级第三批	南少奇
8		小朴马灯	洞头区北岙街道小朴村	市级第三批	林小德
9		道教音乐	大龙岭太阴宫	区籍第三批	颜厥志
10	霓屿街道	陈十四娘娘信俗	洞头区霓屿街道布袋岙村	市级第三批	林孝宝
11	元觉街道	妈祖祭典	洞头区元觉街道沙角村	市级第三批	叶宋顺
12	鹿西乡	乌灯舞	洞头区鹿西乡鹿西小学	市级第四批	刘玉飞
13	大门镇	番薯烧酿制技艺	番薯烧酿制基地	区第三批	王银存
14		妈祖信俗	洞头区大门镇岙底村	区级二批	陈碎才
15	洞头区实验小学	海洋动物故事	洞头区实验小学	区级一批	朱杨华
16	洞头区图书馆	海洋动物故事	洞头区图书馆	区第三批	汪海虹
17	洞头区文化馆	贝壳舞	洞头区文化馆	区第三批	洪星星
18		吹打乐–龙头龙尾	洞头区文化馆	区第三批	

（区文广旅体局提供）

洞头区非物质文化遗产体验基地一览表

表43

序号	申报地	项目名称	体验基地名称	批次	基地负责人
1	北岙街道	贝雕	洞头区东海贝雕艺术博物馆	市第一批	陈灿渊
2		海鲜药膳	洞头区溢香国际大酒店	区第一批	林封欢
3		海陶	温州至朴海陶文化有限公司	区第一批	方国防
4	洞头区	鱼灯制作	洞头区市民活动中心	区第一批	赖朝伟
5	东屏街道	贝壳画	洞头水族贝壳工作室	区第一批	陈琴瑶
6		七夕成人节	洞头区东岙村	区第一批	洪求伟
7	元觉街道	船模	洞头区元觉街道乡愁馆	区第一批	张思明
8	霓屿街道	木雕	洞头区杨艺木雕有限公司	区第一批	杨松苗

（区文广旅体局提供）

洞头区非物质文化遗产项目代表性传承人一览表

表44

序号	姓名	性别	项目名称	申报地区或单位	类别	批次	级别
1	许根才	男	海洋动物故事	洞头区北岙街道	民间文学	第五批	国家级
2	吴　江	男	妈祖信俗	洞头区北岙街道	民俗	第五批	国家级
3	叶永福	男	贝雕	洞头区北岙街道	传统美术	第一批	省级
4	许楚义	男	海洋动物故事	洞头区北岙街道	民间文学	第三批	省级
5	陈春龙	男	贝雕	洞头区	传统美术	第一批	省级
6	黄振励	男	七夕成人节	洞头区	民俗	第三批	省级
7	许江北	男	洞头道教音乐	洞头区	传统音乐	第三批	省级
8	施书宝	男	吹打–洞头龙头龙尾	洞头区	传统音乐	第一批	省级
9	郑大志	男	贝雕	洞头区东海贝雕工艺品有限公司	传统手工技艺	第一批	市级
10	叶园华	女	贝壳舞	洞头区东屏街道	传统舞蹈	第一批	市级
11	郭温林	男	妈祖信俗	洞头区北岙街道	民俗	第一批	市级
12	林洪存	男	洞头海岛道教音乐	洞头区北岙街道	传统音乐	第一批	市级
13	柯位福	男	东岙普度节	洞头区东屏街道	民俗	第一批	市级
14	邱爱绒	女	洞头海岛歌谣	洞头区东屏街道	民间文学	第一批	市级
15	颜怡旦	男	小朴马灯舞	洞头区北岙街道	传统舞蹈	第一批	市级
16	洪娟妹	女	迎火鼎	洞头区北岙街道	民俗	第一批	市级
17	叶素英	女	菜油姜	洞头区北岙街道	传统手工技艺	第一批	市级
18	陈增巷	男	鱼灯	洞头区东屏街道	传统手工技艺	第一批	市级
19	林孝宝	男	陈十四娘娘信俗	洞头区霓屿街道	民俗	第一批	市级
20	叶宋顺	男	妈祖祭典	洞头区元觉街道	民俗	第一批	市级
21	叶元拢	男	船模	洞头区元觉街道	传统手工技艺	第一批	市级
22	张星文	男	马灯舞（小朴马灯舞）	洞头区北岙街道	传统舞蹈	第一批	市级

续表44

序号	姓名	性别	项目名称	申报地区或单位	类别	批次	级别
23	王卫东	男	贝雕	洞头区东海贝雕工艺品有限公司	传统美术	第一批	市级
24	吕诸彬	男	木渔船制造技艺	洞头区北岙街道	传统技艺	第一批	市级
25	黄冬央	女	番薯类小吃制作技艺	洞头区东屏街道	传统技艺	第一批	市级
26	张高取	男	泥艋制作技艺	洞头区霓屿街道	传统技艺	第一批	市级
27	陈钦琪	男	中仑舞龙习俗	洞头区北岙街道	民俗	第一批	市级
28	陈素贞	女	冬至鸡母狗馃习俗	洞头区东屏街道	民俗	第一批	市级
29	林丽丽	女	脚擂鼓	洞头区东屏街道	传统音乐	第一批	区级
30	张　强	男	木雕	洞头区大门镇	传统美术	第一批	区级
31	陈学平	男	鹿西鸟灯	洞头区鹿西乡	传统技艺	第一批	区级
32	黄朝暖	男	鸡母狗馃制作	洞头区北岙街道	传统技艺	第一批	区级
33	王银存	男	番薯烧酿制技艺	洞头区大门镇	传统技艺	第一批	区级
34	柯育萍	男	铜人药典	洞头区霓屿街道	传统医药	第一批	区级
35	金祥才	男	迎头鬃	洞头区东屏街道	民俗	第一批	区级
36	洪求伟	男	七夕成人节	洞头区东屏街道	民俗	第一批	区级
37	叶元丰	男	贝雕	北岙街道	传统美术	第二批	区级
38	方国防	男	海陶	北岙街道	传统美术	第二批	区级
39	陈钦煅	男	渔民画	北岙街道	传统美术	第二批	区级
40	郑根霖	男	鱼灯	北岙街道	传统技艺	第二批	区级
41	曾英娟	女	番薯粉加工	东屏街道	传统技艺	第二批	区级
42	杨松苗	男	木雕	霓屿街道	传统技艺	第二批	区级
43	叶明稳	男	中仑黄龙	东屏街道	民俗	第二批	区级

（区文广旅体局提供）

洞头区非物质文化遗产项目名录一览表

表45

序号	项目名称	类别	申报地区或单位	入选时间	批次	级别
1	海洋动物故事	民间文学	浙江省洞头区	2011年5月	第三批	国家级
2	妈祖祭典（洞头妈祖祭典）	民俗	浙江省洞头区	2011年5月	第三批（扩展项目）	国家级
3	吹打（洞头龙头龙尾）	民间音乐	洞头区	2007年6月	第二批	省级
4	贝壳舞	民间舞蹈	洞头区	2007年6月	第二批	省级
5	贝雕	民间美术	洞头区	2007年6月	第二批	省级
6	海洋动物故事	民间文学	洞头区	2009年6月	第三批	省级
7	道教音乐（洞头海岛道教音乐）	传统音乐	洞头区	2009年6月	第三批	省级
8	七夕成人节	民俗	洞头区	2009年6月	第三批	省级
9	东岙普度节	民俗	洞头区	2009年6月	第三批	省级

续表45

序号	项目名称	类别	申报地区或单位	入选时间	批次	级别
10	陈十四信俗	民俗	洞头区	2009年6月	第三批	省级
11	妈祖信俗	民俗	洞头区	2009年6月	第三批	省级
12	洞头海岛气象谚语	民间文学	洞头区	2012年7月	第四批	省级
13	鱼灯舞（洞头鱼灯）	传统舞蹈	洞头区	2012年7月	第四批	省级
14	迎头鬃	民俗	洞头区	2012年7月	第四批	省级
15	龙头龙尾	民间音乐	洞头区	2007年1月	第一批	市级
16	贝壳舞	民间舞蹈	洞头区	2007年1月	第一批	市级
17	贝雕	民间美术	洞头区	2007年1月	第一批	市级
18	洞头海洋动物故事	民间文学	洞头区	2008年12月	第二批	市级
19	洞头海岛歌谣	民间文学	洞头区	2008年12月	第二批	市级
20	洞头海岛气象谚语	民间文学	洞头区	2008年12月	第二批	市级
21	洞头脚擂鼓	传统音乐	洞头区	2008年12月	第二批	市级
22	温州道教音乐（洞头海岛道教音乐）	传统音乐	洞头区	2008年12月	第二批	市级
23	鱼灯舞	传统舞蹈	洞头区	2008年12月	第二批	市级
24	鱼生腌制技艺	传统技艺	洞头区	2008年12月	第二批	市级
25	海鲜药膳	传统医药	洞头区	2008年12月	第二批	市级
26	迎头鬃	民俗	洞头区	2008年12月	第二批	市级
27	东岙普度节	民俗	洞头区	2008年12月	第二批	市级
28	洞头七夕成人节	民俗	洞头区	2008年12月	第二批	市级
29	正月初九拜天公	民俗	洞头区	2008年12月	第二批	市级
30	陈十四信俗	民俗	洞头区	2008年12月	第二批	市级
31	妈祖信俗	民俗	洞头区	2008年12月	第二批	市级
32	鹿西乌灯舞	传统舞蹈	洞头区	2009年6月	第三批	市级
33	陈元光信俗	民俗	洞头区	2009年6月	第三批	市级
34	马灯舞（小朴马灯舞）	传统舞蹈	洞头区	2009年6月11日	第三批（扩展项目）	市级
35	温州小吃（墨鱼饼）	传统技艺	洞头区	2009年6月	第三批（扩展项目）	市级
36	冬至鸡母狗馃习俗	民俗	洞头区	2010年6月	第四批	市级
37	做祭	民俗	洞头区	2010年6月	第四批	市级
38	船模工艺（洞头船模工艺）	传统美术	洞头区	2010年6月	第四批（扩展项目）	市级
39	菜油姜传统加工技艺	传统技艺	洞头区	2011年12月	第五批	市级
40	网具编制技艺	传统技艺	洞头区	2011年12月	第五批	市级
41	杨府爷信俗	民俗	洞头区	2011年12月	第五批	市级
42	海岛做红圆红龟习俗	民俗	洞头区	2011年12月	第五批	市级

续表45

序号	项目名称	类别	申报地区或单位	入选时间	批次	级别
43	温州（洞头）婚嫁习俗	民俗	洞头区	2012年12月	第六批	市级
44	温州（洞头）生养习俗	民俗	洞头区	2012年12月	第六批	市级
45	中仑舞龙习俗	民俗	洞头区	2012年12月	第六批	市级
46	洞头俚语	民间文学	洞头区	2014年1月	第七批	市级
47	洞头传统钓业	传统技艺	洞头区	2014年1月	第七批	市级
48	鱼卤油酿制技艺	传统技艺	洞头区	2014年1月	第七批	市级
49	张网打桩技艺	传统技艺	洞头区	2014年1月	第七批	市级
50	迎火鼎	民俗	洞头区	2014年1月	第七批	市级
51	番薯类小吃制作技艺	传统技艺	洞头区	2014年11月	第八批	市级
52	海蜇加工技艺	传统技艺	洞头区	2014年11月	第八批	市级
53	木渔船制造技艺	传统技艺	洞头区	2014年11月	第八批	市级
54	泥艋制作技艺	传统技艺	洞头区	2014年11月	第八批	市级
55	三盘虾皮生产技艺	传统技艺	洞头区	2014年11月	第八批	市级
56	船眼睛习俗	民俗	洞头区	2014年11月	第八批	市级
57	上梁习俗	民俗	洞头区	2014年11月	第八批	市级
58	迎阁	民俗	洞头区	2014年11月	第八批	市级
59	海蜇舞	传统舞蹈	洞头区	2015年12月	第九批	市级
60	海岛过年习俗	民俗	洞头区	2015年12月	第九批	市级
61	海岛丧葬习俗	民俗	洞头区	2015年12月	第九批	市级
62	海岛水灯习俗	民俗	洞头区	2015年12月	第九批	市级
63	作敬	民俗	洞头区	2015年12月	第九批	市级
64	请谱	民俗	洞头区	2016年11月	第十批	市级
65	六月六习俗	民俗	洞头区	2016年11月	第十批	市级
66	海岛祝寿礼俗	民俗	洞头区	2016年11月	第十批	市级
67	洞头海岛端午习俗	民俗	洞头区	2020年8月	第十一批	市级

（区文广旅体局提供）

文化设施

【概况】2020年，洞头区完成区文化馆新馆迁建工程、望海楼提升工程、洞头先锋女子民兵连纪念馆提升工程。推进民生实事建设，完成花园里城市书房、花园里文化驿站、大门文化驿站建设。洞头区7个街道（乡镇）均完成文化驿站入驻综合文化站挂牌。截至年底，全区共有文化馆1个、图书馆1个、街道（乡镇）综合文化站7个、社区文体服务中心18个、文化礼堂73家、农家书屋60家、城市书房5家、百姓书屋9家、文化驿站13家，村级文体活动场地实现全覆盖。创成省级文化强镇（街道）1个、省级文化示范村（社区）9个，市级四星级以上城市书房3家。

（陈伟灵）

【洞头区市民活动中心】2020年，洞头区市民活动中心接待市民73013人次，市民文体中心接待12万人次，“红色印迹馆”为主要开放场所。全年配合有关部门开展现场活动近100场次。全年培训610人次。举办主题活动10场，包含线上活动2场，即“三月八日记录最美的她”和第七届少儿绘画大赛；线下开展2020年“不忘初心、牢记使命”主题教育庆元旦迎新年活动、向在抗击“疫情”中坚守一线的“白衣战士”们母亲节祝福送花活动、“六一进校园公益慰问”活动、“粽叶飘香”端午活动、庆国庆暨第八届“童心共赏千秋月”主题活动、“倡树敬老新风，促进社会文明”重阳节进社区公益活动、“最美中国范儿”传统文化游园活动等8场，参加人数3000余人次。

全年开展文化驿站活动37场，线下文化驿站活动16场，参加人数500人次，线上活动21场，浏览量5000人次。5月，推出文化驿站“线上宅福利”系列活动。开展社科普及周“非遗体验公开课”走进文化驿站活动，普及非遗知识。

（王小欢）

【洞头剧院】洞头剧院位于洞头区霞辉大道273号。设有观众厅（座位1100个），面积为1000平方米；前厅兼休息厅，面积为240平方米；舞台符合剧院丙级标准，面积为360平方米；主台后面为化妆室、排练室均按丙级标准设计，面积300平方米，侧楼一楼设有小型会议室2个及配套用房，面积201平方米。二楼有一个中型会议室，面积800平方米。全年承接区“两会”“海洋渔业”大会、全区领导干部会议等8场，举行“洞头先锋女子民兵连授称60周年活动”1场，百岛讲坛6场，营业性会议12场。

【洞头文化馆】洞头区文化馆为区全额事业单位，建筑面积为5092.24平方米，其中，新馆建筑面积为3021.8平方米，老馆建筑面积2070.44平方米。2020年，完成“海上花园 海霞风采”洞头先锋女子民兵连建连60周年文艺展演，举办2020首届中国（洞头）渔民画大展，获得“中国（洞头）渔民画之乡”和“浙江省美术写生创作基地”两项荣誉。号召全区文艺工作者“艺”起战疫，创作或改编战疫文艺精品60余个。创作歌曲《日常》《哪儿也不去》《等你平安回家》，方言快板《战疫情》，舞蹈《天耀中华》《生来倔强》，系列宣传海报《抗击病毒 加油洞头》，国画《全副武装》《敬礼》《你是最美的人》《值班而已》，摄影《坚守》《宣传防疫知识》《禁止通行》等战疫文艺作品，战疫期间线上阅读量6万余人次。组织举办“我们的中国梦 文化进万家”2020年洞头区迎新春送文化下乡系列活动9场，2020年迎新春优秀摄影作品巡回展、用镜头记录下战疫瞬间摄影展、“复工复产 安全防疫”渔民画专题系列作品展、海霞女子民兵连绘画云展览等线上+线下展览20场；开展兰小草春季、秋季、冬季公益培训36期，培训7000余人次；组织全区11家文化驿站，开展130场活动，乡镇街道综合文化站文化驿站7月开始陆续挂牌；组织举办、承办、执行承办温州市文化馆公益大联盟牵手乡村艺术团网格化点单洞头行、中国·洞头第十三届七夕民俗风情节、“繁荣文旅 幸福民生”温州市文广旅局“党建直通车”走进洞头文艺晚会、温州市第七届视觉艺术大展（摄影巡回展）、“筑梦新时代·全面奔小康”洞头区民星秀大赛等大型文化活动。创作舞台艺术类原创作品4个，其中音乐1个、舞蹈1个、小品2个，创作视觉类艺术作品123幅。

（金如龙）

【洞头图书馆】截至2020年年底，洞头区图书馆新增馆藏图书41092册，累计总量411372册（含报刊合订本）。订购报纸杂志143种，采购电子书828种。接待读者152171人次，文献借阅94619册，还回72938册次；读者借阅15579人次，还回16498人次。新增图书流通点13个，其中职工书屋7家。送书下乡15490册，超额完成文化惠民任务。区图书馆获评温州市第一批双拥共建示范单位。

【城市书房】2020年，洞头区建成城市书房1个。位于北岙街道县前路（区府大院右侧临街地块）花园里城市书房，共有藏书12000余册。推出线上花园里城市书房场馆预约服务，开展预约活动1场。截至年底，洞头有城市书房5家，分别是市民活动中心城市书房、同心公园城市书房、灵昆新灵景园城市书房、东屏城市书房、花园里城市书房。

（叶晶晶）

【图书发行】2020年，洞头区新华书店共发行图书（片）522751册（张），比上年增加2.43%。其中，发行哲学社会科学类图书9394册，增加0.08%；文化教育类246867册，增加1.02%；文学艺术类1013册，减少31.78%；自然科学技术类1526册，减少40.32%；少儿读物类5428册，增加27.74%；学生课本235452册，增加4.86%；其他出版物19844册，下降6.07%。总销售额492.24万元，增加1.56%；人均从区新华书店购书31.86元。

（朱海帆）

【报刊发行】2020年，《温州日报》洞头报刊发行站全年报刊订阅数2181份，其中《温州日报》订阅数1603份、《温州都市报》订阅数578份；全年报纸发行量139.49万份，其中《温州日报》77.41万份、《温州都市报》发行62.08万份。全年报刊收入74.98万元，其中《温州日报》报刊收入57.71

万元、《温州都市报》报刊收入17.27万元。

（刘淑凤）

文化礼堂

【概况】2020年，洞头区新建文化礼堂14家，累计建成五星级文化礼堂6家，四星级文化礼堂9家，村居覆盖率90%以上，位居全市前列。推行文化礼堂“志愿服务团队驻堂”，提升文化礼堂志愿服务含金量。组织开展“我们的中国梦、文化进万家”、文化礼堂“春福六送”、“文联百村文艺志愿服务团”等系列志愿服务活动1500余场，惠及群众8万余人次。

【文化礼堂管理】2020年，洞头区推行文化礼堂“志愿服务团队驻堂”，提升文化礼堂志愿服务含金量，解决协会租金困境。截至年底，入驻文化礼堂志愿服务团队30个，覆盖率60%以上。做法经验入选市文化礼堂推进会交流材料。

【文化礼堂星级培育】2020年，洞头区加强文化礼堂星级培育，元觉文化礼堂总干事李文龙获省第三届“最美文化礼堂人”称号；新增五星级文化礼堂2家，四星级文化礼堂3家。截至年底，全区共有五星级文化礼堂6家，四星级文化礼堂9家。大门镇入选浙江省文化礼堂建设示范街道乡镇。

（王俊）

新闻出版管理和电影工作

【概况】2020年，洞头区出台“扫黄打非”举报奖励办法和重大案件备案制度，深化扫黄打非进基层站点建设工作，东屏街道蓝港社区入选第四批全省“扫黄打非”进基层示范点。全年累计放映电影1224场。

【“扫黄打非”工作举报奖励办法施行】2020年10月21日，为鼓励广大人民群众参与“扫黄打非”工作，有效打击制售侵权盗版等非法出版物的违法犯罪分子，净化出版物市场和网络文化空间，根据国家和省市有关规定，温州市洞头区“扫黄打非”工作领导小组办公室联合洞头区财政局制定《温州市洞头区“扫黄打非”工作举报奖励办法》。该办法包括总则、举报平台、举报奖励范围、举报奖励标准、举报奖励程序与监督、附则等。办法自2020年11月1日起施行。

【扫黄打非工作】2020年，洞头区出台举报奖励办法和重大案件备案制度，发挥“扫黄打非”办牵头协调作用，抓好“护苗”“清源”“净网”“固边”“秋风”五大专项行动，全区文化市场经营秩序保持良好态势。全年上报作品137件。

【蓝港社区入选省“扫黄打非”示范点】2020年8月14日，全国“扫黄打非”工作小组办公室公布第四批全省“扫黄打非”进基层示范点和示范标兵名单，经市初选推荐、省初评和实地抽查复核，确定杭州市余杭区余杭街道等第四批全省“扫黄打非”进基层示范点50个，洞头区东屏街道蓝港社区位列其中，此为洞头首次获该荣誉。

【农村数字电影放映】2020年，洞头区开展“老乡看小康”新农村题材数字电影展映活动，全年累计放映电影1224场。做好城市影院复业指导和疫情防控工作，帮助影院减免租金。

（朱重阳）

广播电视

【概况】2020年，温州市洞头区广播电视台围绕“广播改革年”工作重点，全面改版洞头人民广播电台（FM100.9），完成630千伏安双回路变压器架设和广播智能化总控系统建设，广播演播室、电视演播室投用。疫情期间，及时发布疫情动态，传播疫情防控典型人物、事迹，引导社会正能量。广播播发专题栏目2135期，利用农村应急广播平台播发防疫资讯及公益宣传片等时长78.8小时；上载编播电视剧2480集、动画片310集。“守正创新 洞头融媒体多渠道助力疫情防控宣传”案例入选全国“县级融媒齐心抗疫”创新案例，在人民日报全国党媒信息公共平台上刊登。《“海霞精神”永不褪色》在《新闻联播》中播出2分多钟。

【广播电台改版】2020年9月2日，FM100.9洞头人民广播电台改版开播。改版后，FM100.9洞头人民广播电台频率播出时段将覆盖全天24小时，提升《听见行走的洞头》《蓝精灵》《蓝色港湾》等广播节目内容，新推旅游类栏目《出发吧去旅行》，引进脱口秀类《龅牙妹和大眼哥》、音乐类《叶兰怀旧经典》等娱乐节目。

【品牌宣传】2020年，温州市洞头区融媒体中心注重“海霞”品牌宣传。参与军演现场为期2个月的直录播演练，其中全流程直播彩排16次、海上救援科目演练9次及海霞活动全程新闻报道，包括海霞精神主题研讨会、纪念大会直播报道、文艺展演录播和舞台背景视频、海霞专题片拍摄、纪念馆三折屏短视频、军地媒体接待等系列工作。

2020年洞头区融媒体中心获奖作品一览表

表46

序号	作品	作者	奖项名称	获奖等第	授奖单位
1	《四川洞头商会常务副会长朱敏：从环保科技中发现商机》	郑翀翀 丁静	2019年度浙江省县市区域报好新闻奖	三等奖	浙江省记者协会
2	《280万怎么花 200村民说了算》	郑翀翀 金向春 潘道阳	温州市第十九届人大新闻奖	三等奖	温州市人大常委会 市记者协会
3	《小岛，你好》	庄海文	2019年度浙江新闻奖重大主题报道奖	策划创新奖	浙江省新闻工作者协会
4	《小岛，你好》	庄海文	中央广播电视总台年度新闻作品评比	三等奖	中央广播电视总台
5	蓝湾整治“人人嫌的”空壳村成了“人人羡的”元宝村	郑翀翀 叶明天	温州新闻奖电视类	三等奖	温州市新闻工作者协会
6	选送的《大黄鱼智能生态渔城研发及应用示范》项目获第六届浙江农民创富大赛唯一金奖	温州市洞头区融媒体中心	第六届浙江农民创富大赛	组织奖	浙江省广播电视局、浙江广播电视集团
7	《鹿西鸟岛 万鸟天堂》	郑益群 王静霞 苏友凡 陈经宝 潘道阳 王容容	温州市广播电视短视音频	二等奖	温州市文化广电旅游局
8	《四川洞头商会常务副会长朱敏：从环保科技中发现商机》	丁静 郑翀翀 范贺然 苏友凡	2019年度浙江省县市区域报好新闻奖创作集体	三等奖	浙江省记协县市区域报工作委员会
9	《急需买主！！！大门万斤白芋滞销急坏芋农；从“滞销”到“热销”大门白芋销售的暖心接力赛；明年见！今年最后一批大门白芋一小时售空》	张倩 庄缘 陈彩妮 夏秀女 余佩遥	温州新闻奖新媒体类	三等奖	温州市新闻工作者协会
10	《280万怎么花 200村民说了算》	郑翀翀 金向春 潘道阳	温州市第十九届人大新闻奖	三等奖	温州市人民代表大会常务委员会办公室
11	—	温州市洞头区融媒体中心	2019年度全省广播电视新闻协作	县级三等奖	浙江广电传媒集团

（区融媒体中心提供）

新闻传媒

【概况】2020年，区融媒体中心全新改版洞头新闻网，调整网站版块，优化界面视图。开发“百岛洞头”APP客户端上线，实现信息全天候发布新模式，推动媒体融合向纵深发展。全年微信共编发稿件2269篇，抖音微视等平台刊发资讯427条，洞头新闻网刊登稿件14610篇，页面访问量8900余万次。报纸新增《电子号外》，做优做特文艺副刊《半屏山》，全年推出44期。

【主题宣传】2020年，区融媒体中心利用“两微一端多平台”，讲好洞头故事，传播洞头好声音。全年完成《海霞故乡 英雄连队—女子连建连60周年宣传片》《洞头人才形象宣传片》《重温习近平总书记调研洞头之路专题片》《洞头区“不忘初心、牢记使命”主题教育纪实片》《洞头区全域旅游宣传专题片》《海洋产业岛 花园新大门》《你好·海岛》《我在“海上花园”等你》《海上花园·春色洞头》《我是党课主讲人》《生命健康岛》及《海霞摇篮 红色营地》海霞学院宣传片等电视专题节目及短片100多个；推出战疫公益歌曲MV《爱在黎明中前行》及音乐短片《蓝色的你》；完成“海霞故事会”人物访谈、“踏浪百岛 尽享海味”跟着书记区长踏浪等活动直录播24场。

【产业发展】2020年，区融媒体中心聚焦产业新方向，拓展产业发展新领域宣传新阵地，配合完成区府广场等户外电子宣传屏项目建设4处。启动“融媒”歌手签约，尝试延伸社会商业合作新触角。与平潭综合实验区融媒体中心签订两岸媒体深化合作备忘；市广电集团新闻综合频道洞头联络站挂牌。联合建立区人大、区政协、区委组织部、区纪委、区档案馆、区应急局、区消防局、医保局、区卫健局等合作部门单位18家，助力“两个健康”“两菜一鱼”“文明城市”创建，联合推出《重点项目询问会》《巡察之声》《百岛连心桥》等监督访谈类节目。开拓企业市场，与浙江重山实业、供电、农商银行等优质客户签订合同。全年经营创收近138万元。

【外地媒体看洞头】2020年，洞头区融媒体各平台对内宣传24755篇，对外宣传1646篇，其中央视新闻联播、新华社、人民网、中新网、人民日报、解放军日报、学习强国等媒体播出246篇，省级播出409篇，市级播出991篇。《代代接力的“巾帼战旗”》在央广网点击量超500万人次。

（苏萍萍）

2020年外地媒体重要报道洞头新闻篇目选录情况表

表47

序号	标题	作者	刊播媒体
1	浙江洞头年货节 海岛特色吸引千余人	范贺然 叶明天 蔡奕群	中国新闻网
2	浙江洞头：百岛“千鱼宴”暨“鳗香”年货节开幕	范贺然 叶明天 蔡奕群	新华社
3	“铛铛车”变“婚车” 低碳迎亲成浙江洞头青年新选择	余佩遥 王丛文	中国新闻网
4	加紧生产！全球采购！各行业伸出援手共克时艰	郑益群	新华社APP
5	浙江温州一药企加班赶制药品驰援武汉	余佩遥 胡程远 郑益群	中国新闻网
6	温州洞头参与武汉火神山医院建设者朱勇：不光是快质量也要第一	张敏洁 郑益群	人民网
7	洞头：防控新型冠状病毒 渔民出海先量体温		新华社
8	浙江赴武汉火神山医院建设者：不光是快 质量也要第一	张敏洁 郑益群	中国新闻网
9	温州洞头参与武汉火神山医院建设者朱勇：不光是快质量也要第一	张敏洁 郑益群	人民看点新媒体人民网
10	浙江洞头车流中的“海霞红”：女民兵“守关”防疫	张敏洁 陈经宝	中国新闻网APP
11	利巴韦林收入诊疗方案 药企加班加点赶工忙	郑益群 余佩遥 陈滨献	新华社
12	温州：织密基层疫情防控的天罗地网		人民网
13	温州洞头“红色代办员”持续服务群众 筑起疫情温暖“防线”		人民网
14	利巴韦林收入诊疗方案 药企加班加点赶工忙	郑益群 余佩遥 陈滨献	新华社
15	探访疫情医疗废物处置点：政企联动 日产日清	余佩遥 刘畅	中国新闻网APP
16	温州：严格管控疫情医疗废物无害化处理	余佩遥	光明日报客户端
17	温州疫情医疗废物处置点：政企联动 日产日清	余佩遥	人民网
18	洞头区小门村：“流动菜市”开进村 保障村民“菜篮子”	郑益群 夏秀女 洪建栋	新华社
19	洞头首个封闭管理社区，今起解除隔离	余佩遥 叶明天	中国网

续表47

序号	标题	作者	刊播媒体
20	坚守14天 温州洞头打水鞍社区2月15日正式解封	余佩遥 叶明天	人民网
21	渔船将陆续出海 洞头渔业生产逐步恢复	蔡奕群 刘畅	中新网
22	温州洞头：专供物资上岛 助力渔乡复工复产	蔡奕群 陈鑫	新华社客户端
23	温州洞头：多措并举精准战"疫"	郑益群	人民网
24	温州洞头：抗病毒药品"利巴韦林"正式启运驰援武汉	余佩遥 陈滨献 郑益群	新华社客户端
25	温州洞头：抗病毒药品"利巴韦林"正式启运驰援武汉	余佩遥 陈滨献 郑益群	新华社
26	疫情当前 多地推出多种暖心服务	郑益群	新华社客户端
27	多地加强社区防控打好疫情防控阻击战	郑益群	新华社客户端
28	温州洞头总投资30亿旅游项目签约	余佩遥、洪建栋	光明日报客户端
29	New batch of antiviral drugs sent to Wuhan	余佩遥 陈滨献 郑益群	新华社英文客户端
30	1400吨液化石油气水运驰援武汉	郑益群 范贺然 陈相俊 郑历橙	新华社客户端
31	书记在"疫"线——洞头区委书记王蛟虎：疫情防控工作做深、做细再做实	王静霞 潘道阳 王丛文 叶明天	浙江新闻
32	温州洞头：多措并举精准战"疫"	郑益群	新华社
33	温州洞头：多措并举精准战"疫"	郑益群	人民网
34	国家级海洋牧场示范区白龙屿生态牧场全面复产	郑益群 王静霞 苏友凡 范贺然 潘道阳	新华社客户端
35	浙江洞头：16个项目集中开工 聚焦海洋经济及旅游休闲	夏秀女 叶明天	中国网
36	一位与生命赛跑的医生吕海生	夏秀女 叶明天 庄海文 郑翀翀 金向春	中央人民广播电台
37	海上花园春色洞头	郑益群 王容容	新华社
38	浙江温州远洋捕捞船启航 远赴非洲海域	郑益群 蔡奕群 刘畅 王丛文 陈鑫 郑树	中国新闻网
39	远洋捕捞船启航远赴非洲海域作业	郑益群 蔡奕群 刘畅 王丛文 陈鑫 郑树	新华社
40	浙江温州远洋捕捞船启航 远赴非洲海域	蔡奕群 刘畅	中新网
41	洞头大门 醉美春色	郑益群 苏友凡 王静霞 王容容 潘道阳 郑树 王丛文	新华社
42	瞰中国——总书记考察的"浙"个省，春暖花开	郑益群 王容容	新华社
43	瞰中国｜百岛洞头，生态美景入画来	郑益群 王容容	新华社
44	洞头先锋女子民兵连备战60周年连庆	郑益群 陈鑫	人民网
45	温州洞头：六月初完成！灵霓大堤迎来"破堤通海"	陈彩妮 韩栋 郑翀翀 庄海文	中央人民广播电台

续表47

序号	标题	作者	刊播媒体
46	61个村级集体经济项目集中开竣工　预计增收7500万元	郑建军 彭晟佑 王从华 庄海文	中央人民广播电台
47	洞头全域旅游“龙头”项目　总投资30亿元梦幻海湾项目打造“海上迪士尼”	陈滨献 陈鑫 庄海文 王河 林岳	中国国际广播电台
48	洞头全域旅游“龙头”项目　总投资30亿元梦幻海湾项目打造“海上迪士尼”	陈滨献 陈鑫 庄海文 王河 林岳	中央人民广播电台
49	洞头计划工期90天再造2万平方米的人工沙滩	陈滨献 苏煜晗 王从华 庄海文 王河 刘畅	中国国际广播电台
50	洞头计划工期90天再造2万平方米的人工沙滩	陈滨献 苏煜晗 王从华 庄海文 王河 刘畅	中央人民广播电台
51	洞头区推出退休办事零次跑的“无感智办”服务新模式	王丛文 王从华 庄海文 郭爱森	中央人民广播电台
52	直击浙江洞头女民兵射击训练场：不畏辛苦 勤练不辍		中国新闻网
53	洞头先锋女子民兵连备战60周年连庆		人民网
54	5万吨级超大型液化气船首航	郑益群 陈诗橼	新华社
55	浙江洞头：5万吨级超大型液化气船首航！	郑益群 陈诗橼	新华网
56	5万吨级超大型液化气船首航	郑益群 陈诗橼	新华社海外版
57	传承红色基因 担当强军重任：英姿飒爽一甲子 渔家姑娘守海防	郑益群 王静霞 苏友凡 潘道阳	CCTV7（国防军事）
58	传承红色基因 担当强军重任：洞头先锋女子民兵连 永不褪色的“海霞红”	郑益群 王静霞 苏友凡 潘道阳	CCTV7（国防军事）
59	浙江 洞头先锋女子民兵连 女民兵开展实战训练 堪比特战队员	郑益群 王静霞 苏友凡 潘道阳	CCTV13（新闻频道）
60	“海霞精神”60年｜铿锵玫瑰别样红	郑益群 王静霞 苏友凡 潘道阳	新华社
61	爱岛尚武励志奉献“海霞精神”永不褪色	郑益群 王静霞 苏友凡 刘畅	CCTV1（综合频道）
62	温州红色旅游报道（女子连纪念馆）	郑益群 王静霞 苏友凡	CCTV13（新闻频道）
63	温州红色旅游升温	郑益群 王静霞 苏友凡	新华社
64	5万吨级超大型液化气船首航	郑益群 陈诗橼 郑历橙 陈相俊	新华社
65	洞头启动“生态文化月”活动	夏秀女 洪建栋 庄海文 郭爱森	中央人民广播电台
66	温州举办洞头先锋女子民兵连建连60周年新闻发布会	洪建栋 刘畅 彭晟佑 庄海文	中央人民广播电台

续表47

序号	标题	作者	刊播媒体
67	温州举办洞头先锋女子民兵连建连60周年新闻发布会	洪建栋 刘畅 彭晟佑 庄海文	中国国际广播电台
68	中国历史文化名楼望海楼重新对外开放 再现海岛渔家风情	苏煜晗 王丛文 郑翀翀 庄海文 叶欣婷	中央人民广播电台
69	洞头伏季休渔期严查违规违法捕捞渔船13艘	洪建栋 郑树 郭爱森 庄海文 郑元富	中央人民广播电台
70	飒！60年了，她们一直都有一个同一个名字	庄海文 郑翀翀 陈鑫	央视新闻移动网
71	飒！60年了，她们一直都有一个同一个名字	庄海文 郑翀翀 陈鑫	人民日报
72	霞光依旧耀滩头——先锋女子民兵连建连60周年系列活动在温州洞头举行	庄海文 郑翀翀 陈鑫 韩栋	中国之声
73	总投资122.5亿元温州百亿级单体制造业项目正式落户洞头	陈鑫 林岳 庄海文 郑翀翀	中央人民广播电台
74	新闻专稿："霞"光璀璨代代传	庄海文 郑翀翀 王河	中央人民广播电台
75	温州洞头推行海水养殖海域确权管理模式 探索解决养殖海区管理大难题	洪建栋 彭晟佑 庄海文 王河	央广网
76	洞头溢香应急救援队	郑益群 王静霞 刘畅	CCTV12（社会与法）
77	又美又飒，来感受一波洞头先锋女子民兵连的火力射击	郑益群 王静霞 苏友凡 潘道阳	央广军事
78	洞头先锋女子民兵连昔日神枪手三姐妹重回射击场，打出4发39环	郑益群 王静霞 苏友凡 刘畅	央广军事
79	洞头先锋女子民兵连成立60周年 昔日海防女民兵重回射击场	郑益群 王静霞 苏友凡 刘畅	新华社
80	洞头率温州之先推行海水养殖海域确权管理模式	洪建栋 彭晟佑 庄海文 王河	中央人民广播电台
81	洞头至文成旅游直通车7月11日开通	邵康妍 郑树 庄海文 郭爱森	中国国际广播电台
82	洞头至文成旅游直通车7月11日开通	邵康妍 郑树 庄海文 郭爱森	中央人民广播电台
83	温州洞头：率先在浙江省电力系统实现配电自动化覆盖率100%	黄昭团 王蓓蕾 庄海文 郑翀翀	中央人民广播电台
84	温州：国家文旅部项目《薪火相传·越地拾遗》在洞头拍摄	卓桂枝 庄海文 郑翀翀	中央人民广播电台
85	温州洞头：2020鹿西岛越野挑战赛本月底开跑	王艺 陈露男 庄海文 郑翀翀	中央人民广播电台
86	温州：浙江首个海岛温泉——洞头青山岛温泉井正式开钻	王丛文 陈经宝 庄海文 金向春	中央人民广播电台
87	"温州—印尼"集装箱航线首航　温州港又添新的国际物流大通道	洪建栋 柯瑜 庄海文 郭爱森	中央人民广播电台

续表47

序号	标题	作者	刊播媒体
88	“温州—印尼”集装箱航线首航　温州港又添新的国际物流大通道	洪建栋 柯瑜 庄海文 郭爱森	中国国际广播电台
89	洞头大门岛音乐美食节开幕：星光相伴 人在旅“途”	范贺然 叶郑洁 陈相俊 庄海文 郭爱森	中央人民广播电台
90	洞头大门岛音乐美食节开幕：星光相伴 人在旅“途”	范贺然 叶郑洁 陈相俊 庄海文 郭爱森	中国国际广播电台
91	温州海上“迪士尼”：青山岛项目标志性工程紫云阁观景台合拢	王丛文 潘道阳 彭晟佑 韩栋 庄海文	中央人民广播电台
92	“燃情栖鹿湾　奔跑鹿西岛”　鹿西越野挑战赛和栖鹿湾沙滩投用同日举行	陈露男 庄海文 郑翀翀	中央人民广播电台
93	温州洞头：部分渔船解禁开捕在即　洞头渔民检修筹备忙	王丛文 陈巧慧 庄海文 金向春	中央人民广播电台
94	温州洞头：“万朵鲜花送雷锋”八一拥军行走军营	张敏洁 陈鑫 庄海文 金向春	中央人民广播电台
95	“温州—印尼”航线开通 温州港新添国际物流大通道	洪建栋 柯瑜	中国新闻网
96	“温州-印尼”集装箱航线开启首航	郑益群 洪建栋 柯瑜	新华社
97	温州洞头抓获6艘非法捕捞渔船	郑益群 刘畅 陈巧慧	新华社
98	东海开捕在即 渔民整装待发	郑益群 王从文 陈巧慧	新华社
99	“中国七夕文化之乡”温州洞头七夕民俗风情节开幕	邵康妍 王从华 庄海文 金向春	央广网
100	约定	郑益群 王静霞 苏友凡 刘畅	CCTV7（国防军事）
102	体验不一样的七夕 洞头海岛民俗风情节	郑益群 王静霞 苏友凡	中新网
103	“百岛洞头”七夕民俗风情节热闹上演	郑益群 王静霞 苏友凡	新华社
104	温州洞头：开放63个避灾场所 安置转移4300人	胡程远 刘畅 庄海文 郭爱森	中央人民广播电台
105	温州洞头：1300多艘渔船已全面回港防台避风	苏煜晗 陈鑫 庄海文 郑翀翀 郭爱森	中央人民广播电台
106	台风“黑格比”逐渐逼近浙江沿海　洞头全力做好海上防台	庄海文 郑翀翀 吴海峰 倪丽婉	中国之声
107	台风“黑格比”逐渐逼近浙江沿海　洞头全力做好海上防台	庄海文 郑翀翀 吴海峰 倪丽婉	中央人民广播电台
108	台风“黑格比”逐渐登陆温州　洞头渔政紧急撤离14人	庄海文	中央人民广播电台
109	台风“黑格比”逐渐登陆乐清后　洞头紧急救援两艘遇险船只	庄海文 郑历橙 陈相俊 杨东升	中央人民广播电台
110	台风“黑格比”逐渐登陆乐清后　洞头紧急救援两艘遇险船只	陈滨献 庄海文	中国之声

续表47

序号	标题	作者	刊播媒体
111	中国蓝直播：直击台风“黑格比”	庄海文	新蓝网
112	累倒在抗台一线的村干部——方健康	胡程远 王丛文 苏煜晗 庄海文 郭爱森	中央人民广播电台
113	累倒在抗台一线的村干部——方健康	胡程远 王丛文 苏煜晗 庄海文 郭爱森	新华网
114	万朵鲜花送雷锋：致敬平凡中的英雄	陈鑫 彭晟佑 庄海文 夏秀女 金向春	中央人民广播电台
115	央视《探索·发现》栏目在我区拍摄大型纪录片《匠人匠心》	洪建栋 邵康妍 庄海文 郭爱森	中国国际广播电台
116	“中国七夕文化之乡”洞头七夕民俗风情节盛大开幕	邵康妍 王从华 庄海文 金向春	中央人民广播电台
117	“闻风”而动！浙江温州正面迎战台风“黑格比”一线见闻	张敏洁	中国新闻网
118	抗击“黑格比”全力投入抢险救援		央视一套
119	浙江温州 “黑格比”登陆 船只搁浅 19名船员被救上岸		央视十三套
120	浙江温州：“黑格比”登陆 船只搁浅 19名船员被救上岸		央视二套
121	浙江：渔船台风中搁浅 19名被困船员获救	郑益群	新华社
122	温州洞头：景区灾情严重 正全力开展灾后自救	郑益群 余佩遥 王从文	新华社
123	台风“黑格比”登陆浙江温州	郑益群	新华社
124	温州转移群众20多万人	郑益群	新华社
125	防御台风“黑格比” 浙江洞头1300多艘渔船回港避风	苏煜晗 陈鑫	中国新闻网
126	海岛洞头：东海虾皮旺发 渔民交易繁忙	胡程远 郑树	新华社
127	“美莎克”来袭 洞头积极做好防台准备工作	邵康妍 王从华 庄海文 郭爱森	中央人民广播电台
128	温州洞头海域虾皮旺发　东沙渔港渔民交易繁忙	胡程远 郑树 庄海文 金向春	中央人民广播电台
129	温州自驾旅游文化节走进海霞故里：赏海天蓝 品渔家味	郑翀翀 王丛文 陈楠 庄海文	中央人民广播电台
130	温州自驾旅游文化节走进海霞故里：赏海天蓝 品渔家味	张敏洁 洪建栋 庄海文 金向春	中国国际广播电台
131	东海全面解禁：洞头126艘渔船开赴渔场	范贺然 余佩遥 王丛文 潘道阳 庄海文 金向春	中央人民广播电台
132	2020首届中国渔民画大展在温州洞头落下帷幕	苏煜晗 王丛文 陈亦奕 庄海文 金向春	中国国际广播电台
133	浙江洞头：东海虾皮旺发 渔民交易繁忙	郑益群 胡程远 郑树	中国新闻网
134	海岛洞头：东海虾皮旺发 渔民交易繁忙	郑益群 胡程远 郑树	新华社

续表47

序号	标题	作者	刊播媒体
135	126艘渔船扬帆出海，浙江温州洞头开渔喽！	范贺然 潘道阳 王丛文 余佩遥 庄海文	中央电视台《央视频》app
136	温州洞头：东海全面开渔 百艘渔船扬帆起航	潘道阳 王丛文 余佩遥 郑益群	新华社
137	浙江洞头举行滩涂休闲运动会	郑益群 陈鑫 彭晟佑	新华社
138	健康领域专家齐聚浙江洞头 共商生命未来	余佩遥 洪建栋 陈鑫	中国新闻网
139	“大健康·新未来”洞头生命健康院士研讨会暨全国农村订单定向医学生培养院校联盟学术年会在温州洞头开幕	余佩遥 洪建栋 陈鑫	人民日报客户端
140	健康领域专家齐聚浙江洞头 共商生命未来	余佩遥 洪建栋 陈鑫	中国新闻网
141	浙江洞头：霓屿“头水紫菜”迎来丰收季	彭晟佑 苏煜晗 郑树 郑益群	新华社
142	“百特杯”2020温州洞头半程铁人三项赛顺利完赛	郑益群 邵康妍 苏煜晗 郑树	新华社
143	浙江洞头渔民画：蘸海作画绘斑斓	郑益群 王静霞 苏友凡 潘道阳 王容容	中新网
144	王加新：生态散养“大黄鱼” 靠海闯出“黄金路”	郑益群 王静霞 苏友凡 王容容 庄海文	中国国际广播电台
145	温州洞头：3万尾鱼苗放入大海 特殊方式祝福祖国	夏秀女 王丛文 庄海文 张华远	中央人民广播电台
146	温州洞头：率全省之先 在食药领域实现公益损害赔偿落地	孙之静 陈青青 庄海文 郑翀翀	中央人民广播电台
147	吕海生获评“中国好医生、中国好护士”抗疫特别人物	陈彩妮 韩栋 庄海文	中央人民广播电台
148	“中国诗歌之岛·第二届国际海洋诗歌节”今天落下帷幕　打造“海上诗路”启航地	郑树 潘杉 庄海文 刘芬芳	中国国际广播电台
149	浙江洞头：秋色如画丰收忙	潘道阳 洪建栋	新华社
150	温州：洞头先锋女子民兵连纪念馆入选“全国红色旅游经典线路”	张敏洁 王从华 庄海文 郑翀翀	中央人民广播电台
151	浙江发布乡村振兴十大模式发布：洞头区生态治理绿色崛起案例入选	余佩遥 潘道阳 庄海文 金向春	中央人民广播电台
152	洞头经验入选！社会资本参与国土空间生态修复十个典型案例发布	陈宣锟 侯捍兵 庄海文 郑翀翀	中国国际广播电台
153	第四个“兰小草”道德周启动：传承“兰小草”精神 共筑“道德链”	陈滨献 王从华 庄海文 郭爱森	中国国际广播电台
154	即日起，洞头先锋女子民兵连纪念馆暂停对外开放	陈彩妮	腾讯网
155	浙江第三批引领型农村社区，洞头区东屏街道东岙顶村上榜！	陈彩妮	腾讯网
156	洞头第一！太有文化啦！	陈彩妮	腾讯网

续表47

序号	标题	作者	刊播媒体
157	温州洞头：洞头吉祥物“海海”表情包上线	朱意如 孔月 庄海文 郑翀翀	人民日报
158	全市首期女干部培训班在洞头海霞学院开班	余佩遥 陈鑫 庄海文 郭爱森	人民日报
159	温州洞头：上榜全国第三批节水型社会建设达标县（区）名单	陈鑫 陈焕 庄海文 金向春	中央人民广播电台
160	温州洞头：举办“2020洞头渔民画文创新品发布会”	彭晟佑 陈亦奕 陈鑫 刘畅 庄海文	中央人民广播电台
161	温州洞头：举办“2020洞头渔民画文创新品发布会”	彭晟佑 陈亦奕 陈鑫 刘畅 庄海文	中国国际广播电台
162	全国U16男子拳击锦标赛落幕　13个级别冠军花落各家	余佩遥 洪建栋 庄海文 刘芬芳	中央人民广播电台
163	中央台直播连线：破堤坝通海给鱼儿让道	郑翀翀	中国之声
164	拥抱蔚蓝大海，直击温州洞头“破堤通海”工程启动	郑翀翀 张海河 庄海文 王丛文 陈经宝 杨昕 熊小米 韩栋 陈彩妮	央视频直播
165	浙江温州破堤通海 为海洋生物让出生命通道	郑翀翀 张海河 庄海文	中国之声
166	浙江温州破堤通海 为海洋生物让出生命通道	郑翀翀 张海河 庄海文	央广网总网
167	浙江温州破堤通海 为海洋生物让出生命通道	郑翀翀 张海河 庄海文	今日头条

（区融媒体中心提供）

数字电视

【概况】2020年，温州市洞头华数广电网络有限公司设有综合办、财务管理部、市场营销部、客服管理部、技术工程部，及大门、鹿西、元觉、霓屿广电站。重点推进“美丽城镇”“智慧农贸”“智慧医养”等行业热点项目，先后中标洞头区户外电子宣传屏项目119万元和洞头区智慧农贸项目160万元、美丽城镇项目20万元、智慧医养项目95万元。全年经营收入1880万元，无发生安全播出责任事故。

【广电工程建设】2020年，洞头华数广电网络有限公司完成山头顶停模工作，实现本岛电视信号全数字覆盖，停止模拟信号传输。新建一间传输机房和光配系统，新增光放模块11个，新增OLT设备EPON端口80个，GPON端口288个。新增互动点播洞头频道、温州4套本地回放，互动点播实现全网IP化改造。

【助力疫情防控】2020年，洞头华数广电网络有限公司制定《洞头华数疫情防控应急处置办法》。携手温州中广推出义务教育线上教学活动，助力“停课不停学”。推出“2月免费看”活动，提供付费频道一个月免费点播。运用应急广播平台，助力村社“大喇叭”防疫宣传无死角。参与应急广播维护27人次，非隔离点安装维修352人次，隔离点安装维修3人次，参与社区防疫管控20人次。

【服务保障】2020年，洞头华数广电网络有限公司客服部呼叫中心共接到故障记录电话15806通，派单处理6886通，在线处理2026通，咨询电话4170通，查询电话839通，数字电视安装回访1481通，故障回访4488通，完成维修工单6978单。

（陈秀兴）

卫　生

迎头鬃·吴秀云

“海霞精神”

爱島尚武　励志奉献

卫 生

概述

【概况】2020年，洞头区共有医疗卫生机构95家，区级医疗卫生机构有区人民医院、区疾病预防控制中心、区妇幼保健计划生育服务中心、区卫生计生行政执法大队4家。街道（乡镇）医疗卫生机构有社区卫生服务中心5家，中心镇卫生院1家，卫生院1家。村级医疗卫生机构有社区卫生服务站16家、村卫生室28家，门诊部4家，诊所25家，医务室8家。区中医院与大门镇中心卫生院合署，区“120”急救中心挂靠在区人民医院，大门“120”急救站挂靠在大门镇中心卫生院。全区有各类卫生从业人员936人，其中卫生技术人员804人（含初、中、高级人数和编外人数，基层医疗卫生机构卫技人员390人，执业助理以上医师367人，注册护士279人，其他卫生技术人员158人）。

洞头区卫生健康事业发展十四五专项规划编制启动。做实“两慢病”国家及省级试点，与温医大仁济学院联合成立慢病大数据研究中心，签订校地合作框架协议，共同举办生命健康院士研讨会。加强与温附二院、市中医院、市人民医院合作。区人民医院改扩建暨公共卫生服务中心建设项目启动，完成区中医院（大门镇中心卫生院）、霓屿社区卫生服务中心、鹿西乡卫生院三家新卫生院搬迁。

【疫情防控】2020年，洞头区成立疫情防控工作领导小组，加强疫情防控统筹协调和组织领导，全体卫生健康系统人员当好全区疫情防控“参谋员”“排头兵”“保障员”。截至年底，开展流调密切接触者343名；主动承担区级集中隔离点管理，隔离共计1929人；出动3600多人次，参与“五大通道”、流动健康服务点及重点场所管控，核酸检测共计15667人份，物体和环境检测2633份次，环境消杀10余万平方米；派出健康指导员117人，助力复工复产复市复学；完成区“两会”、洞头先锋女子民兵连建连60周年等18场重大活动疫情防控。全年区防控办累计发文138个，编写动态63期，召集疫情研判会32场，发放风险预警书21份，督促整改疫情防控漏洞102项。

（黄若涵）

【民生实事实施】2020年，洞头区首次实施70周岁以上老年人流感疫苗免费接种、目标人群结直肠癌筛查民生项目2个。完成70周岁以上老年人免费接种流感接种1838人，完成率102.11%，无严重不良反应发生。完成目标人群结直肠癌筛查4156例，结直肠镜筛查214例，任务完成率分别为102.87%和107%，检出结直肠癌3例，癌前病变31例。

（苏丽华）

【区人民医院改扩建工程启动】2020年11月，洞头区人民医院新院及区公共卫生服务中心项目开工建设。按照“医防整合”“医养结合”“医教联合”“产城融合”建设思路，项目选址新城二期D-08地块，总用地面积6.13公顷，其中该项目用地面积4.27公顷，预留用地1.87公顷。项目建筑面积8.982万平方米，设计床位数350张，总投资6.6828亿元。完成项目一期（公共卫生大楼）EPC招标。工程建设单位是区卫生健康局、洞头区城市发展有限公司。中标单位是龙元建设集团股份有限公司和杭州市建设设计研究院有限公司（联合体）。截至年底，完成项目投资6400万元。

【区中医院（大门镇中心卫生院）投用】2020年4月24日，洞头区中医院（大门社区卫生服务中心）一期工程建成投用。该工程选址于大门镇长沙村J6-19-2地块，总投资概算5630.89万元，用地面积5727.7平方米，建筑面积7115.72平方米，建设床位数60张，2017年5月10日开工建设，属PPP项目。工程由温州建设集团承建，建设内容包括门诊楼、室内二次装饰、水电安装、土石方工程、家具及相关办公用品、设备购置、景观绿化等室外附属工程。

【霓屿街道社区卫生服务中心投用】2020年4月24日，霓屿社区卫生服务中心建设工程建成投用。该工程选址于霓屿街道布袋岙片区C-16地块，总投资概算2154.03万元，总用地面积2542.3平方米，总建筑面积2974.46平方米，2017年8月31日开工建设，属PPP项目。工程由温州建设集团承建。

【鹿西乡卫生院投用】2020年4月24日，鹿西社区卫生服务中心建成投用。该工程选址位于鹿西乡集镇控制性详细规划中的A-04-02、A-04-03、A-04-04等地块的部分地块，总投资概算2221万元，总用地面积2037.4平方米，总建筑面积2996.42平方米，2017年9月12日开始建设，属PPP项目。工程由温州建设集团承建。

【国家基本公共卫生服务】2020年，洞头区在推进国家基本公共卫生服务项目实施，提高基本公共卫生服务能力和健康服务水平。调整基本公共卫生服务项目管理办公室，全区各社区卫生服务中心（乡镇卫生院）均设立公共卫生科，落实专人负责项目的管理。建立基本公共卫生服务项目指导团队，形成以区级专业公共卫生单位为指导、社区卫生服务中心为主体、村居责任医生为基础、村居联络员为网格的项目服务格局，开展定期督导和不定期督导。出台《洞头区2020年基本公共卫生服务项目“标化当量”绩效评价工作方案》《关于开展2020年基本公共卫生服务项目绩效评价的通知》等文件，定期对基层开展项目考核。举办社区卫生服务中心主任和公共卫生管理科室负责人培训班，做好传染病防治、基本公共卫生政策、十二大类业务（居民健康档案、孕产妇保健、儿童保健、慢性病管理、重性精神病管理等十二大类）线下培训班12期，开展“疾控大培训”、居民健康素养监测技术、“三基培训”、信息化平台操作、浙江省基本公共卫生服务规范（第四版）等项目线上培训17期。全年区级公共卫生指导团队共下乡87人次。建立居民健康电子档案99826份，建档率92.25%，开放人数57576人，开放率57.68%；

【家庭医生签约】2020年，洞头区责任医生规范签约61207人，同比上升2.82%，常住人口签约率56.56%，十类重点人群签约35954人，签约率82.36%。家庭医生有效签约9783人，其中两慢病患者有效签约5935人，增长50%。全区（不含灵昆）完成低收入人群家庭医生签约2153人，签约完成率103.46%。

【无偿献血】2020年，洞头区组织发动无偿献血活动10场，设置献血场所9个，其中献血场所流程再造1个，调整献血场所2个，新增献血场所6个。全年无偿献血总量350.95千克，完成率129.50%，实现临床用血100%来自无偿献血。开展《献血背后的故事》视频宣传5期。洞头区获评省2016—2018年度无偿献血先进县（市、区）。

（叶稳稳）

2020年9月21日，洞头区组织参加无偿献血活动　（叶稳稳摄）

2020年洞头区卫生医疗机构（单位）情况一览表

表48

序号	卫生机构	床位数（张）	编制内人数（人）	编制外人数（人）	执业医师人数（人）	助理医师人数（人）	门诊人数（人）	占地面积（平方米）	建筑面积（平方米）
1	洞头区人民医院	280	363	29	122	4	331440	17201	27020
2	洞头区疾控中心	0	24	3	11	0	0	1224	1757
3	洞头区妇计中心	0	22	2	9	4	6896	941	1808
4	北岙街道社区卫生服务中心	0	28	18	13	8	66783	270	1506
5	灵昆街道社区卫生服务中心	0	37	18	17	1	73076	674	2067
6	洞头区大门镇中心卫生院	56	58	12	26	5	51080	5727.7	7115.72
7	东屏街道社区卫生服务中心	0	22	5	5	2	80376	441	1051
8	元觉街道社区卫生服务中心	0	16	3	6	3	31747	1400	1210
9	霓屿街道社区卫生服务中心	18	24	6	8	3	17252	2666.64	3088
10	洞头区鹿西乡卫生院	14	22	4	8	4	55911	978	812

说明：编制外人数只统计劳务派遣、未入编委培生。执业医师、助理医师人数统计范围包括社区中心、卫生站、卫生室等

（区卫健局提供）

卫生改革

【概况】2020年，洞头区印发《2020年度洞头区县域医共体建设重点任务清单》，获批全省唯一县域医共体模式下高血压、糖尿病“两慢病”基层首诊改革试点区，改革经验在全国、全省相关会议典型交流，获全国“慢病健康全程管理”试点，医共体改革获省政府激励项目。优化与温医大附二医、温州市人民医院、温州市中医院合作办医，推进公立医院改革和现代医院管理制度，推行医保总额预付、城乡居民基本医疗保险门诊费用实行按人头定额结算，推动药品零差率、耗材零加成，基层中医馆全覆盖。完成北岙街道城南服务站和东屏街道蓝港服务站等2家村卫生室（站）规范化改造，全年基层就诊率65.95%，县域就诊率91.95%。

【“双下沉、两提升”医疗改革】2020年6月，洞头区与温州医科大学附属第二医院签订新一轮医疗战略合作协议书，开展连续性肾脏替代治疗技术（CRRT），开设儿童保健门诊，独立完成显微镜下精索静脉曲张结扎手术。全年省、市级专家下沉基层医疗机构服务门诊诊疗9776人次，手术180台；区级专家下沉基层医疗机构241人次，下沉服务185天。区中医院（大门镇中心卫生院）与市中医院“医疗合作重点托管”深化合作，开展中医内科儿科、中西医结合内科、推拿针灸科、中医外科、中医骨伤科等诊疗服务。创新推动与市三医“专科联盟”办医模式，成立姜文兵劳模创新工作室—心血管（高血压）、郑海飞专家工作室—内分泌（糖尿病）、陈育梅瓯越名医工作室—妇科、刘杰专家工作室—耳鼻咽喉科等名医工作室，提升对基层常见病、多发病和危急重症救治能力。

【“两慢病”全周期健康管理和基层首诊改革】2020年，洞头区推进高血压、糖尿病“两慢病”全周期健康管理和基层首诊改革，通过医保支付方式改革，建立健全免费药品目录和增值签约服务包，优化完善监督考核办法和约束激励机制，实现医改目标、展示医改成果“重要窗口”。全年基层医疗卫生机构“两慢病”就诊人次同比增长20%，区人民医院两慢病住院人次同比下降35%。两慢病家庭医生签约率78%，其中有效签约同比增加50%。该项改革工作经验在国家卫健委、省市信息刊物上刊发，获省政府分管副省长批示2次。多次获邀参加国家、省卫健委研讨会、交流会，分享洞头区两慢病改革工作经验。

【洞头获评国家级慢性病综合防控示范区】2020年6月2日，国家卫生健康委确定新增123个县（市、区）为国家级慢性病综合防控示范区，浙江5地入选，洞头区名列其中，为温州市第三个入选县（市、区）。洞头推进国家慢性病综合防控示范区创建，慢性病防控工作纳入全区经济社会发展规划，

建立多部门合作机制。推进健康设施建设建成健康街区1处，健康主题公园1个，健康步道5条，健康小屋10个。推出公共体育场地设施515个，15分钟健身圈实现7个街道（乡镇）全覆盖。全区机关企事业单位全面开展无烟单位创建。连续5年开展“健康礼包”送渔船送渔民活动，推行外岛“中药到家”服务，组织“兰小草”志愿服务队上门为老年慢病患者提供精准个性化服务。常态化开展儿童、学生、老年人和职工体检，家庭医生签约服务全面铺开，区域卫生信息完成互联互通，尝试贫困人群慢病药费试点补助。

【医共体改革】2020年，洞头区印发《2020年度洞头区县域医共体建设重点任务清单》，制定《2020年洞头区医疗卫生服务共同体绩效考核办法》，实施医共体成员单位基层补偿机制改革。医共体牵头医院分管院长挂钩一个医共体成员单位。印发医共体人才招聘管理意见，下派区人民医院医务科长、院感副科长任霓屿、东屏社区卫生服务中心副主任。开展两慢病、全科医生培训等医疗业务同质化管理和培训，完成医共体内院感防控同质化检查。开展发热门诊规范化改造，启用核酸PCR实验室。投入1300多万元打造医共体信息化系统2.0版本和基层补偿信息化系统，开通药品配送、线上续方、刷脸支付等功能，提升医共体信息系统内HIS、LIS、PACS整合度。开展区人民医院和鹿西乡卫生院5G云诊疗平台试点工作，居民在家享受温附二医等三甲医院诊疗服务。制定《鹿西乡医疗卫生服务能力提升三年规划》，固定每周四为离岛专家下沉日，下沉B超、妇科等基层急需的稀缺资源，确保2名以上副高医生坐诊。打通鹿西乡卫生院精麻药品审批权限，委派主任药师，下放采购权限，离岛地区精麻药品采购可实行“买、卖、配”。医共体改革获2019年省政府督查激励。

（叶稳稳）

【医疗卫生领域“最多跑一次”】2020年，温州市洞头区卫生健康局深化“最多跑一次”改革，印发《洞头区卫生健康局2020年公共场所服务大提升实施方案》，“最多跑一次”改革融入医疗卫生服务各领域、各环节。梳理“刷脸办”“信易批”“全域受理、全区通办”“无感申报”和“秒办”等事项。窗口和网上申请受理办理共1316件。落实涉企执法备案制，涉企执法备案100%；推行涉企柔性执法制，制定完善“涉企免罚清单”，结合“双随机”开展职业卫生、公共场所、生活饮用水等涉企监督检查指导，开展企业指导服务57家。

（彭哲婷）

健康洞头建设

【概况】2020年，洞头区推进健康洞头建设，立足全人群和全生命周期着力点，围绕六大领域13项具体行动，实施月报制度、例会制度、督查通报制度等管理机制。“糖尿病防治行动”被列入健康浙江行动省级示范试点，“两慢病基层首诊改革试点”工作成绩获国家、省市肯定，获评第五批国家慢性病综合防控示范区。健康浙江考核连续获优秀。

（苏丽华）

【区域医疗康养示范区建设】2020年，洞头区依托区委建设“生命健康岛”战略部署，围绕“产、学、研、养”四大领域，打造“蓝色康养”特色品牌。全年建设重点康养项目12个，投资任务10.1亿元，完成投资额18.32亿元，完成率181%。开展与温医大仁济学院合作，成立慢病大数据研究中心，签订校地合作框架协议，联合举办生命健康院士研讨会，提升全科教学实习基地建设。做好温医大附二医与区人民医院帮扶工作，提升区人民医院重点学科建设水平。诚意药业“健康产业园”投产，推进产、学、研一体化的海洋生物医药研发，发展海洋生物医药产业。

【健康教育】2020年，区卫生健康局围绕新冠疫情防控及主题卫生宣传日开展宣教活动11场次，健康素养巡讲240余场次，惠及群众8300多人。制作发放各类宣传资料14种11.8万余份。推进健康素养进农村文化礼堂活动，38家农村文化礼堂开展健康讲座、健康活动、健康服务等工作。实施洞头区国民营养计划，组织重点单位、营养志愿者开展培训、营养科普活动、营养科普基地创建、膳食调查与指导等工作，托幼机构、学校和养老机构等重点单位开展营养健康相关工作50%以上。推广健康场所创建工作，新创市级健康促进医院3所（大门镇中心卫生院、霓屿街道社区卫生服务中心、鹿西乡卫生院），区级健康促进铜牌学校1所（洞头乐成寄宿中学）。全年洞头区居民健康素养水平为30.2%，15岁以上人群现在吸烟率为16.1%。

（唐欢非）

【爱国卫生运动】2020年，洞头区制定《2020年全国文明城市复评实地测评点位工作任务清单》，出台实施全国文明城市复评区领导分片包干督导制度，建立区四套班子联系包干制、责任单位一把手负责制、工作通报制等三项制度，累计督办解决问题500余个。推行测评点位包干负责制，落实问题“包发现、包协调、包整改”三包责任制。建立常态化督导机制。成立首批18个小区“海霞”红管家，开展环境卫生整治。每月开展“最脏村居、最脏厕所”考评，并纳入村居乡村振兴考核的重要指标。通过通报曝光、红黑榜、短信等方式倒逼城乡环境面貌提升，全年累计考评8批次，评出最脏村居8个、最脏厕所6个，整改环境脏乱点3000余个。开展全民爱卫运动，创设“全民环境卫生日”，结合“主题党日”等载体，海霞妈妈、东屏好厝边等多支志愿者团队参与，累计参与爱国卫生运动3万余人次。率全市之先开展“无蚊岛”创建试点，试点乡镇鹿西岛布雷图指数和蚊媒密度明显下降。全区卫生村创成率100%。鹿西乡成功创成国家卫生乡镇。

（林永新）

疾病预防控制

【概况】2020年，温州市洞头区疾病预防控制中心围绕新冠肺炎疫情防控及“两慢病”基层首诊改革，落实流感接种、结直肠癌筛查等民生实事工程。成立博士李妃牵头的“博士工作室”。举办“万步有约”健走激励大赛，开展实验室质量控制工作，参与实验室室间能力考核，全年参加盲样考核、能力验证8次，结果均为满意或优秀。开展基层“疾控大培训”，组织开展登革热防控、结直肠癌筛查、健康素养调查、慢性病全程管理、基本公共卫生等宣传贯彻活动，全年线上线下培训合计25次。组织业务人员开展基层公共卫生业务帮扶和工作督导3期。组织适龄儿童进行口腔检查1220人。

新冠疫情防控工作先后获洞头区疫情防控事迹突出的党组织、温州市先进基层党组织及温州市抗击新冠肺炎疫情先进集体等荣誉。

【新冠疫情防控】2020年，洞头区建立战时指挥体系，区疾控中心实验室启动新冠病毒核酸检测，全年完成新冠核酸检测咽拭子2320份，环境样本涂抹拭子2126份，抗体检测样本168份。全年累计完成疫情分析8次、专题风险评估3次、预防性消毒10万平方米。加强集中隔离点、宾馆饭店、文化娱乐、教育培训、养老机构、复工企业等重点场所（环节）疫情防控技术指导，规范复工、复产、复学等疫情防控工作。建立应急队伍2支14人，举办专题培训15场次；驻守机场、动车17轮；发放个人防护、消杀物资价值10余万元。组织开展外环境、重点人群及隔离点新冠病毒核酸监测3458份，其中食品462份，外环境1206份，从业人员1790份。10月启动重点人群新冠疫苗紧急接种工作，截至年底，共完成接种464剂次，无严重异常反应发生。

【传染病管理】2020年，洞头区发生甲乙丙类传染病741例，总发病率为684.89/10万，同比下降53.63%，发生病种共17种。发病数最多为流行性感冒，主要分布在北岙街道。报告肺结核病例47例，发病率为43.44/10万，下降7.84%。治疗率为93.1%。报告学校确诊结核病例16例，聚集性疫情3起，筛查病例密接师生1174名。发放结核病慈善项目补助资金4.2万元。全区7个预防接种门诊完成SaaS系统上线，实现预防接种服务全程可追溯。一类疫苗接种率为95%以上。洞头区新增为省级流感监测点，共检测流感病毒核酸样本46份。

【聚集性传染病疫情处置】2020年，洞头区除新冠疫情外，处置人偏肺病毒感染疫情1起，星状病毒感染引起的聚集性疫情1起，诺如病毒引起的聚集性疫情2起，学校甲3型流感病毒引起的聚集性疫情1起，学校水痘疫情1起，学校食源性疾病1起。

【居民健康服务】2020年，洞头区常住人口数10.82万人，共建居民电子健康档案9.98万份，动态记录电子健康档案7.35万份；高血压发现并建档1.21万人，管理1.05万人，规范管理0.79万人，规范管理率75.5%，血压控制率67.99%；糖尿病发现并建档4893人，管理3693人，规范管理2896人，规范管理率78.42%，血糖控制率63.04%。录入浙江省重性精神病人信息管理系统内六大类病人数587人，检出率5.42‰，管理584人，规范管理566人，规律服药515人，稳定584人，管理率99.49%，规范管理率96.42%，规律服药率87.73%，稳定率100%。

【慢病监测】2020年，洞头区期望寿命81.93岁。慢病监测报告糖尿病发病数559例，肿瘤发病数613例，冠心病急性事件发病数69例，脑卒中发病数364例。全年报告死亡个案946例，死亡率6.11‰，死因不明比例0.74%。

【食品安全风险监测】2020年，洞头区食品安全风险监测采样实现7个街道（乡镇）全覆盖，样本数量达到1件/千人水平以上。采集食品开展风险监测179份，其中省级监测31份，自主监测148份。自主监测中，检出镉8份，检出率16%；检出二氧化硫10份，超标率100%；检出副溶血性弧菌11份，检出tlh基因。共上报食源性疾病病例316例，采样316例，采样率100%，检出9例副溶血性弧菌和3

例沙门氏菌阳性。

【生活饮用水监测】2020年，洞头区监测主要出厂水和末梢水，共采集63份水样，监测指标34项，检测合格63份，总合格率为100%。

【职业病危害监测】2020年8月，洞头区启动职业病危害现状调查和工作场所职业病危害因素监测（包含重点行业职业危害风险评估项目），完成全区职业病危害企业的职业病危害现状调查工作460家、职业病危害企业的职业病危害因素监测20家和木质家具制造业企业开展职业健康风险评估工作6家。11月，对全区86家用人单位企业主管与负责人开展职业病防治培训，考试合格培训人员颁发合格证。

【地方病监测】2020年，洞头区采集并检测盐样315份，碘盐覆盖率为75.24%，碘盐合格率为94.09%，合格碘盐食用率为70.79%。共检查210份8—10岁儿童尿样，儿童尿碘中位数为144.95微克/升，碘缺乏比率为30.48%。首次开展学生甲状腺B超检查，检查210人，无发现肿大者。全区5个街道共查105份孕妇尿样，孕妇尿碘中位数为102.3微克/升（标准是大于150微克/升），孕妇碘缺乏率72.38%，低于100微克/升比率为30.48%。

（唐欢非）

妇幼保健

【概况】2020年，洞头区实现连续15年孕产妇零死亡。妇幼保健各项指标除“妇女剖宫产率”外，其余均能达到省市要求。选派参加省市各项专业培训、学习30余人次。举办基层妇幼人员妇幼保健业务培训会、更年期健康知识培训班、“新家庭计划”师资培训班以及单位内部学术讲座等20余场。针对计划怀孕妇女推送APP，注册率为95.48%。开展母乳喂养周、出生缺陷防控、世界避孕日、世界更年期关怀日、早产儿日及艾滋病日等较大型宣传活动7次，讲座10余场。健康知识普及人群达到5000多人次，分发宣传资料5000多份，宣传品达4000余份。

【婚前医学检查和优生检测】2020年，区疾控中心婚检503人，婚检率为90.79%；国免优生检测532人，覆盖率83.13%。具有高风险因素140人，依据检测结果给予电话随访，加强妊娠风险医学指导，早孕随访1045人次，妊娠结局随访22人次。国免优生省级质控全优。

【孕产妇管理】2020年，区疾控中心根据《温州市孕产妇和0—6岁儿童健康分级管理服务实施方案》要求，加强对社区督导与培训，落实联动妇保人员、医疗机构、计生部门，及早发现早孕人员，督促建册等措施，提高早孕建册率，建立符合本地实际、运转协调的孕产妇分级管理体系。全年产妇总数798人，活产数815人，早孕建卡率97.74%；产后访视789人，访视率96.81%；系统管理779人，系统管理率95.58%。共筛出高危产妇582人，高危筛查率72.93%；实行全程跟踪管理，管理率100%。住院分娩活产数815人，住院分娩率100%；围产儿死亡0例，危重孕产妇9例，抢救成功率100%，无孕产妇死亡。各项指标均达到要求。

【儿童保健管理】2020年，全区活产数为815人，5岁以下儿童死亡3人，死亡率为3.68‰，婴儿死亡1人，死亡率为1.23‰，3岁以下儿童2990人，系统管理2858人，3岁以下儿童系统管理率为95.59%；7岁以下儿童7701人，保健管理7494人，7岁以下儿童保健覆盖率为97.31%。全年参加健康体检的托幼机构工作人员612人，合格人数612人，合格数100%。全区托幼机构在园儿童体检数4098人，实际体检4098人，体检率100%；龋齿人数969人，患病率23.65%；视力低下人数181人，视力低下率8.89%；贫血人数352人，患病率8.59%；眼保健人数7012人，覆盖率92.54%。新生儿疾病筛查方面：2020年区人民医院活产数413人，新生儿遗传代谢疾病筛查数411人，筛查率为99.52%；不合格血片2例，退片率0.48%；可疑患儿38例均按要求召回复查，确诊1例。听力筛查413人，筛查率为100%；新生儿初筛未通过31人，未通过率为7.5%，初筛未通过召回31人，召回率100%，复筛未通过9人，未通过率为2.18%，复筛未通过召回9人，召回率100%，无听力异常确诊。

【妇女健康服务】2020年，区疾控中心组织开展城乡妇女“两癌”检查项目，完成城乡“两癌”宫颈癌检查人数1846例，乳腺癌检查人数1860例，发现宫颈癌检查低级别病变（原CIN1）7人，高级别病变13人。乳腺B超查3级57人，4级0人。全年确诊宫颈癌2例，患者均已接受治疗。全年户籍早孕艾梅乙检测率83.6%；发现孕期梅毒3例，均按照规范上报；住院分娩产妇孕期接受艾梅乙检测466人，检测率100%，未发现HIV阳性病例孕产妇；发现梅毒感染孕产妇数1例，规范治疗1例，治疗率100%；乙肝表面抗原阳性产妇所生活产数39例，注射乙肝免疫球蛋白的儿童数39例，注射率100%。全年共补助在洞头区医疗保健机构内分娩的乙肝感染孕产妇其所生的婴儿18例，补助金额2160元，补助艾梅乙筛查501人，补助金额13973元，未发现艾滋病患者。全年为育龄妇女提供门诊咨询2135人次。开展推广应用“互联网+免费避孕药具”发放服务项目，制作完成免费避孕药具发放服务网络微平台和“指尖药具”发放服务网点，实现育龄人群可以在家“点点手机，领取避孕药具”服务功能。设置各社区卫生服务中心和婚前医学检查点免费叶酸发放点8个，联合村责任医生和联络员及时掌握待孕妇女情况，使计划怀孕的妇女能较便利的领取免费叶酸，全区农村适龄妇女新增叶酸服用人数967人。

【特色门诊服务】2020年，区妇计中心实行保健与临床相结合，提升妇幼特色门诊服务能力。全年儿童窝沟封闭项目全区适龄儿童已开展筛查1345人，儿童口腔氟化泡沫保健2008人，产后盆底康复132人次，小儿推拿82人，儿童ASQ筛查50人。

（许建真）

卫生执法监督

【概况】2020年，温州市洞头区卫生监督所出动卫生监督执法人员2150人次，检查各类公共场所、医疗卫生机构、学校、企业、集中式供水等单位1842户次，抽取国家双随机任务75家，省级双随机任务141家，完成216家，完成率100%，发现各类违法行为102起，其中出具卫生监督意见书32份，国家双随机立案33家，查处率44%。省级双随机立案37家，查处率26.2%。全年查处各类违法案件229件（一般程序案件138件，简易程序案件91件），罚没款38.54万元，举报投诉案件2件，立案查处2件。

【卫生应急】2020年，洞头区完善卫生应急体系建设，落实卫生应急机制建设、物资储备、人员培训、应急演练和事件处置等各项卫生应急工作。调整专家咨询委员会和医疗救治应急队、疾病控制应急队、卫生监督应急队、心理干预应急队等，更新完善卫健系统卫生应急预案23个。组织开展区、街镇两级应急演练18场，处置东屏小学甲3型流感疫情、大门小学水痘疫情、外国语学校腹泻事件、教育二幼星状病毒疫情、航标站诺如病毒疫情等突发公共卫生应急事件5起，开展专题风险评估7次，为“两会”等重点活动提供卫生应急保障20次。

【饮用水和消毒餐具卫生监测】2020年，区卫生监督所开展市政供水管网末梢水监测点10个，出厂水全年监测点1个，开展监测2次，二次供水10个监测点全年监测。抽取管网末梢水、二次供水等样品30份，合格30份，合格率100%。建立餐饮具集中消毒企业基础档案，实行“每月一检查，三月一抽检”监管制度。抽检餐饮具样品30件，合格30件，合格率100%。

【尘毒企业专项整治】2020年，洞头区纳入尘毒危害专项治理的用人单位9家，监督检查9家、申报9家，职业病危害因素定期检测9家，接触职业病危害因素的劳动者138人，参加上岗前职业健康检查138人，参加在岗期间职业健康检查138人，9家用人单位主要负责人、职业健康管理员和接触职业病因素劳动者参加培训。全年共查处违法行为12起，立案12件（其中一般程序2件，罚款14.5万元，简易程序10件，作出警告处理）。

【民宿公共用品用具消毒效果专项整治】2020年，区卫生监督所对全区200家民宿公共用品用具（毛巾、浴巾、洗脸盆、恭桶、拖鞋、茶杯等）进行采样，共采集样品600份，委托有资质的检测公司检验，检验结果合格450份，合格率75%。对公共用品用具检测不合格的49家民宿进行立案查处，整改后重新抽检样品，检验结果均合格。

【医疗服务监督】2020年，区卫生监督所组织开展打击“两非”、打击非法医疗美容专项行动，出动卫生执法人员212人次，立案4起，结案3起，罚款共计9.8万元。

（尤珂澄）

医疗服务

【概况】2020年，温州市洞头区人民医院实际开放床位318张，门诊诊疗人次343700人次，同比减少8.92%，出院6232人次，下降51.27%人次，平均住院日8.67天。全年招聘专业技术人员13名，晋升副高11人，晋升正高7人。区人民医院改扩建暨公共卫生服务中心建设项目启动，完成区中医院（大门镇中心卫生院）、霓屿社区卫生服务中心、鹿西乡卫生院三家新卫生院搬迁。洞头区人民医院PCR实验室通过浙江省临床检验中心审核启用。区人民医院获2019年度“双下沉，两提升”工作评估考核优秀等次。

【医院疫情防控】2020年，洞头区医共体制定《新型冠状病毒肺炎疫情应急处理预案》，成立医共体新冠肺炎防控工作领导小组，完成区医院隔离病区改造工作。制定疫情防控手册和系列工作流程及工作制度，明确防控工作标准、流程、防护规范及医院感染管理制度。投入200多万元建成PCR实验室投用，满足区域核酸检测需求。取消本岛片发热门诊，统一集中区医院发热门诊，抽调人员安排在各卡点，24小时坚守为进出人员测量体温。开展“防控疫情、党员先行”活动，组建“疫情防治先锋队”。医院及各成员单位医务人员500多人递交请战书，内二科护士长陈虹选派支援武汉疫情防控工作。区医共体获温州市新冠肺炎疫情防控一线工作中表现突出先进集体（第二批）称号，陈虹获浙江省抗击新冠肺炎疫情先进个人称号，多人获市、区级抗击新冠肺炎疫情先进个人称号。

【医学科教】2020年，洞头区各医疗机构参加住院医师规范化培训人员10人，其中西医9人，中医1人；全年基层卫生人才能力提升培训项目任务数4人，9月进驻区人民医院开展线下培训，其中骨干全科医生1名，骨干临床医师2名，乡村医生1名。完成2019年度基层卫生人才能力提升培训项目任务数，共培训35人次，其中骨干全科医生1名，骨干乡村医生2名，骨干临床医师2名，护士7名，乡村医生20名，管理人员3名。全年选送3名基层管理人员参加国家基层医疗卫生机构管理人员职业化培训班。全年区人民医院选送医务人员赴温州医科大学附属一医、二医等上级医院进修3个月人员10人；社区卫生服务中心（卫生院）医务人员到区人民医院进修3个月1人；选送基层医疗机构人员6名分5批次到上海嘉定15天进修全科医生。

【中医药设施建设与管理】2020年，洞头区中医院建成投用，完成霓屿社区卫生服务中心和鹿西乡卫生院中医馆建设，实现基层医疗机构中医馆全覆盖。以鹿西乡卫生院作为中医医疗试点，区人民医院高级职称中医师定期坐诊，实现中医药免费配送服务，解决偏远离岛群众就诊需求；投入90万元改造县域医共体牵头单位信息化建设，实现基层医疗机构中药饮片，由区人民医院中药房配药、代煎中药饮片，通过第三方配送至患者家，实现共享中药房催动县域饮片同质化。7家乡镇卫生院（社区卫生服务中心）提供6类以上中医非药物疗法比例100%，44家社区服务站和村卫生室提供4类以上中医非药物疗法的比例已分别为100%和82.14%。基层医疗机构中医类执业（助理）医师、全科医师人数占比分别为22.5%和20.4%。

【医疗便民服务】2020年，区人民医院完成全区域信息系统更换建设工程，推广全区域全程智慧诊疗、智慧结算等项目，推广“医后付”“刷脸就医”等医疗费用支付模式，完善一站式门诊服务中心及住院服务中心功能，全面实现患者云平台医疗信息共享。改造提升体检中心等就诊环境；推进医院食堂、保洁等后勤精细化管理，设立一站式报修服务中心。成立党团员志愿者、“兰小草志愿者服务队”，开展出院患者入户随访、走村入户义诊、健康知识进社区等活动。

【医共体工作】2020年，洞头区医共体把附二医托管帮扶延伸至各社区院区，常态化开展专家坐诊及专科指导，帮助基层医务人员提升专业服务能力，推进分级诊疗工作；建立各院区与医院统一的考核评价体制。推进“两慢病”管理工作，增强基层签约服务吸引力，将“7+3”免费药品政策、颈动脉B超、眼底检查等项目纳入慢病签约服务包，制订全区精细化分级管理方案，推进“三师管理”团队建设；做好胸痛中心、卒中中心、危重孕产妇救治中心、创伤急救中心、区域检验和影像中心建设。以区120急救中心为龙头，指导大门、霓屿、鹿西急救站共同建成完善的急救网络，实现急救服务全覆盖。8月，院长童海光获评浙江省医共体改革先进个人；9月，院长童海光代表浙江省基层医院分享的《医共体模式下两慢病改革管理探索》创新案例获全国第二届基层创新案例展——优秀案例。

【获评“双下沉，两提升”工作评估考核优秀】2020年10月12日，浙江省卫健委发文公布2019年度“双下沉，两提升”工作评估结果，洞头区人民医院考核等次为“优秀”，连续两年获优秀等次。区人民医院与温州医科大学附属第二医院签订新一轮医疗战略合作协议书，探索“双下沉、两提升”工作长效机制，重点发展医院全科、急诊重症医学科、消化内科、康复科及妇产科。开展全科安宁疗护、人工肩关节置换术、儿童保健门诊、永久性人工心脏起搏器更换术、CRRT治疗（连续性肾替代治疗）、桡动脉穿刺置管持续血流动力学监测等新技术。区中医院（大门镇中心卫生院）深化与市中医院、市三医“名医工作室”等合作办医模式，各基层医疗机构通过“双下沉、两提升”，提升对基层常见病、多发病和危急重症救治能力。

（陈丽丽）

体　育

渔村节日 · 陈钦煅

“海霞精神”

爱岛尚武　励志奉献

体 育

概述

【概况】2020年，洞头区积极推动社会力量办体育，举办全国海钓邀请赛、全国U16男子拳击锦标赛、温州洞头半程铁人三项赛等19场体育赛事。体旅融合发展，打造一批具有影响力的海洋体育休闲运动品牌。编制“铁三”运动小镇规划，打造“铁三”赛事基地，被中国铁人三项运动协会授予全国铁三“重要贡献城市”称号。建成韭菜岙沙滩公园，常态化运营海上游，引进水上飞板、拖伞、热气球等海洋运动新产品，洞头体旅融合发展经验在全国社会力量办体育改革试点现场推进会上作典型发言。

【体旅融合发展经验交流】2020年9月29日，全国社会力量办体育改革试点现场推进会在温州市召开，总结推广温州改革试点经验，部署深化全国社会力量办体育改革工作。国家体育总局副局长李建明、省政府副省长成岳冲等出席，市委副书记、市长姚高员汇报温州改革试点工作情况。洞头区政府作为唯一县（市、区）典型发言单位，区委副书记、区长林霞分享洞头社会力量办体育工作经验。洞头区推进体旅融合，海洋运动产业蓬勃发展。发展以海洋时尚运动为特征的体育产业，规划“一核两圈两岛”发展布局，实现“岛上、岸上、海上”联动发展。鼓励引导体育企业和社会组织办体育，为体旅融合发展提供政策和资金保障。把体育元素作为公建项目“重要配套”，结合蓝色海湾整治、河道景观提升、花园村庄建设等重点项目，植入体育元素，优化海岛体育旅游设施，建成蓝色风情骑行绿道，打造“东海第一临海栈道”，形成42千米海岸慢道；半屏韭菜岙沙滩成为集沙滩和水上运动项目为一体的多功能休闲体育公园。举办全国海钓邀请赛等一批国字号赛事。

【乒乓球社会体育指导员培训】2020年9月19日至20日，为贯彻落实“健康浙江”建设决策部署，推进全区乒乓球运动蓬勃发展，提高全民健身水平和健康水平，区文广旅体局联合区总工会在区实验中学举办洞头区乒乓球体育社会指导员第一期基础培训班。全区各街道（乡镇）及各相关部门乒乓球爱好者40名参加培训。培训主要内容包含乒乓球技战术、裁判工作、体育道德等方面专业知识，结合学员个人特点详细解析乒乓球实战中案例，提高学员实战能力和指导水平。通过考核者发放乒乓球三级社会体育指导员证书和乒乓球三级裁判证书。9月26日至27日，举行第二期提升培训，参加培训40人。

【洞头区体育总会第二届会员代表大会】2020年5月29日，温州市洞头区体育总会第二届会员代表大会在区文化和广电旅游体育局召开，部门、街道（乡镇）、各体育社会组织及体育系统58名代表参加会议。会议审议并通过新修改的《洞头区体育总会章程》，选举产生洞头区体育总会第二届理事会。选举林慷慨担任温州市洞头区体育总会主席，林岁坚为常务副主席，苏思远为副主席兼秘书长。

【体育人才培养】2020年，洞头籍运动员输送省级1人，即省水上中心试训运动员陈雨浓；输送市级运动员6名，即温州市体校短跑队运动员钱博恩、自由式摔跤队汪秀棚、空手道队胡航鸣、举重队翁志安、游泳队徐欧、散打队严再威。

竞技体育

【概况】2020年，洞头区分别组队参加全国、省、市体育比赛20余场，参加比赛运动员200余名。其中，10月，洞头区运动员汪祉辰代表浙江省参加"澳维杯"2020全国技巧锦标赛，获个人1金、2银、2铜；11月，运动员张哲豪代表温州市参加2020年全国U系列田径锦标赛，获个人铜牌1枚。洞头区运动员代表温州市参加省级青少年乒乓球比赛、青少年摔跤比赛、青少年帆船帆板比赛获1金、2银、2铜；组队参加温州市体育少年（儿童）空手道、散打、跆拳道、拳击、足球、乒乓球、田径七大项比赛共获13金、32银、26铜。举办区级体育赛事，中小学生体育节篮球、阳光体育、田径三大项目，共计2000余人次参赛。全年新注册运动员407人，新增海鱼儿跆拳道馆、奥浦帆船帆板俱乐部两个训练基地。7月，温州市水上中心帆板（OP帆船）队30余名在训运动员从乐清水上训练基地转入洞头区东沙港海域开展为期35天集训。

【温州市乒乓球俱乐部联盟赛】2020年8月15日至16日，温州市"龙元建设杯"乒乓球俱乐部联盟赛在洞头区举行，全市各地青少年选手120余名参加。比赛分为小组赛、组别淘汰赛、冠亚军决赛三个阶段，其中，小组赛和淘汰赛采用三局两胜制，冠亚军决赛采用五局三胜制。最终纪荣威、苏佳欣分获男、女冠军。比赛由洞头区文广旅体局主办，洞头区乒乓球协会、龙元建设集团股份有限公司、昊星体育用品有限公司协办。

【第二十二届"希望杯"初中组篮球赛】2020年9月24日至25日，洞头区举办2020年洞头区中小学生体育节篮球比赛暨第二十二届"希望杯"篮球赛初中组赛。篮球赛共有6所学校12支队伍100余名运动员参赛。其中，男、女组各6支队伍。最终实验中学获男子组第一名，海霞中学获女子组第一名。比赛由洞头区文广旅体局和区教育局主办，区职教中心协办，区跑步协会承办。

【浙江省青少年拳击锦标赛】2020年9月23日至30日，浙江省青少年拳击锦标赛在温州市洞头区文体中心举办，全省9个地市16个代表队319名运动员参加。经过5天的比赛，来自杭州一队以185.5分获团体总分第一名，温州一队以160.5分、宁波一队以159.5分，分获第二、三名。锦标赛由浙江省体育局主办，浙江省体育竞赛中心、温州市体育局、洞头区人民政府承办，洞头区文化和广电旅游体育局协办。

【全国少年男子拳击锦标赛】2020年12月16日至24日，2020年"金拳套"全国U16男子拳击锦标赛暨"瀛洲杯"全国少年男子拳击锦标赛在洞头举行，全国61支代表队440名运动员参加。比赛实行单败淘汰制，各级别混合抽签，不设种子运动员。经过6天342场比赛，13名参赛选手获各级别冠军。比赛由中国拳击协会主办，温州市体育局、洞头区人民政府、洞头区拳击协会承办，浙江省拳击协会、洞头区文广旅体局、浙江瀛洲岛体育发展有限公司承办。

群众体育

【概况】2020年，洞头区推进社会力量办体育工作，举办全国海钓邀请赛、全国U16男子拳击锦标赛、温州洞头半程铁人三项赛等体育赛事活动19场，通过社会力量办体育赛事500多万元，社会力量参与率70%以上。洞头区承办温州市第五届全民运动休闲大会1项赛事，组队参与8项赛事，获太极拳大赛、木兰拳大赛、智力运动会围棋比赛金奖。洞头区在全市星级健身示范点评选获五星示范点称号1个、四星2个、三星7个，其中海之韵排舞队荣获五星级健身示范点荣誉。全年开展乒乓球社会体育指导员和导钓员培训班3期，培训专业指导员

2020年9月24日至25日，洞头区第二十二届"希望杯"篮球赛初中组赛
（汪秀旭提供）

100多人。

【温州洞头半程铁人三项赛】2020年10月25日，“百特杯”2020温州洞头半程铁人三项赛暨温州铁人“月练越强”年度总决赛在洞头举行，省内各地108名选手参加。比赛包含0.75千米游泳、20千米骑行、5千米跑步。最终周佳佳获女子18—35岁组冠军（用时1小时22分56秒），陈伊能获亚军，倪彤获季军；朱海群获女子36—60岁组冠军（用时1小时27分00秒），陈小秋获亚军，金小琴获季军。王建峰获男子18—39岁组冠军（用时1小时15分09秒），温从湛获亚军，孙海松获季军；麻朋坤获男子40—60岁组冠军（用时1小时11分20秒），胡晓东获亚军，朱健获季军。比赛由温州市体育局、洞头区人民政府主办，洞头区文广旅体局、温州市铁人三项运动协会承办。

【第十二届中国·洞头全国海钓邀请赛】2020年11月20日至22日，第十二届中国·洞头全国海钓邀请赛在洞头举行，全国50支队伍100名运动员参赛。比赛项目包含浮游矶钓对象鱼、混合鱼比赛，赛制编排为团体（两人一队）分组竞赛，作钓时间为每天5—7个小时，团体奖取前6名，个人对象鱼总成绩奖前8名、对象鱼单尾大取前3名、非对象鱼单尾大取前3名。最终重庆队李海伟、北京黑冰（1）队盛剑锋、福州钓鱼协会王森获个人总量奖前三名；洞头海钓协会（2）队郭建华、福州钓鱼协会王森、北京黑冰（1）队盛剑锋获对象鱼（鲷类）单尾重奖前三；台湾队封伟民、广东（1）队江银林、矶上舞者战（2）队林陵获综合鱼（非鲷类）单尾重奖前三名；重庆队、北京黑冰（1）队、福州钓鱼协会获团体总重奖前三。比赛由温州市体育局、洞头区人民政府、中国钓鱼俱乐部联盟主办，洞头区文广旅体局、温州市洞头区农业农村局、温州市洞头区鹿西乡人民政府承办，浙江温州洞头农村商业银行股份有限公司、浙江容立科技有限公司、浙江东一海洋集团有限公司协办。

【第十三届中国·洞头横渡半屏海峡冬泳邀请赛】2020年1月1日，第十三届中国·洞头横渡半屏海峡冬泳邀请赛在洞头国际放生台举行。省内外28支冬泳队300多名冬泳爱好者参加，选手中年龄最小的20岁，年龄最大的65岁。活动由洞头区人民政府、温州市体育局主办，洞头区文广旅体局、东屏街道办事处承办，温州市冬泳协会、温州市洞头区冬泳爱好者协会协办。

【洞头区第三十六届“海疆杯”篮球赛】2020年10月12日至19日，洞头区第三十六届“海疆杯”篮球赛暨第七届“职工杯”篮球赛落下帷幕。经过52场次角逐，区教育系统、综合执法系统、霓屿街道分获冠、亚、季军。第四至八名为区住建系统、政法系统、大门镇、交通运输系统、人武系统。比赛由区文广旅体局和区总工会主办，区篮协承办。

【洞头区第四届职工乒乓球赛】2020年1月3日，洞头区第四届“工会杯”职工乒乓球赛举行，全区各单位18支队伍参加。比赛组别由机关代表队10支，企业代表队8支组成，参赛选手涵盖老、中、青各年龄段。比赛采用男女混合团体赛，五场三胜，每场三局两胜11分制，冠亚军决赛采用每场五局三胜制。最终，教育代表队、北岙街道代表队、仕博蓝天代表队分获第一、第二、第三名。比赛由洞头区总工会、洞头区文广旅体局主办，洞头农商银行、区市民活动中心协办，洞头区乒乓球协会与昊星中国爱乒乓培训学校承办。

【洞头区职工羽毛球团体赛】2020年9月19日，2020年洞头区首届“海悦城杯”职工羽毛球比赛举行，全区15家单位130多名运动员参加。比赛设团体赛，分男子双打、男女混双、男子单打和女子单打。最终华中海悦城队获比赛第一名。

比赛由洞头区总工会、区文化和广电旅游体育局、区体育总会主

2020年1月1日，第十三届中国·洞头横渡半屏海峡冬泳邀请赛

（区文广旅体局提供）

办，洞头区羽毛球协会承办。

【洞头区第二十四届“门球联谊赛”】l2020年5月24日，洞头区第二十四届“长寿杯”门球联谊赛在小三盘村门球场举行，全区12支代表队120名选手参加。最终北岙街道小三盘村获第一名，北岙城关代表队获第二名，东屏街道中仑村代表队和元觉街道代表队获第三名。比赛由区文广旅体局、北岙街道主办。

【首届区“双拥杯”门球赛】2020年9月22日，第二十五届“长寿杯”门球联谊赛暨首届区“双拥杯”门球赛在岭背社区门球场举行，共有11支门球队100多名队员参赛。经过角逐，岭背社区门球队、大长坑门球队分别荣获第一名、第二名，小长坑门球队、霓屿门球队并列第三名。比赛由区退役军人事务局、区文广旅体局、北岙街道主办。

【洞头区第二届草根篮球赛】2020年7月22日至25日，洞头区第二届草根篮球争霸赛在区文体中心篮球馆举行，11支草根篮球队伍参加。比赛设置三分球大赛、单挑大赛、4V4比赛三个项目。经过角逐，最终陈攀获“三分王”称号，汪子涵获“单挑王”称号；“干就完了队”获4V4比赛冠军。比赛由区文广旅体局、洞头区体育总会主办，温州海晨体育文化发展有限公司承办。

【洞头区全民健身日健走活动】2020年8月8日，洞头区“全民健身日”系列活动“万步有约”健走暨“奔跑温州”线上系列赛（洞头站）在同心公园广场举行。全区各体育协会会员及健身爱好者300余人参加。活动从同心公园出发，途经海韵大道、浪漫大堤，再折返同心公园，全长5千米。活动由洞头区文广旅体局、区卫生健康局、区总工会主办，浙江固德医药有限公司协办。

【洞头区滩涂休闲运动会】2020年9月28日，2020年“星贝杯”洞头区滩涂休闲运动会在霓屿街道桐岙村举行。全区各街道（乡镇）、机关企事业单位、霓屿街道各行政村、市民游客等12队100余人参加比赛。赛事包含踩泥艋、抓鸭子、背媳妇、滩涂大力士、4×30米运鱼接力等个人项目和集体项目。经过角逐，最终霓屿街道上社村、下社村、石子岙村分获前三名。比赛由区文广旅体局、霓屿街道主办。

体育场所建设

【概况】2020年，洞头区完成省、市、区为民办实事工程11项，建成社区多功能公共运动场1个、百姓健身房2个［省城市（市一类）百姓健身房1个、省农村百姓健身房1个］、小康体育村升级工程3个、笼式足球场1个、登山健身步道1条、新建或提升篮球场3个。

【社区多功能公共运动场投用】2020年6月，北岙街道双垅村社区多功能公共运动场完工投用。该运动场拥有场地面积约2000平方米，重新整合原百姓广场，增加灯光篮球场、乒乓球场、健身苑点等体育设施，总投资约130万元，于2019年开始建设。

【两个百姓健身房建成】2020年7月，洞头区建成百姓健身房2个。其中，大门镇城市（一类）百姓健身房，拥有场地面积200多平方米，内设舞蹈室、有氧器械、辅助器材等，总投资约35万元，4月开工建设；霓屿街道桐岙村农村百姓健身房，拥有场地面积约150平方米，内设乒乓球区、器械锻炼区等，总投资约8万元，4月开工建设。

【小康体育村升级工程3个】2020年，洞头区建成小康体育村升级工程3个。其中，大门镇岙底村小康体育村升级工程，拥有场地面积约850平方米，整合提升并增加灯光篮球场、室内健身房、健身苑点等体育设施，总投资约25万元；霓屿街道桐岙村小康体育村升级工程，拥有场地面积约1000平方米，整合提升并建设灯光篮球场、室内健身房、健身苑点等体育设施，总投

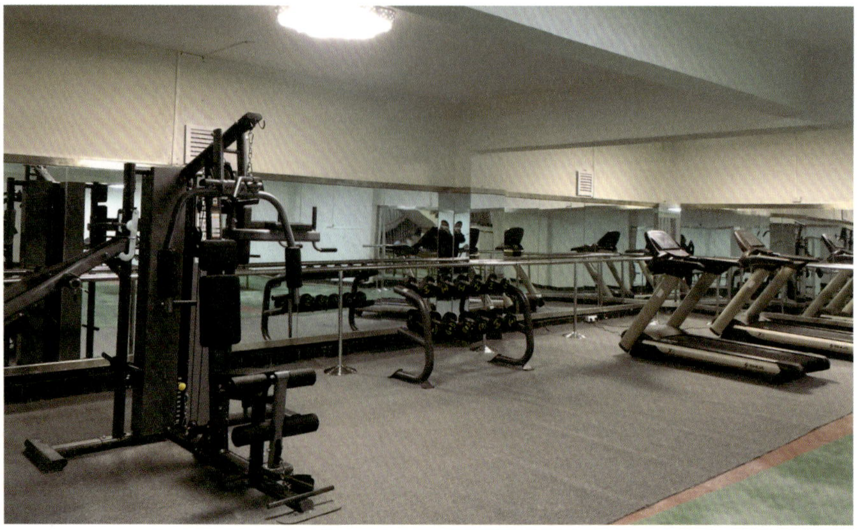

霓屿百姓健身房　　（区文广旅体局提供）

资约25万元，5月开工建设，9月完工；元觉街道状元村小康体育村升级工程，拥有场地面积约2000平方米，整合提升并增加灯光篮球场、乒乓球场、健身苑点、室内健身房等体育设施，总投资约200万元，2019年开工建设，2020年6月完工。

【笼式足球场建成1个】2020年9月，北岙街道大朴村笼式足球场建成。该足球场拥有场地面积约840平方米，是标准笼式足球场，内铺人造草坪，球场围网，配灯光照明设施，总投资约40万元，5月开工建设。

【登山健身步道建成1条】2020年9月，北岙街道隔头村登山健身步道建成。该步道长约5千米，依托隔头村落，连接脚桶石公园、凸垄顶沿海山居等处。内铺木栈道、砾石道、间隔石道、台阶等。总投资100万元。

【新建、提升篮球场3个】2020年，洞头区新建、提升篮球场3个。其中，北岙街道新城社区篮球场，拥有场地面积约700平方米，内铺塑胶地面，球场围网，配灯光照明设施，总投资约20万元，4月开工建设，7月完工；大门镇岙底村篮球场，拥有场地面积600多平方米，内铺塑胶地面，配灯光照明设施，总投资约15万元，4月开工，10月完工；霓屿街道桐岙村篮球场，拥有场地面积600多平方米，内铺塑胶地面，球场围网，配灯光照明设施，总投资约20万元，4月开工，9月完工。

2020年洞头区省、市、区民生实事建设项目一览表

表49

序号	项目名称	具体建设地址	建设单位
1	新建或提升篮球场	北岙街道新城社区	北岙街道
2	新建或提升篮球场	大门镇岙底村	大门镇
3	新建或提升篮球场	霓屿街道桐岙村	霓屿街道
4	市级笼式足球场	北岙街道大朴村	北岙街道
5	市级登山健身步道	北岙街道隔头村	北岙街道
6	省城市百姓健身房	大门镇和欣家园12A栋	大门镇
7	省农村百姓健身房	霓屿街道桐岙村	霓屿街道
8	省社区多功能运动场建设	北岙街道双垅村	北岙街道
9	省小康体育村升级工程建设	大门镇岙底村	大门镇
10	省小康体育村升级工程建设	元觉街道状元村	元觉街道
11	省小康体育村升级工程建设	霓屿街道桐岙村	霓屿街道

体育产业

【概况】2020年，完善《洞头区文体旅产业融合发展两年行动计划（2019年—2020年）》。开发建设“梦幻海湾”项目，引进奥浦帆板俱乐部，开展青少年帆板培训、游客帆船体验等。建设海钓产业基地，成立远洋海钓俱乐部，实现传统岸钓、矶钓向深海钓拓展。整治修复半屏韭菜岙沙滩，打造集沙滩和水上运动项目为一体的多功能休闲体育公园。举办第十二届中国·洞头全国海钓邀请赛、“百特杯”2020温州洞头半程铁人三项赛暨温州铁人“月练越强”年度总决赛等。中国·洞头全国海钓邀请赛、浙江省拳击锦标赛两项赛事入选《温州市重点培育品牌体育赛事名录库（2020年）》，铁人三项运动项目获评“重要贡献城市”。体旅融合发展经验在全国社会力量办体育改革试点现场推进会上作典型发言。

【体育融合发展政策】2020年，洞头区完善《洞头区文体旅产业融合发展两年行动计划（2019年—2020年）》，出台文体旅产业融合发展两年扶持政策，鼓励提升海上休闲产业。投资游艇、帆船帆板、远洋海钓、沙滩休闲运动等海上休闲旅游运动项目，总投资额200万元以上，按实际投资额的15%给予一次性补助，最高不超过50万元；鼓励

社会力量办文体活动。承办省级以上（含省级）政府部门主办的文化活动和体育赛事活动，扣除上级补助和报名缴费外，按20%给予一次性补助，最高不得超过20万元，为社会力量参与体旅融合发展提供政策和资金保障。

临海悬崖栈道 （应敏摄）

【临海悬崖栈道获评省运动休闲旅游优秀项目】2020年11月11日，浙江省运动休闲旅游示范基地、精品线路、优秀项目（2020—2022）认定名单公布，洞头区徒步（洞头临海悬崖栈道）入选省运动休闲旅游优秀项目。经自主申报、专家评审、实地考察和公示等程序，全省60个项目认定为浙江省运动休闲旅游优秀项目。徒步（洞头临海悬崖栈道）经洞头半屏大桥、国际放生台、东岙渔村、仙叠岩、大沙岙、南炮台山等景区景点。沿途沙滩、礁石、悬崖等融为一体。

【洞头获评铁人三项运动项目重要贡献城市】2020年12月16日至17日，“中国铁三 荣耀三十”中国铁人三项运动协会成立30周年文化活动在山东威海举行，洞头区作为赛区代表参加，并获中国铁人三项运动协会授予的“重要贡献城市”称号。洞头是温州地区首个成功举办长距离铁人三项世界锦标赛的城市，2019温州洞头铁人三项世界杯获得国际铁人三项联盟（ITU）授权，从2018年的C类赛事升级为A类赛事。洞头创新体育赛事举办形式，让体育赛事成为“体育+文化+旅游”融合发展，打造国际铁人三项赛、全国海钓邀请赛等一批具有洞头特色的体育品牌赛事。洞头连续3年举办铁人三项赛事，2019年举办2019ITU温州长距离铁人三项世界杯赛，并获中铁协“温州洞头在举办铁人三项赛事和推广铁人三项运动中的杰出贡献”荣誉。

【两赛事入选市重点培育品牌体育赛事名录库】2020年12月31日，温州市体育局根据温州市品牌体育赛事培育工作实施意见和温州市重点培育品牌体育赛事名录库的要求，经单位申报、县（市、区）体育主管部门推荐、市体育局审核，确定7项赛事入选《温州市重点培育品牌体育赛事名录库（2020年）》，洞头区中国·洞头全国海钓邀请赛和浙江省拳击锦标赛两项赛事入选。洞头自2008年开始已经连续举办十二届中国·洞头全国海钓邀请赛，并获评“全国海钓基地”称号。2012年，国家体育总局社体中心、中国钓鱼协会把该赛事认定为常规锦标赛，确定为国家海钓运动项目运动员积分等级评定赛事。曾入选《浙江省重点培育品牌体育赛事名录库（2017年）》《浙江省重点培育品牌体育赛事名录库（2018年）》。浙江省青少年拳击锦标赛自2019年开始，赛事由浙江省体育局主办，地方承办，第三方执行，体现社会力量办体育宗旨。

（颜孙琼）

2020年洞头区籍运动员参加体育竞赛成绩一览表

表50

序号	姓名	竞赛名称	参赛项目	名次
1	汪祉辰	“澳维杯”2020年全国技巧锦标赛	双人平衡套	第一名
2	汪祉辰	“澳维杯”2021年全国技巧锦标赛	混合双人全能	第二名

续表50

序号	姓名	竞赛名称	参赛项目	名次
3	汪祉辰	“澳维杯”2022年全国技巧锦标赛	混合双人动力赛	第二名
4	汪祉辰	“澳维杯”2023年全国技巧锦标赛	大集体	第三名
5	张哲豪	2020全国U系列田径通讯赛	U20男子1500米	第三名
6	柯林卡	浙江省第十二届中小学生乒乓球冠军赛	高中组男子团体	第一名
7	柯林卡	2020年浙江省中小学生乒乓球冠军赛（总决赛）	男子双打	第二名
8	汪秀栩	2020浙江省青少年摔跤冠军赛	男子48公斤	第二名
9	柯林卡	2020年浙江省中小学生乒乓球冠军赛（第一站）	男子双打	第三名
10	柯林卡	2020年浙江省中小学生乒乓球冠军赛（第一站）	男子单打	第三名
11	黄熠凡	2020年温州市青少年（儿童）武术散打锦标赛	男子乙组52公斤	第一名
12	胡航鸣	2020年“胜丰杯”温州市清筛年（儿童）空手道锦标赛	男子丙组个人型	第一名
13	柯林卡	2020年温州市青少年（儿童）乒乓球单行锦标赛	2002—2003组男单	第一名
14	许筱漫	2020年温州市青少年（儿童）乒乓球单行锦标赛	2006组女单	第一名
15	林星好	2020年温州市青少年（儿童）田径分龄赛	女子10岁组三项全能	第一名
16	陈柏子	2020年温州市青少年（儿童）田径分龄赛	男子11岁组三项全能	第一名
17	张哲豪	2020年温州市青少年（儿童）田径分龄赛	男子17—18岁组800米	第一名
18	张哲豪	2020年温州市青少年（儿童）田径分龄赛	男子17—18岁组1500米	第一名
19	朱旭锦	2020年温州市青少年（儿童）田径分龄赛	女子17—18岁组400米栏	第一名
20	林生凌	2020年温州市青少年学生阳光体育运动会空手道锦标赛	小学男子组40公斤	第一名
21	晏子依	2020温州青少年学生阳光体育运动会中小学生跆拳道锦标赛	高中女子组54公斤	第一名
22	谷协鹏	2020温州青少年学生阳光体育运动会中小学生跆拳道锦标赛	高中男子组52公斤	第一名
23	林夏安	2020温州青少年学生阳光体育运动会中小学生跆拳道锦标赛	高中女子品势高级	第一名
24	陈伟	2020年温州市青少年（儿童）武术散打锦标赛	男子甲组80公斤	第二名
25	周艺飞	2020年温州市青少年（儿童）武术散打锦标赛	男子乙组56公斤	第二名
26	段军成	2020年温州市青少年（儿童）武术散打锦标赛	男子乙组65公斤	第二名
27	邹国富	2020年温州市青少年（儿童）武术散打锦标赛	男子丙组42公斤	第二名
28	王锦浩	2020年温州市青少年（儿童）武术散打锦标赛	男子丙组52公斤	第二名
29	潘为铮	2020年温州市青少年（儿童）武术散打锦标赛	男子甲组80+公斤	第二名
30	池钦妮 吴承函 庄渝涵	2020年“胜丰杯”温州市清筛年（儿童）空手道锦标赛	女子丙组团体型	第二名
31	刘张宇	2020年“飞林杯”温州市青少年（儿童）拳击锦标赛	男子丙组56公斤	第二名
32	余凌微	2020年温州市青少年（儿童）田径分龄赛	女子11岁组跳高	第二名
33	陈忠豪	2020年温州市青少年（儿童）田径分龄赛	男子13岁组跳高	第二名
34	曾铭敏	2020年温州市青少年（儿童）田径分龄赛	女子13岁组三项全能	第二名
35	朱旭锦	2020年温州市青少年（儿童）田径分龄赛	女子17—18岁组400米	第二名

续表50

序号	姓名	竞赛名称	参赛项目	名次
36	姚佳	2020年温州市青少年（儿童）田径分龄赛	女子17—18岁组跳远	第二名
37	叶楠	2020年温州市青少年（儿童）田径分龄赛	男子17—18岁组三级跳远	第二名
38	郑金鹏	2020年温州市青少年（儿童）田径分龄赛	男子17—18岁组标枪	第二名
39	陈博远	2020年温州市青少年学生阳光体育运动会空手道锦标赛	小学男子37公斤	第二名
40	谢郎宇	2020年温州市青少年学生阳光体育运动会空手道锦标赛	小学男子48公斤	第二名
41	陈衍杞 叶柏桥 林生凌	2020年温州市青少年学生阳光体育运动会空手道锦标赛	小学男子组团体高级型	第二名
42	吴紫菱 张佑彤 郑瑜增	2020年温州市青少年学生阳光体育运动会空手道锦标赛	小学女子组团体高级型	第二名
43	叶柏桥	2020年温州市青少年学生阳光体育运动会空手道锦标赛	小学男子组34公斤	第二名
44	张佑彤	2020年温州市青少年学生阳光体育运动会中小学生武术套路锦标赛	男子小学高年级组规定南拳	第二名
45	庄谨羽	2020年温州市青少年学生阳光体育运动会跆拳道锦标赛	小学女子乙组37公斤+	第二名
46	吴紫菱	2020年温州市青少年学生阳光体育运动会跆拳道锦标赛	小学女子甲组30公斤	第二名
47	林生凌	2020年温州市青少年学生阳光体育运动会跆拳道锦标赛	小学男子甲组39公斤	第二名
48	张洛歌	2020年温州市青少年学生阳光体育运动会中小学生乒乓球联赛	小学男子乙组团体	第二名
49	晏子依	2020温州青少年学生阳光体育运动会中小学生跆拳道锦标赛	高中女子品势高级	第二名
50	许紫彤	2020温州青少年学生阳光体育运动会中小学生跆拳道锦标赛	高中女子品势中级	第二名
51	池钦妮	2020年温州市青少年学生阳光体育运动会中小学生空手道锦标赛	初中女子组54公斤	第二名
52	王锌慧	2020年温州市青少年学生阳光体育运动会中小学生空手道锦标赛	初中女子组48公斤	第二名
53	池钦妮	2020年温州市青少年学生阳光体育运动会中小学生空手道锦标赛	初中女子组高级型	第二名
54	黄居英 池钦妮 杨芝榆	2020年温州市青少年学生阳光体育运动会中小学生空手道锦标赛	初中女子组团体高级型	第二名
55	叶佳怡 孙艺冉 王锌慧	2020年温州市青少年学生阳光体育运动会中小学生空手道锦标赛	初中女子组团体组手	第二名
56	林苏哲	2020年“正人杯”温州市青少年（儿童）跆拳道锦标赛	男子丙组44公斤	第三名
57	林生凌	2020年“正人杯”温州市青少年（儿童）跆拳道锦标赛	男子丁组37公斤	第三名
58	洪洋	2020年“正人杯”温州市青少年（儿童）跆拳道锦标赛	男子丁组42+公斤	第三名
59	谷协鹏	2020年“正人杯”温州市青少年（儿童）跆拳道锦标赛	男子甲组58公斤	第三名
60	陈欣悦	2020年“正人杯”温州市青少年（儿童）跆拳道锦标赛	女子丁组38+公斤	第三名
61	方芝颖	2020年“正人杯”温州市青少年（儿童）跆拳道锦标赛	女子甲组46公斤	第三名

（区文广旅体局提供）

居民生活

织出丰收网 · 詹海萍

“海霞精神”

爱岛尚武　励志奉献

人力资源管理

【概况】2020年，洞头区事业单位面向社会公开招聘事业单位工作人员30人；“三年百名”中高层次人才引进新增聘用25人，累计人才招引（含政府雇员）95人。全年累计技能培训1693人次，完成市级下达目标的113%；失业人员实现再就业408人，零就业家庭实现动态清零，全区城镇新增就业1107人，完成市级下达目标的105%；城镇登记失业率为1.82%，同比降低0.11%，低于全市控制水平（2.8%）。全年各项社会保险基金（包括养老、工伤、失业）收入55995万元，同比增加1264万元，增长2%；支出61858万元，同比增加4359万元，增长8%；全年赤字5863万元，滚存结余67084万元。11月，全区社保业务正式实现省级信息系统经办，实现养老、工伤和失业保险全省同人同省同库目标。区人力社保局获长三角·温州创业创新大会优秀组织奖、优秀展示奖及最佳人气奖。

（张菁宸）

【人才人事管理】2020年，温州市洞头区人力资源和社会保障局发布招聘信息28期2800余个就业岗位，累计为全区企业招聘各类人才965人。组织开展编外用工招聘（其中公安系统6期）10期，发布岗位176个，招聘到位95人。全区事业单位面向社会公开招聘事业单位工作人员30人；“三年百名”中高层次人才引进新增聘用25人；教育、卫生系统高校招聘应届毕业生17人；实施教育卫生“单招单考”，招聘教师、医技人员77人；办理免费师范生和医学委培生入编各1人。配合退役军人事务局安置转业士官。审批事业单位岗位设置变动167件次，涉及人员岗位变动205人次；完成事业单位人员流动审批205人，其中机构改革人员划转80人、中层跨部门交流5人、调离本区18人、区外调入1人。落地落实人才政策，全年发放政府工作津贴118.66万元，惠及680人。完成2019年度高层次和紧缺人才优惠待遇兑现，发放103.01万元，惠及2家单位73人。发放“三年百名”中高层次人才安家（购房）补助117万元。

【专业技术人员培养】2020年，洞头区推进人才选拔培养工作。推荐17人参与省市中、高级职称评审；完成初级专业技术职格评审及确认125人；教育系统一级教师评审工作参评40人，通过30人。协助完成教育系统一级教师自主评聘工作，参评9人，通过4人。协助区医共体完成县及以下卫生高级专业技术职务任职资格自主评聘工作，参评27人，通过21人（正高8人，副高13人）。推进专技人才继续教育工作，全年组织参加公需科目培训和考试专业技术人员1597名。

【“三年百名”招才计划收官】2020年，洞头区继续规模化引进“三年百名”中高层次人才，全年“三年百名”中高层次人才引进新增聘用25人，其中博士1人，硕士13人，高级工程师3人，本科8人。截至年底，累计人才招引（含政府雇员）95人，博士2人、硕士66人、高级工程师3人、本科24人。

【编外用工管理】2020年，区人力社保局加强人才公司行业指导，督促用人单位和用工单位出台编外用工日常管理工作指导性制度，完善依法管理体系，提高工作效率。做好编外用工改革“后半篇”文章，规范机关事业单位编外用工薪酬福利待遇，提高编外用工人均年薪酬福利。截至年底，开展招聘12期，招聘人员129人。规范公安系统编外用工招聘程序和薪酬福利制度。

【“510计划”攻坚行动】2020年，洞头区落实温州市高校毕业生招引“510计划”攻坚行动，制定实施方案，召开动员部署会；开展排查摸底，政策宣传解读；印制宣传资料，开展政策宣传解读，指导企业开拓大学生岗位并在“温州人才网”发布。截至年底，发布大学生工作招聘岗位2152个，新增大学生937人，硕士新增16人。全年新招引大学生完成率125%、硕士完成率420%，分别居全市第五位和第一位。

【事业单位人事档案管理】2020年，区人力社保局加强事业单位人事干部档案管理，人才中心开展事业单位干部人事档案专项审核工作。截至年底，完成事业单位干部人事档案审核27家单位376人；完成事业单位中层干部人事档案专项审核工作371人。

（林生毅、王丹）

2020年洞头区各类专业技术人员统计情况表

表51

序号	类别	合计	高级	中级	初级
1	工程技术人员	483	49	190	244
2	农业技术人员	54	2	15	37
3	科学技术人员	2	0	2	0
4	卫生技术人员	608	81	178	349
5	教育人员	1219	255	571	393
6	经济人员	155	19	100	36
7	会计人员	93	2	23	68
8	统计人员	17	1	8	8
9	律师公证人员	7	0	0	7
10	播音人员	11	0	1	10
11	艺术人员	19	2	5	12
12	图书档案、文博人员	33	4	8	21
13	新闻、出版人员	38	1	17	20
14	体育人员	7	0	5	2
15	其他人员（政工）	19	0	15	4
总计		2765	416	1138	1211

（区人力社保局提供）

2020年洞头区人才优惠待遇专项补助一览表

表52

序号	姓名	性别	单位（个人）	项目	奖励金额（元）	奖励（补助）期限
1	洪　玮	男	浙江永宏电气股份有限公司	温州市科技创新领军人才	160000	2019—2023年（分五年）
2	吕志东	男	浙江诚意药业股份有限公司	温州市科技创新领军人才	160000	2019—2023年（分五年）

续表52

序号	姓名	性别	单位（个人）	项目	奖励金额（元）	奖励（补助）期限
3	林立东	男	区海洋与渔业发展研究中心	温州市科技创新领军人才	120000	2018—2022年（分五年）
4	陈灿渊	男	温州洞头东海贝雕工艺品有限公司	温州市传统工艺领军人才	90000	2018—2022年（分五年）
5	刘乐飞	女	温州市洞头区人民医院	主任医师	20000	2019—2023年（分五年）
6	郑小平	女	温州市洞头区疾病预防控制中心	主任医师	20000	2019—2023年（分五年）
7	戴海东	男	温州市洞头区人民医院	主任医师	20000	2018—2022年（分五年）
8	南爱珍	女	温州市洞头区人民医院	主任护师	20000	2018—2022年（分五年）
9	洪丽君	女	温州市洞头区疾病预防控制中心	主任技师	20000	2018—2022年（分五年）
10	蔡后富	男	温州市洞头区疾病预防控制中心	主任医师	20000	2018—2022年（分五年）
11	李昌达	男	温州市洞头区海洋与渔业发展研究中心	入选温州市优秀“高水平创新团队”（领衔人）	40000	2018—2022年（分五年）

（区人力社保局提供）

就业创业

【概况】2020年，洞头区城镇新增就业1107人，完成市级下达目标的105%；城镇登记失业率为1.82%，下降0.11%；帮扶就业困难人员实现就业29人，失业人员实现再就业408人，零就业家庭实现动态清零；发放创业贷1277万元，完成市级下达目标的213%；技能培训1693人次，完成市级下达目标的113%。区内举办大型专场招聘会1场、小型流动招聘会3场，外出招聘2场，共提供就业岗位2686个，帮助全区企业招用新员工986人。

实施就业创业培训计划，开展技能培训1693人，训后实现就业560人。开展失业保险援企稳岗“护航行动”，返还社保费1443.21万元，惠及513家企业共12865人。组织东海贝雕、星贝海苔等企业参展2020长三角·温州创业创新大会，洞头馆获优秀展示奖及最佳人气奖，区人力社保局获优秀组织奖。

【就业技能人才培养“展翅行动”实施】2020年11月30日，为落实中央及省市稳就业、强培训相关精神，扎实做好抓“六保”、促“六稳”工作，促进劳动者实现更充分、更高品质就业，区政府制定《洞头区促进就业技能人才培养“展翅行动”实施方案》，主要任务是开展旅游休闲服务技能、家政康养服务技能、乡村发展服务技能、企业技能、社会服务技能等人才培养。目标2021—2023年完成各类就业培训8000人以上，其中首次参训人员力争突破1500人以上，推进回乡大学生、城乡青年、农村富余劳动力等群体就业或转移就业。

【高校毕业生就业创业】2020年，洞头区加强人才政策和高校毕业生就业创业政策宣传，提高政策兑现力度，全年兑现求职路费补贴159人7.2万元，兑现就业见习7人2.85万元。推行高校毕业生就业见习基地和大学生社会实训基地制度，推进高校毕业生就业见习8名、大学生社会实训2名。对接“青年才俊浙江行”活动和清华大学“初心团”，吸引18名清华大学及长三角地区研究生到辖区开展实践活动，并参与完成课题研究7个。

【推进企业复工复产】2020年，区人力社保局制定相关政策保障企业复工复产人才需求，提高高校毕业生求职路费补贴，扶持人力资源服务机构。收集并发布企业紧急招工需求，发布急需岗位520个。牵线人才公司为浙江诚意药业提供外包服务。借助“云”手段，参与市组织“千企万岗双线招才月活动”“智汇温州·才聚两区”全国巡回引才等“云聘会”活动。全年积累发布招聘信息28期2800余个就业岗位，累计为全区企业招聘各类人才965人。全年共发放创业担保贷款1277万元，提供贴息和手续费补贴73.38万元，惠及创业实体29家。兑现各项抗疫稳岗补贴22.98万元，惠及企业50余家221人；发放疫情防控企业吸纳就业补贴0.8万元，惠及企业1家。

【企业用工平台搭建】2020年3月8日至31日，区人力社保局以“乡村巡回微招工”形式开展流动招聘六大类工种共计就业岗位377个。通过小喇叭重点宣传全区“招工推荐福利”“求职返工福利”等用工保障政策；分类整合企业用工需求，帮助企业缺工岗位实现点对点式攻破；联动村社干部开展宣传活动，让招聘岗位走进“田间地头”。累计到社区村居27个，共同参与村社干部30余名，接受用工咨询2800多人次，现场达成初步就业意向1000多人，为43家企业招用新员工458人。

【家政进社区服务】2020年，区人力社保局打造北岙、元觉家政便民社区网点2个，培训家政人员423人次，新增持卡（上门卡）人员300余名。通过“家政进社区”活动，建立家政员工诚信档案，推广“持卡上门”服务；网点拓宽服务边界，提供物品暂存、知识讲座等其他公益性服务；鼓励家政企业从中介式向员工制转换，服务点招用员工制家政服务员8名，达成就业意向17人，受群1500人次。

【获长三角·温州创业创新大会优秀组织奖】2020年10月16日至18日，2020长三角·温州创业创新大会在温州国际会展中心举行。洞头馆以洞头海泥文化为主题，重点展示以海泥为原材料制作的海陶产品，把海洋特色贝雕及“两菜一鱼”产业链特色产品等搬上舞台，创业创新与海岛文化相结合。洞头馆获优秀组织奖、优秀展示奖及最佳人气奖三枚大奖。

【首次“月光招聘周”活动】2020年9月24日至26日，区人力社保局响应国家发展“地摊经济”号召，利用广场人流量大、氛围轻松等特点，在新城广场举行首次“月光招聘周”就业招聘活动，为用人单位和求职者架起沟通桥梁，16家企业摆开“摊位”，提供就业岗位345个，现场达成就业意向72人。

（刘强）

2020年8月22日，北岙街道开展家政进社区服务活动（刘强摄）

劳动者权益维护

【概况】2020年，温州市洞头区劳动保障监察大队联合部门、街道（乡镇）组织开展清理整顿人力资源市场秩序专项执法行动、“根治欠薪”夏季行动、“根治欠薪”冬季攻坚行动等专项检查，重点检查政府投资项目、交通运输、农林水利等工程建设领域及国有企业根治欠薪工作。全年共检查用人单位1343家，向企业下发“劳动保障监察询问通知书”49份、“劳动保障监察限期改正指令书”24份，受理处理投诉举报件118件，110社会应急联动指令57件；网络平台信访件10件，为874名工人追回工资921万元。

区劳动人事争议仲裁院通过完善预防调解处理、裁审衔接、案件合议、基层调解等制度，优化案件受理、立案、庭审、调解、裁决和送达等操作流程。通过强化仲裁员学习培训、现场观摩、经验交流等方式，提升仲裁员业务综合处理能力。推进劳动人事争议仲裁规范化、标准化建设。

【劳动争议案处理】2020年，洞头区共受理处理劳动争议案件69起，涉及仲裁标的360.77万元，案前调解41起，立案28起，庭前调解26起，裁决2起，仲裁调解率92.6%，仲裁结案率100%；创新开展劳动人事争议仲裁案件网上办，试行互联网+仲裁与互联网+调解，全年网络办案率37%。

【人力资源市场秩序专项执法行动】2020年，区人力社保局累计检查用人单位166家，其中人力资源服务中介机构2个，劳务派遣单位5家，其他各类用人单位109家，共涉及劳动者5689人。督促用人单位新签续签补签劳动合同3490人。及时纠正各类轻微违法25起，帮助用人单位解决劳动用工问题40多个。

【“根治欠薪”夏季行动】2020年，区人力社保局实施“三查两清零”，与各部门开展联合检查6次，出动50余人次，共检查用人单位142家，检查在建工程19个，涉及政府投资工程项目10个，涉及人数4610人，其中农民工214人。未发现拖欠农民工工资及违反工时、休息休假规定，违反防暑降温管理等违法违规行为。

【“根治欠薪”冬季攻坚行动】2020年，全区共出动检查人员212人次，检查用人单位148家，其中在建筑企业72个，政府投资项目12个，国企11个，共涉及人数6101人，其中农民工5566人。行动期间，全区未发现欠薪立案案件和极端讨薪事件，政府投资项目、国企项目、交通、水利等工程建设项目未发生“一票否决”事项。

（王秉宇 李肖）

民政事务管理

【概况】2020年，洞头区制定出台《关于促进养老服务高质量发展的若干政策意见（试行）》《温州市洞头区养老服务高质量行动计划（2020—2025年）》《洞头区老年食堂规范化管理办法（试行）》。洞头区昆鹏街道获市政府批复。全区83个村（居）委会换届选举完成，“阳光村社一掌通”APP开发并推动实现村社运用全覆盖。总结推广“海霞红管家”小区治理经验，成为全市唯一入选第三批“省级社区治理和服务创新实验区”，创成省级农村引领型社区1个、市级完善型示范社区1个。区级中心敬老院启动建设，温州市社会福利养老院主体工程结顶。建成投用亦家康养中心，成功入选全省康养联合体建设县级试点单位。谋划拟定生命健康岛五年行动计划，建成全市首个智慧老年食堂系统——“e养食堂”智慧养老服务平台，实现刷脸就餐、线上点餐等便捷服务。整合10个部门12项救助职能，推进社会救助集成化改革，节省群众办理各类救助时间90%以上。推进本岛4个街道丧事集中办理，全年集中办丧539例，年节约社会办丧费用3700余万元。推行离婚预约制，全年累计办理离婚登记241对，较上年同比下降34.33%。

是年，区民政局获2020年度全省“民政工作考核先进县（市、区）”称号，民政工作获市级考核优秀单位。

【昆鹏街道获市政府批复】2020年12月30日，温州市人民政府发文（温政函〔2020〕136号）同意洞头区调整灵昆街道的管辖范围，增设昆鹏街道。调整后，灵昆街道管辖双昆、上岩头、海思、沙塘、王相、叶先、周宅、北段、九村等9个行政村，陆域面积22平方千米，街道办事处设在沙塘村荣昆路2号不变；昆鹏街道管辖范围西至雁鸣路、东至原灵昆街道与霓屿街道交界线、北至洞头乐清交界线、南至龙湾洞头交界线，陆域面积29.3平方千米，街道办事处设在灵蓉街66号。至此，洞头区辖北岙、东屏、元觉、霓屿、灵昆、昆鹏6个街道和大门镇1个镇、鹿西乡1个乡。昆鹏街道参照灵昆街道管理模式，委托瓯江口产业集聚区管委会管理。

【洞头区康养体系建设试点实施】2020年9月10日，为推进“生命健康岛”建设，根据省、市康养体系建设试点工作要求，洞头区制定《洞头区康养体系建设试点实施方案》，试点时间为2020年8月至2021年8月，服务对象为经评估后符合康复护理服务条件的60周岁以上洞头户籍老年人，具体包括失能、失智老年人，中风后遗症老年

2020年11月，亦家康养中心入选全省康养联合体建设县级试点单位

（区民政局提供）

人，出院后病情稳定需要在家里康复的骨折、关节更换等老年人，生活自理能力差需要康复护理服务介入的老年人。主要任务是以“康养+护理”为基础，提升康养服务能力，组建“1+1+X”模式的康养联合体，完善康养配套设施建设，建立康养联合体协作机制，深化医养结合模式，优化康复护理项目；以“康养+医保”为突破，健全康养服务保障制度，加大试点经费保障，探索建立康复护理补助机制，强化医保政策支持力度；以“康养+人才”为重点，加快康养人才队伍建设，建立养老护理人员培训机制，实施医务人员激励政策；以“康养+智慧”为转型，推进康养服务改革创新，拓展智慧药房服务链，推广智慧产品应用，构建康复服务评价机制。分为宣传发动阶段、全面实施阶段、总结经验阶段。工作目标是打造具有洞头特色的可复制、可推广的康养体系建设“海岛样板”。

【洞头区中心敬老院启动建设】 2020年12月，洞头区中心敬老院启动建设。项目位于洞头区北岙街道迎宾路13号（原洞头县政府招待所），总用地面积2828.2平方米，总建筑面积4915平方米，其中翻建建筑（托养区）面积2988平方米（其中地下建筑面积为109平方米）、改造建筑面积（活动区）1818平方米。一至三层为护理房间共计72张护理床位，四层五层为残疾人托养中心，总共48张床位。项目总投资概算1852.76万元，工期24个月。工程建设单位为温州市洞头区城市发展有限公司，设计单位为浙江东方建筑设计有限公司，施工单位为浙江鸿博建设工程有限公司，监理单位为浙江南正项目管理咨询有限公司。

【殡葬改革】 2020年7月1日零时起，元觉街道、霓屿街道所辖村居（社区）丧事活动统一集中到区殡仪服务中心办理，实现本岛片区丧事集中办理全覆盖。全年集中办丧539例，年节约社会办丧费用达3700余万元。推行节地生态葬，建成生态示范墓园5座，全区生态安葬行政村覆盖率93.5%。坚持“八个严禁”常态化巡查，建立每月定期通报制度，及时劝导和制止各类违规苗头性行为。全年组织人员500余人次，开展督查230余次，发现处置各类问题65个，党纪政纪处理1人。清明期间推出网上“云祭祀”平台，严防丧事活动人员过度集聚。

洞头区中心敬老院效果图　　（区民政局提供）

【婚姻登记】 2020年，区民政局推进喜事新办，继续深入推进结婚、生育、户口“一件事”联办。全面提升婚姻登记窗口服务水平，办证准确率和登记合格率均100%。探索推行离婚预约制，全年累计办理离婚登记241对，较上年同比下降34.33%。

社会救助

【概况】 2020年，洞头区新增低保低边对象182户368人、特困对象50人，取消低保低边对象365户768人。截至年底，全区在册低保对象1114户1730人，低保边缘对象1093人，特困人员78人，全年发放低保金1119.9万元，特困供养生活补助金107.9万元，物价补贴294.9万元。开展“福彩暖万家”系列公益活动，资助困难儿童、大学新生、老年人、环卫工人等430人，发放福彩公益金64万元。发放临时救助资金40余万元，累计救助困难对象122户251人。

全年募集善款善物折合431.49万元，其中疫情防控相关善款善物折合95.91万元，慈善救助支出472.93万元，救助2800余人次。

【流浪救助】 2020年，洞头区累计接待和劝导各类流浪乞讨救助人员89人次，实现流浪乞讨人员站外零滞留，帮助1名流浪救助对象寻获亲人。累计支付医疗费用50余万元，收治5名精神异常流浪对象和1名流浪乞讨人员。

【儿童福利】2020年，全区留守儿童533人、困境儿童32人、孤儿9人。机构养育孤儿、散居孤儿基本生活费标准分别从1644元/人·月、1315元/人·月提高到1835元/人·月、1468元/人·月，增幅达11.63%，累计发放孤困儿童生活补助24万元。建成未成年人救助保护中心，主动发现27名困境儿童，帮助2名儿童参与“添翼计划”康复训练。配齐配强全区92个村（社区）儿童主任，并明确每月100元报酬标准。

【特困人员供养】2020年，全区共有特困人员78人，特困人员供养标准为每人每月1775元，全年累计发放特困供养生活补助金107.9万元。其中，分散供养生活补助59.3万元，集中供养生活补助48.59万元。

2020年洞头区特困对象分布情况表

表53

序号	街道（乡镇）	集中供养	自愿散养
1	北岙街道	13	13
2	灵昆街道	2	2
3	大门镇	9	2
4	东屏街道	3	19
5	元觉街道	3	1
6	霓屿街道	1	4
7	鹿西乡	0	6
合计	—	31	47

（区民政局提供）

社会福利

【概况】截至2020年年底，全区60周岁以上老人29482人，其中80周岁以上高龄老人4533人。温州市社会福利养老院主体工程结顶装修，区级中心敬老院项目启动建设，亦家康养中心建成投用，全年新增养老机构床位200张，并成功入选全省康养联合体建设县级试点单位。创成四星级养老服务机构4家，完成困难老年人家庭适老化改造20户，推动居家养老服务机构开展社会化运营40家。完成养老服务数字化转型，建成全市首个智慧老年食堂系统——“e养食堂”智慧养老服务平台，上线老年食堂24家，实现刷脸就餐、线上点餐等便捷服务，每日用餐老人1000余人次。实施老年食堂“爱心+”系列活动，平均每天参与老年食堂运营的志愿者150人次以上，各老年食堂累计接收社会捐赠爱心大米1.5万余千克，食用油4000余千克，全年合计捐款捐物55万余元。

【养老服务高质量发展若干政策试行】2020年11月30日，根据《国务院办公厅关于推进养老服务发展的意见》（国办发〔2019〕5号）、《民政部关于进一步扩大养老服务供给促进养老服务消费的实施意见》（民发〔2019〕88号）、《温州市人民政府关于进一步加快现代服务业高质量发展的若干政策意见》（温政发〔2020〕12号）等文件精神，区政府印发出台《关于促进养老服务高质量发展的若干政策意见（试行）》（洞政发〔2020〕25号），提出要扶持民办养老机构发展、激发养老新兴业态发展、支持居家养老服务发展、推动医养结合产业发展、培育养老服务人才队伍、拓宽融资渠道等27条具体政策实施举措。政策自2021年1月1日起施行，有效期至2022年12月31日。

【洞头区养老服务高质量发展行动计划】2020年11月30日，根据《国务院办公厅关于推进养老服务发展的意见》（国办发〔2019〕5号）、《民政部关于进一步扩大养老服务供给促进养老服务消费的实施意见》（民发〔2019〕88号）、《中共浙江省委 浙江省人民政府关于推进新时代民政事业高质量发展的意见》（浙委发〔2019〕27号）等文件精神，2020年11月30日，区政府印发出台《洞头区养老服务高质量发展行动计划（2020—2025年）》（洞政办发〔2020〕45号），主要任务是优质发展居家养老服务、提质增效机构养老服务、深化发展医养康养工作、提升养老服务消费能力、培育壮大养老服务队伍、完善养老服务补贴制度、拓展智慧养老服务功能、强化养老服务综合监管、大力发展老年教育、广泛开展老年文化活动。工作目标至2020年年底，每个街道（乡镇）至少建有1家兼具日间照料与全托服务功能的示范型居家养老服务中心，并实现社会化运营；至2025年，养老产业成为生命健康岛建设重要内容，旅居式养老、抱团式养老等新兴养老业态初步形成，建成中高端养老项目1个以上。

【洞头区老年食堂规范化管理办法试行】2020年5月26日，为进一步提升全区老年食堂长效运营能力，增加养老服务有效供给，满足老年人助餐服务需求，根据省委、省政府《关于推进新时代民政事业高质量发展的意见》等文件精神，洞头区印发《温州市洞头区老年食堂规范化管理办法（试行）》（洞养老〔2020〕1号），办法包含总则、分类管理、资金补助、食堂定价、运营管理、社会参与、激励机制、职责分工、其他事项等九章45条内容，自2020年6月1日起实施。

2020年洞头区居家养老服务照料中心一览表

表54

序号	乡镇（街道）	城乡社区照料中心名称	建成时间
1	北岙街道	北岙街道上新社区居家养老照料中心	2012年
2	北岙街道	北岙街道银海社区居家养老照料中心	2012年
3	北岙街道	北岙街道岭背社区居家养老照料中心	2012年
4	北岙街道	北岙街道城中社区居家养老照料中心	2012年
5	北岙街道	北岙街道风门社区居家养老照料中心	2012年
6	北岙街道	北岙街道新城社区居家养老照料中心	2013年
7	北岙街道	北岙街道小三盘村居家养老服务照料中心	2016年
8	北岙街道	北岙街道九仙村居家养老服务照料中心	2016年
9	北岙街道	北岙街道隔头村居家养老服务照料中心	2015年
10	北岙街道	北岙街道三盘社区居家养老服务照料中心	2017年
11	北岙街道	北岙街道东沙村居家养老服务照料中心	2016年
12	北岙街道	北岙街道鸽尾礁村居家养老服务照料中心	2018年
13	北岙街道	北岙街道东郊村居家养老服务照料中心	2018年
14	北岙街道	北岙街道小朴社区居家养老服务照料中心	2015年
15	北岙街道	北岙街道小长坑村居家养老服务照料中心	2018年
16	北岙街道	北岙街道大长坑村居家养老服务照料中心	2016年
17	北岙街道	北岙街道打水鞍社区居家养老照料中心	2012年
18	北岙街道	北岙街道城南社区居家养老服务照料中心	2016年
19	北岙街道	北岙街道大王殿村居家养老服务照料中心	2018年
20	东屏街道	东屏街道蓝港社区居家养老服务照料中心	2015年
21	东屏街道	东屏街道寮顶村居家养老服务照料中心	2016年
22	东屏街道	东屏街道中仑村居家养老服务照料中心	2017年
23	东屏街道	东屏街道后坑村居家养老服务照料中心	2017年
24	东屏街道	东屏街道垅头村居家养老服务照料中心	2018年
25	东屏街道	东屏街道岙仔村居家养老服务照料中心	2016年
26	东屏街道	东屏街道半屏社区居家养老服务照料中心	2016年
27	霓屿街道	霓屿街道正岙村居家养老服务照料中心	2015年

续表54

序号	乡镇（街道）	城乡社区照料中心名称	建成时间
28	霓屿街道	霓屿街道上社村居家养老服务照料中心	2016年
29	霓屿街道	霓屿街道石子岙村居家养老服务照料中心	2016年
30	霓屿街道	霓屿街道同兴村居家养老服务照料中心	2016年
31	霓屿街道	霓屿街道布袋岙村居家养老照料中心	2012年
32	霓屿街道	霓屿街道下郎村居家养老服务照料中心	2017年
33	霓屿街道	霓屿街道郎等村居家养老服务照料中心	2016年
34	霓屿街道	霓屿街道长坑垄村居家养老服务照料中心	2016年
35	霓屿街道	霓屿街道下社村居家养老服务照料中心	2016年
36	元觉街道	元觉街道沙角村居家养老服务照料中心	2016年
37	元觉街道	元觉街道活水潭村居家养老服务照料中心	2016年
38	元觉街道	元觉街道沙岗村居家养老照料服务中心	2016年
39	元觉街道	元觉街道小北岙居家养老照料服务中心	2016年
40	元觉街道	元觉街道花岗村居家养老照料服务中心	2017年
41	大门镇	大门镇观音礁村居家养老服务照料中心	2013年
42	大门镇	大门镇小门村居家养老照料中心	2013年
43	大门镇	大门镇寨楼村居家养老服务照料中心	2017年
44	大门镇	大门镇小荆村居家养老服务照料中心	2016年
45	大门镇	大门镇乌仙头村居家养老服务照料中心	2017年
46	大门镇	大门镇潭头村居家养老服务照料中心	2015年
47	大门镇	大门镇仁前途村居家养老服务照料中心	2017年
48	大门镇	大门镇甲山村居家养老服务照料中心	2017年
49	大门镇	大门镇大溪居家养老服务照料中心	2017年
50	大门镇	大门镇大荆村居家养老服务照料中心	2016年
51	大门镇	大门镇朝阳社区居家养老服务照料中心	2016年
52	大门镇	大门镇岙面村居家养老服务照料中心	2017年
53	大门镇	大门镇岙底村居家养老服务照料中心	2015年
54	鹿西乡	鹿西乡口筐村居家养老服务照料中心	2018年
55	鹿西乡	鹿西乡扎不断村居家养老服务照料中心	2015年
56	鹿西乡	鹿西乡山坪村居家养老服务照料中心	2015年
57	鹿西乡	鹿西乡鹿西村居家养老服务照料中心	2016年
58	鹿西乡	鹿西乡东臼村居家养老服务照料中心	2017年
59	灵昆街道	灵昆街道北段村居家养老服务照料中心	2018年
60	灵昆街道	灵昆街道双昆村（原灵西社区）居家养老服务照料中心	2014年
61	灵昆街道	灵昆街道沙塘村居家养老服务照料中心	2014年
62	灵昆街道	灵昆街道王相村（原灵东社区）居家养老服务照料中心	2014年
63	灵昆街道	灵昆街道九村村（原灵北社区）居家养老服务照料中心	2014年
64	灵昆街道	灵昆街道海思村居家养老服务照料中心	2016年

（区民政局提供）

基层社会治理

【概况】2020年，洞头区在东屏街道蓝港社区、寮顶村、霓屿街道下社村3个试点村统筹村社党员、“两地双评议”党员、骨干群众等参与村社治理，累计开展各类活动30余场，服务群众2000余人次。海霞妈妈、好厝边、猎豹应急救援队等抗疫典型事迹在“瓯越慈善”论坛上进行经验交流。组织发动全区399名社会工作者参加全国社工考试，参引导社工和志愿者参与疫情防控850余名，累计开展各类防控服务1万余人次。微动力、爱加壹等机构负责人荣获温州市社会组织领军人物。开发社工岗位20个，建成街道级社会工作站3家，累计开展活动80余场，服务500余人次。

【专职社区工作者队伍建设】2020年11月5日，根据《中共浙江省委关于加强新时代城市基层党建工作的意见》（浙委发〔2018〕14号）、《中共浙江省委办公厅、浙江省人民政府办公厅关于进一步加强专职社区工作者队伍建设的指导意见》（浙委办发〔2018〕20号）精神，区委办、区府办印发《关于进一步加强专职社区工作者队伍建设的实施意见》（洞委办发〔2020〕30号），从规范专职社区工作者职数配备、录用方式、教育培训、专业提升、用工管理、社区工作、绩效考核、薪酬管理、激励机制、退出机制等10个方面内容，提出加强专职社区工作者队伍建设相关措施。全年通过社工专业考试94人，其中助理社会工作师通过77人，社会工作师通过17人。截至年底，全区共有持证社工430人，其中国家级社会工作师56人、国家级助理社会工作师374人。

【社会组织登记管理】2020年底，洞头区依法登记社会组织283家。其中：社会团体142家，民非（民办非企业单位）140家，基金会1家。成立登记社会团体5家，变更41家，注销6家。开展社会组织“三服务”活动，指导溢香救援服务中心创成市级品牌社会组织，推动枢纽型、支持型社会组织街道（乡镇）、城乡社区全覆盖。推进社会组织登记“一件事”改革，开展领导干部社会组织兼职清理，完成社会组织机关中层干部担任法人变更28家，完成社会组织“双随机”实地抽查28家，执法查处19家僵尸社会组织，实现僵尸社会组织“清零”。

【区划地名】2020年，洞头区昆鹏街道增设获批。清理整治不规范地名2条，完成新版《洞头区行政区划图》编制和《浙江省地名志》《浙江省地名词典》编撰工作。更新完善国家地名数据库2019年新增地名数据。配合温州市标准地名（门牌地址）时空数据库建设，梳理导入洞头区门牌号数据31158条。

【行政区划管理】2020年，洞头区行政区划代码为330305。增设昆鹏街道1个，截至2020年年底，共辖街道6个、镇1个、乡1个，含城市社区16个，未改制居2个，行政村74个。完成全区83个村（居）委会换届选举，规范换届选举后村社事务运行管理，全面实施村社“三务”公开智能化建设，“阳光村社一掌通”实现全覆盖。推广“海霞红管家”小区治理经验，全市唯一入选第三批“省级社区治理和服务创新实验区”。创成省级农村引领型社区1个、市级完善型示范社区1个。建立健全“三岗十八级”薪酬待遇及后续保障机制。

（叶升策）

【新居民治安管理】2020年，洞头区在册流动人口18172人，其中男性12009人，女性6163人，新登记23030人，注销29388人；在册出租房2897间，全年累计新登记1701间。洞头公安分局提升流动人口服务管理，全年IC卡居住证申领数80张。根据《洞头区“一码一卡”管理办法》工作规定，结合防疫工作，对进入洞头流动人员采取“扫码+测温”，通过扫码工作发现红码17人，黄码7人。

（庄明东）

2020年洞头区行政区划一览表

表55

街道（乡镇）	所辖村居
北岙街道	岭背社区、上新社区、城中社区、新城社区、银海社区、打水鞍社区、城南社区、三盘社区、风门社区、九厅社区、小朴社区、大长坑村、小长坑村、柴岙村、海霞村、鸽尾礁村、大王殿村、东沙村、双垅村、小三盘村、大朴村、东郊村、九仙村、隔头村、白迭村
灵昆街道	王相村、叶先村、海思村、沙塘村、双昆村、上岩头村、周宅村、北段村、九村村

续表55

街道（乡镇）	所辖村居
大门镇	朝阳社区、甲山社区、长沙社区、美岙村、寨楼村、豆岩村、杨梅田村、仁前途村、营盘基村、小门村、东屿村、乌仙头村、大荆村、小荆村、岙底村、岙面村、潭头村、西浪村、东浪村、石浦村、沙枫港村、观音礁村、大溪居、兰湖洞居
东屏街道	蓝港社区、半屏社区、中仑村、后坑村、东岙村、东岙顶村、垅头村、惠民村、后寮村、寮顶村、岙仔村
元觉街道	花岗村、沙角村、活水潭村、沙岗村、深门村、状元村、小北岙村
霓屿街道	布袋岙村、石子岙村、同兴村、桐岙村、上社村、下社村、下郎村、朗等村、正岙村、长坑垄村
鹿西乡	鹿西村、口筐村、东臼村、昌鱼礁村、山坪村、扎不断村
昆鹏街道	无下辖村居

（区民政局提供）

社会保障

【概况】2020年年底，洞头区各项社会保险基金（包括养老、工伤、失业）收入55995万元，与上年同比，增加1264万元，增长2%；支出61858万元，增加4359万元，增长8%；本年结余赤字5863万元，滚存结余67084万元。其中养老保险总收入54946元，支出59633万元，本年结余赤字4687万元，累计滚存结余63083万元；工伤保险基金总收入355万元，支出502万元，本年结余赤字147万元，累计结余1985万元；失业保险基金总收入694万元，支出1723万元，本年结余赤字1029万元，累计结余2016万元。

全年机关事业养老保险参保6007人，其中退休1496人；企业养老保险参保38761人，其中退休10978人；城乡居民养老保险参保38272人，其中领取待遇17017人；被征地（退渔）渔农民基本生活保障覆盖至6个街道（乡镇）86个村，参保人数8603人，其中领取待遇5071人。工伤保险参保39284人，其中建筑施工企业16901人。失业保险参保15808人。

截至2020年年底，洞头全区户籍人数15.45万人，户籍人口参保数15.37万人，户籍人口参保率为99.62%；本统筹区（不含灵昆街道）参保人数为11.77万人，其中，本统筹区基本医疗参保21473人，城乡医保参保96243人，参保人数比上年同期下降3.95%，缴费标准增长300元/人；生育保险参保人数16306人，增长7.15%。全年城乡居民医保基金收入15832.33万元，基金总支出14092.00万元，当期基金结余率10.99%，累计结余6888万元。

制定《洞头区农村部分计划生育家庭参加城镇职工基本养老保险补助办法》《洞头区农村部分计划生育家庭参加城乡居民基本养老保险补助办法》。区人力社保局完善"跑改"事项。推进事业单位工作人员职业生涯全周期管理"一件事"改革。优化"离岛办事不出岛"等方式推进人社综合服务窗口"去窗行动"。通过流程再造和信息共享，把原需到人力社保、税务、民政、乡镇（街道）等部门分头办理事项，梳理、整合与城乡居民参保有关七个事项，构建"一窗收件、一次申请、一站服务、统一反馈"跨部门联办模式。以"退休待遇申领"业务为突破口，改变原来"个人申请，窗口办理"模式，升级优化经办流程，构建"主动对接，在线办理，快递送达"为特点的全程不见面新模式。

温州市洞头区医疗保障局推进智慧医保平台建设，首创"飞药商城"，搭建医保智能语音系统，构建智能化、人性化、高效率的智慧医保话务分流系统。建设微信便民小程序，实现参保群众跑零次。组建窗口引导员，为医保扶贫救助对象、罕见病患者、外伤患者、特殊病患者等重点人群提供主动提醒、入户走访、上门核查、短信提示、医保代办等个性化服务。

【农村部分计划生育家庭参加城镇职工基本养老保险补助办法】2020年11月20日，区政府制定《洞头区农村部分计划生育家庭参加城镇职工基本养老保险补助办法》，规定申请条件、补助方式及标准、申报程序等。每年5月20日前向户籍所在地村居（社区）提出申请，填写申请表，通过村（居）民代表会议评议并公示，经街道（乡镇）调查核实，区卫生健康局核对确认，提交区财政局，按标准建档发放补助。办法自2021年1月1日起施行。

【农村部分计划生育家庭参加城乡居民基本养老保险补助办法】2020年11月20日，区政府制定《洞头区农村部分计划生育家庭参加城镇职工基本养老保险补助办法》，规定申请条件、补助标准、申报程序等。每年9月1日前向户籍所在地村居（社区）提出申请，填写申请表，通过村（居）民代表会议评议并公示，经街道（乡镇）调查核实，区卫生健康局核对确认，提交区财政局，按标准发放补助。办法自2021年1月1日起施行。

【“一件事”改革】2020年，区人力社保局完善“跑改”事项。推进事业单位工作人员职业生涯全周期管理“一件事”改革。完成人社系统内“机关内跑”事项、“刷脸办”事项、“全域受理、全区通办”事项、“证照分离改革”事项、“无感申报、秒办”事项梳理，累计梳理各类事项348件次。推进“无证明人社”创建，共清理证明事项250个，严格实行证明材料清单式管理，深化“无证明区”改革。优化“离岛办事不出岛”等方式推进人社综合服务窗口“去窗行动”，把原有7个人工窗口缩减为3个，实现线下缩减率57%。

【社保系统省级集中】2020年，根据浙江省人社厅统一部署，在温州市社保信息系统实现市级集中的基础上，社保信息系统实现省级集中。经过业务规范整理、业务流程再造、组织操作培训、系统功能测试、与其他单位协调联系、系统试运行、系统切换上线等流程，11月13日，社保信息系统实现省级集中，社保业务实现省级信息系统经办，实现养老、工伤和失业保险全省同人同省同库目标。

【社会保障卡】2020年，洞头区推进社会保障卡申领推广工作。截至年底，全区社会保障卡持卡人数13.67万，基本实现应发尽发，应领尽领。推广电子社保卡，全年新增电子社保卡持卡人员3.46万人，总持卡人数5.86万。拓展电子社保卡应用，实现图书借阅、城市书房门禁、智慧小区门禁等电子社保应用30多个。

【机关企事业城乡退休人员待遇调整】2020年1月1日起，洞头区根据省人力资源和社会保障厅、省财政厅《关于2020年调整退休人员基本养老金的通知》要求，调整机关企事业城乡退休人员待遇，连续第五次调整，其中企业退休人员连续第十六次上调。调资惠及全区退休人员12220名，机关事业人均月增资266.11元，企业人均月增资126.05元。每月从215元调整为245元，80—89周岁城乡居民退休人员高龄补贴每人每月50元，由区社保中心发放；90周岁以上高龄补贴由区民政部门统一发放，惠及全区城乡居民退休人员1.6万名。

【罕见病保障机制】2020年，洞头区建立罕见病用药保障、医疗救助、慈善帮扶等保障机制，提升罕见病医疗保障水平。做好罕见病筹资及上解工作，按每年每人2元标准，一次性从本统筹区大病保险基金中上解至浙江省罕见病用药保障基金。

【慢性病门诊制度实施】2020年，区医保局建立慢性病综合服务系统，推广慢性病药品免费配送服务。完善配送平台线上续方、远程支付结算功能，形成“定点医疗机构—线上续方—医保支付—药品配送到家”服务链，把纳入城乡居民门诊规定病种范围慢性病14种，高血压、糖尿病患者“7+3”药品全额由医保支付。

【医保服务优化】2020年，区医保局建立“医保微管家”工作机制，开通“电话办”“邮寄办”“专人代办”等方式，累计电话办业务500余件，邮寄办服务80余件。实施医保一站式结算，把22项医保业务下放至13个基层网点，打造医保10分钟服务圈。梳理“刷脸办”“全域办”“秒办”“无感办”“信易批”等多个事项，利用“互联网+政务服务”和智能一体化经办平台。打通特病诊疗报销零跑腿，可市内6家定点医疗机构和3家自选定点医疗机构就诊，及省内跨区域二级以上所有定点医疗机构诊疗均可直接刷卡结算，受众1100人次，全区有特病受益人员4036位。梳理重点服务对象，为医保扶贫救助对象、罕见病患者、外伤患者、特殊病患者等重点人群提供主动提醒、入户走访、上门核查、短信提示等个性化服务，累计救助10674人次，住院救助资金支出680万元，实现资助参保率和医疗救助率两个100%。疫情期间，区医保局积极协助洞头诚意药业有限公司把利巴韦林针剂药品临时纳入医保基金支付范围，调整医院医保总额预付指标，确保医院不因医保支付政策影响救治患者。对接温州新冠肺炎定点医院（六医）对洞头籍患者就医实行先救治后脱卡结算。全面推行“非接触”“不见面”经办服务模式，群众可点击浙江政务服务网、“浙里办”APP中的“医疗保障服务专区”、电话咨询等多渠道“零接触”办理转移接续、家庭共济等医保备案事项。疫情防控期间办理特殊病种登记3人次，异地转诊登记19人次。协调阿昔洛韦片、环孢素软胶囊等紧缺、重症药品50余种，保障大门定点药店供应药品，为隔离观察人员及特殊病人，开通脱卡结算绿色通道和送药上门、联系医院就诊等医疗服务。全区累计送药160人次，累计送药420盒。给予无力足额缴纳医疗保险费企业缓缴期3个月。

【全市首创“飞药商城”】2020年4月，区医保局运用“借机、借力、借技术”手段，为洞头群众量身搭建飞药商城平台，提供在家选药下单、送药上门、移动医保支付等全方位服务，满足群众线上医保购药需求，该项目列入洞头区年度民生实事重点项目，全年完成医保药品派送932单8万余元。

【医保改革】2020年，洞头区建立管用高效的医保支付机制，建立总额预算下医保基金“结余留用、超支分担”机制。全区具备住院服务的定点医疗机构区人民医院纳入改革范畴，落实DRG相关诊断和手术操作标准等国家编码标准，做好病案信息采集，病组入组率90%以上，把区内具备住院服务的定点医疗机构纳入DRGs点数法付费改革。按市DRGs工作组公布点数点值，实施年度DRGs点数、DRGs点值等进行年度结算。推行总额预算管理、按人头付费和住院病组点数法等多元复合支付方式改革，节约医保基金1286.47万元，增幅减少11.2%。执行总额预算管理下的住院按DRGs点数付费，医疗费用同比下降18%，节省基金1169.59万元。

【推进长三角医保一体化】2020年，洞头区按照省、市医保局关于长三角医保一体化相关工作部署，实现省内与上海、江苏、安徽41个城市，5600余家医疗机构均可持卡就医、实时结算。全年参保人员在长三角地区异地门诊累计结算997人次，涉及医疗费用35万元，基金支付20.2万元。

【药品耗材集中采购】2020年，区医保局按照全省统一部署，做好国家新版医保药品目录和医保支付标准实施工作，实施医保药品目录动态管理，完善特殊药品管理制度。在“4+7”降幅在55%以上的基础上，降低药品集中采购和使用扩围中选药品价格，71种药品价格平均降幅53%，平均降幅25.75%。其中抗乙肝病毒常用药恩替卡韦，从50.68元/粒降为0.18元/粒。全年为患者节约药品费用183.87万元。

【基金监管】2020年，洞头区推行“双随机、一公开”专项检查，完成监管事项认领并建库，联合市监局，完成5%比例的零售药店和民营医院双随机检查。推进医保定点医疗机构自查自纠工作。区人民医院自查合计4301人次（项），涉及金额74498.36元，除原先已被中心剔除的费用64963.76元外，自查出9534.6元未被剔除。全年开展外伤核查工作，共稽核外伤405人次，查处违规记录45人次，其中属于应由第三方责任人承担或属于工伤支付范围内40例，涉及金额70万余元。承接市局信用监管体系建设试点任务，完成定点药店信用体系建设并实施场景应用，推进定点药店行业自律建设，签订行业自律承诺书，邀请“两代表一委员”，建立“海霞”医保义务监管员队伍的医保监管治理体系。实现定点零售药店现场刷卡交易实时监控，并把监控数据云存储。对全区定点药店实行人脸识别刷卡交易全覆盖，参保群众刷脸就可完成身份核验及医保卡支付，确保人卡相符。

（叶登舟 王小燕 叶晨浩）

民族宗教工作

【概况】2020年，洞头区（除灵昆街道外）共有宗教场所84处，其中佛教场所11处，基督教场所16处，道教场所57处，登记备案宗教教职人员63名。健全区四套班子领导挂钩联系重点宗教活动场所及宗教界代表人士工作机制，创新开展民间信仰活动场所“安全云窗”建设，全面推进“五进”场所各项工作。

2020年12月28日，洞头区佛教协会召开第四次代表会议（区委统战部提供）

开展宗教领域平安建设、疫情防控、宗教领域“四治”专项治理、宗教领域行政执法等重点工作，持续开展宗教界人士普法宣讲，引导宗教界人士规范参与民间习俗，参与各类公益慈善活动，维护洞头宗教领域和谐稳定。推进佛教文化园建设，帮助寮顶民族村推进产业发展。全年办结行政执法案件18件，累计罚没款9万余元，行政执法案件数及罚没款金额均为历年之最。完成区佛教协会、区道教协会换届工作。全面铺开宗教领域“十百千万”普法工程、反邪“五个一”等工作，全年开展各类普法宣讲62场。指导举办放生节、全省汉传佛教仪规培训班、“民间民俗·多彩浙江”七夕民俗风情节等活动，引导宗教界人士规范参与民间习俗。推进民间信仰活动场所完成“一场所一景观一故事”提升建设工作3处。全年宗教界人士共募集捐款40余万元。

【民族团结进步工作】2020年，洞头区持续推进民族团结进步创建“6+1”工作，在12处文化礼堂开展民族团结进步宣传工作，做好各类少数民族群众帮扶工作，全年审核出具中考加分证明2人，审核高考加分、优待共计39人，走访慰问少数民族困难群众110人次。向上争取民族村专项发展资金25万元及市级民族专项资金10万元，推动民族村葡萄观光园项目落地。

【中国·洞头第十三届七夕民俗风情节】2020年8月25日（农历七月初七），2020年“民间民俗·多彩浙江”中国·洞头第十三届七夕民俗风情节在东屏街道半屏韭菜岙沙滩举行，主题是“祈福 感恩 快乐成长”。设置成人礼仪式、民俗风情晚会、感恩福宴、七夕狂欢节等活动项目。成人礼仪以七夕谣开场，举行诵祝文、少儿集体祈福、成人宣誓、焚七星亭等祈福活动。活动指导单位是浙江省民族宗教事务委员会、浙江省文化和旅游厅、浙江省文物局、温州市民族宗教事务局、温州市文化广电旅游局，主办单位是洞头区人民政府，承办单位是区委统战部（区民宗局）、区文广旅体局、区旅游文化发展有限公司、区融媒体中心、东屏街道工作委员会、东屏街道办事处，执行单位是洞头木心合文化旅游发展有限公司。

【中普陀寺佛教文化园开园】2020年9月30日，洞头中普陀寺佛教文化园开园。该工程为省重点工程，于2017年奠基，面积2.3万多平方米，二期工程建筑面积2万多平方米。文化园整个建筑群仿北斗七星布局，建有七座仿宋建筑。主体建筑由塔、殿、廊院组成，采取中轴线对称。有西山门、三乘石雕、牌坊、天王殿、戒坛、大圆通殿等。省民宗委副主任钟新章，省民宗委民族一处处长吴梦宝，市委统战部副部长、民宗局局长金国平，区领导王蛟虎、林霞、叶海峰、汪慧平、吴志安、戴冕、叶锦丽等参加开园活动。

【汉传佛教仪规培训班】2020年10月9日，浙江省汉传佛教仪规培训班开班仪式在洞头区中普陀寺举行，浙江省各地寺院近60名法师参加。培训时间40天。主要课程包括华严指归、佛教经典解读、水陆和焰口仪规等。省佛协秘书长金幸祥，市民宗局副局长马建新，区政府副区长叶锦丽，浙江省佛协副会长、温州市佛协会长智明法师，温州市佛协副会长芳振法师等出席开班仪式。培训旨在进一步推广和弘扬汉传佛教特有的文化传统，提高全省佛教教职人员素质。

【洞头区第十届放生节】2020年11月24日，洞头区第十届放生节在洞头国际放生台举行，主题是“养海护生 感恩海洋”，各界群众分批把7万尾黑鲷鱼苗放生大海。洞头区始终坚持“亲海、护海、养海”理念，实施发展海洋经济战略，做好海洋保护、修复、提升三篇文章，海洋生态质量显著改善提升。累计投入增殖放流资金1000万余元，增殖放流大黄鱼、黑雕、日本对虾等鱼类苗种6.6亿尾（粒）。

（姚 程）

2020年8月25日，中国·洞头第十三届七夕民俗风情节举行（区委统战部提供）

老龄工作

【概况】2020年，洞头区共有60周岁以上老年人3.05万人，占户籍总人口19.77%。开展为65周岁以上老年人提供免费体检，并建立健康档案。继续为60周岁以上洞头户籍老人购买老年人意外伤害保险。开展老年人心理关爱项目试点工作，对北岙街道岭背社区65岁以上老年人开展健康素养调查和评估，促进老年人心理健康。举办老年人运动会和“老年健康宣传周”“敬老月”等活动。全区100周岁以上老年人5人，其中北岙街道2人、灵昆街道1人、大门镇2人。

【老年电大教育】2020年，温州市洞头区老龄工作委员会以宣传“老有所教”“老有所学”的老龄工作目标，提高老年人自觉参加老年电大学习，全年招收学员约1900人，占老年人数6.2%。颁发2019年毕业学员浙江电视大学毕业证书399名。

【老龄服务】2020年，区老龄工作委员会为户籍60周岁以上老年人购买意外伤害保险，全年支出保费40万元，获意外伤害赔偿老人222人，累计赔付42万元。为10986位65周岁以上老年人提供免费体检，并建立健康档案。邀请专业律师举办“老年人权益保障法”知识讲座，围绕《中华人民共和国老年人权益保障法》内容，对老年人权益保障、家庭财产继承、婚姻和赡养等方面法律知识。组织社区服务人员、志愿服务组织等对老年人开展智能手机使用培训，消除老年人面临的“数字鸿沟”，保障信息时代老年人的合法权益。走访慰问百岁老人、贫困及计生特殊家庭等24户，发放慰问金2万多元。

（林春芬）

关心下一代工作

【概况】2020年，温州市洞头区关心下一代工作委员会成立“五老关爱团”等五老护苗队伍4支，培育五老骨干43人，聘任谢月英、叶建民、林玉杯等为兼职副主任，挂职副主任1人。充实“五老讲师团”队伍，推出含有海霞精神、五岛连桥精神等七大类18个课题宣讲菜单，制作云课堂《致敬·2020清明祭英烈》、省离退休干部先进个人邱国鹰先进事迹等线上学习载体，开展五老讲师助力鹿西乡假日学校等宣讲活动，“五老讲师团”入围洞头区社会化大普法“六优”项目优秀普法讲师团。区关工委发动五老参与青少年维权、文化市场监督等基层治理工作。联合文明中心、妇联、团区委等部门，开展“红领巾动感假日”创客夏令营、未成年人“文明好习惯成长银行”等活动8场次。《老少同心共筑中国梦》《国防教育之海霞精神培育》等2篇文章在中国关工委主办的《中国火炬》刊登，“老少携游梦想童行”活动信息被中国关心下一代新闻网头条刊出。区关工委办公地点搬到区府大院区委组织部。董绍新获评全国关心下一代工作先进工作者。

【“老少携游”活动】2020年，区关工委组织“老少携游”活动，开展“老少携游”海霞精神传承人培育和“老少携游 梦想童行”活动2期，邀请区关爱帮扶志愿队、北岙街道“五老帮帮团”等团队22名五老和海霞中学学生、北岙街道留守儿童等40名青少年参加。通过聆听五老讲述海霞故事、参观洞头先锋女子民兵连纪念馆、体验军事训练、制作洞头民俗“巧人儿”“鸡母狗”、分享活动感想等环节，“老少”互动感受海霞精神，体验传统民俗文化。

【帮困助学】2020年，区关工委牵头教育、妇联等单位开展“关爱助学一路相随”贫困学生精准长期结对活动，通过一份倡议书、一份贫

2020年8月28日，“老少携游 梦想童行”活动。图为互动制作“鸡母狗”

（高杏雨摄）

困学生名单、一份精准帮扶结对表、一支走访宣传服务志愿队、一份活动供给清单等“五个一”举措，发动企业、乡贤、两地双评议党员等为学生提供资金帮扶和常态化关心关爱。整合区企业关爱微基金、区关爱奖学金、温州慈慧志愿者协会等助学资源，为347人次困难青少年送去助学金115万余元，并举办“五老助学·大学圆梦”助学见面会。

（甘淑谊）

残疾人事业

【概况】2020年年底，洞头区持证残疾人4084名，全区有肢体残疾人1976人、言语残疾90人、听力残疾538人、视力残疾290人、多重残疾205人、精神残疾516人、智力残疾469人。全年新增办证人数279人，死亡注销151人。残疾人全面小康15项指标均超过省定指标，小康实现程度100%，位居全市前列。市级考核位列全市第二名。

全区3326名残疾人享受“两项补贴”826万元，覆盖率100%。投入资金315万元实现残疾人社会保险补贴、商业保险全覆盖；为145名残疾人提供特殊救助54.7万元；投入20.5万元为实施无障碍改造困难家庭44户，完成省任务数的231%；129名残疾学生和贫困残疾人子女享受助学补助35万元，学前至高中的残疾儿童教育比例97%；全面落实促进残疾人就业贷款贴息、兑现企业超比例安置奖励政策、一次性补助、种植养殖大户补助等相关优惠政策，全区1195名残疾人实现就业，其中新增就业126人，有就业能力和就业需求的残疾人就业率96.68%；免费为157名残疾人入户配送辅具服务，服务对象满意率100%；6名残疾大学生享受免学费、住宿费5.83万元。北岙街道小三盘村获评“浙江省无障碍社区”。

【残联一届主席团三次会议】2020年9月16日，温州市洞头区残疾人联合会第一届主席团三次会议召开，大会应到委员31名，实到26名。会议采取举手表决方式，选举区政府副区长朱学进为区残联一届主席团主席，选举周彬彬为执行理事会副理事长（挂职）。会议同意林伟宏辞去区残联主席团主席、林家骏、陈青恭辞去执行理事会副理事长（挂职）。

【困难残疾人生活补贴提标】2020年，区残联联合区财政、区民政出台《关于调整困难残疾人生活补贴标准的通知》（洞民〔2020〕33号），洞头区2020年困难残疾人生活补贴，按照新的城乡居民最低生活保障标准30%确定，即农村和城镇困难残疾人生活补贴标准均从每人每月241.2元调整到265.8元。洞头区纳入最低生活保障家庭和最低生活保障边缘家庭的残疾人均可按标准享受困难残疾人生活补贴。新困难残疾人生活补贴标准从2020年12月1日起执行。享受困难残疾人生活补贴残疾人1428名。

【残疾人基本公共服务】2020年，洞头区得到康复服务残疾人2328名，为精神病人提供免费服药453名，为残疾人提供家庭护理2035名，残疾人基本康复服务率和辅具适配服务率均100%，残疾人精准康复服务率99.59%。2045名持证残疾人得到家庭医生签约服务，精神、截瘫、残疾儿童等三类人员签约服务率91%。997名16—59周岁重度残疾人和精神、智力残疾人享受居家和集中托养服务，托养服务率99.9%。为299户一户多残残疾人家庭发放补助资金33.85万元。全区6家“残疾人之家”为95名残疾人提供辅助性就业，21名重度残疾人享受免费送餐服务。

【洞头区第二次助残月活动】2020年5月17日，是第三十次全国助残日，为更好地弘扬中华民族扶弱助残的传统美德，营造社会各界关心、帮助残疾人的浓厚氛围，区残

2020年9月17日，区残联发放残疾人代步车　（陈时秒摄）

联开展“助力决胜残疾人全面小康”、助力打赢残疾人脱贫攻坚战、助力办好残疾人民生实事、助力残疾人疫情防控工作等四大系列13小项助残月活动。其间，为领取免费服药的精神残疾人家属开展精神残疾病人居家护理常识讲座；组织6家“残疾人之家”的残疾人开展“海上花园”成果体验和残疾人技能比拼活动；在中小学开展残疾人辅具等体验活动。组织残疾学生开展趣味课程体验、趣味游园等助残进校园系列活动；组织低收入家庭、“两后生”等残疾人开展技能培训班；组织“星梦家园”的特殊儿童开展趣味活动、慰问活动；慰问各中小学的残疾在校生和温州市特校就读的残疾学生；开展残疾儿童家长“面对面”访谈，做好心理辅导，帮助缓解残疾儿童家长心理压力。

【助残民生实事项目实施】2020年，洞头区超额完成省、市、区三级助残民生实事目标任务。改造提升北岙街道、东屏街道、霓屿街道等“残疾人之家”3家，其中北岙街道获评4星级“残疾人之家”，东屏街道、霓屿街道获评3星级“残疾人之家”；残疾儿童抢救性康复24人，完成省任务数的266%；投入20.5万元，实施无障碍改造困难家庭44户，平均每户改造资金达4600余元；投入近20万元更新43辆残疾人代步车，并购买车险，在北岙街道和灵昆街道建立“残疾人车定点维修点”。

【助残领域“最多跑一次”改革】2020年，洞头区实行助残惠残政策申请“全域通办”，每周1次入户残疾评定，全年入户鉴定22次，入户鉴定卧床残疾人49名；开通残疾人视频鉴定活动，视频鉴定残疾人4名。全年8个助残项目接入省政务2.0系统，网上受理850件，办结率100%，服务对象满意率100%。大门镇新增精神病人免费服药点，鹿西乡开展精神病人送药入门服务；深入开展残疾人辅具送达到户服务，为157名残疾人提供入户免费配送辅具服务；联合民政、财政、医保等部门深化助残服务领域改革工作，推行残疾人定期补助资金转移支付改革，试行残疾人代付资金转移支付改革、机构托养残疾人医疗资金转移支付改革，惠及残疾人236户。

【助残服务优化】2020年，疫情期间，为全区250多名免费服药的精神残疾人统一配发2个月的精神治疗药品。启动临时托管机制，由街道采取购买服务保障居家基本生活重度残疾人对象1名，送往定点机构临时托管精神残疾人5名。星梦家园特殊儿童中心采取视频教学、送教上门、电话随访等；残疾人五大协会、“阿婆工作室”“残疾人之家”等残疾人组织通过电话联系，组织开展互助和志愿帮扶服务300多次，参加志愿服务人数50多人次；围绕残疾人“两不愁三保障”，落实“三查三改”专项行动，走访特殊困难残疾人家庭，困难救助残疾人25名，帮助解决困难问题67个。畅通复工复产“护航通道”，为福利企业和残疾人6家机构赠送防护品2万余元，解决残疾人养殖大户饲料问题近2000千克。对接瓯江口物流公司，安排残疾人进入企业工作23名。

【“慈善助残 阳光暖居”公益助残活动】2020年，区残联利用残疾人专项调查契机，征集困难残疾人家庭微心愿570余户。1月8日至14日期间，区残联联合区慈善总会开展第四季“慈善助残 阳光暖居”公益助残活动，赠送电冰箱、电视机、洗衣机、电暖风、电磁炉、电饭煲、棉被等生活必需品到各残疾人家中总价值9万元。

（陈时秒）

慈善工作

【概况】2020年，温州市洞头区慈善总会募集善款498.75万元，各类救助支出859.89万元，受助群众12038人次。全年临时救助困难家庭134户，支出24.45万元。开展慈善助学活动，支出15.3万元帮助33名大学生完成学业，支出4.02万元帮助25名中小学生继续学习；开展“年货下乡”活动，受众困难家庭500户；开展春节重症助医慰问，向尿毒症、白血病、癌症患者救助支出19.4万元。全年参与四川省南部县帮扶工作扶贫支援80万元，支援期三年累计172万元。“自由呼吸——贫困肺结核病人补助项目”为全市首创，得到市慈善总会的高度肯定，5月、11月两批贫困肺结核病人11人，补助支出4.2万元。会同科技工作者协会开展“送医送药下乡”等医疗服务项目，全年共开展活动4次，支出2.08万元。全年“慈善一日捐”123.47万元。

【区慈善总会第一次会员大会第二次会议】2020年7月22日，洞头区慈善总会召开第一届理事会第二次会议，会议回顾总结慈善工作和疫情防控工作，部署工作任务。会议听取叶永辉会长关于《洞头区慈善总会第一届理事会第二次会议工作报告》，审议通过《洞头区慈善总会2019年度财务收支情况及2020年度资金预算安排报告》，表决通过《洞头区慈善总会章程修改意见》，增补区农商银行党委书记、董事长许宪国为副会长，表彰在抗击新冠病毒肺炎疫情中表现突出的分会和义工队伍。

【冠名基金】2020年，洞头区冠名基金收入69.2万元。8月26日，舟山企业和海建设科技集团有限公司在洞头区慈善总会成立冠名基金“海基金”。该基金总计200万元，分四年实施，主要用于资助洞头区困难群众的助学、助困、助残、助医、助老及其他慈善救助。

（陈珑）

红十字事业

【概况】截至2020年年底，洞头区共有街道（乡镇）红十字会7个，学校基层红十字会17个，医疗系统基层红十字会11个，社区、企业、两新组织等其他基层红十字会4个，村居红十字小组92个。注册红十字志愿者173个，登记会员643人。洞头区出台《洞头区红十字会改革实施方案》，温州市洞头区红十字会制定《〈温州市洞头区红十字会改革实施方案〉重点任务抓落实分解细化方案》，细化改革工作“时间表”“任务书”“路线图”；印发《加强红十字基层组织建设工作的指导意见（暂行）》。对接区委组织部门、区编委，增设赈灾救济科，增加挂职副会长1名。8月，召开洞头区红十字会第三届理事会第二次会议。开展应急救护培训53期，培训8757人，完成市下达目标任务的150.2%。开展无偿献血宣传，采集造血干细胞24例，完成中华骨髓库志愿捐献者招募任务的200%；新增人体器官捐献登记143例，比历年捐献登记总数之和还多出39例。累计接受和使用新冠肺炎疫情防控捐赠款物价值384.12万元，使用率100%。开展各种红十字志愿服务活动23次，参与志愿者400多人次，志愿服务时长1600多小时，发放宣传品2500多份，受益人群近万人次。

是年，区红十字会获评2020年度省红十字工作先进单位、省红十字会新冠疫情防控先进集体、温州市2020年度红十字综合工作优秀单位。9月，区职教中心红十字会获评2020年浙江省突出贡献红十字基层组织。

【助力疫情防控】2020年1月31日，区红十字会发布募捐公告，开通24小时社会捐赠通道。截至年底，洞头区红十字会接受防控疫情专项捐赠款物累计384.12万元，其中捐赠资金212.49万元，捐赠物资（估值）171.63万元，捐赠款物全部按照疫情防控需要和捐赠人意愿安排使用，并在洞头发布、洞头传媒、洞头区红十字会公众平台和政府网上公示。发动和引导广大红十字会员、志愿者参与社会捐赠、联防联控、助力复工复产复学组织红十字会会员、志愿者参与联防联控，助力复工复产506人，占当地常住人口6.25‰。

【红十字基层组织建设】2020年4月，印发《加强红十字基层组织建设工作的指导意见（暂行）》。5月，召开基层建设推进会，指导各基层红十字会完成换届、机构调整和会员招募工作。7个街道（乡镇）、区人民医院（医共体管理服务中心）和92个社区（村）完成红十字组织调整、建立和报备工作，会员人数从2019年的88人增长至643人。

【红十字人道救助】2020年，组织开展“博爱送万家”和“情暖洞头”人道救助工作，覆盖受疫情影响的困难人群、大病困难家庭、“两癌”妇女等，全年慰问救助233人，发放慰问金和慰问品近20万元。开展基层抗疫人员慰问，发放慰问金和慰问品近2万元。

【应急救护培训】2020年，区红十字会应急救护培训结合“健康素养进农村文化礼堂”、志愿服务活动、社区宣传，普及新冠肺炎疫情防控知识，推进分区域逐步全覆盖。全年开展应急救护培训70期，培训7066人次，其中普及人数6696人次，占户籍总人数4.32%，超额完成“健康浙江”指标的288.12%。自主开展三级师资培训班1期，培训人数51人，开展

2020年9月1日，开展应急救护培训进校园活动　（区红十字会提供）

中小学生应急救培训，普及5034人，完成市“双百双万”指标的100.68%。

【红十字阵地建设】2020年9月30日，洞头区首个博爱家园在大王殿村成立，建立首支村级红十字志愿服务队，把红十字志愿服务融入便民服务中心；在民办学校建设红十字健康角，为所有班级配备红十字药箱和书架，开设红十字宣传栏，把红十字应急救护和红十字精神融入青少年教育。联合区卫健局、区妇联举办“巾帼民宿健康行”活动，在30家巾帼民宿试点“民宿药箱”。截至年底，红十字健康角覆盖文化礼堂39个，班级138个，巾帼民宿30家。

【红十字志愿服务】2020年，区红十字会以“红十字点亮村居”为主题，红十字志愿服务融合渔村养老照护，在大王殿村、外埕头村、九仙村等渔村等开展助老爱老进渔村志愿活动，通过爱心餐、亲情关爱、扶贫扶困等方式，关注关爱渔村困难老人的身心健康和晚年生活。以“5·8”世界红十字日、“5·12”防灾减灾日、“9·13”世界急救日、中秋节、重阳节等节点，通过基层互动、线上线下联动、现场宣传、悬挂横幅、放置展架、应急救援演练等形式传播红十字文化，通过现场授技进行体验式教学，传播“生命至上”理念。

（蔡淑娟）

计生服务

【概况】2020年，洞头区共出生987人（包括往年出生73人），计划生育率94.22%，当年户籍出生人口性别比106.79，国统出生人口性别比106.83，全员人口数据库主要信息字段完整率、准确率为98.27%，免费孕前优生健康检查覆盖率达90.74%。

【人口计生优质服务】2020年，洞头区继续推行“免费避孕药具+互联网+物流派送”项目，提高避孕药具服务可及性，该云平台注册用户600多人，累计派送避孕套2万余只。落实优生两免、生育登记等服务项目，全年共优生检测490人、报销高风险孕妇产前诊断扶助服务20人，手术并发症对象32人次，生育登记729人，再生育审批35人。完成公共场所母婴设施规范化建设3处。

【计生利导政策】2020年，洞头区按照“老人老办法、新人新办法”原则，落实好奖扶、特扶、城乡保、城镇保等计生利导政策。全年共兑现资金2433余万元，惠及8867人。其中，奖特扶862人补助295.28万元，城乡保2295人补助37.16万元，城镇保5644人补助2082.32万元，计生公益金8人补助13.1万元，春节慰问58人发放4.86万元。

（林春芬）

城乡居民生活

【概况】2020年，洞头城镇常住居民人均可支配收入52279元，较上年增长5.5%，人均收入水平居全市第五，增速居全市第一；人均生活消费支出31522元，同比增长0.2%。全年农村常住居民人均可支配收入32295元，较上年增长7.8%，人均收入水平居全市第四，增速居全市第三；人均生活消费支出22629元，同比增长1.1%。

【城镇常住居民生活】2020年，洞头区城镇常住居民人均可支配收入增长，主要是机关事业单位以及企业员工薪酬稳步增长，各行业工资收入水平提高，全年城镇居民家庭人均工资性收入29435元，占总收入的56.3%，同比增长7.7%。经营净收入5562元，增长较快，增长5.9%，主要是洞头游客量大增，住宿、餐饮、旅游相关产业等经营效益可观，旅游性收入增长较快，带动其他经营性收入较快增长。财产净收入和转移净收入增速平稳，分别增长0.9%和2.2%，财产净收入增速较往年偏慢，主要是市场需求不足，居民服务性收入增长不快；房价平稳，房租未有明显提价，及全区居民理财产品不多。全区城镇居民人均生活消费支出31522元，增长0.2%。八大类消费支出呈现“五增三降”态势。生活用品及服务类（家具、耐用品、个人护理用品等）增长最快，人均2427元，增长17.8%。其余消费增长类别按增速大小分别为交通通信类人均3258元，增长7.6%。其他用品和服务类（首饰手表、旅住费、美容美发等）人均682元，增长6%。衣着类人均2254元，增长4.7%，居住类人均8070元，增长2.3%。而医疗保健类人均1501元，食品烟酒类人均10324元，教育文化娱乐类人均3006元，与上年同期相比呈下降趋势，分别下降3.3%、5.4%和6.8%。从消费结构来看，食品消费支出仍然占据最大份额。物价相对比较稳定，人均食品消费支出占总消费支出的32.8%，恩格尔系数趋势平稳，全区城镇居民生活质量总体较好，消费呈多样性发展，衣着、居住、交通通信等消费支出均有增加。

【农村常住居民生活】2020年，洞头区农村常住居民人均可支配收入主要特点：经营净收入较快增长，是农村居民收入主要来源。农村居民人均经营净收入14978元，占总收入46.4%，较上年净增加909元，增长6.5%。经营性收入稳步增长主要是渔业增收，特别是紫菜、羊栖菜增产增收和洞头游客量大增，民宿、渔家乐等经营效益可观，旅游性收入增长较快，收入增长明显。工资性收入保持平稳增长态势。全年农村居民家庭人均工资性收入10937元，占总收入33.9%，增长7.1%。主要是企业薪酬和民工工资逐年增长。转移净收入增长较快，财产净收入平稳增收。全区农村居民人均非经营净收入6380元，占总收入19.8%，较上年净增702元，增长12.8%。转移净收入增长，主要是全区贯彻落实中央收入分配制度，普遍提高农村养老金标准。财产性收入主要依赖于利息收入和房屋出租。

从各类支出的增速来看，八大类消费支出呈现“五增三降”态势。医疗保健类增长最快，人均1987元，增长7.5%。其余消费增长类别按增速大小分别为居住类人均5167元，增长3.1%。生活用品及服务类（家具、耐用品、个人护理用品等）人均1104元，增长2.7%。食品烟酒类人均8360元，增长2.2%。教育文化娱乐类人均2391元，增长1.7%。交通通信类人均2059元，其他用品和服务类（首饰手表、旅住费、美容美发等）人均414元，衣着类人均1147元，与上年同期相比呈下降趋势，分别下降4.6%、8.7%和12.8%。从支出构成来看，食品消费支出仍然占据最大份额，主要是因为食品类消费支出为刚性支出，占总消费支出的36.9%。居住、文教娱乐、医疗保健等发展性和享受性消费支出有所增加，所占比重稳步提高，全区农村居民消费支出逐步向服务性消费支出分流。

截至年末，城镇居民人均居住面积70.4平方米，农村居民人均居住面积71.0平方米。每百户城镇居民家庭家用汽车拥有量38.0辆，每百户农村居民家庭家用汽车拥有量29.5辆。

（郑海仙）

志愿服务

【概况】2020年年底，全区注册志愿者1.9万人，志愿者队伍79支（其中注册61支），全年组织开展乡村振兴、全域旅游、新青年下乡、平安宣传、大型赛会、关爱重点青少年、看望孤寡老人、垃圾分类、治水护水、防控疫情、亲子课堂等志愿活动380场，参与志愿服务2.6万人次，服务时长15.7万小时。

【节假日志愿服务】2020年1月10日，洞头团区委开展“青春志愿行 温暖回家路”春运暖冬行动。团区委联合春运志愿者在新城客运中心开展春运志愿服务活动，维持秩序、引导咨询、帮扶重点旅客。5月1日至4日，团区委组织微动力志愿服务队、百岛志愿服务队及大学生志愿者共同开展“五一”旅游志愿服务活动。协助景区管理部门开展卫生防疫、秩序管控、应急救援，大学生志愿者到街头及交通要道，协助交警开展交通管制、车辆疏散、文明礼让斑马线等志愿服务；在景区入口提醒游客按序进入景区，佩戴口罩，出示绿码，无接触测量体温、开展手部消毒等，通过发放宣传资料和宣讲等形式，监督游客安全出游、文明出游，使游客增强防护意识。6月23日，关爱帮扶志愿队、霓屿残疾人之家、新境界旅游公司、洞头长运有限公司、溢香国际大酒店、洞头微动力志愿者服务队联合开展霓屿街道残疾人之家情系端午洞头一日游活动。上新社区海霞妈妈为驻地武警总队送香粽。好厝边志愿者到东屏残疾人之家，教残疾人包粽子。百岛志愿者协会组织30名志愿者到残疾人之家包粽子，烧中饭。洞头区红十字户外运动志愿者服务队到大王殿村开展“端午佳节，粽叶飘香”包粽子迎端午传统佳节活动。区微动力志愿服务队、爱加壹志愿服务队和快乐小屋分别为小朋友们准备鸡母粿、花草纸心愿灯、汤圆等亲子课程。区户外运动协会为项目捐赠口罩1000个，用于快递小哥、环卫工人、马路交警等“马路天使”疫情防护。

【助力高考志愿服务活动】2020年，高考期间，顺风车志愿服务队、微动力志愿服务队、百岛志愿者协会、长运出租车爱心车队等志愿者组织，为全区考生及家长提供一对一爱心送考服务、为候考考生及家长提供休息场所、矿泉水和铅笔、橡皮、常用药品等应急用品。全年安排公益顺风车21辆。定点线路涵盖布袋岙、东岙顶、状元岙、大王殿、北沙、三盘大岙、实验中学及区府广场等8个点并安排公交车、教练车、出租车等31辆爱心接送车辆在考点、区府广场、十字路口等处免费接送考生。

【“青春添彩文明城”系列志愿服务活动】2020年9月，洞头区政务服务中心、新城客运站、大沙岙等幸福志愿站志愿者为市民提供各类便民服务。新城客运站幸福志愿站开展“一碗粥温暖一座城”活动，为旅客和保洁人员提供热茶和爱心粥。团区委组织微动力、百岛、阳光义工以及户外运动协会青年志愿者，开展“文明礼让斑马线”志愿行动。各重点路段，海霞妈妈志愿者开展文明巡逻行动，制止不文明现象，并对乱停车等不文明现象开展“随手拍”行动。

（陈巧慧）

人　物

渔婆 · 许银娣

“海霞精神”

爱島尚武　励志奉献

人　物

全国优秀农民工

【郑祥武】男，43岁，高中文化程度，中共党员，现任黄鱼岛海洋渔业集团有限公司总经理。他关心公益事业，倡导文明新风尚，热心为村民办实事，立足本职，带领公司全体员工创业创新，开拓进取，坚守信念，追求卓越，走出一条有海岛特色的海洋渔业发展之路。他创办了鹿西柴油供应站，为鹿西大马力渔轮发展做好后方供油服务。2015年年底与他人一起创办黄鱼岛海洋渔业有限公司，发展离岸深水养殖，实现养殖业可持续发展。自2016年开始，他亲自带着抗风浪深水网箱养殖技术研究课题，进行大量调查研究，从南到北对现有的网箱养鱼情况进行全面调查和效益分析，走街串巷征求有丰富经验的老渔民、老养民的意见，对鹿西岛周边海域的潮汐变化、气候变化等进行反复的海洋监测、调查和分析。试养抗风浪深水网箱。每天起早贪黑工作在第一线，无论是网箱制作、鱼苗挑选，还是运输及投料、喂药等环节都走在前头，特别对海区复杂环境的变化情况掌握得非常准确。黄鱼岛公司已发展抗风浪深水网箱56口。2019年和浙江大学合作创建智能渔城3个，总投入5000多万元。在他的带领下，黄鱼岛公司及时把握市场信息，充分利用网络资源，宣传介绍公司的发展情况，在北京、南京、杭州、上海等地区及温州市范围设立22家产品直营店和两家酒店以及上海达亨、京东、淘宝等多个线上平台，取得很好社会效益和经济效益。中央、省、市、区新闻媒体纷纷走进黄鱼岛公司。企业获评中国质量认证监督管理中心，中国企业信用评估中心授予其“中国绿色环保产品、中国消费者可信赖企业”，农业农村部、财政部授予其“渔业科技示范基地”和“国家海水鱼产业技术体系示范基地”、水产健康养殖示范场，系浙江省人民政府命名的省级科技型企业、无公害农产品认证企业、温州市农业龙头企业、洞头区农业龙头企业，获得有机产品认证。2020年12月15日，获“全国优秀农民工”称号。

中国好医生

【吕海生】男，1973年9月出生，中共党员，洞头区东屏街道中仑村人。1993年温州卫校毕业后一直在基层工作，现任洞头区霓屿街道社区卫生服务中心主任。新冠肺炎疫情发生后，他连续35天坚守在抗疫一线，用自己的实际行动，展现基层共产党员的责任与担当，先后获评洞头区第二批疫情防控事迹突出党员干部，温州市第五批疫情防控、复工复产事迹突出党员干部。时任浙江省委常委、温州市委书记陈伟俊专门作出批示：“学习了吕海生同志的事迹，深受教育，在平凡处显示了他的不平凡，是我市抗‘疫’战线的优秀代表。”吕海生先进事迹被温州商报、温州都市报、钱江晚报和环球网、中新网、浙江新闻客户端等媒体报道。

疫情发生前，他一直忙于霓屿街道社区卫生服务中心新院搬迁工作，从基建工程到机器设备安装、采购，环境清理、人员调剂，事无巨细确保搬迁工作有条不紊推进。最初新大楼设计图不太尽如人意，平时实在抽不出时间，他就利用双休或节假日和区城发公司等相关部门负责人到新大楼施工工地实地研究讨论科室设置、消防安全、污水处理装置安排，等等，力求每个细节都做到完美。

抗击疫情期间，他根据工作安排，带领工作人员在330国道灵霓海堤段入城口设卡。该卡点是外来车辆进入洞头主城区的唯一通道，也是全区车流量最多、工作任务最重的卡点。在坚守卡点的35天中，他开启“白加黑”“连轴转”工作模式，基本都在卡点上“连续作战”。由于岛内公共交通暂停，他当起“司机”，又运送物资，又接送值班人员。在参与抗疫期间，卡点上所有的防疫物资都是搭着他的车过来的。2月25日14时，因长期透支身体，他没有“顶”住，在岗布置抗疫任务时突发中风，紧急送往医院抢救，病情危重，一直处于昏迷状态，至今仍未苏醒。2020年6月18日，获“浙江省优秀共产党员”称号；10月23日，获评“中国好医生中国好护士”抗疫特别人物。

全国关心下一代工作先进工作者

【董绍新】男，1934年1月出生，银行退休职工。获乐于奉献、尊老爱亲类模范先锋、最美老人称号。21岁时他立志此生要做100件好事。凡是哪里听到、看到有人需要帮助，总是不吝惜把善款送到他们手中。他生活节俭，对于需要帮助的人，却十分慷慨，还专门办了一张“助贫残专折”做善事。1994年，他从建行洞头支行退休时，他的笔记本上正好记录了70件做过的好事。为了实现自己的承诺，成了区关工委“编外人员”，只要听到哪里反映有困难，就主动上门了解情况，拓宽助人渠道。2014年7月18日，实现百件好事诺言。一本记录他60多年来所做好事的笔记本最后写着这样一句话：“日记本已无纸可记，今后为贫困群众再尽义务小事均不记录，自己将继续余生甘为孺子牛而努力！”“学会感恩，学会做人，这就是我留给他们受用一生的最大财富。”80岁寿辰那天，他把“善行笔记”郑重交给孙子，希望他能继承自己“好事人生”。2020年8月，获评全国关心下一代工作先进工作者。

省级抗击疫情先进个人

【陈虹】女，1988年9月出生，洞头区人民医院东屏院区副院长。自新冠肺炎疫情突袭而至以来，她勇挑重担，用自己的实际行动生动诠释了一名医护人员的奉献精神和本色。2020年1月27日，当她知道医院需要1名护士支援武汉“前线”时，义无反顾主动报名。抗击疫情，是一场没有旁观者的全民战争。虽然身为医护工作人员，但她也是女儿、母亲。面对疫情，她毅然选择了逆向而行。在武汉天佑医院负责危重型新冠肺炎患者，经过短暂培训，她直接奋战在一线。一人兼数职，护士、护工、保洁、家人；治疗、喂饭、清理大小便、安慰患者，再背上重达几十公斤的消毒液，对隔离病房的每一个角落仔细消毒，清理垃圾。其间，她参与救治的重型危重型新冠肺炎患者达192人。她工作的隔离区，躺着很多需要救治的病人，她总是竭尽所能地帮助他们，无微不至地关心他们。作为一名医务工作者，她甘于冒着被传染的风险不惧一切护理病人，怀着对生命的尊重，她选择了付出，选择了不畏生死。2020年11月，获“浙江省抗击新冠肺炎疫情先进个人”称号。

【苏明斌】男，1966年10月出生，中共党员，洞头区妇幼保健计划生育服务中心主任。他是一名参加过非典战役的公共卫生专家。2020年1月22日，他被抽调到洞头区防控办，参与留观场所建设和管理工作。他是留观场所的“规划师”。1月26日，他临危受命带领妇计中心人员参与“隔离点”的筹建工作。水不畅、电不行，被褥等生活用品全无，苏明斌迎难而上带头完成保洁、消毒与物资运输任务，并落实人员调配培训、隔离分块建设、物资管理等工作。在苏明斌的努力下，洞头区首个医学观察点——教师教育院洞头分院在24小时内顺利启用。他是留观对象的“守护者”。留观点里住着从武汉回来的人员和确诊病例的密切接触者，危机四伏而又任务艰巨。疫情初期，医务人员紧缺，他带头承担起点上的医学观察工作。每天早晨8点，穿上隔离服，他就开始了一天忙碌的工作。从发早餐、测体温、做登记到收拾餐盒、分类垃圾、交接班，寒冷的冬日，隔离服里的他早已被汗水浸湿。而他又马不停蹄地带着工作人员填写资料完善病人档案，废寝忘食已是常态。他是留观工作的“主心骨”。留观人员陆续入住，医学观察、处置和沟通交流成了他的日常工作。为了解决日益增多的留观对象的隔离问题，他又连夜拉起一支队伍，赶赴泉丰酒店筹建新的医学隔离观察点。脚步不停、电话不断……奔波在隔离点之间，苏明斌默默地在抗击“新冠肺炎”疫情中履行着自己的职责，守护海岛百姓健康。2020年11月，获“浙江省抗击新冠肺炎疫情先进个人”称号。

【曹一帆】男，中共党员，1978年8月出生，灵昆街道党工委副书记、办事处主任。2020年1月中旬，灵昆街道辖区内发现一名武汉返乡人员出现发热情况，在疫情尚不明朗的情况下，他果断组织力量对其接触的28名密切接触者实施集中隔离，有效避免疫情进一步扩散，后该发热对象在除夕当天确诊。同时，组织专班对辖区内各类重点人员进行排查隔离，劝阻湖北、武汉人员返温州316人次，发动单位、群众提前采购储备口罩、测温仪等抗疫物资，在疫情发生前做好充分准备。他带领街村干部放弃春节休假和周末假期，日夜奋战在抗疫第一线，累计隔离、检测1825人次，没有出现交叉感染和新增病例，切实保障了人民群众生命健康安全。他组织街道人员在灵昆大桥等两座入岛桥梁部署“重兵”，严格落实“五个一律”制度，实行24小时进出精密智控；严格实行“村自为战”，根据辖区9个村人员流动规律，选择5处关键路口设置疫情监测点，组织人员“三班倒”管理，降低疫情内部扩散风险；在疫情不同阶段，针对涉武涉鄂、重点地区、在外华侨和入境人员，组织760名驻村干部、党员及村民代表捆绑联系、跟踪管理，提前掌控风险趋势。他身先士卒带队入村入户入点排查，组织班子成员每日巡查走访农贸市场、超市、村民中心、宗教场所和居家养老中心等重点场所；定期联系随访隔离点人员、辖区发热门诊和各监测点，及时处置突发事件；积极发挥群众作用，注重提升干群士气，依托18个网格，划分60个微网格，累计动员党员、志愿者3700人投身抗疫工作。为保障全市重点工程施工原材料供应，他积极主动对接3家混凝土规上企业负责人，通过跨省包车、助企招工等方式推动企业及时复工。组建复工复产工作专班，针对210家生产型企业，层层划分“责任田”，构建“领导分片+干部包干”的助企专员模式，复工复产90%网上备案；组织辖区财税、市监、卫生等站所，开展组团服务、网上答疑、一次办理，确保上级复工复产政策第一时间兑现。2020年11月，获“浙江省抗击新冠肺炎疫情先进个人”称号。

省级离退休干部先进个人

【邱国鹰】男，1944年10月出生。洞头区人大常委会原副主任，中国作家协会会员，中国民间文艺家协会会员，中国寓言文学研究会理事。他长期从事民间故事采录、寓言文学创作和海洋文化的研究，发表文章近300万字，著有《邱国鹰文集》4卷及散文集、寓言集、民间童话故事集27部，其中在新加坡出版过寓言书籍3部。先后获文化和旅游部授予的“蒲公英奖”、陈伯吹儿童文学优秀作品奖、中国海洋文艺（散文）二等奖等全国奖项12次，省级奖项20余次。

他毕业于温州师范学校，在小学当过教师，在机关干过秘书，在文化部门搞过文学辅导，长期在业余从事海洋民间故事的搜集整理、寓言的创作、海洋民俗的研究。从1979年7月开始，他自己带头，发动洞头的文学爱好者，下渔村搜集民间故事，以后又开展专题采风，历经30多年的努力，成果丰硕，其中的海洋动物故事引起全国和全省民间文学专家的重视，评价为：洞头的海洋动物故事，开辟了中国民间故事的新领域，是对中国民间文学的一大贡献。退休后，他担任为洞头区人民政府旅游发展顾问、区旅游专家咨询委员会专家。他把多年来对洞头历史文化、海洋民俗文化的研究成果，和洞头旅游相结合，策划“七夕成人节”“妈祖平安节”“两岸半屏山文化旅游经贸交流活动”等多个洞头人耳熟能详的节庆活动。他牵头组成团队，先后完成望海楼海洋文化新展馆、洞头红色印迹馆、洞头先锋女子民兵连纪念馆提升等工作，为党员干部的党性教育，广大市民的爱国主义教育，中小学生“研学游”的开展提供阵地。多年来，作为洞头“五老宣讲团”成员，他多次应邀为机关干部、教师、中小学生、涉旅人员宣讲五岛连桥工程、洞头海防史、洞头旅游发展、海洋民俗文化等。2020年1月，获“浙江省离退休干部先进个人”称号。

浙江省乡村振兴带头人“金牛奖”

【林振平】男，1960年9月出生，中共党员，籍贯温州洞头，现任洞头区东屏街道东岙村党支部书记。他在海岛渔村一线工作36年，是洞头区年纪最大的村干部。几十年如一日，他一直在自己的岗位上为村民谋幸福。1984年，他接手东岙村村两委工作时，东岙村是一个出了名的“落后村”，村民大多靠海吃海，村庄发展缓慢，居住环境亟待提升。拍卖土地，集资联建，他上任后不久，这两件大事就做成了。联建房建成之后，村民们住进宽敞整洁的新楼房。2000年，村里还盖起了村部大楼，村庄中心段初具雏形，村容村貌发生巨大的变化。正当他准备再接再厉的时候，一场意外不期而至。2000年7月，他因体力不支被送往医院，最终被诊断为鼻窦癌三期。但是他没有被病魔打倒，相反，他选择用工作对抗病痛。2006年起，他发动村民发展渔家乐和民宿产业。2016年，东岙村完成沙滩修复工程后，风光大变样，每年至少吸引三十万游客前来。他在村中的这些年，获得不少外号，最出名的就是“步行书记”。不管去哪，都用双脚代步，从来不在村里报销一分钱的车费。2020年1月8日，浙江广播电视集团主办，浙江电视台公共·新闻频道和浙江之声共同承办的2019年度浙江乡村振兴带头人“金牛奖”揭晓，获“2019年度浙江乡村振兴带头人”荣誉。

浙江好人

【方健康】男，1970年11月—2020年8月，中共党员，洞头区北岙街道大长坑村原村委会主任。2020年8月，第四号台风“黑格比”正面袭击温州，横扫洞头全境。作为防汛防台老兵的他，在洞头区防指启动防台风Ⅳ级响应后，连续奋战三天三夜，因劳累过度引起休克，抢救无效后牺牲，年仅50岁。他2013年10月担任村委会主任后，连续在村工作8年，对村情了如指掌，是大长坑“百事通”，更是群众身边的贴心人，对老百姓的诉求总是“有求必应、马上就办”，得到全村党员群众的充分信任和积极支持，在群众中树立了良好的口碑。2020年9月，获“浙江好人——敬业奉献”荣誉。

在外洞头人

【洞头人在北京】2015年9月，北京洞头企业商会成立，有会员208人。产业涉及幕墙、电器、水产品、灯饰等行业。洞头人在北京创业发展的有近500人。2020年，北京洞头企业商会理事会和第二届第一次会长办公会召开。开展教育基金募捐活动，向洞头北岙、东屏老人院赠送慰问金，看望商会理事会员高龄老人。商会党支部组织党员及入党积极分子参与防控疫情工作及捐款，参与北岙街道、东屏街道等各社区的防疫宣传、治安巡逻及慰问活动。74名会员捐款18.58万元，其中：教育基金10万元，防控新冠肺炎专项基金5万元，慈善捐款3.58万元。商会调研走访会员企业，了解疫情冲击企业影响及恢复生产情况和经营状况。商会党支部发展预备党员4名，入党积极分子7名；召开党员发展大会和“学习领会习近平总书记在企业家座谈会上的重要讲话精神”学习座谈会；联合举办“两新组织”党员组织生活会。组织人员先后参加为期三天的在京温商家乡行暨北京温州总商会会长联席会议活动、北京温州总商会秘书长座谈会、传承红色基因激扬时代精神“红七月”系列教育活动、京温商党工委第三十二、三十三次全体委员（扩大）会议、“后疫情时代民营经济发展新趋势”论坛大会、高尔夫联谊会成立仪式暨“多弗杯”邀请赛、世界青年科学家峰会。

【洞头人在上海】2020年，洞头上海商会号召企业捐款捐赠物资约110万元，包括KN口罩、红外线体温仪、防护服、一次性口罩、手套、食品等，用于全区防疫一线人员物资所需。开展“走访会员单位”活动，了解企业复工复产情况。组织商会成员，参观考察上海索迪龙自动化有限公司现代化生产车间先进设备及作业，相互交流学习、共谋发展。召开五届二次会长办公会议及参观考察宜兴丁山陶瓷博物馆，理事成员认真学习习近平总书记关于扎实推进长三角一体化高质量发展座谈会上的重要讲话精神。学习借鉴在沪商会创会办会先进经验、专业服务以及团队合作精神。参加2020上海温州商会第二届第一次会员大会、洞头上海商会企业家座谈会活动、上海酷立堡国际贸易有限公司年终新品发布会。参与沪商会秘书长工作交流会。商会党委组织召开支部党员学习生活会，学习两会精神及讨论新党员对象的发展。开展“发挥实质作用、引领开创新局”党支部专题学习会，学习习近平总书记对温州非公企业党建作出的重要批示和中共十九届五中全会精神。学习传达浙江省委常委、温州市委书记陈伟俊在全市激扬新时代温州人精神大会的重要讲话精神和《关于促进上海市异地商会等社会组织健康有序发展的指导意见》等文件精神。

【洞头人在杭州】2020年，杭州洞头商会召开第三届理事会，选举谢华跃为会长。组织参加杭州市温州商会兄弟商会秘书处联席会议，围绕发展规划、共筑商会“会魂”等进行研讨。举办《科创赋能发展 文化引领未来》——杭州市温州商会2020后疫情时期发展论坛，谢华跃被选为杭州市温州商会执行会长。参加杭州市无锡商会举办的杭州市无锡商会2020年度活动暨部分异地商会秘书长交流会，共谋疫情之下异地商会间的交流与合作，参加中国企业评价协会、杭州市人民政府、浙江省商务厅共同主办的“中国新经济企业500强”发布会、温州各区县在杭兄弟商会秘书长联谊会、与瑞安商会洽谈“一带一路百家媒体”合作事项、与其他兄弟商会秘书处到广西开展以“健康友谊快乐”为主题的联谊交流之旅、浙江省域温州商会会长办公会议暨中共温州市在浙温州商会工作委员会成立大会。参观江苏洋河酒厂股份有限公司生产基地，走访考察江苏康宏生物科技有限公司。组织到四川、青海考察学习。联合世界温州人联谊总会医疗分会、杭州市温州商会、杭州市温商慈善基金会在家乡洞头区共同主办“瓯越仁心”医疗公益活动，邀请专业医疗机构27位省级医疗专家与当地医院医生一同参与坐诊。

【洞头人在广州】2017年12月26日，广州市洞头商会成立，现有副会长以上会员企业21家，产业涉及工程机械配件、服装、包装印刷、投资贸易、教育科技、化工科技等行业。2020年，广州洞头商会全员参与，为家乡洞头区抗击新冠肺炎疫情再次发起爱心捐款活动，分三次向洞头区红十字会捐赠口罩10000个、GA98口罩10000个、护目镜1500个，合计5万余元。

【洞头人在四川】2017年12月，四川省温州洞头商会成立，有会员企业40多家、会员100余人。产业涉及投资、环保、科技、能源、电力、保险、餐饮等行业。2020年，商会对洞头区红十字会疫情捐款55000元。组织全体成员免费体检。

【洞头人在银川】2017年11月17日，银川浙江洞头商会成立，现有注册会员67人。会员产业主要涉及资产运营管理、教育、房地产开发、工业制造、机械机电、信息技术、建筑装修、工程设计、五金建材、家用电器、灯饰用品、化工、家居、商贸用品等。2020年，银川市浙江洞头商会第二届三次会员大会召开。为洞头区岭背一病人捐款2.13万元。与宁夏石嘴山市政府、企业科技服务工作对接，石嘴山市科技局授予商会"石嘴山市科技大市场"运营权，并创办宁夏温宁科技服务有限公司。

（叶纯莹）

洞头区组织机构及负责人名录

■中共洞头区第一届委员会

书　记　王蛟虎
副书记　林　霞（女）
　　　　吴志安
常　委　叶海峰（1月免）
　　　　朱大志
　　　　刘素婷（女）
　　　　梅山标
　　　　戴　冕（1月任）
　　　　侯合海
　　　　邵建乐
　　　　陈细团

■洞头区第十四届人大常委会

主　任　叶国胜（4月免）
　　　　叶海峰（4月任）
副主任　林海珊（女，1月免）
　　　　叶明理
　　　　张孚标
　　　　蔡国华
　　　　陈后春（4月任）
党组书记　叶国胜（1月免）
　　　　　叶海峰（1月任）
党组成员　叶明理
　　　　　张孚标
　　　　　蔡国华
　　　　　陈春飞

■洞头区人民政府

区　长　林　霞（女）
常务副区长　叶海峰（1月免）
　　　　　　刘素婷（女，1月任）
副区长　叶锦丽（女）
　　　　赵均宙
　　　　张方任
　　　　戴　冕（1月免）
　　　　林上达（1月任）
　　　　朱学进
　　　　叶万福（挂职，7月免）
党组书记　林　霞（女）
党组副书记　叶海峰（1月免）
　　　　　　刘素婷（女，1月任）
党组成员　赵均宙
　　　　　张方任
　　　　　朱学进
　　　　　戴　冕（1月免）
　　　　　林上达（1月任）
　　　　　叶万福（6月免）
　　　　　郭显玉

■政协第八届洞头区委员会

主　席　汪慧平
副主席　张释忠
　　　　叶明久
　　　　郭杭峰
　　　　张长霓（女，4月任）
秘书长　曹其忠
党组书记　汪慧平
党组副书记　戴　冕（7月任）
党组成员　张释忠
　　　　　叶明久
　　　　　曹其忠

■中共洞头区纪律检查委员会

书　记　梅山标
常务副书记　徐志光
副书记　郭陆军（6月任）
常　委　童王平
　　　　郭陆军
　　　　陈冬梅（女，9月任）

■洞头区监察委员会

主　任　梅山标
副主任　徐志光
　　　　郭陆军（7月任）
委　员　郭陆军
　　　　金海娇（女，7月免）
　　　　陈冬梅（女，11月任）
　　　　王祖杰（11月任）

区纪委区监委机关

办公室主任　黄相华
干部室主任　郭仕堆
宣传教育室主任
　　　　周秋艳（女，6月免）
　　　　苏志毅（9月任）
信访室（申诉复查室）主任
　　　　吴志文（6月免）
　　　　陈阳熹（6月任）
党风政风监督室主任
　　　　林学星（6月免）
　　　　叶海婵（女，6月任）
案件监督管理室主任
　　　　王祖杰（9月免）
　　　　吕　靖（9月任）
第一纪检监察室主任
　　　　蔡宏伟
第二纪检监察室主任
　　　　王光珊
第三纪检监察室主任
　　　　陈阳熹（6月免）
　　　　林学星（6月任）
案件审理室主任　（暂缺）

区纪委区监委派驻机构
派驻第一纪检监察组
组　长　高浩程
副组长　郑元军
　　　　周志勇
派驻第二纪检监察组
组　长　陈声为
副组长　吕　靖（9月免）
　　　　陈立曼
　　　　张艳玉（女，9月任）
派驻第三纪检监察组
组　长　张忠强
副组长　黄海碧
　　　　曾国耿（6月任）
派驻第四纪检监察组
组　长　朱小才
副组长　张剑辉
派驻第五纪检监察组
组　长　陈后银
副组长　陈松飞
驻区人民法院纪检监察组
组　长　宋　浩
驻区人民检察院纪检监察组
组　长　周秋艳（女，6月任）
驻公安洞头分局纪检监察组
组　长　陈后群（6月免）
　　　　曾文虎（6月任）

■区委工作部门

区委办公室［挂区档案局、区委机要局（区密码管理局）、区保密委员会办公室（区国家保密局）牌子］
主　任　赵海山
副主任　郑祥飞
　　　　吴励光
　　　　林忠星
　　　　朱岳奇（6月免）
　　　　王大标
　　　　许生浩（10月任）
室务会议成员　邱亚顿
　　　　　　　高浩程
　　　　　　　林罗义（6月任）
保密委专职副主任
　　　　郑祥飞
保密办主任、国家保密局局长
　　　　王大标（兼，6月任）
区委机要局（区密码管理局）局长
　　　　王大标（兼，6月任）
档案局局长
　　　　邱亚顿（兼，9月任）
室务成员、派驻第一纪检监察组组长
　　　　高浩程

区委组织部（挂区公务员局牌子；挂区委直属机关工作委员会牌子；保留区委老干部局牌子；挂区委新经济与新社会组织工作委员会牌子）
部　长　邵建乐
常务副部长　甘海选（女）
副部长　杨小军（1月免）
　　　　彭增炜
　　　　曾华鸿
　　　　杨祝琦（女，10月任）
　　　　陈后安（兼）
　　　　甘寒冬（兼）
部务成员、派驻第三纪检监察组
组长　张忠强

区委新经济与新社会组织工作委员会
书　记　杨小军（1月免）
副书记　彭增炜（兼）
　　　　张立志（兼）
　　　　许晓斐（女，兼）

人才办专职
副主任　杨祝琦（女）

区委直属机关工作委员会
书　记　杨小军（1月免）
　　　　邵建乐（3月任）

区委老干部局
局　长　甘海选（女，兼）

区关心下一代工作委员会
主　任　侯三阳（聘任）
常务副主任　彭增炜
专职副主任　吕焕伟

区党建服务中心
主　任　纪建波

区委宣传部（挂区新闻出版局、区精神文明建设指导中心、区政府新闻办公室、区互联网信息办公室牌子）
部　长　侯合海
常务副部长　吴玉华
副部长　高海龙
　　　　吕海棠（女）
区网信办主任
　　　　吴玉华（兼，7月任）
区政府新闻办主任
　　　　高海龙
部务成员、派驻第四纪检监察组
组　长　朱小才
部务成员　陈坤能
　　　　　方荣巩
　　　　　陈坤沈

区精神文明建设指导中心
主　任　陈坤能
副主任　施国强
　　　　张艳玉（女，9月免）
　　　　朱明炬（9月任）

区委统战部（挂区民族宗教事务局、区政府侨务办公室牌子）
部　长　刘素婷（女，1月免）
　　　　戴　冕（1月任）
常务副部长　叶先锋
副部长　彭德金
　　　　张立志
　　　　王正瑛（女，挂职）
民宗局局长　叶先锋（兼）
部务成员、派驻第五纪检监察组
组　长　陈后银

区委政法委员会
书　记　吴志安
副书记　叶海峰（1月免）
　　　　刘素婷（女，1月任）

赵均宙
刘东升
倪小龙
王昌海
委　员　李德通（8月免）
邱新楚（8月任）
胡　刚
周方前
陈凤燕（女）
政治处主任　陈凤燕（女）
委务成员　南琴慧（女，6月任）

区社会矛盾纠纷调处化解中心（2020年9月23日新建机构）
党组第一书记　吴志安（9月任）
党组书记　刘东升（兼，9月任）
党组成员、主任
方秀菊（女，9月任）
党组成员、常务副主任
倪小龙（兼，9月任）
李军民（兼，9月任）
副主任　陈振东（兼，9月任）

区委政研室（挂区最多跑一次改革办公室牌子）
主　任　陈宣陆
副主任　叶海燕（女，6月免）
虞献兵
朱岳奇（6月任）
朱曾奎（挂职）
室务成员　陈孔湖（兼，9月免）

区委机构编制委员会办公室
主　任　甘寒冬
副主任　曾健康
陈来霞（女）
室务成员　黄海辉

区委台湾工作办公室（挂区政府台湾事务办公室牌子，区台商台胞服务中心）
主　任　张海山
副主任　林焕勇
室务成员、区台商台胞服务中心
主　任　郑　冰（女）

区委巡察办
主　任　童王平
副主任　郑振华

巡察组
区委第一巡察组
组　长　金海娇（女，6月任）
副组长　陈后品
副科长级巡察专员
郑　华
区委第二巡察组
组　长　唐建业
副组长　柯受营
副科长级巡察专员
叶海婵（女，6月免）
区委第三巡察组
组　长　苏　盛
副组长　汪秀琪
副科长级巡察专员
李明设

区委区府信访局
局　长　林忠星
副局长　李明营
李军民
信访督查专员
林　立

区档案馆（区史志研究室）
馆　长（主任）　邱亚顿
副馆长　郑元良（6月免）
陈兵宽（6月任）
副主任　曾焕定
副馆长　杨　静（女）
副主任　戴婉贞（女）

区融媒体中心（区广播电视台）
党组书记、主任（台长）
方荣巩
党组成员、副主任（副台长）
郑巨峰
郭建春
林　磊
党组成员、电视节目中心主任
郑益群
党组成员、总编室主任
张海河（10月任）

区海霞学院
党组书记　方荣巩
院　长　倪建锋
副院长　陈盈盈（女）
林建华

■区人大常委会工作部门

区第十四届人民代表大会监察和法制司法委员会
主任委员　张孚标
副主任委员　黄根忠
王仁建

区第十四届人民代表大会财政经济委员会
主任委员　叶明理
副主任委员　陈青委
朱顺义（4月任）
吴兹敏

区第十四届人民代表大会社会建设委员会
主任委员　张孚标（4月任）
副主任委员　郑建林（4月任）

区人大常委会机关党组
书　记　陈春飞
副书记　金威华
党组成员　黄根忠
陈青委
郑建林
办公室主任　郑铲非（1月免）
陈春飞（1月任）
副主任　许　环（女）
郑育丹（女）
监察和法制司法工作委员会
主　任　黄根忠
副主任　韩辉辉
财政经济工作委员会主任
张于斌（1月免）
朱顺义（1月任）
教科文卫体工作委员会主任

张瑞静（女）
代表与选举任免工作委员会主任
金威华
城建环保工作委员会主任
方君旺（1月免）
颜厥炎（1月任）
农资工作委员会主任
戴华姆（1月免）
柯友疆（1月任）
预算工作委员会主任
陈青委
社会建设工作委员会主任
郑建林

■区政府工作部门

区政府办公室（挂区政府外事办公室、区大数据发展管理局牌子）

党组书记、主任
郭显玉
党组成员、副主任
张　杰（6月免）
蔡志文
林声俊
柯受志
朱红波（女）
郭温胜（6月任）
副主任　黄智华（3月任）
党组成员、派驻第二纪检监察组
组　长　陈声为
党组成员　陈一诚

区政府外事办公室

主　任　郭显玉（兼）
副主任　林声俊（兼）

区大数据发展管理局

局　长　郭显玉（兼）
区大数据管理中心主任　陈一诚

区发展和改革局（挂区粮食和物资储备局牌子）

党组书记、局长　庄峥嵘
党组副书记　陈坤杯（10月任）
党组成员、副局长
林永志（10月免）
林海志（6月免）
张孚专
苏友曦（6月任）

区粮食和物资储备局

局　长　庄峥嵘（兼）
副局长　林永志（兼，10月免）

区经济商务和信息化局（保留区科学技术局、区政府金融工作办公室牌子，挂区民营经济健康发展促进局牌子）

党组书记、局长
南海滨
党组副书记、副局长
陈青翩（6月免副局长）
党组成员、副局长
江卫兵
陆益辉（南部县挂职）
王青青
张冰绚（女，10月任）
党组成员　陈坤杯（10月免）

区科技局（保留区科学技术局牌子）

局　长　南海滨（兼）
副局长　江卫兵（兼）

区政府金融工作办公室（保留区政府金融工作办公室牌子）

主　任　南海滨

区民营经济健康发展促进局（挂区民营经济健康发展促进局牌子）

局　长　南海滨（兼）
副局长　陈青翩（兼，6月免）

区教育局

党委书记、局长
陈永胜
党委委员、副局长
郭建忠
叶元暖
陈晓莉（女）
保留副科长级　林德荣
党委委员、洞头一中校长
王邦泽

市公安局洞头分局

党委书记、局长
赵均宙
政委、党委副书记
朱彬彬（女）
常务副局长、党委副书记
张剑亮
副局长　陈后群（6月任）
庄志剑
庄志丹（9月免）
杨思腾（9月任）
政治处主任　张志勤
机关党委专职副书记
陈海轮
党委委员　陈后群
庄志剑
庄志丹（9月免）
陈海轮（4月免）
郭剑锋（4月任）
郑　群（4月任）
曾文虎（6月任）
杨思腾（9月任）
庄志丹（9月免）
吕辉敦（9月免）
刑事侦查大队（特侦大队）大队长
郭剑锋（4月免）
吕辉敦（4月任，9月免）
派驻纪检监察组组长
曾文虎（6月任）
北岙派出所所长
郭剑锋（4月任）
交警大队大队长
郑　群（4月任）
警务保障室主任　陈伟前
指挥中心（情报信息大队、反恐怖大队）主任
曾文虎（6月免）
国内安全保卫大队大队长
徐克金
经济犯罪侦查大队大队长
郭献来
网络安全保卫大队大队长

林维敏
禁毒大队政治教导员
庄志军
警务督察大队大队长
许阳德
警务督察大队政治教导员
陈志忠
行政审批科（办证中心）科长
叶明誉
大门派出所所长　杨建华
灵霓派出所所长　林惠乃
东屏派出所所长　陈志成
元觉派出所所长　叶忠静
霓屿派出所所长　季舒钰（12月任）
鹿西派出所所长　周文渊（12月任）

区民政局

党组书记、局长
纪玉华（女）
党组成员、副局长
陈志锋
沈加亮
党组成员　柯友兵

区司法局（保留区行政复议局牌子）

党组书记、局　长　周方前
党组成员、副局长　叶明铁
副局长　陈斌斌

区行政复议局

局　长　周方前（兼）
副局长　叶明铁（兼）

区财政局（挂区政府国有资产监督管理办公室牌子）

党组书记、局　长
黄建敏
党组成员、副局长
朱海斌
彭晓东
邱蔡芬芬（女）
党组成员（保留副科长）
张海文
党组成员　朱建宇

区国资办

主　任　黄建敏（兼）
副主任　邱蔡芬芬（兼，女）

区人力资源和社会保障局

党组书记、局长
陈后安
副局长、党组成员
张海勇（6月免）
曾国军
庄海东

区住房和城乡规划建设局［保留区人民防空办公室（区民防局）牌子］

党组书记、局长
郑元永
党组副书记、副局长
朱文杰
党组成员、副局长
庄瑞兴
洪正金

区人防办（民防局）

主任（局长）
郑元永（兼）
副主任（副局长）
庄瑞兴（兼）

区交通运输局

党组书记、局长
柯位宪
党组副书记、副局长
苏宇咏
党组成员、副局长
谢　铭
林小敏
党组成员　杨正辉
李光林
区交通运输综合行政执法队队长
杨正辉
区公路与运输管理中心主任
李光林
区港航管理中心主任
苏央央（女）

区农业农村局（挂区渔业局、区水利局牌子）

党组书记、局长
梁祥赞
党组副书记、副局长
庄明贵（3月免）
林永志（10月任）
党组成员、副局长
王　政
方跃罴（1月免）
张孚洪（1月免）
副局长　叶艳芳（女）
党组成员、畜牧局局长
陈兵宽（6月免）
党组成员　颜厥果
陈国伟
区海洋与渔业执法大队大队长
郑元富
区渔船管理服务中心主任
邱　珮

区渔业局

局　长　梁祥赞
副局长　庄明贵（兼，3月免）

区水利局

局　长　梁祥赞（兼）

区海洋与渔业发展研究中心

党组成员、副主任
王仁属
朱晶晶（女）
党组成员　李昌达

洞头区文化和广电旅游体育局（挂区文物局牌子）

局　长　郑雪园（女）
党组副书记、副局长
倪瑞瑜
党组成员、副局长
林慷慨
党组成员、旅发中心主任
金均民
区文化市场综合行政执法队队长
王海峰

旅发中心副主任
钱飞琴（女）

区文物局

局　长　郑雪园（兼，女）

区卫生健康局

党委书记　林　敏（女）
局　长　林　敏（女，1月任）
副书记（专职）　叶　成
党委委员、副局长　周国伟
党委委员　洪　震
郭海祝
陈海友

区计生协会

计生协会常务副会长
陈后春（1月免）
林　敏（女，1月任）
专职副会长　郭海祝

区退役军人事务局

党组书记、局　长
陈旭阳（6月免）
彭世伟（6月任党组书记、7月任局长）
党组成员、副局长　董希勇

区应急管理局（3月份撤销党组，改委员会）

党委书记、局　长　柯繁荣
党委成员、副局长
郭建新
李成丰
林高环（6月任）
总工程师　陈海雄
党委委员　郑荣党

区审计局

党组书记、局　长　吕建伟
党组成员、副局长
朱顺义（1月免）
洪剑胜
副局长　陈声进（9月任）
总审计师　陈声进（9月免）
吴爱芬（女，9月任）
党组成员　吴爱芬（女，9月任）

区市场监督管理局（挂区知识产权局牌子）

局党组书记、局长
方均坦
副局长　江　济
许晓斐（女）
黄昕岗
总工程师　黄志强
党组成员、市场监管综合行政执法队队长　郑元聪

区知识产权局

局　长　方均坦（兼）
副局长　江　济（兼）

区统计局

党组书记、局　长
许生星
党组成员、副局长
陈友华
柯建喜（6月任）
党组成员　马丽丽（6月免）

区综合行政执法局

党组书记、局长
颜厥苗（4月免）
张　杰（6月任党组书记，7月任局长）
党组成员、副局长
柯立军
陈礼遵
杨空军
副局长　张亚勤（女，6月免）
党组成员　薛秀华（6月免）

市自然资源和规划局洞头分局（挂区海洋局牌子）

党委书记、局长
林观海
党委副书记、副局长
蔡　钦（9月任）
党委委员、副局长
张海环
刘　君（9月免）
董　良（3月免）
李　坪（9月任）
纪委书记　唐海滨
党委委员　祁　莲（女，1月任）
不动产登记服务中心主任
邱　珮（1月免）
祁　莲（女，1月任）
总工程师　陶世成
土地储备中心主任　张孚强

市生态环境洞头分局

党组书记、局长
朱志飞（女，6月免）
陈旭阳（6月任）
副书记、副局长
邱东平
党组成员、副局长
王祖妙
林加锋
生态环境保护综合行政执法队队长
李立清

医疗保障局洞头分局

党组书记、局长　洪宁群
党组成员、副局长
赵　婧（女）
张熔熔（女，4月任副局长）
党组成员　张熔熔（女）

区机关事务服务中心

党组书记、主任
许小萍（女）
副主任　彭胜强
侯文琼（女）
党组成员　陈　鹏

区投资促进中心

党组书记、主任
南建东（1月任）
党组成员、副主任
王建财
江晓燕（女）

区政务服务中心
党组书记、主任
陈孔湖（9月免）
副主任 陈色伍
陈松涛
党组成员 马丽丽（女，6月任）

区重点项目建设服务中心
副主任 林忠荣
祁 莲（女，3月免）
沈永伟
叶信用（6月任）

区供销合作社
主任、党组书记
王 锡（4月免）
朱显妙（6月任）
副主任 郑晓华
邓伦斌

区金融工作服务中心
主 任 陈坤杯（10月免）
副主任 周建顺
叶文海

瓯江口产业集聚区大门岛分区（大门海洋经济示范区）管委会
党委书记 李 毅（6月免）
刘素婷（女，6月任）
党委副书记、主任
苏友山（6月免）
李 毅（6月任副书记）
常务副主任、党委委员（正科级）
林海志（6月任）
党委委员、副主任
陈献明（6月免）
宋文彬（6月任）
朱明炬（9月免）
副主任 苏友山（6月免）
纪委书记 林阿华（6月免）
总工程师 陈清勤

区城市发展有限公司
党委书记、董事长兼总经理
彭进贵
副董事长兼副总经理
吴鹏展
吴为立（4月任）
王志敏（挂职）
总工程师 陈裕越（6月任）
副总经理 潘 奇（10月任）

区旅游发展有限公司
董事长、总经理
张佳玲（女）
副董事长、副总经理
林 坚
金惠杰
总工程师 陈东东（4月任）

■政协洞头区委工作部门
办公室主任 曹其忠
副主任 王振宇（1月免）
张亚勤（女，9月任）
提案委员会主任
蔡柔雄（1月免）
王振宇（1月任）
经济委员会主任
潘国波（1月免）
林海轮（1月任）
农业和农村委员会主任
梁友谊
城乡建设和资源环境委员会主任
林建斌
科技教育卫生体育和文化文史学习委员会
主 任 郑元阳（1月免）
林秀莲（女，1—4月）
颜厥苗（4月任）
社会法制民族宗教和港澳台侨外事委员会
主 任 郑灵巧（4月免）
王 锡（4月任）
委员工作委员会主任
林秀莲（女，1月免）
陈继海（1月任）
区政协委员会机关党组书记
曹其忠
党组成员 郑灵巧（4月免）
林建斌
林秀莲（女，4月免）
陈继海
颜厥苗（4月任）
王 锡（4月任）

■区人民法院
院 长 李德通（9月免）
邱新楚（9月任代院长）
党组书记 李德通（3月免）
邱新楚（7月任）
常务副院长、党组副书记
吴兴国
副院长 叶定光
林 涛
政治部主任 朱 江
审委会专职委员
池进峰
倪海平
执行局局长 吴志法
大门法庭庭长 郭灵燕（女）
驻区法院纪检监察组组长 宋 浩

■区人民检察院
检察长、党组书记 胡 刚
常务副检察长、副书记 陈志前
副检察长、党组成员
朱建忠
应建国
检委会专职委员、党组成员
刘荣胜
政治部主任、党组成员 刘友山
检委会专职委员 张辉星
大门检察室主任 郭 杰
驻区检察院纪检监察组组长
周秋艳（女，6月任）

■垂直机构
区税务局
党组书记、局长 邓 勇
党委委员、副局长
唐东敏
黄日民（7月免）
曾国雄（7月免）
王国栋（7月免）
林志祥（3月免）

陈　德（10月任）
纪检组长　陈　德（5月免）
徐建斌（10月任）

市住房公积金管理中心洞头分中心
副主任（主持工作）
庄明贵（4月任）
副主任　林进国

洞头海事处
处　长　黄文达
副处长　吴海峰
刘世藩

区盐务管理局
局　长　徐宝存

国网洞头区供电公司
总经理、党委副书记　王　亮
党委书记、副总经理　林晓宇
副总经理、党委委员
林加阳
张炜靓
党委副书记、工会主席、纪委书记
钱志刚

区气象局
局长、党组书记　章立浩
副局长、纪检组长
张天河（1月免）
副局长　李怀川
吴舒婷（女，1月任）

区烟草专卖局（分公司）
党组书记、局长（经理）
吴大祝（5月免）
邢加圣（8月任）
副局长、纪检组组长
曹醒初
副经理　郑昌伦

中国电信洞头分公司
党委书记、总经理　黄文皓
党委委员、副总经理　肖仁杰
副总经理、纪委书记　曾焕华

中国邮政集团公司温州市洞头区分公司
总经理　陈素娟（女）

中国移动洞头分公司
总经理　戴永高

中国联通洞头区分公司
总经理　曾善光

中国铁塔洞头分公司
办事处主任
王　乐

洞头华数公司
董事长、总经理
倪　颖

中国人民银行洞头支行
行长、党组书记
夏剑武
副行长、党组副书记
周文凯（3月任）
副行长　黄招勇
包建锋
纪检组组长　黄招勇

中国农业银行洞头支行
行　长　丁　干（4月免）
郑明璞（4月任）
副行长　柯受总
纪委书记　胡宗南
行长助理　项若珏

中国建设银行洞头支行
行　长　张来敬
副行长　李家骏

中国工商银行洞头支行
行　长　徐振铃
副行长　邵康辉

中国银行股份有限公司洞头支行
行　长　项小青
副行长　邵志泉

洞头农村商业银行
董事长　陈剑林（9月免）
许宪国（9月任）
行　长　曾华越（9月免）
朱建松（9月任）
副行长　朱建松（9月免）
杨德钧
监事长　施世来（9月免）
曾华越（9月任）

中国邮政储蓄银行洞头支行
行　长　谢宇红（女）

洞头富民村镇银行
董事长　胡旭虹（1月免）
屠善勇（1月任）
行　长　王加耀（4月免）
柯受国（6月任）
副行长　柯受国（6月免）
温作旺

温州银行洞头支行
行　长　李喆琦
副行长　池进水

中国人民财产保险股份有限公司洞头支公司
经　理　张丽彬（女）
经理助理　吴　昊（1月任）

中国人寿保险股份有限公司洞头支公司
总经理　叶建忠（9月免）
朱定文（9月任）

中国人寿财产保险有限公司洞头支公司
经　理　颜素贞（女）

中国太平洋财产保险公司洞头支公司
总经理　林海燕（女，10免）
副总经理　张孚俊（10月免，任机构临时负责人）

中华联合财产保险股份有限公司洞头支公司

经　理　陈海燕（女）

■社会团体

区总工会

党组书记、主席　洪文才
党组成员、副主席　陈秋菊（女）
党组成员　庄鹏远

共青团洞头区委员会

党组书记、书记　曾中扬
副书记　杨燕辉（女，6月免）
陈振东（挂职，9月免）
吕韵姿（女，10月任）
朱玲爱（女，10月任）

区妇女联合会

主席、党组书记　季晓瀚（女）
副主席、党组成员
陈冬梅（女，9月免）
陈　佳（女，11月任）

区科学技术协会

主　席　陈青翮（8月任）
副主席　张孚庆
江卫兵（兼）

区侨联

主　席　许生然
副主席　陈其钦

区文学艺术界联合会

主　席　苏　娅（女）
副主席　曹高宇

区残疾人联合会

党组书记、理事长、副主席
叶生杰
党组成员、副理事长
郑忠霆

区工业商业联合会（总商会）

常务副主席、常务副会长、党组书记　张立志
专职副主席　陈爱花（女）

区红十字会

常务副会长　洪　震

区社会科学联合会

主　席　陈坤沈
副主席　叶　晓

■街道　乡镇

北岙街道

党工委书记
许生坚（1月免）
苏剑群（1月任）
副书记　张茂海
彭世伟（6月免）
叶海燕（女，6月任）
黄鹏林
柯　敏（挂职）
委　员　苏友曦（6月免）
郭温胜（6月免）
吕辉敦（4月免）
林加群
林　凌
吴志文（6月任）
温正局
杨燕辉（女，6月任）
陈　雅（女）
郭剑锋（4月任）
杨森权（兼）
纪工委书记、派出监察办主任
苏友曦（6月免）
吴志文（6月任）
人大工委主任
颜厥炎（1月免）
林振权（1月任）
副主任　曾国建
应　钧
办事处主任
张茂海
常务副主任
郭温胜（6月免）
林　凌（6月任）
副主任　黄胜贤
陈坤明
蔡一帆
袁　娜（女，下派）
人武部部长
林　凌（6月免）
杨燕辉（女，6月任）

灵昆街道

党工委书记
戴显强
副书记　曹一帆
林宣志
委　员　黄祥崇（10月免）
张爱淑（女）
曹朝晖
翁彩敏（女）
王光强
石耀辉（10月任）
纪工委书记、派出监察办主任
张爱淑（女）
人大工委主任
刘君可
人大工委副主任
黄建海（11月免）
王爵锷（11月任）
办事处主任
曹一帆
常务副主任
黄祥崇（10月免）
副主任　翁彩敏（女）
陈运林
石耀辉
黄建海（10月任）
人武部部长
曹朝晖

大门镇

党委书记　李　毅
副书记　苏友山（1月任）
陈春飞（1月免）
李　凯（挂职，4月免）
纪委书记、派出监察办主任
林阿华
党委委员　林阿华
唐奎蛟
童艳艳（女）

叶方胜
甘　泽
杨建华
王志敏（挂职于区城市发展有限公司）
人大主席　陈建海
副主席　王邦敏
林芬赟（5月任）
镇　长　苏友山
常务副镇长
唐奎蛟
副镇长　胡　麟
林　浙
陈伟明
人武部部长、党委委员
叶方胜

东屏街道

党工委书记
褚志攀
副书记　朱显妙（6月免）
罗　明
叶礼健（6月任）
杨　军（挂职，8月免）
委　员　叶礼健
邵进宝
柯朝旭
方雅靓（女，6月任）
王静静（女）
郭加兵
陈志成
金霞霞（女）
纪工委书记、派出监察办主任
邵进宝
人大工委主任
周必东
人大工委副主任
陈后勤
办事处主任
罗　明
常务副主任
叶礼健（6月免）
方雅靓（女，6月任）
副主任　方雅靓（女，6月转任）
陈群挺
王　瑜
张小兵（10月任）
蒋华明（挂职，9月任）
人武部部长　柯朝旭

元觉街道

党工委书记
詹景伟
副书记　陈声伟
吴维玲（女，挂职）
何掌霞（女）
委　员　李孚权
陈　义
沈莎丽（女）
陈成乔
庄瑞鹏
叶忠静
周正茂
纪工委书记、派出监察办主任
李孚权
人大工委主任
石耀光
人大工委副主任
杨建国
办事处主任
陈声伟
常务副主任
陈　义
副主任　林　海
蔡文斌
叶艳明（女）
张思敏（挂职，3月任）
人武部部长　周正茂

霓屿街道

党工委书记
郭海辉
副书记　陈志华（1月免）
杨小军（1月任）
吴琼瑜（挂职）
王友谊
倪永峰（挂职，6月任）
委　员　张奇峰
张　光（6月任）
詹育代
翁玲玲（女）
林玉明（6月任）
苏　建（10月任）
季舒钰（12月任）
方秀菊（10月免）
林高环（6月免）
王华阳（至1月）
纪工委书记、派出监察办主任
方秀菊（女，10月免）
苏　建（10月任）
人大工委主任
郭坤碟
副主任　陈立曼（1月免）
董政丰（1月任）
办事处主任　陈志华（1月免）
杨小军（1月任）
常务副主任　张奇峰
副主任　张　光（6月免）
郭志涛
胡晓克
曾婵婵（女，6月任）
人武部部长　林高环（6月免）
林玉明（6月任）

鹿西乡

党委书记　苏剑群（1月免）
陈志华（1月任）
副书记　蔡鹏程（女）
陈丽芬（女）
委　员　南　海
郭建国
许荣华
颜孙空
许宸毓
林万敏（3月任）
周文渊（12月任）
纪委书记、派出监察办主任
郭建国
人大主席　颜贤权
乡　长　蔡鹏程（女）
常务副乡长　南　海
副乡长　方智森
孔繁隆
人武部部长　颜孙空

（年鉴编辑部）

街道　乡镇

大美村庄美如画·陈海英

“海霞精神”

爱岛尚武　励志奉献

街道　乡镇

北岙街道

【概况】北岙街道为洞头区中心城区，是全区政治、经济、文化中心。位于洞头区本岛西北部（包括三盘岛），东邻东海，西与霓屿街道隔海相望，南与东屏街道接壤，西北部经洞头峡大桥、洞头大桥与元觉街道相连，距温州市区约68千米。全街道陆域面积26.76平方千米，其中城区面积7.5平方千米。2011年5月由镇改街道。2020年，街道辖岭背、上新、城中、新城、银海、打水鞍、城南、三盘、风门、九厅、小朴11个社区，全街道约有1.75万户4.89万人，常住人口5.65万人。

2020年，北岙街道实现经济总收入63.8亿元，同比增长10.2%；城乡居民人均可支配收入分别增长11.8%和12.4%；全年完成固定资产投资15.3亿元、招商引资4.88亿元。辖区内共有规上企业15家，规上工业实现产值11.64亿元，规下工业实现产值5.58亿元。年初街道克服疫情不利影响，推动辖区556家企业、3880家个体工商户复工复产；设立园区管理服务中心；全年完成市级亩税低效企业改造提升8家，整治提升“低散乱”企业10家，新引进优质成长型企业11家，总部经济税收回归企业新增11家，南塘工业园区电子电器科技园提档升级为市三星级小微园。辖内共有渔业生产船只147艘，全年渔业总产量48985吨，渔业总产值3.44亿元。全年海运货运周转量上升到62.36亿吨千米，公路货运周转量8941万吨千米。引导养民规范化养殖，完成三盘港退养还海政策处理工作。大洲远洋6艘渔船开始生产，实现全市远洋捕捞“零”的突破。

全年村集体经济总收入和经营性收入分别为4300万元、2700万元，总收入超百万元村16个、200万—500万元村4个、500万元村3个。建成“海霞红港”市级乡村振兴示范带，启动建设项目15个，累计完成投资1.84亿元。改造提升“妈祖陈列馆”“亲子农耕园”“隔头桃花谷”等6个“网红”旅游目的地，举办“沙滩音乐节”“浪漫七夕夜”等文旅活动，设计完成妈祖系列文创伴手礼。小朴创成省级AAA景区村，隔头民宿集聚区获评乡村振兴改革省级试点，白迭建成市级民宿集聚村，下尾“海上田园”入选全市首批美丽温州体验地。完成AAA旅游厕所创建2个，隔头、白迭、下尾、海霞等5个村入围“五星示范村”创建。

开展人居环境整治百日攻坚，全年处置城区小修小补点位100余处、修复人行道1500多米，整治脏乱点1500多处、僵尸车325辆、废品收购点52处，拆除存量违建1.12万平方米，累计绿化美化面积9280平方米，北岙街道获评洞头区绿化美化突出贡献集体。街道垃圾分类实现住宅小区试点推广37个，创成省级垃圾分类示范村海霞村和燕山花苑、碧海云天、海上人家等省级示范小区3个，建成东和海景园和世纪家园市级示范小区和中心街市级上门收集示范2个。新建大长坑鹿坑顶农污终端，启动新城聚德楼老旧小区改造项目，完成小区三级管网建设23个。

整合“四个平台”，成立巡查一支队，建立857个微网格，全年累计受理并处置事件4880件。开展安全生产整治和消防安全百日攻坚，整治安全隐患3790处，摘牌3处消防安全重点隐患点。新增“三盘好兄弟”“洪老师法律咨询调解所”等3个民间调解工作室，全年共排查调处民间纠纷229件，涉及金额1998万元。协助完成青科会、世界互联网峰会等重大活动维稳安保任务，辖区内全年无发生进京访，创成“无信访积案街道”。借助大数据及网格管理，连续9个月坚持“管住入岛大门、管严单元小门、守好百姓家门”，保障辖区群众生命健康安全。

建成城南养老服务中心，改造提升大王殿、小三盘、鸽尾礁村等居家照料中心3个，小三盘创成“省级无障碍社区”。新增柴岙、风门等来料加工点，完成隔头桃花谷市级扶贫项目建设，发放各类补助127.6万元，发放残疾人两项补贴187万元，全年困难慰问和救助1550多人次，发放慰问金320余万元，完成消除家庭人均收入低于8000元等脱贫攻坚任务。北岙街道政务服务中心全年1126件事项“一站式办结”，实现“渔小二代办点”25个村社全覆盖。街道政务服务中心获评市标准型基层政务服务中心；退役军人服务站被评为浙江省新时代枫桥式退役军人服务中心。

高质量完成25个村社组织换届，除风门社区外，其余24个村社均为“一肩挑”。投入600余万元新建改建阵地20余个，成立规上工业企业两新组织党支部17个，建设运营白迭“海霞宿客汇”、双垅“海霞食客汇”等党建载体。试点无物业小区和联建安置小区，推广复制海湾三区“海霞红管家”成功经验至住宅小区16个，形成“海霞红管家”党建联盟。全市首个开放式全面从严治党主题公园老虎山主题公园升级开园，设立村居监察工作联络站，开展村监会片区间、村居间的交叉检查。全年立案2起，党纪政务处分2人，运用警示谈话等第一种形态112人次。

【**街道疫情防控**】2020年，按照国家、省市区疫情防控部署，北岙街道成立疫情防控领导小组，党政主要领导靠前指挥，以驻联村为基础划分辖区为六大片区，15位街道领导、71名街道干部、4个基层派驻站所进入片区展开疫情防控工作。党员干部带头到卡点值守，累计超过2200名“两地双评议”党员和150名返乡党员奋战在抗疫一线。街道乡贤和爱心企业累计捐赠80余万元，其中现金70余万元，抗疫物资10余万元，生活物资5余万元。街道“海霞妈妈”志愿者队伍参加宣传疫情防控政策25支，劝导不安全行为；“海霞妈妈”志愿者车队，为群众代购运送物资500余趟次；百岛志愿者协会组织50余人队伍累计投入600余人次往返于小朴卡点提供健康服务。其间，新城社区党总支书记陈佩秋获“温州市抗击新冠肺炎疫情先进个人”和“优秀共产党员”称号，4名网格员受到市委政法委表彰。12位群众提交入党申请书和请战书，“火线”入党。

【**古渔村民宿集聚区建设**】2020年，北岙街道启动古渔村民宿集聚区建设，该民宿集聚区位于洞头岛西部，是古渔村振兴示范带核心区，也是温州市唯一海岛精品民宿集群，由隔头、白迭两个行政村组成，总面积3.15平方千米，建有玖栖海上、岩海山居、月半湾等六大精品民宿群。7月8日，隔头民宿集聚区入选浙江省首批民宿（农家乐）助力乡村振兴改革试点名单。白迭艺术村、松园民宿获评2020年度浙江省银宿民宿，玖栖海上被评为“温州十大市级示范性精品民宿”。

【**海霞红港乡村振兴示范带竣工**】2020年，海霞红港乡村振兴示范带竣工。海霞红港乡村振兴示范带位于洞头本岛东北部，辖九厅、双垄、东沙、大王殿、鸽尾礁、海霞及柴岙7个村居，具有海洋、海岛、海湾、海霞、海鲜等“五海”优势，是温州大湾区海洋休闲旅游重要组成部分之一。海霞红港示范带以阳光100浅水湾、国鸿星海湾等项目为引领，带动项目34个，总投资10.81亿元，建成海霞红港乡村振兴示范带展示中心、妈祖文化广场、大王殿渔旅融合开发等12个工程。

海霞红港乡村振兴示范带 （陈晨摄）

【园区管理服务中心成立】2020年9月23日，北岙街道园区管理服务中心正式挂牌成立，6名街道干部下沉园区，承担六大企业网格园区企业准入、审批、管理等工作内容，打通助企服务“最后一公里”。截至年底，处理涉及招工、用地、政策等方面的问题67个，协调解决32个。

【三盘港退养还海政策处置】2020年3月30日，为推进实施洞头区蓝湾整治生态修复项目，改善三盘港和周边海域整体生态环境面貌，北岙街道联合农业农村局等相关部门启动三盘港退养还海政策处理工作，完成三盘港退养还海政策处理协议签订工作，共签订网箱养殖退养协议56户，涉及网箱共5214口；藻类养殖退养协议16户，涉及种植面积450.5亩。9月，完成政策处理工作。

【海霞红管家入选省城乡社区治理和服务创新实验区】2020年10月19日，浙江省民政厅公布第三批省级社区治理和服务创新实验区名单，全省第三批确认24个实验区，海霞红管家名列其中。海霞红管家以海湾家园三区为模板，推广以党组织为核心、业委会为主体、物业公司为依托、社会服务中心为补充的“海霞红管家”治理模式，建设邻里墙、爱心食堂、党群服务中心等系列活动阵地，开展送腊八粥、邻里节、音乐会、小区趣味运动会等活动。全年北岙辖区物业小区推广5个，老旧住宅小区试点1个，联建安置小区试点1个。

【便民服务优化】2020年，北岙街道政务服务中心推动“渔小二代办点”25个村社全覆盖，落实49名村级代办员建立“村级收件——街道级审核、办理”网上办事两级联动模式，实行“一员代办”，三盘社区服务中心创成村居级集成服务模式，33项民生事项可在社区办理，殡仪活动联办事项“一窗受理”。全年受理村居代办件241件，其中针对“60周岁以上农村籍退役士兵老年生活补助”“退役军人信息采集”开展上门代办做法受省领导肯定。北岙街道政务服务中心通过市级基层服务中心示范点验收，退役军人服务站被评为“浙江省新时代枫桥式退役军人服务中心”。

（陈 悦）

灵昆街道

【概况】灵昆街道位于温州湾口中部瓯江口内，东邻东海，经330国道与霓屿街道相接，西与鹿城区七都街道一水相依，北与乐清市磐石街道、黄华街道隔江相望，南经灵昆大桥与瑶溪街道相连、经南口大桥与温州龙湾国际机场相接，系瓯江径流和海流动力共同塑造的产物，形成岛域有一千余年历史，自古以来为温州海口之门户、交通之咽喉、军事之要塞。随着温州大都市战略的深入推进，瓯江口、洞头区“双驱”发展叠加深化，成为瓯江口产业集聚区开发建设的主阵地、洞头区对外的第一门户。街道总面积51.3平方千米，下辖9个行政村。2020年年末，辖区户籍人口2.33万人，5824户，外来流动人口3.13万人。全年街道实现规上企业总产值57.1亿元，同比增长8.6%；农业总产值1亿元。完成固定资产投资101.67亿元，增长4.3%。

街道完成G228项目、S1线、叶先村旅游配套设施、国际乒乓球训练基地、瓯锦大道项目房屋拆迁等政策处理，清零率100%。其中市域铁路S2项目房屋拆迁58265.85平方米。市域铁路S1线配套用地土地证注销90户。灵昆产业园地块等10余个项目征借地133.33公顷。南口大桥连接道路提升拓宽工程完工。双昆山造地复垦项目新增耕地2.36公顷、旱地4.54公顷。推进集福堂迁建施工。拆除违章建筑5.333万平方米，完成率107%。

全年街道村集体经济总收入2120.8万元，同比增长14.35%，各村集体经济收入均突破百万元大关。落实惠农政策粮农直补12.69万元，农机购置补助3.02万元，确保现有建档立卡贫困户230户“不愁吃、不愁穿”“住房保障、医疗保障、教育保障”均享受到位，年人均收入8000元以下低收入农户实现“清零”。完成粮食播种133.33公顷，实现年产量75万公斤，发放粮农补助17.95万元。村庄规划编制获批7个村。完成土地流转284.07公顷。土地确权回头看实测4397户690.55公顷，解决土地纠纷39起，完成土地仲裁16例。美丽城镇建设项目开工43个，累计完成投资8.48亿元。顶康田块示范田块通过市级美丽田园验收。

成立沙塘村社区老年学区苑，推进智慧养老机构平台管理。沙塘农贸市场实现民营专业化托管，创成省三星级农贸市场、放心农贸市场。灵昆中学新校园落成启用，成立乒乓球协会，新增室外全民健身场地4处。创成繁灵街定时定点商业街1条。

全年发展党员8名，转正预备党员7名。谋划西“靓”、南“和”、东“美”、北“红”四方阵地打造，提升美化上岩头村居民中心周边环境、叶先村美丽街区、九村村红色街区。建成新时代文明实践中心，成立街道志愿服务大队，下设18支中队，开展各类志愿活动100余场次。完成9个村监察工作联络站设立及人员聘用。落实省级产业集聚区村社专项巡察第四巡察组19项整改意见。推行村集体

"三资"前置全托监督模式，完成"小微权力e监督"工程流程、制度。海思村、叶先村、北段村、九村村"清廉村居"建成。

2020年，街道创成省级"示范数字档案室"、市级"污水零直排区"街道，获评"温州市先进基层党组织"，街道食安办创成省三星级食安办，沙塘农贸市场创成"省三星级市场"，九村村获评"省级善治村""市级文明先进村"，双昆村、叶先村获评"市级文明村镇"，繁灵街创成市级"垃圾分类定时定点清运商业街"，灵昆街道政务服务中心被评为市级标准型乡镇（街道）政务服务中心。万年混凝土有限公司被评为"2020温州市综合百强企业"。

【街道疫情防控】2020年，按照国家、省市区疫情防控部署，成立疫情防控指挥部和7个专班组，制定疫情防控预案，设立8个村级疫情监控点，实行卡口24小时值班制。依托大数据和网格化入户摸排，推出三色管控考核机制，梳理各村四返人员"四张清单"。成功管控一起输入型病例。排摸重点人员1233人，核酸检测898人，完成隔离人员327人。先后获"市抗击新冠肺炎疫情先进集体""市先进基层党组织""市工人先锋号"的荣誉，1人获"浙江省抗击新冠肺炎疫情先进个人"称号，灵昆卫生院在瓯江口"万人双评议"中被评为满意基层站所。

【村居环境建设】2020年，灵昆街道创成"污水零直排街道"，实施灵昆河、外坦路西河、祥浦河水质提升示范工程，建成沙塘村污水零直排样板村。新建截污纳管工程227公里。推进垃圾分类，完成新灵景园"垃圾分类"示范小区硬件建设，组织文明城市创建专项志愿活动30余次，发动志愿者3000余人次。消杀红火蚁巢穴1.13公顷，铲除一枝黄花1.67公顷。累计投资54442.53万元，建成"岛韵庭院·康美灵昆"乡村振兴示范带，提前完成建设项目18个。

【社会基础治理】2020年，组织攻坚扫黑除恶专项行动，打击涉恶团伙3个。运用基层治理"四平台"受理办结事件6800件，化解矛盾纠纷106起，调解涉及金额共315.07万元。开展消防安全"百日攻坚"专项行动，打造20间样板房，创新做法被市专报、"温州消防"公众号刊登。完成村级组织换届，九个村"一肩挑"人选党组织得票率平均97.07%、村委会得票率平均98.2%，村委会成员得票率平均97.12%。完成第七次人口普查，短表登记3.8万人，登记率100%，议政会票决产生美丽走廊等民生实事6项，完成率100%。开展犬类信息登记工作，推进电子信息犬牌全域覆盖。基层治理四平台被评为"2020年温州市工人先锋号"。全年创成省级善治村1个，市级文明村镇2个、文明示范村1个。

【灵昆一小木棉中队被表彰为"全国优秀少先队集体"】2020年12月29日，共青团中央、教育部、全国少工委联合印发《关于表彰2020年度"全国优秀少先队员""全国优秀少先队辅导员""全国优秀少先队集体"的决定》，灵昆一小六（3）木棉中队被表彰为"全国优秀少先队集体"，是全市唯一获奖中队。该中队曾先后获得区先进班集体、市先进班集体、省优秀少先队中队、全国优秀动感中队等众多集体荣誉。37位队员全部获过校级个人比赛奖项，有23位队员曾在区级及以上个人比赛获奖（包括1个省级一等奖、7个市级一等奖和12个市级二等奖）。

（叶慧颖）

东屏街道

【概况】东屏街道位于洞头村本岛东南部，面朝东海，紧邻城区。由4个住人岛、88个无居民岛组成，陆地面积14.47平方千米。辖9个行政村及2个社区（蓝港社区和半屏社区），有7942户2.15万人。2020年，全年实现社会经济总产值17.3亿元，可比口径同比增长8.5%；农村常住居民人均可支配收入22698元，同比增长9.6%。共引进建筑等总部经济企业8家，新增总部经济税收收入160万元，建筑业省内产值66亿元，占全区70%以上，税收收入3.6亿元，税收增量全市前十。

推进海峡云村金香101、中普陀佛教旅游文化园、珑头湾等重点工程政策处理，提速同心小镇建设，跟进白鹭湾、半屏屏海路、半屏新渔村"透水式补晒平台"等重点项目建设，白鹭湾海渔文化旅游项目登上全市第二轮"六比竞赛"擂台。推进省级美丽城镇样板街道创建，东屏街道美丽城镇建设行动方案荣获省级优秀方案。修订《东屏街道后垅自然村二期房屋搬迁补偿安置实施方案》，基本完成后垅二期搬迁协议签订。实施惠民养老服务中心等5个示范带项目，完成蓝港花苑三期摸文置换等工程。

开展"标准船型、拆旧建新、船证不符"等3类渔船改造和整治工作，淘汰老旧、低效渔船8艘，落实渔船更新改造船网工具指标审批，联系造船地点，共投入资金500多万元，开展更新建造202千瓦以上标准船型刺网渔船2艘，拆旧建新渔船3艘，开展"船证不符"整治，完成船龄修改船只78艘。发放渔船油价成本补助、渔船安全改造等政策资金650万元。辖区内登记在册140多艘捕捞渔船均纳入渔业公司管理，成为全区最规范渔业安全生产社会化服务试点。加强开放性岙口、沙滩和岩礁等区域管理，设置安全警示设施11处。

排查困难群众和特困、低保、低边专项复核，清退脱贫及不符合救助对象48户76人。开展母亲节及儿童节慰问、福彩助学，关爱困难母亲和留守儿童健康成长。办理临时救助40例，发放救助金额169157元。开展养老院安全检查，享受养老服务98人，完成适老化改造3户，村社养老照料中心9个，医养合作和社会组织承接运行全覆盖，老年食堂2家，助残、配送餐服务覆盖6个村社，银龄互助村社覆盖9个，90岁以上老人享受高龄津贴62人，重阳节期间慰问老人40多人。开展退役军人服务站省级示范型站点创建，完成街道及4个村、社区站点硬件提升。开展"一户一策一干部"扶贫结对工作，安排281名"两地双评议"机关党员和街道干部挂钩低收入农户，实现低收入农户挂钩结对全覆盖。

举办精品微党课比赛，推出《战"疫"群像》等系列报道，微信平台阅读量超2万人次，21篇报道先后被学习强国平台、中新网等主流媒体刊播报道。《洞头"东屏星光"经济带点亮美丽城镇，夜很美》等34篇报道先后被中新网、浙江在线、温州日报等主流媒体刊播报道。完成寮顶文化礼堂建设，率先实现辖区文化礼堂全覆盖。推进"扫黄打非"工作，蓝港社区入选第四批全省"扫黄打非"进基层示范点，并在全市现场会作典型发言。开展村规民约再亮相、公勺公筷上讲堂，新建家宴中心2处，促进婚丧喜事简约化。

辖区500余名党员干部、200余名好厝边志愿者和35名机关"两地双评议"党员投身村社疫情防控一线，开展卡口值守、红色代跑等服务，在疫情防控常态化中优化基层治理。推出"战疫群像"疫情防控党员先进事迹宣传6条，拍摄《企业复产十条》抖音宣传短视频。辖区两新组织、共建部门等单位筹集资金9万余元，开展党内帮扶、党内关怀、微心愿认领等活动5场，慰问帮扶困难党员及家属120余人；拍摄新社融合音乐MV，组建"厝边红管家""1+2+X"架构体系。围绕"清底行动"开展党建交叉质检6场，覆盖村社11个，发现及整改问题31个。结合机关"两地双评议"党员服务载体，联动开展党员微心愿认领、村社换届走访、扶贫结对、献智献策、红色星期天等共建活动60场。

街道创成省级退役军人服务站，蓝港社区入选第四批全省"扫黄打非"进基层示范点，东岙顶、惠民村获评浙江省文明村，温州蓝色海湾项目一期通过国家验收，成功申报"一村万树"示范村2个，省级AAA景区村1个，"东屏星光"上榜全省美丽乡村夜经济精品线。东岙村作为全市唯一村居入选中国美丽乡村，街道相继获美丽城镇建设省级样板、省级旅游风情小镇、省级AAAA级景区街道、省级五水共治考核优秀街道等金名片。

【洞头同心旅游小镇创建指挥部成立】2020年3月2日，为加快特色小镇建设，建立洞头同心旅游小镇创建指挥部，指挥部总指挥为区委常委、常务副区长刘素婷，常务副指挥为东屏街道党工委书记，副指挥为区发改局局长、北岙街道党工委书记，指挥部下设同心旅游小镇创建办公室（设在东屏街道办事处），负责创建日常工作，创建办实行实体化运作。指挥部及办公室主要任务是研究确定洞头同心旅游小镇创建工作方针和重大决策，明确创建方案和工作计划，合理开展任务分解和责任分工，明确重大项目建设的原则和措施，开展督查并督促落实整改措施。

【村居环境建设】2020年，"蓝色海湾"一期通过国家验收，10个湾（滩）实施双月督查分类管理，推进后寮绿色发展先行示范项目建设。完成环岛路村庄主干道农田清理整治18公顷，创成后寮、惠民美丽田园示范片区。全域推进花园村庄建设，辖区3个花园村庄项目全部通过竣工验收，岙仔村被评定为一类花园村庄，后寮和后坑等2个村被评定为二类花园村庄。申报"一村万树"示范村2个，省级AAA景区村1个，完成东岙、洞头村"一村一品"绿化建设项目，东岙顶村"一户一花墙"成功打造"最美花墙示范带"。推广垃圾分类，实施垃圾分类撤桶并点，开发"分享+""垃圾分类评分系统"等线上小程序，智能化管理促进城乡环境全面提升。启动景区周边集聚点排水管网及设施排查，完成韭菜岙片区农村污水改造前期设计，推进东岙顶截污纳管项目建设，城乡环境全面提升。

【文旅融合发展】2020年，东屏街道推进同心小镇文旅消费集聚区建设，举办洞头海岛旅游嘉年华、沙滩音乐会、烟花节等系列文旅IP活动，以"沙滩经济"引燃星光产业。包装含夜间景观游览，系集旅游业态、项目体验于一体的星光夜游经济带，成为全市主推2条精品线路之一，上榜全省12条美丽乡村夜经济精品线。新增非遗业态布点4个，创建韭菜岙市级非遗体验基地，开发渔民画、贝雕等系列海岛文创伴手礼。策划民宿整体营销方案，推出120元东屏2日游旅游产品，盘活家庭民宿资源。做优"宿+"小程序、"同心夜市"、岛民吃播等载体，"线上线下"旅游消费市场火爆。实施民宿管家管理，无星民宿退出"宿+"商家圈3家，形成民宿评星提质发展模式。深化民宿管家培训品牌，针对行业薄弱环节开展专题培训，提升民宿行业水平。建立景区周边商铺积分考评准入退出机制。加强文旅宣传，街道158家民宿及48家商家进驻小程序内。在小红书、抖音宣传平台，开设"洞头小岛民"账号，拍摄多期岛民系列VLOG。以"直播+带货"模式，搭建"岛民下厨房"直播平台，宣传洞头特色小吃、渔农副产品，完成洞头羊栖菜、敲鱼馄饨、黑糖多宝膏、洞头墨鱼丸多样产品直播带货。启动"i.好物"同心夜市沙滩集市招募工作，常态化开展系列沙滩活动。

【**基层社会治理**】2020年，东屏街道通过信访工作"最多跑一次"体系，把人民调解全面纳入综治网格工作，矛盾纠纷做到早发现、早化解，微小矛盾"随手调"。2020年，平台累计受理、处置、转接各类信访投诉208件，其中投诉类178件、领导信箱9件，微信投诉21件，信访件6件，实现办结率100%，处置率100%。依托"渔老大调解"品牌，建立东屏"渔老大金牌调解室"，聘请三名专职调解员，参与辖区调解工作。全年成功调处矛盾纠纷167起，涉及金额共计434.83万元，其中非正常死亡案件1起，所有调解案件管理均做到规范化、信息化，案件录入率达100%。实现网格微循环，变全科网格人员配置"3+X"为"1+3+X+Y"，充实党员骨干、村（居）民代表、楼栋长、"两代表一委员"、平安志愿者入网格。辖区23个网格细分为163个微网格，发动87名"四个平台"工作人员和205名村社党员志愿者充实微网格员队伍；制定网格员月考核办法，根据网格2.0系统，实现重要点位全入网，定期巡查走访发现隐患，额外制定个性化工作清单，完善乡村"五个一"工作法。建立联合执法队伍，对照网格问题清单，结合市区对街道平安检查；开展出租房、合用场所、民宿、餐饮等安全领域进行安全大排查，全年共整治各类隐患328处。完成通天式出租房、合用场所消防百日攻坚行动，整治改造辖区通天房式出租房79间，合用场所142间。

【**同心旅游小镇建设**】2020年，东屏街道加强同心旅游小镇建设组织领导和统筹协调，梳理25项考核指标，明确实施步骤、节点任务。联动推进国鸿黄金海岸休闲中心、中普陀佛教旅游文化园、东港休闲中心等重点项目建设。小镇在建项目21个，完成重点项目投资按照纳统口径5.4811亿元，占年度固定资产投资任务总额13.5亿元的40.6%。完成主题logo、旅游小品等VI系列应用产品制作及重点区块布点、加工、安装。屏海路二期建设、污水管网提升工程收尾；加快半屏交通一体化试点建设，完善公共自行车、游船、电瓶车等公共交通设施应用；实现公共场所免费WiFi全覆盖，建成停车场智能门禁、停车、智慧安防等项目。引进西安沐泽源公司进驻海陶村小镇客厅进行运营管理，实施小镇IP市场孵化。实施小镇客厅常态化运营，并设置小镇便民服务窗口。

【**东屏星光线路上榜省美丽乡村夜经济精品线**】2020年8月16日晚，全省美丽乡村夜经济精品线推介会在温州举行，宣布浙江12条美丽乡村夜经济精品线，东屏街道东屏星光线路榜上有名。东屏星光美丽乡村夜经济精品线覆盖东屏街道东岙村、洞头片区、半屏社区等地，通过道路亮化美化提升、房屋立面改造灯带布置，打造以洞头片区星光帐篷为起点，沿蓝色海岸带至半屏韭菜岙沙滩星光夜游景观带，提升七彩网红巷、七夕古巷夜间灯光，形成放生台、半屏大桥水秀、半屏山等多个夜景观。围绕沙滩开发夜市餐饮，通过村企合作，招引餐饮住宿商家入驻。共有渔家乐餐饮

东屏星光线路夜景　（东屏街道提供）

31家，全年餐饮营业无休，每日营业时间为早上10点至凌晨3点，让游客享受到“不打烊”的特色美食。

（陈　向）

元觉街道

【概况】元觉街道地处洞头列岛中部，离洞头主城区8千米，距温州市区40多千米，南凭元觉大桥、洞头峡大桥与北岙新城区相连，西跨深门大桥与霓屿相接，北隔黄大峡航道与大门岛隔海相望。全街道由状元岛、花岗岛和青山岛三个主要岛屿组成，辖7个行政村，户籍人口10982人。2020年，街道实现工业总产值41081万元，规上企业总产值39813万元，建筑业总产值33507万元，完成固定资产投资78240万元，招商引资到位资金37503万元。

元觉街道疫情防控实现排摸率、管控率100%和数据零误差。动员乡贤团体筹措防疫物资，成立口罩银行缓解企业物资压力，实现物资自给率100%。做好114名湖北籍集卡司机隔离点自建，青山岛项目成为全区首个省际包车复工团。建立企业复工一对一服务机制，迪特公司成为非民生刚需首个复工企业。港口业务逆势增长，成立物流协会引导行业规范成长，全年货物吞吐量、集装箱吞吐量分别增长47.97%和65.82%，新开通印尼、海参崴等航线。街道被评为“全市疫情防控优秀党组织”，并在全市乡镇（街道）党（工）委书记工作交流会上作典型发言。

浙江省“152”工程青山欢乐岛项目入选全国文旅投融资项目，一期项目中沙滩吹填工程基本完成，主游客中心完成主体验收，紫云阁、老渔村等六大景区建设初具雏形。百亿项目华港LNG储运中心完成桩基建设，荣和建材正式投产产值破亿元，110千伏深水变、综合能源站、港区陆域回填二标段等项目均进场施工。全年招引各类企业30家，实现招商引资到位资金2.91亿元。规上工业、固投、建筑业、海运、公路运输等经济指标分别增长62.9%、38.9%、49.7%、135.7%和38.2%，增速均居全区第一。

巩固无违建创建成果，开展村容村貌提升行动，处置沙岗村山海艺墅别墅区违建4起，无新增违建。推进省景区镇、景区村创建，街道本级创成省AAA级景区街道，小北岙村、沙岗村分别创成省A级和AA级景区村。花岗渔村获评2020博鳌国际旅游年度美丽乡村品牌奖。完成蓝湾整治花岗岸线修复项目建设，打造“中屿等到你”网红新地标，引入企业进行社会化规范管理。建成污水零直排项目，获评全省“五水共治”优秀街道。实施资源盘活、乡贤助力等“强村六法”，谋划物业经济、场地出租和村集体抱团发展等增收项目，全年村集体经营性收入564.21万元，同比增长14.97%。

街道实现文化礼堂全覆盖，“孝善守望”项目创成省级成教品牌。元觉义校、幼儿园完成主体建设，安置房完成地下部分。居家养老服务中心创成市级示范型中心，创新E养食堂、远端助餐等便民模式。率先推行社会救助领域“一次也不跑”，实现基层事情基层办。率全市之先完成七普摸底和短长表录入，活水潭村作为全区唯一代表零误差通过省级验收。开展“一户一策一干部”精准扶贫，综合施策力推个性化帮扶。创建创新出租房“三色”管理机制，出租房、合用场所整改提升率达100%。举办状元文化节、“兰小草”道德宣传周等特色活动，开展“我们的村晚”等群众文化活动180余场。

完成红牌村状元村整转，7个村“一肩挑”人选党组织、村委会平均得票率为100%和98.24%。打造“红映青山”和“物流之家”品牌，把支部建到项目和一线上。推动各村在村庄环境、村集体发展和基层党建等方面互学互比。推行“码上纪办”，创新“码上说事、码上服务、码上督办”模式。深化港街“平安合伙人”创建，吸纳辖区8家企业和社会组织参与平安共建，成立全区首支村级应急救援队——“元心”应急救援队，推进小北岙村“治能”元心驿站实体化运作。聘请花岗民宿和青山项目业主担任荣誉村主任，创成全市乡贤助乡兴实践基地。推行青苗成长五大行动，建立年轻干部全链式培养机制。

【产值超百亿元企业创历史新高】2020年，元觉街道规模以上工业企业新增3家，累计4家，产值较上年同期增加70.12%。超亿元企业占街道规模以上总数的75%。企业分别分布在通用设备制造业、电气机械和器材制造业、非金属矿物制品业等3个行业，累计实现工业总产值同比增长78.77%，实现总产值占元觉街道工业总产值比重为95%以上。实现多类型多行业产值超亿元。

【花岗渔村获博鳌国际旅游年度美丽乡村品牌奖】2020年11月21日，第五届博鳌旅游传播论坛在琼海市举行，论坛由主题演讲、专业成果发布、国内国际经典案例分享、博鳌国际旅游奖（TC奖）颁奖典礼等板块组成。其间揭晓国际旅游传播大奖——博鳌旅游奖，美好VILLAGE·花岗渔村获“年度美丽乡村品牌奖”。花岗渔村位于元觉街道花岗村，是集渔村观光、民宿、亲子体验、养生休闲、文创周边为一体的旅游度假综合体。项目旨在用艺术化、年轻化、市场化的方式为花岗渔村完成全面改造及升级，以“山海间的秘密花园”为项目定位，不断丰富海岛村落业态及品牌活动，打造中国高端精品乡村休闲度假目的地。论坛由海南省旅游和文化广电体育厅、中国传媒大学、琼海市政府共同主办。

【元觉街道污水零直排工程开工】 2020年7月31日，元觉街道“污水零直排区”项目开工建设，该项目计划总投资700万元，涉及生活小区3个，农贸市场、卫生院、派出所、车站等单位、场所8家，河道2条，餐饮及美容美发行业12家以上，污水管网长度约2万米。工程包含雨污管网检测疏通工程、污水零直排工程设计、兴港家园污水处理终端新建及公厕化肥池扩容工程、污水零直排工程，工期120天，工程责任单位是元觉街道，设计单位是浙江华越设计股份有限公司，施工单位是温州永旭建设有限公司，监理单位是温州宏升工程项目管理有限公司。

【温州蓝色海湾生态建设项目花岗岸线建设一期工程完工】 2020年6月，温州蓝色海湾生态建设项目花岗岸线建设一期工程开工建设。该工程为省级海洋综合管理资金配套工程，工程概算600万元，10月完工投用。工程建设包含中屿岛周边环境整治，提升绿化、优化提升游步道，建设亲水平台，亮化彩化中屿码头和防浪堤，修复中屿破损码头并对中屿海中湖进行清淤等。工程责任单位是元觉街道，设计单位是浙江铭扬工程设计有限公司，施工单位是浙江宝晨建设有限公司，监理单位是浙江南正项目管理咨询有限公司。

【温州蓝色海湾生态建设项目花岗岸线建设二期工程开工建设】 2020年12月，温州蓝色海湾生态建设项目花岗岸线建设二期工程开工建设。该工程为省级海洋综合管理资金配套工程，工程概算400万元。工程建设包含塑木栈道500米，沥青道路5100平方米，透水混凝土3600平方米，老石板铺装150平方米，绿化400平方米等内容。工程责任单位是元觉街道，设计单位是浙江铭扬工程设计集团有限公司，施工单位是温州鑫弘建设有限公司，监理单位是浙江柏耀建设项目管理有限公司。

【出租房“三色管理”制度建设】 2020年，元觉街道针对辖区内出租房屋较多，人员流动量大情况，率全区之先创新出租房“三色管理”制度，创立“出租房超市”模式。在状元村、小北岙村等新居民集中区域推出出租房示范街区，完成示范街区3条和规范化建设出租房35间。共审核出租房199间，其中“绿牌”出租房100余间。针对辖区居民和企业员工工作特点，推出安居码“上门办”“夜间办”“周末办”“网格代办”等服务，实现安居码申请率100%。全年共发布优质出租房推介公告3期，推送优质出租房95家，促成租房签单16人次。

【第三届市民文化体育节暨自行车城市定向拓展赛活动】 2020年8月7日，元觉街道举办第三届市民文化体育节暨自行车城市定向拓展赛活动。活动以定点打卡形式设置舞动梦想、智慧拼字、乘风破浪等6个游戏点和状元百姓舞台、小北岙入村口景观标志、深门幸福之门、沙岗植物迷宫等7处打卡点，参与队伍共10支，通过比赛，把元觉街道花园村庄、乡村振兴建设等各项成果串联成线，让参与人员感受到元觉经济实力提升、街道面貌变化、社会民生改善，激发元觉街道干部群众创业干事激情。

【“码上纪办”服务平台上线试运行】 2020年6月29日，元觉街道设立“码上纪办”服务平台上线支行，该平台是以群众办事便利为导

花岗岸线修复工程　　（甘美慧枝摄）

向，注重“用户点菜”，聚焦提高办事便利化程度。实行24小时全天候不打烊，依托信息化技术建立一整套“民有所呼、我必有应、纪律督办”闭环办理监督流程和方案，为人民群众解决实际问题，把评价权、监督权交给群众，提升基层治理往深里走、往实里走、往心里走。

【乡贤助乡亲实践基地】2020年11月，元觉街道捧回乡贤助乡亲实践基地牌子。该实践基地由元觉乡愁馆、“兰小草”乡贤慈善带、青山岛海上公园项目、港街共建平安综合体等多个实体组成，通过健全乡贤理事会，完善乡贤理事会章程，推行“民事民议、民事民管、民事民办、民事民决”基层自治管理，形成“大事一起干”良性机制，实现村级事务“由管到议”。完善乡贤治村模式，探索乡贤治理新模式，破解村级发展难题。

（叶林林）

霓屿街道

【概况】霓屿街道位于温州瓯江口外，洞头区西侧，东至深门大桥与元觉街道接壤，南濒大海，西至灵霓海堤与灵昆相连，北隔瓯江口水道，陆岛连通。1952年10月，南北两屿分别建政为东岙乡、霓屿乡。1956年初，东岙乡和霓屿乡合并为霓屿公社。1986年10月，经浙江省民政厅批准从霓屿公社析出霓北、霓南两乡。2001年11月，经浙江省民政厅批准，霓北、霓南两乡合并为霓屿乡。2011年5月，经浙江省民政厅批准撤乡改设街道，改称霓屿街道。街道有丰富的滩涂资源和海水资源，地形多山，山尖为全区第二高峰，海拔332米。全街道辖区包括附近7个无人岛和23个礁，陆域面积约11.5千米，街道所在地距离县城约15千米，街道办事处所在地为布袋岙村。1998年，被浙江省人民政府命名为“浙江省紫菜之乡”，2020年被评为“中国紫菜之乡”。全街道辖10个行政村32个自然村。截至2020年年底，街道户籍人口4710户，总人口14566人。

全年街道完成固定资产投资6.35亿元，招商引资到位资金5.4亿元。建成山尖海洋生态游步道2条。完成网寮鼻矿山边坡治理工程。投入750万元，打造红树林生态湿地公园和滑泥公园，推动渔旅融合，培育生态游、观光游、休闲游，累计植红树林66.67公顷。紫菜育苗中心、烘干中心、加工中心三大中心建成，推动传统养殖向新型高效养殖转变，蟹公寓、家禽养殖取得新突破，启动冷链物流中心建设。

组织开展湾滩整治系列行动。完成全国文明城市复评、国家海洋督察入海排污口整治，开展湾滩整治双月攻坚行动，提高渔养民环保意识。建成海洋垃圾处置设施，探索毛竹“变废为宝”，推进海洋垃圾生态化处置利用，改善湾滩整体环境。协助完成瓯飞一期矿山、77省道石料矿绿色矿山建设。启动生态海沟工程主体建设。推进下社、桐岙、布袋岙海区清理及整治，政策处理40户，涉及1400亩滩涂养殖面积。推进“十里湿地”建设，红树林种植300多亩。完成网寮鼻边坡整治工程施工，绿化修复率30%。

全年新增低保户20户37人，取消低保34户60人。开展临时救助、春节慰问、大病救助、助学、拥军优抚500余人，发放残疾人生活补助40万元，残疾人护理补贴38万元，累计开展困难群众慰问285人次，发放慰问款29.8万元。开发12个公益性岗位，劳动就业培训11次470人。全街道参加城乡居民基本医疗保险共14659人，参保率为99.54%，超额完成区里考核任务。新建文化礼堂2家，提升改造文化礼堂1家，依托文化礼堂、百姓书屋、“假日公益学校”等文化阵地，组织开展各类宣教活动100余场次。结合传统节日，先后开展各种节庆文化活动50余场次。组织开展海霞60周年文艺汇演、建党99周年红色家书文艺演出等活动。以“有霓真好”“霓好志愿者”为载体，组织开展新康养技能培训、手工培训班、技能比赛、插花艺术培训、爱心义诊、春泥计划等活动70余场次。

全年村集体总收入1881.2万元，同比增长420%；经营性收入673.87万元，增长294%，10个村经济总收入均在100万元以上，经营性收入均在18万元以上。完成强村联合公司注册，申请海岛振兴基金2000万元，新增商会和紫菜产业协会2个实体党支部。海上田园党群服务中心常态运营，承接红色沙龙和联盟会议等活动20余场。新增入党申请人4人，积极分子3人，均为年轻的高学历人员。投入750余万元推进党群服务中心建设5个，海上田园党群服务中心建成，新建阵地平均面积1060平方米。按照“即接即办、即接转办、即接联办”三类标准，梳理高频办理事项26项。全面推广“跑小二”制度，指定3名干部、各村指定2名村脱产干部帮助群众代办等，实现“零距离”“不用跑”服务。

【“两园”建设】2020年，紫菜现代园建设工业地块一标段31幢全部建成，二标段主体完工，三标段基础建设开挖，四标段冷链物流中心项目获省财政2亿元专项债。商业地块出售旅游配套用房879套，去化率96%，销售额3.6亿元。全年累计投资3.8亿元，其中工业地块完成固定投资2亿元，商业地块完成投资1.8亿元。田园综合体26个子项目，其中海区智能化管理、蟹公寓及新型养殖、紫菜育苗大棚等22个项目完工。330国道沿线渔用综合码头基本完成，渔旅体山尖海洋生态廊道建设、养殖尾水处理设施建设等2个项目正在施工中，紫菜加工厂项目完成设备选型及厂区方案设计。紫菜新田园配套建设、供水管道工程、乡村振兴示范带景观提升、紫菜小镇等4个项目处于审批阶段。园区招引企业13家，海洋食品产品加工企业9家、食品包装企业1家、高新技术企业1家、民生工程企业1家、综合贸易企业1家，共计入园面积5.5万立方米，入园企业面积占可售面积的41.29%。

【健康养生岛建设】2020年，石子岙魔法庄园公寓式酒店完成主体建设并基本完成内部装修；魔法生态庄园建成入口广场和道路设施。温州市社会福利院进入装修招标阶段。布袋岙亦家康养中心、正岙居家养老服务中心投用，新增养老床位250张，新增养老相关工作岗位178个。

【海区管理】2020年，霓屿街道创新海区“物业”模式，推进海区规范化整治行动，规范养殖作业范围，管理养殖作业方式，形成“依批用海、有偿用海、依法退养”用海观念。启动海区确权和养殖证发放，涉及海域1000公顷，收取海区费用141万元。下社海区“豆腐块样板区”开展试点建设，建立海区智能管理中心。

【村级换届试点】2020年，霓屿街道成为全区村级换届“一肩挑”试点街道。7月10日至8月29日，霓屿街道10个行政村完成村级组织换届选举工作。10个村党支部书记100%当选村委会主任，一次性选举成功率100%，“一肩挑”高票当选率100%，“一肩挑”支部书记平均得票率98.1%，较上届提升2.9%，其他委员得票率92.1%，平均参选率99.6%；村委会主任平均得票率94.3%，较上届提升29.43%，其他委员平均得票率90.7%。村委会平均参选率91.7%。得票率、参选率均达到历届新高。街道10个村两委班子总人数62人，同比缩减22%；党员村民代表占比34%，增长4%；两委交叉任职率36%，增长29%；党员村委委员占比68%，增长24%；大专以上学历占比39%，增长9%；村委会女委员占比33%，村团委书记、妇联主任100%进两委。实现基层组织党的领导力量、队伍结构设置、人选综合素质全面优化。

【海上田园党群服务中心投用】2020年6月9日，“瓯江红”霓屿海上田园党群服务中心投用暨现代渔业党建联盟成立仪式在霓屿紫菜现代园举行。霓屿海上田园党群服务中心坐落于霓屿紫菜产业园，总面积2400平方米，以“与霓共享、强企惠民”为品牌，设置驻企加油站、党员活动室、党建会客厅、金融超市、综合会议室、红色悦读区、商会活动室、职工之家等功能区，主要提供党员教育、审批代办、群团活动、商务洽谈、联络联谊等综合服务。

【健康养生岛三年行动计划】2020年8月，制定《霓屿健康养生岛三年行动计划（2021—2023年）》，包含岛城基础提升工程、康养联合体建设工程、养老产业扶持工程、生命康养培育工程等四大工程主要任务。打造石子岙魔法庄园、亦家康养中心、温州社会福利养老院等多个医养体项目，形成“2+5+N”的健康养生产业发展格局；形成“养身+养心+养神”三养发展模式，建成集养老、医疗、旅游、体育、饮食等多元化功能为一体的康养小镇。通过三年行动，发挥优势领域，抓好重点工程项目，整合全区力量，形成一重点、三模式、多产业发展格局，形成霓屿“五位一体”健康养生产业链。

（甘泽森）

平安海区智能化管理平台　（霓屿街道提供）

大门镇

【概况】大门镇是洞头区陆域面积最大的建制镇，位于区域西北，乐清湾南端，隔海与台州、玉环、龙湾相望。全镇陆域面积36.26平方千米。大门镇下辖3个农村新社区、19个行政村、2个居委会、3个社区委员会。辖区户籍9773户27259人口。大门镇海水资源丰富，建有滩涂养殖、围塘立体混养养殖和深水网箱养殖基地。岛内平原广阔，山地资源丰富，以大荆、小荆、枫树坑、石浦为主的四大经济林建设初具规模。花岗岩储量21亿立方米，可开采3.18亿立方米。港口资源丰富，海岸线长42.2千米，可建万吨级以上泊位15个。旅游资源丰富，景点总面积约4.5平方千米，是洞头区省级风景区的主要组成部分，建有省级风景名胜马岙潭旅游度假区。大门镇作为洞头北片中心，拥有得天独厚的区位优势、港口优势、旅游资源优势、花岗岩资源优势和丰富的山海资源优势，是浙江省首批五个“蓝色海洋经济开发示范园区”之一，全国羊栖菜和深水网箱养殖基地，先后获得“全国重点镇”“全国环境优美乡镇”“浙江省AAA级景区镇”“浙江省卫生镇”“浙江省生态示范镇”“浙江省教育强镇”“浙江省文化礼堂示范乡镇”“温州市文明镇”等称号。

2020年，实现生产总值76.42亿元（含华电37.28亿元），其中第一产业产值0.99亿元、第二产业产值38.14亿元、第三产业产值37.28亿元。全年完成渔业产值9943.35万元，渔业总产量9496.8吨；捕捞产量494吨，产值843.7万元；养殖产量9002.8吨，产值8938.65万元。总产量同比增长15.3%，捕捞产量基本持平，养殖产量增长16.2%。限上工业产值24.59亿元，限上批发业销售额34.18亿元，运输业累计收入2.29亿元，海运货运周转量15.43亿吨/千米，增长9.71%。全年完成地方税收入库5701万元，增长63.31%。

大门镇完成岙底、观音礁、小门、仁前途、长沙、小荆一事一议项目。创成黄岙片美丽田园及仁前途美丽田园。打造“临港绿动”“蓝色乡愁”2条乡村振兴示范带，完成全年计划投资额的105.59%。“大门镇田间引水渠，道路台毁修复工程”和大门镇沙枫港农用设施台损修复工程、大门镇石浦农用设施台损修复工程、美岙渔用码头台损修复加固建设、大门镇寨楼村农用设施台损修复工程等5个中央财政农业生产救灾工程通过竣工验收。大门消防站完成主体建设。洞头区中医院、新农贸市场投入使用。12户低保低边户开展农房修缮工作。开展黄岙城市基础配套一期建设工程45.33公顷养殖场清退。完成高标准农田建设工作村居5个。完成低收入农户增收2000元以上40户。帮扶沙枫港黑木耳种植、寨楼来料加工、大荆来料加工等3个项目，拓展浙贝母种植、姜黄种植、水果采摘园等4个已有扶贫项目，化解扶贫资金100余万元。完成旅游业优惠政策兑现10万元。

大门镇深入推进殡葬改革，开展“八个严禁”巡查286次。全年用人单位劳动书面审查252家。举办保安、高级月嫂、西点师等培训班培训187人次，解决农民工欠薪问题8起。开展残疾人基本服务状况和需求信息数据动态更新工作500余人次，完成残疾人无障碍设施进家庭4户，为2名残疾儿童实施基本康复服务和救助。防控疫情启动留观点4个、预备点1个，实行24小时管理服务，实行大门大桥卡口全年轮班值守。全年有输入性新冠肺炎确诊病例2例，无扩散、岛外无输入。28名助企服务员入企指导，108家企业、15个重点工程第一时间复工复产。推进供应市场稳定和纾困工作，市场经营主体补助158家143万元，帮扶贷款55家700余万元。疫情防控获评市先进集体荣誉称号。

开展消防安全、危化企业、建筑施工等重点领域排查，整改隐患387个。完成食品安全、宾馆民宿、禁毒宣教等主题服务，整改隐患122处。联动区级部门开展安全生产宣传等活动，完成学校、中医院、养老院、重点企业等单位负责人安全培训。完成重点对象息访罢诉2人，化解疑难纠纷200余起、遗留问题15个，群众满意率98%以上。构建镇级社会治理服务中心、村级调委会、个人品牌调解室3个调解阵地和1个专家咨询指导组的“3+1”工作模式，结合各村居人民调解委员会，联动解决基层矛盾纠纷。全年成功调处矛盾纠纷121起。全年公开各类政务信息150余条，全年报备规范性文件5件。采集办结基层治理综合信息3712条，办结率100%。创成温州市标准化乡镇（街道）政务服务中心，两个标准化村（社区）便民服务中心。设立无差别服务窗口3个，梳理100个全域通办事项。完成镇本级1个、村级8个“新时代枫桥式退役军人服务站”创建。

新建6家文化礼堂，提升5星级文化礼堂1家，建成文化驿站和一类百姓健身房各1家。编纂《兰草留香——兰小草道德教育读本》，结合暑期兰小草精品公益课堂开展少年研学活动，以日常+暑期的形式打造海岛兰小草品牌，被评为2020年温州市社区教育特色课程、温州市民终身学习体验基地。建成新时代文明实践所1个、新时代文明实践站24个，新成立500人以上公益组织1个。大门镇创成市级文明镇，沙枫港创成市级文明示范村，仁前途村创市级文明村。全年组织大门本土草根宣讲团开展各类好人好故事宣讲、理论宣讲超100场。成立“国强”教育基金助力学生成长成才，全镇共评选出年度道德模范70余人。完成24个村居村社换届工作，实现“一肩挑”全覆盖，各项指标均创历届新高。成立大门镇民宿联盟、民宿联盟党支部，会员单位27家。全覆盖开展廉政谈话260余人次，开展镇村干部廉政读书班活动10期，组织党员干部参加廉政警示教育学习300余人次。

【大门镇基础设施建设】2020年，全区重点建设项目计划安排涉及大门区域项目27个，其中新建11个、续建16个，年度投资计划11.71亿元，约占全区投资总量的27.92%。大门大桥至沙岙隧道段被列入324省道规划，美岙至沙岙隧道全线贯通，岙底至沙岙隧道及接线工程完成主体工程60%，沙岙码头开工建设，小门环岛路路面浇筑。陆域引水工程完成大门大桥段管道安装与加压泵站主体工程施工，大门污水处理厂提升工程完成80%工程量。220千伏大门输变电工程建成投用。

【海岛振兴实施】2020年，大门镇累计完成投资1.81亿元，建成蓝色乡愁示范带内工程18个和小门至仁前途“星光经济”带。全年接待游客56.73万人次，旅游营业收入2662余万元，增速21%。新增民宿9家床位79张。新增民宿疗休养基地2家。农家乐共33家，新获评市级AAA精品农家乐2家。沙枫港村、石浦村、乌仙头村创成浙江省A级景区村，西浪村创成浙江省AA级景区村。举办第四届旅游文化节暨海岛油菜花节“云赏游”、大门东川第二届长桑果开摘节、“星光梦之旅 醉美仁前途”音乐美食节等活动，带动村居增收20余万元，获评全区五四竞赛一等奖。全年村集体经济总收入3426.12万元，增长15.78%。经营性收入1088.6万元，增长61.37%。其中百万元村16个、三百万元村1个，全镇村集体无收支倒挂村，全部村居达成村总收入20万元以上、经营性收入18万元以上目标。

【“星光梦之旅醉美仁前途”音乐美食节】2020年7月22日晚，大门镇“星光梦之旅醉美仁前途”音乐美食节拉开帷幕。音乐美食节以仁前途网红星光夜景为主题，设有美食夜摊区、广场音乐区、沙滩娱乐区等多个区域。游客可自由选择20多个夜市小摊品尝大门夹粉包、东川青蟹、小龙虾等特色小吃。表演区设有小龙虾大胃王挑战赛、啤酒畅饮等趣味环节，温州专业乐队登台表演。现场文创青年集市专门为游客提供、展示创意剪纸、明信片、咖啡包等小巧精致艺术作品。游客可以选择购买心仪物品，带回留作纪念。音乐美食节至7月24日结束。

2020年12月31日，美岙至沙岙隧道及接线工程建成投用　　（大门镇提供）

【大门镇美丽城镇建设方案获评省级优秀】2020年9月21日，浙江省第二批样板创建城镇行动方案优秀名单公布，大门镇美丽城镇建设行动方案经市级初审、省级集中评审、综合评议等程序从353个样板创建乡镇中脱颖而出，获评省级优秀方案。该方案围绕“功能便民环境美、共享乐民生活美、兴业富民产业美、魅力亲民人文美、善治为民治理美”总目标，提出大门镇县域副中心型美丽城镇省级样板建设行动计划，涉及大门镇3个社区和22个行政村，以镇村建设区为重点，兼顾全域，统筹推进城、镇、村联动发展。

【大门镇获评省文化礼堂建设示范性（街道）】2020年10月8日，全省农村文化礼堂建设示范县（市、区）示范乡镇（街道）评选结果公布，共有14个示范县（市、区）、90个示范乡镇（街道）入选。大门镇经推荐、省级评审，获评2020年度浙江省文化礼堂建设示范性（街道）。大门镇对标社会主义新农村和美丽乡村建设规划体系、公共文化服务标准化均等化建设体系，做好文化礼堂“建管用育”工作，健全完善管理运行机制，选优配强文化礼堂“堂主”，辅以“八大员”助手，协调做好各项“家务”，探索推行理事会、礼堂分级分类管理。创新开展“兰小草”故事宣讲、“最美洞头人”好故事宣讲，挖掘熟悉当地方言、能说会道的人员，成立“红色宣讲师”队伍；组建1030人的“青奥”志愿者队伍，开展志愿服务活动，全年共开展公益文艺汇演20场，参与人数超过3000人。注重挖掘文化特色，开展“迎春祈福·跑马灯”“祭家谱”“捣清明饼”等传统节日民俗文化活动。建有文化礼堂20家，其中五星级示范文化礼堂1家、四星级2家，全年开展公益文艺汇演50余场，参与人数超过3000人。

【大门镇东川青创农场获评省级示范性青创农场】2020年11月16日至17日，浙江省青春助力乡村振兴交流活动在台州举行，大门镇东川青创农场获评省级示范性青创农场。东川青创农场位于洞头区大门镇寨楼东沙自然村，园区占地13万多平方米，种植桑葚树、桃树、红心柚等1.6万余株，主要分为桑果采摘区、其他水果采摘区及科普基地建设等。举行长桑果采摘活动，展示大门镇浓郁的海洋文化民俗风情和丰富的海岛农耕文化资源。推动大门经济发展，提升大门综合竞争力，把经济发展与当地文化紧密结合，全面建设“海上花园”，推进“乡村振兴”。

（林轩锐）

鹿西乡

【概况】鹿西乡由鹿西岛和南北爿山、四屿、白龙屿、猫山等12个无人岛和26个礁组成，以岛建乡，以岛为名。鹿西岛地处洞头列岛北部，距离洞头本岛16.4千米，东、南邻东海，西南隔黄大峡水道与大门岛的观音礁相对，北与台州地区的玉环县隔海相望，地处温州、台州交界海域的核心位置和交通要塞。全岛东西长6.7千米，南北宽1.3千米，岸线长32.75千米，海域面积102平方千米，陆地面积为10.06平方千米，地形以丘陵为主。辖鹿西村、口筐村、东臼村、山坪村、扎不断村、昌鱼礁村等6个行政村，全乡2358户7981人口，常住人口3529人。

全年实现渔业总产值31145万元，同比增长9%。大黄鱼产量503吨，产值7106万元，分别同比增长75%和59%。协助开展黄鱼岛大山屿、北山下海域及黄鱼港西北面海域使用权招拍挂工作，白龙屿垂钓项目上线。完成养殖海区规范化整治，清理退养羊栖菜养殖户。完成栖鹿湾沙滩建设、山坪露营平台修复。召开温州市户外联盟鹿西旅游推介会，推出市级越野挑战赛、首届东海黄鱼节系列活动。全年新审批办证民宿16家，提升精品民宿9家，接待国内外游客12.4万人，同比增长7.2%。盘活闲置农房30幢，成功申报省级绿色发展示范建设项目，完成花园村庄验收销号，鹿西村纳入全区五星级示范村创建名单。全年实现村集体经济总收入692万元，完成年度任务的100.31%。总收入百万元村3个，完成年度任务的150%。6个村经营性收入均在18万元以上，鹿西村村集体经济经营性收入首次突破100万元。

全年规下企业产值1279.59万元，同比增长12.06%，限上批发商品销售额16.25亿元。设计鹿西交通码头综合体、白龙屿保护性方案及灯塔公园建设方案。投用鹿西乡栖鹿湾人工沙滩，建成鹿西乡“明珠花苑”农房集聚（一期）工程，全区政府民生实事项目——鹿西乡自来水管网提升工程完成。鹿西岛整治修复和保护项目通过省级验收。完成大门—鹿西一体化综合开发项目策划方案编制和鹿西岛旅游策划及研究方案。总部经济招商引税落地企业4家，完成地方留存120万元。新增培育浙江东一和黄鱼岛两家限上零售企业并完成上限纳统。

获评国家级卫生乡镇称号，开展“无蚊岛”“无蚊村”创建工作，全乡6个村布雷图指数均低于5。深化农村人居环境“六清”行动，推进“两最”评比活动，人居环境排名全区第一，未出现“最脏村、最脏厕所”。完成东臼村、山坪村美丽田园创建，通过区级考核验收。花园庭院“一户一花墙”创建新增创建户30户、市级示范户3户。全年补植栽种三角梅2000余株，完成鹿东沿线10千米沿路挡墙建设，撒播金鸡菊、三色梅等草花籽面积近5000平方米，栽种长春花、藤本月季等花灌木近1000株，增种杜鹃花近1000平方米。启动有主犬只登记工作，规范文明养犬行为，优化乡环境卫生。持续开展“1+X+1”联合执法行动，加强占道经营、晾晒鱼干等综合巡查整治力度。完成动物疫病防控工作任务，涉及家禽3900余只。完成外山头补晒网场搬迁。

建成投用港区道路，启动岛上公交国有化运营并完成配套场站建设，新增新能源公交车12辆。鹿西卫生院新院区投用，建成示范型养老服务中心1处。开展民宿办理营业执照“代跑、帮跑”服务，实现民宿业主“零次跑”。“无讼岛”创建经验被人民网及《人民法院报》《浙江日报》等报道，鹿西乡调委会获评全国模范人民调解委员会。

推进村级组织换届工作，全乡村级党组织书记、村委会主任得票率均超过95%，其中有5个村党组织书记、2个村委会主任满票当选。打造“渔小二”红色驿站、海上党群服务中心、海霞宿客汇等红色阵地。举行精品微党课比赛，开展鹿岛讲坛、“鹿曦”周末课堂、渔嫂厨艺大赛等活动。《鹿西之歌》《温州城东是大海》等作品在《人民日报》《解放日报》等媒体刊登。提炼完成“东明精神”和“渔小二精神”。鹿西乡获评市AAA级景区乡，鹿西村获评第一批温州市文明示范村。

【孤岛疫情防控】2020年，鹿西乡严格执行国家和省、市、区疫情防控部署，成立疫情防控领导小组，全体机关干部登岛坚守29天。组成海上防疫流动哨，严防海上疫情输入。升级“渔小二”服务，联动跨海采买、接力递送，确保村民居家隔离期间紧急物资“不停供”。推出《鹿栖记“疫”》专栏23期，《直击温州：筑起强大的抗疫海上防线》《鹿西海面巡控再升级 助力渔业生产稳步恢复》等信息被新华社、央广网、中国蓝新闻、温州网等区外媒体报道。获评市抗击新冠肺炎疫情先进个人1人。

【栖鹿湾人工沙滩投用】2020年7月26日，鹿西乡栖鹿湾人工沙滩投用。该人工沙滩建设内容包含沙滩长度约100米，滩肩宽度55—75米，回填沙约2.85万立方米；南北两端3个排水口分别沿岸归并接入排水管，排水管长度约171米；新建沿护岸污水收集管网系统及污水处理终端及相应配套设施1套，日处理规模100吨，工程概算总投资1519.9万元。项目2019年11月开工建设。责任单位鹿西乡政府，建设单位为洞头旅游文化发展有限公司，设计单位为杭州国海海洋工程勘测设计研究院、浙江省环境工程有限公司，施工单位为黑龙江省港航工程有限公司，监理单位为江苏苏科建设项目管理有限公司。

【“无隐患岛”建设】2020年，鹿西乡以“无隐患岛”建设为载体，推进“无讼岛、无访岛、无案岛、无事岛、无毒岛、无邪岛”创建。推出集便民服务与矛盾调解为一体的“最多跑一次（地）”综合服务大厅，优化“渔小二+船老大”服务机制。建立“海上红网格”自治管理平台，首创全省乡级海渔事调处中心，建成“船老大”调解之家，设立1个乡级总部，延伸成立6个站点和3个省外流动站。投资700万元，谋划渔家慧智慧平台。组建鹿西救援队，参与防汛防台、海上救援等抢险和处置突发事件。全乡诉前化解纠纷75起，涉及金额1248余万元，化解率100%，省委原书记车俊视察时予以点赞。鹿西司法所获评全国模范调委会称号。

【鹿西创成国家卫生乡镇】2020年7月29日，全国爱国卫生运动委员会公布命名2017—2019周期国家卫生乡镇（县城）的决定名单，全国2299个乡镇（县城）入选，鹿西乡名列其中。2018年4月，鹿西乡正式启动2017—2019周期国家卫生乡创建，采取政府组织、部门指导、群众参与、社会监督、科学整治方法，加快全乡环境卫生基础设施建设，加强社会卫生管理，改善环境卫生面貌，提高人民群众文明卫生素质和健康水平等。通过区、市、省、国家四级技术评估和暗访，创成国家卫生乡镇。

【社会矛盾纠纷调处化解中心揭牌】2020年6月17日，鹿西乡社会矛盾纠纷调处化解中心揭牌。中心由涵盖导引、接访、问询、审批、服务、调解等功能的“最多跑一次（地）”服务大厅，独具地方特色的“船老大”调解室、“渔小二”工作室及综合智慧指挥中心构成。实现群众矛盾纠纷化解“最多跑一地”行政目标。

【鹿西越野挑战赛】2020年7月26日，鹿西乡2020“白龙屿杯”鹿西越野挑战赛在栖鹿湾人工沙滩举行。越野挑战赛是“跑遍瓯越”系列越野跑挑战赛首站，赛事全程约19千米，共有200多名运动员参加比赛。线路从鹿西岛党旗广场出发，沿途经过黄岩头、妩人岙、白龙屿、鹿西隧道等点位，贯穿整个海岛。同时设置7.5千米欢乐跑体验赛，参赛选手可边玩边跑，用手机记录下路边美景。来自乐清的詹陆建和董朝阳分获越野组男子、女子组第一名。活动由洞头区文化和广电旅游体育局、洞头区传媒中心（广电台）、鹿西乡委员会和鹿西乡人民政府共同主办，温州马拉松协会、鹿西乡民宿联盟、捷鹿公司联合协办，浙江青鸟捷出体育文化传播有限公司承办。

【《大黄鱼智能生态渔城》获省农民创富大赛金奖】2020年9月25日，第六届浙江农民创富大赛在杭州揭晓。洞头区郑祥武的《大黄鱼智能生态渔城》获金奖。评选活动6月启动，全省参赛项目选取80个创富项目，经过电视展播、观众投票、专家评议等环节后，最终评出金银铜十大获奖项目，鹿西岛《大黄鱼智能生态渔城》获唯一金奖。洞头鹿西大黄鱼岛智能生态渔城项目是通过智能化水产养殖等专利技术，发展大黄鱼智能生态渔城建设和深远海抗风浪网箱升级化养殖。养育的大黄鱼色泽金黄、口感鲜美，拥有优良的“野生”品质。大赛由浙江省广播电视局、浙江广播电视集团主办，始于2009年，至今已举办六届。大赛指导单位包括浙江省委统战部、省发改委、省科技厅、省民宗委、省水利厅、省农业农村厅、省供销社、省林业局、团省委和省农科院。

（陈露男）

附　录

沙滩夕阳 · 陈建辉

“海霞精神”

爱岛尚武　励志奉献

附　录

文献摘录

区委一届九次全体（扩大）会议报告

（2020年12月17日）

这次全会的主要任务是，高举习近平新时代中国特色社会主义思想伟大旗帜，全面落实党的十九届五中全会、省委十四届八次全会和市委十二届十一次全会精神，总结2020年工作，谋划“十四五”发展，部署2021年任务，审议通过《关于制定温州市洞头区国民经济和社会发展第十四个五年规划和2035年远景目标的建议》《关于洞头区部分行政区划调整方案》，动员全区上下弘扬海霞精神，高质量建设海上花园，高水平开启洞头全面建设社会主义现代化新征程。

现在，我代表区委常委会向全会报告工作。

一、回顾总结今年工作，统筹疫情防控和经济社会发展工作取得阶段性成效

2020年是洞头发展极不平凡的一年。面对国际国内形势的深刻变化特别是突如其来的新冠肺炎疫情，区委常委会深入学习贯彻习近平总书记重要讲话和重要指示批示精神，全面落实中央和省委、市委各项决策部署，团结带领全区上下战疫情、促发展，坚决做到“两手硬、两战赢”。经济发展实现从一季度“降至冰点”到二季度“逆势反弹”，再到三季度“向好回升”，预计可较好完成“十三五”规划主要目标任务，高水平全面建成小康社会胜利在望，为开启全面建设社会主义现代化新征程奠定坚实基础。预计今年实现地区生产总值111亿元，同比增长3%以上；财政总收入14.6亿元，其中一般公共预算收入9.3亿元；固定资产投资额达46.7亿元，实际增长达20%，社会资本投资占比达75%；城乡居民人均可支配收入达到53284元和32508元，分别增长7.5%和8.5%。

回顾今年工作，区委常委会突出抓好五个方面工作。一是坚决贯彻习近平总书记重要讲话指示精神，推动洞头发展始终沿着正确方向阔步前进。区委常委会始终把学深悟透习近平新时代中国特色社会主义思想作为最大的政治任务，对习近平总书记发表的重要讲话、重要文章，及时通过区委常委会会议、理论中心组、百岛讲坛、调研宣讲等方式进行传达学习，不断增强“四个意识”、坚定“四个自信”、做到“两个维护”。二是坚决扛起建设“重要窗口”的洞头担当，加快形成10项具有洞头特色的标志性成果。深入贯彻习近平总书记考察浙江重要讲话精神，紧扣忠实践行“八八战略”、奋力打造“重要窗口”，把海上花园作为“重要窗口”来打造，研究提出10项具有洞头特色的标志性成果，为温州当好“重要窗口”建设者维护者展示者贡献洞头力量。三是坚决弘扬海霞精神，圆满完成洞头先锋女子民兵连建连60周年系列活动。贯彻落实习近平总书记勉励指示精神，成功举办纪念大会、文艺汇演、军事展演等活动，产生了极大的社会效应。深入做好红色海霞后半篇文章，在区委一届八次全会上作出“大力弘扬海霞精神、全面打造新时代民兵建设‘重要窗口’”的决议和“建设海霞小镇”的决定，制定女子民兵连建设五年规划，让海霞战旗在新时代熠熠生辉。四是坚决打赢三大攻坚战，高水平全面建成小康社会取得决定性成就。打好防范化解重大风险、精准脱贫、污染防治三大攻坚战，扎实做好“六稳六保”工作，地方政府隐性债务化解完成年度任务，生态环保督察整改有序推进，“五排查五清零”行动深入开展，东西部扶贫协作工作成效显著，洞头区与四川南部县携手奔小康。五是坚决发挥党建引领作用，推进区域治理现代化精细化。坚持统揽全局、协调各方，把方向、谋大局、定政策、促改革，推行一线破难、任务清单、质询会诊、专班竞赛“工作四法”，交出了防疫、生态、党建等高分报表，营造了全区党员干部克难攻坚、干事创业的氛围。

一年来，经过全区上下实干拼搏，经济社会发展趋稳向好。

（一）众志成城战疫情，彰显了洞头担当洞头力量。区委常委会坚持把人民群众生命安全放在第一位，团结洞头人民守望相助，打好“三个十天”硬仗，实现确诊病例数量全市最少、本地零扩散。建立“日研判、日会商、日调度”战时机制，做好“找对人、找到人、找全人”精准排摸，落实“硬隔离、硬管控、硬封堵”硬核措施，统筹“守三口、控三人、把三关”战略战术。因地制宜用好“大数据+网格化”精密智控手段，因势制宜创新“五卡”闭环管理，因时制宜在全市率先实行“居家两星期、度过危险期”，用12天实现确诊病例“零新增”，用45天实现住院病例“清零”。落实疫情防控常态化措施，有序实现复工复产复市复学。慎终如始抓好“外防输入、内防反弹”，推进冷链物防、入境人员一体防控，全面提升监测预警、核酸检测能力，实现秋冬季疫情防控平稳有序。

（二）化危为机开新局，保障了实体经济平稳发展。落实国家海洋经济发展示范区建设八大重点任务，获得省海洋（湾区）经济发展资金补助2.37亿元，首个获批企业债发行规模达5亿元，10个项目获专项债资金3.5亿元，累计向上争资15亿元。新发布洞头标准6项，累计发布22项。谋大招强实现突破，新增省“152”工程2个，华港LNG、梦幻海湾、黄金海岸、诚意鱼油等10个重大项目落地开工，诚意健康产业园（一期）、交通城建工业化项目（一期）建成投产，南洋国际大酒店投入营业。实现到位内资18.3亿元，新增总部回归税收1.4亿元。大小门临港石化产业区通过省化工园区合格园区评定，状元岙港区开通印尼、海参崴集装箱航线，集装箱吞吐量突破37万标箱、增长58.7%。开展养殖海区规范化管理试点，养殖证发放全覆盖，远洋渔业实现全市零的突破。加速旅游市场复苏，沙滩经济、民宿经济成为旅游亮点，星光夜游经济带上榜浙江12条美丽乡村夜经济精品线。入选浙江文化和旅游产业融合发展十佳县区。落实降本减负工作，为企业直接减负2.3亿元，兑现惠企资金2.4亿元。

（三）精建精美优环境，实现了城乡面貌精彩蝶变。蓝色海湾一期工程通过竣工验收，做法入选自然资源部社会资本参与国土空间生态修复十大案例。生态治理绿色崛起做法入选浙江乡村振兴十大模式案例。获评省级乡村振兴产业发展示范建设县。基本建成10条乡村振兴示范带，花园村庄覆盖率达86%，荣获省新时代美丽乡村建设优秀区。荣获省生活垃圾分类工作优秀单位。完成污水零直排区建设任务，入选全国第三批节水型社会建设达标区。举办两岸一家亲·半屏山系列交流活动暨“双屏论坛”，连续两年荣获浙台经济社会融合发展突出贡献单位。

（四）惠民便民保民生，促进了基层治理能力提升。抓好教育优质发展，实施教育质量提升“扬帆行动”，启用温州市教师教育院洞头分院，率全市之先荣获省对区教育履职考核A等，教育现代化水平迈入省第一方阵。医共体改革成效获省政府督查激励。慢病管理改革成果入选国家基层卫生综合改革实践典型案例，创成国家慢性病综合防控示范区。体旅融合发展经验在全国社会力量办体育改革试点现场推进会作交流发言。“渔小二”做法获评省政府数字化转型优秀案例。承办生命健康院士研讨会。建设区级敬老院，投用亦家康养中心。实现省级平安区十五连创，成功捧回全省首批一星平安金鼎。打好扫黑除恶专项斗争收官战。有效运行区级矛调中心和四个街道乡镇分中心，创成全国信访工作“三无”区。深化移风易俗，实现本岛集中办丧全覆盖。全面落实防汛防台工作，打赢超强台风“黑格比”正面袭击洞头防御战。

（五）从严从实强党建，发挥了党的领导核心作用。旗帜鲜明加强党的领导，高站位落实全面从严治党主体责任，严格落实意识形态工作责任制，加强党管武装工作，构建大统战格局。加强领导班子和干部队伍建设，培养使用一批优秀年轻干部。落实高校毕业生招引“510计划”，新招引大学生1310人。抓牢基层组织建设，开展支部书记选育年行动，选优配强161名机关党务干部。高质量完成村级组织换届工作，基本实现村社书记主任“一肩挑”。村级集体经济总收入增长30.8%。深化清廉洞头建设，全力配合做好省委巡视工作，基本完成一届区委巡察全覆盖任务，驰而不息正风肃纪，共立案43件，处分33人次。

在肯定成绩的同时，我们也要正视发展短板和薄弱环节。一是经济高质量发展任务依然较重。受疫情等外部形势影响，多项经济指标增速低于预期，部分企业产能恢复不足，产业链不长；“四新经济”发展基础薄弱，创新平台、高层次人才支撑不强。二是民生短板补齐任务依然较重。优质教育、医疗、养老供给水平距离群众期待尚有差距，离岛“吃水难”问题尚未彻底解决，交通、供电、环保等基础设施建设还需加快。三是重大风险防范化解任务依然较重。影响社会安全稳定的隐患不少，风险防控化解机制仍需完善，应急救援、防灾减灾和公共卫生体系建设仍需加快。四是高素质党员干部队伍建设任务依然较重。一些党员干部思想解放不够，创新思维、担当魄力和治理能力与现代化建设要求还有差距。对此，我们要采取强有力措施加以解决。

二、高质量建设海上花园，高水平开启洞头全面建设社会主义现代化新征程

党的十九届五中全会是在我国进入新发展阶段、实现中华民族伟大复兴关键时期召开的一次具有里程碑意义的重要会议，为夺取全面建设社会主义现代化国家新胜利提供了科学指南。省委十四届八次全会围绕忠实践行“八八战略”、奋力打造“重要窗口”，提出了五大历史使命、十三项战略性抓手，向全省上下发出了争创社会主义现代化先行省的动员令。温州市委十二届十一次全会围绕奋力续写好新时代温州创新史、争创社会主义现代化先行市，作出了加快建设“五城五高地”，全力做强全省第三极、建好长三角南大门的部署，为全市发展指明了方向。

“十四五”时期是洞头加快赶超发展的五年。近期我区与瓯江口产业集聚区共同开展“十四五”规划和国土空间规划编制，形成了提交此次全会审议的《关于制定温州市洞头区国民经济和社会发展第十四个五年规划和2035年远景目标的建议》稿。建议稿落实上级要求、切合洞头实际、回应群众期盼，是开启全面建设社会主义现代化新征程的纲领性文件。

基于形势判断和区情实际，当前和今后一个时期洞头发展的总体要求是，高举习近平新时代中国特色社会主义思想伟大旗帜，深入贯彻党的十九大和十九届二中、三中、四中、五中全会精神，统筹推进“五位一体”总体布局，协调推进“四个全面”战略布局，坚持党的全面领导，坚持以人民为中心，坚持新发展理念，坚持深化改革开放，坚持系统观念，坚定扛起忠实践行“八八战略”、奋力打造“重要窗口”的政治使命，主动服务和融入新发展格局，以“真正把洞头建设成为名副其实的海上花园”为总目标，以“生态立区、旅游兴区、海洋强区”为主战略，以“一平台、两样板、五个岛”为主抓手，继续弘扬好海霞精神，推进区域治理现代化精细化，高质量建设海上花园，高水平开启洞头全面建设社会主义现代化新征程。

（一）坚持一张蓝图绘到底，谱写高质量建设海上花园新篇章。“真正把洞头建设成为名副其实的海上花园”是习近平总书记寄予洞头的殷殷嘱托，是洞头长期坚持的奋斗目标。近年来，区委常委会始终坚持政治定力、战略定力，沿着习近平总书记指引的路子阔步前进，一张蓝图绘到底，一任接着一任干，洞头经济社会发展取得了历史性成就，实现了从孤岛变半岛、海岛变城市、城市变花园的精彩蝶变。“十三五”时期是洞头打基础、优环境的阶段，生态建设取得了明显成效，一批标志性工程、引擎性项目接连落地。“十四五”时期，洞头进入了大投入、大建设的新阶段，我们必须坚持定力、坚守特色，把握高质量建设的要求，把握目标取向、工作导向、前进方向，推动洞头赶超发展。

一是构建海上花园目标体系。本届区委在海上花园建设过程中探索提出了“三区五海四中八化”的目标体系，是指导海上花园建设的总方略。随着发展实践的深入，我们要坚定“三区五海四中八化”的定性目标，运用综合发展评价指数的定量标准，与时俱进丰富海上花园的建设内涵。

二是突出三区战略引领。“生态立区、旅游兴区、海洋强区”是海上花园建设的主导战略，是引领洞头发展的总纲领。要推动“三区战略”迭代深化，促进“生态美、生活富、生产兴”有机统一。实施生态立区战略，争取生态人居全球典范。巩固提升生态文明建设成果，拉高标杆、争创一流，展现美丽中国“洞头风景”。实施旅游兴区战略，争取海岛旅游国际影响。突出文旅融合、主客共享、宜居宜游，扩大旅游内外开放，打造国际休闲度假型海岛旅游目的地。实施海洋强区战略，争取海洋经济全国示范。要综合开发渔、港、景等海洋资源，深耕海涂、做强海港、串联海湾，推动海洋经济高质量发展，打造海洋经济发展示范区。

三是锚定三步奋斗路径。高质量建设海上花园是一项系统工程，要分步骤分阶段推进。第一步，到2025年，力争主要经济指标翻一番，较好实现海上花园目标；第二步，到2030年，力争综合实力达到全市中等水平，全面实现海上花园目标；第三步，到2035年，与全国、省市同步基本实现社会主义现代化，高质量实现海上花园目标。

四是善用七条经验做法。要总结和固化海上花园建设好的经验做法，一以贯之抓好落实。第一，生态建设要坚持保护优先、有序开发，保持一个定力，做好保护修复提升三篇文章，栽花种树造沙滩，打造绿色发展的洞头标杆。第二，城乡建设要坚持全域振兴、均衡振兴，开展“五四竞赛”，通过农村美化、农房亮化、农民转化、农地彩化、农耕文化，实现城里人下来、农村人回来、游客住进来、百姓腰包鼓起来，拓展“五化四来”的洞头路子。第三，改革创新要坚持因地制宜、实事求是，勇于挑担子、敢于破除条条框框，构建差异发展的洞头标准。第四，发展赋能要坚持项目为王、招大引强，探索民资参投模式，激活赶超发展的洞头动能。第五，文化建设要坚持红色传承、价值引领，弘扬海霞精神，提升风气、正气、中气、人气、精气，汇聚同舟共济的洞头力量。第六，社会治理要坚持群防群治、共建共享，引导多元主体入网入格，让人人进组织、组织不漏人，切实把矛盾纠纷化解在萌芽状态，打造海上枫桥的洞头样板。第七，干部队伍建设要坚持政治领航、思想铸魂，用好选育“五标准”“五步法”，注重“忠诚、干净、担当、为民、激情”导向，整治“三不三乱”行为，巩固基层减负成果，锻造担当有为的洞头铁军。这些经验值得我们总结提炼，在今后发展实践中推广运用。

（二）着眼更高质量谋发展，打造“一平台、两样板、五个岛”新成果。“一平台、两样板、五个岛”是区委与时俱进谋突破的工作抓手。要坚决贯彻省委常委、市委书记陈伟俊调研洞头指示精神，发挥资源优势，增强平台、环境、功能支撑。一是高标准建设国家海洋经济发展示范区。实施海洋强区战略，推进大平台、大项目、大交通、大港口、大市政建设，打造民营经济参与海洋经济发展示范区、生态海岛美丽湾区建设示范区、陆海统筹发展示范区、海洋新兴产业发展示范区。二是高起点打造“两山实践、乡村振兴”海岛样板。践行“绿水青山就是金山银山”理念，加强生态保护，倡导绿色生活。深入实施乡村振兴战略，推进部省共建乡村振兴示范省先行区创建，建设美丽海洋、美丽城镇、美丽乡村、美丽田园，拓展强村富民新通道。三是高品质建设“国际旅游岛、临港产业岛、生命健康岛、科技创新岛、两岸同心岛”。五个岛是洞头发展的特色功能。要坚持“五岛共兴”，建设六大百亿工程，谋划总投资超1900亿元的210个重大项目，重点推进一批百亿元、十亿元、亿元产业项目落地，加快形成海上花园建设成果。建设国际旅游岛。开发青山欢乐岛、大竹峙星空岛、南策海钓岛，建设海霞小镇、同心旅游小镇、梦幻海湾小镇，推进游艇基地、海钓基地、铁三基地建设，打造浙南海上运动中心、国际邮轮中心、国际会议中心，创建国家全域旅游示范区，力争成为国家旅游度假区。建设临港产业岛。紧抓长三角一体化发展等国家机遇，重点推进环洞头峡海区、环黄大峡海区、环状元岙海区建设，有序推进深水港周边村庄改造，拓宽临港产业发展腹地，构建绿色石化、清洁能源、港航物流、现代渔业等海洋产业体系，力争成为海洋新兴产业集聚地。建设生命健康岛。主攻“一岛一镇一园一院”，建好霓屿健康养生岛，招引韵动海湾健康小镇，培育诚意药业健康产业园、加强高校与诚意药业合作，推动洞头与温州医科大学健康产业全面合作，建立“产、学、研、养”体系，力争成为区域医疗康养示范区。建设科技创新岛。贯彻人才强省、创新强省首位战略，承接温州“一区一廊一会一室”科创平台辐射效应，力争建设成为海洋科创策源地、高新技术孵化地、人才生活居住地。建设两岸同心岛。聚焦五个同心，落实海峡两岸（温州）民营经济创新发展示范区任务，建设省对台交流基地，办好双屏论坛，打造台胞筑梦家园，力争成为两岸融合发展示范区。

（三）对标四大建设抓机遇，开创瓯洞一体化融合发展新局面。洞头和瓯江口具有港口岸线、开放平台、政策叠加等优势，承载着打造温州城市向东拓展主窗口的使命。市委十二届十一次全会作出了大力推动瓯洞一体化的部署，我们要坚决贯彻市委指示精神，加快洞头与瓯江口规划共编、交通共联、港口共兴、平台共建、民生共享，发挥“1+1>2”的效应。要主动服务大局、主动承接分工、主动协同合作，借力发展、借梯登高，在融入“四大”建设、推进现代化中展现新作为。一是打造甬台温临港产业示范基地。对标大湾区建设，加快发展海洋经济、湾区经济，培育绿色石化、清洁能源等百亿产业集群，打造全省甬台温临港产业带的重要示范基地。二是打造全省大花园示范区。对标大花园建设，联动推进省级海岛公园，建设蓝色海湾工程、花园细胞工程，努力彰显“村村是花园、路路是风景、岛岛是乐园”的景象。三是打造浙南对外开放桥头堡。对标大通道建设，发挥“海港、陆港、空港、信息港”四港优势，协同推进温州综合保税区、跨境电商综合试验区、中国（浙江）自由贸易试验区温州联动创新区等重大平台建设，更好承接溢出效应，争取落地一批有影响力的项目、有含金量的政策。四是打造温州都市区东拓主平台。对标大都市区建设，要高品质打造滨海城区，坚持精心设计、精致建设、精细管理，全面提升规划建设管理水平，完善交通、市政、公共服务配套，促进人口集聚、功能集聚、产业集聚。

（四）把握发展大局走在前，开启洞头全面建设社会主义现代化新征程。党的十九届五中全会擘画了2035年基本实现社会主义现代化的宏伟蓝图。我们要把握新发展阶段、贯彻新发展理念、构建新发展格局，争取在社会主义现代化建设上走在前、作示范，当好排头兵。突出抓好六个现代化：一是推进产业体系现代化。强化科技赋能、数字赋能、项目赋能，构建特色鲜明、优势突出、竞争力强的现代产业体系，推进产业链、创新链、供应链发展，推进价值链持续向高端攀升。二是推进渔农业渔农村现代化。加快渔农村一、二、三产融合，做好新乡贤工作，加快建设数字乡村、数字渔业，推动渔农业全面升级、渔农村全面进步、渔农民全面发展。三是推进生态文明现代化。聚焦“天蓝海碧、岛秀湾美、礁奇滩净、绿色低碳、诗意逸居”的目标，深化美丽洞头建设，构建生态文明体系，促进高质量绿色发展，让绿色成为洞头发展最动人的色彩。四是推进公共服务现代化。加快补齐民生短板，更加重视教育、医疗、就业、社保、养老等民生实事，探索未来社区、未来村庄、未来景区建设，推进文化洞头、健康洞头建设，让改革发展成果惠及全区人民。五是推进区域治理现代化。重视构建党建统领的整体智治体系，深化“八治”实践，推进基层治理精细化，加强平安洞头、法治洞头、清廉洞头、智慧洞头建设，推动区域治理适应海岛发展变革、社会关系调整，加快从“事”向“制”“治”“智”转变。六是推进人的现代化。践行以人民为中心的发展思想，着眼人的全面发展和社会全面进步，改善群众生活品质，全面提升群众科学文化素质和文明素养，不断实现洞头人民对美好生活的向往。

三、奋战奋进二〇二一，确保“十四五”发展开好局

2021年是“十四五”规划的开局之年，做好明年工作，意义重大。要干成一批大事要事，坚决打赢“十四五”的开局首战。

（一）抓重大项目攻坚，打造海洋经济增长点。深化国家海洋经济发展示范区建设“1357”行动，实施百亿工程，谋划省“152”工程3个，落地开工亿元项目10个，推进97个重点建设项目，确保完成投资50亿元以上，力争社会资本投资占比保持在70%以上。实施国际旅游百亿工程，攻坚30个涉旅项目，建设青山欢乐岛，推进大门鹿西旅游一体化开发。实施临港产业百亿工程，加快小门西地块招商落地，盯引海上风电项目，建设温州LNG、华峰LNG两大百亿工程，投产优瑞欣化学、力强科技、华顺燃料油等项目，提速状元岙港区二期工程，保障集装箱吞吐量突破45万标箱。实施生命健康百亿工程，深化省级康养体系建设试点，加快温州社会养老福利院、精灵海岸养生庄园建设，打响“蓝色康养”品牌。实施科技创新百亿工程，招引状元南片数字产业城，加快建设海洋生态产业创新服务综合体。实施两岸同心百亿工程，加快白鹭湾、珑头湾、同心广场建设，招引台资项目落地，探索半屏进岛“一票制”，力争同心旅游小镇通过省级验收命名。

（二）抓产业循环畅通，稳固实体经济基本盘。积极服务国内大循环、融入国际大循环，推进产业链建链补链强链，培育新动能、新消费、新业态。抓企业稳增长，加快传统制造业数字化赋能、智能化改造，启动科技型企业新一轮“双倍增”行动，推进规上企业和高新技术企业“双迈进”，培育“隐形冠军”“专精特新”等成长型企业，新增小升规企业10家。抓招商扩投资，采取产业基金招商、新媒体招商等方式，促进贸易回归、制造回归、总部回归，实现到位内资18亿元。抓消费挖潜力，实施促进商贸消费升级三年行动，培育南洋国际大酒店—新天地商业综合体片区商圈，做大星光经济、赛事经济、会议经济，培育邮轮、铁三、海钓、帆船、游艇等业态，打造民宿、餐饮产业联盟，新增小上限企业12家。抓渔业促转型，大力发展生态养殖业，深耕海洋牧场，延伸“两菜一鱼”产业链，投用冷链中心、烘干中心等渔业项目，建成霓屿紫菜产业园，打造“从浪尖到舌尖”网上直销平台。抓服务优环境，深化海岛普惠金融改革试点，用好惠企“直通车”“企业码”等载体，构建“一中心双平台”亲清综合服务网络，帮助企业降本减负、畅通融资、拓展市场。

（三）抓城乡精致建设，共建幸福宜居新家园。大力度实施基础设施百亿工程，落实交通、供电、供水、市政设施建设三年行动，加快补短板、强功能。高品质实施“大建大美”。深化国土空间规划编制研究，提升新城二期海堤堤岸景观，推进老城中心街改造提升，做好状元南片城市规划，加快大门新区规划建设，推进霓屿新区建设，推动人流商流集聚。探索未来社区和未来村庄建设，推进老旧小区改造，保持房地产市场健康发展。建设陆域引供水第二通道、鹿西引供水工程，投用110千伏深水输变电工程。开展海塘安澜工程建设。高效率推进大干交通。对外构筑大通道，对内优化交通网，向上争取开展“两铁两高”前期工作，开工211省道洞头段，建成330国道延伸线疏港公路（一期），建设浙南水运中心项目，推进游艇码头规划、建设和招引工作，投用大门交通综合体，开展大门至本岛公交运营准备工作，推进城区道路成环成网。高标准加强城市管理。完善环卫保洁、农污运维等机制，提升生活垃圾分类群众参与率、投放准确率，确保高分通过第二轮省无违建区复评。

（四）抓生态环境提升，建设全域美丽大花园。推进省级山水林田湖草修复试点，打造生态海岸带示范段，争创国家级生态文明建设示范区。实施海岛公园建设三年行动，打造十大标志性工程。建成蓝色海湾二期项目，争取获批三期项目，打造国家级海洋湿地公园。实施“山海”五彩工程，展现“山上常绿、山腰多彩、岛上有花、海里有树”景象。高质量完成“无废城市”创建。投用城北、布袋岙水处理中心，建设小门西水处理中心，巩固污水零直排区创建成果。持续开展“五四竞赛”，深化“五农五化”实践，提升8个村庄经济总部园，巩固10条乡村振兴示范带建设成果。打造乡村公园，实施环境微改造、文化微植入，推进数字乡村建设、农村电商发展，让渔村美起来、渔民富起来。争取开展东屏街道省级乡村振兴集成创新示范建设，创建大门镇、鹿西乡美丽城镇样板镇，实施灵昆全域综合整治。推进石头房收储和整体保护性开发，打造“东海石厝”品牌。

（五）抓改革开放赋能，争当创新发展探路者。坚持以数字化改革撬动各领域各方面改革，加快党政机关数字化转型，推进数据共享、流程再造和业务协同，提升党政整体智治水平。谋划“两个健康”先行区创建2021版清单，打造“两个健康”十大特色工作。深化100件便民利企“一件事”改革，提升刷脸办、全域办、信用办便利度，加快实现“掌上办事”“掌上办公”。创新民资参投海洋经济发展模式，探索工业用地、无人岛“先租后让”改革，深化“标准海”改革。深化洞头标准改革，推进海岛综合管理集成改革，推出更多适合海岛实际的改革措施。深化“渔小二”改革，开展渔船电子证照改革试点。完善海区长效管理机制，推行“一平台”管理，探索以栽树、种菜、养鱼为主题的美丽海洋建设。开展渔港综合管理改革实践，建立“港长制”，打造渔港经济区。深入推进“蓝碳”试点，打造“蓝碳岛”。加快矿区开采市场化。做好机构改革和区属国企改革“后半篇文章”。加快推进长三角一体化发展20项措施落地见效，深化海产品供应、旅游营销、人才交流等合作。落实自贸区联动创新区建设任务。

（六）抓基层精细治理，夯实惠民安民基础桩。学习贯彻习近平法治思想，组织开展“平安护航建党百年”大会战，努力建设更高水平的法治洞头、平安洞头，持续提升人民群众获得感幸福感安全感。创建国家级义务教育优质均衡发展区，着力提高区域教育整体质量，深化集团化办学改革，加快教育重点工程建设，提升扬帆行动实效。配合做好仁济学院转设发展。深化公立医院综合改革和医共体建设，推进区人民医院改扩建工程暨公共卫生服务中心，深化“两慢病”全程精细化管理。开展北岙街道省级城乡社区治理和服务创新实验区创建，加快推进民政事业高质量发展。抓实促创业稳就业工作，实施促进就业技能培养“展翅行动”。做好洞头部分行政区划调整工作，按程序落实街道增设各项工作任务。完善退役军人服务保障体系。深入实施平安贴星行动，推广“七无”村社创建，强化海上安全、消防安全、交通安全等领域隐患整治，坚决遏制重大事故发生，确保全国平安建设先进区三连创。探索智慧矛调建设，推进“矛调中心、四个平台、全科网格、信访代跑”一体联动。提升依法治区水平，统筹推进依法执政、严格执法、公正司法、全民守法，构建法治化多元纠纷解决机制。开展海岛“全民授信”，加快构建以信用为核心的社会治理格局。深化智慧洞头建设，拓展智慧交通等智慧项目应用，开发一批能满足实际需求、跨部门应用的数据场景，探索综合指挥中心实体化运作。落实安全生产综合治理三年行动，用好“智慧应急一张图”平台，提升预警预报和应急救援能力。毫不松懈抓好疫情防控工作，落实“源头查控+硬核隔离+精密智控”机制，形成“人物”同防工作闭环。

四、坚定不移推进全面从严治党，奏响新时代洞头发展强音

明年我们党将迎来百年华诞，要牢牢把握新时代党的建设总要求，贯彻落实新时代党的组织路线，加快构建党建统领的整体智治体系，高质量完成省委巡视整改工作，深化全面从严治党，纵深推进清廉洞头建设，不断擦亮“海霞红”党建品牌，以新面貌新气象迎接建党100周年。

（一）全面加强政治建设，永葆对党忠诚的政治本色。坚持以政治建设为统领，学深悟透习近平新时代中国特色社会主义思想，不折不扣贯彻习近平总书记重要指示批示精神，落实中央和省市委重大决策部署，确保政令畅通、上行下效。全面压实巡视整改责任，健全专项整治长效机制，拓展巡视成果，净化政治生态，发挥巡视最大正面效应。深入实施铸魂工程、溯源工程、走心工程，落实不忘初心、牢记使命长效机制，不断增强“四个意识”、坚定“四个自信”、做到“两个维护”。发挥区委统揽全局、协调各方的领导核心作用，全力支持人大、政府、政协和监委、法院、检察院依法依章程履行职能，充分发挥工商联、无党派人士参政议政作用，认真做好老干部、党管武装等工作，高质量推进新时代党的群团工作，形成同舟共济促发展的生动局面。

（二）全面加强思想建设，培养信仰坚定的过硬品格。严格落实意识形态工作主体责任，加快“海霞红”网络生态瞭望哨建设，营造更加清朗的网络空间和风清气正的舆论环境。高标准开展庆祝中国共产党建党100周年系列活动，举办红色主题系列献礼活动，凝聚统一战线“百年耀荣光、同心跟党走”合力。大力弘扬海霞精神，全面打造新时代民兵建设“重要窗口”，建设过硬连队，启动海霞小镇一期工程，建成投用海霞学院，争取全省女干部培训基地落户。弘扬社会主义核心价值观，强化思想道德建设，建设“洞头好人工作室”，落实“春泥计划”，加强家庭家教家风建设，营造崇德向善的社会风气。加强基层阵地建设，做好农村文化礼堂、新时代文明实践站所“建管育用”，提升宗教事务依法管理水平。加快推进媒体深度融合发展。培育文化品牌，提升中国诗歌之岛、中国渔民画之乡影响力。

（三）全面加强干部队伍建设，锻造激情干事的洞头铁军。高质量做好区乡领导班子集中换届，推进“五强”领导班子建设。加强高素质专业化干部队伍建设，大力选拔使用敢担当、善作为的优秀干部，实施“源头活水”计划，探索实施全区中层干部竞聘，优化年轻专业干部结构。健全“干部为事业担当、组织为干部担当”的良性互动机制，落实干部关心关爱举措，深化全程积分考核、考核督查等干部赋能机制，激励干部敢于担当善作为、心无旁骛干事业。深化高校毕业生招引“510计划”攻坚行动，推动“才聚百岛、智汇洞头”。加快打造青年洞头，引进一批技术类、管理类、文创类等青年。深化产业工人队伍建设改革，培育金牌工人，提升劳动技能素质。

（四）全面加强基层基础建设，筑牢坚如磐石的战斗堡垒。扎实做好村社组织换届“后半篇文章”，全面落实新时代村社“健康运行十条”，完善建立“选用、激励、保障、退出”全链条管理，推行“云上村社”提升智治水平，让每个基层党组织成为坚强战斗堡垒。坚持“一切工作到支部”，深入实施“红色领航”系列工程，加大向工业园区、城市社区、旅游行业、教育系统等重点领域拓展力度。深入实施“双强红领”认证工作，深化党建指导师制度，培育专家型两新组织党务人才，实现两新党组织新发展。深入开展“最强支部·模范机关”创建，推动新时代机关党建高质量发展。

（五）全面加强清廉洞头建设，涵养风清气正的政治生态。严格落实全面从严治党主体责任，深化构建“四责协同”机制，持续推动纪律、监察、派驻、巡察“四项监督”有机贯通。实施巡察“回头看”，巩固提升巡察成果。坚决防止“四风”问题反弹回潮，力戒形式主义、官僚主义，健全基层减负增效长效机制，推动党风政风持续向上向好。深化清廉细胞创建，全面推进“五廉共建”，打造“海霞说事”品牌。注重运用监督执纪“四种形态”，突出对领导干部“关键少数”的监督和管理，做好查办案件“后半篇文章”，一体推进不敢腐、不能腐、不想腐，巩固发展反腐败斗争压倒性胜利。

同志们，蓝图已绘就，奋进正当时。让我们更加紧密地团结在以习近平同志为核心的党中央周围，在省委、市委的坚强领导下，充分凝聚各方智慧和力量，扬帆起航开新局，勇立潮头谱新篇，为高质量建设海上花园、高水平开启洞头全面建设社会主义现代化新征程而努力奋斗！

名词解释

“两手硬、两战赢”：“两手”指一手抓疫情防控、一手抓经济社会发展；“两战”指防控阻击战、发展主动战。

“六稳”：指稳就业、稳金融、稳外贸、稳外资、稳投资、稳预期。

“六保”：指保居民就业、保基本民生、保市场主体、保粮食能源安全、保产业链供应链稳定、保基层运转。

“五排查五清零”：指排查清零农村年家庭人均收入8000元以下现象、农村困难家庭危房户和无房户、因病致贫困难群众、可享受而未享受社会救助政策对象、零就业家庭。

“污水零直排区”：指将生产、生活和经营活动产生的污水通过截污纳管、统一收集、经处理达标后排放到环境的区域。

“四新经济”：指“新技术、新产业、新业态、新模式”的经济形态。

“五城五高地”：“五城”指东南沿海区域中心城市、全国性综合交通枢纽城市、全国民营经济示范城市、改革开放标杆城市、生态宜居幸福城市；“五高地”指科创高地、文化高地、教育高地、医疗高地和新消费高地。

“海上花园”综合发展评价指数：指以“五位一体”为总体布局，聚焦聚力高质量发展，构建包括生态建设、经济发展、社会民生、文化生活和政府治理共5项一级指标、21项二级指标，80项三级指标的体系基本架构。

“五标准”：指忠诚、干净、担当、为民、激情。

“五步法”：指单位推、组织核、平台练、群众评、集体定。

“一区一廊一会一室”：指温州国家自主创新示范区、环大罗山科创走廊、世界青年科学家峰会和瓯江实验室。

“五个同心”：指文化、旅游、经贸、基层、青年同心发展。

“八治”：指政治、法治、智治、网治、群治、贤治、信治、德治。

国家海洋经济发展示范区建设“1357”行动：指突出一个中心，推进三大重点项目，聚焦五大体系支撑，打造七大标志性工程。

“隐形冠军”：指在国内或国际市场上占据绝大部分份额，或者掌握的核心技术居于行业领先，但社会知名度很低的中小企业。

“专精特新”：指具有“专业化、精细化、特色化、新颖化”特征的工业中小企业。

“一中心双平台”亲清综合服务网络：“一中心”指商会综合体服务中心；“双平台”指温馨老家平台、人才招聘平台。

海塘安澜工程：指全面提高沿海防台御潮能力、防范化解重大风险、确保沿海安澜的水利工程。

“两铁两高”：“两铁”指温州城市轻轨S1线延伸至霓屿甚至本岛、大小门岛港区的铁路疏港支线；“两高”指温州绕城北高速二期疏港东延线、金丽温高速洞头东延线。

山海五彩工程：指添彩、扩彩、补彩、增彩、布彩。

“无废城市”：指持续推进固体废物源头减量和资源化利用，最大限度减少填埋量，将固体废物环境影响降至最低的城市发展模式，也是一种先进的城市管理理念。

“七无”村社：指“无违法上访、无刑事治安案件、无邪教、无黑恶势力、无公共安全事故、无毒害、无群体性事件”村社。

“四责协同”：指党委主体责任、纪委监督责任、党委书记第一责任和班子成员“一岗双责”责任。

政府工作报告

（2021年2月23日）

一、回顾“十三五”发展和2020年政府主要工作

“十三五”时期，是洞头撤县设区后具有里程碑意义的五年。区政府坚持以习近平新时代中国特色社会主义思想为指导，全面落实市委市政府和区委决策部署，保持定力、坚守特色，干成了一批具有战略性全局性的大事，化解了一批时间跨度长的历史遗留难事，办成了一批洞头人民期盼已久的实事，较好完成了“十三五”规划确定的主要目标任务，高水平全面建成小康社会取得决定性成就。地区生产总值从2015年的73.15亿元提高到114.42亿元，一般公共预算收入从5.42亿元增加到10.02亿元，金融存贷款余额实现翻番增长；城乡居民人均可支配收入分别从34674元、18365元提高到52279元、32295元，两项收入比例为1.62∶1，均衡度排名全省前列。

五年来，我们综合施策稳增长，海洋经济实现新跨越。实施海洋强区“5431”行动，获批建设国家级海洋经济发展示范区，以此打造洞头经济领域最高层级平台。抓牢项目“牛鼻子”，招引落地亿元以上产业项目30个，浙能、华港两大LNG百亿工程上马，交建工业化基地、紫菜现代产业园、青山欢乐岛等一批重点项目开工，PPP项目推广获国务院通报表彰，获评全省有效投资先进区。渔农业加快转型，远洋捕捞实现全市零的突破，“白龙屿”“黄鱼岛”打响生态大黄鱼品牌，获评国家级渔业健康养殖示范区和省级渔业转型发展先行区。工业提质增效明显，新增规上

企业8家、产值超亿元企业4家，诚意药业成为全省海洋医药第一股。建筑业总产值规模突破百亿元，五年增长9倍。港口经济迈上快车道，状元岙港新增5条国际航线，集装箱吞吐量从2.3万标箱跃至41万标箱，国际邮轮港开港运行，海运业运力规模领跑全市。全域旅游蓬勃发展，形成13个民宿集聚特色村落，民宿发展和体旅融合经验在全国现场会交流，女子民兵连纪念馆入选全国红色旅游经典景区，同心旅游小镇创建省级特色小镇，创成全省首批全域旅游示范区。

五年来，我们持之以恒抓建管，城乡面貌得到新提升。市区一体化加快实施，区域规划纳入温州城市总规。交通建设持续发力，投用330国道、甬台温高速复线、南口大桥、大门大桥、S1轻轨线瓯江口段，筑起洞头南北连陆大通道，融入大都市区发展格局基本形成。开通大门隧道、新垄隧道、霓新隧道、美沙隧道，大门环岛公路全线贯通，鹿西综合交通码头正式启用，创成美丽经济交通走廊省级示范区，城乡内循环能力大大增强。城市功能不断完善，完成城市特色风貌、村庄布点等研究，新城二期、状元南片、布袋岙新区、长沙片区建设全面升级，电网向220千伏电压等级飞跃。城乡危旧房全面清零，成功创建全省首批“无违建”区。小城镇环境综合整治圆满收官。获评省生活垃圾分类先进区。大手笔建设“智慧城市”，组建大数据管理中心，完成智慧交通、智慧旅游等13个项目，智慧综治获中央政法委肯定。聚焦“五农五化”，开展“五四竞赛”，历时三年让72个渔村变花园，建成44个省新时代美丽乡村、10条乡村振兴示范带，获评省美丽乡村示范区，入选部省共建乡村振兴示范省先行创建区。

五年来，我们厚植优势促转化，绿色发展催生新蝶变。全力做好环境保护、修复、提升三篇文章，创成全省首批生态文明建设示范区，入选全国第二批“绿水青山就是金山银山”实践创新基地。蓝湾整治成为全国样板，完成渔港清淤疏浚157万立方米，修复沙滩15万平方米，建设海洋生态廊道23.7公里，带来“黄沙变黄金”效应，入选自然资源部十大典型案例和国土空间生态修复案例，亮相新中国成立70周年成就展。成功举办蓝湾国际论坛和全国现场会，“蓝湾指数”成为国家行业标准。积极扮靓全域景观，实施“花园洞头”系列工程，人均公园绿地面积从10平方米提高到14.8平方米，入选浙江十大海岛公园。“五水共治”成效显著，全面消除劣V类水体，完成入海排污口规范化整治，夺得治水大禹鼎，获评全国节水型社会建设达标区。创成全省首批空气清新示范区，生态环境质量公众满意度居全省前列。

五年来，我们抢抓机遇重保障，改革开放进入新阶段。坚定扛起探路者使命，推动各领域改革纵深拓展。高质量完成新一轮政府机构改革，职能配置不断优化。“最多跑一次”改革获省政府督查激励，“渔小二”做法经验在全省复制推广。“两个健康”180项政策清单落地见效，带动社会投资量快速增长，占有效投资比重达到75%。全力攻坚历史遗留问题，完成名品广场、东港休闲中心等29个“僵尸项目”处置，盘活低效利用土地2200亩，南洋国际大酒店建成营业，马岙潭景区成功收回，营商环境大为改善。大胆探索“洞头标准”改革，发布小型休闲船艇管理等23项标准，破解了海岛治理众多难题。实施“亩均论英雄”和“标准地”改革，开展养殖海区规范整治，资源利用更加科学高效。实体化运作城发、旅发公司，国企改革逐步深化。海岛普惠金融创新试点纳入温州金改2.0版，地方金融生态持续优化。科创氛围日趋浓厚，聘请11名院士为发展顾问，建立3个院士专家工作站，新增6家国家高新技术企业、37家省市科技型企业，引进205名中高层次人才，4900余名大学生回乡创业。开放合作越来越广，获批建设海峡两岸（温州）民营经济创新发展示范区重点平台、省对台交流基地，与奥地利魏茨市建立友好交流关系，与上海崇明区开展结对合作。

五年来，我们多措并举解民忧，人民群众获得新实惠。全区财政每年用于民生支出占一般公共预算支出70%以上，办成“明眸皓齿”、城市书房、公交出行等一大批民生实事。创成温州首个省级教育基本现代化区，教育现代化水平进入全省第一方阵。投用温州医科大学仁济学院、实验小学等高品质校园，开办洞头乐成寄宿中学，全面实施集团化办学，每个街镇至少有1所公办幼儿园。健康洞头建设大步推进，完成区中医院、霓屿社区卫生服务中心、鹿西卫生院等新院搬迁，获批省综合医改先行先试区、全国慢性病全程健康管理试点，“医共体”改革获省政府督查激励，人均预期寿命提高到81.92岁。投用区文体中心、区文化馆，成功举办一系列品牌赛事活动，荣获全国铁三“重要贡献城市”称号。“兰小草”成为温州首位“感动中国”年度人物。不断完善社会保障体系，新增城镇就业6800人，基本养老保险、医疗保险参保率分别达98.29%和99.65%。创成省级无欠薪区、食品安全区。街镇居家养老服务中心实现全覆盖。住房公积金实缴职工超过1.1万人。建成区殡仪服务中心，移风易俗带动全社会形成文明节俭新风尚。圆满完成大规模村社调整和组织换届。社会保持和谐稳定，建成区级矛调中心，获评全国无邪教创建示范区、信访工作“三无”区，捧回全省首批一星平安金鼎，蝉联全国平安建设先进区。

各位代表，刚刚过去的2020年，是“十三五”收官之年，也是洞头改革发展进程中极不平凡的一年。面对严峻复杂的国际形势和新冠肺炎疫情冲击，区政府认真贯彻落实习近平总书记考察浙江重要讲话精神，科学应变、主动求变，凝聚强大合力克难攻坚，交出了一份人民满意的高分报表。地区生产总值增长6.9%，一般公共预算收入增长3.2%，城乡居民人均可支配收入分别增长5.5%和7.8%。回顾这一年工作：

最动人心魄的是，我们围绕“两手硬、两战赢”，疫情防控和复工复产取得了阶段性胜利。坚持人民至上、生命至上，同风险赛跑、与病毒较量，筑起联防联控、群防群控、智防智控的坚固防线，仅用12天实现确诊病例零新增，45天实现住院病例全清零，彰显了洞头担当、洞头力量。在风险可控的前提下，最快速度推动复工复产，率全市之先实现规上企业全复工。深化“三强两促”“三服务”行动，推出“27条”“10条”等惠企措施，累计兑现资金1.65亿元，发放小微企业信用贷款4.11亿元，注入稳企强心剂。进入常态化防控阶段后，慎终如始抓好“外防输入、内防反弹”，推进冷链物防、入境人员一体防控，建成区人民医院PCR实验室，全面提升监测预警、核酸检测能力，实现疫情防控平稳有序。

最振奋人心的是，我们努力化危为机，经济转型发展增添了新动能。全力以赴落实争先创优行动，组建“1+14”专班强势攻坚，实现经济高质量回升。18项主要经济指标排名全市前三，其中地区生产总值、三大产业增加值、有效投资等9项指标增速全市第一。打好全面促进消费组合拳，新增经营主体157家，限上批零销售额、住餐营业额分别增长32.5%和17%。推出文旅消费季活动，开通飞机班、动车班、散客班，文旅品牌主题宣传口号、Logo、吉祥物全新亮相，海岛旅游逆势翻红。沙滩经济、民宿经济成为最大亮点，“东屏星光”上榜浙江美丽乡村夜经济精品线，隔头村入选全省首批民宿助力乡村振兴改革试点，获评省文化和旅游产业融合发展十佳区（县）。

最值得铭记的是，我们圆满完成洞头先锋女子民兵连建连60周年系列活动，海霞精神历久弥新。完成女子连纪念馆改造提升，办好纪念大会、军事会演、文艺展演等活动，习近平总书记作出勉励指示，中央军委国动部党委发来贺信，省委、省政府、省军区高度肯定，产生了巨大的政治效应、国防效应、社会效应。开展“全国媒体海霞采风行”活动，各级媒体刊发报道910条，亮相《新闻联播》2分钟，充分展现了海霞巾帼风采和海上花园魅力。提炼新时代海霞精神内涵，加快海霞基地项目建设，完善海霞学院培训体系，创新军事体验、青少年研学等红色旅游线路，推出“五个一”特色内容，进一步擦亮“海霞”名片，传承了红色基因，凝聚了各方力量。

最具幸福感的是，我们扎实做好“六稳”“六保”工作，高水平全面建成小康社会“一个都不少”。坚持以人民为中心的发展思想，坚决打赢防范化解重大风险、精准脱贫、污染防治三大攻坚战。利用政策“窗口期”机遇，加大向上争取力度，获得省市海洋经济发展资金补助2.37亿元，10个项目获专项债资金3.5亿元，获批企业债券发行5亿元、低成本央行再贷款资金2.65亿元，为基础设施建设和实体经济发展蓄好“资金池”。强化脱贫攻坚，所有低收入农户全面落实“两不愁三保障”工作。与四川南部县携手奔小康，荣获全省东西部扶贫协作“组织工作奖”。狠抓中央环保督察反馈意见整改，达成“污水零直排”全域覆盖目标。织密民生安全保障网，打赢“黑格比”台风正面登陆防御战，加大教育、就业、医疗、社保等方面投入，文化发展指数综合排名全市第一。此外，民宗、统计、侨务、外事、史志、档案、气象、供销、反走私和关心下一代等工作取得新成绩，工青妇、文联、社科联、残联、工商联、红十字、慈善等事业加快发展。

最令人欣慰的是，我们致力于加强政府治理效能，干部队伍在历练中得到成长。巩固“不忘初心、牢记使命”主题教育成果，严格落实意识形态工作责任制，以全面从严治党引领高质量发展。注重科学民主决策，主动接受各方监督，高质量办理人大建议、政协提案。推进法治政府建设，圆满完成“七五”普法，法治建设社会满意度排名全省前列。严格落实中央八项规定精神，“三公”经费下降11.88%，“四风”突出问题得到有效遏制。完成14个重点审计项目，核减工程造价3919.9万元。从严查处违纪违法行为，累计立案46起，党政纪处分37人次。政府数字化转型加快推进，集成优化“网上办”“掌上办”。加强清单工作法、“项目盯”等抓落实机制，基层减负做法入选省改革优秀实践案例。对标“重要窗口”建设，干部队伍在大战大考中不断提升本领，精神面貌焕然一新。

各位代表，过去五年的成绩来之不易，这是区委坚强领导、科学决策的结果，是区人大、区政协有效监督、鼎力支持的结果，更是全区干部群众和衷共济、奋发有为的结果。在此，我代表区人民政府向全区人民，向人大代表、政协委员和离退休老干部，向工商联、人民团体和社会各界人士，向驻岛部队、武警官兵和公安干警，向所有关心支持洞头建设发展和抗疫工作的海内外朋友们，致以崇高的敬意和衷心的感谢！

在总结成绩的同时，我们也清醒地看到，当前洞头经济社会发展还面临不少困难和问题。一是受疫情等外部形势影响，经济运行不确定性因素增多，重大产业平台、科技人才支撑不强，“四新”经济培育不足，经济结构优化和产业转型升级需加力加速。二是城市化水平与城市能级总体偏低，与温州中心城区定位不够匹配，交通、供电、环保等基础设施建设相对滞后，城市经济业态不够丰富。三是民生事业仍有短板，教育、医疗、养老等优质公共服务供给与群众期盼还有差距，影响社会安全稳定的隐患仍有不少，社会治理、应急救援水平有待提高。四是少数干部思想解放不够，创新意识、奋斗精神还不能适应新时代要求。对此，我们一定高度重视，采取有力措施加以解决。

二、“十四五”发展目标和主要任务

“十四五”时期，我们将踏上全面建设社会主义现代化国家新征程。党的十九届五中全会举旗定向，擘画了中国未来发展新蓝图；浙江提出五大历史使命、十三项战略抓手，发出了争创社会主义现代化先行省的动员令；温州作出了加快建设“五城五高地”，全力做强全省第三极、建好长三角南大门的部署。中央、省市的战略布局，上下承接、环环相扣，为洞头“十四五”发展指明了方向，只要我们因势而谋、乘势而进，就一定能够谱写高质量发展的壮美诗篇。根据中共温州市洞头区委《关于制定温州市洞头区国民经济和社会发展第十四个五年规划和2035年远景目标的建议》，区政府编制了“十四五”规划纲要（草案），提请大会审议。

按照区委一届九次全会部署，我区“十四五”发展的指导思想是：高举习近平新时代中国特色社会主义思想伟大旗帜，深入贯彻党的十九大和十九届二中、三中、四中、五中全会精神，统筹推进“五位一体”总体布局，协调推进“四个全面”战略布局，坚持党的全面领导，坚持以人民为中心，坚持新发展理念，坚持深化改革开放，坚持系统观念，坚定扛起忠实践行“八八战略”、奋力打造“重要窗口”的政治使命，主动服务和融入新发展格局，以“真正把洞头建设成为名副其实的海上花园”为总目标，以“生态立区、旅游兴区、海洋强区”为主战略，以“一平台、两样板、五个岛”为主抓手，继续弘扬好海霞精神，推进区域治理现代化精细化，高质量建设海上花园，高水平开启洞头全面建设社会主义现代化新征程。

“十四五”时期经济社会发展的主要目标是：在质量效益明显提升基础上实现经济持续健康较快发展，到2025年，地区生产总值力争突破220亿元（含瓯江口区域80亿元），成为全市经济发展最快区；一般公共预算收入突破20亿元；城乡常住居民人均可支配收入年均分别增长7.5%和8.5%。总体上，我们围绕2035年远景目标，锚定三步走奋斗路径：第一步，到2025年，地区生产总值、一般公共预算收入、规上工业增加值、旅游产业增加值、集装箱吞吐量等5大指标实现倍增。第二步，到2030年，力争综合实力达到全市中等水平。第三步，到2035年，地区生产总值突破440亿元（含瓯江口区域190亿元），与省市同步基本实现社会主义现代化，高质量实现海上花园目标。

为实现上述目标，我们要坚持“三区战略”为引领，一张蓝图绘到底。一是深化生态立区战略，争取生态人居全球典范。巩固提升生态文明建设成果，拉高标杆、争创一流，展现美丽中国“洞头风景”。二是深化旅游兴区战略，争取海岛旅游国际影响。突出文旅融合、主客共享、宜居宜游，推动景点旅游向全域旅游转型、国内旅游向国际旅游拓展。三是深化海洋强区战略，争取海洋经济全国示范。综合开发渔、港、涂等海洋资源，积极参与全省“两区”“两带”建设，推动海洋经济高质量发展。为此，要切实把握五个关键：

一要坚持融入融合，助推瓯洞一体化进程。瓯洞一体化是温州优化城市空间格局的重要内容，要坚决贯彻落实市委、市政府决策部署，做好“五个共”：一是共绘融入大都市区新蓝图。联动编制“十四五”规划和国土空间总体规划，构建洞头本岛、瓯江口“两核”和大门—鹿西协同发展极，统筹经济社会各领域发展，努力建设温州大都市区东拓主平台。二是共建互联互通设施网。加快构建“三横三纵、三铁三港”对外综合交通网络，统筹建设供水、供能、电力、环卫、通信“五张网”，开展新基建项目战略合作，赋能瓯洞一体数字化转型。三是共筑浙南对外开放桥头堡。充分发挥大小门岛、状元岙港和瓯江口综保区口岸优势，深化区港联动，共建保税贸易基地、油品贸易基地，在温州深度融入“一带一路”建设中迈出洞头步伐。四是共兴海洋经济发展示范区。明晰产业导向，形成瓯洞分工协作、优势互补、错位发展的海洋产业格局，打造甬台温临港产业示范基地。五是共创高效便民幸福城。聚焦瓯洞社会民生事业对接融合，推进教育、医疗、文体等公共服务资源共建共享，促进社会保障、社会治理等公共管理事务一体化，增强同城发展福祉。

二要坚持创业创新，构建海洋经济高质量发展体系。紧扣国家海洋经济发展示范区这一主平台，统筹陆海开发空间，引导社会资本积极参与，培育海洋经济发展新增长点。主要抓手是打造“五个岛”：一是打造国际旅游岛。创建国家全域旅游示范区、国家AAAAA级旅游景区和国家级旅游度假区，形成滨海运动、乡村旅游、休闲度假、会议会展、邮轮游艇、海渔文创、红色海霞等产品体系，打响“海上花园·百岛洞头”旅游品牌，建设国内一流、国际高端的长三角休闲旅游度假目的地。到2025年，旅游业增加值超20亿元。二是打造临港产业岛。围绕环洞头峡、黄大峡、状元岙“三个海区”，开拓临港产业发展腹地，加快绿色石化扩能延链，推进港航物流提质升级，促进传统制造业改造提升，力争成为海洋新兴产业集聚地、浙南海洋经济增长极。到2025年，规上工业增加值突破55亿元。三是打造生命健康岛。主攻“一岛一镇一园一院”，建好霓屿健康养生岛，打造韵动海湾健康小镇，培育诚意药业健康产业园，推动洞头与温州仁济学院全面合作，力争成为区域医疗康养示范区。到2025年，生命健康产业营收规模突破15亿元。四是打造科技创新岛。落实创新首位战略，强化数字赋能实体经济，努力成为海洋科创策源地、高新技术孵化地、人才生活居住地。到2025年，研发经费支出占GDP比重达到2.5%，数字经济增加值占GDP比重达到50%。五是打造两岸同心岛。建设省对台交流基地，提升“双屏论坛”品牌影响力，协同推进对台经贸文化交流，建成联动浙闽台、融入长三角的桥头堡。

三要坚持精品精致，焕发海岛城市独特魅力。实施新型城镇化发展战略，三年大攻坚、五年见长效，全面优化城乡功能品质，打造“绿水青山就是金山银山”实践和乡村振兴海岛样板。重点实施“五个行动”：一是综合交通建设行动。构建内畅外快交通网，打造以海西湖区域为核心、多点布局的浙南水运中心，发挥“海上门户”作用。二是市政设施建设行动。加快城市有机更新，完善慢行系统、污水处理等市政设施，提高供水供电“双回路”保障能力，努力建设宜居城市、海绵城市、无废城市、智慧城市。三是海岛公园建设行动。统筹推进花园洞头、美丽海湾、海洋湿地等建设，打造天蓝、海碧、地绿的生态环境，不断拓宽“绿水青山就是金山银山”转化通道，加快一二三产融合发展。四是海岛乡村振兴行动。进一步建设美丽乡村升级版，壮大乡村产业经济，推动城乡融合改革，打造一批生态美、产业兴、乡风好、百姓富的乡村公园。五是商贸消费提升行动。打好强商、旺客、兴市等组合拳，培育新消费、新供给、新流通、新环境，实现消费指数量化、商业业态优化、旅游效益转化，居民消费率稳定在45%以上，社会消费品零售总额达到55亿元。

四要坚持共治共享，建设现代化幸福美好家园。以优质普惠为方向，以增进民生福祉为落脚点，以现代化建设为支撑，系统完善人的全生命周期服务，构建促进共同富裕的有效机制。重点建设“五个洞头”：一是“学在洞头”。加快建设教育高质量发展体系，优化教育资源布局，强化优秀教师“引、育、留”工作，打造一批“家门口的好学校”。二是“医养洞头”。深化公立医院综合改革和“医共体”建设，统筹医疗资源配置，突出医养结合，打响“养心”品牌。三是“文化洞头”。传承优秀传统文化，强化公共文化服务供给，加快发展海岛特色文化产业，共筑闽瓯文化交融高地。四是“青年洞头”。健全高标准、多层次社会保障体系，拓宽就业渠道，完善创业生态系统，让洞头成为美好家园、创业乐园，吸引更多年轻人来到洞头、留在洞头。五是“智治洞头”。构建“大数据+公共服务”平台，推动从“事”向“制”“治”“智”转变，持续激发市场活力和社会创造力，打造新型治理形态，奋力开创区域现代化治理新局面。

五要坚持善作善成，凝聚赶超发展强大合力。建立强有力的工作协同运转机制，确保宏观决策、中观实施、微观落地高效贯通。关键发挥“五个作用”：一是党的领导核心作用。切实把党的领导落实到各领域各方面，汇聚起奋斗“十四五”、奋力新跨越的强大力量。二是改革牵引撬动作用。树立革故鼎新、守正出新的改革观，找到海岛地区赶超发展的“桥”和“船”，加快构筑洞头面向未来的制胜优势。三是战术方法推动作用。坚持整体观和系统论，不断完善海上花园建设的目标体系、工作体系、政策体系、评价体系，在实践中助推“干法”的迭代升级，多元立体地展示重要窗口形象。四是海霞精神激励作用。大力弘扬海霞精神，引导全区干部群众奋勇争先、克难攻坚，持续激发干事创业精气神。五是人民群众主体作用。充分发挥人民群众的积极性、主动性、创造性，最大限度集中全区人民的智慧和力量，聚沙成塔谋发展、促发展。

三、全力以赴做好“十四五”开局工作

今年是“十四五”开局之年，更是建党100周年、两个百年目标交汇与转换之年。我们将聚焦聚力高质量发展、竞争力提升、现代化先行，以开局抢跑、起步冲刺的昂扬姿态，全力迈好第一步、展现新气象。全区经济社会发展的主要预期目标是：地区生产总值增长8%左右；固定资产投资实际增长20%以上；一般公共预算收入增长10%，力争15%；城乡居民人均可支配收入分别增长8%和9%；研发经费支出占GDP比重达到1.8%；确保完成上级下达的能源和环境指标计划。重点抓好八个方面工作：

（一）高要求做好疫情常态化防控。进一步落实“外防输入、内防反弹”防控策略，深化“源头查控＋硬核隔离＋精密智控”工作机制。着力堵漏洞、补短板、固根基，筑牢“人物并防”、监测预警、集中管控、医疗救治、疫苗接种、健康宣教“六道防线”，严密抓好入境人员、中高风险地区来人和高风险岗位重点人群闭环管理，确保冷链物防闭环管控，确保不出现集聚性疫情，确保不发生院内感染，确保不发生疫情风险点失管漏管，力争不发生本土新增病例，继续交出防疫高分报表。

（二）高强度抓好有效投资。一切围绕项目转、一切围绕项目干，保持有效投资高增速与优结构的平衡。

全力推进重点项目。加快小门岛、状元岙港区、新城二期、东沙片、半屏岛等重点区块建设，提升战略承接力、中心带动力。采取指标化、清单化、闭环化管理，定责任单位、定责任人、定时间节点，稳步推进97个重点建设项目，谋划3个省“152”工程，完成固定资产投资50亿元以上，进一步优化投资结构。

全力开展重点招商。深化“1+3+N”招商机制，建立招商云系统，实行意向投资项目“双评估”，开展云端招商、新媒体招商、以商招商。利用招商地图，围绕绿色石化、建材、海（水）产品、生命健康、机械汽配、传感器等产业链条，建立“链长”机制，将产业链提升与招商引资、招才引智协同推进，实现强链、补链、畅链。谋划30个亿元以上招商项目，落地开工10个，确保到位内资20亿元。优化招商引税政策，新增地方综合贡献1.5亿元以上。

全力保障重点要素。完成温州市国土空间规划编制洞头版块研究，整合各项功能规划，实现多规合一。深入推进“结构生财”改革，打好财税政策组合拳，健全街道（乡镇）协税护税机制。实施融资畅通工程升级版，强化金融保障。深化“拓空间强保障”专项行动，新增工业供地800亩，争取农转用增存挂钩指标奖励。完善水电配套设施，建成110千伏深水输变电、大门产业基地应急引水工程和配水管网，开工本岛陆域引调水第二通道、鹿西大陆引水工程，实施市区城乡供水一体化。紧盯重大政策处理事项，及时拔钉清障，确保项目无障碍施工。

（三）高质量推进产业转型升级。积极建设大平台，发展大产业，确保国家海洋经济发展示范区建设通过省级评估。

发展现代渔农业。深入实施渔业产业数字化发展项目。基本建成紫菜现代产业园，投用初级加工厂、综合育苗基地，实现冷链物流中心主体结顶。推进海洋牧场建设，实行养殖海区“一张图”管理，完成半屏羊栖菜养殖海区景观化建设。规范跨区域渔船交易管理，加大“一打三整治”工作力度，引导渔民转产转业。持续开展渔获物“从浪尖到舌尖”行动，建设“瓯越鲜风”和特色农产品展示展销中心。做好新形势下灵昆农业发展文章。

努力壮大临港工业。放眼甬台温临港产业带发展，编制临港产业布局和岸线利用规划。完善大小门岛基础配套设施，推进市政路网、污水处理厂、消防站等工程，建设小门化工智慧园区，确保华顺燃料油、力强助焊剂、优瑞欣有机硅等项目建成投产。开工建设浙石油温州储能中心，加快推进浙能、华港LNG项目，结合小门岛和状元岙港C区开发利用研究，谋划延伸临港工业产业链，争取百亿级项目落地小门西片。

大力发展滨海旅游业。加快省级海岛公园、海洋旅游度假区建设，促进文旅、体旅等融合发展，争创国家全域旅游示范区。加快建设珑头湾、梦幻海湾、白鹭湾等引擎项目，提速青山、南策等主题岛开发，推进大门-鹿西旅游一体化。提升景区品质，开工建设马岙潭一期，实施大沙岙景区提升工程、半屏旅游交通一体化管理，完成韭菜岙村旅融合项目主体工程。培育旅游新业态，启动海钓服务基地建设，规划发展游艇、游轮产业，引进国内首条游轮旅游线路，开发洞头至北麂“跳岛游”产品，助推旅游体验向海拓展。争取中国休闲海上运动中心落地，努力打造全国知名的海洋运动活力中心。做好红色旅游文章，加快海霞小镇建设，建成海霞学院项目。精心办好妈祖平安节、七夕成人节等特色活动。全年旅游业增加值达到10亿元以上。

扶持培育新兴产业。积极开发利用海洋空间，推进海上风电项目建设，发展海洋工程装备等高端制造业。建成大健康研究院，加快推进诚意药业年产1000吨超级鱼油项目，努力吸引全球海洋生物医药重大项目落户。积极培育工业互联网、工业设计、文化创意、检验检测认证等生产性服务业企业，集聚发展总部经济。实施数字经济“一号工程”，推进大门冷能数据中心建设，实现全区5G网络全覆盖，数字经济核心产业增加值增速达到10%以上。

持续深化“两个健康”创建。不断优化营商环境，打造“三服务”2.0版，探索“综合查一次”模式，让“好时不扰、难时出手”成为新常态。分类调整阶段性惠企政策，用好“直通车”“企业码”等载体，为企业减负3亿元以上。推进海洋产业园区提质增效，实现工业企业亩均评价全覆盖，培育“隐形冠军”“专精特新”等成长型企业，新增规上企业10家以上。加快建设华田特种钢、方舟机械等项目，做好电子电器、传感器等产业高端化、智能化、绿色化升级，助推企业回归。构建内外联动的新型商会体系，办好民营企业家节系列活动，引导企业家健康成长。

（四）高水平扩内需、促开放。充分发挥洞头资源优势，积极参与国内大循环、国内国际双循环，在构建新发展格局中勇当开路先锋。

助力消费扩容升级。加快新城二期、九厅、中心街商圈项目建设，整合南洋国际大酒店—新天地片区商业业态，提升新城商厦、森活之家、锦之美广场等小型综合体。精心打造1条餐饮示范街、3条星光经济带，至少形成10家示范企业、20家示范店，创建“百县千碗”体验店。制定“喊你来开店”举措，推进国有闲置商铺资源利用。整合共享民宿资源，至少打造4个民宿联盟，实现主营收入1500万元以上。培育多元化消费业态，积极拓展研学教育、海创文化、体育赛事、会议会展、线上直播等消费领域。全年限上批发、零售销售额各增长15%，餐饮、住宿营业额均增长20%。

提升对外开放水平。积极参与温州华商华侨综合发展先行区、自贸区联动创新区建设，开展“跨境贸易+内销转型”双畅通行动，努力承接温州综合保税区溢出效应。鼓励企业开拓国际市场，做大与东盟、欧盟贸易经济圈，完成出口5000万美元。制定物流业发展政策，探索建设现代物流园区和智慧仓配基地，港口货物吞吐量突破1000万吨，集装箱吞吐量达到45万标箱。

助推两岸融合发展。建好半屏山省级对台交流基地，打造中华传统根脉文化的重要节点，争创海峡两岸交流基地。加快打造同心旅游特色小镇，开工建设同心广场综合体，建成金乔101项目，推动嘉信游艇等两岸合作项目取得实质性进展。深化对台交流合作，打响“双屏论坛”品牌。继续实施台青人才招引计划，建设温州台湾青年创业就业服务中心洞头工作站，引导社会力量助力台青创业创新，打造台青筑梦家园。

加强区域战略协作。主动对接长三角高质量一体化发展战略，继续深化与上海长兴战略合作，推动产业协作、生态共保、公共服务融合等举措落地见效，探索建立园区对园区、部门对部门的紧密协作机制。

（五）高站位实施改革创新。以数字化改革撬动各领域改革，以科技创新带动各方面创新，努力形成一批标志性、特色性成果。

深化体制机制改革。聚焦温州城市东拓，积极配合推动瓯洞一体化发展。优化灵昆街道托管体制，完成部分行政区划调整，做好新设昆鹏街道后续工作。完善大小门岛建设管理机制，增强大门功能区管委会运作能力。持续加强跨部门数据共享、流程再造和业务协同，深化线下“一窗通办”与线上“一网通办”融合发展，优化“全区通办”“跨境通办”。全面推进个人和企业全生命周期“一件事”集成改革，促进机关“内跑”提速。

做好重点领域改革。完善“洞头标准”体系，探索工业用地“先租后让”改革。开展石头房收储行动，推行房票安置政策。进一步推动海岛金融普惠改革，探索“信用+”多场景应用，开展“全民授信”。深化国企改革，加快企业治理现代化、运作市场化、资产证券化步伐。集成推进农村综合改革，探索农村集体资产、股权流转和有偿退出机制。持续深化社会力量办教育、办医疗、办体育、办养老、办文化改革，努力打造一批示范样板项目。

增强科技创新力度。参与环大罗山科创走廊建设，争取设立瓯江实验室分支机构，推进温州海洋研究院挂牌。与浙江大学、中科院海洋研究所等加强合作，积极引进海洋科技创新平台。实施新一轮科技型企业“双倍增”行动，落实规上企业和高新技术企业“双迈进”计划，创成高新技术企业1家、省科技型企业6家以上。加快推进两化全领域融合，新增上云企业50家以上。制定“青年洞头”优惠政策，全力推进高校毕业生招引“510计划”，引导大学生回乡创业创新1200人以上。

（六）高品质建设海岛大花

园。致力于精建精美，统筹推进城乡品质化建设、一体化融合，彰显海上花园魅力。

全力提升城市功能。开工建设211省道霓屿至北岙段、浙南水运中心码头，改造提升城南路，推进大门岙底至沙岙隧道工程，建成330国道延伸线疏港公路一期、北岙鸽尾礁至大王殿连接线，启用大门交通综合体，加快大门至本岛出行公交化。完善状元南片、黄岙新区等重点板块控规及城市设计，管控新建高层建筑，塑造海岛城市特色风貌。提升新城一期基础设施，开工建设北岙老街有机更新项目。启动灵昆片区土地综合整治开发，支持大门、鹿西创建美丽城镇省级样板。市场化运作霓屿料场，提高布袋岙新区人口集聚度。扎实推进环卫保洁、绿化养护、路灯管理等一体化工作。确保高分通过第二轮省“无违建区”复评。深化垃圾分类专项整治，争创3个示范小区，实现生活垃圾零增长。

全面振兴美丽乡村。深入实施乡村振兴“六千六万”行动，发挥乡村振兴示范带引领辐射作用，创成部省共建乡村振兴示范省先行区。按照“五农五化”要求，深化“百千工程”，持续开展“五四竞赛”，高起点创建五星级乡村振兴示范村。启动东屏街道省级乡村振兴集成创新示范建设，打造乡村公园3个以上。实施环境微改造、文化微植入，去疤添彩打造高品质渔村，创成省级新时代美丽乡村21个。持续推进“两进两回”行动，推动“乡贤助乡兴”十大行动落地见效。谋划实施村级产业增收项目20个以上，用好用活乡村振兴产业基金，拓宽村集体经济发展路径。

全域建设生态文明。对接落实碳排放达峰行动，争创国家生态文明建设示范区。加强生态海岸带建设，持续做好省级山水林田湖草修复试点，建成蓝湾二期项目，争取蓝湾三期试点落地。全面整改销号环保督察反馈问题，高标准打好新一轮蓝天、碧水、净土、清废攻坚战，率先创成省级“无废城市”。攻坚解决历史遗留问题，推进大门废弃矿山生态治理。健全“污水零直排”设施运维体系，做好市综合材料生态处置中心改扩建。实施绿化“五彩”工程，新增国土绿化640亩、森林抚育5010亩，展现“山上常绿、山腰多彩、岛上有花、海里有树”景象。

（七）高标准强化民生服务。从群众最关心的地方做起，把群众最需要的事情做实，不断实现人民对美好生活的向往。

大力发展优质教育。深入实施基础教育“扬帆行动”，加大名师名校长引育力度，确保教育质量稳步提升。调整优化校网布局，深化集团化办学机制，创建国家级义务教育优质均衡发展区。建成元觉幼儿园、元觉义校，完成职教中心迁建二期主体工程，开工建设海悦城和长沙安置房配套幼儿园，完成实验小学分校和海霞中学迁建前期工作。加强青少年身心健康教育。

推进健康洞头建设。结合温州仁济学院转设发展，争取韵动海湾健康小镇项目落地。加快区人民医院改扩建，深化“两慢病”基层首诊、医保支付方式改革，建设慢病大数据研究中心。做好送药上山进岛服务，建设“网订店送”药房。加快建设区中心敬老院、精灵海岸养生庄园项目，建成温州社会福利养老院，招引中高端民办养老机构1家，提升居家养老服务中心6家。深入开展爱国卫生运动，确保温州国家卫生城市通过复评。倡导全民健身，完善体育设施布点，打造10分钟体育健身圈。

实施文化润心行动。深入践行社会主义核心价值观，组织开展纪念建党100周年系列活动。抓牢意识形态主导权，建设网络文化传播中心实训基地。实施文化惠民工程，新建文化驿站2个、文化礼堂9家。倡导全民阅读，鼓励支持文艺精品创作，开机拍摄《美丽海霞》电影。积极参与瓯江山水诗路文化带建设，打造“中国诗歌之岛”品牌。实施文化基因解码工程，开发海洋动物故事、灯塔音乐等文创产品。启动东海贝雕艺术主题公园建设，举办亚洲螺钿文化研究论坛。常态化开展最脏村居、最脏厕所考评，大力倡导“礼让斑马线、聚餐用公筷、排队守秩序、垃圾要分类、餐饮不浪费”等文明好习惯。

加强就业和社会保障。开展就业创业促进行动，城镇新增就业1000人以上，登记失业率控制在2.8%以内。实施技能人才培养“展翅行动”，完成就业技能培训2800人以上。深化困难群众主动发现机制，健全防止返贫监测和帮扶长效机制。做好0—3岁托育服务工作，新增托幼机构2家。加大养老保险、城乡医保扩面力度，参保率分别达到98%和99%以上。坚持传统服务方式与智能化服务并行，方便老年人等特殊群体办事。推动住房公积金向新市民群体覆盖，完善住房保障制度。

各位代表，按照群众提、代表定、政府办的理念，突出群众有感、普遍受益，区政府梳理形成了路灯扩面、民办园提升等12件民生实事候选项目，提请本次大会票决。我们将根据票决结果，认真组织实施，确保办出成效，让群众幸福更有质感。

（八）高层次推进社会治理。更好统筹发展与安全，推动区域治理科学化、精细化、高效化。

防范化解各类安全风险隐患。组织开展“平安护航建党百年”大会战，力保平安贴星、全国平安建设先进区三连创。常态开展扫黑除恶专项斗争，严打整治电信网络诈骗、走私等犯罪行为。深化安全生产综合治理三年行动，抓好消防、交通等重点领域专项整治。全力保障粮食安全。全面落实防灾减灾“50条”，用好“智慧应急一张图”，完善海上应急救援体系。开展海塘安澜工程建设，加大防洪排涝补短力度。打响“放心消费·品质洞头”品牌，建成大门、霓屿“五化”农贸市场，实现幼儿园、小学“阳光厨房”建设全覆盖，保障舌尖上的安全。

加强和创新社会治理。打造具有洞头特色的“海上枫桥”样板，迭代完善“一中心四平台一网格”，实现群众纠纷化解“只进一扇门、最多跑一地”。推进“区乡一体、条抓块统”改革，20%村居达到“七无村社”标准，创成省级城乡社区治理和服务创新实验区。依法做好宗教事务管理。进一步深化殡葬改革，全区域推行遗体火化工作。深化“三社联动”，助推村级组织规范化建设，培育壮大海霞妈妈、溢香救援、微动力等社会团体和志愿力量，实现村社治理水平和居民幸福指数双提升。

大力支持国防和军队建设。加强国防动员和国防教育，做好征兵、人防、海防、双拥等工作。深入实施先锋女子民兵连五年建设规划，编实建强民兵组织，全面打造新时代民兵建设重要窗口，促进军民融合发展。深入推进退役军人全生命周期服务管理，完成退役军人服务站提升工程30个以上，让军人成为全社会尊崇的职业。

四、全面提高政府治理现代化水平

各位代表，全面完成“十四五”和今年各项目标任务，对政府系统提出了新的更高要求。我们将切实加强政府自身建设，以整体智治的现代化政府为目标，大力营造唯实惟先、善作善成的团队文化，努力打造忠诚、法治、高效、廉洁政府。

一是坚决做到忠诚担当。旗帜鲜明讲政治，自觉以习近平新时代中国特色社会主义思想武装头脑，增强“四个意识”，坚定“四个自信”，做到“两个维护”，不断提高政治判断力、政治领悟力、政治执行力。加强正向激励，落实容错纠错，引导干部争当拓荒型的闯将、黄牛型的干将、专家型的工匠。

二是坚决做到依法行政。大力推进法治政府建设，抓好政务公开标准化规范化，健全科学民主决策机制。依法接受人大监督，自觉接受政协民主监督，主动接受监察监督、司法监督、群众监督、舆论监督，强化审计监督、统计监督。扎实推进“大综合一体化”行政执法改革，探索街镇法治化综合改革。做好“八五”普法工作，开展公民法治素养提升行动。

三是坚决做到务实高效。努力建设“智慧洞头”，加快构建“1+5+2”数字化改革体系，加快政府服务方式从“碎片化”转变为“一体化”。深化“放管服”改革，加快政府数字化转型，全面普及掌上政府、指尖服务、刷脸办事。大兴真抓实干之风，以钉钉子精神加强重点工作闭环管理，加大督查问效力度，决不能“把说的当做了，把做了当做成了”。

四是坚决做到风清气正。深化“清廉洞头”建设，严格落实主体责任和“一岗双责”，严肃执行中央八项规定精神，加大源头反腐力度，持之以恒纠“四风”、正作风。坚持政府过“紧日子”，进一步压缩一般性支出，非刚性、非重点项目支出压减不低于10%，真正把群众“盼的事”变成政府“干的事”。

各位代表！百舸争流千帆竞，乘风破浪勇者胜。面对波澜壮阔的新时代，让我们更加紧密团结在以习近平同志为核心的党中央周围，在区委的坚强领导下，开拓创新、锐意进取，用激情和汗水谱写洞头“十四五”发展的崭新篇章，以优异成绩庆祝中国共产党成立100周年，为高质量建设海上花园、高水平开启洞头全面建设社会主义现代化新征程而努力奋斗！

区人大常委会工作报告

（2021年2月23日）

2020年工作回顾

2020年是极不平凡的一年。面对新冠肺炎疫情防控和经济社会发展的双重考验，常委会在区委的坚强领导下，高举习近平新时代中国特色社会主义思想伟大旗帜，深入学习贯彻习近平考察浙江重要讲话精神，全面贯彻党中央和省、市、区委重大决策部署，紧紧围绕全区工作大局，依靠全体人大代表，主动作为，务实创新，各项工作取得新成效。区十四届人大四次会议以来，共召开常委会会议7次、主任会议14次，听取和审议专项工作报告35个，作出审议意见10个、决议决定17个，任免国家机关工作人员67人次，为洞头高质量建设海上花园、高水平全面建成小康社会作出了积极贡献。

一、强化政治引领，牢牢把握人大在奋力打造“重要窗口”中的职责使命

常委会坚持以党的政治建设为统领，把准方位，提高站位，增强“四个意识”、坚定“四个自信”、做到“两个维护”。

切实抓好理论武装，增强政治定力。深入学习习近平总书记关于坚持和完善人民代表大会制度的重要思想、习近平法治思想、习近平总书记考察浙江重要讲话精神、《习近平谈治国理政》第三卷等重要理论，第一时间传达党的十九届五中全会等重大会议精神。通过中心组学习会、专题培训班、读书班等形式，共组织政治理论专题学习18次，不断营造学深悟透、真信笃行的浓厚氛围，推动政治理论学习入心入脑、走深走实，切实提高常委会的政治判断力、政治领悟力、政治执行力。

坚决贯彻区委决策，强化政治责任。发挥常委会党组“把方向、管大局、保落实”作用，将区委领导贯穿人大工作全过程、各方面。认真落实请示报告制度，专题向区委汇报常委会党组工作、年度监督计划等安排，做到重大事项提前向区委请示、重点工作主动向区委汇报、重要活动及时请区委支持。深入贯彻落实省、市、区委人大工作会议精神，协助区委出台《关于高水平推进新时代人大工作和建设的意见》，第一时间分解落实5个方面18条工作举措，并将“党领导人大工作”首次纳入考核体系。积极领办区委重大课题，开展瓯洞一体、海洋生态保护等研究，提出深度对策建议。坚持党管干部和人大依法任免有机统一，及时审议通过人事任免事项。主动建立“一府一委两院”联系制度，加强工作联动，齐心协力确保区委决策部署落地见效。区委高度重视人大工作，区委书记林霞第一时间走访区人大，提出“五同五促”指示要求，为人大工作指明了方向。

着力推动工作创新，彰显政治担当。主动对标“重要窗口”赋予人大工作的新使命新要求，积极推动人大工作在规范中完善、在创新中发展。创新审议意见刚性办理，试行办理评价办法，首次清单式提出审议意见；区政府高度重视，建立了区长办公会议交办机制。首次牵头开展“国家宪法日”集体宣誓，积极弘扬宪法精神。探索试行代表建议办理评价办法，得到省人大点赞推广。探索开展专题询问，进一步丰富人大监督方式，提高监督实效，推动人民代表大会制度在我区的生动实践。

二、服务中心大局，助推统筹疫情防控和经济社会发展

常委会按照区委对人大“面上围绕海洋经济，点上抓住六大百亿”年度总要求，突出履职实干，全力推动改革创新发展。

助力经济企稳回升。坚持“三服务”开路，常委会领导班子靠前督导疫情防控和复工复产，深入企业、基层和群众，及时提出意见建议，督促有关部门研究落实。第一时间发出倡议，引导广大代表立足岗位、冲锋在前，积极投身战疫一线，充分展现人大代表的为民情怀和使命担当。各级人大干部主动请缨、全员抗疫，自觉扛起战疫情、促发展的特殊使命，全力助推“三强两促”和“六重”清单等工作任务落实。密切关注疫情后经济运行情况，听取和审议国民经济和社会发展计划执行情况的报告，围绕经济结构、项目推进、政策兑现等方面提出建议，推动经济社会健康发展和“十三五”时期各项目标任务的完成。支持政府抢抓机遇，及时审查批准1.08亿元新增抗疫特别国债、3.5亿元专项债、6.1亿元一般债，并建立月通报监管机制，加快债券资金使用进度，确保资金及时用于重大决策部署实施。调研监督《浙江省民营企业发展促进条例》贯彻实施，推动惠企政策落实，携手民营企业共克时艰、共渡难关。

助力项目加快推进。基于区委对全区从“打基础、优环境”转入“大投入、大建设”发展阶段的判断，常委会紧扣招商引资、项目落地，通过专项审议、代表视察、领衔督办等，打出监督组合拳，有力推动全区意向项目快落地、签约项目快开工、在建项目快建成、竣工项目快见效。常委会班子成员按照区委部署，积极领办华港LNG、荣和建材、南洋国际等十多个重点项目，一线破难题，全力抓推进。针对全区相对滞后项目，在区委领导下，召开重点项目建设专题询问会，区委、区政府主要领导一起会诊项目，17个部门直面代表，一问一答、媒体公开。会后梳理交办27项清单任务，持续跟踪督办，形成工作闭环，加快推进滞后项目建设步伐，有效助攻区政府“项目突破年”主动仗。

助力产业振兴发展。高度关注渔业高质量发展，开展“两菜一鱼”、渔农民增收等专项监督，有效促进渔业转型升级、渔民转产转业。开展乡村振兴战略专项监督，通过实地调研、审议监督、满意度测评，积极引导资金、科技进农村，青年、乡贤回农村，成功推动一批乡村振兴产业项目顺利实施。密切关注实体经济发展，开展两个工业园区调研监督，紧盯企业技术更新、配套保障、风险化解、新生代企业家成长等问题，支持区政府在产业转型上加力加码。立足全域旅游发展，开展海霞60周年活动后半篇文章专题调研，听取海岛公园创建工作报告，针对产业特色不明显、基础配套设施滞后等问题，督促区政府抢抓机遇融入全省“大花园”建设，打响海霞品牌，讲好红色故事，促进文旅融合。

助力财政提质增效。贯彻中央关于人大预算审查重点向支出和政策拓展的要求，突出全口径、全过程、全覆盖，认真做好“四大预算”审查。深化部门预算分项审查，通过预算听证、预算调整约束和决算审查批准等制度，促进预算更加科学规范。召开2021年部门预算草案听证会，认真做好143个区级部门的预算草案审查，调整优化项目115个，优化压减资金1.62亿元，确保财力集中用于重大项目。调研监督财政预算项目绩效管理情况，推进绩效管理机制建立健全。加大审计整改监督力度，开展联合交办，组织专项巡查，听取整改情况报告，督促问题整改落到实处、改得彻底。加大全区国有资产管理监督力度，推动国有资产、公共资金规范管理和高效使用。听取和审议城发、旅发两家国有企业运营情况报告，引导企业做大做强，切实服务保障全区发展大局。

助力规划编制实施。常委会专门成立"十四五"规划纲要编制调研工作领导小组，聚焦临港产业、海洋生态、海岛公园、教育卫生等重点领域，深入开展调研，广泛收集人大代表和基层群众对"十四五"规划和2035年远景目标纲要编制工作的意见建议，梳理提出8个方面40条建议，推动规划编制更加合理。密切关注国土空间规划编制情况，提出扩存量、抢增量、提质量等意见，有效促进规划接地气、重长远。

三、聚焦群众关切，助推高水平全面建成小康社会

常委会坚持以人民为中心，组合行权、叠加发力，着力听民意、解民忧、促民生，让人大工作切实走进群众心里。

守护生态环境安全。听取和审议环境状况和环境保护目标完成情况报告，专项督查污水处理设施建设运维情况，提出全面排查整治城镇污水管网、切实关注离岛乡镇饮用水源保护、完善运维长效机制等意见，推动生态环境持续改善。聚力推动海洋生态保护，针对海洋执法职能交叉、改革不到位等问题，提出压实执法主体责任，健全协作机制等意见，有力推动海洋倾废治理、湾滩保洁常态化。听取和审议生活垃圾分类管理工作情况报告，列出小区物业责任落实不到位等15项突出问题整改清单，持续跟踪监督，全面助力垃圾分类管理水平提升。

推动社会事业发展。常委会主动回应代表关注和群众期盼，监督推动教育"扬帆行动"深入实施，开展民办教育发展、校网布局课题调研，推动部门联动、家校联动、社会联动，凝聚教育合力。瞄准"疫"后卫生事业发展，聚焦《传染病防治法》《突发公共卫生事件应急条例》开展执法检查，重点调研疾病预防与健康管理、医疗服务、医养结合等工作，助力离岛乡镇医疗服务软实力提升，健全公共卫生应急管理体系。持续监督保障老百姓"舌尖上的安全"，推动健全食品安全监管体系。监督助推殡葬改革，规范整治丧葬礼俗，坚决抵制大操大办，进一步推动殡改制度化、规范化、生态化。

维护司法公平正义。持续关注法治政府建设情况。听取和审议行政诉讼应诉工作报告，推动行政执法问题整改。听取区法院和区检察院相关工作报告，深化协同配合。持续跟踪监督扫黑除恶专项斗争、金融案件审理，推进公检法司机关依法履职、公正司法，维护社会安全稳定。深入开展"两官"履职评议，以点带面推动司法队伍建设。高度关注公益诉讼和检察建议落实情况，助推检察机关法律监督职能高效运行。坚持合法性、合理性并重，加强对16件规范性文件备案审查，维护法制统一。持续推动"七五"普法，加强民法典宣传贯彻，推动全社会形成尊法、学法、守法、用法的良好氛围。

促进社会和谐稳定。常委会积极联动省市人大常委会开展社会矛盾纠纷调处化解"最多跑一地"专项监督，实地视察区矛调中心建设和街镇四个平台运作情况，就部门深度融合、专业队伍建设、平台运行机制等提出建议，进一步推进矛调中心规范化建设。此外，常委会还密切关注智慧城市建设；强化非机动车管理监督，推动《浙江省电动自行车管理条例》全面贯彻实施；专题调研监督宗教事务管理、华侨权益保护、退役军人管理等工作，全力助推社会和谐稳定。

督促民生实事落地。按照"百姓提、代表定、政府办、人大评"的机制，不断优化民生实事项目征集、票决、监督等环节，大力促进民生实事普惠共享。区级十大民生实事项目30项指标全部完成，涉及民生基本保障、应急安全、社会事业提升、公共设施建设等多个领域，具体情况已向大会书面报告。务实推进街镇级民生实事项目票决制，不断增强人民群众的获得感。

四、坚持优化服务，充分发挥代表主体作用

常委会坚持加强和改进代表工作，全力支持和保障代表依法履职，积极引导代表当好代言人、筑牢连心桥、唱响好声音。

注重建议办理质量，让代表"更硬气"。推进代表建议提好办好，是支持代表依法履职的重要体现。常委会把提高代表建议办理质量作为主抓手，推出综合监督体系，有力推动部门改进作风、加大办理力度。实行分类梳理和分层会商制，根据重要性、可行性、成熟度，将代表建议分为重点建议、重点跟踪建议和一般建议，分别由常委会主任、副主任、归口工委督办。创新答复初审制，常委会在部门答复前，提前介入初步审核，将不满意的打回重新答复。激活代表闭会期间建议权，《关于主城区公共停车场实行停车收费的建议》作为我区首件闭会期间代表建议，得到及时办理。创新办理评价办法，科学量化赋分，纳入绩效考核。离岛医疗、农转用程序简化、道路亮化管护等一批群众关心的热点难点问题得到有效解决，代表履职积极性普遍提高。

丰富代表履职活动，让代表“聚人气”。组织开展助推“四大建设”、全国文明城市复评、“最多跑一地”改革等代表主题活动，发挥监督推动作用，全面助力区委重大决策部署贯彻实施。深化人大代表联络站规范化建设，区级领导干部人大代表率先垂范，各级人大代表进站开展联系群众活动，“常委会组成人员联系代表、代表联系群众”的主平台、主阵地作用充分发挥。围绕“十四五”规划编制、对外大通道建设、临港产业发展等重大事项，精心组织全国、省、市、区四级人大代表会前视察，引导代表积极建言献策，为洞头高质量发展贡献智慧和力量。

强化代表服务保障，让代表“有底气”。坚持把加强代表培训作为提高履职能力的基础性工作，组织区人大代表、街镇人大干部赴宁波大学开展集中培训，进一步拓宽视野、更新知识、提升素养。严格按照上级规定标准，将代表活动经费纳入财政预算并及时兑现到位，支持和保障代表依法履职。健全代表履职激励机制，开展代表建议和承办单位评优评先，加强代表先进典型宣传推介。广泛征集省市级层面的建议素材，协同相关部门，汇总整理形成22件省人大代表建议和44件市人大代表建议。

五、加强自身建设，提升常委会依法履职能力和水平

常委会保持奋进者姿态，激发创造性张力，努力构建科学规范、运行高效的工作机制，展现与“重要窗口”相匹配的队伍风采。

持续加强政治建设。坚持目标导向和问题导向，以省委巡视、区委巡察为契机，全面体检整改，举一反三，健全规章制度。认真履行全面从严治党和意识形态工作主体责任，深入贯彻“清廉洞头”建设要求，严格落实中央八项规定和实施细则精神，加强党风廉政建设。坚持党建引领，加强常委会党组和机关党组建设，深入贯彻党组工作条例和“三重一大”“三会一课”等制度，推动党建工作和业务工作深度融合。用情做好老干部、工会、信访等工作，机关活力和凝聚力进一步增强。

切实抓好能力提升。加强社会建设委员会、监察和法制司法委员会的制度和组织建设。把调查研究作为履职基本功，形成23篇较高质量的调研报告和理论文章，积极推动成果转化。设立“人大讲坛”，开展人大系统依法履职、宣传信息等专题培训。首次召开全区人大宣传工作会议，建立健全党委宣传部门、人大常委会机关和新闻单位三方联动的工作机制，开创人大宣传工作新局面。讲好人大故事，创刊《洞头人大之窗》。推出一批高质量信息，省人大采用15篇、市人大采用91篇，均比上年翻番。

不断夯实基层基础。全面贯彻实施《浙江省街道人大工作条例》，首次审议街道人大工作报告，完善街道居民议事制度，定期召开街镇人大常委会交流会，制定清单式指导意见，建立健全街镇预算审查工作机制，提高街镇人大工作水平。大门镇以代表联络站规范化建设为着力点，建立健全代表履职服务保障与监督等工作机制，获得省人大肯定。霓屿街道开展民生实事项目监督领域理论研究，课题成果获省人大工作研讨会优秀论文二等奖。

各位代表！一年来，常委会各项工作所取得的成绩，得益于区委的坚强领导，饱含着常委会组成人员、全体代表和街镇人大的辛勤付出，离不开区政府、区监委、区法院、区检察院的积极配合，源自社会各界和全区人民的理解支持。在此，我代表区人大常委会，向大家表示诚挚的敬意和衷心的感谢！

回首过去是为了面向未来，面对新形势新任务，我们也清醒认识到存在的问题和不足，主要表现在：一是重大事项决定权行使有待进一步加强，决定协商程序、任后干部监督机制还需完善；二是依法行使监督权有待进一步加强，监督的实效性、多样性、灵活性还需提升；三是代表主体作用发挥有待进一步加强，联络站建设还需深化；四是人大自身建设有待进一步加强，街镇人大工作质效还需提高。对此，我们将虚心听取各方意见，认真加以改进。

2021年工作任务

2021年是“十四五”开局之年，是开启全面建设社会主义现代化新征程的起步之年。区人大常委会工作的总体要求是：高举习近平新时代中国特色社会主义思想伟大旗帜，深入贯彻党的十九大和十九届二中、三中、四中、五中全会精神，按照区委一届九次全会的部署要求，坚持党的全面领导，坚持以人民为中心，坚持新发展理念，坚持深化改革开放，坚持系统观念，围绕全区经济社会发展工作大局，以“生态立区、旅游兴区、海洋强区”为主战略，以“一平台、两样板、五个岛”为主抓手，依法全面有效履行职责，着力交出履职高分报表，创造性做好人大各项工作，为高质量建设海上花园，高水平开启洞头全面建设社会主义现代化新征程贡献人大力量。

一、贯彻新思想，坚定新时代人大工作正确方向。人民代表大会制度是坚持党的领导、人民当家作主、依法治国有机统一的根本政治制度安排。始终把政治理论学习作为“第一议题”，深入贯彻习近平新时代中国特色社会主义思想，学深悟透习近平总书记关于坚持和完善人民代表大会制度重要思想，切实增强“四个意识”、坚定“四个自信”、做到“两个维护”。始终坚持党的领导这一根本，时时处处维护党总揽全局、协调各方的领导核心地位，并通过依法全面行使人大职权，善于使党委的主张转化为全区人民的共同意志，善于使党组织推荐的人选成为地方国家机关的领导人员。加强常委会党组建设，认真落实重大事项、重要工作向区委请示报告制度，确保区委决策部署落实到人大工作全过程、各方面。

二、落实新理念，助力经济持续健康发展。围绕高标准建设国家海洋经济发展示范区，跟踪监督推进重大招商项目，开展PPP项目实施情况专项监督、《浙江省民营企业发展促进条例》实施情况执法检查，深化计划、预算和国资监管，助推经济综合实力持续提升。围绕高品质打造“五个岛”，专项监督科技创新、文旅融合、“两菜一鱼”品牌打造、女子民兵连建设，调研监督生命健康产业培育、同心旅游特色小镇创建，特别关注临港产业岛大小门板块规划建设。围绕高质量发展公共财政，深化节约型政府建设、政府债务审查监督，推进审计发现问题整改落实，制定政府重大投资项目监督办法，提升财政资金使用绩效。

三、聚力新目标，依法推进社会主义现代化建设。全力加强法律监督。探索审议区监察委员会专项工作报告。在常态化开展法治政府建设工作监督的基础上，审议区政府组成部门主要负责人依法履职情况报告。听取和审议“七五”法治宣传教育情况报告，作出“八五”法治宣传教育的决议。专项监督区法院推进诉源治理、公安辅警人员管理工作情况。听取“两院”工作报告，开展“两官”履职评议。进一步修订规范性文件备案审查制度。全力增进民生福祉。专项监督陆域引调水工程、教育高质量发展、养老体系建设、创业就业和人才保障、安全生产工作和应急救援体系建设及《温州市物业管理条例》《温州市养犬管理条例》贯彻实施情况，持续做好“最多跑一地”、殡葬改革等相关议题跟踪监督，不断提升人民对高品质生活的获得感、满意度。全力推进生态文明建设。关注机构改革后海洋生态监管职能划转执行情况，听取和审议国土空间编制成果和城乡规划编制，落实环境状况和环境保护目标完成情况报告制度，开展垃圾分类专题询问，调研监督红树林保护，助推展现美丽中国“洞头风景”。

四、着眼新作为，充分发挥代表主体作用。切实抓好县乡两级人大代表换届选举工作，加强法律宣传和舆论引导，充分激发选民踊跃参选的政治热情；严格把好代表人选素质关，强化选举纪律要求，确保选举工作有序推进、风清气正。完善代表建议交办、督办和评价反馈等工作机制，推进闭会期间代表建议交办制度化。丰富代表闭会期间活动，完善列席常委会会议的代表座谈机制，组织代表参加调研视察、主题监督等活动，提高代表对常委会工作的参与度。加快代表服务中心和代表联络总站建设，推动国家机关领导干部进站听取意见、办理代表建议，健全群众意见处理反馈机制。遴选近两年已办民生实事项目，开展“回头看”，重点监督民生实事的实效性、惠民性。加强代表实操培训，提升代表履职能力。开展优秀建议评选，激发代表履职热情。开展“代表进选区宣传月”活动，完善代表向原选区选民、选举单位履职报告制度。做好辖区内全国、省、市级人大代表服务保障工作。

五、适应新要求，不断增强人大工作合力。全面落实区委《关于高水平推进新时代人大工作和建设的意见》，完善党领导人大工作绩效考核办法，修订人大讨论决定重大事项规定，引入第三方参与执法检查，推进专题询问常态化、审议整改清单化，做好人大监督和检察监督、审计监督、媒体监督的深度结合，全面提升人大工作水平。推动协商民主的人大实践，扩大公民有序政治参与，发展更加广泛、更加充分、更加健全的人民民主。深入贯彻落实乡镇、街道人大工作条例，专项监督街道预算工作，更好发挥基层人大常委会在社会治理中的作用。探索助力开发区人大工作，联动瓯江口管委会，强化灵昆等街道人大代表履职保障。加强干部队伍建设，创建“最强支部·模范机关”。更加注重调查研究，建立课题筹备库。开展人大数字化改革，实现无纸化办公。密切联系指导乡镇、街道人大，增进人大与“一府一委两院”沟通协调，加强对专工委和机关工作领导，提升人大工作整体合力。

各位代表，新时代是奋斗者的时代，更是追梦人的舞台，让我们紧密团结在以习近平同志为核心的党中央周围，在区委的坚强领导下，坚定理想信念，厚植为民情怀，扛起使命担当，推动人民代表大会制度在洞头的生动实践，以优异成绩庆祝中国共产党成立100周年，为高质量建设海上花园、高水平开启洞头全面建设社会主义现代化新征程而努力奋斗！

区政协工作报告

（2021年2月22日）

2020年工作回顾

2020年是统筹推进疫情防控和经济社会发展极不平凡的一年，也是“十三五”规划的收官之年和高水平建成小康社会的决胜之年。一年来，区政协及其常委会坚持以习近平新时代中国特色社会主义思想为指导，深入学习贯彻习近平总书记在浙江考察时的重要讲话精神和党的十九届四中、五中全会精神，全面落实中共中央和省市区委政协工作会议精神，在中共温州市洞头区委的坚强领导下，牢牢把握团结和民主两大主题，坚持为党政分忧、为发展尽责、为人民服务，主动谋事、认真干事、协力成事，做到服务大局有高度、建言献策有深度、民主监督有力度、凝聚共识有温度，交出了一份令人振奋的政协答卷，为高水平推进区域治理，高质量建设海上花园，奋力开启洞头跨越发展新征程汇聚了正能量、作出了新贡献。

一、增强政治定力，忠诚履职的共同思想政治基础进一步夯实

我们始终以党的政治建设为统领，强化理论武装，筑牢思想根基，提高政治站位，团结引领社会各界人士切实增强“四个意识”、坚定“四个自信”、做到“两个维护”。

思想政治引领更加鲜明。持续笃学深悟习近平新时代中国特色社会主义思想，特别是习近平总书记关于加强和改进人民政协工作的重要思想，认真学习习近平总书记考察浙江重要讲话精神、中共十九届五中全会及省市区委全会精神，进一步完善经常性、机制性理论学习制度体系，营造学用贯通、知行合一的浓厚氛围。全年共组织区政协党组理论学习中心组学习会9次、党组会议11次、专题学习会17次。对标中共中央和省市区委对人民政协工作的新要求新任务，不断增强把人民政协制度优势转化为助推高质量发展的行动自觉，努力为实现区委区政府确定的目标任务聚人心汇合力。

政协党的建设更加扎实。持续巩固深化“不忘初心、牢记使命”主题教育和“新时代人民政协的新样子”专题讨论活动成果，推动政协党建全面进步、全面过硬。深入贯彻落实中共中央、全国政协和中共浙江省委关于加强政协系统党的建设部署要求，健全政协党的组织体系，落实党员领导干部双重组织生活制度，完善中共党员委员联系党外委员机制，在全体会议期间设立临时党组织，高质量推动党的组织和工作“两个全覆盖”。发挥政协党组领导核心作用，严格执行重大事项请示报告制度。加强机关党风廉政建设，自觉接受省委巡视，支持派驻纪检监察组履行监督责任，高质量完成巡察整改工作，着力维护风清气正的政治生态。

意识形态阵地更加坚实。持续把意识形态工作作为政协协商民主建设的重要内容，与提升人民政协履职质效紧密结合。建设“文化政协”，投用政协书画院，举办“墨香海上花园”书画笔会、清廉洞头书法展等交流活动，讴歌新时代、传递正能量，牢牢掌握意识形态工作的主动权、占领意识形态主阵地。把准舆论导向，做实办好“一网、一端、一报”（政协网站、微信公众号、政协专报），引导委员正面发声、积极发声、有效发声。走好网上群众路线，利用政协云平台，开展调研、提案、社情民意、微建议等工作，回应网民关切。通过多形式舆论宣传，讲出政协好故事，发出政协好声音，扩大政协影响力。

二、精准服务大局，专门协商机构的效能进一步激发

我们始终对标对表“重要窗口”目标定位，紧贴区委区政府中心工作，聚焦“三区”战略，服务“一平台、两样板、五个岛”建设，奋力书写高质量建设海上花园的“政协答卷”。

协商建言务实有用。紧扣“三强两促”“六重”清单等重点工作，确定协商议政、民主监督、专题调研、专项视察等4个方面51项履职清单，提纲挈领、指导实践。进一步做优“请你来协商”平台，落实“6+X”协商频次，聚焦城市精细化建设与管理、康养产业发展、村社融合等海上花园建设的重大问题、海岛振兴的关键问题，邀请区委书记、区长等党政领导与政协委员面对面协商，推动产权式酒店管理、养老服务等领域政策文件出台，促成紫菜产业园烘干项目落地。将“请你来协商”与基层自有议事平台相结合，推动政协协商与基层协商有效衔接。全年共举办专题协商6场，界别协商5场，对口协商7场，参加委员230余人次，提出意见建议500余条，以《政协专报》形式向区委区政府报送调研、协商建议12篇，其中11篇获区委区政府主要领导批示交办，专门协商机构“专”的特色、“专”的质量、“专”的水平更加凸显。

民主监督落实有方。围绕高水平全面建成小康社会补短板、城乡生活垃圾分类处理、社会治理领域“最多跑一地”改革等议题，组建专项监督小组，扎实开展省市区三级政协联动专项集体民主监督，形成专项民主监督报告，提出意见建议38条，被党政部门采纳21条。聚焦全国文明城市复评，将巩固全国文明城市创建成果作为年度重点提案，持续开展专项民主监督，助力高分通过复评。携手新闻媒体，创新推出《百岛连心桥·委员有话说》栏目，聚焦城区停车管理、烟头落地乱象、老城有机更新、海岛普惠金融改革等一批民生实事话题，提出意见建议42条，实现民主监督与舆论监督有效融合。积极推荐政协委员担任人民陪审员、特邀监督员，全年参加陪审、监督活动28场次，助推部门工作高效落实。

参政议政切实有效。助力"十四五"规划和2035年远景目标纲要编制，召开专题议政性常委会和意见征求会，围绕临港产业发展、金融体制创新、优质教育协同发展等议题开展政治协商，为制定实施我区"十四五"规划建务实之言、献睿智之策。聚焦全区重点工作和重要任务，就蓝湾整治、乡村振兴、重点工程建设等内容，先后32次组织委员深入一线开展视察活动，提出意见建议180余条，供区委区政府决策参考。积极搭建知情明政平台，专题听取区政府关于部分行政区划调整、实体经济创新发展、社会精细化治理、现代渔农业发展等情况通报，听取区纪委区监委、区法院和区检察院年度工作通报，确保政协委员准确把握履职重点、明确着力方向、提高建言质量。

专项调研扎实有力。加强与省市政协、区直部门的联动，共同聚焦状元岙港口发展、乡村振兴示范带建设、城乡公共文化服务体系建设、本土产业人才培育等领域问题，主动对接、深入调研，形成《关于推进状元岙港口发展问题研究和工作建议》等一批有价值、可落地的调研成果。落实区委区政府领导"点题"任务，紧盯基层治理"四个平台"建设、温州医科大学仁济学院校地融合发展的瓶颈问题，形成《洞头区镇街"四个平台"建设运行和推进情况调研报告》《关于支持温州医科大学仁济学院滨海校区校地融合发展的建议》等专题调研报告，得到区委区政府主要领导批示肯定。围绕城区污水管网和污水处理设施建设、学前教育资源配置、城乡环境综合治理等民生实事开展专项调研，积极寻求破题之策，助力热点难点问题解决。

三、汇集各方力量，凝心聚力的优势进一步彰显

我们始终牢牢把握大团结大联合主题，充分发挥政协统一战线组织作用，坚持人民至上理念，把牢工作主轴、拓宽工作视野、讲求工作方式，齐心协力画好推动高质量发展的最大同心圆。

汇集战疫力量提信心。贯彻落实中共中央和省市区委决策部署，充分发挥政协优势，科学谋划疫情防控和政协履职工作，在助力"两手硬、两战赢"中主动显担当、尽责任。广大政协委员踊跃捐款捐物，创作抗疫文艺作品，协助党委政府解疑释惑、化解矛盾、理顺情绪、增进共识，汇聚起万众一心抗疫情的正能量。班子成员带头落实抗疫责任，深入一线指导检查疫情防控落实情况，机关全体干部下沉社区参与防控。因时因势调整履职重点，紧扣"六稳""六保"工作任务，号召政协委员积极帮助企业解决困难问题，助力企业复工复产。开展疫情下海岛民宿产业发展、基层公共卫生体系建设等专题协商议政，充分展现为民尽责的委员风采。

坚守为民情怀暖民心。切实发挥提案助力民生的重要作用，创新开展提案质量和提案办理质量"双向评议"工作，完善重点提案和对口提案遴选机制，不断加大提案督办力度。八届四次会议以来共收到提案105件，经审查，立案98件，办复率和满意率均达100%。积极反映社情民意，全年收集社情民意信息23篇，上报省市政协11篇，采用9篇，其中《搭建智慧医保平台 助力解决基层参保群众购药难题》被省政协转送省直部门办理。深入开展"三服务"活动和"三助三红"专项行动，政协班子成员带头蹲点调研、联系指导，合力解决村社组织换届中的困难，助推村社组织换届工作平稳顺利；选派25名机关干部、政协委员担任助企服务员，听取意见、助力纾困，切实做到人民政协为人民。

延伸履职触角聚人心。坚持党政所需、群众所盼、政协所能原则，围绕区委"高水平推进区域治理"决策部署，推出以"走访村社、走访群众、走访企业，助力集中民意、助力矛盾化解、助力发展稳定"为主要内容的"三访三助"活动。形成"专委会联系界别组、界别委员进村入企"工作网络，以每季度"1+X"频次开展走访。建立街道（乡镇）政协工作联络组每月沟通联系制度，汇集困难问题，分类制定履职清单，充分运用"微协商"形式，解决好基层群众的烦心事、苦恼事。累计开展各类走访活动53场次，走访村社、企业78家，参与委员370余人次，协商解决沙岙民宿项目七年停工未建等问题81个。"三访三助"活动得到区委主要领导批示肯定和群众普遍"点赞"，并获全市政协"一县一亮点"工作评比二等奖。

广泛联络联谊筑同心。按照建管用一体化要求，联动民革温州市委会创成两岸同心委员会客厅，实现我区省级政协委员会客厅"零"的突破。发挥牵头委员和团队作用，筹建渔农界省级委员会客厅，优化12家委员工作室，架起与界别群众沟通联系的桥梁，以委员的影响力，影响有影响力的人。发挥“两岸半屏山”品牌优势，举办“双屏论坛”国学专场，增进两岸青年交流合作，加强与台商台企联系，力促台湾嘉信游艇公司与区政府达成合作意向。密切同党外知识分子、非公有制经济人士、新的社会阶层人士的沟通联络，进一步扩大团结联谊面。完善民族村、宗教团体常态化走访联系机制，围绕民族文化传承发展、基层爱国宗教团体建设等开展视察调研，促进民族宗教关系和谐稳定。

四、坚持强基铸魂，人民政协的新样子进一步展现

我们始终按照“四个第一线”要求，把加强政协制度建设和队伍建设作为履职能力提升的基础性环节，持之以恒、多措并举，推进政协工作进一步紧起来、动起来、活起来。

高质量推进制度机制建设。着眼进一步加强党对政协工作的全面领导，协助区委制定出台《关于新时代加强和改进人民政协工作的实施意见》及任务分工方案，确保各项工作及责任落到实处。着眼强化委员履职实效和保障，制定《委员履职情况量化考评办法》《区政协委员活动经费管理使用意见》。着眼进一步规范政协机关运行，出台《区政协机关全员绩效考核实施方案》，修订完善财务管理、公务接待、资产管理等9项制度，推动政协工作规范化、制度化、高效化。

高标准加强委员队伍建设。持续深化“委员活动日”工作，邀请区政府主要领导通报全区经济社会发展情况，宣讲中共十九届五中全会精神，引导委员知情明政，更好履职尽责。开展“主席接待委员日”活动，与委员面对面交流，征求履职意见建议。举办委员培训班、委员讲坛，进一步提高委员理论素养和履职能力，累计培训600余人次。落实界别工作“168”模式，开展活跃有序、富有特色的界别活动，不断提升界别委员参政议政水平。完善委员评优推优机制，首次开展政协常委述职活动，评选先进界别组2个、优秀召集人4名、优秀委员15名，3名委员荣获省市“最美”荣誉称号，进一步提升委员的影响力和美誉度。

高起点规范政协机关建设。健全主席会议成员联系专委会、专委会联系界别制度，加强专委会与对口部门的联系，建立履职工作清单，不断强化专委会基础性作用。建设“模范机关”，持续抓好政协机关思想政治建设、组织建设和作风建设，提高会议服务、文稿起草、人事组织等工作效率。开展警示教育月等活动，通过“八个一”行动，教育引导党员干部切实转理念、改作风。全年在《联谊报》、省市政协公众号等媒体发表各类宣传稿件共109篇，发布网站、公众号信息150余篇，充分展现新时代洞头政协人的新风采。

回首过往，我们步伐坚定，展望未来，我们激情满怀。一年来，区委对政协工作高度重视，给履职空间、给献智平台、给要素保障，区政协常委会紧紧围绕高质量建设海上花园奋斗目标，圆满完成年度各项履职任务，在凝聚思想共识、建言改革发展、助推工作落实中留下了政协印迹、写下了委员故事，推动政协工作从“做了什么”“做了多少”向“做出什么效果”转变。

各位委员、同志们！过去一年区政协各项工作取得的新进展新成效，是中共温州市洞头区委正确领导的结果，是温州市政协有力指导和区人大、区政府大力支持的结果，是历届区政协老领导、老同志热诚关心的结果，是政协各参加单位、社会各界和全体政协委员勠力同心、团结奋斗的结果。在此，我代表区政协常委会表示衷心感谢！

同时，我们也清醒地看到，比照新时代政协工作新使命新要求，还存在一些短板和不足：民主监督方式手段的集成和协同还不够，协商成果落实情况的跟踪监督还不到位，政协工作向基层延伸的实践探索还需加强，部分机关干部和政协委员履职能力尚待进一步提高等。必须引起高度重视，切实加以解决。

2021年工作任务

2021年是中国共产党成立100周年，也是“十四五”开局之年，做好政协工作意义重大。区政协工作的总体要求是：高举习近平新时代中国特色社会主义思想伟大旗帜，深入贯彻中共十九大及十九届二中、三中、四中、五中全会精神，全面落实中共中央和省市区委政协工作会议精神，主动融入新发展格局，坚定扛起奋力打造“重要窗口”的政治使命，聚焦聚力“三区”战略，自觉服务于“一平台、两样板、五个岛”建设，围绕加强思想政治引领、广泛凝聚共识中心环节，牢牢把握团结和民主两大主题，切实提升政治协商、民主监督、参政议政水平，充分发挥人民政协专门协商机构作用，在奋进“十四五”、开启新征程中交出政协高分报表，为高质量建设海上花园，高水平开启洞头全面建设社会主义现代化新征程贡献政协力量、彰显政协作为。

一、加强理论武装，在强化思想政治引领中担当新使命。始终把坚持和加强党的全面领导摆在首位，严格执行重大问题请示报告制度，做到一切重要工作在区委领导下开展，一切重要履职围绕区委、区政府中心任务进行，一切重要安排上报区委同意后实施。坚定政治信仰，坚持用习近平新时代中国特色社会主义思想定向领航，全面学习贯彻中共十九届五中全会精神和省市区委全会精神，不断提高政治判断力、政治领悟力、政治执行力，切实把党的主张和重大决策部署转化为政协决定、决议和委员共识，确保人民政协事业始终沿着正确的方向前进。进一步完善政协学习制度体系，对标对表中共中央和省市区委政协工作会议要求，学思践悟，从中找差距、找思路、找目标、找方法，充分发挥理论对实践的先导和支撑作用。围绕庆祝中国共产党建党100周年，紧扣“同心向党”主题，组织开展中共党史学习教育，引导社会各界人士深刻领悟中国共产党领导和中国特色社会主义制度的显著优势，夯实团结奋斗的共同思想政治基础。

二、聚焦主责主业，在推动创新发展中续写新篇章。坚持着眼大局，自觉把党政工作的导向作为政协的工作取向，把党政工作中心作为政协履职重心，展政协之长、出政协之力、尽政协之责，为“十四五”开局首战聚智聚力。政治协商要围绕“重点”议大事，持续深化“请你来协商”平台建设，聚焦“一平台、两样板、五个岛”发展蓝图，着眼现代渔农业、临港工业、滨海旅游业、战新产业发展，坚持用心座谈走访、细心摸清情况、潜心研究问题，以新视角、新思路、新观点提出发展对策和建议，提高协商效能。民主监督要紧扣“难点”解难事，围绕生态建设、美丽乡村等议题，就深入推进美丽大花园建设、努力打造美丽中国先行示范区，开展三级政协联动专项集体民主监督。聚焦文体设施建设、交通条件提升、养老托育服务等民生实事项目开展专项监督，优化拓展《百岛连心桥·委员有话说》栏目形式和内容，与市政协《政情民意中间站》共办议政活动，提升监督实效。参政议政要聚焦“热点”办成事，围绕乡村振兴、安全发展、城市能级提升、生态文明建设、人民生活品质改善等领域进行选题，把握建言资政精准度，切实为区委、区政府科学民主决策提供有力支持。

三、坚持团结民主，在凝聚社会共识中展现新作为。牢牢把握团结和民主两大主题，善用“发扬民主—凝聚共识—增进团结”的履职方式，增强工作吸引力和感染力，形成凝心聚力的滚雪球效应，更好彰显政协制度的独特作用。完善谈心谈话制度，开展“主席接待委员日”、联系走访看望委员等活动，及时沟通情况、交流思想、加强引导。完善委员联系界别群众制度，力争创成渔农界省级委员会客厅，合力推动两岸同心委员会客厅常态化运行，用好委员“云工作室”，动员社会各界力量，聚焦老城改造、交通内畅网建设、优质教育发展等党委在谋尚待深入、政府想做还在推动、群众期盼亟须解决的热点难点问题汇智聚力。充分发挥政协统一战线组织的作用，建立健全同党外知识分子、非公有制经济人士、新的社会阶层人士、宗教界代表人士的沟通联络机制，努力把各界人士团结在党的周围。加强与在外洞头商会和知名人士的联络联谊，开展“创业、招引、帮扶”助力行动，以乡情乡愁促进智力回归、项目回归、资金回归。增强涉台活动的针对性、实效性，继续助推两岸半屏山经济文化交流合作，促进两岸同胞心灵契合，共同探索两岸融合发展新路径。助推文化建设，挖掘移民文化、民俗文化、闽瓯文化等资源，以文化人，凝聚共识。

四、强化成果运用，在提升工作质效中做出新成绩。牢固树立“数量适度、质量为要”意识，把履职质效作为谋划思路举措的重要理念、彰显优势作用的努力方向、评价工作成果的检验标准，做到量质并重，实现政协履职的高质量发展。在运行机制上双向发力，不断推进履职触角延伸，探索“民生议事堂”建设，引导委员进网格，邀请各界群众列席议政性会议、参与调研座谈、视察考察等活动，使建言献策具有更坚实的群众基础。严格跟踪督办，围绕城市精细化建设与管理、康养产业发展、公共卫生体系建设、紫菜产业园发展等协商议事成果，以调研视察、协商座谈、专题反馈等形式开展再协商、再督促、再落实，推动成果转化落地。在载体设计上守正创新，不断强化工作精品意识，做优“三访三助”“百岛连心桥·委员有话说”等载体，力争打造有一定影响力的履职精品。完善提案“双向评议”制度，完善提案质量和提案办理质量评议办法。加快数字政协建设，通过数字赋能，用好掌上履职平台，积极实行远程协商、网络协商，大力推动“指尖上的协商民主”。注重力量集成和协同联动，持续推进界别“168”工作模式，采取“专委会+界别”“界别+联络组”等联动履职方式，破解委员参政议政能力参差不齐等问题。突出专委会“专”的优势，健全与党政部门情况互通机制，探索重点课题协同共研、重点工作协作配合机制。

五、激发内生动力，在提升履职水平中树立新形象。进入新发展阶段，政协履职的目标和要求、内容和方式、环境和条件，都与过去有很大的不同，我们要主动适应现代治理的新要求、统战特点的新变化，牢固树立“没有走在前列也是一种风险”的忧患意识，敢当“先行队”，勇做“领跑者”，全面加强政协履职能力建设。发挥常委表率作用，完善政协常委履职管理机制，做实常委年度述职工作。持续提升委员履职能力，完善学习、联络和管理制度，强化履职动态考评。抓住换届契机，优化委员构成，吸纳参政议政意愿强、专业能力过硬的各界人士进入政协队伍。丰富界别工作载体，统筹推进界别履职，更好发挥“一个界别联系一方领域、团结一片群众”作用。加强机关队伍建设，坚持从严教育、从严要求、从严管理、从严监督，提高机关干部理论素养和业务水平。建设“书香政协”，充分利用政协书画院等平台，打造“政协委员之家、各界人士之家、联谊交友之家”，形成具有洞头特色的“书香政协”工作品牌。

各位委员、同志们！新蓝图振奋人心，新征程催人奋进！让我们更加紧密地团结在以习近平同志为核心的党中央周围，在中共温州市洞头区委的坚强领导下，团结一心，砥砺前行，以永不懈怠的精神状态和一往无前的奋斗姿态，不断开创新时代我区人民政协事业发展新局面，以优异成绩庆祝中国共产党成立100周年，为高质量建设海上花园、高水平开启洞头全面建设社会主义现代化新征程而努力奋斗！

重要表彰

2020年度海洋经济示范区建设先进奖

重点项目和重大平台建设先进集体：区府办、区委统战部、区公安分局、区应急管理局、区审计局、区重点项目建设服务中心、区建设工程质量与施工安全管理中心、区统一征地事务所。

重点项目和重大平台建设先进个人：陈志翔（区委办）、柯受志（区府办）、李晓江（区纪委区监委）、曾华鸿（区委组织部）、胡嘉棋（区委宣传部）、庄峥嵘（区发改局）、汪佳旺（区发改局）、吴生瑶（区经信局）、叶飞华（区公安分局）、徐林斌（区交通运输局）、潘正凯（区文广旅体局）、陈海雄（区应急管理局）、吕建伟（区审计局）、陈松康（区生态环境分局）、陈清勤（大门海洋经济示范区管委会）、林忠荣（区重点项目建设服务中心）、张益稳（区投资促进服务中心）、林浩（洞头城发公司）、向魁（国网洞头供电公司）、郑巨良（大小门投资公司）、陈威娜（元觉街道）、苏玲燕（霓屿街道）、陈青恭（霓屿街道）、章朝阳（鹿西乡）。

领军企业先进集体：温州中石油燃料沥青有限公司、浙江立鹏建设有限公司、浙江诚意药业股份有限公司、温州宇帆建筑劳务有限公司、温州金源新材料科技有限公司、温州市洞头华中房地产开发有限公司、浙江宏泰混凝土有限公司、浙江迪特高强度螺栓有限公司、浙江东一海洋集团有限公司、洞头南洋国际大酒店有限公司。

领军企业家先进个人：吴建林（温州中石油燃料沥青有限公司董事长）、李柏瑞（浙江立鹏建设有限公司董事长）、赵春建（浙江诚意药业股份有限公司总经理）、黄朝晖（温州金源新材料科技有限公司总经理）、黄东海（温州市洞头华中房地产开发有限公司董事长）、林政治（温州福福商贸有限公司总经理）、陈靖（浙江中燃华电能源有限公司总经理）、陈鹤（温州小岛特细纤维材料有限公司董事长）、方萍（洞头金海岸开元度假酒店总经理）、王作山（温州市星仔岛电子商务有限公司董事长）。

工业、金融、消费专班先进集体：区文广旅体局、区统计局、区投资促进服务中心、人行洞头支行、霓屿街道。

工业、金融、消费专班先进个人：南海滨（区经信局）、李隆隆（区经信局）、叶丽萍（区市场监管局）、陈友华（区统计局）、刘良伟（区科协）、朱建松（洞头农商银行）、郭健（北岙街道）、林秀娟（东屏街道）、庄为民（元觉街道）、郑阳阳（霓屿街道）。

全域旅游发展先进集体：区融媒体中心、区交通运输局、洞头旅发公司、北岙街道海霞村、东屏街道、元觉街道花岗村。

全域旅游发展先进个人：林建斌（区政协城建资环委）、蔡舒卉（区委宣传部）、杨伶俐（区经信局）、宋波（区公安分局）、林进尊（区农业农村局）、王海峰（区文广旅体局）、陈坤谊（区市场监管局）、蔡雪婷（区机关事务管理中心）、林浙（大门镇）、陈蓓蓓（鹿西乡）。

招商引资工作先进集体：区发改局、大门镇、霓屿街道石子岙村。

招商引资工作先进个人：郑祥飞（区委办）、黄林芝（区经信局）、陈茜茜（区自然资源和规划分局）、柳蓓蕾（区文广旅体局）、庄海月（区市场监管局）、江晓燕（区投资促进服务中心）、黄鹏林（北岙街道）。

总部经济招引先进集体：区财政局、北岙街道、鹿西乡。

总部经济招引先进个人：庄应鹏（区府办）、陈结谊（区经信局）、黄建敏（区财政局）、张建宗（区财政局）、陈秦皓（区住建局）、李成丰（区应急管理局）、周庆力（区市场监管局）、李婷婷（区投资促进服务中心）、叶海松（区税务局）。

“两个健康”创建先进集体：

区纪委区监委、区检察院、区经信局、区工商联。

“两个健康”创建先进个人：曾苇苇（区“两个健康”办）、倪小龙（区委政法委）、林雯雯（区财政局）、江济（区市场监管局）、陈超才（区投资促进服务中心）、郑德锋（区金融工作服务中心）、罗文平（洞头海事处）。

蓝湾项目建设先进集体：区自然资源和规划分局、洞头城发公司、元觉街道。

蓝湾项目建设先进个人：朱顺义（区人大常委会财经工委）、郑佳佳（区财政局）、郑金矛（区交通运输局）、徐明月（洞头城发公司）、叶文彬（北岙街道）、甘美慧枝（元觉街道）、柯位华（霓屿街道）。

海洋经济发展体制机制创新先进集体：区委政法委、区委政研室、区住建局、区海洋与渔业发展研究中心。

海洋经济发展体制机制创新先进个人：朱曾奎（区委政研室）、金邦磊（区发改局）、倪锦晖（区公安分局）、林麟（区农业农村局）、叶杰君（区政务服务中心）、南海（鹿西乡）。

渔农村经济发展先进集体：区人力社保局、北岙街道大王殿村、大门镇沙枫港村、霓屿街道上社村。

渔农村经济发展先进个人：郭斌（区财政局）、陈玉泉（区农业农村局）、陈金杭（北岙街道）、苏友山（大门镇）、柯超（东屏街道）、何掌霞（元觉街道）、柯志恒（霓屿街道）、彭福义（鹿西乡）。

2020年洞头区绿化美化突出贡献

突出贡献集体：区委办公室、区委宣传部、区发展和改革局、区经济商务和信息化局、区财政局、区住房和城乡建设局、区公路与运输管理中心、区农业农村局、区综合行政执法局、区自然资源和规划分局、区生态环境分局、区机关事务管理中心、区妇女联合会、区人民政府北岙街道办事处、区北岙街道打水鞍社区、区北岙街道隔头村、区北岙街道海霞村、区北岙街道大长坑村、区北岙街道东沙村、区大门镇人民政府、区大门镇仁前途村、区大门镇沙枫港村、区大门镇东浪村、区东屏街道办事处、区东屏街道东岙顶村、区东屏街道半屏社区、区东屏街道寮顶回族村、区元觉街道办事处、区元觉街道小北岙村、区霓屿街道同兴村、区霓屿街道正岙村、区霓屿街道布袋岙村、区鹿西乡鹿西村、区鹿西乡山坪村、区鹿西乡东臼村、浙江诚意药业股份有限公司、区职业技术教育中心、区大门镇中心小学、区实验中学、区城关第二小学。

突出贡献个人：杨志平（区委办公室）、蔡志文（区人民政府办公室）、陈坤能（区精神文明建设指导中心）、张文雅（区经济商务和信息化局）、李隆隆（区经济商务和信息化局）、周世灵（区财政局）、李美奇（区财政局）、彭晓东（区财政局）、陈情琨（区住房和城乡建设局）、孙珍（区建设工程质量与施工安全管理中心）、林小敏（温州市交通运输局）、郑浩（区公路与运输管理中心）、彭琳煊（区农业农村局）、张孚洪（区农业农村局）、方跃罴（区农业农村局）、叶明煌（区文化和广电旅游体育局）、陈有建（区大门旅游管理中心）、倪建新（区市场监督管理局）、柯立军（区综合行政执法局）、郑冰峰（区综合行政执法局）、张志凌（区综合行政执法局城市维养中心）、林观海（区自然资源和规划分局）、张海环（区自然资源和规划分局）、孙林义（区自然资源和规划分局）、吴华征（区自然资源和规划分局）、苏滨滨（区生态环境分局）、朱能（区生态环境分局）、夏俊康（区重点项目建设服务中心）、姚绍学（区重点项目建设服务中心）、陈时选（区北岙街道办事处）、叶文彬（区北岙街道办事处）、郑晓燕（区北岙街道办事处）、倪建伍（区北岙街道三盘社区）、史燕敏（区北岙街道三盘社区）、郭维雄（区北岙街道柴岙村）、黄诸渊（区北岙街道白迭村）、庄明峰（区北岙街道东郊村）、叶冬云（区北岙街道银海社区）、叶丽月（区北岙街道上新社区）、黄昕杰（区大门镇人民政府）、胡麟（区大门镇人民政府）、陈荣华（区大门镇人民政府）、陈齐武（区大门镇人民政府）、胡思思（区大门镇人民政府）、林春刚（区大门镇人民政府）、林银凤（区大门镇大荆村）、林顺强（区大门镇小门村）、陈同济（区大门镇岙底村）、柯朝旭（区东屏街道办事处）、陈坤炬（区东屏街道东岙顶村）、王瑜（区东屏街道东岙顶村）、柯晨昊（区东屏街道东岙顶村）、黄志新（区东屏街道东岙顶村）、陈素娟（区东屏街道寮顶回族村）、叶元富（区东屏街道半屏社区）、陈声伟（区元觉街道办事处）、甘金巾（区元觉街道办事处）、朱剑荣（区元觉街道活水潭村）、吴金寿（区元觉街道沙岗村）、谢炳遵（区综合行政执法局元觉中队）、张光（区霓屿街道办事处）、郑阳阳（区霓屿街道办事处）、庄志鹏（区霓屿街道办事处）、张建海（区霓屿街道下社村）、张祥根（区霓屿街道桐岙村）、陈阿萍（区霓屿街道上社村）、金许阳（区鹿西乡人民政府）、孔繁隆（区鹿西乡人民政府）、朱清华（区鹿西乡扎不断村）、郑元安（区鹿西乡山坪村）、陈余飞（区鹿西乡鹿西村）、张永辉（区城关小学）、林彩虹（区大门镇中心小学）、蔡连生（区实验中学）、陈祥根（区第二中学）、林高洲（区职业技术教育中心）、蔡建业（区教育基建中心）、陈宋川（区城关第二小学）、游灵光（区教育基建中心）、陈旻（区人民医院）。

2020年全区县域社会治理突出贡献

十五年平安洞头建设突出贡献集体：区委政法委、区教育局、区公安分局、区应急管理局、区市场监管局、区综合执法局大门镇、东屏街道、元觉街道、霓屿街道、洞头先锋女子民兵连、洞头区海霞妈妈志愿者服务总队、温州市洞头区溢香国际救援队。

十五年平安洞头建设突出贡献个人：吴励光（区委办）、黄根忠（区人大常委会机关）、苏海鑫（区府办）、郑灵巧（区政协机关）、颜厥苗（区政协机关）、曾文虎（区纪委区监委）、叶正茂（区法院）、刘友山（区检察院）、高海龙（区委宣传部）、彭德金（区委统战部）、刘东升（区委政法委）、郑香（区委政法委）、林兴栋（区委政法委）、林玉燕（区信访局）、陈凯歌（区经信局）、李嘉宝（区教育局）、方丰足（区教育局）、许海剑（区公安分局）、林加建（区公安分局）、翁家勇（区公安分局）、庄明东（区公安分局）陈志锋（区民政局）、林文军（区司法局）、洪军（区司法局）、陈海疆（区人力社保局）、曾海峰（区住建局）、郑元师（区交通运输局）、颜厥果（区农业农村局）、侯合燕（区文广旅体局）、郭海祝（区卫生健康局）、彭世伟（区退役军人事务局）、郭建新（区应急管理局）、许战胜（区审计局）、张独特（区市场监管局）、陈礼挺（区市场监管局）、余克新（区统计局）、陈礼遵（区综合执法局）、张孚强（区自然资源和规划分局）、余烘亮（区生态环境分局）、柯华足（区消防救援大队）、叶双双（区妇联）、金丽娜（北岙街道）、张小春（灵昆街道）、陈贤尧（大门镇）、姜少谊（东屏街道）、陈义（元觉街道）、陈勇旭（元觉街道）、张宇翔（霓屿街道）、张维建（鹿西乡）。

县域社会治理现代化工作突出贡献集体：区委办、区府办、区纪委区监委、区法院民事审判庭、区检察院、区委统战部（民宗局）、区委政研室、区信访局、区精神文明建设指导中心、区融媒体中心网络新媒体部、区发改局、区民政局、区司法局、区财政局、区人力社保局、区农业农村局、区文广旅体局文化市场综合行政执法队、区卫生健康局、区退役军人事务局、区统计局、区生态环境分局、区大数据管理中心、区消防救援大队、团区委、区妇联、区公安交警大队、北岙街道、北岙街道打水鞍社区、北岙街道海湾三区拓展党支部、大门镇长沙社区、大门镇沙枫港村、东屏街道中仑村、东屏街道寮顶回族村、元觉街道小北岙村、霓屿街道布袋岙村、鹿西乡、微动力志愿服务队。

县域社会治理现代化工作突出贡献个人：周巧燕（区委办）、郑建林（区人大常委会机关）、王勋（区府办）、陈阳熹（区纪委区监委）、朱纯芳（区法院）、徐飞博（区检察院）、张育瀚（区委组织部）、曾琦钰琼（区委宣传部）、王正瑛（区委统战部）、方迎迎（区委政法委）、黄海辉（区委编办）、刘欢（区信访局）、陈培汝（区精神文明建设指导中心）、范贺然（区融媒体中心）、应兆哲（区经信局）、林其余（区教育局）、曾华军（区公安分局）、颜涛（区公安分局）、沈加亮（区民政局）、王德思（区司法局）、林迪（区人力社保局）、叶选益（区住建局）、曾学政（区交通运输局）、叶华杰（区退役军人事务局）、黄耀（区应急管理局）、潘敦胜（区市场监管局）、洪金友（区市场监管局）、虞礼光（区综合执法局）、庄贤武（区自然资源和规划分局）、颜泉（区大数据管理中心）、刘万匀（区消防救援大队）、母东标（洞头海事处）、陈林勇（国网洞头供电公司）、戴海东（区人民医院）、郭道演（北岙街道）、许建伟（北岙街道）、曾小立（北岙街道新城社区）、余毅（灵昆街道）、林芬赟（大门镇）、朱程敏（大门镇）、李成洁（大门镇）、叶礼健（东屏街道）、吴星钻（东屏街道）、张丽芬（东屏街道惠民村）、周正茂（元觉街道）、李艳艳（元觉街道）、张光（霓屿街道）、翁玲玲（霓屿街道）、颜孙空（鹿西乡）、叶冰洁（鹿西乡）、郑晓珍（鹿西乡口筐村）。

2020年洞头区海霞系列建设突出贡献

突出贡献集体：区委办、区府办、区人武部、区委组织部、区委宣传部、区委政法委、区档案馆、区精神文明建设指导中心、区融媒体中心、区海霞学院、区公安分局、区财政局、区文广旅体局、区卫生健康局、区综合执法局、区机关事务管理中心、洞头城发公司、洞头旅发公司、区文联、温州医科大学仁济学院、国网洞头供电公司、区气象局、洞头区水务公司、洞头先锋女子民兵连、北岙街道、温州洞头国鸿置业有限公司、浙江重山实业有限公司、温州洞头华中房地产开发有限公司、龙元建设集团股份有限公司、溢香应急救援队。

突出贡献个人：邱国鹰（布展专家组）、庄明松（布展专家组）、王大标（区委办）、吴亦鹏（区委办）、蔡志文（区府办）、唐昭君（区纪委区监委）、庄建军（区人武部）、林加民（区人武部）、金岳燕（区委组织部）、王艺（区委宣传部）、王俊（区委宣传部）、虞献兵（区委政研室）、陈来霞（区委编办）、邱亚顿（区档案馆）、唐舒影（区档案馆）、陈坤能（区精神文明建设指导中心）、方荣巩（区融媒体中心）、郑益群（区融媒体中心）、王旭军（区融媒体中心）、李肖（区融媒体中心）、叶航（区海霞学院）、杨建华（区公安分局）、南上雷（区公安分局）、叶明钦（区公安分局）、陈妍霏（区公安分局）、张胜鹏（区财政局）、杨正辉（区交通运输局）、洪星星（区文广旅体局）、曹炯（区文广旅体局）、郑丽（区文广旅体局）、苏丽华（区卫生健康局）、郑维建（区综合执法局）、汪娟娟（区机关事务管理中心）、吴蓓（区机关事务管理中心）、苏胜（洞头城发公司）、林坚（洞头旅发公司）、蔡海鹏（洞头旅发公司）、金晓莉（洞头旅发公司）、钱鲁（区消防救援大队）、苏娅（区文联）、吴海峰（洞头海事处）、吴茜静（国网洞头供电公司）、陈青绿（区人民医院）、陈佳佳（温州市洞头水务发展有限公司）、汪月霞（洞头先锋女子民兵连）、陈玉兰（洞头先锋女子民兵连）、陈盈盈（洞头先锋女子民兵连）、杨燕辉（洞头先锋女子民兵连）、曾秀红（洞头先锋女子民兵连）、倪佩雪（洞头先锋女子民兵连）、张敏（洞头先锋女子民兵连）、杜慧鑫（洞头先锋女子民兵连）、许建伟（北岙街道）、张鸣（北岙街道）、袁娜（北岙街道）、谢炳尊（元觉街道）、颜贤权（鹿西乡）、南海（鹿西乡）、胡婷婷（市海霞文旅培训发展有限公司）、张姗姗（市海霞文旅培训发展有限公司）。

洞头区担当作为好支书、好党员

洞头区担当作为好支书：朱元标（北岙街道三盘社区党委副书记、下尾村股份经济合作社党支部书记）、郑华端（北岙街道海霞村党支部书记）、叶根（北岙街道海湾三区拓展党支部书记、区纪委纪律审查后勤服务中心主任）、王昌权（大门镇沙枫港村党支部书记、融合发展中心主任）、郭呈亮（东屏街道半屏社区党委书记）、吴金寿（元觉街道沙岗村党支部书记）、沈上法（霓屿街道下社村党支部书记）、柯位勇（霓屿街道桐岙村党支部书记）、陈余飞（鹿西乡鹿西村党支部书记）、杨燕辉（洞头先锋女子民兵连党支部书记、指导员）、郑元富（洞头区海洋与渔业执法大队党支部书记、大队长）、颜丽函（洞头区实验小学党支部书记、校长）、杨建华（洞头区公安分局大门派出所党支部书记、所长）、杨森权（洞头区溢香国际大酒店党支部书记、溢香党员救援队队长）、郑晓华（温州金源新材料科技有限公司党总支书记）。

洞头区担当作为好党员：蔡燕（北岙街道海霞妈妈党员志愿服务队队员）、庄建洲（北岙街道纪工委副书记）、洪成勋（北岙街道人民调解员）、胡彩萍（大门镇岙面村巾帼志愿者服务队队员）、黄立华（陕西省汉中市温州总商会会长、大门镇小荆村乡贤理事会成员）、施丽蓉（东屏街道蓝港社区"一元食堂"负责人）、黄应强（东屏街道民政员）、吉海英（元觉街道小北岙村妇代会主任）、谢炳遵（元觉街道综合行政执法队指导员）、陈时福（霓屿街道下社村紫菜养殖专业户）、陈长姆（霓屿街道正岙村村监会主任）、蒋星环（鹿西乡山坪村为老服务中心成员）、陈磊（洞头区公安分局刑侦大队法医）、雷邓飞（洞头区人民医院普外科主治医师）、杨燕燕（洞头区霓屿义校教师）、柯友兵（洞头区民政局党组成员、殡仪服务中心主任）、朱建宇（洞头区财政局党组成员、财政预算项目审核中心主任）、童思碧（洞头区综合行政执法局市容环卫中心主任）、王元军（洞头区旅发公司景区安全与工程管理员）、王建财（洞头区投资促进中心副主任、原派驻北岙街道小三盘村后进整转攻坚组成员）、沈永伟（洞头区重点项目建设服务中心副主任、派驻大门镇乡村振兴示范带建设攻坚组成员）、董绍新（洞头区关爱帮扶志愿队队员）、叶银武（百岛志愿者协会会长）、滕宝贵（全国人大代表、浙江迪特高强度螺栓有限公司热处理车间主任）、郑西平（浙江恒博电气制造有限公司董事长）。

2017—2019年考核优秀等次（三等功）公务员

许生浩（区委办）、董政丰（区人大常委会机关）、徐志向（区纪委区监委）、吕品（区检察院）、朱涵（区委编办）、蔡丽娟（区发改局）、张剑亮、吕海坎、金鹰、侯明海、杨素娟、潘昆、赵琴瑜、徐加杰（区公安分局）、纪玉华（区民政局）、郭斌、张孚耿、朱玲爱（区财政局）、魏飞星（区人力社保局）、吕韵姿（区住建局）、刘宗宗、周伟萍（区农业农村局）、许鑫（区审计局）、陈立新、郭斌晟（区市场监管局）、方珍珍（区医疗保障分局）、叶文彬（北岙街道）、王荣财（大门镇）、叶礼健、谢夏香（东屏街道）、沈莎丽（元觉街道）。

2020年度绩效考核优秀单位

北岙街道、霓屿街道、大门镇、区委办、区府办（大数据管理中心）、区发改局（重点项目建设服务中心）、区财政局、区委组织部（关工委）、区市场监管局、区人力社保局、区文广旅体局（旅游发展中心）、区交通运输局、区住建局、区卫生健康局（红十字会）、区委统战部（工商联）、区纪委区监委（巡察办）、区教育局、区委宣传部（精神文明建设指导中心）、区经信局（金融工作服务中心、科协）、区农业农村局、区委政法委（矛调中心）、区税务局、区融媒体中心、区应急管理局、区检察院、区法院、区审计局、区妇联、区档案馆、区医疗保障分局、区公安分局、区统计局、区司法局、团区委、国网洞头供电公司、人行洞头支行、区消防救援大队、住房公积金洞头分中心、区气象局、洞头海事处、洞头农商银行、农行洞头支行、太平洋财产保险洞头支公司、洞头区恒博小额贷款股份有限公司。

2020年度行风政风双评议满意中层科室（基层站所）

区卫生健康局疾病防控与健康管理科（健康城市建设指导中心）、区应急管理局应急救援管理科（应急保障服务中心）、区财政局财政监督局（绩效管理科）、区市场监管局市场监管综合行政执法队执法一科、区卫生健康局疾控中心、区经信局综合运行科、洞头农商银行服务窗口、国网洞头供电公司客户服务中心、大门派出所（交警大门中队）、东屏市场监督管理所、鹿西供电服务站、东屏司法所、区人力社保局人力社保综合窗口、区医疗保障分局医疗保险服务中心、教育幼儿园、海霞中学。

2020年度洞头区先进集体汇总情况表（市级以上）

表56

单位	奖项名称	获奖时间	授奖单位
洞头区	浙江省平安区	2020年4月	省委、省政府
洞头区	2019年度全省生活垃圾分类工作优秀单位	2020年4月	浙江省生活垃圾分类工作领导小组
洞头区	浙江省美丽乡村建设示范区	2020年12月	浙江省“千村示范、万村整治”工作协调小组办公室
洞头区	浙江省2019年度新时代美丽乡村建设和农村生活垃圾分类处理双优秀县区	2020年4月	浙江省“千村示范、万村整治”工作协调小组办公室
洞头区	2019浙江文化和旅游产业融合发展十佳县区	2020年5月	省文化和旅游厅
洞头区	省级乡村振兴产业发展示范建设县	2020年6月	省财政厅
洞头区	第三批国家级节水型社会建设达标县（区）	2020年11月	水利部
洞头区	2019年信访工作“三无”县（市、区）	2020年4月	国家信访局
洞头区	第五批国家慢性病综合防控示范区	2020年6月	国家卫生健康委办公厅
温州市洞头区鹿西乡人民调解委员会	全国模范人民调解委员会	2020年12月	司法部
鹿西乡人民政府	国家卫生乡	2020年7月	全国爱国卫生运动委员会
洞头区科学技术协会	2020年全国科普日优秀活动	2020年12月	中国科协办公厅

续表56

单位	奖项名称	获奖时间	授奖单位
灵昆第一小学六（3）木棉中队	2020年度“全国优秀少先队集体”	2020年12月	共青团中央、教育部、全国少工委
洞头先锋女子民兵连党支部	浙江省抗击新冠肺炎疫情先进集体	2020年11月	省委、省政府
洞头区委政法委	省平安护航新中国成立70周年工作成绩突出集体	2020年1月	省委、省政府
温州市生态环境局洞头分局	生态省建设突出贡献集体	2020年8月	省政府
洞头区综合行政执法局	2019年度浙江省“无违建县（市、区）”创建工作先进集体	2020年7月	省政府
区供电公司	浙江省企业文化建设示范单位	2020年12月	省委宣传部
洞头区对口支援工作领导小组办公室	省东西部扶贫协作组织工作奖	2020年10月	省对口办
温州市生态环境局洞头分局	浙江省第二次全国污染源普查成绩突出集体	2020年12月	省生态环境厅、省农业农村厅、省统计局
区农业农村局	2019年度全省农业农村系统突出贡献集体	2020年3月	省农业农村厅
区人武部	2020年战备训练先进单位		省军区
洞头区人民医院	2020年度“双下沉，两提升”工作优秀单位	2020年10月	省卫健委
洞头区“海霞妈妈”总部妇女微家	浙江省示范妇女微家	2020年12月	省妇女联合会
洞头区职教中心红十字会	2020年浙江省突出贡献红十字基层组织	2020年9月	省红十字会
浙江诚意药业股份有限公司科协	浙江省百佳企业科协	2020年10月	省科学技术协会
洞头区融媒体中心	2019年度浙江乡村振兴带头人评选优秀组织奖	2020年1月	浙江广播电视集团
洞头区融媒体中心	第六届浙江农民创富大赛组织奖	2020年9月	省广播电视局、浙江广播电视集团
洞头区融媒体中心	2019年度浙江省新农村建设带头人组织奖	2020年1月	浙江广电传媒集团
北岙街道退役军人服务站	浙江省新时代枫桥式退役军人服务中心	2020年12月	省委退役军人事务工作领导小组办公室
大门镇人民政府	2020年度浙江省文化礼堂建设示范性（街道）	2020年10月	省农村文化礼堂建设工作领导小组
大门镇人民政府	浙江省美丽城镇建设优秀方案	2020年9月	省城乡环境整治工作领导小组美丽城镇建设办公室
东屏街道中仑村	浙江省文化示范村（社区）	2020年4月	省文化和旅游厅
元觉街道成人文化技术学校	省级成教品牌	2020年11月	省教育厅
元觉街道小北岙村	省级民主法治村	2020年12月	省司法厅、省民政厅、省普法办
东屏街道东岙顶村	第三批省级引领型农村社区	2020年12月	省民政厅
霓屿街道下社村	第二批省级农村引领型社区	2020年1月	省民政厅
北岙街道小三盘村	第三批“浙江省无障碍社区”	2020年12月	省人民政府残疾人工作委员会

续表56

单位	奖项名称	获奖时间	授奖单位
东屏街道	2019年度全省“五水共治”工作考核优秀乡镇（街道）	2020年3月	省治水办（河长办）
大门镇仁前途村	浙江省综合减灾示范社区	2020年12月	省减灾委员会
东屏街道	2020年度新时代美丽城镇建设省级样板	2020年12月	省美丽城镇办
浙江诚意药业股份有限公司 浙江中燃华电能源有限公司	2019年度温州市新时代“两个健康”先行区创建工作先进集体	2020年4月	市委、市政府
洞头区住房和城乡建设局	2019年度“温商回归”和重大项目招引工作（总部回归突出贡献集体）	2020年5月	市委、市政府
洞头区经信局	2019年度对外开放和改革攻坚工作先进集体	2020年4月	市委、市政府
洞头区疾控中心	温州市抗击新冠肺炎疫情先进集体	2020年11月	市委、市政府
洞头区市场监管局			
交警大队党支部			
区经信局			
大门镇人民政府			
灵昆街道			
元觉街道			
洞头区市场监管局	温州市2019年度扫黑除恶专项斗争突出贡献集体	2020年3月	市委、市政府
洞头区委政法委			
洞头区公安分局			
温州市生态环境局洞头分局	2019年度温州市环境治理攻坚战突出贡献集体	2020年6月	市委、市政府
区农业农村局	2019年度温州市对外开放和改革攻坚工作突出贡献集体	2020年4月	市委、市政府
交警大队党支部	温州市先进基层党组织	2020年11月	市委
区疾控中心			
灵昆街道			
元觉街道社区卫生服务中心			

2020年度洞头区先进个人汇总情况表（市级以上）

表57

姓名	奖项名称	获奖时间	授奖单位
吕海生	“中国好医生、中国好护士”抗疫特别人物	2020年10月	中央文明办、国家卫生健康委员会
郑祥武	全国优秀农民工	2020年12月	国务院农民工工作领导小组
林加锋	第二次全国污染源普查表现突出个人	2020年9月	国务院第二次全国污染源普查领导小组办公室

续表57

姓名	奖项名称	获奖时间	授奖单位
吕海生	浙江省优秀共产党员	2020年6月	省委、省政府
陈虹	浙江省抗击新冠肺炎疫情先进个人	2020年11月	省委、省政府
苏明斌	浙江省抗击新冠肺炎疫情先进个人	2020年11月	省委、省政府
曹一帆	浙江省抗击新冠肺炎疫情先进个人	2020年11月	省委、省政府
刘东升	2019年省平安浙江建设先进个人	2020年3月	省委、省政府
张亚勤 石耀辉	2019年度浙江省“无违建县（市、区）”创建工作先进个人	2020年7月	省政府
方健康	浙江好人	2020年9月	省委宣传部、省文明办
邱国鹰	浙江省离退休干部先进个人	2020年1月	省委老干部局
吴朝阳	省生态环境系统先进工作者	2020年4月	省生态环境厅、省人力资源和社会保障厅
邱东平 张海边	浙江省第二次全国污染源普查成绩突出个人	2020年12月	省生态环境厅、省农业农村厅、省统计局
袁媛媛	抗击新冠肺炎疫情浙江省三八红旗手	2020年12月	省妇女联合会
陈胜	浙江省百佳企业科技工作者	2020年10月	省科学技术协会
张华远	浙江省突出贡献红十字志愿者	2020年9月	省红十字会
陈虹 汪秀丽	2020年抗击新冠肺炎疫情杰出护士	2020年5月	省护理学会
吕海生	浙江省优秀社区卫生服务中心主任	2020年4月	省基层（农村）卫生协会
陈志国	2020年度省“优秀家庭医生”	2020年5月	省基层（农村）卫生协会
刘东升	市级扫黑除恶专项斗争突出贡献个人	2020年3月	市委、市政府
张益根	2019年度温州市环境治理攻坚战“突出贡献个人”	2020年6月	市委、市政府
南海滨 吴建中	2019年度对外开放和改革攻坚工作先进个人	2020年4月	市委、市政府
王青青	2019年度“温商回归”和重大项目招引工作突出贡献个人	2020年5月	市委、市政府
张立志 颜贻意 郭华斌 杨森权	2019 年度温州市新时代“两个健康”先行区创建工作先进个人	2020年4月	市委、市政府
陈余飞 包建敏 叶林林	温州市抗击新冠肺炎疫情先进个人	2020年11月	市委、市政府
王慧 庄明辽 杨海潮 邵丽华	2019年度温州市环境治理攻坚战突出贡献个人	2020年6月	市委、市政府
郑海荣	温州市优秀共产党员	2020年11月	市委
侯晓杰	市级优秀党务工作者	2020年6月	市委

统计资料

2020年洞头区国民经济和社会发展统计公报

洞头区统计局

（2021年3月26日）

2020年，是“十三五”收官之年，也是洞头改革发展进程中极不平凡的一年。面对严峻复杂的国际形势和新冠肺炎疫情冲击，区政府认真贯彻落实习近平总书记考察浙江重要讲话精神，科学应变、主动求变，凝聚强大合力克难攻坚，交出了一份人民满意的高分报表。

一、综合

初步核算，2020年全区地区生产总值114.42亿元（不含瓯江口区域地区生产总值94.09亿元，下同），比上年增长6.9%（6.5%）。分产业看，第一产业增加值6.52亿元，增长4.8%；第二产业增加值47.44亿元，增长7.8%，其中工业增加值27.20亿元，增长8.9%；第三产业增加值60.45亿元，增长6.4%。按户籍人口计算，全区人均地区生产总值73949元（71591元）[按年平均汇率折算为10721美元（10379美元）]，增长6.9%（6.7%）。国民经济三次产业结构为5.7∶41.5∶52.8。

二、渔农业

全年实现农林牧渔业总产值139424万元，比上年增长13.6%；其中农业产值11701万元，下降1.6%；林业产值568万元，下降13.8%；牧业产值2957万元，增长40.7%；渔业产值123779万元，增长14.5%。农作物播种面积2666公顷，比上年增长3.2%。其中粮食作物播种面积907公顷，增长2.2%；粮食作物中谷物播种面积110公顷，增长17.5%，番薯播种面积386公顷，下降3.5%，马铃薯播种面积173公顷，下降12.8%。

全年渔业总产量17.43万吨，比上年增长5.0%，其中捕捞产量14.02万吨，增长1.8%，养殖产量3.41万吨，增长20.8%。远洋渔业产量实现零的突破，达到8960吨。

三、工业和建筑业

全区实现规上工业总产值108.29亿元，比上年增长3.7%；工业销售产值105.22亿元，增长1.9%；新产品产值48.84亿元，增长8.2%。规上工业增加值14.42亿元，增长7.4%。其中，高新技术产业、战略性新兴产业、数字经济核心产业制造业增加值分别比上年增长1.4%、19.1%、31.8%，占规模以上工业的比重分别达55.5%、63.8%、3.6%。制造业增加值增长7%，装备制造业增加值下降3.5%。工业用电量1.66亿千瓦时，比上年增长14%。

规上工业五大行业产值两升三降，其中，机械汽配和水产品加工产值分别增长13.5%和16%，电子电器、建材工业和医药化工产值分别下降21.4%、11%和3.6%。规上工业企业利润总额3.39亿元，比上年增长29.3%。

全年实现建筑业总产值105.07亿元，比上年下降0.8%。其中，省内建筑业产值89.18亿元，增长9.4%。新增有资质建筑业企业8家，全区共拥有三级以上资质的建筑企业41家。实现利润总额2.78亿元，增长42.5%。

四、固定资产投资和房地产业

全年限额以上固定资产投资比上年增长15.4%，其中民间项目投资增长6.2%，交通投资增长22.9%，生态环保、城市更新和水利设施投资增长29%，高新技术产业投资下降18.4%，工业投资下降4.8%。88个重点建设项目完成投资41.64亿元，为年度计划的105.4%。

全年房地产开发投资7.83亿元，比上年增长43.6%；房屋施工面积70.16万平米，下降19.7%；商品房现（期）房销售面积10.56万平方米，增长12%。

五、内外贸易和旅游

全年实现社会消费品零售总额36.11亿元，比上年下降1%；完成批零住餐销售总额182.32亿元，增长21.9%，其中限上批零住餐销售额137.2亿元，增长32.3%。实现电子商务交易额6.9亿元，同比增长30.5%。

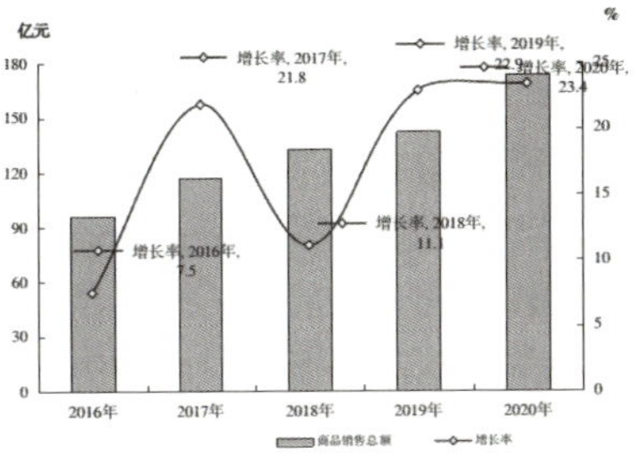

图1 2016—2020年商品销售总额及增长

全年外贸进出口总额19.77亿元，比上年增长37.9%，其中自营出口额4.50亿元，增长45.5%。按企业类型分，外贸企业自营出口额2.37亿元，增长146.8%；生产企业自营出口1.87亿元，下降5.7%；三资企业自营出口额0.26亿元，增长75.8%。

全年接待游客695.3万人次，比上年下降2.6%，实现旅游总收入67.62亿元，增长2.1%。举办“踏浪百岛 尽享海味”、“5·19”中国旅游日、中国·洞头“海霞旅游·生态消费”日、中国·洞头海岛旅游嘉年华、温州自驾旅游文化等节庆活动，温州·洞头（杭州）文旅推介会、温州洞头文化旅游江苏推广周等推介活动，获得人民日报、新华社等权威媒体转载宣传。全区新增民宿73家、床位804张；隔头村入选省首批民宿（农家乐）

助力乡村振兴改革试点名单，玖栖海上桃源里、静舒心居2家民宿入选2020年温州十大市级示范性精品民宿。

六、交通和电力

全区共有海运企业20家，总运力规模79.92万吨，继续领跑全市，在册货运船舶156艘，平均船舶吨位5123吨，拥有万吨级以上船舶15艘。全社会货运量3209万吨，比上年增长27.4%，货物周转量263.5亿吨·公里，增长16.9%。全年完成港口货物吞吐量998万吨，增长29.1%；全社会客运量900万·人次，下降7.1%，客运周转量16745万人·公里，增长11.6%。

状元岙港新开辟“温州—印尼”航线，截至2020年年底共开辟国际航线5条。持续对接温甬外贸内支线业务，成功拓展外贸钢坯、生铁、外贸水泥、直航进口水果等业务。

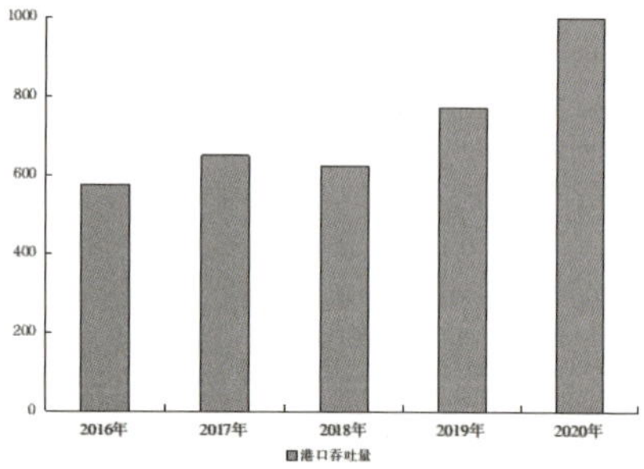

图2　2016—2020年港口吞吐量（万吨）

全年全社会用电量41610万千瓦时，比上年增长11.8%，其中第一产业用电量182万千瓦时，增长23.7%；第二产业用电量18375万千瓦时，增长13.0%；第三产业用电量10577万千瓦时，增长11.5%；居民生活用电量12477万千瓦时，增长10.1%。

七、财政和金融

全年实现财政总收入15.43亿元，比上年增长2.2%，其中一般公共预算收入10.02亿元，增长3.2%。全年一般公共预算支出31.64亿元，下降3.4%，其中国防支出、公共安全支出、科学技术支出、交通运输、商业服务业等民生领域支出保持较快增长。

年末金融机构人民币存款余额133.98亿元，比上年年末增长27.6%，其中住户存款余额70.21亿元，增长23.6%；金融机构人民币贷款余额139.14亿元，增长22.2%，其中短期贷款48.77亿元，增长9.5%；中长期贷款余额86.79亿元，增长27.1%。

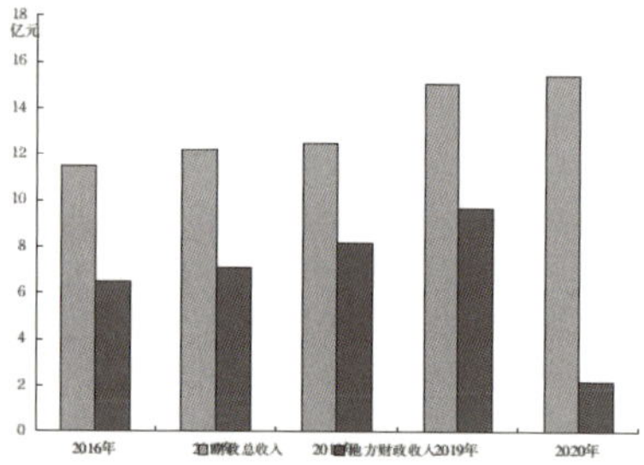

图3　2016—2020年财政收入（亿元）

八、教育和科学技术

2020年末，全区共有小学11所，招生1128人，在校生7084人，小学学龄儿童入学率达100%；初中7所，招生1290人，在校生3595人，初中入学率达100%；普通高中2所，招生832人，在校生2039人，毕业生390人；中等职业学校（含技工学校）2所，招生301人，在校生987人，毕业生265人。义务教育中小学专任教师1407人；中等职业学校（含技工学校）专任教师76人。全区共有幼儿园27所，其中省一级幼儿园3所，省二级幼儿园8所，省三级幼儿园16所；在园幼儿4216人，幼儿园（公办）专任教师307人。

截至2020年底，全区设有洞头区社区学院1所，已创成市二级社区学院；社区学校7所，已创成省级社区教育示范学校1所、市级社区教育示范学校1所、市一级社区学校3所、市二级社区学校2所。7所成人文化技术学校均为省级标准化成人文化技术学校，已创成浙江省现代化成人文技校3所，拥有浙江省成人教育品牌项目4个。

2020年专利申请受理量166件，专利授权量241件，其中发明专利授权22件。鉴定科技成果30项，新增国家级高新技术企业7家，累计29家；新增省级科技型企业18家，累计120家。

九、文化、体育和卫生

年末全区共有文化馆1个，乡镇文化站7个，图书馆1个，总藏书41.7万册；艺术表演93场，艺术表演观众5.41万人次；拥有文化设施建筑面积2.35万平方米；国家级非物质文化遗产2个，省级非物质文化遗产12个，市级非物质文化遗产53个；省级文物保护单位3处，区级文物保护单位33处;拥有文化信息资源共享基层支中心1个，省文化强镇1个，市级文化强镇1个，省级文化示范村（社区）9个，市级文化示范村（社区）28个，区级文化示范村（社区）29个。

年末全区共有体育场馆1个，体育场地设施面积46.75万平方米；现有篮球场62个，门球场14个，健身苑点130个，登山健步道4条。成功举办中国·洞头全国海钓邀请赛、浙江省青少年拳击锦标赛、2020温州洞头半程铁人三项赛等高规格赛事19场。全年我区运动员在市级以上体育比赛获省级金牌1枚、省级银牌2枚，省级铜牌2枚、市级金牌13枚；获国家级以上比赛前八名5人次。

年末全区共有医疗卫生机构95个，其中医院2家，卫生院（社区卫生服务中心）7家，社区服务站16家，村卫生室28家，个体诊所医务室33家。卫生技术人员804人，其中执业（助理）医师367人，平均每千人拥有医生3.39人；注册护士279人。医疗机构年诊疗100.96万人次；医疗卫生机构床位数406张，平均每千人拥有床位3.75张。妇幼健康管理服务不断强化，实现连续15年孕产妇零死亡，产妇住院分娩比例达100%。5岁以下儿童死亡率3.68‰，婴儿死亡率1.23‰。

圆满完成洞头先锋女子民兵连建连60周年系列活动，开展“全国媒体海霞采风行”活动，各级媒体刊发报道910条，亮相《新闻联播》2分钟。

十、人口、人民生活

年末户籍总户数5.18万户，户籍总人口15.45万人，其中城镇人口6.21万人，乡村人口9.24万人。按性别分，男性人口7.91万人，女性人口7.55万人，分别占总人口的51.2%和48.8%。据卫计部门统计，全年出生人口987人，出生率6.4‰；死亡人口873人，死亡率5.64‰；全年自然增长人口114人，自然增长率为0.74‰。

全年城镇常住居民人均可支配收入52279元，同比增长5.5%。农村常住居民人均可支配收入32295元，同比增长7.8%。城乡居民收入比由上年的1.65缩小为1.62。

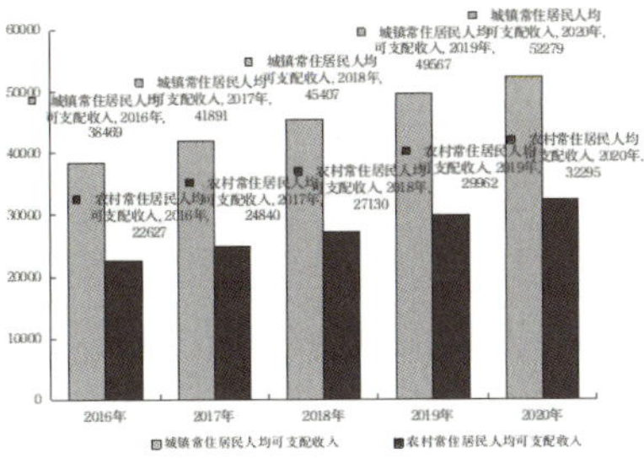

图4　2016—2020年居民收入（元）

全年城镇居民人均消费支出31522元，农村居民人均消费支出22629元，比上年分别增长0.2%、1.1%。城镇居民恩格尔系数32.8%，农村居民恩格尔系数36.9%，与上年持平。年末城镇居民人均居住面积64平方米，农村居民人均居住面积69平方米。年末每百户城镇居民家用汽车拥有量38辆，每百户农村居民家用汽车拥有量29.5辆。

十一、劳动就业与社会保障

全年城镇新增就业1568人，下岗失业人员实现再就业408人。年末城镇登记失业人员322人，城镇登记失业率1.82%。举办大型专场招聘会6场，其中赴外招聘4场，共提供就业岗位2875个，达成就业意向677人，开发公益性岗位19个，安置就业困难人员上岗14人。全年劳动合同签订率为98.54%，比上年提高1个百分点。

年末参加城镇基本养老保险人数38761人，比上年减少2305人；参加城镇基本医疗保险人数21473人，比上年增加2497人；参加失业保险人数15808人，比上年增加3870人；参加工伤保险人数39284人，比上年增加6041人；参加城乡居民合作医疗保险人数96243人，比上年减少3959人；参加城乡居民农村社会养老保险人数38272人，比上年减少1981人；全年实缴基本养老保险费27768万元，发放养老金47352万元。

年末城镇最低生活保障人数41人，发放最低生活保障金38.7万元；年末农村最低生活保障人数1481人，发放最低生活保障金1191万元。低保补助标准每人每月886元。特困供养人员116人，特困集中供养人员25人，集中供养率为21.6%。

城乡医疗救助7224人次，医疗救助资金支出757.76万元。共有居家养老服务照料中心64家；公办敬老院3家，民办养老机构7家，养老机构床位数1176张。全年办理结婚登记576对、离婚登记265对。

2016—2020年城镇居民消费性支出情况表

表58　　　　**单位：元**

名称	2020年	2016年	五年递增%
消费性支出	31522	23596	9.3
食品烟酒	10324	8345	6.9
衣着	2254	1627	10.3
居住	8070	5945	12.5
生活用品及服务	2427	1576	17.5
交通通信	3258	2260	6.9
教育文化娱乐	3006	2148	12.6
医疗保健	1501	1168	4.2
其他用品及服务	682	527	1.8

十二、生态建设、环境保护和其他社会事业

累计建成国家级生态街道（乡镇）5个，省级生态街道（乡镇）1个，市级生态村65个（由于2019年洞头行政区划调整，部分生态村合并），生态村覆盖率95.0%；国家级绿色学校1家，省级绿色学校9家，市级绿色学校11家；省级绿色社区3个，市级绿色社区5个。

全年空气质量有效监测天数355天，其中空气质量达优良的天数345天，环境空气质量优良率97.2%，PM2.5年均浓度为18微克/立方米。

全年发生生产安全事故1起，未造成人员死亡。发生火灾25起，未造成人员死亡。

注：

1.本公报中数据均为初步统计数，部分数据因四舍五入的原因，存在总计与分项合计不等的情况。

2.地区生产总值、三次产业及相关行业增加值和人均生产总值绝对数按现行价格计算，增长速度按不变价格计算，国民经济行业分类按2017年GB/T4754-2017标准执行。

3.受调查项目限制，以上的固定资产、房地产、外贸、旅游、交通运输、电力、财政、金融、劳动就业及环境保护数据不包含灵昆街道。

4.部门数据采用市县社会经济基本情况表，为部门上报汇总数据。

2019—2020年洞头区主要经济社会发展指标一览表

表59

项目	2018年完成数	2019年完成数	增速（%）	增速全市排名
地区生产总值（亿元）（全区）	101.15	107.84	8.8	3
#第一产业增加值	5.66	5.86	-1.0	11
第二产业增加值	36.62	44.55	11.0	1
#规上工业增加值	17.79	26.02	19.5	1
第三产业增加值	58.87	57.44	8.4	10
渔业产值（亿元）（全区）	13.32	14.15	8.2	—
渔业产量（万吨）（全区）	16.31	16.59	2.0	—
规上工业产值（亿元）（全区）	60.47	101.49	64.9	1
财政总收入（亿元）	12.50	15.09	20.7	3
#公共财政预算收入（亿元）	8.18	9.70	18.7	1
工业用电量（亿千瓦时）	1.24	1.45	17.3	1
限额以上消费品零售总额（亿元）（全区）	4.25	4.57	9.7	5
限额以上批发、零售、住宿和餐饮业销售总额（亿元）（全区）	63.15	47.06	-0.2	11
金融机构人民币存款（亿元）	94.0	105.1	11.8	7
金融机构人民币贷款（亿元）	84.40	113.8	34.9	1
城镇常住居民人均可支配收入（元）（全区）	45407	49567	9.2	3
农村常住居民人均可支配收入（元）（全区）	27130	29962	10.4	3
全社会货运周转量（亿吨公里）	190.88	225.49	18.1	—

（区统计局提供）

索　引

远洋归来 · 陈海英

“海霞精神”

爱島尚武　励志奉献

索　引

说　明

一、本类目设主题索引和表格索引。

二、主题索引中文标目按汉语拼音字母（同音字按声调）顺序排列，同音同调按第二字母的音序排列，依次类推。数字开头的标目按数字0—9顺序排列。

三、部分标引词下面编有二级索引。

四、标目后的阿拉伯数字表示内容所在页码。

五、表格索引按序号排列，仅标注所在页码，不标注分栏。

主题索引

D

H

J

X

表格索引